BEETHOVEN

ベートーヴェン像
再構築
2

大崎滋生
Ohsaki Shigemi

春秋社

ベートーヴェン像
再構築
2

目 次

第11章　1790年代　ヴィーン音楽界の一般状況　*355*

第12章　1793~95年　ヴィーンでの再出発　*379*

第13章　1790年代後半　2つの面(1)　当面の成果　*395*

第14章　1790年代後半　2つの面(2)　水面下の進行　*429*

第15章　1800年4月2日　宮廷劇場を借り切ってデビュー・コンサート　*453*

第16章　大コンサート以後　*467*

第17章　ハイリゲンシュタットに隠る　*493*

第18章　1803年4月5日　第2回主催コンサート　*521*

第19章　1803年5月~04年11月　ナポレオン戦争開戦の足音　*557*

第20章　1804~06年前半　オペラ《ヴェスタの火》そして
　　　　　　　　　《レオノーレ》着手から初演、第1次改訂再演まで　*579*

第21章　1806年後半~07年9月　シンフォニー第4番の位置づけと
　　　　　　　　　　　　　　　　　　　　　　　ハ長調ミサ曲　*617*

第22章　1807年4月~10年　時間差多発出版の進展　*655*

第23章　1807年秋~09年初　シンフォニー第5番・第6番の一気呵成　*683*

第24章　1809~10年　ルドルフ大公との決定的な関係　*717*

第25章　1810~11年　ナポレオン絶頂期始まる　*745*

第26章　1811~12年初　年金支給の実態と出版収入　*777*

第27章　1812~13年前半　ナポレオン・ロシア遠征から
　　　　　　　　　　　　　　13年6月休戦協定まで　*805*

ベートーヴェン像
再構築

第11章

1790年代

ヴィーン音楽界の一般状況

ベートーヴェン到着当時の
ヴィーン音楽界の実力者・ライヴァルたち

1. オペラ作曲家たち
2. オラトリオ上演
3. 公開・非公開のコンサート
4. ヴィーン楽壇の先達・好敵手たちの面々　概観
5. 結果としてのヴィーン定住

第II部　歴史的考察

　ベートーヴェンは1792年11月10日頃に、とか、遅くとも11月10日に、再びヴィーンの土を踏んだ、と言われている。ボンを発ったのは11月2日で［BGA 11, 注1］、そう断定する理由は壮行記念帳の最後の記入が11月1日であることのようだ。その行程は途中までについてその間の出費とともに明らかである。というのはメモ帖［Notitzbuch］と称される備忘録が遺されており［現在もおそらく個人蔵、Busch-Weise：Beethovens Jugendtagebuch, in：Studien zur Musik-wissenschaft 25（1962）において復刻］、それによって、フランクフルト近くのヴェルゲスまで同行者がいて、同人との別れ際に旅費・通行税・心付け・食事代の精算を行なったことが判明するからである。セイヤー第1巻の付録10に全文とそれに対するコメントが掲載されている［TDR I, 503ページ以下］。

　早朝にボンを出発し、ライン河に沿ってコブレンツまで約60キロ、同地で昼食、その後はライン河を逸れて東に向かい約60キロ、リンブルクで夕食、郵便馬車は夜通し走った。記入はフランクフルト北西約10キロのヴェルゲスで終わっているので、翌日朝にフランクフルトに到着する前に精算をしたと考えるのが自然であろう。その後、ひとり旅となって精算の必要がないためか、何も書かれておらず、行程は想像するほかなく、日数の計算も概算となる。フランクフルトからヴィーンまで、レーゲンスブルクからリンツへ東南下する最短のコースで約720キロ、毎日夜通し馬車に揺られるというのは相当にきついであろうから、以後はレーゲンスブルクまで2日、レーゲンスブルクから第1回と同様に6日とすると、10日にヴィーン着という計算になる。1週間強くらいの旅程で、庶民の旅としてはかなり急いだものであったと想定してよいであろうか。上記のメモの次に10日付ヴィーン新聞からピアノ販売広告の抜き書きがあり、それがヴィーンに居たことを示す最初の証拠である。

　アルザーガッセ45番地の4階建てビルにただちに落着いたと思われる。建物の名義人はグレーザーという名のリヒノフスキー侯爵付き近侍官で、税金対策かどうかはわからないが、実質的なオーナーは侯であった。ヴァルトシュタイン伯の紹介状を手に、ひとり街を彷徨うというイメージではどうもなく、ヴィーンでは彼を受け入れる準備が調えられていたように感じられる。

356

伯は旧知の人脈を使ってそこまで手配したのではないか。さしあたっては屋根裏部屋しか空いていなかったが、すぐに同じビルの地階に移った。ほどなくしてハイドンの許にレッスンに通い出したと思われ、メモ帖には 12 月 12 日に初めてハイドンの名前が"8 グロッシェン"という数字とともに記されている。のちの類似の書き込み［後述］から想像するに、それは師と一緒に楽しんだコーヒー代ではないだろうか。

　こうしてベートーヴェンのヴィーン生活は無難にスタートしたわけだが、彼の行く手にあったものは何か。当時のヴィーン音楽界の全体的状況についてまず概観してみたい。

1 ｜ オペラ作曲家たち

　宮廷劇場は 2 つ、すなわち、1741 年創立のホーフブルク劇場［Hofburg-theater］［一般にブルク劇場と呼ばれる］と 1763 年創立のケルンテン門劇場［Kärntnerthor-theater］があり、この頃、両劇場は基本的に同一演目を公演し、前者はおそらく皇帝または皇帝一族の臨席がある"大公演"、後者はその事前または事後に一般向け公演、という棲み分けがあったようである。いくつかの文献を使うと、当時の上演スケジュールがかなり正確につかめる。

　アントン・バウアー Anton Bauer 著『ヴィーンのオペラとオペレッタ 1629 年から現在までのその初演のリスト Opern und Operetten in Wien. Verzeichnis ihrer Erstaufführungen in der Zeit von 1629 bis zur Gegenwart』(1955 年) は演目ごとに初演・新演出再演の初日を挙げたものであり、各作曲家ごとにはニュー・グローヴ・オペラ事典［The New Grove Dictionary of Opera/NGO］(日本語訳の同名書とはまったく異なる) が有用である。加えて現在、2000 年にボン大学で始まり 2001 年からケルン大学に引き継がれた学際研究プロジェクト［2018 年 4 月よりマインツ大学に移管］「Die Oper in Italien und Deutschland zwischen 1770 und 1830」［以下、「オペラ・プロジェクト」と称す］のサイトがあって、それによって日々の公演、すなわち続演の状況を確認することができる。ただし、バウアーには台本作者や改題、改作者、使用言語等についての情報が不完全ながらもあるが、「オペラ・プロジェクト」ではその確認が曖昧となる。

　1791 年から 1800 年までの 10 年間に両宮廷劇場で初演されたオペラの作

第II部　歴史的考察

曲家とその上演作品数を数えてみる。1作のみの上演で公演数が一桁という作曲家は省略。伝統的なイタリア語オペラとヨーゼフ2世肝入りで始まったドイツ語オペラがともに両劇場で前後して舞台に乗った。上演作品数の多い順に並べる。各作品の公演は大当たりの時もあれば数回で終了という場合もあり、その区別はせずに（　）内に合計公演数を挙げた。［　］は上演期間、/ は中断を示している。

イタリア語オペラ		作品数順		
アントーニオ・サリエリ	(1750-1825)	12	(140)	[1791-1800]
ドメニコ・チマローザ	(1749-1801)	8	(166)	[1791-1800]
フェルディナンド・パエール	(1771-1839)	7	(82)	[1794-95/99-1800]
ジョヴァンニ・パイジエッロ	(1740-1816)	6	(90)	[1791-1800]
ヨーゼフ・ヴァイグル	(1766-1846)※	5	(101)	[1791-1800]
ピエトロ・アレッサンドロ・グリエルミ	(1728-1804)	4	(8)	[1791-93/1800]
ピエール・デュティリュー	(1754-1798)	3	(45)	[1791/92/97/99]
ニコロ・アントーニオ・ヅィンガレッリ	(1753-1837)	3	(44)	[1793-94/97-98]
ヴィチェンテ・マルティン・イ・ソレル	(1754-1806)	3	(20)	[1791/94/96]
ヴォルフガング・アマデウス・モーツァルト	(1756-1791)	3	(14)	[1791/95/98-99]
ヴァレンティーノ・フィオラヴァンティ	(1764-1837)	2	(59)	[1797-1800]
ジュゼッペ・サルティ	(1729-1802)	2	(43)	[1793-94/98-1800]
フランチェスコ・ビアンキ	(1752頃-1810)	2	(31)	[1792-94]
ヨハン・シモン・マイル	(1763-1845)	2	(31)	[1797-99]
セバスティアーノ・ナゾリーニ	(1768頃-1798/99)	2	(15)	[1791-92/1800]
ニコロ・ピッチンニ	(1728-1800)	1	(15)	[1794-95]
ジャコモ・トゥリット	(1733-1824)	1	(10)	[1792-93]
ガエターノ・ブニャーニ	(1731-1798)	1	(10)	[1795]
ジャコモ・フェラッリ	(1763-1842)	1	(10)	[1799-1800]

※私営劇場でも一定の存在感を示す［以下参照］

　イタリア・オペラの上演にあっては、自身がヴィーンに来演する者もいれば、作品だけがヴィーンに移入される場合もあり、そしてヴィーン在住の作曲家として日常的に作品を供給する人々もいるが、それらの弁別は行なわず、上演の状況を確認するだけに止める。

　40～50歳代の全盛期にあったサリエリ、チマローザ、パイジエッロの三大大御所は90回以上の公演でさすがというところだが、そこに割って入るのが、ベートーヴェンより半年ほど後に生まれた、実質的に同い年のパエー

ルである。彼は1794年から作品を提供し始め、1790年代後半においてヴィーン音楽界でベートーヴェンを寄せ付けない知名度を持っていた。1794、95、99、1800年の4年だけの上演数だから、その期間に限っていえば、大御所以上の人気ぶりであった。それを生み出したのはまさしくヴィーンの貴族社会の趣味であって、当時、北イタリアのパルマにあるオーストリア宮廷で公太子の宮廷楽長を務めていたパエールは同地での目覚ましい活躍によってヴィーンでも名声を轟かせていた。彼自身がヴィーンに腰を落ち着けるのは1798年以後のことである。

　グリエルミのかつての人気にははっきりと陰りがあった。音楽史ではまったく埋もれてしまったピエール・デュティリュー［Dutillieu］はリヨン生れで、初めパリで弁護士を開業していたが、1781年に旅行先のイタリアで見初めて後に結婚した歌手に影響されたか、イタリア・オペラの作曲家に転身したという変わり種である。イタリア各地でバレエ音楽作家として活躍したあと1791年に夫妻はヴィーンのブルク劇場に招聘された。また、ドイツ出身でありながらイタリア語オペラの世界で高い評価を得たのがベートーヴェンより少し年長のヴァイグルである。

ドイツ語オペラ		作品数順		
ヨーゼフ・ヴァイグル	(1766-1846)※	8	(84)	[1792-1800]
フランツ・クサヴァー・ジュスマイヤー	(1766-1803)※	7	(90)	[1793-1800]
ペーター・ヴィンター	(1754-1825)※	5	(100)	[1791-99]
パウル・ヴラニツキー	(1756-1808)※	5	(56)	[1792,97-1800]
ヨハン・バプティスト・シェンク	(1753-1836)※	3	(58)	[1796-1800]
ゲオルク・ベンダ	(1722-1795)	3	(27)	[1791-98]
イグナーツ・ウムラウフ	(1746-1796)	2	(21)	[1795-97]
カール・ディッタース・ディッタースドルフ	(1739-1799)※	1	(39)	[1796-98]
ヴォルフガング・アマデウス・モーツァルト	(1756-1791)※	1	(27)	[1798-1800]
ヨーゼフ・ヴェルフル	(1773-1812)	1	(16)	[1797-98]

※私営劇場でも一定の存在感を示す［以下参照］

　ドイツ語オペラでもヴァイグルが頭角を現わしたところで、同世代のジュスマイヤーが並んでいる。もう少し年長のヴィンター、ヴラニツキー、シェンクといったモーツァルト世代が一定の支持を受けている。ジュスマイヤーのブルク劇場初登場の作品は、実はイタリア語オペラであった。ベルターテ

第Ⅱ部　歴史的考察

ィの台本による《魅せられた魔法使い［L'incanto superato］》が 1793 年 7 月 8 日に初演されたが、2 回続演された後、ドイツ語［Die besiegte Zauberei］で 7 月 29 日に一度だけ上演されて終了となる。評判が良くなかったことは確かだが、宮廷劇場ではこのようにイタリア・オペラ（またはフランス・オペラ）のドイツ語上演も盛んで、特定の作品が超人気オペラとして繰り返し上演されていた。同様の基準でリスト・アップする。

イタリア・オペラのドイツ語上演		作品数・公演回数順	
ジョヴァンニ・パイジエッロ	(1740-1816)	2 (106)	[1791-1800]
ピエトロ・アレッサンドロ・グリエルミ	(1728-1804)	2 (90)	[1791-93/97-99]
ピエール・デュティリュー	(1754-1798)	2 (52)	[1794-96]
マルコス・アントニーオ・ポルトガル	(1762-1830)	2 (51)	[1794-95]
シルヴェストロ・ディ・パルマ	(1754-1834)	1 (38)	[1796-98]
パスクワーレ・アンフォッシ	(1727-1797)	1 (28)	[1795]
アンドレ゠エルンスト゠モデスト・グレトリー	(1741-1813)	1 (24)	[1796-98]
フェルディナンド・パエール	(1771-1839)	1 (20)	[1798-99]
ジャコモ・トゥリット	(1733-1824)	1 (16)	[1791-92]
ジュゼッペ・ガッツァニガ	(1743-1818)	1 (12)	[1792]

　1788 年秋にナポリで初演されたパイジエッロの《邪魔の入った愛［L'amor contrastato］または水車小屋の娘［La molinara］》は《水車小屋の娘［Die Müllerin］》として 1791-92 年に大ヒットし、1795 年以降は毎年、数回から 10 回程度、上演され続け、99 回の公演を確認できる最大の人気作品であった。ベートーヴェンもこのオペラから主題を採り、1795 年に 2 曲（WoO 69 および WoO 70）の変奏曲を書いた。

　私営劇場も主なものが 2 つ、郊外にあって、すなわち、1781 年に開場したレオポルトシュタット劇場と 1787 年開場のアウフ・デア・ヴィーデン劇場である。両劇場はもっぱらドイツ語オペラ（翻訳上演を含む）を市民向けに上演し、互いにライヴァル関係にあった。両劇場で上演される娯楽性の強い作品を提供するのみの作曲家たちは宮廷劇場の格式とは縁のない人々だが、両劇場の演目はその種のものに限られていたわけではなく、宮廷劇場で活躍する作曲家にも作品を書かせ（モーツァルトがその典型例）、あるいは、ボ

第11章 1790年代 ヴィーン音楽界の一般状況

ン宮廷の国民オペラ劇場と同様に、イタリア語オペラの翻訳上演も行なっていた。

　レオポルトシュタット劇場の公演については、「オペラ・プロジェクト」では初演1日だけの公演のような印象になるが、続演の状況があまりよくつかめないのかもしれない。アウフ・デア・ヴィーデン劇場（昔、免税であったためにフライハウス劇場とも呼ばれる）はケルンテン門を出て少し行ったところ、郊外（すなわち城壁の外）のヴィーデン地区に位置し、ヴィーデン劇場とも略称される。1801年に閉鎖されたので、その存続はわずか14年間のことであったが、1790年代にはその最盛期を迎えていた。1789年からシカネーダーが座長を務め、人気を呼んでいた。座席数が少なかったので彼はフランツ2世に新劇場建設の許可を請願し、そしてその近く、ドナウ河の支流ヴィーン川沿いに新しく建設されたのがアン・デア・ヴィーン［ヴィーン川

レオポルトシュタット劇場		作品数・公演回数順	
ヴェンツェル・ミュラー	(1767 1835)	37 (31)	[1791-1800]
フェルディナント・カウアー	(1751-1831)	16 (14)	[1791-/96-1800]
ニコラ＝マリー・ダライラック	(1753-1809)※	4 (4)	[1792-1799]
ヨーゼフ・ヴァイグル	(1766-1846)※	3 (3)	[1794-96]
パウル・ヴラニツキー	(1756-1808)※	2 (2)	[1793-94]

アウフ・デア・ヴィーデン劇場		作品数順	
イグナーツ・ザイフリート	(1776-1841)	24 (200)	[1797-1800]
ベネディクト・シャック	(1758-1826)	9 (15)	[1791-98]
ヨハン・ゲオルク・リックル	(1769-1843)	9 (10)	[1793-1800]
ヨハン・バプティスト・ヘンネベルク	(1768-1822)	6 (49)	[1793-99]
マテウス・シュテークマイアー	(1771-1820)	6 (30)	[1796-1800]
ヴォルフガング・アマデウス・モーツァルト	(1756-1791)※	6 (9)	[1791-1798]
ヤーコプ・ハイベル	(1762-1826)	5 (131)	[1796-99]
フランツ・アントン・ホフマイスター	(1754-1812)	5 (14)	[1795-98]
カール・ディッタース・ディッタースドルフ	(1739-1799)※	5 (8)	[1791-96]
ペーター・ヴィンター	(1754-1825)※	4 (20)	[1791-98]
フランツ・クサヴァー・ジュスマイヤー	(1766-1803)※	3 (3)	[1792-1794]
パウル・マシェク	(1761-1826)	1 (20)	[1798-99]

※宮廷劇場にも作品を提供

畔にある]劇場であった。1801年6月12日にアウフ・デア・ヴィーデン［ヴィーデン地区にある］劇場はその最終公演を終え、翌13日にアン・デア・ヴィーン劇場がシカネーダー座長のもとに開場した。

　これらの劇場においては、宮廷劇場でも活躍している作曲家［※付き］以外に、もっぱらこの分野で活躍する人物がたくさんの作品を提供しており、レオポルトシュタット劇場のミュラーやカウアー、アウフ・デア・ヴィーデン劇場のザイフリートがその例であるが、ザイフリートはシカネーダー一座の指揮者で、シャックとハイベルは同一座の歌手でもあった。この3人とヘンネベルクは、うち2人か3人で合作することもあり、たとえばザイフリートは単独作以外に14の合作オペラに携わっていた。シャックは8作、他の2人は2作である。以上の2劇場については、「オペラ・プロジェクト」のデータ取りはまだ完了しておらず、前述したように、ことに続演回数については筆者が閲覧した時点（2017年10月）における途中経過である。たとえばアウフ・デア・ヴィーデン劇場で初演されたモーツァルトの《魔法の笛》は、本書の出版直前の2018年5月時点で、公演日のデータは相変わらずまだなく、「1795年9月22日までに200回の上演」との注意書きのみある。

　そのほかに、1788年開場のヨーゼフシュタット劇場も、1795年からときにジングシュピールを上演しているが、数は少ないので、この際は省略する。

　以上の面々が、オペラに関してベートーヴェンのライヴァルであり、彼は自身の観劇を通してヴィーン音楽界の現況をつぶさに実感したわけである。そうして彼の回避しがたい目標のひとつがおのずから設定されていく。すなわち、宮廷劇場にイタリア・オペラを提供することはヴィーンで活躍する作曲家としての最大の目標であって、そのために修練の必要を自覚したベートーヴェンは1801年から翌年初めにかけてサリエリのもとでイタリア語付曲のレッスンを受けるようになる。

2 ｜ オラトリオ上演

　年間の最大の音楽関連行事は、3月後半から4月中頃の間にやって来る復活祭時に、およびクリスマス時の12月22日と23日に、催される音楽家共済協会［Tonkünstler-Societät］主催の慈善演奏会であった。音楽家共済協会は、

第 11 章　1790 年代　ヴィーン音楽界の一般状況

美術家年金協会［Pensionsgesellschaft bildender Künstler］に倣って 1771 年に設立され、音楽家の寡婦・遺児に支給する年金基金を募集するため、年に 2 回、合計 4 日にわたって慈善演奏会を開催していた。会員は恩恵を被るゆえに、その資格には厳しい制限があり、かなり高額の会費納入のほか、無料で出演する義務も発生した。コンサートは慈善事業としてふだんの数倍もの高額な入場料を徴収するので、そのことが付加価値となって、上層の人々とっては高い社会的ステータスを示す絶好の機会であった。大オラトリオの場合は第 1 部と第 2 部が 2 日に分けて上演され、そのほか 1 ～ 2 曲の器楽曲が日替わりでプログラムに載った。オラトリオまたはカンタータが 1 日の上演で済む規模の場合には第 2 日に同じ曲が再演されたが、それにも日替わり曲が付いた。

　音楽家共済協会主催コンサートのなかでも最も重要なのがオラトリオ公演である。オペラの場合と同じように 1791 ～ 1800 年について、年 2 回のコンサートの主要演目を一覧してみよう［364 ページ］。1871 年に出版された創立 100 周年記念誌がプログラム一覧を載せている［Pohl：Denkschrift aus Anlass des hundertjährigen Bestehens der Tonkünstler-Societät］。

　ハイドンの大規模作品（シンフォニー以外）が上演されたときはハイドン自らが、またヴァイグルも自作のカンタータのときに自分で、演奏を統轄したが、それらを除いて毎回（オール・ハイドン・プログラムを含めて）、指揮を執ったのが宮廷楽長のサリエリであった。こうしてヴィーンで最大の定期的コンサート上演を概観すると、サリエリとハイドンの重要度が浮き彫りとなる。圧倒的な知名度と、そしておそらく音楽界全体に浸透していた尊敬度である。ベートーヴェンはまさに最高の人々を師と仰ぐことになる。

　復活祭かクリスマスか、どちらか 1 回にオラトリオまたはその種の作品が上演されるのが一般的であり、その際は誰の作品であるか、衆目の関心を集めた。1792 年のヴァイグルのカンタータは准オラトリオと見なしてもよいかもしれないが、クリスマス時の第 2 日が休演となったため、特別に翌年の復活祭時の両日に再演された。94 年にアイプラーのオラトリオ、95 年にカルテッリエリのオラトリオが中心演目になっている（そのほかに日替わりのコンチェルト類 1 曲）。そして 99 年のクリスマスからハイドン《天地創造》が 3 回続けて上演されるのは圧巻で、この作品がいかに反響を呼んだか、これだけで十分に解る。ちなみに、1801 年のクリスマス時はハイドンの新作《四季》で、それは再び 1802 年のいずれの機会にも上演されて、3 回続くこととなった。

第II部　歴史的考察

1791 年復活祭	（4 月 16/17 日）	モーツァルト：シンフォニー、パイジエッロ：オペラ抜粋など
クリスマス	（12 月 22/23 日）	歌手ひとりの急病のため中止
1792 年復活祭	（4 月 15/16 日）	ハイドン：シンフォニー、トリーベンゼー：オーボエ・コンチェルトなど
クリスマス	（12 月 22 日）	ヴァイグル：カンタータ《ヴィーナスとアドニス》
	（12 月 23 日）	歌手ひとりの急病のため中止
1793 年復活祭	（3 月 23/24 日）	ヴァイグル：カンタータ《ヴィーナスとアドニス》
クリスマス	（12 月 22/23 日）	オール・ハイドン・プログラム
1794 年復活祭	（4 月 12/13 日）	ハイドン：シンフォニー、パイジエッロ：2 つのオーケストラと 2 つの合唱のための《讃歌》など
クリスマス	（12 月 22/23 日）	アイプラー：オラトリオ《飼い葉桶そばの羊飼い》
1795 年復活祭	（3 月 29/30 日）	カルテッリエリ：オラトリオ《ユダヤの王ヨアシュ》
クリスマス	（12 月 22/23 日）	ヴラニツキー：シンフォニー、リギニ：合唱付きアリアなど
1796 年復活祭	（3 月 20/21 日）	サリエリ：カンタータ《感謝》、ヴィンター：カンタータ《ティモテウス、または音楽の力》など
クリスマス	（12 月 22/23 日）	ヴラニツキー：シンフォニー、ジュスマイヤー：カンタータ《危機に瀕した救済者》など
1797 年復活祭	（4 月 9/10 日）	ヴィンター：カンタータ《ティモテウス、または音楽の力》
クリスマス	（12 月 22/23 日）	ヴラニツキー：シンフォニー、ジュスマイヤー：カンタータ《危機に瀕した救済者》から人気あるアンダンテ（アリア）など
1798 年復活祭	（4 月 1/2 日）	アイプラー：シンフォニー、ハイドン：《十字架上の最後の七言》など
クリスマス	（12 月 22/23 日）	アイプラー：シンフォニー、ハイドン：シンフォニーなど
1799 年復活祭	（3 月 17/18 日）	グルック：シンフォニー、ハイドン：《十字架上の最後の七言》など
クリスマス	（12 月 22/23 日）	ハイドン：オラトリオ《天地創造》
1800 年復活祭	（4 月 6/7 日）	ハイドン：オラトリオ《天地創造》
クリスマス	（12 月 22/23 日）	ハイドン：オラトリオ《天地創造》

　音楽家共済協会は 1771 年に時の宮廷楽長ガスマンによって設立された組織で、1788 年 3 月にその正式な職務継承者となったサリエリが共済協会の運営も引き継いだので、上演作品の選定の上でもその影響力が大きかったのは否めず、要所で目に付くのが彼の弟子である。たとえば、のちにミュンヒ

ェン宮廷の楽長となるヴィンターはこの時期のヴィーン音楽界で一定の存在
感を示していた。ベートーヴェンに近い世代としては、ヴァイグルとジュス
マイヤーがオペラを含めて突出していたことは間違いなく、またオペラには
名前が見られなかったがアイプラーはオラトリオで名を成し、さらに注目さ
れるのがベートーヴェンよりも若く、彗星のように現れたカルテッリエリ
（1772 年生れ）である。彼らはみなサリエリの薫陶を受けていた。彼らの略
歴については後述する。

　日替わり曲は、上に表記すると細かくなりすぎるので省略したが、とくに
オラトリオ上演の際には、主演目と日替わり曲の作曲者の格の違いが明らか
である。1795 年の復活祭時にはカルテッリエリの大オラトリオの第 1 部と
第 2 部がそれぞれの日の主演目であった。その他の上演作品は、第 1 日には
カルテッリエリのシンフォニーとベートーヴェンのピアノ・コンチェルト第
1 番（ベートーヴェン自演）であり、それは音楽家共済協会主催のコンサー
トにベートーヴェンの名前が初めて出た機会であった。第 2 日はカルテッリ
エリのシンフォニーおよびファゴット・コンチェルトで、その日はオール・
カルテッリエリ・プログラムとなり、さながら自作品コンサートと化した。

　この時点でまだ弟子ではないベートーヴェンがピアニスト作曲家としてこ
の催しのなかでヴィーンに公式デビューを果たしたわけだが、この事実は、
そこに至るまでの彼への注目度を測る試金石でもあろう［第 13 章 1 および第 14
章 2］。とはいえ、ベートーヴェン自身はまさしくライヴァルとの差を実感し
たのではないか。仮に歳を知ったとしたら、自身と同い年か自分の方が少し
若いと思ったかとも考えられるが、各人はそれぞれ年齢を明示して社会に登
場するわけではないから、自分より年上かどうかと思い巡らすのは後世の感
覚にすぎない。

3 ｜ 公開・非公開のコンサート

　その他のコンサートとしては、ヴィーンに定住または一時滞在する音楽家
が主催する公開コンサートが目立つ。作曲家が自作品だけによって開く個展
のようなコンサートはきわめて稀で、前例としては 1784 年 4 月 1 日にブル
ク劇場でモーツァルトが催したものがある。1790 年代ではヴァイグルが自
作品コンサートを 1792 年 4 月 13 日と 1798 年 3 月 30 日に行なっている。こ

第Ⅱ部　歴史的考察

れらはみな復活祭時期に開催されたものである。

　これらの公開コンサートは、ポスターが残存していたり、新聞や発行期間を限定した年鑑に記載されて、開催の事実が確認できるが、新聞に関しては、1798年に『総合音楽新聞（AmZ）』が発刊される以前は記載が曖昧で、詳細は把握しにくい。開催記事にはそもそも全曲目の明示は一般的ではなかったように思われる。ポスター等の原資料が消失する以前に何らかの関心から初期に記録が転写されるというのは、音楽家共済協会コンサートが幸運な例である。

　それらとは違った、そして数も圧倒的に多いのが、貴族の私邸での小規模な非公開コンサートであった。これは一般的には、貴族等の日記等により開催のみが判明するケースで、当人が出かけない場合は記載されることはなく、また曲目の記載も代表的な1曲、あるいは印象に残ったもののみ、ということが少なくない。貴族私邸でのコンサートは非公開のため、前宣伝もなく、事後の新聞報道もないので、その実態はつかみがたい。しかし実は、水面下でこの種の活動は、少なくともナポレオンが侵攻してくる1805年までは、活気があったと思われる。公的活動には楽師たちが大量に参加するが、いま述べたように記録に残っている公演は多くはなく、彼らが生計をある程度立てることができていたとすれば、日常的にもっと仕事があったはずで、さらにヴィーンの豊かな音楽活動に惹かれて多くの外来音楽家が訪れたわけだから、記録されないコンサート活動のイメージを持つことが必要であろう。

　しかし一方、私邸にオーケストラを持てる貴族は確実に減少した。貴族の全般的財政難はいわずもがなで、ニコラウス公の死去とともに1790年をもって楽団の解散となったエステルハージ宮廷が特別だったわけではない。むしろ同宮廷が特殊であったのは、ヴィーンから遠く人里離れた所領地で自家用と稀な来客のためだけに大規模な常設楽団、その上、常設オペラ団も、持つ贅沢をその時点まだ維持できたことである。ボン宮廷で見たように、いまや街全体を巻き込んで活路を求めるあり方が一般的となっていた。また街中の貴族ヴィーン別邸では、そもそも建物が手狭であるし、また各自は孤立していないから、自分のところだけで多人数の音楽家を常雇いする必要性に乏しかった。後に見るロプコヴィッツ侯の楽団はヴィーン邸だけではなくボヘミアの領地にも遠征した。もちろん、第4シンフォニーを委嘱したオッパースドルフ伯のように、地方の領地に長逗留する貴族には慎ましいオーケストラを保持し続けるケースもあった。しかし大勢としては、フル・オーケスト

第 11 章　1790 年代　ヴィーン音楽界の一般状況

ラはそのつどの臨時編成が常態となっていき、ナポレオン戦争がそれに拍車
をかける。

　他方、こうした状況下において、楽団は招き招かれる社交の媒体としては
小編成化も進行する。先に見た管楽八重奏団［オーボエ、クラリネット、ファゴット、
ホルン各 2 本ずつ］の大流行もそのひとつであり、さらにはこの時期の新たな流
行として弦楽四重奏団の保有が挙げられる。リヒノフスキー侯がその典型で
あるが、10 代の若い楽師たちのみからなる、シュッパンツィク率いるそれ
は「少年四重奏団［Bubenqaurtett］」と呼ばれた。成長した彼らを雇ったのがラ
ズモフスキー伯である。こうした流行が、それまでヴァイオリン愛好の貴族
や修道士たちが自分たちの楽しみのために私邸や修道院で結成した弦楽四重
奏団によって受容されていた弦楽四重奏曲の、ジャンルとしての脱アマチュ
ア化を促していく。ベートーヴェンの諸作品はそうした歴史推移を実証した
ものである。

4 ｜ ヴィーン楽壇の先達・好敵手たちの面々　概観

　次に、ヴィーンの地元の大家たち、そしてベートーヴェンが頭角を現わす
まで競い合うことになるライヴァルたちを生年順に概観しよう。

ハイドン　Haydn, Joseph（1732-1809）
　すでに見たようにハイドンの名声は絶大であり、その作品の上演回数も群
を抜いていた。ことに、当時はコンサート開催には本人が参画し、演奏を統
轄することが一般的で、死去したことでそれができなくなったモーツァルト
作品の演奏機会は、夫人が企画に努力したものの、他人が積極的に取り上げ
るようになるまでさしあたって激減したので、まさにこの 10 年間にはハイ
ドン作品との演奏回数の差は著しかった。またロンドンから凱旋将軍のよう
に帰還すると、その世界的名声はヴィーンの人々の誇りとなり、生地ローラ
ウの領主ハーラッハ伯爵（ハイドン出生時の孫にあたるカール・レオンハル
ト公）は 1793 年、宮殿庭園に記念碑を建立した（その後、生家記念館に移
設）。このような顕彰は大陸では先駆的なもので、それ自体がロンドンを倣
ったものであった。

367

第Ⅱ部　歴史的考察

アルブレヒツベルガー　Albrechtsberger, Johann Georg（1736-1809）

　伝統的教育を受けた教会音楽家で、1771年にカルメル派教会楽長となり、1793年には音楽家としてヴィーン最高の地位のひとつである聖シュテファン大聖堂の楽長に就任した。対位法の大家であり、1790年に理論書の代表作『作曲基本指南［Gründliche Anweisung zur Composition］』を著わしていて、多くの若者がその門を叩いた。ハイドンが第2回イギリス旅行に出掛けて不在中に、おそらくハイドンから頼まれて、代わってベートーヴェンへのレッスンを引き受けた。

ヴァンハル　Vanhal, Jan Baptist（1739-1813）

　ボヘミア出身で、1760/61年頃にヴィーンに出てくる。貴族に固定雇用されることはなく、さまざまな機会にヴァイオリン奏者・作曲家として音楽演奏に参画。ことにシンフォニー作曲家として国際的名声は一時はハイドンに並ぶほどであったが、神経症を患い引退を余儀なくされた。1790年代のヴィーンにおいて名声はもはや消滅していた。

ディッタースドルフ　Dittersdorf, Carl Ditters von（1739-1799）

　若い頃ヴィーンで修業し、永らくブレスラウ［現ポーランド、ヴロクラフ］の司教シャフゴッチュ侯に仕え、1773年に貴族に列せられた。1774年に宮廷楽長ガスマンの急死を受けて、ヨーゼフ2世より後任に選任されるが、ヴィーンの音楽職最高の地位と見られているにもかかわらず、その要請を断った。しかし1780年代に入ると再びヴィーンにやってきて、宮廷劇場で最も人気あるオペラ作曲家として《医者と薬剤師》(1786)、《赤頭巾ちゃん》(1788)など5作をケルンテン門劇場で初演した。1790年代は再びブレスラウに戻ってその近郊エルス［現ポーランド、オレスニカ］の離宮オペラ劇場に作品を提供した。そのなかの5作がヴィーンでもアウフ・デア・ヴィーデン劇場で上演されたわけである。

ウムラウフ　Umlauf, Ignaz（1746-1796）

　ヨーゼフ2世に引き立てられ、1778年にそのドイツ語オペラ運動の先導役を担った。2作目である《美しい女靴職人、または蚤色の靴》(1779)は1787年までに33回も上演された超人気作品であった。1788年に皇帝宮廷第二楽長となった。1824年にベートーヴェンの第9シンフォニー初演の指揮

368

第 11 章　1790 年代　ヴィーン音楽界の一般状況

を執ったのは息子ミヒャエル（1781-1842）だが、名前がよく混同される

コジェルフ　Kozeluch［Koželuh］, Leopold（1747-1818）

　ボヘミア出身で 1778 年からヴィーンで活躍し、81 年に同地にやってきた
モーツァルトと、ピアノ奏者・作曲家として、よく比較された。貴族階級の
間で人気ある音楽教師として地歩を固め、弟子に有名な貴族音楽家が何人も
いる。1780 年代にたくさんの作品を出版し、オーストリア以外でも作曲家
としてかなり名が通っていた。1784 年以降に 22 曲のピアノ・コンチェルト
を書き（ほとんどが 1790 年まで）、この分野でもモーツァルトの直接的なラ
イヴァルであった。1792 年 6 月 12 日に皇帝フランツ 2 世によって宮廷私室
楽団楽長兼宮廷音楽作曲家［Hof-Kammerkapellmeister/Hofmusik Compositor］に任ぜら
れた。その義務は年 1 回オペラまたはオラトリオの作曲であった。1800 年
以後、通風に苦しみ、創作活動は減衰して、ヴィーンのコンサート生活から
事実上、姿を消した。

フェルスター　Förster, Emanuel Aloys（1748-1823）

　当時オーストリア領シレジア（7 年戦争の結果 1763 年からプロイセン領、
現ポーランド）の出身で、1779 年にヴィーンに転出した。貴族の娘と結婚
したことで貴族社会のなかで地歩を固め、リヒノフスキー侯金曜コンサート
の常連でもあった。そこでモーツァルトとも知り合い、1792 年に宮廷作曲
家としてモーツァルトの後任に請願したが果たせず、生涯、固定雇用の音楽
職には就くことはなかった。すぐれたピアノ奏者となった娘はのちにコンテ
ィ伯と結婚した。ベートーヴェンの弦楽四重奏曲に多大な影響を与えたのは
間違いない。ベートーヴェンはのちにときどき彼のことを「我がいにしえの
師［mein alter Meister］」と呼んだとされるが［TDR II, 183 ページ］、現存する書簡お
よび会話帖にはその発言を確認することはできない。リヒノフスキー侯邸だ
けではなく、フェルスター自身の館でも室内楽コンサートが催され、そこに
ベートーヴェンが参加していたことは 1802 年 11 月 13 日の彼のヅメスカル
宛書簡［BGA 111］に明らかである。フェルスターは 1780 年頃にバッハの
《平均律クラヴィーア曲集》を弦楽四重奏用に編曲しており、少なくとも自
邸コンサートではそれも演目に挙がったに違いない。教師としても名高く、
ラズモフスキー伯ら貴族の名も弟子のなかに見られ、また 1805 年に『通奏
低音入門［Anleitung zum General-Bass］』を著わした。弦楽四重奏曲は 6 曲のセッ

トが作品 7 として 1794 年に、12 曲のセットで 1801 年に、6 曲で作品 21 として 1802/3 年に、18 曲セットで 1805 年に出版された。2010 年代に入ってようやく楽譜と録音による復興が始まり、これまで実態が不明であったベートーヴェンへの影響を実感することができる。

サリエリ Salieri, Antonio（1750-1825）

　1775 年に、病気がちの皇帝宮廷楽長ジュゼッペ・ボンノ（1711-1788）の職務代理者となり、1788 年 3 月、正式に皇帝宮廷楽長に就任し、1824 年に引退するまで、その職にあった。激変する皇帝宮廷において、長期に渡り宮廷の公式行事における奏楽・宮廷教会音楽・オペラ公演等を統括した。18 世紀から 19 世紀の変わり目においてヴィーン音楽界最大の実力者であった。ヴィーンで作曲家として活躍した最盛期は 1780 〜 90 年代で、生涯にはイタリア語オペラ 37 作、1786 〜 87 年にヴェルサイユとパリのためにフランス語オペラ 2 作、ヨーゼフ 2 世の国民（国語）オペラ運動のためにドイツ語オペラを 1781 年に 1 作、そして 1804 年に最後のオペラとして 1 作書いた。その他としては、オラトリオ、カンタータ、教会音楽が中心で、そうした公式音楽を書き続けなければならない立場ゆえに、愛好家・市民のための器楽曲をほとんど遺さなかったので、当時、絶対的であった名声は時代の終焉とともに絶えた。

カウアー Kauer, Ferdinand（1751-1831）

　ボヘミア出身で、1780 年代にヴィーンに転出した。レオポルトシュタット劇場楽師長・音楽監督を務め、1782 年以後に約 200 のジングシュピールを書き、当時の流行作家であった。

ヴィンター Winter, Peter von（1754-1825）

　マンハイムの出身で、1778 年に同地の宮廷楽団がミュンヒェン宮廷楽団と併合されるに伴って同地へ転出した。1780 年にヴィーンで数ヵ月、サリエリに学んだ。1787 年にミュンヒェン宮廷副楽長、さらに 98 年に同楽長となる。生涯、同地を本拠にするも、ときにイタリア各地、ヴィーン、ロンドン、パリ、ドレスデンなどに客演して、オペラも 1820 年頃まで各地で上演し続け、その数は 35 作に上った。こうした国際的な活躍をするドイツ人としてヴェーバーの活動に先んじたオペラ作家と言える。1814 年に勤続 50 年

の表彰を受け、貴族に列された。シンフォニー等も作品数は少ないが書いており、なかでも"ライプツィヒの戦い"を題材にした合唱付きの《戦いのシンフォニー》（1814）はベートーヴェン第9シンフォニーの先駆と言われた時期もあったが、楽譜が出版されてみると似ても似つかない作品であることが明らかとなった。

モーツァルト Mozart, Wolfgang Amadeus（1756-1791）

1781年3月16日にヴィーンに転出し、その後の同地での活躍はよく知られている。死後にさしあたって急激に人気が陰ったのは、現実に存在しないのだから、名声は他者の興行に依存せざるを得ないことになったゆえである。しかしほどなくして、特定の作品が繰り返し上演・出版される時代が来る。

ヴラニツキー兄 Wranitzky/Vranický, Paul/Pavel（1756-1808）

モラヴィアの出身で、ヴァイオリン奏者・作曲家として活躍したが、オルミュッツ大学で哲学を学んだインテリでもある。1776年にヴィーンに転出し、1785年からケルンテン門劇場のオーケストラ監督（コンサートマスター）、87年からはブルク劇場でも同職を務め、92年以後は生涯、皇帝宮廷劇場オーケストラ監督の地位にあった。1790年代に宮廷劇場で中核的存在となった。1790年にレオポルト2世の戴冠式で彼の書いたジングシュピール《オベロン》が上演された。オペラ（ジングシュピール）・バレエ音楽の作曲家として1806年頃までたくさんの作品を宮廷劇場およびレオポルトシュタット劇場に供給した。1792年のフランツ2世戴冠式の際には祝典シンフォニーが演奏され、シンフォニー作曲家としてもほぼ同じ頃までに51曲を書いて、この曲種の大量生産時代の最後を飾った人物でもある。モーツァルトと同じフリーメーソン支部のメンバーで、モーツァルトの手書き遺産をアンドレが買い取ったとき、同人とコンスタンツェを仲介したのは彼であった。音楽家共済協会の事務局長も務めた。

クロムマー／クラマーシュ Krommer/Kramár, Franz/František（1759-1831）

ボヘミア出身で、初め地方貴族に仕え、1795年にヴィーンに転出。1810年に年俸1500グルデンで宮廷劇場バレエ音楽監督となる。1818年にコジェルフの後任として宮廷私室楽団楽長兼宮廷音楽作曲家に就任し、生涯その地位にあった。主として器楽作曲家で、シンフォニー（1798年から1830年ま

でに 9 曲)、各種コンチェルト、弦楽五重奏曲、弦楽四重奏曲、管楽合奏曲に非常に多くの作品を遺し、そのほとんどが当時出版されて、国際的な名声を保っていた。

ミュラー Müller, Wenzel（1759-1835）

モラヴィアの出身で、ブレスラウ司教シャフゴッチュ侯に仕えていた時期にディッタースドルフに学んだ。その後、モラヴィア地方で劇場楽長を務め、1786 年にヴィーンに転出。レオポルトシュタット劇場楽長・作曲家となり、プラハに招聘された 1807 ～ 13 年は中断したが、1834 年までその地位にあった。速筆多作で知られ、劇音楽は 235 作、うちオペラは 40 作で、長きにわたって下町劇場の最大の売れっ子作曲家であった。

ヴラニツキー弟 Wranitzky/Vranický, Anton/Antonín（1761-1820）

モラヴィアの出身で、兄を追って 1785 年頃にヴィーンに転出。モーツァルト、ハイドン、アルブレヒツベルガーに作曲を学ぶ。遅くとも 1790 年からロプコヴィッツ侯宮廷楽団のヴァイオリン奏者を務め、やがて同楽長・楽師長兼務となる。同邸での《エロイカ》試演を統轄した。作曲家としてはそれぞれ 15 曲のシンフォニーとヴァイオリン・コンチェルトを中心に、その他のコンチェルト、多様な室内楽曲を 1790 ～ 1810 年代に書いた。

ギロヴェッツ Gyrowetz, Adalbert Mathias（1763-1850）

ボヘミアの出身で、プラハで音楽家として頭角を現わした。その後、ヴィーンで活躍し始めたが、1786 年から 89 年までイタリア、さらにロンドンに 3 年居て、ハイドンのザロモン・コンサートにも出演した。1792 年 11 月に同地を去って、ようやく 93 年にヴィーンに戻った。豊富な国際経験、各国語に堪能であること、法律にも詳しいこと、等によって貴族社会で重用され、1804 年には宮廷オペラ作曲家に任用される。サリエリ、ヴァイグルに次ぐ、ヴィーン・オペラ界の重鎮であった。

エーバール Eberl, Anton（1765-1807）

ヴィーン生れで、少年期からピアノ奏者として活躍を始め、コジェルフの弟子となる。1780 年代にオペラおよびシンフォニーの作曲家として頭角を現わし、また 1784 年 3 月 9 日にブルク劇場でピアノ奏者として本格的なデ

第 11 章 1790 年代 ヴィーン音楽界の一般状況

ビューを果たす。1780 年代後半にモーツァルトと懇意となり、もしかした
ら弟子であった。1795-96 年にモーツァルトの寡婦姉妹に付き添ってドイツ
演奏旅行をこなした。自作がモーツァルト作とされ抗議することしばしばで
あった。1796 年から複数回にわたってサンクト・ペテルブルクで活躍し、
1801 年 12 月にはハイドンの《天地創造》の 3 公演を成功させた。1802 年に
最終的にヴィーンに戻り、1805 年に銀行家ヴュルト邸でベートーヴェンの
《エロイカ》が半公開初演されたとき、エーバールの同じ変ホ長調シンフォ
ニー作品 33 も演奏され、当時のジャーナリズムでは彼の作品の方が評判が
よかった。オペラ 9 作、シンフォニー 4 曲、ピアノ・コンチェルト 4 曲のほ
か、多数のピアノ室内楽曲およびピアノ独奏曲を遺した。

アイブラー Eybler, Joseph（1765-1846）

　ヴィーン近郊の生れで、アルブレヒツベルガー、ハイドン、モーツァルト
に作曲を学んだ。モーツァルトの寡婦よりその未完作品《レクィエム》の補
筆を真っ先に頼まれるが、試行の後、断った。アルブレヒツベルガーに「モ
ーツァルト亡き後、ヴィーンが有する最大の才能」と言わしめたとされる。
皇妃マリー・テレーゼ（フランツ 2 世の後妻）に引き立てられて皇家の音楽
教師を務め、さらに 1804 年 6 月 28 日に皇帝宮廷楽団副楽長に就任してサリ
エリの補佐役となって、1824 年 6 月 6 日にその後任の楽長に昇格した。
1835 年に貴族に列せられた。初期の高い評価は 1794 年クリスマスに音楽家
共済協会コンサートで上演されたオラトリオ《飼い葉桶そばの羊飼い》の委
嘱に明らかだが、劇音楽においてそれに続くめざましい成果は乏しく、むし
ろ宮廷舞踏会のために夥しい舞曲を書き、また室内楽曲が創作の中心となっ
た。楽長就任後は、ミサ曲等の皇帝宮廷の公式音楽の作曲を担当した。

ジュスマイヤー Süßmayr, Franz Xaver（1766-1803）

　オーバーエスターライヒの出身で、1788 年にヴィーンに出てきた。やが
てモーツァルトに弟子入りし、その未完作品《レクィエム》を、アイブラー
が断った後ただちに完成させた。その後サリエリの指導も受け、1792 年以
降、次々と作品が舞台に掛けられる。イタリア・オペラも 1 作あり［前述］、
宮廷劇場とアウフ・デア・ヴィーデン劇場の双方でオペラ界の寵児となり、
さながらモーツァルトの真の後継者といった感を呈していた。1794 年に宮
廷劇場楽長代理、95 年に同楽長・作曲家に任命された。ミサ曲、カンター

373

第II部　歴史的考察

タ、後半生においてはドイツ・リート、さらにはシンフォニーやコンチェルト、室内楽といった器楽曲の分野でも佳曲を遺したが、師と同様に若くして急逝した。

ヴァイグル　Weigl, Joseph（1766-1846）

　父はエステルハージ宮廷楽団チェリスト、母は同歌手で、アイゼンシュタットで生れ、洗礼父ハイドンからその名をもらった。1769 年に父の転勤とともにヴィーンに転出した。アルブレヒツベルガーに作曲を学び、皇帝宮廷楽長ガスマン（1729-1774）の寵愛を受け、またヴァン・スヴィーテン男爵邸にも出入りし、1780 年代にはサリエリの指導下にあった。音楽界のサラブレッドとも言うべき出自と、こうした豊かな人脈に恵まれて、なおかつレオポルト 2 世に登用され、1790 年末にサリエリの後任として皇帝宮廷劇場楽長・作曲家に任命された。しかしその直後からレオポルト 2 世はイタリア語オペラをパエールやチマローザといった外部のイタリア人作曲家に外注し始めたため、彼はドイツ語オペラを宮廷劇場とレオポルトシュタット劇場に提供する。計画されていたナポリでの修業はレオポルト 2 世の死によりご破算となったが、後継のフランツ 2 世は彼にイタリア・オペラも書かせることとし、1794 年 1 月興行の《アマルフィの王女》以降の 6 作が 1800 年までに生まれる。ベートーヴェンがヴィーンで活動を始めた頃は飛ぶ鳥を落とす勢いであった。以後も両方の劇場にオペラ・ブッファ、オペラ・セーリア、ジングシュピール、メロドラマ、そしてバレエを 1823 年まで提供し続ける。ベートーヴェンが途中放棄した《ヴェスタの火》（台本シカネーダー）を代わって作曲し 1805 年 8 月 10 日の初演にこぎ着けたのはヴァイグルである。1826 年に宮廷副楽長となった。器楽曲は管楽合奏曲程度のものがわずかにあるだけで、作品のほとんどがオラトリオ、カンタータを含む劇音楽で、イタリア語オペラは 14 作、ドイツ語オペラは 19 作を遺した。長寿をまっとうし、名声にも恵まれたが、ベートーヴェンと同時代にその正反対の活動を徹底して追究したがために、後世にはベートーヴェンの影に完全に隠れ、その創作は絶望的に忘却された。

ヘンネベルク　Henneberg, Johann Baptist（1768-1822）

　ヴィーン生れで、街中のショッテン修道院のオルガン奏者として父を継いだ。1790 年から 1801 年までシカネーダーの下でアウフ・デア・ヴィーデン

劇場楽長・座付き作曲家を務め、同一座がアン・デア・ヴィーン劇場に移った後もその職を続けたが、1804年に妻の療養のためにヴィーンの南に転居し、アイゼンシュタットでエステルハージ侯家のオルガン奏者となった。14作のオペラのうち約半分は同僚たちとの合作である。

カルテッリエリ　Cartellieri, Anton　（1772-1807）

　父はイタリアのテノール歌手、母はドイツのソプラノ歌手で、両親の巡業先で生れ、両親の離婚後はベルリン王立オペラ劇場と契約した母に連れられてベルリンで教育を受けた。20歳のときに同地で早くも最初の劇作品が上演されたが、1793年頃にヴィーンに転出した。同地でアルブレヒツベルガーおよびサリエリに学ぶ。1795年復活祭で上演されたメタスタージオ台本による《ユダヤの王ヨアシュ》はその才能の豊かさを証明している。1796年にロプコヴィッツ侯宮廷楽長となり、その後、侯とつねに行動を共にし、死去するまでヴィーン、ラウドニツ、アイゼンベルクの各ロプコヴィッツ宮殿に伺候した。オペラ9作、オラトリオ3作、シンフォニー4曲、フルート・コンチェルト2曲、クラリネット・コンチェルト3曲、ファゴット・コンチェルト1曲、管楽合奏曲などを遺した。没後200年の2007年をきっかけに復興が始まっている。

トリーベンゼー　Triebensee, Joseph　（1772-1846）

　ボヘミア出身で、家業とも言えるオーボエ吹きとして音楽家経歴を開始する。1791年にモーツァルトの《魔法の笛》がアウフ・デア・ヴィーデン劇場で初演されたとき、楽師として参加した。1792年に自作のコンチェルトによって音楽家共済協会コンサートに初出演した。アルブレヒツベルガーに作曲を学び、1794年にリヒテンシュタイン侯家楽長となる。管楽合奏曲を中心に作品を書いたが、アウフ・デア・ヴィーデン劇場で合作ジングシュピールの作曲に加って、作曲家としての腕を磨いた。1809年の侯家楽団解散後、しばらくしてからプラハで劇場楽長として活躍する。

ヴェルフル　Wölfl, Joseph　（1773-1812）

　ザルツブルク生まれで、レオポルト・モーツァルトおよびミヒャエル・ハイドンに学び、1790年にヴォルフガング・アマデウス・モーツァルトを頼ってヴィーンに出てきた。彼はモーツァルトからポーランドの貴族オギンス

第II部　歴史的考察

キ伯に紹介されて、その領地のワルシャワで活動したが、1795年、第3回ポーランド分割によりヴィーンに戻った。以後、ピアニストとしても活躍し始め、その分野でベートーヴェンの最大ライヴァルとなった。1799年3月に大コンサートツアーに出発し、ドイツ各地を巡って、1800年にいったんヴィーンに戻る。しばらくして第2回のツアーに旅立ち、フランス、オランダ等で活躍した後、1805年にロンドンに落ち着いた。パリとロンドン滞在初期の時代にはオペラも書くほか、1801年頃からシンフォニーやピアノ・コンチェルト、弦楽四重奏曲といった器楽の王道作品も手掛けた。彼のロンドンでの活躍ぶりはナポレオン封鎖によってヴィーンにはあまり伝わらなかったが（彼の早世に関しても）、チャールズ・ニート［後述］らを育て、また彼の音楽は19世紀終盤までイギリスのレパートリーに残っていた。

カンネ　Kanne, Friedrich（1778-1833）

　ザクセンの出身で、しばらくブライトコップ＆ヘルテル社で校正係をしていたこともある。プレスブルク（ブラティスラヴァ）のドイツ・オペラ劇場の楽長を務めていたが、ロプコヴィッツ侯に見出され、遅くとも1806年からヴィーンを本拠にした。ベートーヴェンが1807年に宮廷劇場専属オペラ作曲家を請願した頃、カンネのオペラ《オルフェウス》がその舞台に掛かっていた［681ページ］。ベートーヴェンも終曲を書くことで参加した1814年の1幕パスティッチョ・ジングシュピール《良い知らせ Die gute Nachricht》の第6曲は彼が寄稿した［865ページ］。彼は文人としても才能があり、一時は《合唱幻想曲》の作詞者ではないかとの説も立てられた［704ページ］。また1821年から『ヴィーン総合音楽新聞［Wiener Allgemeine Musikalische Zeitung］』の主筆となり、ベートーヴェンとも親しく交友し、1823年には同紙上で期待を述べている［1036ページ］。

　以上の略歴集を、皇帝居住地での楽師（職業音楽家）のあり方として、重要順にまとめてみると、第1が公的音楽（オペラ・教会音楽）活動への参加である。これに関しては、作曲の委嘱と演奏者としての参加の2種があるが、前者が社会的注目を浴び、ステイタスとなり、確実な収入が約束される。第2に、公的性格を帯びたコンサートで作品が発表されること、上演者として共演することである。第3に、貴族私邸での日常的コンサートに出演したり、作品を聴かせたりすることであるが、これは形を変えた宮廷楽師と言える。

376

5 | 結果としてのヴィーン定住

　1792 年 11 月に始まるベートーヴェンのヴィーン留学は、ボン宮廷楽団楽師としての身分を維持したまま始まり、当初は有給だったので、やがてボンに戻ることを前提にしていたことは明らかである。しかしオーストリアは対仏同盟に加わってフランスと戦争状態にあったから、ケルン選帝侯国もドイツ国のひとつとして皇帝のその施策に対して中立の立場を取ることはもはやできず、当時ミュンスターに宮廷を移していたマクシミリアン・フランツは皇帝との協議のため 1794 年 1 月に短期間ヴィーンを訪問した。この先の宮廷の維持が見通せなくなったことにより（ボン宮廷の解体は 1794 年 10 月 2 日）、もしかしたらその際に「呼び戻されるまでヴィーンに無給で」との決定がなされたかもしれない［TDR I, 392 ページ］。事実、ベートーヴェンへの俸給支払いは 4 月以降、打ち切りとなり、有給の期間は 1 年 5 ヵ月で終わった。

　彼は結果的にヴィーンに定住することとなった。客観的に言えば、"呼び戻す"主体が消滅した、つまり、選帝侯自身がやがてボンを捨ててヴィーンで晩年を過ごすことになる、という政治状況がそうさせたのであるが、ベートーヴェンの方でも、自活していかなければならないという状況の変化に対応するうちに、故郷を捨てざるを得ない結果にも馴染んでいったのであろう。これは、逆に言うと、1 年半弱のうちに自活が可能となったことの証明でもある。

　1794 年 4 月段階と言えば、ハイドンの不在中にアルブレヒツベルガーの許で対位法の学習を進める日々であり、自由作曲の成果はまだほとんどない時期であった。作品の出版が軌道に乗り始めるのは、次章で見るように 1795 年以降のことであり、さらにリヒノフスキー侯からの年俸 600 グルデンの支給は 1800 年からであるので、さしあたって自活の手段としては、貴族邸でのピアノ演奏、ピアノ・レッスンが中心となっていたと考えざるを得ない。後世の視点で言えば、貴族の理解者に囲まれる、ということであろうが、ベートーヴェンはここをさしあたって居場所にするほかなかったのである。やがて、上下関係の反転にもつながるような活動を始める。それは、「独自にコンサートを創り出し公的存在となる」という新しい音楽活動であった。

第II部　歴史的考察

　ちなみに、生涯ヴィーンに定住という結果について、その後も居続けた事実を通して、その理由を考えてみると、それもまた偶然によって支配されていたことが判る。具体的な状況は今後の各章のなかで触れられるが、ここで簡単に一望しておこう。

　まず、1802年10月のハイリゲンシュタット事件の後、1803年から04年にかけてパリ転出に揺れる。第2次対仏同盟（1799-1802）と第3次対仏同盟（1805）との狭間にあるこの時期にはナポレオンの皇帝就任によって一時的にパリの状況が安定したからであるが、その後の仏・墺関係の事態急変によって計画は完全に頓挫した。

　1808年10月に受けたカッセル宮廷楽長就任の誘いは翌年1月に受諾するところまでいったが、それがきっかけで3月に3貴族とのヴィーン居住を条件とする年金契約に発展し、カッセル行きは破談となる。

　1811年1月にイタリア療養が検討されているという新聞記事が出るが、8月初めに向かったのはテプリッツであった。

　ヴィーンを去る計画はその後もことにロンドン転出として何度も立ち現れ（1812年、1813-14年、1817-18年、1822年、1825年）、あるときはロンドンのホテルを予約する話まで行くが、後見権裁判、体調不良、難聴ゆえの同行者の問題等によって、いずれも断念されることとなる。彼が生涯ヴィーンで創作を続けることになったのは、こうした幾重もの偶然が積み重なった結果、と言えよう。

第12章

1793〜95年

ヴィーンでの再出発

作品1の作曲・出版はいつか／ベートーヴェンとハイドンとの
関係について／逸話によって創出された対立関係

1. スケッチ帖に見る作品1のスケッチ時期
2. ハイドンのヴィーン帰還
3. ハイドンの驚愕?
4. 契約から出版まで
5. 出版過程を細かく分析することで出版時を査定
   証言の矛盾を解明する前提として
6. ハイドンは出版後になぜ
   「公刊しない方がいい」と言ったのか
7. ベートーヴェン神話・逸話批判

第II部　歴史的考察

リース証言引用

　ベートーヴェンの3曲のトリオ（作品1）がリヒノフスキー侯のところの夜会で初め
て芸術に嗜みのある人々［Kunst-Welt］の前で演奏されるということであった。たく
さんの芸術家と愛好家が、とくにハイドンが、招待され、その判断を全員が楽しみ
にしていた。トリオは演奏され、そしてただちに格別の注目が集まった。ハイドン
もそれについてお世辞をいろいろ言ったが、しかしベートーヴェンに第3番ハ短調
は出版しないようにと忠告した。これにはベートーヴェンは非常に驚いたが、とい
うのも彼はこの曲を一番よいと思っていたからで、しかも今日でもなおそれが最も
愛好され、最大の成果を生んでいるからである。したがってこのハイドンの言葉は
ベートーヴェンに悪い印象を与え、彼をして、ハイドンが嫉み、嫉妬していて、彼
のことをよく思っていない、という考えに追いやった。私は告白しなければならな
いが、ベートーヴェンが私にこのことを語ったとき、私は彼をあまり信用しなかっ
た。私はそれで、ハイドン自身にそのことについて質問する必要があると思った。
しかし彼の答はベートーヴェンの言明の通りで、彼が言うに、このトリオがこんな
にも早く、たやすく理解され、そして公衆にこれほど好ましく受け入れられるとは
自分は思わなかった、ということだった。［『覚書』84 〜 85 ページ］

1 ｜ スケッチ帖に見る作品 1 のスケッチ時期

　ピアノ・トリオ作品1（変ホ長調・ト長調・ハ短調）がいつごろ着手・完
成・出版されたかは、諸説あるばかりではなく、師ハイドンとのこの作品を
めぐる関係について遺されている、上記引用の有名な逸話が絡んで、解釈の
難しい問題であった。旧カタログでは、作曲の主たる取組みは 1793-94 年と
なっており、スケッチの見つかっていない第1番はさらにそれ以前（ボン時
代）に手が付けられた可能性もあるとされていた。リヒノフスキー侯邸での
夜会の際に初演され、それにはハイドンも居合わせたというリースの記述が
あることから、おそらく 1793 年の暮れ、おそくとも 1794 年初めに一応、完
成した、と見なければならない、なぜならハイドンは第2回のイギリス訪問
のために1月19日にヴィーンを発つからである、しかしスケッチはその後

第 12 章　1793 〜 95 年　ヴィーンでの再出発

にもあるので、細部に手を加えて（たとえば第 2 番終楽章など）、1795 年春に出版できる段階までに調った、ということであった。

　1793 年末に夜会で演奏できる程度には完成していたにも拘わらず本格的な出版はようやく 1795 年夏になって、というタイムラグは、この処女作をベートーヴェンは 2 年近くも暖めていたのはなぜなのか（セイヤー）、またハイドンが第 3 番について「出版しない方がよい」と言ったとリースが伝えているので、その忠告に基づき出版を逡巡していたのではないか、あるいは改訂作業がずっと続いてハイドンが聴いたものとはかなり異なって完成したのでは、とか、その反対に正式な出版までの間に筆写譜で出回っていた（販売していた）のではないかなど、いろいろな推測が立てられた。最後に挙げた説に関しては、楽譜出版が後れて始まったヴィーン地域では確かになお筆写譜販売商会の活動は盛んであったし［1798 年に WoO 7 および WoO 8 の筆写譜販売を行なったトレック社（664 ページおよび巻末出版作品一覧表参照）など］、1795 年の出版予約が 200 部を軽く上回る盛況であったことからも、事前の筆写譜販売によって市場の期待が喚起された可能性なども取りざたされた。これらがいずれも誤りであることが今日ようやく明確に確認されることとなる。

　その端緒を付けたのはダグラス・ジョンソンの研究報告［Johnson/Fischhof (1980)］で、それは、新カタログが世に出たことによって一気に顕在化したスケッチ研究が本格化していく初期段階に、論文として発表されたもののひとつである。その主旨は、Op.1-1 については 1792 年に書かれたスケッチも存在するので 1792-93 年にいったん成立した初期稿が失われた可能性もなしとしない、しかし Op.1-2 と Op.1-3 のスケッチはハイドンの不在中に見てもらっていたアルブレヒツベルガーの許での対位法の学習と隣接して現れる、そのスケッチはかなり大々的なものであって、すでに一応は出来上がっている作品の単なる改訂作業ではなく、まさしく着想され書き進められていくものである、ということであった。対位法課題実施と Op.1-2 と Op.1-3 のスケッチが並存していること自体は古くノッテボームが指摘していたところであるが、ジョンソンはそれを作品 1 の初演時期の問題と結びつけたのである。しかし彼の論及はそこまでであった。

第II部　歴史的考察

2 | ハイドンのヴィーン帰還

　この前提に立つと、ハイドンが聴いたのはロンドンから戻った後と考えざるを得なくなる。ハイドンがヴィーンに帰還した時期を、ベートーヴェン研究は現在では「1795 年 8 月」と曖昧にしているが、かつては 8 月 20 日ともされて、それを採用している日本語文献もある。しかしそれはあり得ない。ハイドン研究では、まずディース［Dies：Biographische Nachrichten von Joseph Haydn, 1810］がロンドン出立の日を 8 月 15 日としている。その後の旅程としては、すでに対仏戦争が始まっていたために、往きと同じルートだとフランス軍に占領されていたボンを通過することになるので、カレから大陸に入るのを避けてハンブルク回りとし、その機会にエマヌエル・バッハに会おうと家を訪ねたが、すでに亡くなっており、娘のアンナ・カロリーネ・フィリッピーネしか居なかった、というグリージンガー［Griesinger：Biographische Notizen über Joseph Haydn, 1809］が伝える事実がここにつながっている。そしてその日は 8 月 19 日または 20 日であり、その後はドレスデンを経由して、ヴィーン到着は 8 月末と推定されている。セイヤーはもともと 8 月 30 日としていたが、それはほぼ正しく、その後の文献のなかでなぜか 20 日にずれることとなった。

　この作品の成立は、ハイドンがそれを聴いて批評したのだから、その機会はハイドンがロンドンに発つ前か帰還後かということになる。その機会に「公刊しない方がよい」と述べたとのことだから、8 月末にはすでに公刊されていたのは明らかなので、したがって発つ前、すなわち 1794 年 1 月 19 日前、ということになって、前節に述べたさまざまな推測が立てられたのであった。しかし作品の、たとえ仮の成立も 1793/94 年の変わり目ではあり得ないことを、まったく別の角度から検証してみよう。これは、ハイドン不在中にこそ、ベートーヴェンの長足の、かつ超大で、格別の進展があったことを立証することになる。それはまさしく、先輩たちの吸収や学びから自立して、ハイドンをも驚愕させる独自性が育まれる、短い時間であった。

382

第 12 章　1793 〜 95 年　ヴィーンでの再出発

3 ｜ ハイドンの驚愕？

　おそらく 1792 年 11 月 10 日にヴィーンでの定住を始めたベートーヴェン
は、その約 1 ヵ月後の 12 月 12 日に初めて、ハイドンとの接触を窺わせるメ
モを遺している［前述］。1792 年 7 月 24 日にヴィーンに帰着したハイドンは、
その頃、第 2 回のイギリス演奏旅行で披露する作品の準備に余念がなかった。
ロンドンからの帰路、カレに上陸してボンでも 1 泊し、その際にベートーヴ
ェンのヴィーン研修を選帝侯に説得したハイドンには、いくら多忙とはいっ
ても、ベートーヴェンの面倒を見る必然性があった。気候がよくなった 93
年 5 月末にはアイゼンシュタットに籠もって作曲に集中する日々を送ること
になるのだが、6 月 19 日にベートーヴェンは同地に呼び出される。対位法
の下見をしてもらっていたシェンクに「もうきょうアイゼンシュタットに出
発するなんて願っても［wünschte］［原注：ノールは wußte（思っても）と読んだ］みま
せんでした」［BGA 9］と書いているからである。
　ベートーヴェンのアイゼンシュタット滞在期間がどのくらいであったか証
拠はないが、1 ヵ月近い可能性もある。作品の書き溜めに精力を注ぐハイド
ンから、時間を見つけてはマンツーマンでの指導を受けた。師のシンフォニ
ー作曲の現場に居合わせたこともまた確かなことである。ハイドンは、ベー
トーヴェンより半月ほど後かもしれない、8 月初めにヴィーンに戻り、その
後もベートーヴェンへの指導は続けた。そうして 11 月 23 日、ボンの選帝侯
に書簡［BGA 13］をしたためる。それにはベートーヴェン自身の選帝侯宛書
簡［BGA 12］も同封されており、またここが重要だが、ベートーヴェンの作
品数曲が、その進歩ぶりを侯に報告する材料として添えられた。ハイドンの
書簡はベートーヴェンの経済的窮状を報告し、俸給の増額を要請する内容で、
「同人が高利貸しの手に陥らないよう保証人になったり現金を立て替えたり」
し、「かくて同人は私に 500 グルデンの債務」を負うことになり、「必要最低
額が［引用者補：年に］1000 グルデンになる」云々。当時、ベートーヴェンが
選帝侯から受け取っていた俸給は 200 ターラーで、これは 400 グルデンに換
算し得る。ここにはハイドンの親身ぶりが見て取れ、子供のいないハイドン
はベートーヴェンを息子のように思ったのでは、とイメージを膨らますこと
さえ可能である。

383

第Ⅱ部　歴史的考察

　ベートーヴェンに金を貸していたハイドン、それを本人からの直接の返済
は無理と見て選帝侯に実情を訴えた、という意地悪い見方も可能だが、アイ
ゼンシュタットまでの旅費を出してやったり（弟子を遠方まで呼びつけるの
だから）、ハイドンが無償提供したかもしれないレッスンや1ヵ月近くに及
ぶ宿泊・食事代等を有料とすれば、立て替えたことにもなる。返済のその後
についてはまったく不明で、現実には債務というべきものはほとんどなかっ
たかもしれない。その約1ヵ月前にベートーヴェンのメモ帖に、「チョコレ
ート［ココア］22クロイツァー　ハイドンと自分のため」（1793.10.24.）、2
度目は「コーヒー　6クロイツァー　ハイドンと自分のため」（1793.10.29.）
とある。これもハイドンが若いベートーヴェンに奢らせたと悪く取るのでは
なく、経費のメモにすぎないかもしれないし、あるいはアイゼンシュタット
でお世話になった御礼の気持ちを込めて「これくらい僕が払います」といっ
た和やかな関係をイメージすることも可能だ。

　またハイドンのレッスンに飽き足らなかったベートーヴェンはその不在中
にシェンクおよびアルブレヒツベルガーの所に通い、実は彼らの徹底した対
位法レッスンの方がベートーヴェンのその後に役立った、というイメージも
古くから繰り返されてきたことであるが、それは、ここで紹介した計3通の
書簡が発見される1935年以前にノッテボームらによって作られたものであ
った。同上の選帝侯宛ハイドン書簡には、「同人に絶対に必要な先生（複数）
［die Meister］」という記述もあり、それはすでに並行してシェンクに見てもら
っていることを承知している言質と解することができるし、また、忙しい自
分が全面的には面倒を見切れないとの自覚のもとに、それを補う手立てを同
時にしていて、また自分の不在中についても滞りないよう手配して出かけた
のではなかったか。

　ところでそのとき送られた作品は、五重奏曲（消失）、8声パルティー
（後に"Op.103"となる）、オーボエ・コンチェルト（消失）、ピアノ変奏曲
（特定できず）、フーガ（消失）、であった。現在確かめることができるのは、
死後に出版された管楽八重奏曲（"Op.103"）［336ページ］のみである。ところが、
2人の書簡に対するハイドン宛の12月23日付ケルン選帝侯返書［BGA 14］は
厳しく、「フーガを除くとボンで作られたもの」「［滞在費］500グルデン　プラ
ス俸給400グルデンで計900グルデンの支給済み」「当地への帰路に就いた
らどうかと考えている、というのは彼が現在の滞在でこれ以上の目立った進
歩をなすことは訝られるし、第1回のヴィーン旅行のときと同様にただ借財

384

をもたらすだけなのを怖れている」というものであった。

　この事実に対する私の推察は次のようである。まず、選帝侯にすでにボンで見せたことのある旧作を結果的にハイドンに送らせることとなったのだから、その背後にはハイドンとベートーヴェンの間に行き違いがあったことは確かである。そうしたことの積み重ねによって、ベートーヴェンがロンドンに同伴するという、あったかもしれない計画は自然消滅したとも言えよう。ベートーヴェンはボン作品をハイドンに見てもらい、推敲し、ヴィーン稿を作成した可能性も捨てきれず、そして選帝侯は送られた楽譜を見やって「かつての作品」と判断しただけで、中身の違いには気づかなかった、ということもあり得る。しかし一連のその種の想定よりも重要なのは、ヴィーンでの進展ぶりを選帝侯に印象づけようにも、そういう作品しか送ることができなかったという事実である。それはとりもなおさず、1793年段階では理論的勉強が中心で、実作品はほとんど作曲していないことを間接的に証明するのではないか。

　11月末の出来事から、翌年1月中旬までの約1ヵ月半の間に、ハイドンをあっと言わせるOp.1-3が出来上がったという話を成り立たせるには相当の無理をしなければならい。ベートーヴェンはハイドンに対しては旧作を見せることで日常のレッスンを誤魔化す一方、密かに作品1の3曲の創作を進め、出発直前の師に一杯食わせた、という極端な想定しかないのではないか。もしそうだとしたら、リースの伝える話にもまたある程度、そうしたハイドンの驚きや、ベートーヴェンとはとんでもない奴であったなどと、反映されるのではないか。

4 ｜ 契約から出版まで

　作品1の予約募集は、ヴィーン新聞で1795年5月9日付、13日付、16日付の3回に渡って告知された。その全文は以下である ［TDR I 付録 XI-II］。

> 6週間以内に作者のところで紙幣との引換にて入手できます。一揃いの版本の価格は1ドゥカーテン。予約者諸氏の御名が印刷されますし、この作品は、それ以外の方々には引渡しの2ヵ月後に初めて、もしかしたらより高い価格でのみ引き渡されることになるので、お得です。ヴィーンで予約受付は作者宅、オギルヴィッシェス・ハウス、ミノリーテン教会裏、クロイツガッセ35、1階［日本式には2階］にて。

第II部　歴史的考察

　1795 年 5 月 19 日にアルタリアとの間で契約書［ベートーヴェン・アルヒーフ、ボドマー・コレクション蔵］が締結される。その文面はこの出版がどのように展開したかを理解する上できわめて重要である。日本語で全文の紹介がなされたことはないと思われるので、ここで正確に訳出してみたい［TDR I 付録 XI-I］。分析する際に鍵となる文言について下線を付す。

契　　約　　書

　本日、締結された期日において、アルタリア氏の商会とルートヴィヒ・ヴァン・ベートーヴェン氏との間に以下の取り決めが締結された。

　第 1 条　ヴァン・ベートーヴェン氏はアルタリア氏に彼のピアノ・ヴァイオリン・バスによるトリオ 3 曲を引き渡すものとし、アルタリア氏は同物件を、212 グルデンの前払いに対し、きれいに美しく、優雅なタイトルページも付けて、締結の期日から遅くとも 6 週間以内に、彫版させることが義務づけられる。

　第 2 条　アルタリア氏は同人に対し、400 部を、1 点に付き 1 グルデンで、以下の手順で引き渡すことが義務づけられる、すなわち、過ぎ去った 6 週間の期日以後、毎週少なくとも 50 部を、定められた 400 部に達するまで、誤りなく刷り終え、引き渡されるものとする。ただし、ベートーヴェン氏はそれ以下の部数の引き取りでも差し支えない。

　第 3 条　アルタリア氏は定められた部数を引き渡した後、件の 3 トリオのプレートを 90 グルデンの価格で引き受け、同人はそれを上記の額 212 グルデンから差し引くことも可とする。

　第 4 条　引渡し第 1 回の期日からアルタリア氏は当地でまる 2 ヵ月間、その刷本を 1 点も販売しないことを約束する。しかしそれに対して外国へのその販売は、この当該の期日［引用者注：引渡し第 1 回］以後、彼の自由であるが、2 ヵ月の経過後は当地ヴィーンにおいても彼は同物件を自らの合法的所有物として販売してよい。

　第 5 条　この 2 ヵ月の経過後ベートーヴェン氏には、同人のところで余った刷本を自由に売ることができるものとするが、同人はその後には自らの作品のそれ以上の販売について権利を有せず、またそのときまでに 400 部を引き取らずともよいものとし、その場合、同人はその後も、掛けでこの部数［引用者注：400 部］を求めることができる権利は、もはや有しないものとする。

　第 6 条　予約者目録はアルタリア氏において印刷して引き渡され、同物件［引用者注：目録］は予約用と定められた刷本に付されるものとする。

　契約者双方の自筆署名と印章の証書において
　ヴィーン、1795 年 5 月 19 日
　ルートヴィヒ・ヴァン・ベートーヴェン　　　　　アルタリア商会

まとめると、印刷の預託金が212グルデン、400部まで1部につき1グルデンでベートーヴェンが引き受けるが、部数はそれ以下でもよい。頒価は、予約募集に見たように、1ドゥカーテン。ドゥカーテンとグルデンの交換比率は約1対4.5であるから、1部につき3.5グルデンがベートーヴェンの収益となり、預託金が出版経費であると仮定すると、約60部で経費が捻出でき、予定部数400部が全部売れればベートーヴェンの収入は3.5グルデン×400部－212＝1188グルデンとなる。それ以上の販売については、ベートーヴェンからプレート、すなわち「版権」を90グルデンで買い取る。それは預託金212グルデンから差引いてもよい。アルタリアの収入は400部売れた段階で400グルデン、売れなくても損はしない計算で、400部以上売れる見込みが出ると、90グルデン、プラス、紙とインク代、工賃は掛かるが、版が摩耗するまでは、少ない経費で無限の儲けとなる。初刷に付された予約者リストには124名（123ではない）による245部（241でも244でもない）の購入が登録されているから、その時点ですでに双方の採算はとれていた［従来はTDR I 付録に転写された予約者リストに基づいてここにカッコ書きされている数値が知られていたが、新カタログにおいてそれが不完全なものであることが指摘された］。

　被献呈者のリヒノフスキー侯爵は自身の20部をはじめ、弟たちを含むリヒノフスキー家で計27部を予約しており、妻の実家トゥーン゠ホーエンシュタイン家のメンバーが総計25部の買い上げで、計52部、購入総額は換算すると234グルデンとなる。52部購入ということは52口の出版基金拠出のようなものである。こうした形でベートーヴェンの預託金、おそらく出版経費が、リヒノフスキー一族の保証によって支えられたのである。リヒノフスキー家が27部も購入してどう使ったのか、友人たちに配ったのか、などと考えるのはあまり意味がない。212グルデンの経費負担をどう支えるか、ならばうちの一族に声をかけて負担しようというやり取りがあって、48部購入でぎりぎり賄えるところ［4.5グルデン×48＝216グルデン］、52部まで延びた、と想像するのに、これはピッタリの数字ではないだろうか。

　もうひとつ興味深いのは、1週間ごとに50部を引き渡すという第2条のくだりで、400部には8週間、すなわち2ヵ月近くかかる計算となる。これは当時の印刷工程の速度と関係しているのだろうか。あるいはベートーヴェンが捌くペースが計算されているのだろうか。第4条に謳われている、ベートーヴェンがいわば独占販売権を有する2ヵ月、そして予約者の立場からすれば先行・優先使用期間である2ヵ月とは、そうして編み出されたものとも

第II部　歴史的考察

解される。後援貴族に対する優先使用権は、その後には献呈筆写譜の専有使用権とか、したがって独占上演権という形で、ベートーヴェンの作品発表に深く関わる問題であり、折に触れて言及するが、出版譜の購入者に対する優先権はさしあたって作品1においてのみの問題であった。

　予約者を募った上で、出版時に予約者リストが付されるのは、その後はずっとなく、ベートーヴェンが生前に出版を手掛けた最後の作品群、1826年から27年にかけて Op.123〜125 がショット社から出版されたときに、再現される。これら3曲の予約はまとめて取られ、予約者リストには210の個人または団体名が掲載されている。しかしこの場合は、ベートーヴェン自身というよりは、現代におけるように、出版社の販売戦略と考えるべきで、シンフォニー第9番 Op.125 については定価が15グルデン約定価であるのに対して、予約価は10グルデン約定価と、相当の割引価格となっている。

　作品1に話を戻すと、この2ヵ月が終了したと思しき頃、8月末から9月初めにかけて出版公告がこれまた3回に渡って出る（8月29日、9月2日、9月5日、ヴィーン新聞）。これも全文を紹介しよう［TDR I 付録 XI-III］。

　　ルートヴィヒ・ヴァン・ベートーヴェンのトリオのすべての予約者氏が各自の刷本を入手したので、作者宅にてまる1ヵ月にわたり［引用者注：9月末〜10月初めまで］なお当該の刷本を予価1ドゥカーテンで入手できる旨、お知らせします。（以下、著者アドレス）

　これにより、この時点で、予約部数245は捌けたが400部にまでは至っていない、ということが判る。契約書第5条にある「余った刷本を自由に売ることができる」の履行を保証するため、「その後には…それ以上の販売について権利を有せず」とあるときの「その後［alsdann］」に関して、契約書では2ヵ月とあるところ［5月19日契約から6週間後の6月30日ないし7月初に第1回引渡しがあり、その2ヵ月後は8月末ないし9月初めとなる］、1ヵ月の延長をアルタリアが認めた、と見なすことができる。すなわちベートーヴェンの収益を確保する期間が、9月末ないし10月初めまで1ヵ月延長されたと見るべきであろう。配本の開始が「遅くとも6週間以内」というわけにはいかず7月末〜8月初となった［新カタログはこの想定を排除していない］というのではなく。そうであるとすれば、第4条にある「2ヵ月の経過後はアルタリアの版権となる」という取り決めがこの時点でベートーヴェン有利に変更されたことを意味する。

　なお、この初刷には出版社名が入っていないとされ［旧カタログ］、そのこと

388

は、この作品集がベートーヴェンの自家販売であったというイメージと合致するので、そうした見方の有力な支えとなっていた。ところが新カタログは、出版社名が入っていないという確認はおそらくホーボーケン・コレクションにあった刷本によってなされ、その刷本がたまたまその部分を切り取った状態にあったために誤認された、と断定した。版元の表示は、唐草模様の枠組みによって飾られている"優雅なタイトルページ"の欄外、下に、小さくあり、枠組みの外側が裁断されていた、というわけである。

　次いで10月に、予約者リストを含まない（それ以外は初刷とまったく同じ）第2刷が世に出る。それは10月9日付フランクフルトの『シュターツ・リストレット［Frankfurter- Staats-Ristretto］』紙、および10月21日付『ヴィーン新聞』に公告された。フランクフルトでの公告は同地の楽譜商・取次店ガイル＆ヘドラー社が「4グルデン30クロイツァー」とグルデンでの頒価を明示した最初のもので、ヴィーンでは「作者宅にて」に代わって「アルタリアのところで入手可」となった。このことからアルタリアはこの時点まで、第4条に、契約書締結から6週間後のベートーヴェンへの第1回引渡しと同時に国外での販売は可能、と謳われているにも拘わらず、その権利を行使せず、ベートーヴェン自身の版権が切れるまで、すなわち3ヵ月間、すべての販売を待機していた、という事実も浮かび上がってくる。

　さらに年末ないし翌1796年初め頃と思われるが、出版番号「VN 563」と価格「4 f 30」が付された第3刷が出た。

5 ｜ 出版過程を細かく分析することで出版時を査定
　　　証言の矛盾を解明する前提として

　出版契約書の文面と、現実に展開した出版過程とを、新カタログに記された新しい情報を交えて比較分析していくと、作品1について従来言われていたさまざまなことが修正を迫られる。初刷はベートーヴェンの自家出版ではなかったかという推察は、まず版元不記載というその大きな前提が消えたので、再考を余儀なくされる。また作品1の優先予約版が貴族向けで特別装丁本であり価格も平常版より高かったのでは、という見方があったが、後に初めて記載された販売価格4グルデン30クロイツァーが1ドゥカーテンと等価であるのは、1804年5～6月頃に書かれたベートーヴェンのトムソン宛

第Ⅱ部　歴史的考察

書簡［BGA 178］に記された作品提供価格の一覧に"Ducati à 4f 30xr"、すなわち「4グルデン30クロイツァーあたりドゥカーテン」とあることからも証明される。むしろその反対に、予約募集時には割引価格のつもりだったのであるが、現実にはそうはならなかったと思われる。ベートーヴェンの版権期間が2ヵ月から3ヵ月に延びただけではなく、価格も据え置く（一般販売の予定価格は5グルデン？）措置が執られたのではないか。

　こうしたかなり具体的で細部にわたる情報を目の当たりにすると、新しい像が見えてくる。すなわち、売れ行きは2ヵ月では250部程度で、期待の400部までは届かず、先行販売期間を1ヵ月延長することにアルタリアは同意した。その結果3ヵ月で400部完売に至ったかについての情報はない。したがってベートーヴェンの利益は3.5グルデン×245部−212＋90＝735.5グルデン以上ではあったが、契約書上の最高額3.5グルデン×400部−212＋90＝1278グルデンまでいったかどうかは分らない。できるだけそれに届くようにアルタリアが協力し、またアルタリアが当初予定の割引価格から定価への値上げは断念したと読み取れるとすれば、初刷から彼はベートーヴェンの単なる協力者であるばかりか、全体の売れ行きをコントロールし、しかも著作権者に有利なように配慮した、と言えるのではないか。

　契約書にほぼ従い、譲れるところには柔軟に対応する、というアルタリアの姿勢から判断すると、「遅くとも6週間以内」は7月初め、それから2ヵ月が経過しようかという8月末に1ヵ月の延長を決め、3ヵ月が経過して外国でまず販売開始、それからなお半月待って10月下旬にベートーヴェンから完全に版権を買い取った。2ヵ月から3ヵ月に延びた背景には、夏の離宮や地方の領地に出かけてヴィーンを不在にした貴族たちが結構いて予定通りには捌けなかった、といった事情も絡んだかもしれない。

　第Ⅰ部第6章6ですでに指摘したように、出版公告と実際の出版日時は必ずしも直結しない。公告よりかなり以前に実際には市場に出て、公告は何点かの出版物をまとめて後日、行なうこともある。その反対に、公告が先に出て、出版物が実際に市場に出るのはその何日か後と見なされるケースもある。しかし作品1の場合、ひとつの公告が1週間の間に3回も出るという特徴があり、その背景には、公告効果が契約内容に大きく作用する、という事情があったことを想定させる。そう考えると、新カタログが設定している出版時期「1795年7月、もしかしたら8月」という幅はいささか曖昧すぎるのではないか。というのは、8月に出版という想定は、前述のように、アルタリ

390

アが「遅くとも6週間以内に」を履行できず、1ヵ月も遅れたという場合であり、そしてベートーヴェンの販売期間を2ヵ月から3ヵ月に延長はしなかったということを意味する。この場合、なぜ8月末に、定められた2ヵ月の期間中であるにも拘わらず、そのような取り決めを知らない公衆に向けて「なお作者宅にて」と改めて公告したのか、の説明が付かない。すなわち、8月末/9月初の3回の公告はベートーヴェンの収益促進のためにアルタリアの譲歩の基に出されたものであることは間違いないであろう。

　契約段階で「遅くとも」と表現されていることは、工程的にはそれ以上に早く出来上がる作業であるとアルタリアが認めていたことを包含し、さらに8月末の公告の性質から逆推論して、第1回配本期限はほぼ守られたと見るのが妥当ではないか。すると、刷り上がりは6月30日、という線も出る。

6 │ ハイドンは出版後になぜ「公刊しない方がいい」と言ったのか

　ハイドンが作品1を初めて聴いて、一部の公刊をしないよう忠告したのはイギリスから帰還後の1795年8月末以後である、ということを疑うのは難しい。残された問題は、出版後であるにも拘わらずなぜそう言ったのか、ということであり、それを、実はそんなことは言っておらずすべてがリースの作り話、という可能性も含めて検証してみよう。

　最も単純に、あり得そうなことを考えた場合、ハイドンは帰還したばかりであり、作品集がすでに出版されていた事実をまだ知らなかった、という想定が成り立つ。リヒノフスキー邸の夜会で、ハイドンの感想に対して「これはすでに出版されています」などと高貴な人々が口にする光景自体をあまり想像できないが、一方で、前節までの検討を前提とすると、そこに居合わせた客人たちの多くはこの作品集を手にしたばかりであったろうし、当日それが話題にのぼったことも想像に難くない。その真偽はともかく、出版されていたことを承知でハイドンが語った可能性もある。そう考えると、私たちが一般にただ聞き流して気にとめなかった、この問題の深さが見えてくる。

　当時、ピアノ・トリオというジャンルはアマチュア向けのもので、貴族をはじめとする愛好家が楽しむ音楽であった。「ピアノ・ソナタ、ヴァイオリンおよびチェロの伴奏付」というタイトルも一般的で、ハイドンの作品はその後もこのタイトルで出版されることが多かった。女性鍵盤楽器奏者を中心

391

にして、引き立て役の男性2人が介添えをするというイメージである。ハイドン作品のチェロ・パートはピアノの左手とほとんど同じという域を出ず、バス・パートを鍵盤楽器とチェロで重ねて演奏するという、通奏低音の演奏様式をそのまま反映しており、ヴァイオリン・ソナタにチェロが低音補強として加わる形に近かった。ベートーヴェン作品はそういうスタイルから、すでにプロ奏者がコンサートで聴かせる演目として、大きく踏み出していることが重要である。

そうした脱アマチュア化という問題を前提に考えると、ハイドンは（愛好家向けに）「出版しないよう」と、むしろ正論を吐いたのである。出版される音楽、そして売れる音楽は、購入者が弾いて楽しむ音楽が基本的であった時代の言説を、後世の、というか、ベートーヴェンという存在を経たたちまちのうちに成立した（リースが語る1830年代にはすでに成立していた）パラダイムのなかに置き換えて評価することは意味がない。「こんなにも早く、たやすく理解され、そして公衆にこれほど好ましく受け入れられるとは自分は思わなかった」というハイドンの、リースの後の質問に対して語った言明もまたきわめて真っ当であり、彼がそのような感想を持ったことに違和感はまったくない。「出版しないよう」とは「出版しても果たしてそんなに売れるでしょうか」という、作品の内実と市場の好みとの関係を挟んだ論評であり、むしろ「愛好家向きではない」とは誰もが納得する判断であり、鋭く本質を突いた発言とも言える。

これをベートーヴェンが否定的な価値判断と受け取ったとか、まして嫉んだなどと取るのは、それを記述するリースの意図である。このくだりが引用されるとき、全体の脈絡抜きでいきなり夜会の話で始まるのが常だが、リースがこの部分で何を言おうとして作品1に対するハイドンの論評をテーマにしたのかは、そのような引用の仕方では判らない。

7 | ベートーヴェン神話・逸話批判

ヴェーゲラー／リースの『覚書』は、ふつう1〜3ページ（ときに1ページ以下）ごとに仕切り線が引かれて、さまざまな情景が描かれていく、というスタイルを取っていて、線で区切られた前後はまったく別の話題である。
この部分の書き出しは以下であり、それに直接、本章の冒頭に引用した部

分が続く。

> あらゆる作曲家のなかでベートーヴェンはモーツァルトとヘンデルを最も評価して
> いて、それからゼバスティアン・バッハであった。彼が楽譜を手にし、あるいは何
> かを彼の譜面台に置くのを私が見たときは、確かにこうした英雄の作品であった。
> ハイドンが何らかの当て擦りをせずに去ることはまれ［傍点引用者］で、そうした恨
> みがベートーヴェンにはおそらくなお過去の時代から来ていた。その原因のひとつ
> はおそらく次のようなことであったかもしれない。

　ベートーヴェンはハイドンを評価するべき過去の大家のなかに組入れてな
い（モーツァルトは入れているのに）、それはなぜなのか、ということにつ
いてのリースの見方を述べることが、この部分の本旨であり、そのために持
ち出されたのが Op.1-3 批評のエピソードなのである。まず初めに、ハイド
ンの姿勢に対して、「何らかの当て擦りをせずに去ることはまれ」と、それ
こそ攻撃的ともいえる表現を使っている。
　ヘンデルとバッハをベートーヴェンが高く評価していたことはよく知られ
ているし、その証拠はいくつもあるが［バッハに対する格別な想いについては章を改め
て詳しく論ずる］、モーツァルトに関する格別の評価の言説を捜すことはそれほ
ど容易ではない。ハイドンと並べられて言及されることが多く、たとえば
「ヘンデル、ハイドン、モーツァルトから彼らの月桂冠を奪い取るな、彼ら
にそれはあるのであり、私にはまだない」（1812 年 7 月 17 日、ハンブルク
在住の 8 歳か 10 歳の少女エミーリエ・M に宛てた書簡［BGA 585］）といった
ようにである。リース個人に日常的にベートーヴェンがどのように語ってい
たかは追跡しようがないが、ベートーヴェンがこの 2 人を決定的に差別化し
て意識していたとしたら、書簡にもそのような論評の痕跡が遺ってもおかし
くはない。リースのこの姿勢はもしかしたら 1830 年代のドイツにおけるモ
ーツァルトとハイドンに対する評価の違いを反映している可能性がある。こ
の点についてこれ以上に立ち入ることは、同時代の膨大な資料に当たらなけ
ればならず、問題性の指摘だけに止めておこう。

　結論として、リース言説の原点である、ハイドンがこう言った（と、ベー
トーヴェンから聞いた）という範囲では、ピアノ・トリオというジャンルの
当時の位置づけを、それもハイドンの立場からの論評として、リースの作り
話であると決めつける理由はない。次の段階、それが「ベートーヴェンに悪

第II部　歴史的考察

い印象を与え」以下はリースの立場からの記述であり、ベートーヴェンが本当にどう思ったかを含めて、それは語るリースの意図であり、その真実性に対する裏付けは何もない。むしろこの逸話において、ベートーヴェンとハイドンの対立関係が創出されていることを見るべきであって、そしてハイドンとモーツァルトに対するリース（またはその時代）の見方が反映されていると思われる。そうした呪縛からベートーヴェン観を解放することも本書の課題のひとつである。

　ベートーヴェン神話・逸話の批判には、伝承された物語の背後にある、書き遺した人の記述意図と思考回路の分析が欠かせない。

第13章

1790年代後半

2つの面(1) 当面の成果

新しき方向／ピアニスト作曲家

1. 宮廷劇場・舞踏場への進出
2. 創作の柱、ピアノ・トリオとピアノ・コンチェルト
3. 3曲セット
4. ピアノ曲の作曲
5. ピアノを含んだ室内楽作品
6. 弦楽室内楽作品
7. 管楽作品　弦管混合作品
8. ピアノ伴奏歌曲
9. 軍歌の作曲
10. 余論:鍵盤楽器の呼称問題について

第II部　歴史的考察

　ヴィーンに出てきて真っ先に取り組んだのは自己流からの再出発という課題であった。ハイドン、アルブレヒツベルガー、サリエリのもとでの修練については2014年に新全集の一環として学習ノートが刊行された［NGA XVIII/1］ことで、指導の実態を具体的に把握するのが容易になった。

　ハイドンの許での修業に関して残存するのは対位法に関する247の課題実施だけであるが、ハイドンは、対位法の勉強を続けるようアルブレヒツベルガーを紹介したので、ベートーヴェンには対位法の体系的な学習がもっと必要である、と診断したということになる。あるいはベートーヴェン自身が対位法の指導をとくに所望した可能性も大きい［後述］。いずれにしてもそこから帰納的に推論すると、具体的な形では跡づけられないネーフェの指導は、音楽の基礎全般に留まっていたか、自由に書かせることを主体にしていたか、と考えることができようか。

　アルブレヒツベルガーの指導の痕跡は刊行本にして200ページ近く遺っており、2声～4声対位法の基本からフーガ、ミサ付曲まで、徹底したものであった。ハイドンから学んでいた1年以上もの期間に、しかも1793年にはアイゼンシュタットに呼び出されもして、それほど多くはない対位法課題をこなすだけであったことは考えにくい。確かに、新全集当該巻の校訂者ユリア・ロンゲ（新カタログの共同編纂者でもある）が想定するように、自由作曲、すなわち作品の着想や設計、各部分の釣合、スケッチや楽想をまとめる技術等についても学んだはずだが、そういう指導は口頭で行なわれ、それが形として残ることはなかったのかもしれない。ハイドンの許での修練にボン作品の手直しも含まれていたことは、前章で見たとおりである。

　ベートーヴェンは師から出された課題をこなすだけではなく、成果としてすぐに形になることはなかったが、新作にも自主的に挑んだ。作品1がその代表格だが、ピアノ・コンチェルトも、ボン作品の手直し（第2番［Op.19］）と新作への果敢な挑戦（第1番［Op.15］および第3番［Op.37］）が並存しており、重要なアイテムであった。これらも、3曲のピアノ・トリオと同様に、3曲セットで進行し、ただしその納得いく完成までには数倍の時間がかかって、紆余曲折を繰り返す。

第 13 章 1790 年代後半 2 つの面（1）当面の成果

　そのかたわら、1794 年に入ると、弦楽三重奏曲［Op.3］、ピアノ・ソナタ
［Op.2］もかなり形を成し始め、1795 年には早くも量産体制と言ってもいいよ
うな状況になる。シンフォニーへの取り組みが再燃したのもこの年であるし、
なによりも作品出版が軌道に乗り始める。さらには公的登場も目立つように
なり、ピアニスト作曲家としてヴィーンに大々的にデビューしたのは、前述
したように、1795 年 3 月 29 日・30 日の両日にブルク劇場で催された音楽家
共済協会主催慈善コンサートにおいてであった。その日の主役は、サリエリ
の指揮によって 2 晩に分けて上演されたオラトリオ《ユダヤの王ヨアシュ》
の作曲者カルテッリエリであったが、ベートーヴェンも前座として（?）初
日にピアノ・コンチェルト第 1 番の初演を独奏したと思われる［セイヤーが自
信を持ってこの日に演奏されたのは第 2 番として以来、長い論争があり、新全集校訂報告書
（1984）は第 1 番であったことをほぼ確定させたが、新カタログはこの日が第 2 番で、第 1 番が同
年 12 月 18 日のコンサート（後述）で初演された可能性を完全否定していない］。翌日のプロ
グラムはすべてカルテッリエリの作品で埋められたが、協会議事録によると
ベートーヴェンが"ピアノフォルテで即興した"とある［TDR I, 400］。とすれば、
前日が好評で、翌日、予定外に演奏が所望されたのだろうか。さらにその翌
日 31 日に彼は同じ劇場で、モーツァルトの《ティトの慈しみ》が公演され
た際に、幕間にモーツァルトのピアノ・コンチェルトを独奏した。「第 1 部
の終りにベートーヴェン氏がモーツァルトの作品からピアノでコンチェルト
を演奏する」と公告文［ヴィーン新聞 3 月 18 日号］にある。「我々はこのモーツァ
ルト・コンチェルトをニ短調作品ではないかと推定したい」とセイヤーは書
いている［TDR I, 400 ページ］。この日は自身のコンチェルト（Op.19 か?）が演
奏されたとの想定もあったが［Morrow/Vienna］、この時期における自身のコン
チェルト演奏をすべて確認した新全集校訂報告書でその説は否定された。
　こうした一連のブルク劇場デビューはハイドンの不在時であった、という
ことが重要である。すなわち、この師から離れて 1 年ちょっとの間に、ベー
トーヴェンは完全に独り立ちしたのである。5 月 9 日のヴィーン新聞に掲載
された作品 1 の予約募集公告において予約受付場所として指定している自宅
はオギルヴィッシェス・ハウスとなっており、すなわち住いの点でも最初の
逗留先のリヒノフスキー侯のところから自立したことが判る。転居した頃か
らベートーヴェンは使用人を雇うようになったと言われる［TDR II, 5 ページ］。
　ベートーヴェンの音楽家としての本格的な滑り出しは前途洋々であった。

397

第Ⅱ部　歴史的考察

1 │ 宮廷劇場・舞踏場への進出

　前述したイグナーツ・ウムラウフの《美しい女靴職人、または蚤色の靴》
は初演の幕開けが 1779 年 6 月 22 日、ブルク劇場においてであったが、大当
たりを取って、その後 1783 年 6 月 9 日からレオポルトシュタット劇場で 2
度目の上演が始まり、さらに同年 9 月 11 日からノイシュティフトのバイ
ム・ファザーン劇場、1787 年 11 月 4 日からケルンテン門劇場、1792 年 12
月 30 日からラントシュトラーセ劇場、と再演が続いた。ボンでも 1789/90
年のシーズンに初演、1790/91 年にも再演され、ベートーヴェン自身、その
上演に参加したはずである。そして 1795 年 4 月 27 日にアウフ・デア・ヴィ
ーデン劇場でヴィーンで 6 度目の公演を迎えたが、そのときか、その 1 ヵ月
後の 5 月 30 日に始まるケルンテン門劇場での 7 度目の公演のときかに、ベ
ートーヴェンは 2 つの幕間アリア WoO 91（第 1 曲がテノールのため、第 2
曲がソプラノのため）を寄稿したと思われる。新全集校訂報告書によれば、
5 月のケルンテン門劇場のときはボン時代からの知り合い（のちにベートー
ヴェンが求婚したことでも知られる）マグダレーナ・ヴィルマン（1771-
1801）がタイトルロールを歌っており、彼女特有の低い音域（変ロ音まで）
の使用が注目に値するという。この一件は、その前提として、誰が仲介者で
あったにせよ、宮廷劇場の演目への作曲委嘱があったことを意味する［後述］。
　ハイドンのヴィーン帰還後に催された最初の目立った音楽関連行事は、
1795 年 11 月 22 日に宮廷内舞踏場（レドゥーテンザール）で催された美術家年金協会主催の仮面
舞踏会であった。同協会は 1792 年以来、11 月に慈善舞踏会を定例化させて
おり、毎年、美術家寡婦・遺児のための基金募集を目的に、無償での作曲を
さまざまな大家に依頼していた。それゆえ、各人の作品目録には"オーケス
トラ・メヌエット集"や"オーケストラ・ドイツ舞曲集"がある。最初の年は、
ロンドンから帰還したばかりで名声の頂点にあったハイドンが《[12 の] メヌ
エット・ディ・バッロ［舞踏のためのメヌエット集］》[Hob.IX：11] と《[12 の] テデ
スキ・ディ・バッロ［舞踏のためのドイツ舞曲集］》[Hob.IX：12] を寄稿した。1793
年はコジェルフが、1794 年は大会場のためにはディッタースドルフが、小
会場のためにはアイプラーが書き、そして 1795 年は大会場用にジュスマイ
ヤーが、小会場用にベートーヴェンが書くことになったのである。こうして

398

生まれた《オーケストラのための 12 のメヌエット》［WoO 7］と《オーケストラのための 12 のドイツ舞曲》［WoO 8］は、ベートーヴェンの作品目録のなかでは隅の方に追いやられているが（ハイドンらの場合においても同様）、宮廷劇場でのオペラやオラトリオ等の公演で 1790 年代によく見られる顔ぶれの一角に彼が滞在 3 年目にして名を連ねるというところまで来ていたことを示しているという点で、一里塚であった。

2 │ 創作の柱、ピアノ・トリオとピアノ・コンチェルト

　ハイドンの不在中に大きく進展したのは、Op.1 の 3 曲のピアノ・トリオとともに、ピアノ・コンチェルトの作曲であった。第 1 作［第 2 番 Op.19］は第 1 稿がボン時代に書かれて 1790 年に初演された可能性もあるが［新全集校訂報告書］、この時期にもともとのフィナーレ楽章［WoO 6］を除去して新たなロンドを書くなど改訂が進行した。第 2 作［第 1 番 Op.15］は 1793 年に「フィッシュホーフ雑録」に最初の書き付けが見られ、1795 年 3 月にいったん完成し、それ［第 1 番第 1 稿］はハイドンのヴィーン帰還前に初演された可能性が高い。第 2 番の改訂稿［第 3 稿］の初演は 12 月 18 日に宮廷小舞踏会場で催されたハイドンの帰国記念コンサートにおいてであったと見られる。このとき、ロンドン・シンフォニー最後の 3 曲がハイドン自身の指揮によってヴィーンの公衆の前に初めて登場し、そしてベートーヴェンが賛助出演をし、師に華を添えたのである。演奏されたのはピアノ・コンチェルト変ロ長調、とポール［Pohl : Haydn III (1927), 96 ページ］が明確に言っているからであるが、その根拠は絶対的ではなく、あるいは第 1 番の再演（改訂?）ということもなきにしもあらずで、1795 年の 2 度のコンチェルト演奏機会は上演曲が入れ替わる可能性も捨てきれない、というのが新カタログの判断である。この 2 曲のこの時期における演奏報告には調性が明示されていないため、上演作品の確定が難しく、ベートーヴェンの改訂作業の進行との突き合わせで、どちらの演奏の可能性が高いか推定するのが精一杯なのである。年が明けるとすぐ、1796 年 1 月 8 日にマリア・ボッラ夫人の主催するコンサートが宮廷小舞踏会場であり、このときもハイドンがシンフォニーを指揮し、ベートーヴェンがどちらかのコンチェルトを演奏した。

　これらはベートーヴェンがピアニストとして公的活動を全面展開していく

第II部　歴史的考察

にあたって重要なレパートリーで、新全集校訂報告書によれば、1800 年 4 月 2 日までの 5 年間にこの 2 曲は計 11 回、自演された。もっとも貴族邸での小規模で非公開のコンサートに載ったピアノ独奏曲は演奏の痕跡がまったく遺らないので、コンチェルト演奏だけがクローズアップされるのであるが。1796 年 2 月から 4 月にかけてリヒノフスキー侯と一緒に出掛けたプラハ演奏旅行でも、3 月 11 日にどちらかが演奏された。さらにひとりで旅を続けてドレスデン、ベルリンへと足を伸ばしたときにも、また 7 月にヴィーンに戻った後、11 月から 12 月にブラティスラヴァ・ブダペシュト演奏旅行の際にも、その直後の 12 月末、さらには 1798 年 10 月のプラハ演奏旅行、その直後にヴィーンに戻ってと、これらは常にベートーヴェンのコンサートにおける目玉のアイテムであった。そしてその都度とは言わないが、演奏の前後に改訂作業が行なわれ、次第に完成形に近づいていったのである。ちなみに第 2 番の完成稿の初演は 1798 年 10 月、プラハにおいてであったと推定される。

　したがって、こうした活発な演奏活動のためにレパートリーを増やすことは切実な問題であり、第 3 作 ［第 3 番 Op.37］ が 1796 年の初春から初夏にかけて着手された。そして 1800 年 4 月 2 日の「大演奏会」で初演できる寸前までに至ったと思われるが取りやめ ［その事情の分析は第 15 章で詳述］、第 1 番を改訂して完成稿に仕上げることでそのコンサートは乗り切った。第 3 番はさらに 1802 年 4 月に今度こそ完成したと思われるが、企画したコンサート自体が中止に追い込まれ ［同上］、1803 年 4 月 5 日の「自作品による個展コンサート」［第 16 章］ でやっと初演にこぎ着けた。しかしさらにもう一度最終的な改訂が加えられ、1804 年 7 月 19 日に行なわれたリースのデビュー・コンサートに間に合わせて、この作品はようやく完成稿に到達した。第 2 番は着手から最終稿（第 4 稿）の完成までに約 10 年、第 1 番は約 7 年、第 3 番は 8 年という長い歳月がかかった。各行程を図解すると次ページ表のようになる。

　こうしてみると、ピアノ・コンチェルトは 1780 年代末から足かけ約 15 年間に、すなわちベートーヴェンの初期において、作曲家としてもピアニストとしても活動の中核を占める存在であり、ことに第 3 番を書き始める 1796 年から第 2 番最終稿の初演 1798 年 10 月までの約 2 年半の間、この 3 曲の創作活動は並存していた。これらは出版時期もそれぞれ異なり独自の作品番号を持っているので、その意味で「3 曲セットの出版」ではない。かつ、そもそもコンチェルトの出版は単独でなされるのがすでに一般的であるので、そこにこの概念を持ち出すのは実態とかけ離れている。しかしながら、ベート

400

```
1786 ～ 92      93       94 ～ 95     98
第2番 第1稿  第2稿   第3稿     第4稿完成
初演（90?）         (95.12.18.?) (98.10. プラハ)
                              (98.10.27. ヴィーン)

       1793 ～ 95 初        1800
       第1番             完成
       初演（95.03.29.）    (00.04.02. 改訂)

            1796              1802      1803    1804
            第3番 着手   完成近い？  完成近い？  完成
            初演        (00.04.02. 予定?) (03.04.05.) (04.07.19.)
```

ーヴェンの頭のなかでは 3 曲がひとつの作品群を形成し、この 15 年の自身の足跡が詰まったものという感覚があったのではないだろうか。そしてピアノ・トリオ 3 曲と比較したとき、ともに第 1 曲はボン時代に芽吹いていた課題であり、またいずれの第 3 曲もハ短調で書かれ一般概念を超えた玄人<ruby>向け<rt>ケンナー</rt></ruby>の作品、という構図は共通している。創作に携わった期間の長さの違いはトリオとコンチェルトの差であろう。

3 │ 3 曲セット

　このように想像を膨らませていくと、3 曲セットで、うち 1 曲は短調で書く（セットの 3 曲目、または 1 曲目というケースも）という考え方はこの時期のベートーヴェンの器楽作品に共通して見られることに気付く。そうではない例も含めて一覧してみよう。Op.13 と "2 つのソナタ"Op.14 は当初ひとつの作品集として出版を計画していた可能性がある。Op.26 と Op.27 の 2 曲セットも同様である（1801 年カッピ社）一方で、Op.27 の 2 曲は Op.27 No.1、Op.27 No.2 として別々に出版され、被献呈者も異なる［第 I 部第 7 章 7］。
　第 I 部第 4 章 2 で確認したように、作品 18 の弦楽四重奏曲集はベートーヴェンにあって唯一の 6 曲セットであるが、それはなぜだったのだろうか。ハイドンの弦楽四重奏曲集も 1785 年以後には 3 曲セットで出版されており、それが次第に一般的となっていったのだが、6 曲セット出版は弦楽四重奏曲集だけに残る慣習としてそれ以後もまだときに見られた。たとえばアントン・ライヒャの弦楽四重奏曲は最初の 1804 年出版からずっと 3 曲セットで

			作曲時期	出版
Op.1	3ピアノ・トリオ	変ホ長調・ト長調・ハ短調	1792-95	1795
Op.2	3ピアノ・ソナタ	ヘ短調・イ長調・ハ長調	1794-95	1796
Op.19+15+37	3ピアノ・コンチェルト	変ロ長調・ハ長調・ハ短調	1789-1804	1801+01+04
Op.9	3弦楽トリオ	ト長調・ニ長調・ハ短調	1797-98	1798
Op.10	3ピアノ・ソナタ	ハ短調・ヘ長調・ニ長調	1795-98	1798
Op.12	3ヴァイオリン・ソナタ	ニ長調・イ長調・変ホ長調	1797-98	1798/99
Op.13+14	3ピアノ・ソナタ	ハ短調・ホ短調・ト長調	1797-98	1799
Op.18	6弦楽四重奏曲	ヘ長調・ト長調・ニ長調	1798-99	1801.06.
		ハ短調・イ長調・ハ長調	1799-1800	1801.10.
Op.26+27	3ピアノ・ソナタ	変イ長調・変ホ長調・嬰ハ短調	1800-01	1802
Op.30	3ヴァイオリン・ソナタ	イ長調・ハ短調・ト長調	1802	1803

あるが、1819年にパリで出版されたOp.90だけは6曲セットであった。ベートーヴェンのOp.18の出版は、しかしながら、3曲ずつの分冊として1801年の6月と10月に2度に分けて行なわれ、実際には3曲セットとして流通していたので、現在の議論とかみ合う。

上記に11の3曲セットがあるが、うち9例が短調作品を配置しており、例外はヴァイオリン・ソナタと弦楽四重奏曲第1集である。さらにうちの7例がハ短調であるのは単なる偶然ではない。他の2例は、最初から2番目のヘ短調と最後から2番目の嬰ハ短調である。しかもハ短調の最初の3例は、楽譜を繰っていくと最後に情念溢れる作品が立ち現れる、という構図になっている。次の3例はハ短調作品が冒頭に置かれている。

何曲かまとめて曲集として出版する慣習は本格的な楽譜出版活動が展開されるようになった16世紀以来のものだが、18世紀から19世紀の変わり目あたりにはその最後の時代を迎えていた。曲集としての出版は、小規模な作品の楽譜を購入する愛好家が同時にいろいろ楽しめ、また作者側から見ると購入者のさまざまな志向に対応し、かつ自身の多様性を示す、という積極的な面を持っていた。そうした慣習を前提として、3曲ないし6曲のセットで1曲は短調作品を配備するのは、作者が自分を強く打ち出そうとするときに、必須条件のようにもなっていた。そしてさらに、3ないし6曲のセット出版の慣習が出版界の方から緩んできたときにも、創作者には"セット意識"のようなものが残存した。つまり両者の思惑にはずれがあって、2曲セットなどは移行期に生まれ出たもので、それがまた新たな慣習となったという側面も

ある。Op.13 と Op.14（2 曲セット）、同じく Op.26 と Op.27（2 曲セット）のケースなどはそうした時期の落とし子である。また、第 6 章 6 で述べたように、Op.31 はベートーヴェンの意思とは擦れることで結果的に 3 曲セットになったのだとしても、彼の意識のなかに"セット"の感覚はあったろう。ベートーヴェンにあって"セット意識"はそうした文脈で捉えられなければならない。そして、その多くのケースで特定の調性に拘るのは、すなわち短調作品が 2 例を除いてすべてハ短調であるのは際だったことである。これは、自分の多様性のうち、パトスの表現を託すのに適した調はこれ以外にないというほどに、この時期のベートーヴェンの著しい特徴であった。それを証明するためにその後のセットを見てみよう。

Op.31	3 ピアノ・ソナタ	ト長調・ニ短調・変ホ長調	1802	1803/04
Op.59	3 弦楽四重奏曲	ヘ長調・ホ短調・ハ長調	1806	1808
Op.127+132+130	3 弦楽四重奏曲	変ホ長調・イ短調・変ロ長調	1824-25	1826-27

　前の表において 2 つ前からハ短調離れ（嬰ハ短調）が始まり、ひとつ前から短調作品は中間に位置するようになっていたが、その 2 つの傾向がここで鮮明にひとつとなった。3 曲セット出版は Op.59 が最後となる。いわゆる"ガリツィン四重奏曲"は別々の作品番号であり、Op.132 と Op.130 の初版に「第 2 の四重奏曲」および「第 3 の四重奏曲」という番号付がなされている。もちろん、ここにも意識としての 3 曲セットは残っている。

　2 曲セット出版はすでに見たように［第 I 部第 4 章 2］6 例あるが、うち"Op.51"は番号後付け［第 6 章 2］であり、他のケースも短調作品を含んだ多様性という考察の対象となるようなものではない。

　議論の完全さのために言及すると、3 曲セット出版という点では同類の"選帝侯ソナタ"[WoO 47] は同じように短調作品を含んでいて、この場合は Op.2 とつながるヘ短調であるが、いずれにしてもまだベートーヴェン自身による営利を目的とした出版ではないので、参考に止める。

| 参考 | 変ホ長調・ヘ短調・ニ長調　　1783 以前 1783 |

第II部　歴史的考察

4 │ ピアノ曲の作曲

　ベートーヴェンの、ヴィーンで展開された職業音楽家としての活動、すなわち主な収入源、はコンサート出演と楽譜出版であった。そのほかにレッスンの供与という問題もあるが、1799 年 5 月にハンガリーのマルトンヴァシャールから出てきてヴィーンに滞在していたブルンスヴィック伯爵家姉妹に16 日間、毎日、ホテルでピアノの指導を行なった以外は、形には残っておらず、その実態はよくわからない。作品番号のコントロールについて議論したときに、それが乱れていく実態を見るために 1801 年 3 月に出版されたOp.15 以降の作品については出版公告順に一覧した［第6章5］。それを補うことも兼ねて、1793 年以降、Op.14 の出版に至るまで、すなわち楽譜出版が生計の重要部分として確立していく様を、作品ジャンル別に確認することで、併せてこの時期における創作活動の重要な展開を一望しておきたい。

　当該作品の出版が社会に最初に告知された日付の順に並べる。出版公告がジャーナリズムで確認できないケースは推定出版時期を［?］で示した。ただし、出版公告の日付と実際の出版時の関係については第 6 章 6 で触れた。

　まずピアノ曲である。もちろんこの時期は出版の際に楽器名がチェンバロと並記された。貴族に献呈される場合はタイトルは必ず貴族の言語フランス語で書かれ、それは「クラヴサン」となる。「ピアノフォルテ」の語が単独で使用されるのはいつからか。この問題について語られる機会は多いが、従前、正確さを欠き、かつ意味づけが不十分と思われるので、本章の最後に余論として論じる。

　次々頁の表に掲げるピアノ曲 17 作品（出版単位）はこの時期に出版された 34作品のちょうど半数である。なかでも売れ筋はピアノ変奏曲で 10 作品を数える。

　ヴェーゲラーが『覚書』の付録で紹介しているのだが、ブロイニング家の3 男で、当時ヴィーンに転出していて、ボンに居たときと同様にベートーヴェンにピアノのレッスンも受けていたローレンツ（1776-1798）が 1797 年 5月 29 日に未来の義兄ヴェーゲラーに宛てて書いた書簡の隅に、ベートーヴェンは数行を書き込んだ。「私はうまくいっている、そしていっそうよくなっていると言えよう」［BGA 30］［大築訳は「暮しは楽で、着実に向上している」（208 ページ）となっているが、これは言いすぎであろう］とある。また 1801 年 6 月 29 日にベー

404

第13章　1790年代後半　2つの面（1）当面の成果

トーヴェンが耳疾の悩みを初めて医師ヴェーゲラー宛に告白した有名な書簡
［BGA 65］のなかで、「作品は私にかなりの収入をもたらし、こなしきれない
ほどの注文があると言ってよい。私はどの件にも6、7社と対しており、私
が心にかけようとすればもっとだ、私は折り合いを付けさせられることなく、
私が求めると支払われる、分かるかい？これは素晴らしい境遇だ」と書いた。
その評価については後述する［第16章前書き］。郷里の旧友に異郷での成果を
誇示しようとしたか、いささか過剰な表現であるとしても、1790年代終盤
までに出版からの収入はうなぎ上りに増えていった。その主体を成していた
のは間違いなくこれらピアノ曲の出版であった。

　その半数近い8作品が出版時に献呈されていないことが注目される。そし
て被献呈者には著しい偏りがあって、ブロウネ＝カムス伯夫人が3点、リヒ
ノフスキー侯とケグレヴィチ伯女が各2点、ブラウン男夫人と別格のハイド
ンが各1点である。献呈の意志さえあれば対象作品はたくさんあるのに、当
時交流のあったと思われるその他の貴族には献げていない。それは一方では、
濃密な人間関係が確立されていた貴族がまだそれほど多くなかったことを示
しており、献げられた人々、とくに作品を複数献げられた貴族との関係は格
別であったことが見て取れる。最も売れ筋の変奏曲10作品に限ってみても
6作品が献呈されていないことも際立っており、作品が特定の個人と結びつ
けられることを嫌った可能性もある。いずれにしても、献呈に際しては作品
と相手を慎重に選んでいた。

　変奏曲で献呈されたものとそうではないものの間に作品としての有為な差
異は認められず、それぞれに趣向が凝らされ、個性溢れる展開がなされる。
共通しているのは、比較的単純な変奏に始まって、次第に変奏技法は複雑さ
を増し、途中に同主短調のしっとりとした変奏がひとつ（変奏の数が10を
超えるような場合は2つ）挟まる。そして最終変奏は拡大された上、主題の
骨格も揺らぐほどの性格的変奏となり、最後にコーダが付く、という構造で
ある。売れ筋の変奏曲という一般的印象とは違って、アマチュア向けの、演
奏容易な優しい音楽では決してなく、エチュードといってもよい、技巧修練
を要求する骨太の作品である。そういう意味から言えば、アマチュア貴族は
献呈されても持て余してしまうだろう。少年時代にもっぱら書いていた変奏
曲から受ける稚拙な印象とは実に様変わりである。知名度としては、傑作揃
いのピアノ・ソナタの陰に隠れてしまっている感があるが、動機労作によっ
てロジカルに息の長い展開が基調となっているソナタと違って、要求される

405

第II部　歴史的考察

テクニックがめまぐるしく変転していくという点で演奏コントロールの難しさがある。

　《ソリマン2世》変奏曲WoO 76の変奏の数え方に2種あるのは、初版原版で「6変奏曲」と銘打たれたときの最終変奏が3部分からなっており、それぞれを独立した変奏曲と見なすこともできるからである。第5変奏が、通常の同主短調ではなく、並行短調のニ短調で書かれていることがきわめて異

ピアノ作品					
出版公告	［推定作曲時期］	出版社	［編成］	曲種	（調性）
1793.10.?	［1792?］	ジムロック(ボン)	［ピアノ］	13変奏曲	（イ長調）
1794.08./09.	［1790-92］	ジムロック(ボン)	［ピアノ4手］	8変奏曲	（ハ長調）
1795.12.30.	［1795後半］	トレック	［ピアノ］	9変奏曲	（イ長調）
1796.02.27.	［1795.05.-96.02.］	アルタリア	［ピアノ］	12変奏曲	（ハ長調）
1796.03.09.	［1794-95］	アルタリア	［ピアノ］	3ソナタ	（ヘ短調／イ長調／ハ長調）
1796.03.23.	［1795後半］	トレック	［ピアノ］	6変奏曲	（ト長調）
1797.04.29.	［1796.12./97.01.］	アルタリア	［ピアノ］	12変奏曲	（イ長調）
1797.10.?	［1796末-97前半］	アルタリア	［ピアノ4手］	ソナタ	（ニ長調）
1797.10.?	［1797前半以前］	アルタリア	［ピアノ］	ロンド	（ハ長調）
1797.10.07.	［1796後半-97初］	アルタリア	［ピアノ］	ソナタ	（変ホ長調）
1798.09.26.	［1795末-98初］	エッダー	［ピアノ］	3ソナタ	（ハ短調／ヘ長調／ニ長調）
1798.11.07.	［1795/96］	トレック	［ピアノ］	8変奏曲	（ハ長調）
1799.03.02.	［1799.01./02.］	アルタリア	［ピアノ］	10変奏曲	（変ロ長調）
1799.12.18.	［1799秋］	ホフマイスター	［ピアノ］	6/8変奏曲	（ヘ長調）
1799.12.18	［1797-98］	ホフマイスター	［ピアノ］	ソナタ《悲愴》	（ハ短調）
1799.12.21.	［1798-99?］	モッロ	［ピアノ］	2ソナタ	（ホ長調／ト長調）
1799.12.21.	［1799.07./08.］	モッロ	［ピアノ］	変奏曲	

色である。そしてアッタッカ［つなげて］（＝終止せず）で続く第6変奏は下3度の変ロ長調で始まり、最終変奏の導入曲のような役割を果たし（最終変奏第1部分）、さらにアッタッカでヘ長調に戻ってアダージョの第7変奏（最終変奏第2部分）となり、さらにアタッカで最後の第8変奏（最終変奏第3部分）、アレグロ・ヴィヴァーチェのフィナーレが続く。こうした独創的取り組みはOp.34における破天荒の独創［後述］の伏線と見なせよう。

＊注は巻末「出版作品一覧表」参照

作品番号 ［作品整理番号］	被献呈者	変奏曲主題
［WoO 66］	なし	ディタースドルフの《赤頭巾ちゃん》から〈昔々ひとりの老人がおったとさ〉
［WoO 67］	なし	ヴァルトシュタイン伯の主題
Op.2 ［WoO 69］＊注	リヒノフスキー侯	パイジエッロの《水車小屋の娘》から〈田舎の愛ほど美しいものはない〉
No.3 ［WoO 68］	なし	ハイベルの《邪魔された結婚》から〈ヴィガノ式メヌエット〉
Op.2	ハイドン	
Op.3 ［WoO 70］＊注	なし	パイジエッロの《水車小屋の娘》から〈うつろな心〉
No.4 ［WoO 71］	ブロウネ＝ カムス伯夫人	ヴラニツキーの《森の娘》からロシア舞曲の主題
Op.6	なし	
番号なし［″Op.51-1″］	なし	
Op.7	ケグレヴィチ伯女	
Op.10	ブロウネ＝ カムス伯夫人	
No.7 ［WoO 72］	なし	グレトリーの《リチャード獅子心王》から〈燃える心〉
No.8 ［WoO 73］	ケグレヴィチ伯女	サリエリの《ファルスタッフ》から〈まさにそのとおり〉
No.10 ［WoO 76］	ブロウネ＝ カムス伯夫人	ジュスマイヤーの《ソリマン2世》から〈たわむれ、ふざけて〉
Op.13	リヒノフスキー侯	
Op.14	ブラウン男夫人	
No.9 ［WoO75］	なし	ヴィンターの《妨げられた奉納式》から〈子供よ、寝なさい〉

第II部　歴史的考察

　それに対してソナタは作品番号数にして6、曲数にして11曲である。う
ちひとつが4手（連弾）のためのソナタであるが、ソナタに限らずこの編成
での楽曲は、ボン時代に書かれたヴァルトシュタインの主題による変奏曲
WoO 67のほかには、この時期の3曲だけで、ひとつは後述する［410ページ］
WoO 74、いまひとつは3つの行進曲Op.45である。後年、ベートーヴェン
には一般に人気あるこのジャンルの作品がほとんどないという点に着目した
ディアベッリが1822年に"大ソナタ"を委嘱し、ベートーヴェンも受諾した
が3年後に怒りを爆発させて書かずに終わる［第33章5］。Op.6はアレグロと
ロンドの2楽章からなる数分の小粋な小品である。愛好家のためではあると
してもそう簡単には片付けられない質の高さを内包しており、第1楽章展開
部など創意にも溢れ、再現部になってもまだその余波が及んでいる点もこの
時期の独創的到達点を共有している。

　独奏ソナタはOp.2とOp.10が3曲の曲集、Op.14が2曲の曲集、Op.7と
Op.13が単独での出版である。これらについてはベートーヴェン文献・解説
書等々で言い尽くされた感があり、ここで個別に付け加えることはほとんど
ない。ただひとつだけ大局的に指摘すれば、Op.1をリヒノフスキー侯に、
そしてOp.2をハイドンにと、お世話になった方々に次々と献呈、という単
純な脈絡ではないことである。ピアノ・ソナタというジャンルは先人たちに
よって3楽章構成が確立されていた。4楽章構成はハイドンには1曲あると
いっても、初期の極小ソナタ（Hob.XVI：6）がたまたまそうだというだけ
で（ベートーヴェン自身、そのソナタの存在を知らなかったであろう）、モー
ツァルトにしては皆無である。つまり、ベートーヴェンがこのジャンルに
本格的に乗り出すにあたって伝統の超克を意識して開始したということは強
調してしすぎることはない。

　この時期に4楽章構成が主要な型となっていたソナタ多楽章はシンフォニー
と弦楽四重奏曲等の室内楽曲であるが、シンフォニーはまだ書かないけれ
ど"シンフォニーのようなソナタ"を書く、という強い意志をそこに読み取ら
なければならない。その上で、その作品集を帰国したハイドンに献げた。ハ
イドンの留守中に作曲を進めていたとき、完成した暁にはと、その構想を温
めていたのであろう。ただそれを、リースなど直後の後世ならともかく、師
に対する挑戦などと受け止めるべきではなく、これまで記述してきた範囲内
で言えば、第1回ヴィーン旅行と同じように、ベートーヴェンの、常に未踏
のものに挑む精神、をそこに見るべきではないか。上の表で被献呈者の名を

408

第 13 章　1790 年代後半　2 つの面（1）当面の成果

連ねたとき、この作品のそれだけが異色であることは一目瞭然である。師にはそれなりの作品を献げようとしていたのである。単独ソナタ Op.7（第 4番）で 4 楽章制がひとまず踏襲され、Op.10 でもその 3 曲目（第 7 番）で継承された。しかしそれ以後、そうした気張りは終息に向かい、一般の 3 楽章構成が基本型となり、1804/05 年の Op.54（第 22 番）以降は 2 楽章構成も増えていく。

　1800 〜 01 年の 4 曲、すなわち Op.22（第 11 番）、Op.26（第 12 番）、Op.27-1（第 13 番）、Op.28（第 15 番）において集中的に 4 楽章構成が採られているが、その後の 4 楽章ピアノ・ソナタは Op.31-3（第 18 番）およびOp.106（第 29 番）だけである。その多くは男性貴族に献呈されており［第 7章 18 ②］、シンフォニックなソナタという構想はジェンダー問題を帯びている。1801 年以後に女性貴族（リヒテンシュタイン侯夫人）に献げられたけれども 4 楽章構成を採るという唯一のピアノ・ソナタ Op.27-1 は「幻想曲風ソナタ」とのタイトルを持ち、ソナタ形式楽章がひとつも含まれず、楽章調性も変ホ長調－ハ短調－変イ長調－変ホ長調と中間の 2 楽章がともに主調ではなく、ソナタ多楽章の定型を打ち崩す意図に貫かれており、結果として 4楽章となった、という例外である。男性貴族に献呈された 3 楽章ソナタは、Op.90 以外は、通称で言うと《悲愴》《ヴァルトシュタイン》《熱情》《告別》であり、いずれも楽章構成以外の点で雄大さを有した作品である。

　Op.13 と Op.14 については、Op.14-2 のスケッチがまったく残存していないので断定的には言えないが、この 3 曲が一体であったと考えられることに外的な傍証がある。Op.13 と Op.14-1 の作曲は同時に進行していたこと、この時期はアルタリア社との関係が切れた後ヴィーンの他社に版権を分け与えて出版社との新しい関係を模索していたため 2 社に分配した可能性があること、そして異なる出版社は告知するこれら 2 つの公告が 12 月 18 日および21 日ときわめて隣接しており、出版作業も 2 社で並行していたと思われること、さらにはまだ被献呈者の名が入っていない Op.14 の初校では作品番号が Op.13 となっていること、などである。創作者内部でのセット感覚についてはすでに議論した。

　この時期は、第 6 章で述べたように、二重の作品番号付けが進行していたが、その意味でベートーヴェン自身による作品の"大小"付けがまだはっきり見て取れる時期である。その区分に関しては、作品の内容というよりは、ソナタ多楽章を王道の作品と考え、おしなべて 5 分から 10 分程度の規模であ

409

第Ⅱ部　歴史的考察

る変奏曲はそれから外れるものという捉え方が基礎にある。それは以下に見ていく他の作品群にも共通している。やがて、Op.34 と Op.35 の変奏曲に作品番号が付されることになるのは、「変奏曲ではあるがソナタと肩を並べ得る規模をもったもの」という観点がそこに反映されていると見るべきなのである〔第Ⅰ部第4章5〕。それなのに 32 の変奏曲 WoO 80 が作品番号なしで出版されたのは、すでに第6章9で見たように、作品番号コントロールの揺らぎの問題と捉えなければならない。

　この時期に書かれはしたが事情によって出版はずっと後になるピアノ独奏曲を挙げておく。死後出版の Op.129 を除いて、出版は 1805 年である〔後述〕。

［推定作曲時期］	（編成）	曲種	（調性）	作品番号
［1794/95］	［ピアノ］	カプリッチョ	（ト長調）	"Op.129"
［1796 初］	［ピアノ］	ソナタ	（ト長調）	Op.49-2
［1797 末/98 初］	［ピアノ］	ソナタ	（ト短調）	Op.49-1
［1799.05.23. 付 ブルンスヴィク姉妹の記念帳に記入］［ピアノ4手］［WoO 74-1,2,5,6］			
ゲーテ詩によるピアノ伴奏歌曲とそれを主題にした4変奏曲（ニ長調）				
※ 1803 年に作曲した2曲［WoO 74-3,4］を加えて 1805 年に出版				

5 ｜ ピアノを含んだ室内楽作品

　次に、この時期の、ピアノを含んだ室内楽作品を見てみよう〔412 ページ〕。以下の表に、ピアノ・オーボエ・クラリネット・ホルン・ファゴット五重奏曲 Op.16 の初演時と再演時を太字で加える。出版は 1801 年 3 月と遅いが〔第Ⅰ部第6章5の表〕、作曲の完了は作品番号ひと桁の作品と肩を並べる頃だからである。この作品はベートーヴェンの初期の演奏活動に重要な位置を占めており、出版時にタイトルページにおいてピアノと弦楽三重奏とによるピアノ四重奏曲としても演奏可と明示されていることを含めて、すでに第6章15 で詳しく論じた。いったん出版されてしまえば他人も演奏できるようになってしまうため、大きめの編成の作品は自らの公的な演奏活動での使用を優先させ、その結果、作曲完了と出版にはかなりの時間差が生じる。その間に何度も手を入れたピアノ・コンチェルトほどではないが。

　ヴィーンで初めて出た「作品1」の番号に関しては第5章4で、付け替え

第 13 章　1790 年代後半　2 つの面（1）当面の成果

られた新しい「作品 1」については第 12 章で詳しく述べた。

　1797 〜 98 年にピアノとチェロの編成の楽曲が、ソナタと変奏曲で 2 曲ず
つ、立て続けに書かれて出版された。それらの成立は 1796 年 5 〜 6 月のベ
ルリン滞在と関係がある。プロイセン国王フリードリヒ・ヴィルヘルム 2 世
の宮廷にはフランス出身のチェリスト兄弟、ジャン゠ピエール・デュポール
（1741-1818）とジャン゠ルイ・デュポール（1749-1819）が居た。当時、兄
は国王宮廷の私室楽団総監督の任にあって、チェロ演奏の第一線からは退い
ており、ベートーヴェンの相手をしたのは同楽団第 1 チェロ奏者を務めてい
た弟の方である。ヴェーゲラー゠リースの『覚書』でははっきりと「Op.5
をデュポール（国王の第 1 チェリスト）と自分のために作曲し演奏した」
[109 ページ] と書かれているが、それはリースによる第 2 部に出てくる話で、
リースが誰かから聞いた二次情報である。スケッチの一部の用紙はヴィーン
製ではなく旅行中に入手したものであるが、主要な資料が失われている作品
もあり、国王宮廷で演奏したかどうかは不確かである。いずれにしてもヴィ
ーンに戻ってから出版のために調えられたのであろう。出版時にプロイセン
国王に献げられたのは Op.5 だけであり、滞在中にその許諾を取ったと考え
られる。作品番号なしで出版された変奏曲 2 曲に関しては、《ユダス・マカ
ベウス》の方はリヒノフスキー侯夫人に献呈されたが、《魔法の笛》の方は
被献呈者なしであった。

　Op.11 のピアノ・トリオはヴァイオリンの代わりにクラリネットを編成し
ている点で特異である。出版は、汎用性を考えて、ヴァイオリンのパート譜
も加えた 4 部で成され、タイトルも「クラリネットまたはヴァイオリン」と
書かれているため、ピアノ・トリオ第 4 番というジャンル通し番号が付けら
れている。ヴァイオリンのパートは、チェルニーが『ピアノフォルテ教本
Op.500』第 4 巻 97 ページで伝えているベートーヴェン自身によるもの、と
いう指摘を待つまでもなく、この時期のベートーヴェンと原版との関わりか
ら、他者編曲ではあり得ない。ごく一部にヴァイオリンにできてクラリネッ
トでは吹けない重音が登場したり、クラリネット特有の分散和音がヴァイオ
リン的な順次進行に変えられている。"ガッセンハウアー・トリオ"という通
称で呼ばれ、"ガッセン"とは「小路」、"ハウアー"とは「打つ」だから、合
わせて「巷でヒット」、すなわち「流行歌（はやりうた）」という意である。

　第 3 楽章が 1797 年 12 月 15 日にブルク劇場で初演されたヴァイグルのイ
タリア語コミック・オペラ《船乗りの愛、または海賊》から「仕事に行く前

411

第II部　歴史的考察

に Pria ch'io l'impegno」という言葉で始まる第 12 曲三重唱の旋律による変奏曲である。このオペラは 1805 年 1 月までに 88 回の公演を数え [Hadamowsky/Hoftheater 第 1 巻 8 ページ]、引き続き同年からケルンテン門劇場でドイツ語オペラ《愛ゆえの海賊 Corsar aus Liebe》として新演出で上演された。さらにこの旋律は 1809 年にハイベルとザイフリート合作のジングシュピール《ローフス・プンパーニッケル [黒パンくん]》のなかにも組入れられてきわめてポピュラーとなり、アイプラー（1798）、ゲリネック、フンメル、ヴェルフルが、果てはパガニーニ（1828）に至るまで、変奏曲主題として用いた。

　この通称はそれゆえのものだが、しかしそれは明らかに後付けで、ベートーヴェンの使用こそが先駆的と見なされるべきである。つまりこのオペラが初演されて程なくしてベートーヴェン作品が成立し、その主題はこの時点ではまだ"流行歌"ではなかった。この旋律が取り上げられたことについて、セイヤーは異なる 2 つの説を紹介しているが、それらの信憑性について判断はしていない [TDR II, 99 ページ]。ひとつは、チェルニーがヤーンに伝えたという話で、「この主題をあるクラリネット奏者（Beer?）の希望で選び、同人の

ピアノ付室内楽					
出版公告	出版社	[編成]		曲種	（調性）
1793.07.31.	アルタリア	[ピアノ・ヴァイオリン]		12 変奏曲	（ヘ長調）
1795.07.?	アルタリア	[ピアノ・ヴァイオリン・チェロ]		トリオ	（変ホ長調・ト長調・ハ短調）
1797.02.08.	アルタリア	[ピアノ・チェロ]		2 ソナタ	（ヘ長調・ト短調）
1797.04.06.	**シュッパンツィク主催コンサート**		**ピアノ管楽五重奏曲**		**Op.16 初演**
1797.10.?	アルタリア	[ピアノ・チェロ]		12 変奏曲	（ト長調）
1798.04.02.	**音楽家共済協会主催コンサート**		**ピアノ管楽五重奏曲**		**Op.16 再演**
1798.09.22.	トレック	[ピアノ・チェロ]		12 変奏曲	（ヘ長調）
1798.10.03.	モッロ	[ピアノ・クラリネット （またはヴァイオリン）・チェロ]		トリオ	（変ロ長調）
1799.01.12.	アルタリア	[ピアノ・ヴァイオリン]		3 ソナタ	（ニ長調・イ長調・変ホ長調）

第13章　1790年代後半　2つの面（1）当面の成果

ためにこのトリオを書いた」というものと、「老アルタリアが1797年に
C.ポッターに語ったところによると、彼がこの主題を変奏曲でトリオのな
かに入れてくれと頼んだが、トリオが出来上がるまでこの主題がヴァイグル
のものだとは知らず、それを知ったとき非常に気を悪くした」というもので
ある。「老アルタリア」とはカルロ（1747-1808）のことであろうが、C.ポ
ッターは索引［TDR II, 640ページ］でチプリアーニ・ポッターとなっており、
後年ベートーヴェンと知己となった彼はしばしば伝記に登場するが、生れは
1792年であり、この際のポッターではあり得ず、この話の出典はきわめて
怪しい。

　「クラリネット奏者（Beer?）の希望で」とは、そうでもない限りそれがこ
の作品になぜクラリネットが編成されたかの説明がつかず、話としてはもっ
ともらしい。この時期にヨーゼフ・ベーア（Beerともとも Bähr とも書く）とい
うクラリネット奏者は何人かいて同定に混乱が生じている。1791年3月4
日にクラリネット奏者ベーアのコンサートでモーツァルトがピアノ・コンチ
ェルト第27番 KV.595 を弾いたが、そのベーアは翌年からプロイセン国王

作品番号 ［作品整理番号］	被献呈者	変奏曲主題
Op.1［WoO 40］	エレオノーレフォン・ブロイニング	モーツァルトの《フィガロの結婚》から〈もし伯爵様が踊るなら〉
Op.1	リヒノフスキー侯	
Op.5	プロイセン国王フリードリヒ・ヴィルヘルム2世	
［WoO45］	リヒノフスキー侯夫人	ヘンデルの《ユダス・マカベウス》から〈見よ、勇者の帰還を〉
No.6［"Op.66"］	なし	モーツァルトの《魔法の笛》から〈娘っ子でも女房でも〉
Op.11	トゥーン＝ホーエンシュタイン伯女	
Op.12	サリエリ	

413

第Ⅱ部　歴史的考察

フリードリヒ・ヴィルヘルム2世の宮廷楽師となる、1744年ボヘミア生れ、1812年ベルリン没の人物である。ベートーヴェンのOp.11およびOp.16の演奏と関係するのは、1770年生れ、1819年ヴィーン没の、"リヒテンシュタイン伯宮廷楽師"という肩書きを付けて区別されていた人物であった。同時代の人々は混同を避けるために次第に前者をBeer、後者をBährかBärと書いて区別するようになっていったという。セイヤーにおいてはその区別の意識は見られないが、同時代文書のなかでの区別は確かにあったようである。

　1796年から1802年までのすべてのクラリネット独奏パート（それはこの期間にしかない）は彼のために書かれた、との主張もある [Pamela Weston, New Grove 第1版、当該項目]。該当作品は年代順にOp.16（1796）, "Op.71"（1796/97）, Op.11（1796/97）, WoO 29（1797/98）, Op.20（1799）, Op.38（1802）である。このなかで演奏日と演奏者がポスターやジャーナリズムにおいて確認できるのは大編成のコンサート作品だけだが、1798年4月2日、ブルク劇場での音楽家共済協会コンサートにおいて皇帝一家臨席の下でピアノ管楽五重奏曲 [Op.16] が再演されたとき、そして、後述する、1800年4月2日、ブルク劇場でのベートーヴェン主催コンサートで弦管七重奏曲 [Op.20] が同じく再演されたとき、である。前者ではピアノがベートーヴェン、オーボエがトリーベンゼー、クラリネットがベーア、ファゴットがマトゥ [タウ] シェク [Mat(a)uschek]、ホルンがニッケルであった。ピアノ管楽五重奏曲が初演されたのは1797年4月6日にヤーン・ホールで行なわれたシュッパンツィク主催コンサートにおいてであった。そのときのメンバーは把握できないが、シュッパンツィクに主導された弦管七重奏曲再演時のメンバーは管楽器全員3人がピアノ管楽五重奏曲再演時の面々と重なっているので、その初演も同じメンバーで行なわれた可能性が強い。彼らは常時共演する仲間だったのである。

　こうした状況証拠を積み上げると、異例にクラリネットを配備しているOp.11はベーアの依頼によって書かれたのではないか、そして使用された旋律も彼の推奨ではなかったか、という想定の蓋然性も高まろう。さらに一歩脱線して、4月のピアノ管楽五重奏曲初演をきっかけにベートーヴェンと知り合った（あるいは仲が深まった？）ベーアが12月のヴァイグル・オペラの公演の反響を知って（あるいはそれに共演して？）、クラリネット向きの素敵な旋律を気に入り、ただちにベートーヴェンに作曲を依頼した（原作者の名を伏せて？）、と空想することも面白い。

　老アルタリアの話のなかで、ベートーヴェンは作曲時にヴァイグルの旋律

414

第 13 章　1790 年代後半　2 つの面（1）当面の成果

だとは知らなかった、すなわち流行歌ではなかった、という部分には何となく真実味がある。かつ、チェルニーが伝える逸話には続きがあって、「このトリオが変奏曲で終わるのを残念がり、それに代えて別のフィナーレを書く意志を長く持っていた」［TDR II, 99-100 ページ］ということだが、それは「ヴァイグルの旋律と知って気を悪くした」につながる。ライヴァルの旋律は本来、使いたくなかったか、あるいはそれが流行歌となった時点でその種のものを基にしたのを後悔したか。

　リースが『覚書』のなかでシュタイベルトとベートーヴェンの有名な対決を紹介する際に、「彼らはある晩、フリース伯邸で初めて会い、そのときベートーヴェンは彼の新しいトリオ（Op.11）を初めて演奏した」［81 ページ］と述べているのだが、シュタイベルトのヴィーン滞在は 1800 年なので、これは少なくとも初演ではあり得ない［第 16 章 1 参照］。しかしこの話は貴族邸コンサートがこの種の室内楽の演奏の場であった具体例ではある。もっともリース自身のヴィーン到着は、第 I 部第 4 章 3 で詳しく述べたように、1801 年の可能性が高く、彼がここで展開している物語自体、誰かから聞きかじったものであろう。逸話の伝承はこのように錯綜、混線している。しかし、昔話に似て、どこかに真実の断片が隠れているかもしれない。ここではただ、異例の編成の由来と他の音楽家とベートーヴェンとの交流、あるいはそうした面々との貴族邸での共演という室内楽ジャンルの演奏の場の問題に、そして流行歌を主題にしたという通称から生まれるイメージの払拭に、限っておきたい。

　その意味で、ヴァイオリン・ソナタ Op.12 の成立も、この時期に集中して見られる貴族邸でのベートーヴェンの演奏活動と関連が深い。この場合は明らかにシュッパンツィクである。というのは、ヨゼフィーネ・ブルンスヴィク（1779-1821）が 1800 年 12 月 10 日付姉テレーゼ宛書簡のなかで「私が 3 つのソナタの最後の曲をシュッパンツィクに合わせて弾きました」［La Mara/Brunsviks (1920)］と述べており、初演等はベートーヴェンとシュッパンツィクとで演奏されたが、後にピアノ・パートを弟子に弾かせたときの証言であると思われるからである。

　イグナーツ・シュッパンツィク（1776-1830）は 1793 年頃からロプコヴィッツ侯宮廷楽団のヴァイオリン奏者アントン・ヴラニツキーの弟子で、94 年から 99 年まで、リヒノフスキー侯お抱えの"少年四重奏団"の第 1 ヴァイオリン奏者であった。他のメンバーは、第 2 ヴァイオリンがルイ・ジーナ

415

第II部　歴史的考察

（1778-1857)、ヴィオラがフランツ・ヴァイス（1778-1830)、チェロがニコ
ラウス・クラフト（1778-1853) で、この四重奏団の発足時においてシュッ
パンツィクは 16 歳、他は 14 歳の、文字通り少年たちであった。ベートーヴ
ェンも彼らが常時出演する侯邸金曜午前コンサートに加わり、彼らが演奏す
るハイドン、モーツァルト、フェルスターらの弦楽四重奏曲を聴き、自らも
初めのうちは即興演奏を披露したり、自作のピアノ変奏曲を聴かせ、そして
1793 年 10 月に出版されたばかりのピアノ・ヴァイオリンのための《フィガ
ロの結婚》変奏曲をおそらくシュッパンツィクと共演しただろう。そして同
時に彼は 6 歳年下の同人にヴァイオリンのレッスンを受けるのである。以後、
生涯最後の主催コンサートである第 9 シンフォニーの初演・再演時にコンサ
ート・マスターを務めてもらうまで、ずっと親しい関係にあった。

　ちなみに 1798 年 3 月 29 日に催された歌手ヨーゼファ・ドゥシェック夫人
のコンサートのポスターが遺っているが［ヴィーン音楽愛好家協会蔵]、そこには
「伴奏付ピアノ・ソナタ、ピアノがベートーヴェン」と書かれているだけで、
ヴァイオリン奏者の名前はなく、上演作品も Op.12 の 1 曲であろうと考え
られるにすぎない［TDR II, 65 ページ]。そのような頼りない証拠ではあるが、
この種の小規模室内楽の公開演奏が、初演ではないしとても、跡づけられる
稀な例である。この作品をサリエリに献げたことについては後述する［第 15
章 2]。

6 ｜ 弦楽室内楽作品

　それに加えて、いくつかの弦楽室内楽作品もこの時期の出版である。
　ヴィーン時代最初期の創作に関して、後世におけるその受容はピアノ曲が
中心であって、弦楽四重奏曲 Op.18 以前の弦楽器だけの諸作品は埋もれて
しまっている感がある。弦楽四重奏曲の室内楽ジャンルとしての中心性が確
立するにしたがい、三重奏曲や五重奏曲の影が薄くなっていったことも手伝
ってか、これらの作品の真価は十分に認知されているとは言いがたい。いず
れもみな、ピアノ変奏曲・ソナタ・重奏曲群とともに集中的に取り組まれた、
この時期の創作に特徴的な、周辺貴族たちとの関わりのなかで生まれたもの
である。弦楽五重奏曲 Op.4 は、ボン時代にいったん完成しながらヴィーン
でハイドンの許で改訂に取り組んだ管楽八重奏曲["Op.103"]を基に、弦楽器だ

416

第 13 章　1790 年代後半　2 つの面（1）当面の成果

弦楽器のみ室内楽							
出版公告	出版社	［編成］	曲種	（調性）	作品番号	作曲年	被献呈者
1796.02.?	アルタリア	［ヴァイオリン・ヴィオラ・チェロ］	トリオ	（変ホ長調）	Op.3	1794/95	なし
1796.02.?	アルタリア	［2 ヴァイオリン・2 ヴィオラ・チェロ］ 管楽八重奏曲　［"Op.103"］の改作	五重奏曲	（変ホ長調）	Op.4	1795	なし
1797.10.07.	アルタリア	［ヴァイオリン・ヴィオラ・チェロ］	セレナーデ	（ニ長調）	Op.8	1797	なし
1798.07.21.	トレック	［ヴァイオリン・ヴィオラ・チェロ］	3 トリオ	（ト長調・ニ長調・ハ短調）	Op.9	1797/98	ブロウネ＝カムス伯

けの音楽に作り替えたものだが、編作の度合いは"編曲"という範疇に収まる
ものではない。"ソナタ 4 楽章構成"の各楽章は 1.5 倍から 2 倍も拡張された
ばかりか、管楽器特有のパッセージが弦楽器のそれに見事に変換されている。
その背後にあるのは、自分に課した課題かもしれない、という本人にしか判
らない面と、ヴィーンでの新しい環境が求める形に改作する、という社会的
な側面である。弦楽トリオ編成の Op.3 および Op.8 とともに、これらが出
版時に献呈なしであったことは、貴族邸でのコンサートで上演されたとして
も、特定の貴族との結びつきなしに創作が進行したことを暗示している。

　Op.8 まではすべてアルタリア社から出版されたが、貴族（Op.2 は例外的
にハイドン）に献呈された他の作品はみなフランス語のタイトルを持ってい
るのに対して、この 3 曲のタイトルはイタリア語であり、そのこと自体が異
彩を放っている。Op.8 の正式タイトルはイタリア語の"セレナータ"で、作
品もイタリア・スタイルが意識されており、しかも貴族に献呈しないのであ
るからフランス語である必要はなかった。「セレナード」と通称されるのは
ドイツ語で書かれた作品カタログがそう表記しているからである。最初と最
後に行進曲、間に緩徐楽章、メヌエット、スケルツォ、ポラッカ、変奏曲と、
短めの 7 楽章からなり、セレナータのスタイルそのものである。

　それに対して Op.3 は自筆譜でも原版でも"グラン［大・トリオ"と題され、
"ソナタ 4 楽章構成"にプラスして緩徐楽章とメヌエット楽章がもうひとつず
つあることにより、6 楽章構成になっている。それゆえにだけではなく、各

楽章が大規模で、演奏時間は40分程度に達する。

　その発展型がOp.9の3曲のトリオであるが、これらはいずれも"ソナタ4楽章構成"に落ち着いた。リヒノフスキー侯邸をはじめとする貴族私邸コンサートではハイドン、モーツァルト、フェルスターらの弦楽四重奏曲が最も重きのある演目であり、ベートーヴェンは常日頃、大先達の傑作を聴く機会に恵まれていた。ハイドンが「作品9」以後の本格的な弦楽四重奏曲に挑む前にバリトン・トリオをたくさん書いて音域の重なり合う弦楽合奏（バリトン［中低音楽器］、ヴィオラ、チェロ）の書法を確立していったのと同じように、この作品群は弦楽四重奏曲に立ち向かう前のさまざまな試行の場であった。事実、Op.9を1798年初めに書き上げるや、夏からいよいよ弦楽四重奏曲Op.18に取り組む［第14章3］。すでにこの時期に衰退期にあった弦楽トリオ編成に再び回帰することはなかった。とりわけOp.9の3曲セットは、前述のように、"含むハ短調3部作"の一角を成し、貴族献呈であり、それゆえにフランス語タイトルであり、王道の楽章構成を採用と、それまでの弦楽室内楽作品とは一線を画している。

7 ｜ 管楽作品　弦管混合作品

　出版は後年となるか、あるいは生前に出版はなされなかった、いくつかの管楽作品がある。

　このジャンルはボン時代から引き続いており、そしてこの時期で完全終息する。出版が1806〜10年に成されたものがあって、その際には作品番号なしであったが、のちに空白番号を埋め合わせる遅い番号が付された（" "付き）ことで、18世紀終盤特有のジャンルであった印象が薄められることとなった。管楽八重奏曲"Op.103"とロンドWoO 25についてはすでに述べた。

　2オーボエとイングリッシュ・ホルンという編成による楽曲はおそらく歴史上このときまで書かれたことのないものである。毎年12月22日と23日にブルク劇場で音楽家共済協会主催のクリスマス慈善コンサートが催されていたが、1793年の第2日に、オーボエ奏者一族の3兄弟、ヨハン・タイマーとフランツおよびフィリップが、この編成のためにヨハン・ネポムク・ヴェント（1745-1801）によって書かれた"新しいテルツェット（三重奏曲）"を披露した。演奏者たちはシュヴァルツェンベルク侯宮廷の管楽合奏団に属し

第 13 章　1790 年代後半　2 つの面（1）当面の成果

管楽作品				
推定作曲時期　［編成］ 　　　　出版（公告）		曲種　　（調性）		作品番号 献呈
1793	オーボエ、クラリネット、ファゴット、ホルン各 2 　　1830.09.　アルタリア	八重奏曲	（変ホ長調）	"Op.103" なし
1793	オーボエ、クラリネット、ファゴット、ホルン各 2 　　1830.09.　ディアベッリ	八重奏ロンド	（変ホ長調）	WoO 25 なし
1794?-95	2 オーボエ、イングリッシュ・ホルン 　　1806.04.12.　アルタリア（弦楽トリオとしても同時出版）	トリオ	（ハ長調）	"Op.87" なし
?1795	2 オーボエ、イングリッシュ・ホルン モーツァルトの《ドン・ジョヴァンニ》から〈奥様、お手をどうぞ〉による 　　1914　ブライトコップ & ヘルテル	トリオ 8 変奏曲	（ハ長調）	WoO 28 なし
c1796	クラリネット、ファゴット、ホルン各 2 　　1810　ブライトコップ & ヘルテル	六重奏曲	（変ホ長調）	"Op.71" なし
1797 末 -98 初	クラリネット、ファゴット、ホルン各 2 　　1888　ブライトコップ & ヘルテル旧全集	六重奏行進曲	（変ロ長調）	WoO 29 なし

　ていて、それは、前述したように、この時期特有の宮廷お抱え楽団であった。
おそらくこの上演がベートーヴェンへの刺激となって、彼は 1795 年に同じ
編成のオーボエ・トリオ［"Op.87"］と変奏曲 WoO 28 を書いた、しかもこの 3
人の奏者のために、と見られている。あるいはもしかしたら彼らから委嘱さ
れたかもしれない［新カタログはそこまでは言っていない］。現実的にはそれまで彼
ら以外にこの編成の楽曲を発案しなかったのであるから、ベートーヴェン作
品とタイマー 3 兄弟の結びつきが作品成立の鍵を握っている確率は高い。
1793 年のクリスマス・シーズンは彼がヴィーンに出てきてから 2 度目のも
のであり、この両日は第 2 回ロンドン旅行に出立する直前のハイドンが第 1
回滞在中に書いたシンフォニーを 3 曲とドイツ語歌詞およびイタリア語歌詞
の各合唱曲を、サリエリに指揮を任せて、披露した。このコンサートが、こ
のきわめて稀な編成のための作曲を取り持ったとすれば、それは当日ベート
ーヴェンが居合わせた間接的な傍証となる。
　ベートーヴェンの変奏曲の方は 1797 年 12 月 23 日の同じクリスマス慈善
コンサートで上演されたことが知られている。演奏者のうち、イングリッシ

419

第II部　歴史的考察

ュ・ホルンは、この楽器の歴史において最初に専門化した奏者となったことで名高いタイマー兄弟の末弟のフィリップ（1761-1812）であったが、オーボエは兄たちに代わってヨーゼフ・ツェルヴェンカ（1759-1835）とロイター（不詳）が担当した。それ以前の演奏記録は遺っていないが、それが初演であったとは考えにくく、この作品が1795年作であることはほぼ間違いないので、タイマー3兄弟によって雇用主シュヴァルツェンベルク邸でそれ以前に何度か演奏された可能性はある。

　八重奏からオーボエ2本を欠いた編成の、管楽六重奏曲2曲は、ペアではなく別個の存在である。"Op.71"の方は、"Op.103"八重奏曲と同様に、その初稿がボンの管楽合奏団のために書かれた可能性もあるとのことだが［Raab/Harmoniemusik］、現存稿のとくにメヌエット楽章は1796年制作である。この作品の出版の経緯については第6章10で触れた。

　行進曲WoO 29の方はそれとは調も異なる20小節の小品で、スケッチの後、まずピアノ譜で書き（Hess 87）、最終的に管楽編成とした。これはハイドン作品（Hob.XIX：25）と一緒に"敵弾兵行進曲"（Hess 107）としてシュヴァルツェンベルク侯所有のオルゴール（フルート時計）［ライプツィヒ大学楽器博物館蔵］に組み込まれている。ハイドン作品の原曲（Hob.VIII：6）はベートーヴェン作品と同じ管楽六重奏、しかも同じく20小節であり、それとの関連性が強く意識されて、旧カタログでは、1807年に《ハ長調ミサ曲》の上演のためにベートーヴェンがアイゼンシュタットに赴いたときにこの作品が成立したのではないかと考えられていた。その説はスケッチ研究によって完全に否定されたが、作曲の理由までは明らかになっていない。しかし、2曲とも同じ20小節と短いもので、そもそもオルゴール用に書かれた可能性もある。

　同様にこの時期に限られた編成楽曲としてソロ弦楽器とソロ管楽器から成る作品が2曲ある。

第13章 1790年代後半 2つの面（1）当面の成果

弦管混合作品				
推定作曲時期　［編成］		曲種	（調性）	作品番号
出版（公告）				献呈
?1795	2ヴァイオリン、ヴィオラ、チェロ、2ホルン	六重奏曲	（変ホ長調）	"Op.81b"
	1810前半　ジムロック			なし
1798-99	ヴァイオリン、ヴィオラ、チェロ、コントラバス、クラリネット、ファゴット、ホルン	七重奏曲	（変ホ長調）	Op.20
	1802.06.20.　ホフマイスター			皇妃マリー・テレーゼ

　前者は弦楽四重奏、プラス、2ホルンという編成で、宮廷での奏楽図も存在するように、18世紀後半にときに見られたものである。このホルン・パートがジムロックのために書かれたこと、および出版の事情についてはすでに述べた［第6章12］。

　後者はこの時期に最も人気があり、その理由は、これが宮廷小楽団の管楽から弦楽へという時代の転換期に双方を混合した編成によるコンサート音楽であったので、その合体で演奏可能であったためではないかと思われる。そして、弦管混合編成が流行った時代の代表的作品として今日まで愛好されてきた理由を考えてみると、1800年4月2日の大コンサート［後述］で再演されて以来、定番曲となってその記憶が保持されてきたことによるのではないか。逆に言うと、この作品以外の管楽ならびに弦管混合作品は記憶の彼方に沈んでしまったのである。

8｜ピアノ伴奏歌曲

　この時期に書かれたピアノ伴奏歌曲を一瞥しておこう。

　1793年前半から94年初めにかけて2曲（《時は長く》［J. J. ルソーのフランス語詩による］WoO 116と《魔王》［ゲーテのドイツ語詩による］WoO 131）の試みがあるが、いずれも未完である。1796年初めに手掛けたと思われる《休みなき愛》Unv 22と《野バラ》Unv 23（いずれもゲーテ詩）も同様である。1794年から95年にかけて成立したのが以下である。

421

第II部　歴史的考察

タイトル	言語	詩	規模	作品番号 [作品整理番号]	出版 / 出版公告
8 つの歌曲	独	クラウディウス / メロー / ユルツェン / レッシング ゲーテ 2/ ビュルガー 2 （部分的にボン時代に手掛け、主としてこの時期に作曲）		Op.52	1805.06.26. BAI
単声合唱付き 《自由な男》第 2 稿	独	プフェッファル	20 小節	WoO 117	1808 ジムロック
単声合唱付き 《おお、いとしき森よ》	伊	メタスタージオ	28 小節	WoO 119	1888 旧全集
《愛されぬ男のため息》	独	ビュルガー	182 小節	WoO 118	1837 ディアベッリ
《やさしい愛（君を愛す）》	独	ヘッロゼー	40 小節	WoO 123	1803.07. トレック
《別れ》	伊	メタスタージオ	24 小節	WoO 124	1803.07. トレック
《奉献歌》［第 1 稿］	独	マッティソン	68 小節	WoO 126	1888 旧全集
同 ［第 2 稿］1798 年					1808 ジムロック
《アデライーデ》	独	マッティソン	181 小節	"Op.46"	1797.02.08. アルタリア

　このうち、1796 年に入って完成稿が出来上がった《アデライーデ》だけが、翌 1797 年に作品番号なしで出版された。歌曲作曲家としても打って出た、ヴィーンで初めての本格的な歌曲である。原版のタイトルは「クラヴィーア伴奏付きひとつの歌唱声部のためのカンタータ」であり、歌唱声部はソプラノ記号で書かれている。作詞者のマッティソンに献げられた。

　次いで 1798 年末から 99 年にかけて書かれたのが以下である。

《愛の喜び》	仏	作詞者不明	11 小節	[WoO 128]	消失
		スケッチから再構成されて 1902 年に雑誌付録として出版			
《女暴君》	英	ウェニントン	81 小節	[WoO 125]	1799 ブロードリップ

　《女暴君》の原版がなぜロンドンで出版されたかについては第 32 章で扱う。

第 13 章　1790 年代後半　2 つの面（1）当面の成果

9 ｜ 軍歌の作曲

　そのほかに、時代の愛国主義的高揚に巻き込まれたか、作曲委嘱の無理強いに晒されたか、いずれにしても、迫り来るフランス軍に対するヴィーン社会の反応のひとつと捉えることができるが、ベートーヴェンも軍歌の作曲依頼に応えた。

　1796 年 3 月 11 日にイタリア遠征に出発したナポレオン軍は、当時オーストリアの支配下にあったイタリア北部地方、ジェノヴァの西、モンテノッテの会戦で 4 月 12 日にオーストリア軍に初勝利し、以後、オーストリア・サルデーニャ連合軍を次々に撃破していった。ヴィーンでも、1 万人以上の若き市民が自発的に、自らの国および皇帝への忠誠から、対ナポレオン戦争に出征すると名乗り出る［Hermand, 前掲書 52 ページ］ほどの熱気が充満した。義勇軍が組織され、その下士官、弱冠 15 歳（?）のヨーゼフ・フリーデルベルク（1781?-1800）が書いた詩にベートーヴェンが付曲した 2 曲がある。

《ヴィーン義勇軍の軍旗師団の出陣に際してヴィーン市民への別れの歌》
Abschiedsgesang an Wiens Bürger beim Auszug der Fahnendivision des Corps der Wiener Freiwilligen
　［通称：ヴィーン市民への別れの歌］（歌詞冒頭：嘆きが鳴り響くことなかれ）　　　WoO 121
《オーストリア人たちの軍歌 Kriegs Lied der Oesterreicher ［通称：オーストリア軍歌］》
（歌詞冒頭：我らは大ドイツ民族）　　　　　　　　　　　　　　　　　　　　WoO 122

　それぞれ 1796 年 11 月 15 日付と 97 年 4 月 14 日付でアルタリア社から出版公告された。ピアノ伴奏歌曲の体裁を取った、いずれも 30 小節に満たない小品である。

　同じ脈絡のなかでハイドンは 1796 年 10 月から 97 年 1 月の間に《神よ、皇帝フランツを護りたまえ Gott erhalte Franz den Kaiser ［通称：皇帝讃歌］》［Hob.XXVIa：43］ を作曲した。また《戦時のミサ曲 Missa in tempore belli》［Hob.XXII：9］ が初演されたのは 1796 年 12 月 26 日のことであった。ジュスマイヤーは一連のカンタータ《危機に瀕した救済者》［SmWV 302］、《義勇軍》［SmWV 310］（ともに 1796 年）、《カール大公の到着を》［SmWV 303］（1798）、

423

第Ⅱ部　歴史的考察

《平和のための戦い》［SmWV 307］（1800）を書いた。さらにパウル・ヴラニツキーはもっとはるかに勇敢に《フランス共和国との和平のための性格的大シンフォニー Grande Symphonie caracteristique pour la paix avec la Republique française》Op.31（1797）を書く。しかもその第1楽章が"革命 La Révolution"と題されているにも拘わらず、アウクスブルクで出版されたためか検閲をくぐり抜けることができたが、その演奏はフランツ2世によって直ちに禁止された［同上］。

10 │ 余論：鍵盤楽器の呼称問題について

　本章の余論として、鍵盤楽器の呼称問題について全貌を明らかにしておきたい。まず、この時期には自筆の完全原稿はほとんど失われており、ピアノ作品で現存する唯一の Op.15 の場合には楽器名の記載がない。多くの版下原稿（校閲筆写譜）もおそらく印刷譜が出来上がるともはや不要のものとして廃棄されたのではないか。そうした状況であるから、楽器名のオリジナル状態を示すのは原版ということになる。

　数少ない歌曲の場合は、イタリア語歌曲 WoO 124 を含めて、ドイツ語で"クラヴィーア"（Clavier ないし Klavier）であって、その意味するところは幅広い。唯一、ロンドンで原版が出た《女暴君》WoO 125 だけが英語で"ピアノフォルテ"（the Piano-Forte）だが、楽譜自体の原典性は保証されても、そのタイトルまでベートーヴェンのコントロール下にあったわけではない。

　それ以外の独奏曲・合奏曲の出版時にはどうであったか、楽器名だけを一覧してみよう［426 ページ］。ヴィーン以前の出版も参考に挙げる［次ページ］。《選帝侯ソナタ》WoO 47は"クラヴィーア"で、限定された表現ではない。クラヴィコードのためではないかという議論は、当時それは実際に何で弾かれたかというベートーヴェン周辺の演奏慣習の問題である。2曲の《ロンド》WoO 48 および WoO 49 は、前述のように、週刊の楽譜集「クラヴィーア愛好家のための詞華集」という総合タイトルであった。ここでは、ヴィーン転出後に出版されたケースとして、ジムロック社が 1794 年に"ピアノフォルテ"（フランス語）の表記1本となったことが注目される。

　ヴィーンの各社はフランス語かイタリア語の表記であった。前者が使用されるのは貴族等（ハイドンを含めて）に献呈される場合である。後者の使用

424

第13章　1790年代後半　2つの面（1）当面の成果

出版（公告）	出版社	作品（整理）番号	楽器名表記
1782.	Götz	[WoO 63]	Clavecin
1783. 秋	Bossler	[WoO 47]	fürs Klavier
1783.10./11.	Bossler	[WoO 48]	für Klavierliebhaber
1784.02.	Bossler	[WoO 49]	für Klavierliebhaber
1791.08.	Schott	[WoO 65]	Clavecin
1793.08.	Simrock	[WoO 66]	Clavecin ou Piano-Forte
1794.08.09.	Simrock	[WoO 67]	Piano Forte

は、変奏曲主題がイタリア・オペラから採られたか、献呈相手がイタリア人
（サリエリ）か、イタリア由来のジャンル（セレナータ）かの場合である。
"ピアノ・フォルテ"か"フォルテ・ピアノ"か、またその表記はさまざまだが、
そこに有為な差異はない。強調の大文字表記は、"ソナタ"など楽曲名である
のが一般的で、楽器名までというのは1例のみである。

　問題はチェンバロ（クラヴサン）の表記がいつまで続くのかということと、
表記の主導権は作者にあったのか出版社にあったのか、という点である。
Op.1 の場合、すでに見たように、ベートーヴェンにとって生涯で最も重要
な出版であったと考えることができ、細部まで彼の意思が貫かれているよう
な気がする。それが"ピアノ・フォルテ"単独表記であったことは強調されな
ければならない。直後のトレック社はそれを倣ったのであろう。しかし
Op.2 以後にその表記は変わった。各社の対応に差があるので、主導権を出
版社が握っていると思われる。アルタリア社が最も長くチェンバロ並記に拘
り、同社から枝分かれしたモッロ社は創業当初から、1例を除いて、"ピア
ノ・フォルテ"の単独表記であった。実態としては、出版作品が皆無であっ
た 1800 年を境にチェンバロ並記はなくなり、1802 年カッピ社の Op.27 が孤
立した例外と言える。並記が続いた理由としてよく挙げられるのは、両楽器
で可とすることによって出版社が幅広い購買層に応えたということだが、そ
の背後には、楽器の違いは当時、現代で考えるほどには大きくはなかったと
いう実態があったことも、考慮されなければならない。

　Op.28 以後では、前述したように［80ページ］、1813 年末に『ミューズ年鑑』
の付録として出版された《吟遊詩人の亡霊》WoO 142 において竪琴の伴奏
を模す分散和音伴奏のためにわざわざチェンバロ伴奏が指定されているが、
タイトルにその表記はなく、表紙裏に「声、チェンバロ」とある［校訂報告書］。

第Ⅱ部　歴史的考察

出版（公告）	出版社	作品（整理）番号	楽器名表記	［特記する要のある続版］
1795.08.29.	Artaria	Op.1	Piano-Forte	
1795.12.30.	Traeg	WoO 69	Piano-forte	
1796.03.09.	Artaria	Op.2	Clavecin ou Piano-Forte	
1796.03.23.	Traeg	WoO 70	Clavicembalo o Forte Piano	
1796.02.27.	Artaria	WoO 68	Clavicembalo o Piano-Forte	
1797.02.08.	Artaria	Op.5	Clavecin ou Piano=Forte	
1797.02.08.	Artaria	"Op.46"	mit Begleitung des Clavier	
1797.04.29.	Artaria	［WoO 71］	Clavecin ou Piano-Forte	
1797.10.?	Artaria	Op.6	Clavecin ou Forte-Piano　［1798（Simrock） Forte-Piano］	
1797.10.07.	Artaria	Op.7	Clavecin ou Piano-Forte	
c1798	Simrock	［WoO 64］	Harpe ou Forte-Piano	
1798.09.26.	Eder	Op.10	CLAVECIN OU PIANOFORTE	
1798.10.03.	Mollo	Op.11	Piano-Forte	
1798.11.07.	Traeg	［WoO 72］	Piano-Forte	
1799.01.12.	Artaria	Op.12	Clavicembalo o Forte-Piano［1800（Simrock） Forte-Piano］	
1799.03.02.	Artaria	［WoO 73］	Clavecin ou Piano-Forte	
1799.12.18.	Hoffmeister	Op.13	Clavecin ou Piano-Forte	
1799.12.18.	Hoffmeister	［WoO 76］	Clavecin ou Piano-Forte	
1799.12.21.	Mollo	［WoO 75］	Clavicembalo o Piano-Forte	
1799.12.21.	Mollo	Op.14	Piano-Forte	
1801.03.21.	Mollo	Op.15	Forte-Piano	
1801.03.21.	Mollo	Op.16	Forte-Piano	
1801.03.21.	Mollo	Op.17	Forte-Piano	
1801.08.12.	Traeg	［WoO 77］	Forte-Piano	
1801.12.12.	Hoffmeister	Op.19	Pianoforte	
1802.03.10.	Hoffmeister	Op.22	Piano Forte	
1801.10.28.	Mollo	Op.23	Piano Forte	
1801.10.28.	Mollo	Op.24	Piano Forte	
1802.03.03.	Cappi	Op.26	Piano Forte	
1802.03.03.	Cappi	Op.27-1	Clavicembalo o Piano-Forte	
1802.03.03.	Cappi	Op.27-2	Clavicembalo o Piano=Forte	
1802.07.10.	Bureau d'Arts	Op.28	Pianoforte	
1803.05.28.	Bureau d'Arts	Op.30	Pianoforte	
（中略）				
1813. 末	雑誌付録	［WoO 142］	CEMBALO	
1826.02.?	Steiner	Op.116	CEMBALO ALL'USO DI CONCERTI	

第13章　1790年代後半　2つの面（1）当面の成果

それ以外には 1826 年に一度だけ"チェンバロ"表記が見られる。これは従前の"ピアノ"との並記ではなく、それだけを指定したものである。Op.116 はイタリア語歌詞を持ったオーケストラ伴奏三重唱曲《おののけ、不信心な者ども》で、それが鍵盤楽器伴奏編曲の形で原版出版された。大文字で、楽器が「"コンチェルト風のチェンバロ"の伴奏を伴った」と特記されている。この時代になおチェンバロ伴奏が指定されているこの事実は、音楽史で置き去りにされてきたのではないか。

　ピアノ・コンチェルト第 1 〜 3 番の自筆譜およびトリプル・コンチェルトの校閲筆写譜においてソロ・パートが「チェンバロ」と記載されている件については第 21 章 14 で議論する。

427

第14章
1790年代後半

2つの面(2) 水面下の進行

オペラ・オラトリオの作曲に向けての助走／シンフォニー
および弦楽四重奏曲の作曲／耳疾の発覚

1. 身辺の変化　リヒノフスキー侯との関係の見直し
2. オペラ・アリア作曲への挑戦
3. シンフォニー・弦楽四重奏曲作曲への挑戦
4. オーケストラ舞曲集の出版
5. ヴァイオリン・ロマンスの成立時期の見直し
6. 1796年7月以降の消息
7. ヴェーゲラーへの耳疾の告白
　　　その進行の始まりと創作との関係
8. アメンダにも同様の告白

第Ⅱ部　歴史的考察

　1790 年代後半は、一面で、宮廷社会での立ち位置を求めて自己の足場を
固める時期であった。彼の創作活動はオーケスラとピアノの狭間にあったが、
具体的成果となって結実したのは、前章で見たように、ピアノ曲・合奏曲
（ピアノ・コンチェルト、歌曲を含む）および弦楽・管楽作品だけである。
ヴィーンでのそれらの発表は、それだけでも充分に、国際的な注目をすでに
浴び始めていた。そうして早くも彼は、貴族社会のなかで自立し、自活でき
るまでの成果を挙げるばかりか、高貴な身分と渡り合うまでになり、また、
師にも密かに畏怖心を起こさせていたのではないかと推測できるほどになっ
ていた。周囲との関係は公的に知れ渡る出版作品の献呈行為のなかに見て取
ることができ、そこに現れ出ているのは、やみくもに献呈するのではなく、
作品を選び献呈対象者を慎重に吟味する彼の姿であった［第Ⅰ部第 7 章］。
　他方この時期には、もう一方の極、オーケストラ作品への挑戦があった。
まずオペラ・アリアとオーケストラ舞曲作曲の依頼があり、後者は出版にま
で至る。同時に始まるシンフォニー作曲の自発的試みも 5 年間のうちについ
に結実へと近づき、やがてそれと並行していくのが委嘱を受けた弦楽四重奏
曲の作曲である。2 つのヴァイオリン・ロマンスは従来、作曲時期が曖昧で
あったが、コンサート活動の幅をピアノ・コンチェルト以外に拡げる役割を
果たした公算が強く、それらの成立時期は再検証される必要がある。
　ハイドンとの関係については、リース証言によって後世には対立的な構図
が染みついてしまったが、それは、第 12 章 2 で紹介した、ハイドンの選帝
侯マクシミリアン・フランツ宛書簡［BGA 13］が発見される以前に形成され
た師弟関係像であり、その後も次々と良好な関係を証明する事実が発掘され、
すでにその全面的な見直しは必至となっている。前章 1 で言及したように、
彼のヴィーン帰還後はもはや師弟の関係ではなく、ハイドン主催のコンサー
トに出演し、あるいは第三者主催のコンサートでハイドンとともに共演する、
音楽家同士のそれとなった。そして後に見るように［第 15 章］、ベートーヴェ
ン主催の最初のコンサートでもハイドンの全面的な協力が跡づけられ、さら
には《エロイカ》初演時にもハイドンの影が映るのである［第 19 章］。こうし
た全体的展望を得ると、「作品 1」に対するハイドンが示したとされる反応

にはすでに弟子に対する畏怖と敬意がない交ぜになっているような感じを私は持つ。

　ベートーヴェンの音楽家としての著しい成長は出版された作品のなかにはっきりと見て取れるのだから、その高品質が同輩たちを凌ぐものとして注目されない方がおかしい。一般的趨勢として、社会権力の支配下にある公的な音楽の比重が比較的に軽くなり、芸術家としての自主的な活動を支える出版音楽・コンサート音楽、隆盛の時代へと移り変わっていく大きな転換期が来ていた。作曲家たちはそのような時勢への対応を迫られており、たとえばハイドンのロンドンでの成功は、エステルハージ侯の死去によって初めて可能となった機会を活かすことができた、という幸運によって支えられていただけではない。それ以前の、お抱え楽師であった1780年代に、ヨーロッパ中で出版される彼の器楽曲がその数を際立って増やしていったことによって、それはすでに約束されていたと言ってよいであろう。ハイドンの創作が宮廷の求める多様な音楽から次第に逸れて、器楽曲に傾斜していったのは、社会の変化に彼が応えたゆえであると言うこともできる。そうした果敢な対応を実現し得たのは、本人の力量であると同時に、侯家においてそれが許される環境となっていたことも見逃せない。

　その問題はベートーヴェンにあってどうであったのか。公的な音楽も、比較的な比重が減少しつつあったとはいえ、その重きは依然として厳然たるものであり、ベートーヴェンにとっては改めて立ち向かわなければならない課題であった。そしてコンサートが宮廷内行事から市民社会の公的行事へと変化を遂げていくと、その局面での勝者となることが作曲を生業とする人間の新たな目標となる。

　本章は、1790年代後半において、作曲から出版までの創作活動としてはっきりとした成果が目に見える部分以外の、表面に現れるのはわずかだけという取り組みについて見ていくこととする。表面化してはいないという点は共通する、生涯を揺るがす大問題の兆候についても、その影響の大きさも含めて考察する。

1 ｜ 身辺の変化　リヒノフスキー侯との関係の見直し

　まず身辺の変化について確認すると、1794年秋以降に、それまで住んで

第Ⅱ部　歴史的考察

いたアルザー［Alser］小路45番地のリヒノフスキー・ビル地階（日本式に言
うと1階）の居室から侯が居住する1階（同2階）に移り、客人として居候
した、ということになっている。1794年12月15日にスヴィーテン男爵が
ベートーヴェンに宛てて書いた「次の水曜日、都合が悪くなかったら、夜8
時半にナイトキャップを袋に入れて私のところへ来ないか」と誘う書簡
［BGA 18］の宛名が「アルスター小路45、リヒノフスキー侯気付」となって
いることがそのように見なす理由のひとつと思われる。ただスヴィーテンが
小路の名称を一字誤って加えていて［Alster］、ベートーヴェンの宛先を正確
には把握していなかった可能性もあり、彼の居室が同ビルのどこに位置する
か知らなかったために侯気付で出した、ということも考えられる。奇妙なこ
とに、ベートーヴェンの住居問題に関する基本文献である『ルートヴィヒ・
ヴァン・ベートーヴェンの住居　1792年からその死まで［Wohnstätten Ludwig
van Beethovens von 1792 bis zu seinem Tod］』（ボン・ベートーヴェンハウス叢書1970
年出版）［新カタログ巻末文献表になし］を著わしたクルト・スモッレ Smolle はこ
の2つの綴りを混同し、すべて"アルスターガッセ"で統一してしまっている。

　ベートーヴェンが侯の居住部分で同居人になったとすれば、客人として無
償で居住したということになるのだろうか、その根拠は甚だ心許ない。もう
ひとつの"証言"としては、例のヴェーゲラーが『覚書』のなかでリヒノフス
キー侯を紹介する記事として次のように書いている［26ページ］。

> 彼は自宅でも同人を客人として受け入れ、同人もそこに少なくとも何年かは留まっ
> た。私が彼をそこで見たのは1794年末頃で、彼をそこで見なくなったのが1796年
> 半ばであった。しかしそれと同時にベートーヴェンはほとんど常に田舎に住いを持
> った。

　ここにある"客人として"というキーワードが「侯と同居」という推察に誘
うのであろうが、それは「無償で」という意味でもあり得て、ベートーヴェ
ンは地階に居住したままかもしれない。いずれにしても、最初は家賃を支払
ったが［支払いについては例のメモ帖に記載あり］、やがて居住費は無償となり、1800
年からはさらに年給の支給へと、支援が拡大していった、という構図が描け
ることになるだろう。

　この頃のリヒノフスキー侯との親密な関係を窺わせるもうひとつの文書が、
1796年2月にプラハへ侯と旅行をともにしたとき、ヴィーンに出てきたばか
りの末弟ヨハン宛にプラハから出した19日付の書簡［BGA 20］である。そ

432

第14章 1790年代後半 2つの面 (2) 水面下の進行

こには「リヒノフスキーはまもなく再びヴィーンにいる。彼はすでに当地を発った。もしおまえが金を必要とするなら、遠慮せず侯のところへ行くように。彼は私にまだ借金があるのだから」と書かれており、ベートーヴェンが貴族に金を貸した事実と、それほどの親しい間柄という関係性が確認されるのである。これは旅行中の書簡なので、旅先で手持ち金の少ない侯に費用を立て替えたのではと考えられている。というのは、同書簡の前段の部分で「私の芸術は私に友人と尊敬をもたらしており、それは私が望む以上のものである。金も私は今回かなり得るだろう」と書いていて、旅先での演奏収入の余剰がリヒノフスキーに用立て可能なほどであったと推察されるからである。その可能性がないとは言わないが、侯が少額しか持たずに旅に出てベートーヴェンに支払わせたとする伝説的な説は、貴族の矜持としてどうもしっくりこない。それよりも、第12章で見た「作品1」の予約購入について、刊行後半年たってもまだ全額を払い切っていなかったのではないか、と考えるのが順当のような気がする。

ここに登場した末弟ニコラウス・ヨハン [通称ヨハン] (1776-1848) はブロイニング兄弟とともに1795年12月26日にヴィーンに移ってきた。その顛末は、セイヤー伝記におけるフォーブズによる補足事項として、パンツァービーターの記述 [Panzerbieter：Beethoven in Regensburg, NBJ, VI (1935)] が紹介されている。ブロイニング兄のシュテファン (1774-1827) との関係は晩年まで続くので、折に触れて話題となる。そのとき一緒だったもうひとりのブロイニングは長兄のクリストフ (1773-1841) であったのか、末弟のローレンツ [通称レンツ] (1776-1798) であったのか、判然としないが、ボン帰還後は自治体の公証人となったのを出発点に法律家として活躍するクリストフの可能性が高いと思われる [その論証は脇筋に逸れすぎるので割愛]。ベートーヴェンの末弟ヨハンはほどなくしてケルンテン門近くの薬局〈聖霊館 Zum heiligen Geist〉に就職した。やがてリンツで独立し、大量の負傷者を生み出した戦時期ゆえ商売を拡大することに成功し、ヴィーンにも家を持つばかりか、郊外に巨大な領地を所有するようになる。そして1822年以降はとりわけ親密な兄弟関係が復活する [第33章6、第36章4]。

それ以前に、次弟のカスパール・アントン・カール [通称カール] (1774-1815) が1794年5月末か6月初めに兄を頼ってヴィーンに移住してきていた。ベートーヴェンの6月18日付ジムロック宛書簡 [BGA 15] のなかに、同社から出版寸前の《ヴァルトシュタイン伯の主題による》ピアノ4手変奏曲

433

第II部　歴史的考察

WoO 67 が「すでに版刻済みか版刻するところと弟が言っている」とあり、ボンから到着したばかりのカールがその情報をもたらしたと読み取れる［第I部第5章2］。音楽教育を父から受けた彼も音楽家の道を志し、当初は作品を書き、兄作品と混同されたもの（ピアノ・トリオ［Anhang 3］およびピアノ・ロンド［Anhang 6］、さらに児島新によって、オーケストラ・メヌエット WoO 12、WoO 14-8 および 12、も弟作品ではないかと指摘された）もあるが、1800 年 3 月 24 日に帝国・王国出納役人に採用され官吏となった。そして遅くとも 1802 年 3 月からベートーヴェンの秘書役を務めるようになり、それは兄弟関係が悪化したと言われる 1806 年 5 月頃まで続いた。

　フランス軍がボンに迫ってきた 1794 年秋に（ボン侵入は 10 月 8 日）、ヴェーゲラー（1765-1848）がヴィーンに逃げてきた。そのときブロイニング兄弟のもうひとりが一緒であったが、長兄はすでにヴィーンに居たとすれば、それは末弟のレンツであろう。こうして、ベートーヴェンがボン時代に幼少期をともに過ごした面々の何人もがヴィーンに参集したことになる。それは、現実としてはフランス軍の侵攻がもたらした結果であろうが、選帝侯マクシミリアン・フランツの時代に青年たちのヴィーン志向が育まれた側面もあろう。やがて（1801 年）若きフェルディナント・リース（1784-1838）もヴィーンにやって来るし、パリに落ち着いたはずのアントン・ライヒャ（1770-1836）でさえ 1802 年秋（?）にヴィーンでの成功を夢見て長期滞在を始めるのである。

　ボン情勢が回復するのを待って、ヴェーゲラーは 2 年に満たない第 2 回ヴィーン滞在を切り上げ、1796 年 6 月にクリストフ・フォン・ブロイニングとともにボンに戻った。その間にベートーヴェンとの交流が再開されて上記に引用した記述となったのであるが、その後段は明らかにいろいろと問題を含んだ記述である。まず、「そこで見たのは 1794 年末」というのは、彼がヴィーンに到着してから 1 ヵ月半ほどのことであり、彼自身がリヒノフスキー侯邸に出入りするようになるまでにそのくらいの時間がかかったと考えることもでき、この証言をもってその頃にベートーヴェンがリヒノフスキー侯の客人となる、すなわちビルの 2 階に移ったと言えるのだろうか。また、ベートーヴェンはすでに 1795 年 5 月にはリヒノフスキー・ビルを去っており、それは同月 9 日に告知された「作品 1」の予約公告に「予約は"オギルヴィッシェス・ハウス"の作者のところで」とあるからで、「そこで見なくなった 1796 年半ば」とはヴェーゲラー自身がボンに戻ったときである。しかもそ

の時点ではベートーヴェンは半年に近いプラハ・ドレスデン・ベルリン旅行中であるから彼を見かけることはあり得ず、彼らの永遠の別れは旅立つ2月以前であった。また、最後の一句、「それと同時に田舎住い」に関しても、その慣習の始まりは1800年以後のことである［このこと自体についても第16章2および5で再考する］。ヴェーゲラー証言をこのように考証してみると、「侯の客人として侯の居室のある2階に移った」という、どの伝記でも言及されている事実の真実性は疑わしいものとなる。

"オギルヴィッシェス・ハウス"とはリヒノフスキー侯の義母（妻の母）の実家ウーレフェルト伯家所有のビルで、転居には侯が絡んでいたのであろう。その後については、頻繁に居住先を変えたが詳細は不明、などの説もあった。新カタログの記述は不統一であるけれども、1800年春まで［3ページ］、または1799年頃まで［57ページ］、そこに住んだとしている［後述］。

2 ｜ オペラ・アリア作曲への挑戦

前章1で、ハイドン不在中にベートーヴェンに対して早くもヴィーン・オペラ界から作曲の声かけがあった例として、1795年4月27日か5月30日にウムラウフのジングシュピール《美しい女靴職人》に付けた2つの幕間アリアWoO 91が初演されたことについて言及したが、そのような機会が提供された背景を考えてみると、2つの系統が思い浮かぶ。ひとつはサリエリの引きがあったのではないかということである。ベートーヴェンがサリエリと接触したことが公的に知られる最初の機会は、その直前の1795年3月29日と30日の両日、復活祭恒例の音楽家共済協会主催慈善コンサートであり、それをきっかけにサリエリがベートーヴェンに挿入アリアを書かせて試してみたのではないかという見立てである。いまひとつはこのオペラでタイトルロールを歌ったマグダレーナ・ヴィルマンの存在である。

前述したように、1787年のヴィーン滞在とバイエルン旅行の少なくとも一部はヴィルマン一家と一緒であった可能性があるし、ボン時代末期の1791年から92年にかけて作曲された3つのオーケストラ伴奏ドイツ語アリア［第10章4］のひとつ、後にイタリア語歌詞に書き換えられた《初恋［Primo amore］》WoO 92はソプラノのためのアリアとしては異例に低い声域（イ音）まで使われていることから、当時ボン国民劇場プリマドンナであった彼女の

第Ⅱ部　歴史的考察

ために、あるいは少なくとも彼女を念頭に置いて、書かれたことは確実である［新全集（1995）序文はその可能性の指摘に留まっている］。そうした経緯から、1795年4月1日にヴィーン宮廷劇場歌手として契約した彼女はベートーヴェンと再会し、当地初舞台（?）に向けて自分と相手役のための挿入アリアを委嘱したということも考えられる。《美しい女靴職人》に付けた2つのオーケストラ伴奏アリア WoO 91 の第1曲〈おお、何という人生だ〉（テノールのため）は、1805年に BAI 社から「Op.52」として出版される《8つの歌曲》の第4曲〈5月の歌〉（ゲーテ詩）の音楽を改作したものである。この歌曲集はボン時代からヴィーン時代初期にかけて作曲したピアノ伴奏ドイツ語歌曲がまとめられたものだが、作曲が手掛けられた時期は特定しがたいものの、当該の曲が先行し、オペラ・アリア稿はその焼き直しという関係であることはほぼ疑いない。2曲まとめての委嘱に対して、第2曲〈靴のきついのはお嫌いですか〉（ソプラノのため）だけをヴィルマンのために書き起こし、もう1曲については書き溜めたものから使い回したのは時間的制約のためかもしれない。

　あるいはこの2要素が重なり合って、すなわちヴィルマンがサリエリに進言し、ベートーヴェンへの委嘱が決定されたというところが最も現実に近いか。とにかく挿入アリアの上演日（4月27日または5月30日）が、サリエリに目を掛けられるようになるきっかけの日付（3月末）と、そしてヴィルマンの宮廷劇場歌手契約の日（4月1日）と、隣接しているのである。

　それから数ヵ月後に作曲されたもうひとつのオーケストラ伴奏付ソプラノのためのシェーナとアリア（メタスタージオ詩）《ああ！不実な人 Ah! perfido》［''Op.65''］については、作品の成立と筆写譜に明記された献呈、そして初演の関係が複雑であるという点で第Ⅰ部第7章「作品の献呈行為について」2において詳述し、また出版事情が特異であるという点で第Ⅰ部第6章「作品番号をコントロールしたのは誰か」6および9⑤でも触れた。このソプラノ・アリアは1797年4月6日のシュッパンツィク主催コンサートで、ピアノ管楽五重奏曲 Op.16 が初演されたときにも、ヴィルマンがベートーヴェンのピアノ伴奏で歌った可能性があるが、新カタログはそれについて言及はしていない。

　この時期に取り組まれた以上3作のオペラ関連のオーケストラ伴奏歌曲の創作は、一部前述したように、サリエリのもとでの学習と関連づけられ、そして、「このレッスンはヴィーン到着後ほどなくして始まり、さしたる束縛

436

のない形でいずれにしても 1802 年まで続いた」［TDR I, 365 ページ］と、師弟関係は約 10 年も続く、長くて緩いものと見なされていた。師のもとに通って教えを請うのはまだ初めのうちという一般的観念と、1802 年にもつながりを示す証拠があるということで、こうした見解は常識的にも見え、するとその間にあるオペラ関連的な歌詞付曲の試みはその指導下にあると考えるのも、もっともらしかった。その議論の対象となっていた、1795 年から 1803 年にかけて作曲された 6 曲のオペラ関連アリア・重唱曲のすべてを、まず一覧する。

作曲時期	タイトル	作品(整理)番号	声域	言語 / 詩	出版
1795.05. 以前					
	ウムラウフの《美しい女靴職人》に	WoO 91			
	付けた 2 つの幕間アリア				
	-1〈おお、何という人生だ〉		テノール	独 シュテファニー	1888(旧全集)
	-2〈靴のきついのはお嫌いですか〉		ソプラノ	独 シュテファニー	1888(旧全集)
1796.03. 以前					
	シェーナとアリア《ああ！不実な人》	"Op.65"	ソプラノ	伊 メタスタージオ	1805
1801/02 冬					
	シェーナとアリア《いいえ、心配しないで》	WoO 92a	ソプラノ	伊 メタスタージオ	1948
1802.11. 〜 03. 春					
	二重唱《おまえの幸せな日々に》	WoO 93	ソプラノとテノール	伊 メタスタージオ	1939
1802 初 スケッチ /1802 末 -03 初 推敲					
	三重唱《おののけ、不信心な者ども》	Op.116	ソプラノ	伊 ガメッラ	1826

　ボン時代の《初恋》はすでに除外されたが、それを含めた計 7 曲がサリエリの指導下で成立したと見られていた。しかし現在では、WoO 99 の番号のもとにまとめられている、サリエリが鉛筆でたくさんの書き込みをした 15 曲の草稿（新全集の一環として 2014 年に刊行）、およびケスラー・スケッチ帖（1801 年 12 月頃〜 1802 年 7 月頃使用）の分析から、サリエリに歌詞付曲を学んだのは 1801 年から 02 年初めにかけて、すなわち第 1 シンフォニー発表後と断定されるに至った。この事実を今日どう総括するべきか、その本格的な議論はまだ為されていない［第 16 章 7 でそれを試みる］。
　以上 6 曲が 1795/96 年の 3 曲と 1801 〜 03 年の 3 曲にくっきり分かれ、その間に同種の試みはないことが重要である。すなわち、前 3 曲は具体的な公

437

第Ⅱ部　歴史的考察

演と結びついており、後3曲は当時上演された形跡がなく、サリエリのもと
での試作に始まった、精進の跡なのである。前3曲の上演事情については前
述した。その一方、これらは、ボン時代のこの種の非実用的3作品［347ペー
ジ］から継続して、1790年代前半に続いたオーケストラ伴奏アリアへの独自
の挑戦である。ベートーヴェンは自らのオペラ公演参加の経験に基づき、い
つかオペラ作曲に立ち向かうことを自覚して、アリアを書く修練を自己に課
していた、と読み解かれるべきではないか。ウムラウフの《美しい女靴職
人》に対する挿入アリアはたまたま委嘱があったということかもしれない。
想定される可能性については上に述べた。

　そして次の段階として、いまやつねにオーケストラを伴って劇的シーンが
準備されるレチタティーヴォ（それゆえに「シェーナ［情景］」と呼ばれる）
を書く課題へと進んだ。《ああ！不実な人》はその最初であると同時に、イ
タリア語オペラの一部分に付曲する初挑戦である。メタスタージオ詩はピア
ノ伴奏歌曲ですでにいくつか試みていたが、ここでは、メタスタージオ
（1698-1782）が1736年のマリア・テレジアの婚礼祝賀オペラとしてカルダ
ラのために書いたオペラ用戯曲『スキューロス島のアキレウス』（その後レ
オ、ヨメッリ、ハッセ、アグリーコラ、ガスマン、サレス、パイジエッロ、
サルティ、プニャーニの付曲が続く）の第3幕第3場を材料にした（直接用
いたイタリア語歌詞が誰の手によるかは不詳）。

　その作曲を1795年末に始めたことは現存するスケッチおよび自筆スコア
譜断片から明らかで、その原稿を持ってプラハに向かった。旅先で演奏機会
を探ろうという魂胆であったのだろうか。完成原稿の書き下ろしは1796年
2～3月、プラハ滞在中であった。ただちに筆写スコア譜が作成されたこと
から、すぐにも上演を考えていたのであろう。その表紙にはフランス語で
「大シーン」と書かれ、2枚目から始まる譜面の冒頭にベートーヴェン自身
によってイタリア語で「レチタティーヴォとアリア　クラーリ伯女嬢のため
に作曲され献げられる　L.ベートーヴェンによる」と記されている。スケ
ッチ譜にもフランス語で「クラーリ伯女嬢のため」とあるが、それは後日に
記入されたものであろう。なぜならその書き始め時点ではまだプラハ在住の
彼女を知らなかったはずだからである。1796年が明けると、前述のように、
1月8日に宮廷舞踏会場でマリア・ボッラ夫人主催コンサートがあり、そ
こでハイドンの指揮によってピアノ・コンチェルト第2番（？）の再演をし
た。一方、プラハでの最初の存在証明は2月19日、例の「金が必要なら遠

438

慮せず侯のところへ行くように」との末弟宛書簡なので、それまでの間に旅立ったわけである。《ああ！不実な人》の想定される作曲過程は、このように、演奏旅行のための準備として始まったと考えることができ、ピアノ・コンチェルトの演奏のほかにもう1曲、自身の作品を披露しようとしていたのではないか。そしてそれに相応しい歌手と出会って作品を完成させたが（そのほかにマンドリンとチェンバロのための小品5曲を書いて献呈［第1部第7章2]）、何らかの事情が発生して同旅行中での初演は断念された［その後の顛末については同上で既述]。

これはピアノ・コンチェルト第2番と同じ小規模なオーケストラ編成（フルート1本、オーボエ、ファゴット、ホルン各2本と弦楽器）編成を採っており（もっともボン時代からここまでの全6曲のオーケストラ伴奏付きアリアはすべてこの編成）、その上演時に一緒に演奏することが可能である。またピアノ・コンチェルト第1番も、シンフォニー第1番とともに1800年の大コンサートで初演された最終稿はトランペット・ティンパニ付きのシンフォニー・サイズのオーケストラ（ただしフルートは1本）であるが、この時期までは小規模編成であったかもしれない。

こうした作曲過程は、この作品が自主的制作であることを示唆しているように思われる。もちろん書きかけの原稿を出発前にサリエリに見てもらい助言を請う可能性が完全に否定されるわけではないが、のちにサリエリが行なったイタリア語歌詞の文節法に関する基礎的な指導を念頭に置くと、まだこの段階でそのような可能性は薄く、そもそもスケッチ類にその痕跡はまったくない。

ここに、他力本願ではなく、自らに新たな課題を課して、それに果敢に挑戦する、というベートーヴェンの一貫した姿勢が見て取れるのではないか。その彼がなぜ、コンサート大成功の後、サリエリの門を叩いたのか、ということが新たな検討課題となるが、それについて議論するにはまずその大計画に検討を加えなければならない［第15章]。

ベルリンから帰還後、ベートーヴェンはこの課題をひとまず棚上げした。優先させたのは、ヴィーン貴族社会のよりプライヴェートな部分で地歩を固めることであった。すなわち、彼らが先導する、芸術理解者としての市民的社交の中心として、にわかに関心が強まってきた器楽作品の創作に集中した。ヴィーン定住以来のこの方面での具体的成果については前章で鳥瞰した通りである。しかしイタリア語オペラ・オラトリオ問題に立ち入る前になお、そ

439

第II部　歴史的考察

の間にある4年間（1796年秋〜1800年秋）に次第に形を成していく2群の
器楽作品、すなわちシンフォニーと弦楽四重奏曲集の創作経過について触れ
なければならない。

3 ｜ シンフォニー・弦楽四重奏曲作曲への挑戦

　1794年にピアノ・カプリッチョ["Op.129"]の自筆譜の裏ページにOp.15の
スケッチと並んで初めて現われるシンフォニー"第0番"ハ長調［Unv 2］への
取り組みは1795年にも断続的に続いていたが、プラハ・ドレスデン・ベル
リン旅行中の後半、5月から6月にかけてさらに進展し、帰還後もそれは発
展した。しかしほどなくして雑多なスケッチをいくつも遺しただけでそれは
放棄された。その第1楽章の冒頭主題がシンフォニー第1番［Op.21］のフィ
ナーレ・テーマに再生されたので、同作品の創作開始はこの時点という見方
もできよう。しかし、その後のスケッチ類および作品書き下ろし原稿は何ら
かの事情によって失われてしまい、また初演に使用された筆写パート譜も出
版後は無用となり破棄されたと思われ、重要資料すべてが完全に消失すると
いう伝承上最悪の事態によって、その作曲経過はまったく闇に包まれている。
1800年4月2日に鳴り響いたという事実が遺っているだけである。
　弦楽四重奏曲作曲に向けた助走は、1794年にアルブレヒツベルガーのも
とでの学習と結びついて、ハイドンの作品20-1［Hob.III : 31］を筆写したこと
に始まる。6曲の弦楽四重奏曲［Op.18］への取り組みがはっきりと跡づけら
れるのは1798年中頃のことであるが［第3番 Quelle 9］、ロプコヴィッツ侯がハ
イドンとベートーヴェンにおそらく同時期に弦楽四重奏曲集作曲の委嘱を行
なったことで、創作の歯車が回り始めたと思われる。ハイドンもただちに作
曲を開始し、翌年、2曲を完成させた（1802年9月に作品77としてアルタ
リア社から出版された、いわゆる「ロプコヴィッツ四重奏曲」［Hob.III : 81,
82]）。
　ベートーヴェンが先立ってさらに取り組んだのはモーツァルト作品を研究
することであった。1785年9月に「わが親愛なる友へ」と始まるハイドン
への献呈の辞を伴ってアルタリア社から作品10として出版され、そのよう
な経緯もあって有名となっていた、いわゆる「ハイドン四重奏曲集」（作曲
は1783〜85年）のなかから、第1番ト長調［KV 387］全曲［その大半はボン、ベ

第14章　1790年代後半　2つの面（2）水面下の進行

ートーヴェン・ハウス所蔵/インターネットで閲覧可]、および第5番イ長調［KV 464］第
3楽章をスコア譜に書き写したのである。底本は初版譜であったと思われる
が、音符以外の記号等はすべて省かれているので、原典との細かい照合はで
きない。当時、楽譜出版は演奏目的であるのでパート譜のみでの出版であり、
書法を学ぶにはスコア譜を作成しなければならなかった。諸記号の割愛もま
た写譜目的を物語っている。

　そうして、1798年夏から秋にかけて第3番ニ長調の作曲に取りかかり、
それは1799年1月に完成する。2月から4月中頃まで第1番ヘ長調に、そ
して6月初めまで第2番ト長調に取り組んだ。そしてカール・アメンダ
(1771-1836) に第1番第1稿［Hess 32］の筆写パート譜を、「私たちの友情の
小さな記念碑としてこの四重奏曲を受け取ってくれたまえ…」［BGA 42］との
1799年6月25日付添え書きとともに、送った。一方、作曲依頼者のロプコ
ヴィッツ侯もこの3曲を受領したことが、侯の同年10月7日付支払い指示
書とベートーヴェンの10月14日付200グルデン領収書によって確認される。
後半の3曲については、1799年6月からまず第5番イ長調が取り組まれた
ことははっきりしているが、第4番ハ短調はそれに関するスケッチ帖全体が
失われているので経過を跡づけることができず、第6番変ロ長調が完成する
のは1800年4月の大コンサートを挟んで夏から秋にかけてであった。こう
してたっぷり2年を掛けて6曲の弦楽四重奏曲集はひとまず成立した。この
時期の創作の佳境は1799年10月以降1800年4月まで使用の消失スケッチ
帖に見られるはずであり、それはおそらく弦楽四重奏曲第4番とシンフォニ
ー第1番、そしてピアノ・コンチェルト第3番との格闘を示し、ベートーヴェン
の創作の最初の修羅場とも言えるものであったのではないかと想像される。

　その経験によってベートーヴェンが得たものは大きかったというべきであ
る。それは、作曲技術の観点においてはもとより、貴族の市民先導的な音楽
愛好趣味に彩られた範囲を完全に超越したという手応えであったのではない
だろうか。作曲の依頼は貴族から来たとはいえ、それに、味わい楽しむとい
ったレヴェルを超えた圧倒的な6曲のセットで応えたところに、ベートーヴ
ェンの意気が強く感じられる。その上で、技術的な観点から前半3曲の成果
が気になって、早々にそれらの改訂作業が進行することになる。その痕跡は
第1〜2番に関してスケッチ帖に跡づけることができる。全曲が最終的な完
結に至った1800年10月にロプコヴィッツ侯に、コピスト5人（新カタログ
による、ただし6人説もあり［Brandenburg/Op.18 (1988)］）の作業によって作成

441

第II部　歴史的考察

された400ページを超える全6曲の筆写パート譜集が改めて献呈され、1799
年10月に献呈した分はご破算となった。その際にそれを回収したかどうか
はわからないが、第1回献呈楽譜は伝承されていない。

　アメンダに対しては、1801年7月1日付で「君の四重奏曲はもはや他人
に渡さないでくれ、というのは私はそれを非常に変更したからだ、私はいま
ようやく四重奏曲の書き方を知った、君はすぐ判るだろう、君がそれを手に
すれば」[BGA 67]と書いたが、その返却は求めなかった。その結果、たまた
まアメンダ所有となった第1番に関しては2つの稿の比較が可能なのである。
そこに跡づけられる改訂作業は、第1楽章の後半（展開部と再現部）の反復
を廃止したことを除けば（この反復が維持されたのは第5番と第6番だけ）、
作品の骨格にまで及ぶものではなく、まさしく"画竜点睛"といってよいもの
で、細部に研ぎ澄まされた精巧化作業が施された。冗長さを回避する工夫や、
輪郭をよりくっきりとしたものにする修正、そしてもっとも重要なのがダイ
ナミクスの流れをより劇的に仕組み直したことである。

　こうした経緯を前提にすると、痕跡が遺っていないからといって、初稿段
階で最初に取り組まれた第3番に手直しが施されなかったとは考えにくいの
ではないか。もしかしたらその作業は第6番完成に先立って、消失スケッチ
帖のなかですでに手掛けられていたかもしれない。

　イタリア語オペラに向けた格闘がベルリンから帰還後に継続的に取り組ま
れなかった理由は以上で十分であろう。そして、以上の過程がすべて終了し
たときに、5年前の課題が改めて眼前に立ち現れる。それについては、大コ
ンサート以後の問題として第16章で扱う。またそれまでの間、サリエリの
ことがベートーヴェンの頭から離れたわけではなく、彼とはまた別の関係構
築が大コンサートの成否に関わっていたことについても次章で考察する。

4 ｜ オーケストラ舞曲集の出版

　1795年11月に美術家年金協会主催の仮面舞踏会のために2つのオーケス
トラ舞曲集WoO 7およびWoO 8の寄稿を求められ、早くもヴィーンで名の
通った作曲家の仲間入りをしたことは前章1で言及した。WoO 7はトラン
ペット、ティンパニを含む17パート、WoO 8は19パートのフル編成オー
ケストラのための作品で、各曲は大体32小節規模のものだが、それぞれ独

442

第14章　1790年代後半　2つの面（2）水面下の進行

自のアイディアで趣向を凝らしていて、中間部には各曲ごとにさまざまな管楽器の独奏部分を含むなど（とくに WoO 7）、巧みなオーケストレーションに、踊る人々も気を留めたのではないか、と想像される。ピアノ編曲版の形でただちに 12 月にアルタリア社から出版された（出版公告は 16 日）ので、11 月 22 日の初演前から出版準備が進行していたことは間違いない。この両曲集は前述したように［第12章1］、1798 年にトレック社がオーケストラ・パート譜の筆写譜販売を行なった［664 ページおよび巻末出版作品一覧表参照］。

　1796 年 3 月にアルタリア社から《6 のメヌエット》WoO 10 がピアノ編曲版で出版されたが、原曲は前年の 2 曲集と同じ規模のオーケストラ舞曲であった可能性がある（原曲は現存せず）。それに対して《7 のレントラー舞曲》WoO 11 は 1799 年春に同社から 2 ヴァイオリンとバスの 3 パート譜の形で出版されたが、その形がオリジナルかもしれない。

　1802 年 9 月に同社から 2 ヴァイオリンとバスの 3 パートおよびピアノ編曲版で出版された《6 のレントラー舞曲》WoO 15 は、同様に、前者が原曲かもしれない。《12 のコントゥルダンス》WoO 14 は当時の出版としては例外的で、1802 年ないし 03 年にモッロ社から 14 のオーケストラ・パート譜で出版された。その第 7 曲と第 11 曲は 1801 年に《プロメテウスの創造物》［Op.43］の終曲で再利用されており、これらオーケストラ舞曲がベートーヴェンの最初の劇音楽と、時期的にも発想的にも、つながっていることが解る。第 7 曲はさらに続けてピアノ変奏曲［Op.35］およびシンフォニー第 3 番［Op.55］第 4 楽章にも使用され、いろいろなところで登場するその旋律は、当時、ベートーヴェンのトレードマークのように響いたことであろう。

　出版されなかった《12 のドイツ舞曲》WoO 13 と《6 のメヌエット》WoO 9 は、前者がオーケストラ舞曲、後者が 2 ヴァイオリンとバスの 3 パートの舞曲であった可能性があるが、その編成での原譜の伝承はない。また WoO 12、WoO 16a、WoO 16b、WoO 17 はベートーヴェンの真作であることが確定されていない。

　オーケストラ舞曲集に関して約言すると、WoO 7、WoO 8、WoO 14 以外は、オリジナル性の確立にさまざまな困難を伴っている。スケッチ帖研究により素材はボン時代に遡るとされるものもあるが、完成作品としてのまとめはこの時期であり、さまざまな舞踏会用に書かれたのであろうと推測されている。

第II部　歴史的考察

5 | ヴァイオリン・ロマンスの成立時期の見直し

"ヴァイオリンとオーケストラ"のための《ロマンス》2曲 Op.40 および Op.50 もこの時期に書かれたオーケストラ器楽曲である。出版は Op.40 が 1803 年 12 月にライプツィヒのホフマイスター社から、Op.50 が 1805 年 5 月にヴィーンの BAI 社からであるが、作曲の完了後数年が経過してのことと思われる。いずれも、スケッチ帖には痕跡が見当たらず、またその他の下書き類もなく、完成された自筆原稿だけによって伝承されている。そこでその筆跡の分析によって完成年代を推定するほかないのだが、その結果、Op.40 が 1800/01 年頃のもの、Op.50 が 1798 年のものと判定された。そこから考えられるのは、Op.40 のスケッチは例の 1799 年 10 月～1800 年 4 月使用の消失スケッチ帖（Op.21 などが記入されたもの）のなかにあったのではないか、また Op.50 のスケッチは綴じられた最初のスケッチ帖「グラスニック 1」（1798 年夏/秋～1799 年 2 月使用）の開始前、単葉のスケッチとして存在し、それは「カフカ雑録」ないし「フィッシュホーフ雑録」に合本される以前に消失したのではないか、ということである。

　弟カールが 1802 年 10 月 18 日付でブライトコップ＆ヘルテル社に「ヴァイオリンのための 2 曲のアダージョ、完全な楽器伴奏を伴う」[BGA 107] として売り込んでいるのが最初の出版交渉で、それによってその直前に両作品が成立したと古くは考えられていた。またヘスはその反対に、両作品がほぼ同時に成立、すなわち 1798 年作で、残存する Op.40 の自筆譜は改訂稿ではないかと考えたが、その証明は難しいものの、出版交渉する段階で新たに清書稿を起こした可能性はあろう。この 2 曲のオーケストラ編成は同じ、フルート 1 本、オーボエ、ファゴット、ホルン各 2 本と弦楽器という、前述した [439 ページ] 1790 年代のオーケストラ・コンサート作品に共通する小規模な編成（クラリネット、トランペット各 2 本、ティンパニを欠く）であり、Op.40 もこの時期の演奏活動のなかで生まれたと考えるのは自然だからである。そして大コンサートの 1800 年 4 月以後にはこの編成は見られず、また Op.40 がそれ以後のコンサートのために書き下ろされたと見なす根拠はむしろ乏しい。

　ハイリゲンシュタットに籠もる直前から秘書役を務めるようになり、留守

444

第 14 章　1790 年代後半　2 つの面（2）水面下の進行

を預かっていた弟カールが、ベートーヴェンのヴィーン帰還直後に Op.34 および Op.35 などとともにこの 2 曲を売り込んだが、ブライトコップ＆ヘルテル社はこれらに興味を示さなかった。なかなか買い手が付かないなかでやがて個別に捌けていったので、出版順は逆になり、また作曲後に放置されていた時間の長さにもそれぞれに違いが生じた。Op.39 〜 Op.44 および Op.49 〜 Op.50 はシンフォニー第 3 番に続けてオペラに取り組むなかで当座の生計のために各社に作品提供をし、それに伴って作品番号のコントロールが完全に効かなくなってしまったた一連の作品である［第 I 部第 6 章］。

　いずれも 100 小節前後のコンサート小品で、作品の性質から、ベートーヴェンのコンサート活動を彩る楽曲として作曲されたと思われる。しかしそれらが現実に使用された状況を示す記録はない。唯一関連するのは、1798 年 11 月 5 日にシュッパンツィクの独奏で「ベートーヴェンのアダージョ」が演奏されたという記述である。スー・モロー［Morrow/Vienna］はそれをアン・デア・ヴィーン劇場でのシカネーダー主催コンサートにおいてとしているが、それは明らかな誤りで、当時まだ同劇場は建設されていない。新カタログはアウフ・デア・ヴィーデン劇場でのバス歌手ルートヴィヒ・フィッシャー主催のコンサートと正している。キューテンは新全集校訂報告書において、その少し前、ピアノ・コンチェルト第 2 番の第 4（最終）稿が初演された 10 月のプラハ演奏旅行中に、Op.50 の初演も行なわれた可能性があるとしている。

6 ｜ 1796 年 7 月以降の消息

　ベートーヴェンは 1796 年 2 月からリヒノフスキー侯とともにプラハ演奏旅行に出掛けたが、4 月中旬に侯と別れて単身ドレスデンに向かった。4 月 29 日にザクセン選帝侯宮廷で御前演奏した後、5 月初めにベルリンに着いた。そして同地に約 2 ヵ月、滞在し、両ピアノ・コンチェルトを中心演目とした数々のコンサートをこなしつつ、作曲も行った。この旅行中全体で完成させたのは、《ああ！　不実な人》"Op.65" とマンドリン・チェンバロ作品 WoO 43, WoO 44（以上、プラハ）をはじめ、一連のチェロ・ピアノ作品 Op.5, WoO 45, "Op.66"、そしてもしかしたらピアノ管楽五重奏曲 Op.16（以上、ベルリン）である。7 月に入るとベルリンでは貴族たちが夏季保養に出かけ町が静

445

かになったので、ヴィーンへの帰路についた。帰還の期日は定かではない。それ以後、11月19日に演奏旅行先のプレスブルク［スロヴァキアの現ブラティスラヴァ］からヨハン・アンドレアス・シュトライヒャー（1761-1833）に宛てて書簡［BGA 23］を書くまで約4ヵ月間、消息が不明である。

　シュトライヒャーは2年前の1794年7月にアウクスブルクからヴィーンに移住してきたところであるが、ベートーヴェンはベルリンからの帰還後しばらくして彼に宛ててもう1通、書簡［BGA 22］を書いた可能性がある。それには日付と発信地の記載がなく、もらった書簡（消失）に長く返事を書かなかったことを詫びる書き出しである。おそらく旅行に出掛ける2月以前に、シュトライヒャーはヴィーンに出てきたことを知らせ、1787年春にアウクスブルクで出会って以来の再会を誘ったのかもしれない。ベルリンからの帰還後にようやく返事を書いたと考えられるのは、その末尾に「できれば私はまもなく自分であなたを訪問します、そのとき私の住いの番号もお示しします、奥様によろしく」とあるからである。すなわち、帰還後の住いがまだ定まっていないためにその時点では家屋番号を明示できない、と読める。ここに、本章1の最後に言及した"オギルヴィッシェス・ハウス"に1799年ないし1800年まで居住し続けたとする新見解とは異なる、従来から採られていた見方の根拠がある。

　消息が空白の4ヵ月間は、昔から、難聴に至る原因となる病いに伏していた可能性が指摘されているが、書簡が消失しただけかもしれないという意見もある［MGG 2 項目「ベートーヴェン」］。書簡交換が途絶えるということで言えば、1797年6月以降も1799年3月まで、その間であると想定される書簡はいくつもあるが、日付はないので、そこからは消息を裏付けることはできず、ことに1797年秋頃までは病いに伏していた可能性が以前から指摘されている。耳疾の進行が初めて確認されるのは1801年6月29日付のヴェーゲラー宛書簡［BGA 65］であるが、しばしば引用される「聴覚がここ3年来どんどん悪くなってきた」という一文から、聴覚の悪化の始まりは1798年と逆算されるのである［後述］。

7 ｜ ヴェーゲラーへの耳疾の告白　その進行の始まりと創作との関係

　この書簡［BGA 65］全文の日本語訳は一応セイヤー＝フォーブズ日本語版

にあるが［大築訳315-316ページ］、英語版からの重訳なので表現が過度になっており、また誤読も若干あって、十分なものではない。全体は印刷本で3ページに及ぶ長大なもので、当時のベートーヴェンの状況がさまざまな観点から陳述され、内容がきわめて多岐に渡っていると同時に、それらは問題ごとに整理されて書き連ねられている。そのため、必要に応じて関連部分を提示し、そのつど解説を施すのが理解に資するだろう。自筆の原文は宛先にそのまま遺され、現在ではコブレンツのヴェーゲラー文庫に所蔵されている。最初に公開されたのはヴェーゲラー＝リースの『覚書』においてで、ヴェーゲラー自身が各処に14の注釈をしているが、医学者としての病状に関するコメントはない。また、この書簡には日付はあるが年代は無記入で、ヴェーゲラーはそれを強く1800年と主張した。そのことから、症状の顕在化は1797年という説が採られ、1796年夏/秋4ヵ月の消息不明期間に直接的な原因が求められてもきた。しかしここでもヴェーゲラーが年代を間違って記憶していることを、すでにセイヤーが内容的検討から指摘し［TDR II, 285ページ］、以来、1801年であることが定着している。受信者のヴェーゲラーが医者であるからこそ、耳疾の進行がかなり克明に記され、そして症状と診てもらってきた各医師の処方が説明されているので、その部分をここに抜き書きしよう。ベートーヴェンの自筆譜においてスタッカートとテヌートの区別が付きがたいように、文章でも句点と読点に違いがないので、意味の切れ目と判断される個所に適宜、句点を補い、さらに内容がはっきりと区分されて書き綴られているので、それを単位として①～⑥の段落分けをほどこした。また、重要な概念には原綴を加え、かつ、後に分析するために、時間に関わる単語にはアンダーラインを付した。なお、日本語としてこなれた文章するために手を加えることはせず、言葉を補う場合には明記し、ベートーヴェンの書いたままをできるだけ再現するよう努めた。

① ところで、嫉み深い悪魔である、私の悪しき健康状態が私の舞台に質（タチ）の悪い石を投げてきました。すなわち、私の聴覚［Gehör］がここ3年来どんどん悪くなってきて、それは私の下腹部［Unterleib］によるとされ、あなたも知っているように、すでに当時から悪かったが、ここにきて絶えず下痢とそれによる異常な衰弱に苦しむほどに悪化しました。② フランク［原注3：おそらくヴィーン総合病院長ヨハン・ペーター・フランク（1745-1821）またはその息子でヴィーン総合病院医長ヨーゼフ（1771-1842）/ヨーゼフは1798年8月20日にベートーヴェンの友人で歌手のクリスティーネ・ゲルハルディと結婚した］は私の体には強壮剤［stärkende Medizine］によって、聴覚は扁桃油

第Ⅱ部　歴史的考察

[Mandelöhl]によって、調子[Ton]［原注4：医学用語でTonus（血行に重要な筋緊張）、ここでベートーヴェンはこの言葉を両義的に使っている］を与えようとしましたが、めでたいことに何も起こらず、私の聴覚はどんどん悪化し、下腹部は以前の状態のままでした。それは昨年の秋まで続き、私は何度も絶望に陥りました。そこである三文医者が私の状態には冷水浴を、もう少しましなのがふつうのドナウ温浴を薦め、これは奇跡を起こし［引用者注：皮肉の意味であろうが、後続文との関係がはっきりしない］、お腹[Bauch]はよくなり聴覚は相変わらずかもっと悪くなるかで、この冬は実に惨憺たるありさまで、本当にひどい疝痛[Koliken]で、私は再び完全に以前の状態に沈んでしまいました。4週間ほどこんな状態が続き、私は、こういう状態には外科もいいかなと考えて、ヴェーリング［原注5：ゲルハルト・フォン・ヴェーリング（1755-1823）/軍医で娘ユーリエは1808年4月にシュテファン・フォン・ブロイニングと結婚］のところに行きました。いずれにしても私は彼をつねに信頼していますが、ひどい下痢をほとんど完全に止めるのに成功し、私に温いドナウ浴を処方して、そのつど強化物[stärkende Sachen]の小瓶を注ぎなさいということでしたが、薬[Medizin]はまったく与えず、4日ほど前に初めて胃[Magen]のための丸薬[Pillen]と耳のためのお茶［引用者注：煎じ薬］を私に与えました。それについて言えるのは、私は力が出て良くなったように思えますが、耳だけはざわざわ[Sausen]ごうごう[Brausen]と昼夜ずっとです。③　私は人生を惨めに過ごしていると言ってよく、この2年来ほとんど私はあらゆる社交を避けています、というのは人々に私はつんぼ[Taub]ですとは言えないからです。私が何か別の職業であるならば少しはましなのですが、私の専門ではこれは恐ろしい状況で、そのうえ私の敵はその数が少なくありませんが、何を連中がこれについて言い出すことやら。――④　このすばらしい聾状態[Taubheit]を分っていただくために言うならば、劇場では演者を理解するためにオーケストラのすぐ近くにぴったりと身を寄せなければならず、楽器や声の高い音は少し離れると聞こえませんし、会話では、人々がまったく気付かないのが不思議なのですが、私がよく放心しているのでそのためと思うようです。静かに話す相手はほとんど聞こえず、音は分っても言葉は分りません。そして誰かが叫ぶと私には耐えがたく、これからどうなるのか、そんなことは誰にも分りません。ヴェーリングが言うに、完全にではなくとも、確実によくはなるだろうとのことです。――⑤　私はすでに何度も創造主と自分の存在を呪い、プルタルコスは私を諦めに導きました。可能なら私は自分の運命に抗いたい、私の人生のさまざまな瞬間に、私が神の最も不幸な創造物であるときがあるとしても。あなたにお願いしたいのですが、こうした私の状態について誰にも、ロールヒェン［原注7：ヴェーゲラーの妻エレオノーレ（旧姓ブロイニング）］にさえ何か言わないでください、ただ秘密として私はあなたに打ち明けているのです。もしあなたがいちどヴェーリングとこの件で手紙を交換してくれるとありがたいです。⑥　私の［引用者補：このような］状態が続くならば、私は来春にあなたのところへ行き、あなたが私のためにどこか美しい場所に田園の館を借りてくれて、そして私は半年、農夫になりたい。もしかするとそれによって状況は変わる。諦め、それは何と惨めな逃避手段、しかし私に残っているのはそれだけです。

第 14 章　1790 年代後半　2 つの面（2）水面下の進行

　難聴と下腹部の病気との関連は、ベートーヴェン自身の実感であるし、医
者の所見ならびに処方もその線に沿ったものであった。「あなたも知ってい
るように、すでに当時から悪く」とあるので、ヴェーゲラーがヴィーンに居
た当時、すなわち 1795 年から下腹部疾患は持続していた。だとすれば、そ
の後にあったかもしれない長期の行方不明期間との因果関係を探ることに大
した意味はない。
　書簡のこの部分は全体の中程にある、約 3 分の 1 を占めるくだりで、その
内容は、訳文中に示したように、以下の 6 部分に分かれている。

① 聴覚疾患の現認　その始まり　原因　現状
② 4 人の医者の診断と処方　その効果
③ 聴覚疾患の結果がもたらす人生上の影響
④ 難聴度の具体例
⑤ 精神的苦悩
⑥ 転地療養の希望

　このように整理することで私たちは、ベートーヴェンの言葉によって症状
をよく理解できるばかりか、ベートーヴェンが自覚している問題点、精神的
苦悩の深さ、将来見通しの悲観もまた共感するところとなる。ここに記載さ
れている時系列を整理すると、次のようになろうか。

1795 年　　　　下腹部に疾患
1798 年　　　　難聴の自覚と悪化
1799 年から　　交際を避ける
1800 年秋まで　聴覚はどんどん悪化　下腹部はもとのまま　絶望状態
1800/01 年冬　ひどい腹痛　4 週間ほど続く
1801 年 6 月　　丸薬と煎じ薬の投与
1802 年春に　　転地療養を考える

　こうした経過はまさしくベートーヴェンがヴィーン社会に音楽家として根
をしっかりと下ろしていく過程と並行しており、大規模な演奏活動が 1796
年 11 〜 12 月のブラティスラヴァ・ブダペシュト旅行以後、1800 年 4 月末

449

第Ⅱ部　歴史的考察

〜5月初旬のプントとのブダペシュト演奏旅行を除いて見られなくなったのは、耳疾による活動の制約の結果であろう。ここに引用する直前のセンテンスは「私は以前より慎ましくもしています、もし私がずっとここに居るとすれば、確実に行なうのは、年に何回か催してきた演奏会を必ず1日は開催することです」であり、それを「ところで」と受けて、ここに引用した深刻な告白が始まるのである。

　彼はコンサート活動の持続に執念を持っていた。もちろん彼の演奏活動がすぐに途絶えたわけではなく、そればかりか作品発表コンサートはこれから盛んになるのだが、長期にわたる、自身のピアニストとしての活発な演奏旅行は断念せざるを得なくなった。その半年後、1801年11月16日にもう一度ヴェーゲラー宛に書くが、そこには「私はいまもっと大いにあちこち走り回らなければならないのです、もし私の聴覚がダメでなければ、私はすでにもう世界半分を遍歴していたでしょう」［BGA 70］という一節があって、耳疾が発覚する以前に半年近くにわたってプラハ・ドレスデン・ベルリン旅行を企てたときの勢いを維持できなくなったことへの無念さが表現されている。演奏旅行の断念はかなりの収入を期待できる活動が封じられることを意味し、将来的に、生活の糧としては出版に頼らざるを得ないことになる。

　またこの時点では、翌1802年の春にヴェーゲラーを尋ね、すなわちボンに帰郷することを考えていた。現実としては、ライン河を二度と見ることはなく、ヴェーゲラーと再会することもなかったが。そして、田園で「農夫になりたい」、「それによって状況は変わる」という一縷の望みはなんと切ないことか。

　こうした時間経過を創作活動と擦り合わせると、まさしくこの苦悩と苦闘の期間に6つの弦楽四重奏曲とシンフォニー第1番、そして宮廷劇場からの最初の委嘱《プロメテウスの創造物》への取り組みが重なり合うのである。いずれの作品もそうした苦悩の影を感じさせない、闊達なもので、精神的強靱さを見せつけている。作曲時期が1797〜98年であるピアノ・ソナタ第7番Op.10-3の第2楽章には深刻な表現が見られ、それがこの時期の苦悩と結びつけて解釈されることもあるが、局面を限って楽想と結びつける解釈は問題の性質を矮小化させてしまう。むしろ自身にとって未踏分野に挑戦することが心身両面での危機と一体であったという事実こそ重要であろう。

8 │ アメンダにも同様の告白

　この2日後、7月1日付でベートーヴェンはアメンダにも同様の告白をした［BGA 67］。おそらくその数日前に「近いうちに君は私から、私の現在の状況に関して、および私について君の関心を引くかもしれないすべてのことに関して、長文の書簡を受け取ります」と結ばれる、予告の短い書簡［BGA 66］を書いた。6月末に、ヴェーゲラーに書く準備をしつつ、当時、親友であったアメンダにも告げる覚悟をしていたのであろう。告白の該当個所は以下である。

> どんなに幾度も君が私のそばにと願ったことか。というのは君のベートーヴェンは不幸せに生きています、自然および創造主と闘いながら、すでに何度も私は創造主を呪いました。創造主はその創造物をほんの成り行きに晒し、そうしてたびたび最も美しい開花がそれによって無に帰せしめられ踏みつぶされるのです。わかってください、私にとって最も大事な部分、私の聴覚がひじょうに衰退してきたのです。君が私のところに居た当時すでに、私はそのことについて兆候を感じていまして、私はそれを黙っていたのです。いまやそれはますますひどくなり、再び治るのかどうか。期待するほかありません。

　アメンダは1798年春にヴィーンに来て、しばらくロプコヴィッツ侯のところで夫人カロリーネの読書係をして、その後モーツァルトの寡婦のところで子供たちの家庭教師として雇われていた。その間にベートーヴェンと知り合い、弦楽四重奏曲の筆写譜の献呈を受けるようになるほどに、友情を育んでいた。「君の四重奏曲はもはや他人に渡さないでくれ」と書いたのはこの書簡の末尾であった。ここで「君がいた当時すでに」とあるのは、アメンダが故郷のクールラント［現ラトヴィア共和国領］に去る1799年秋以前のことである。ここには症状の細かい描写はなく、それだけにヴェーゲラー宛書簡は、医学者宛だからこそ書かれた事実関係が後世に正確に伝わる、縁となったのである。

第15章

1800年4月2日

宮廷劇場を借り切って
デビュー・コンサート

第1回主催コンサート再考／シンフォニー第1番で
打って出る／ヴィーン音楽界あげて支援か？

1. 共演歌手に透けて見えるハイドンの支援
2. 宮廷劇場使用にあたってサリエリに助力を乞う？
3. プログラム・ポスターの分析
4. 七重奏曲Op.20の特別な問題
5. シンフォニー第1番Op.21の献呈問題再考
6. シンフォニー第1番の作曲完了はいつか
7. まとめ

第Ⅱ部　歴史的考察

1800年4月2日、ヴィーンのホーフブルク劇場でベートーヴェンは自作品4曲、およびモーツァルトのシンフォニー1曲、ハイドンの《天地創造》からアリアとデュエット各1曲、計7曲からなる生涯初の自主コンサート（自己の収益のための）を開いた。18世紀末のヴィーンにおけるコンサート活動をまとめたメアリー・スー・モローの研究書［Morrow/Vienna］には記録によって跡づけられ得るすべてのコンサートが巻末に掲載されており、それを見ると、音楽家の自主公演は、1780年代の前半にモーツァルトが何回か自作品ばかりという企画を行っている。［中略］シンフォニー作曲家としての最初の登場はしたたかに計算されたものであるといってよい。すなわち、冒頭に故人となったモーツァルトのシンフォニーを、最後に自分のシンフォニーを配しながらも、その間に5曲を挟んで直接に比較されることは避けていること、またウィーン在住で現役のシンフォニー大家ハイドンのシンフォニーは避けたこと、そのハイドンの作品は取り上げてもシンフォニーとはもっとも遠い歌曲を選びつつ、話題の新作オラトリオの部分曲としたこと、などに、自分の最初のシンフォニーの初演を効果的に演出しようとした意図が感じられる。

　これは、私の12年前の文章、『文化としてのシンフォニー　Ⅰ』の一節である。それを執筆していたとき、私はシンフォニー創作文化全体の問題を歴史的に叙述するという作業に従事しており、言い訳ではないが、ベートーヴェンについて、あるいは同書で話題にするその他の誰彼について、書簡まで読んで分析するという精度では対象に取り組んでいなかった。その後の研究のなかで、この日のコンサートの意味をまったく見改めることとなった。本章ではそれを披瀝する。

1 │ 共演歌手に透けて見えるハイドンの支援

　この4日後の4月6日と7日に、同じブルク劇場でハイドンの《天地創造》の全曲上演が行なわれた。その両日は、第11章で見たように、復活祭とクリスマスの時期に音楽家共済協会が基金募集のために主催する毎年恒例のコンサートで、ヴィーン最大の音楽行事であった。高額な入場料にもかかわらず、というより、だからこそ、高貴な人々がステータスに懸けてこぞっ

て参集した。

　4月2日のベートーヴェンのコンサートは残存する当日のポスターが曲目のみならず演奏者名も挙げているのだが［後段で掲げる］、そこで歌われた《天地創造》からのアリアと二重唱の独唱者が全曲上演のときと同じであることにあまり注意が向けられていない。アリアを歌ったテレーゼ・ザール、および彼女と二重唱を歌った父イグナーツ・ザールである。全曲上演ではテノール歌手マティアス・ラートマイアーが加わるが、1799年の復活祭シーズン中の3月19日に行なわれた再演時以降、《天地創造》上演の独唱者はつねにこの3人であった。1798年4月30日の初演時のソプラノはクリスティーネ・ゲルハルディであったが、その引退により、イグナーツ・ザールの当時16歳の娘テレーゼが抜擢されたのである。協演は1799年12月22日と23日、クリスマス・シーズンの同協会基金募集コンサート、そして1800年4月6/7日と続く。4月2日はこのような上演スケジュールのまさに中間に位置しており、部分曲が同じ歌手たちによって歌われたのである。

　これはいったい何を意味するのだろうか。同じ歌手を使ってということは、同じ楽譜も使用されたと考えてよいのではないか。さらにもしかしたら、演奏家と楽譜はともにハイドンから提供されたのではないだろうか。少なくともこの演目は、ハイドンの了解のもとでしか、組めなかったであろう。

　イグナーツ・ザールはのちに《フィデリオ》改訂稿の初演（1814年5月23日）時にドン・フェルナンド役を創唱する。一方、デビュー後またたく間に、当時最も声名の高かったソプラノ歌手、元宮廷楽長の故ガスマンの娘テレーゼ・ガスマンと比較されるほどになっていったテレーゼ・ザールは、1805年に裕福な商人との結婚を機に、早くも引退してしまった。

2 ｜ 宮廷劇場使用にあたってサリエリに助力を乞う？

　1800年4月2日は宮廷劇場をベートーヴェンが借り切った初めてのケースである。宮廷管理部の「請願綴1798-1802」［Wien , Haus-, Hof-, Staatsarchiv］［BGA 45 典拠注］によると、3月19日にベートーヴェンから、4月2日に宮廷劇場をコンサートのために使用したい旨、請願があった［BGA 45］。宮廷施設の使用許可を得ることがいかに大変なことであるか。翌々年4月に第2シンフォニー初演を中心としたプログラムでコンサートを企画し、パート譜作成

第Ⅱ部　歴史的考察

まで準備が進んだにもかかわらず中止に追い込まれたことを、今日、私たちは知っている［第Ⅰ部第 2 章 4］。

　ペーター・フォン・ブラウン男爵（1758-1819）は 1794 年から 1806 年まで両宮廷劇場の支配人であるが、ベートーヴェンはその妻ヨゼフィーネに、2 つのピアノ・ソナタ Op.14（出版公告 1799 年 12 月 21 日 / モッロ社から出版）と、ピアノとホルンのためのソナタ Op.17（出版公告 1801 年 1 月 21 日 / 同）を献げていた。弟が書簡［BGA 85/49 ページで引用］で、作品の献呈と宮廷劇場使用とが関連するかのように言っていることを気にとめると、Op.14 の献呈はまさしく 1800 年 4 月に向けてのタイミング、そして Op.17 は《プロメテウスの創造物》上演（1801 年 3 月 28 日）の直前である。1802 年の宮廷劇場の使用許可申請前後の献呈はない。3 度目はもういいと思ったのだろうか。被献呈者の決定はしばしば出版の直前まで引き延ばされ、校正刷の段階に入ってようやく決定されたり変更されることもあり、ベートーヴェンは通常、時宜に適った献呈先を選んだ。したがって、献呈行為の分析からさまざまな意図を類推することも可能だが、その種の試みは 21 世紀に入って作品単位でいくつかなされ始めたところで、まだその全体像は描かれていない。

　出版楽譜の献呈問題について全般的な分析は第Ⅰ部第 7 章で行ったが、個々の作品に関する個別問題に関してはその都度、検討していく。ここでは、4 月 2 日宮廷劇場使用と関連ありそうな、ブラウン男爵夫人以外の、ヴィーンの有力者に対する献呈の有無について、調べてみよう。出版楽譜上に献辞が印刷される献呈行為は当該楽譜の刊行によって初めて公に明らかになるので、上記の例と同様に、ジャーナリズムで刊行が公告された期日を基準にすることとする。ヴィーンでその場を提供していたのは圧倒的にヴィーン新聞であった。

　Op.14 の 3 日前、1799 年 12 月 18 日の出版公告で、Op.13 がリヒノフスキー侯に献げられている。彼にはこれで早くも 3 度目の献呈で、2 度目は 1795 年 12 月 30 日にピアノ変奏曲、パイジエッロの《水車小屋の娘》による変奏曲Ⅰ〈田舎の愛ほど美しいものはない〉WoO 69 である。これは、女性貴族（ピアノの弟子など）に献呈するのがふつうのピアノ変奏曲が大貴族に献げられている珍しいケースで、外見上きわめて奇異に映るが、第 12 章での検討から明らかなように、「作品 1」出版成功直後のこの献呈にはその感謝の意が込められていたと見るべきであろう。その 2 週間前（12 月 16 日）にオーケストラのためのメヌエットおよび舞曲［WoO 7 および WoO 8］のピアノ編曲版がアルタリアから出ているが、これらは献呈がなく、またこの出版にベー

456

トーヴェン自身がどの程度、関与しているのかも定かではない。シンフォニー第1番が完成に近づきその初演が日程に上ってきているこの時期に、リヒノフスキー侯に対して、《悲愴》ソナタ Op.13 の献呈が敢行された。この作品に対するベートーヴェンの格別な意気込みを考え合わせると、宮廷劇場使用に関する強い口添えへの期待であろうか。

そのひとつ前の献呈は1799年3月2日にアルタリア社によって公告された、サリエリの《ファルスタッフ》による変奏曲 WoO 73 である。被献呈者はハンガリー貴族の令嬢、バベッテ・ケグレヴィチ伯女（1801年以降、オデスカルキ侯爵夫人）であり、遅くとも1797年からベートーヴェンにピアノのレッスンを受け、一時、恋愛関係にあったとされる相手である。被献呈者はコンサート開催とは関係ないであろう。

その前が1799年1月12日公告の3つのヴァイオリン・ソナタ Op.12 で、その被献呈者はアントーニオ・サリエリ（1750-1825）である。1774年にヴィーンで宮廷作曲家となったサリエリは1785年に宮廷楽長に昇進し、同時に音楽家共済協会の会長（1795年まで、以後は副会長）となって、ベートーヴェンが定住を始めた頃、まさにヴィーン音楽界の最実力者であった。前述のように、ベートーヴェンがサリエリと接触したことが公的に知られる最初の機会は、1795年3月29日と30日の両日、復活祭恒例の音楽家共済協会主催慈善コンサートである。2人は少なくともそのとき以来、知己となっただけではなく、やがてベートーヴェンはサリエリに弟子入りすることになる。しかしそれは、すでに見たように1801年から02年初めにかけてのことであり、したがって Op.12 の献呈は師弟関係を前提としたものではなく、宮廷楽長としての大きな影響力に期待してと考えるべきであろう。ブランデンブルクもそうした見解を取っているが、それ以上には踏み込んでいない〔Brandenburg/Op.12（2004）〕。

Op.12 のタイトルページはイタリア語である。前にも触れたように、この時期に通例のフランス語ではなくイタリア語が使用される場合は、変奏曲の主題がイタリア・オペラの場合や、作品のタイトルそのものがイタリア語表記の場合（Op.27 の2曲は「ソナタ・クワジ・ウナ・ファンタジア［幻想曲風ソナタ］」）、被献呈者なしの場合（Op.3 や Op.4）、などに見られるが、Op.12 の場合は明らかにサリエリに対する敬意であろう。「3つのソナタ」「アントーニオ・サリエリ氏に」「ルイジ・ヴァン・ベートーヴェン氏」との3行が、それらの中間にある行より大きな活字で、しかもそれぞれ違う字体で彫られ

第Ⅱ部　歴史的考察

て、目を引くようになっている。サリエリの名前の下には「ヴィーン皇帝宮廷第1楽長」とあって、楽長たるサリエリ氏にという意味が込められている。

　ヴィーンで最大・最重要のブルク劇場への進出はベートーヴェンの当面の大きな目標であったことは疑いないし、それを初のシンフォニーの完成と結びつけていたのも想像に難くない。そのような野心、あるいは目標をそういう高いところに設定するのは、気概のある若者として当然のことであろう。先に挙げた《ファルスタッフ》変奏曲は、1799年1月3日に、もうひとつの宮廷劇場であるケルンテン門劇場で初演されたサリエリのドランマ・ジョコーソ《ファルスタッフ》から、その第1幕第6場の二重唱〈まさにそのとおり〉を主題にして、直ちに仕上げたものであった。ベートーヴェンはそれを電光石火でアルタリアに出版させたのである。新カタログは出版時期を2月末と推定しており、彫版作業の時間などから逆算すると、作曲の時間はたいしてなかったと思われる。にもかかわらず、高度な技法を駆使したかなり手の込んだ作品で［第17章7で検討］、しかも最後の第10変奏はイタリア語で"オーストリア風に［alla Austriaca]"と題され、舞曲（オーストリアの?）リズムを持っている。これをイタリア人楽長への皮肉りと見る向きもあるようだが、まったくその反対で、「ヴィーン宮廷［ドートリッシュ D'Autoriche]」の楽長へのオマージュであろう。出版が原作のオペラ初演後2ヵ月もたたないうちであることはサリエリに対し自分の存在をアピールしようとするかのようである。出版時の被献呈者は宮廷劇場使用と関係ないが、サリエリへの献呈は直接的すぎる上に、Op.12と献呈が短期間に連続してしまうことへの配慮かもしれない。

　以上を改めて時系列的に並べてみると、Op.12のサリエリへの献呈は1798年中に決定していたところ（公告は1799年1月12日）、年が明けると《ファルスタッフ》の上演があったので、その期を捉えてすぐさまそれを題材とした変奏曲に取りかかり、サリエリに刮目させるような仕込みをそこに張り巡らせた、ということになる。すでに宮廷劇場使用計画は始動していたのではないか。

3 ｜ プログラム・ポスターの分析

　ここに改めて、伝承されているプログラム・ポスター［甥カールの死後その夫

人がセイヤーに提供、現ベートーヴェンハウス・ボン所蔵、DBH/online]を正確に訳出してみよう（セイヤー＝フォーブズ日本語訳では省略されている部分がある）。

本日、水曜日　1800年4月2日

宮城わきの　帝国・王国立　国民宮廷劇場
（ブルク）　　　　　　　　　　（ナツィオナール・ホーフ・テアター）

［訳注：通称「ブルク劇場」または「ホーフブルク劇場」の正式名］にて

ルートヴィヒ・ヴァン・ベートーヴェン氏は

大　音　楽　演　奏　会

を主催する栄誉を有する

そこにおいて立ち現れる曲目は以下の通り

1) 大シンフォニー　故楽長モーツァルト氏による

2) アリア　エステルハージ侯宮廷楽長ハイドン氏の天地創造から　ザール嬢によって歌われる

3) 大コンチェルト　ピアノ・フォルテで　ルートヴィヒ・ヴァン・ベートーヴェン氏によって演奏される　そして作曲された

4) 皇妃　陛下に謹んで献呈され、ルートヴィヒ・ヴァン・ベートーヴェン氏によって作曲された七重奏曲　4つの弦楽器と3つの管楽器で　シュッパンツィク、シュライバー、シントレッカー、ベーア、ニケル、マタウシェク、ディーツェルの各氏によって演奏される

5) 二重唱　ハイドンの天地創造から　ザール氏および嬢によって歌われる

6) ルートヴィヒ・ヴァン・ベートーヴェン氏がピアノ・フォルテで即興演奏する

7) 新しい大シンフォニー　フル・オーケストラで　ルートヴィヒ・ヴァン・ベートーヴェン氏によって作曲された

桟敷席および遮断席*¹の入場券は、ヴァン・ベートーヴェン氏方（ティーフェン・グラーベン241、3階の住居）にて、または桟敷席係にて、入手可

入場料　通常通り*²

開演　6時半

＊1 ［「遮断席」とは、一般人の立ち入りが禁止されている高額な特権階級席］
＊2 ［「入場料　通常通り」とは、音楽家共済協会主催慈善コンサートのときのような「通常の2倍」ではない、という意味と解される（その額について第18章3で検討する）］

当日、演奏されたベートーヴェン作品は、即興演奏を除いて、演奏順に、ピアノ・コンチェルト第1番（おそらく）、弦管混合七重奏曲、シンフォニー第1番の3曲で、作品の鮮度もこの順番であった（おそらく）。この日に演奏するピアノ・コンチェルトについては、ベートーヴェンも大いに悩み、そのときまで完成させようと第3番の創作に集中していたが、最終的にそれ

459

第II部　歴史的考察

を断念した、というのが、ニューグローヴ音楽事典第2版 [NG2]（2001）を
はじめとする、現在の大方の見方である。少し古い書物（1980年代くらい）
にはまだ第3番説を主張しているものもある。1790年代中盤以降、ピア
ノ・コンチェルト第1〜3番の3曲がベートーヴェンの頭のなかで団子状態
で連なっていて、それぞれの発表時の順番待ちであったことはすでに述べた
［第13章3］。第3番がこの時点でほとんど完成に近く（最終稿とはかなり違
ったものであったとしても）、その気になれば仕上げることも可能であった、
ということは指摘しておきたい。そして、これがきわめて重要なのだが、な
ぜこのとき発表を断念したのかについて、以下、若干の考察を加える。

　もちろん、それが自身でまだ完全には納得できる段階には達していなかっ
たことも大きいであろう。と同時に、第1シンフォニーを、そこに表出され
るベートーヴェンの音楽をまだ知らない世界に向けていざ打ち出そうとする
ときに、それとはまったく異なる面を見せる第3ピアノ・コンチェルトを同
時に並べることへの躊躇が、ベートーヴェンにあったと推察することもでき
る。もしかしたら、ハイドンが「作品1」の3曲を聴いたときに漏らした感
想も頭から離れなかったかもしれない。そうではない、当日の主役はあくま
でシンフォニーなのだ、と改めて確認したのではないか。ピアノ・トリオで
は3曲セットにおいて一気に自分のすべてを表し出そうとした。しかしまだ
ひとつも本格的なオーケストラ作品は世に問うていないときに、最初の大成
果の印象を弱めるような選曲、言い換えれば、まったく別の姿を先に見せて
おいて、最後にシンフォニー第1番、それはないし、その逆もない。ハ短調
コンチェルトをどこかに組入れるという選択は、コンサートの計画が具体化
するにつれて消えていったのではないだろうか。だとすれば、その完成を急
ぐ必要はない。ベートーヴェンの頭のなかにはそんな逡巡があったかもしれ
ない。

　演奏されたピアノ・コンチェルトは第1番なのか第2番なのかという問題
は、このコンサートに限らず、ピアノ・コンチェルトがプログラムに載るた
びに、後世を悩ませてきた。過去の記録には、番号はもとより、調性が具体
的に記されていないからである。しかし筆跡研究の進展により、第1番の完
成された自筆スコア譜は1800年4月のコンサートのために改めて作成され
たもので、その際に改訂も行なわれたことがはっきりした ［校訂報告書］。

460

4 │ 七重奏曲 Op.20 の特別な問題

　七重奏曲については、期日は不明だがシュヴァルツェンベルク侯邸で試演されてから4月2日を迎えたという話がオットー・ヤーンによって伝えられていた。しかしそれ以前、1799年12月20日に、宮廷御用達イグナーツ・ヤーン邸の小さなホールで、シュッパンツィクのヴァイオリンに主導されて初演されたことがいまや明らかとなった。その翌日に書かれたヨゼフィーネ・ブルンスヴィクの書簡からそのことが判明したのである。この書簡の存在自体は20世紀の初頭にすでに知られていながら、その部分の記述が長い間、見過ごされていた。七重奏曲Op.20は1802年にヴィーンのホフマイスター社とライプツィヒのキューネル社から出版され、そのタイトルページに皇妃マリー・テレーゼ（皇帝フランツの妃）への献呈が記されている。しかしその献呈は、先に引用したプログラム・ポスターに見たように、コンサート当日においてすでに高らかに謳われており、これは、ふつう出版で初めて明らかになる被献呈者の名前がそれに先んじて示された、希有な例である。まさにそれは、この日のコンサートの成功に向けて表明されたベートーヴェンの強い意志であった。「皇妃」という単語は、7曲のうちの真ん中の4曲目、曲目列挙の中央の冒頭にあって、他の曲目においては冒頭にまず「シンフォニー」などの曲名があるのだが、ここでは「七重奏曲」という曲名は行の後部に出てくる。しかも「カ　イ　ゼ　リ　ン」と字間が開けられ、視覚的に目立っている。これはもちろん当日に懸けたベートーヴェンの戦略と考えることができ、その背後に潜んでいる問題にさらに迫ってみよう。

　皇妃マリー・テレーゼ（マリア・テレジアではない）は、ナポリ出身（娘時代はイタリア名でマリア・テレジア）で、フランツ帝（1768-1835）の2度目の妃である。双方20歳で結婚した最初の妃エリザベートをフランツは、2年後の1790年2月、長子出産の翌日に失い、同年11月、従妹（父レオポルト2世の、ナポリ王に嫁いだ妹の娘）のマリー・テレーゼ（1772-1807）と再婚したのであった。彼女は1807年に自らも出産で死去するまで、16年間、フランスとの闘いに明け暮れる時代にあって、オーストリア皇妃として停滞しがちな芸術文化の維持に尽した。

　ハイドンが1799年に作曲したミサ曲［Hob.XXII: 12］は"テレージエン・メ

第II部　歴史的考察

ッセ"とも呼ばれ、この皇妃の名が通称になっている、実は、これはエステルハージ侯妃のために毎年その聖名祝日のある9月の日曜日にアイゼンシュタットの教会で上演されたもののひとつであり、皇妃とは関係がない。その言われは判然としないが、弟のミヒャエル・ハイドンが1801年にヴィーンにいたとき皇妃からミサ曲の注文を受けて聖テレジア・ミサを書いたことと、ヨーゼフ・ハイドンが皇妃を讃えるために1800年またはその少し以前に《テ・デウム》[Hob.XXIIIc: 2]を書いたこととの混同が後に起こったとも考えられる。師ハイドンの皇妃作品の創作はベートーヴェンがデビュー・コンサートを企画している最中であった可能性もあり、その一件を通して彼は皇妃の音楽文化に対する影響力の大きさをつぶさに感じ取ったかもしれない。

　ベートーヴェンの次のブルク劇場上演作品、バレエ《プロメテウスの創造物》は1801年3月28日に初日を迎えたが、皇妃に敬意を表したものとされる。もっともその企ては、ベートーヴェンが主体ではなく、その上演の企画者である主演舞踏手ヴィガノによる、芸術パトロンとしての皇妃へのオマージュであった。しかしその作曲がベートーヴェンに依頼されたのは皇妃の提案であったことが、1801年3月7日付ホフマイスター社のヴィーンとライプツィヒとの社内やり取り[BGA 57]が発見されたことで、明らかとなった。そこには「彼は皇妃から現在の仕事を得ており」という一節がある。

　皇妃の音楽好きはつとに名高く、大規模な楽譜文庫を所有し、王宮で定期的にコンサートも主宰していた。ベートーヴェンはこうした帝室の音楽関係構図を十分に把握していたに違いない。後日談ではあるが、皇妃は少なくとも1800年中には七重奏曲の筆写譜を文庫に所有していたことが1802年のホフマイスターとの書簡のやり取りから明らかである。またこの作品には多種多様な編曲稿が存在し、そのいくつかはベートーヴェン自身によるかその指示によって成立したものであって、実際、ピアノ・トリオ稿には自筆譜も部分的に残存し、1805年に作品38として出版された。皇妃は七重奏曲を大変気に入り、もしかしたらさまざまな編曲稿のいくつかは彼女の楽譜文庫のために皇妃からの依頼により成立したかもしれない、と新カタログは推測している。ホフマイスター宛書簡では、その一端と見られる、皇妃への献本についても話題になっている[BGA 98]。

　七重奏曲の皇妃への献呈を当日のポスターに掲げるという行為は、ベートーヴェンの突然の思いつきなのではなく、また皇妃はその事実を当日のポスターで初めて知ったということはあり得ず、事前から皇妃関係者との間にや

462

り取りがあって、その承認を得たものであると想定すべきであろう。また《プロメテウスの創造物》の作曲者としての推薦も、ベートーヴェンのそれまでの活動全体に対する皇妃の評価が前提となっているだけではなく、そうした具体的な関係の積み重ねの結果なのではないか。

5 │ シンフォニー第 1 番 Op.21 の献呈問題再考

ところで、シンフォニー第 1 番は 1801 年 11 月の出版時に（出版公告はヴィーン新聞で 1802 年 1 月 16 日）スヴィーテン男爵に献げられた。しかし当初はケルン選帝侯に献げる計画であった。1801 年 6 月 22 日または 23 日に書かれたと思われる、ホフマイスター宛書簡［BGA 64］において、付けるべきタイトルを指示しており、その段階でははっきりと、彼を奨学金付きでヴィーン留学に送り出してくれた、かつての雇い主マクシミリアン・フランツ公の名が明示されている［第 1 部第 7 章 6］。彼にとって節目となる大作品の献呈に彼は心を砕き、この選択はその結果であり、それは Op.1 のリヒノフスキー侯、Op.2 のハイドンのケースと肩を並べる彼の深い感謝の表明であった。前述したように、それが実現しなかったことで、ベートーヴェンのこの行為は後世に忘れられた。その結果、ケルン選帝侯に対する後世の印象は、ハイドンの要請を無慈悲に断り、ベートーヴェンのそれ以上のヴィーン滞在を訝った、理解のないパトロン、というところに落ち着いてしまったのではないか。そしてフランス軍の進駐による宮廷崩壊が運命のいたずらをして、帰還先を失ったベートーヴェンは、ヴィーンでの自活を余儀なくさせられていく、というネガティヴに傾斜したコンテクストのなかの、脇役を選帝侯は演じることとなった。

ではなぜ、初演時のポスターにこの献呈への言及がないのか。その時点ではまだ決定されていなかったからというよりも、たとえベートーヴェンの心の中にそのつもりはあっても、このポスターはそれを示す場ではなく、またその必要はないもので、仮にそれを記したとすれば、対比的に皇妃へのオマージュの意味が薄らいでしまう。逆に言えば、七重奏曲の場合は、献呈の事実を掲げることと当日の催しが不可分に結びついていた、ということである。七重奏曲の完成は、上記ブルンスヴィック書簡が示すように、その初演の1799 年 12 月 20 日以前であり、その頃から皇妃への献呈と宮廷劇場使用の

第Ⅱ部　歴史的考察

請願に向けての具体的な行動が並行して進行していた、と考えるべきであろう。

6 ｜ シンフォニー第 1 番の作曲完了はいつか

　シンフォニー第 1 番の完成は 4 月 2 日の直前であろうとされているが、それは、間際まで手を入れたであろうと創作家本位に考えられているに過ぎず、何か根拠があるわけではない。前述したように、作曲の進展状況についての情報は皆無で、唯一の原典資料が 1801 年 11 月に出版された初版譜（出版公告は遅れて 1802 年 1 月 16 日）なのである。スケッチ帖に関しては、1799年晩夏まで使用していた「グラスニック 2」と、1800 年晩春（すなわち 4 月 2 日のしばらく後）から使用し始める「19e（1800 年夏)」との間が欠落しており、それは第 1 シンフォニーの想定される創作の時期とすっぽりと重なる。

　上に見たように、コンサートが関係者への接触を一歩一歩積み上げて準備されていったことを考えると、またパート譜の作成や、最初の大コンサートのために練習にもある程度の時間をとったとすれば、その完成はどんなに遅くとも 1800 年初め、1799 年中という公算も大いにあり得るのではないか。

7 ｜ まとめ

　1800 年 4 月 2 日のコンサートの模様が報道されるのはようやく半年後の、しかもライプツィヒにおいて、『総合音楽新聞』の"特派員報告"によってであり、そこに来場者についての記述は一切ない。地元での報道が見当たらない理由は判然としないが、いわばそういう闇のなかでベートーヴェンの姿はよく見えず、そのため、最初から何もかもひとりでこなした巨人のようなイメージが成立している。しかしこの日を迎えるにあたっての、あったであろうさまざまな動きをチェックしていくと、このコンサートはたくさんの協力者によって支えられ、ハイドンが臨席した可能性は極めて高いし、皇妃マリー・テレーゼも、またサリエリも、ヴィガノも、居合わせたかもしれない。もしかしたらヴィーンの音楽界全体がサポートするような状況ではなかったか。

第 15 章　1800 年 4 月 2 日　宮廷劇場を借り切ってデビュー・コンサート

　この公演のベートーヴェンにとっての意味は大きく、それまでにピアニスト、即興の名手という評価は高くなっていたが、この日はまさしくオーケストラ音楽の新進作曲家としてのデビューであった。そこから次のステップ、劇音楽に向かう。オペラ作曲の前にまずバレエ音楽を、というのは音楽史の定番であり、その通りの委嘱があった。さらに自身は宮廷オペラ（イタリア語オペラ）作曲依頼に備えての、イタリア語歌詞付曲の修練へと、より大きな課題に立ち向かっていく。

465

第16章
大コンサート以後

療養・創作活動・ケルン選帝侯への謝恩／
宮廷からの初委嘱・バレエ《プロメテウスの創造物》／
サリエリの許でのイタリア語付曲修練の意味／
ヨハン・ゼバスティアン・バッハに対する格別な想い

1. 大コンサート前後
2. 1800年夏　消息がつかみにくいのはなぜか
3. 1800年後半の創作
4. この時期の住居について
5. ヘッツェンドルフ居住とケルン選帝侯
6. 初の公的委嘱大作品《プロメテウスの創造物》
   　　1801年3月28日公演
7. サリエリの許での学習
   　　1801年春以降から1802年初めにかけて
8. ベートーヴェンはなぜ
   　　イタリア・オペラを書かなかったのか
9. 1801年11月16日付ヴェーゲラー宛第2信
10. 「音楽の父」バッハ

第Ⅱ部　歴史的考察

　本章で扱うのは、1800年4月2日の大コンサートに続くブダペシュト演奏旅行から戻った5月初めから、1802年4月下旬にハイリゲンシュタットに赴くまでの、約2年間についてである。初めて主催したシンフォニー・コンサートが成功裏に終わった高揚感に包まれ、そしてそれに続く活発な出版活動の展開から来る自信がみなぎる一方、他方では、耳疾の深刻な自覚と不安、そして他者に告白せざるを得ないところまで追い込まれて、さらにハイリゲンシュタットへの絶望的な旅に誘われる、そういう期間である。

　1800年は作品出版が皆無の年、とすでに指摘した［第6章5］。刊行までには半年ほどの時間を要するので、1799年後半から1800年前半は出版の準備作業まで手が回らなかった理由もそこで明らかにした。1800年後半は、溜まった作品の出版作業に大々的に取り組む時節となった。まだほとんど自分で何もかもやらなければならず、最初の大曲集である弦楽四重奏曲集Op.18の献呈筆写譜作成の機会にようやく専属のコピスト（シュレンマー）を従事させるようになったところであった。リヒノフスキー侯からの年金も1800年に始まる。耳疾を告白したヴェーゲラー宛書簡［BGA 65］において、本題に至る少し前に次のような記述がある。

　　私の状況について知りたいとのことですが、目下それは別にそんなに悪くはありません。昨年来、私にリヒノフスキーが、この人物はいつも私の暖かい友人であったし、いまもある、なんて言うとあなたには信じられないでしょうが、600グルデンという当てになる支出を決めました。それは私が私に相応しい地位を見つけない限り得ることができます。

　2日後のアメンダ宛書簡［BGA 67］にも同様に次の個所がある。

　　ヅメスカル、シュッパンツィクといった、ろくでもない自分勝手な人々がいますが、言ってよいのは、すべてのなかで私にはリヒノフスキーがいちばん信頼の置ける人で、彼は私に昨年来、600グルデンの支出を決め、これと私の作品のよい売れ行きで、私はなんとか食べる心配なく生活することができています。

　その直後に、「作品のよい売れ行き」について、ヴェーゲラー宛書簡

468

［BGA 65］にある、第 13 章 4 で引用した個所と似た文言が続く。

> 私がいま書いているすべてのものを、私は同時に 4、5 回も売ることができ、しかも
> よい値がつきます。──私はかなりたくさん、書くことに費やしてきました。

「同時に 4、5 回も売る」という現実を文書で確認できるのは国際的な取引が軌道に乗ってくる 1803 年のこと［BGA 139］で［第Ⅰ部第 4 章 7］、この段階で交渉があるヴィーン外の出版社はライプツィヒのホフマイスター＆キューネル社のみであり、主としてヴィーン各社間の競争のことを言っているのではないか。ヴィーンだけで同一曲がいくつもの出版社から出るのはやはり著作権の問題となる。それに挑む社があれば、ベートーヴェンが Op.29 に関してアルタリア社を訴えたように、やはり裁判沙汰になる事柄であった。それはともかく、ヴェーゲラーに対して述べた「6、7 社」［405 ページ］は少しオーバーで、アメンダに語った方が実態により近いであろう。

　生活の安定は彼の人生が新たな段階に入ったことを示しているが、この時期は、ついに告白せざるを得なくなる難聴とさしあたって医師の指導下にひとりで悶々と闘い、同時に創作活動にも拍車が掛かる、さらには未来に向けてイタリア語付曲の修練も積む、またヴィーンの外での作品出版に乗りだし、その接触を通じてヨハン・ゼバスティアン・バッハの魂にも想いを致す、という多面的な時節である。

1 ｜ 大コンサート前後

　大コンサートの後、ベートーヴェンは、ヴィーン訪問中のホルン名手プント、本名ヨハン・ヴェンツェル・シュティッヒ（1746-1803）が 4 月 18 日にケルンテン門劇場で催したコンサートにおいて、その委嘱作品ホルン・ソナタ［Op.17］を同人とともに初演した。同年 7 月 2 日の『総合音楽新聞』に批評が出ている。リースは「このソナタのコンサートは告知されていたが、しかしそれはまだ開始されていなかった。上演の前日にベートーヴェンはその仕事を始め、コンサートの際には出来上がっていた」［『覚書』82 ページ］と書いている。本当だろうか。

　この物語の直前は、その記述によってたいへんに有名となった、ダニエ

第II部　歴史的考察

ル・シュタイベルト（1765-1823）との競演についての記述である。そこで
シュタイベルトが貶められていることに対して当然ながら、シュタイベルト
研究側からは、居合わせもしなかった人が 38 年後に書いた話、と反発が出
ている。フリース伯邸を舞台にした物語で、まず「ある晩、彼らは初めて出
会い、ベートーヴェンはピアノ、クラリネット、チェロのための新しいトリ
オ Op.11 を初めて演奏した」［一部前出］と書かれている。シュタイベルトが
ヴィーンにやって来たのは 1800 年 3 月末であり、それに対して Op.11 の成
立は 1798 年夏で、10 月にはもうモッロ社から出版されているので、少なく
とも「初めて演奏した」は明らかに誤りである。「その 1 週間後フリース伯
邸で再びコンサートがあり」として決裂に至るエピソードが語られることに
なるのだが、それらの期日は特定できない。

　ホルン・ソナタの初演をしたプントとその後、4 月下旬にブダペシュトへ
演奏旅行に出掛け、5 月 7 日に同地でロシア大公女マリア・パヴロヴナ［For-
bes, I, 256 ページ（引用者注：ハンガリー副王に嫁いだアレクサンドラ・パヴロヴナではないか）］
の誕生日祭典で Op.17 を再演した。1927 年にブルンスヴィク伯家資料を使
って『ブダペシュトのベートーヴェン』を書き、この事実を発掘したアイヒ
ナー［Eichner : Beethoven in Budapest. in : Deutsche Musikzeitung 38, 1927 年 9 月 17 日付］によ
れば、ベートーヴェンは 4 月末から 7 月初めまでブダペシュト周辺に居たと
のことで、その間のベートーヴェンの行動はまったくつかめないが、近郊の
マルトンヴァシャールにあるブルンスヴィク伯邸で長期の骨休みでもしてい
たのであろうか。この時期は現存書簡がまったくなく、またブルンスヴィク
伯周辺への作品献呈などもないので、書簡交換全集にも新カタログにも新し
い情報はない。新カタログで紹介されている 5 月 7 日ブダペシュトでの演奏
はそもそも、セイヤー伝記においてフォーブズによって補足されたアイヒナ
ーによる情報であり、7 月初めまでブダペシュト周辺滞在説は生きているよ
うである。MGG 2 もそれを受け入れている。ただし、これらの記述が断定
的でないのは、元情報を現在、確認しようがないためであると思われる。

　前年 5 月、故ブルンスヴィク伯の 2 人の娘に 16 日間、毎日ピアノのレッ
スンをしたが、妹ヨゼフィーネはその直後に結婚してヴィーンまたはプラハ
に居て、このとき親しい友人関係を結んだのはチェロを嗜む長男のフラン
ツ・デ・パウラ・ブルンスヴィク・デ・コンプラ伯（1777-1849/50）であっ
た。ホルン・ソナタは 1801 年 3 月にモッロ社から出版されるとき「ピアノ
のためのソナタ、ホルンまたはチェロ付き」とのタイトルになるのだが、こ

の滞在中にブルンスヴィク伯とチェロ・ソナタ版を試演したであろうか。伯
との濃密で持続的な友情関係は1807年に《熱情》ソナタを献呈することで
頂点に達するが、その意味づけに関して新しい見方はすでに提示した［第I
部第7章19］。いずれにしてもブダペシュト周辺滞在がかなり長期に及んだと
すれば、シュタイベルトとの対決は大コンサートの前後、3月末～4月中旬
以前ということになる。

2 │ 1800年夏　消息がつかみにくいのはなぜか

　ヴィーンに戻ってから、ベートーヴェンは初めて、街中から少し北、ハイ
リゲンシュタットとの間にある、ウンターデープリング（現在はヴィーン市
19区）に長期滞在したと思われる。この年以降、夏季に郊外に滞在するの
が習慣となり、1800年はそのきっかけとなったとされる。この郊外滞在は、
音楽文化の担い手たちたちが夏にこぞって田園に出掛けてしまうのでひとり
街中に残留してもしかたがない、そしてベートーヴェンにとっても空気の良
いところで雑事にまぎれず創作がはかどった、というのがベートーヴェン伝
記における一般的な見方である。それに対する批判は徐々に滲ませていくこ
ととして、まず、この習慣が1800年に始まったということについて、本節
と第5節で再考してみたい。
　やがて習慣化する夏季の街中からの逃避は前年、1799年の夏にヴィーン
の南、バーデンとの中間に位置する、メートリングに短期間、滞在したのが
最初である。アメンダに「きょう私は田園へ、メートリングへ、ご招待いた
だきました。私はそれを受け入れ、そしてもう今夕から何日間か［auf einige
Täge］そこへ出かけます」［BGA 43］と書いている。それは、弦楽四重奏曲第1
番の筆写譜を贈った6月25日以後、アメンダが8月に故郷クールラントに
発つまでの間に書かれた書簡で、あくまで、誰かに何日か招待された、とい
うことであった。
　1800年は家を借りて一定期間、居住したと思われ、ウンターデープリン
グ滞在はもしかしたら、ヴィーンの喧噪を離れてブダペシュト周辺に過ごし
た公算の高い2ヵ月半に直結していたかもしれない。「ある有名なヴィーン
の弁護士の夫人が子供たちと当該の家の別部分に住んでいた」［TDR II, 177ペ
ージ以降］とセイヤーは書き始めている。その子供たちのひとりが、後に国民

第Ⅱ部　歴史的考察

詩人と称揚されるようになるフランツ・グリルパルツァー（1791-1872）で、彼は 1823 年にベートーヴェンにオペラ《メルジーネ》の台本を提供し［第 35 章 3］、また葬儀の際にはシンドラーの依頼により長文の弔辞を朗読した。

　セイヤーは 1861 年に詩人にインタヴューし、聞き取った 2 つの逸話を 1 ページ全体にわたって紹介しており、それを通じてその内容は有名となったが、ここでは省略する［なお、グリルパルツァーは 1840 年に「私がベートーヴェンに初めて会ったのは少年時代——たぶん 1804 年か 05 年——で、伯父の家での音楽夜会のときであった」［Kerst/Erinnerungen, II, 42 ページ］と書いているので、それを根拠にフォーブズは、セイヤーが 1800 年と年代付けているその出来事は、1808 年のことであろうとしている［Forbes, I, 441 ページ］。しかしセイヤーは後年（1861 年）に直接、本人に会って記憶の訂正を確認したのではないか］。著名な弁護士である父親ヴェンツェル・グリルパルツァー（1760-1809）は夏季期間中、週末を除いて、ひとり街中に残って仕事をする毎日であったのだろう。ちなみに母親アンナ・フランツィスカ（1767-1819）はゾンライトナー兄弟の姉妹であった。兄ヨーゼフ（1766-1835）は《フィデリオ》の台本を起稿し［第 20 章 4］、また弁護士で BAI 社創設者のひとりで［第 5 章 6］、かつ音楽愛好家協会の設立理事であった。弟イグナーツ（1770-1831）も法律家で、宮廷裁判弁護士を務め、またのちに甥カールが入学する実業学校教授としてベートーヴェンと関わることになる。ベートーヴェンのこの一家との生涯にわたる関係はこの夏にルーツがあったように思われる。あるいはそれ以前からの関係によって最初の夏期長期滞在の借家が斡旋されたか。

　この件についても、当時 9 歳であった少年の、60 年後の証言を確かめる術はないので、スモッレは上掲書［20 ページ］で「おそらく」として断定を避けている。ドナウ温浴を行なったのは冬季ではないだろうから、1800 年夏のウンターデープリングはそれに適した、まさに徒歩で毎日通うことのできる位置関係にあった。謎に包まれたブダペシュト周辺滞在からウンターデープリングへとほぼ直行したとすれば、「ほとんどあらゆる社交を避けている」という状態そのものとも考えられ、これにはもう、ただ音楽活動の対象たる上流市民たちが街中に居ないから自分もその生活リズムに合わせた、といった楽天的な見立ては通じないのではないだろうか。次の戦略を練りつつ、必死で病と闘う、という姿が浮かんでくる。前年滞在のメートリングや、のちに頻繁に訪れるようになるバーデンはヴィーンの南に位置し、ドナウ河から遠ざかる方向にあるのに対して、ドナウ河沿いに北上したデープリングやハイリゲンシュタットにこの時期に滞在するのは、医者の薦める治療とも関係

472

していたのではないだろうか。

ただ、滞在が確証的ではないのは一次資料に欠けるからである。大コンサート終了後、秋までの間に書かれた残存する書簡は 1800 年 8 月 4 日付、遠くデッサウ在住の詩人マッティソンに宛てたものだけである。これは 1797 年に出版された《アデライーデ》["Op.46"] を遅ればせながら詩人に対して「あなたの詩の作曲が私に与えた喜びの印として」との言葉を付して送付したときのものである。ウンターデープリングで自らの来たし方に思いを巡らすうちに思い出したのであろうか、「ここに私の作品をお受け取り下さい、これはすでに何年か前に彫版され、それについて貴殿はもしかして、恥ずかしながら未だ何もご存じないこと、お許し下さい」と書き始められている。

ベートーヴェンの書簡の残存量は初期と中期以降で極端な差があるが、それは一般に、古いものほど消失しやすいという時間経過や、有名になるに従って相手方の書簡保存の努力が増していったという事情などによって説明される。付け加えれば、ベートーヴェンがヴィーン外の出版社と交渉を持つようになるのは 1800 年 12 月以降のことであるとか、耳疾の悪化とともに書簡交換に頼らざるを得なくなっていくといった側面も確かにある。書簡数は年を追って増加していき、1809 年には約 50 通ほど、1815 年には約 80 通、この時期最大の 1816 年には 150 通を超える。1818 〜 22 年は 50 通前後といった時節もあるが、だいたいは 100 通を超える書簡を発信した。しかし 1790 年代は年に数通しか残存していないのが一般的で、1795 年はヴェーゲラー宛が 1 通 [BGA 19] あるのみ、1798 年は約 14 通だが、1799 年は 4 通、1800 年は 3 通である。消失という側面ばかりでなく、この頃のベートーヴェンが基本的に筆無精であったことは確かだと思われる。例の耳疾告白のヴェーゲラー宛書簡 [BGA 65] の後段、締めの言葉を始める直前に、次のように言っている。

　　もし私があなた方に自分のことを何も知らせないとしても、書くことは、あなたも
　　ご存じのように、決して私の領分ではなく、最良の友人たちが何年も私から 1 通も
　　書簡を受け取らないとしても、私は私の音符で生きているのであり［引用者注：文脈
　　から「書くのは文字より音符」という意に解される］、そしてひとつ［引用者補：の作品］
　　がやっとそこにあると、また別のがすでに始まっており、いま私がそうしているよ
　　うに、私はしばしば 3 〜 4 の事柄を同時にやっています。——私にこれからはもっ
　　と頻繁にお便り下さい、私も時間を見つけてあなたにときおり書くようにします。

第II部　歴史的考察

　そう言いながら、11月16日の1通［BGA 70］の後は、1810年5月2日
［BGA 439］、1816年9月29日［BGA 979］、そして最後の病床に伏してからの
1826年12月7日［BGA 2236］および1827年2月17日［BGA 2257］と、それぞ
れ格別の用件の絡んだ計4通しか現存していない。ヴェーゲラーはベートー
ヴェンからの書簡を大切に保存していたはずで、今日まですべてコブレンツ
のヴェーゲラー文庫に保管されており、消失は考えにくい。
　こうしてみると、元々筆無精のところ、交際を避けていたここ2年はとく
に、書簡でのやり取りも少なかったのではないか。その結果として消息が著
しくつかみにくくもなるのである。

3 ｜ 1800 年後半の創作

　苦悩と治療の夏は旺盛な創作活動と同居していた。まずは弦楽四重奏曲
［Op.18］の第6曲目（Op.18-6）の作曲作業、および第1〜2番の改訂作業が
取り組まれた。さらに興味深いことに、大コンサートで最終稿に達したはず
のピアノ・コンチェルト第1番は、第2楽章と第3楽章が出版に向けてなお
改訂された。以上は、使用期間から「1800年夏」と名付けられたスケッチ
帖に痕跡（それ以前のOp.17等も含む）が遺っている。それらが秋口に片
付く以前から、新しいスケッチ帖「ランツベルク7」でシンフォニー第2番
が開始されるが、第1楽章をかなりスケッチした後に《プロメテウスの創造
物》の委嘱を受けた。1800/01年冬はその作曲が中心となる。しかしそれだ
けではなく、1800年夏/秋から1801年初めにかけてはヴァイオリン・ソナ
タ第4番 イ短調［Op.23］、第5番 へ長調 通称《スプリング》［Op.24］、ピア
ノ・ソナタ第12番 変イ長調［Op.26］、第13番 変ホ長調［Op.27-1］が並行して、
あるいは順次に、作曲される。ヴェーゲラー宛書簡［BGA 65］の、上に引用
した個所にあるように、まさに同時に3〜4曲をこなしていたのである。そ
の模様は1800年夏/秋〜1801年3月頃使用の「ランツベルク7」に明らか
で、その最後はピアノ・バガテル［Op.33］の第7曲である。大コンサート以
後はこのようにして、ベートーヴェンの作曲過程は残存または再構成された
スケッチ帖において、おおむね、かなり克明に追跡が可能となる。
　大コンサートから得た収入と、この年から始まったリヒノフスキー侯から
600グルテンの年金、そして10月18日にロプコヴィッツ侯から弦楽四重奏

474

曲の後半 3 曲（Op.18/4-6）に対する報酬 200 グルデンが当座の生活の支えとなっていたことは疑いない。1 年ほど途絶えていた出版活動を本格的に再開するのはその後である。1800 年 12 月 15 日に彼は、結果的に Op.19 〜 22 を出版することにつながる書簡をライプツィヒのホフマイスターにしたためた。ホフマイスターとは彼がヴィーンに居た当時から取引があったが（Op.13 等の出版）、進出先のライプツィヒからさらに関係を拡大させたいとの要望が提示されたと思われ（その書簡はベートーヴェンにおいて消失）、それに対する返書としてこの書簡は起草された。これは、ジムロックは別として、国外の出版社との最初の取引の証拠であり、この時期以後、残存書簡の数が一気に増えていくのは、実際に書かれた書簡の増加も反映しているのであろう。そうして 1801 年にヴェーゲラー、アメンダに語る、数社のせめぎ合いといった状況が実際に生まれるのである。

4 ｜ この時期の住居について

1800 年冬にカール・チェルニー（1791-1857）にレッスンを始めたということになっている。確認してみると、ベートーヴェン文献のみならず、チェルニー文献も"1800年"は、初めか年末かは別として、共通している。彼自身は、1842 年にオットー・ヤーンに求められて書いた回想録［手書き原稿の形でヴィーン音楽愛好家協会蔵／英訳版はあり］のなかで「ベートーヴェンに会いに行ったのは 10 歳頃」と曖昧に語っているのだが、2 月 21 日生れの彼は当時満 9 歳で、証言の範囲内ではあろう。「塔のように高い 5 階か 6 階」とも言っていて、彼自身は「私はすべて今日、少年時代の記憶に従ってのみ書いているので、いくつかの年数は訂正が必要かもしれない」と注釈している。

大コンサートの予告が 3 月 26 日の『ヴィーン新聞』に掲載されたときに、切符の入手先として挙がっているベートーヴェンの居所がティーファー・グラーベン 241 番（現 10 番）の 3 階となっているので、彼はそれ以前にそこに引っ越したことが判る。"オギルヴィッシェス・ハウス"にいつまで居住したかにも混乱が見られる（新カタログにおけるように）のは転居時期が前年（1799 年冬）かもしれないからである。ただ、ティーファー・グラーベン現 10 番は 2 階建とされ、3 階は屋根裏を数に入れてのことであり、彼の証言とそぐわず、あるいは年数とはまた別の記憶違いか、と問題視されている。同

じティーファー・グラーベン 356（現 2 番）の"小ワイン酒場"とその隣の357（現 4 番）の"大ワイン酒場"は 6 階建であり、もしかしたら大コンサート以後にそのどちらかに移ったのか、とも考えられている。しかし私が想像するのは、大コンサートの 1 週間前、屋根裏だとすればたぶん広くはない自室で、切符を求めて続々とやって来る人々の対応にベートーヴェン自身が携わったのだろうかという疑問から、彼は近くの空き部屋を臨時借用し、人を雇い、切符の販売をまかせたのではないか、ということである。すなわち、チェルニーの記憶が正しいとすれば、ベートーヴェンは 1799 年末から 1801年春までの間ずっと 6 階建に住んでいたのではないだろうか。

　それ以後、彼が 1801 年 6 月 29 日の時点で住んでいたのはヴァッサークンストバスタイ［人工噴水城塁］沿いのどこかで、それが判るのは同日付のヴェーゲラー宛書簡［BGA 65］で「私はとても美しい住まいをいま持っていて、それは城塁に面しており、私の健康にも二重によい」と言っているからである。その建物については諸説、唱えられているが、特定はできていない［BGA 65 注 9］。「二重の」というのはおそらく、ドナウ温浴ができる場所に近く、かつ眺望が素晴らしく精神的にも良い、という意味ではないだろうか。

5 ｜ ヘッツェンドルフ居住とケルン選帝侯

　しかしその直後に、夏の長期滞在を過ごすためにシェーンブルン宮殿を少し南に行ったところのヘッツェンドルフという村に移った。とくに自然に恵まれているわけではなく、温泉や温浴とも無縁の土地で、なぜその地が 2 年目に選ばれたのだろうか。セイヤーは遠慮がちに、同地に隠棲するケルン選帝侯マクシミリアン・フランツに愛着を示した可能性に触れつつ、その想定には文書的裏付けが一切ないことを強調している。しかし「その上でベートーヴェンの、ヴィルマン一家の、またその他の人々の名誉のために、期待したいところだが［möchten wir ... hoffen］、選帝侯がこの彼の最後の存命年にときおり彼らが側にいることを喜び、ボンの大きな選帝侯居城のコンサートがときにヘッツェンドルフの小さな別荘の慎ましい空間でまた繰り広げられた、といった証拠が見つかってほしいところだ［es möchten sich noch einmal］」［この箇所はフォーブズ英訳では不採用、したがって日本語訳にもなし］と仮定法を繰り返している。それほどに証拠はないということだが、状況全体を見渡して再考してみたい。

476

選帝侯マクシミリアン・フランツ（1756-1801）は 1800 年 4 月 27 日にヴィーンに戻ってきて、ほどなくしてヘッツェンドルフに用意された小さな城に移った。しかしすでに 1 年後の 1801 年 6 月 1 日に後任のドイツ騎士団長にカール大公が選任されたことからすると、選帝侯の健康はすぐれていなかったことが窺われる［TDR II, 241 ページ］。ベートーヴェンがシンフォニー第 1 番を選帝侯に献呈する指示をホフマイスター宛に書いたのが 6 月 22 日か 23 日［BGA 64］で、ヴェーゲラー宛（6 月 29 日）とアメンダ宛（7 月 1 日）に書簡をしたためたのがヴァッサークンストバスタイであったのだから、ベートーヴェンは選帝侯が同地で永眠する 7 月 26 日までの間にヘッツェンドルフに転居、ということになる。そうであるとすれば、それは選帝侯絡み以外にはあり得ないのではないか。スモッレも「疑いなく巨匠はこの夏季滞在中、選帝侯をその死去する 7 月 26 日以前にしばしば訪れたであろう」［Smolle：前掲書 20-21 ページ］と書いている。しかし事実関係はその反対ではないだろうか。すなわち、選帝侯を頻繁に訪れるために近くに移り住んだのではないか。コンサートの開催にまで至ったかはともかくとして、自分を育て支えてくれた大公に、感謝の気持ちを込めて、その最後に寄り添ったのではないか。

　もとより文書的証拠は何もない。セイヤーはそのことに立脚して、一方では第 1 巻において、ベートーヴェンの献呈行為全般について叙述している個所で、「マクシミリアンが一度でも彼に対して雅量であったと彼が本当に感じたのなら、なぜ彼は同人に作品をひとつも献呈しなかったのだろうか。なぜベートーヴェンは、本書のために調査してきた、彼のすべての私的書簡、私的備忘録や伝えられている会話のなかで彼について一度も言及しなかったのか、感謝の表明もその他なんらかの方法でも」と書いた［TDR I, 277 ページ］。これは確かに事実ではある。ただし「献呈しなかった」という点は、結果的には、と付け加えなければならない。その意志はあったのであり、そして対象作品がついにたどり着いた最初のシンフォニーであったことを考えると、その献呈は作曲中から念頭にあった可能性もあり、とすれば、世に問う最初の大作こそ自分の最も感謝すべき人物に献げる意志をここに見るべきなのではないか。前述したように、代替の被献呈者の選定には彼は大いに逡巡したが［第 I 部第 7 章 6］、それは大公の逝去がもたらした衝撃の大きさ、代替者選定の困難さを物語っているのではないか。文書類には遺されていないからといって、感謝の念そのものを否定することはできない。

　むしろ 1801 年夏、ヘッツェンドルフに滞在しても近くの居城で病床に伏

第Ⅱ部　歴史的考察

す大公とは関わりをもたなかったとするならば、それを想定させる相応の文
書類を根拠にしなければならないのではないか。ヴェーゲラー／アメンダ宛
書簡には何の前触れも見られないので、おそらく重態の知らせが突然入って、
それが本当に"転居"の概念に当てはまるとすれば、7月初めに急遽、大公の
近くに移ったのではないか。そして、再び秋に街中の住居に戻ったのではな
く、同地に滞在する意味が早くなくなったので、8月の初めにはもうヴァッ
サークンストバスタイからドナウ温浴に通ったのではないだろうか。後述す
るグィッチャルディとの交流はこの夏以後のことと思われ、また医者に通う
のも街中にいた方が有利だったであろう。ヘッツェンドルフ滞在はそもそも
セイヤーが言い出したことで、それは作曲に集中するための夏季長期滞在と
いえるのかどうか。1800年は最初のドナウ温浴治療を主とし、1801年はむ
しろ臨終近い選帝侯見舞いのための短期滞在の可能性があるとすれば、その
習慣が始まったのは1800年ではなく、1802年の半年に及ぶハイリゲンシュ
タット滞在以後のことではないだろうか。しかもそれ以後も、ただ創作のた
めのよい環境を、という単純な動機であったかどうか。作品中心主義史観の
視野の狭さから抜け出る努力が必要である。

6 │ 初の公的委嘱大作品《プロメテウスの創造物》　1801年3月28日公演

　さて、話を少し戻そう。バレエ《プロメテウスの創造物》の企画推進者、
サルバトーレ・ヴィガノ（1769-1821）はイタリアの有名な舞踏手・振付師
オノラート・ヴィガノ（1739-1811）の息子で、母親は作曲家ルイジ・ボッ
ケリーニ（1743-1805）と舞踏手ジョヴァンニ・ガストーネ・ボッケリーニ
（1742-1800頃）兄弟の姉で、彼女もまた有名な舞踏手であった。1783年に
ローマで父のバレエ団の一員としてデビューし、1788年まで一座に居たが、
叔父から作曲も学び、振付けだけではなくときには自らバレエ音楽を作曲す
ることもあった。1789/90年はマドリッドでカルロス4世の戴冠記念式典な
どで喝采を浴び、そしてスペインの舞踏手メディナと結婚した。以後、2人
の舞台はフランス（とりわけボルドー）、イギリス、ヴェネツィア、さらに
は1793年5月から約2年間、ヴィーンで熱狂的陶酔を呼び起こした。1795
年5月18日にシカネーダーのアウフ・デア・ヴィーデン劇場で初演された
ハイベルの《邪魔された結婚》で披露された〈ヴィガノ式メヌエット〉は人

478

気を呼び、これを主題にして、ベートーヴェン（WoO 68）をはじめ、何人もの作曲家が変奏曲を作った。ヴィガノ夫妻はその後プラハ、ドレスデン、ベルリン、ハンブルク等で興行して、全ヨーロッパに名を轟かせ、2度目のヴィーン滞在を果たしたのは 1799 年から 1803 年にかけてであった。

ヴィガノは皇妃マリー・テレーゼのお気に入りであり、ベートーヴェンにこのバレエ音楽を書かせた黒幕が皇妃であったことは前章で言及した。1801年 3 月 28 日初演の公演は大成功で、1802 年 8 月 29 日までに 28 回上演された。その後ぷっつりと上演記録がさしあたって永遠に途絶えるのは、ベートーヴェンの音楽に対するヴィーンの反応の結果ではない。ヴィガノがヴィーンを去ったからである。序曲をはじめ、個々のナンバーがコンサートの演目に挙がることはその後もあったし、各種編曲版また部分曲編曲の出版が抜群に多いことにより同時代における人気の高さが偲ばれる。

音楽全体は、まず、アダージョ序奏によって開始されアレグロ主部に至る独立した序曲があり、バレエ本体への「ラ・テンペスタ［嵐］」と題された導入曲に導かれて、16 のシーンが続く。演奏時間にして約 70 分の大曲である。冒頭はシンフォニー第 1 番第 1 楽章とまったく同じアイディアで、しかも同じハ長調で、主和音ではなく、下属和音の属和音（サブドミナント＝ドミナント［SD］）で始まる。ただし、シンフォニーではその 2 つの和音は完全カデンツ（バス音が 5 度下降する根音進行）であったのに対して、プロメテウスは（和声進行上の）属和音の第 3 展開形によって始められ、よりいっそう不安定な立ち上がりであって、何か事件が起きることを予感させる、バレエ開始に相応しい。そこから、主調の下属和音（和声進行上では主和音）の第 1 展開形へとバス音が変ロ→イ音と半音下降し、さらに変イ音へ半音下降して"増6 の和音"（ドッペルドミナント）が 3 度、打ち直されて、ト音の属和音へ到達して、いったん止まり、32 分音符の鋭い前打音を伴って属和音上にフェルマータする。シンフォニー第 1 番初演を体験した聴衆に対して、同じ仕掛けを使うことで同一性（同一作者）をはっきり聴き取らせ、3 拍子で畳みかける、さらに強い不意打ちに仕上げることで異次元性を引き出した。シンフォニーと同じ 2 分の 2 拍子、アレグロ・コン・ブリオで始まる第 1 主題もまた同一モティーフから引き出された異形である。聴き手はちょうど 1 年前の衝撃的な体験を思い出しつつ、同一人がより次元の高い挑発に打って出た、と感じ取ったことだろう。しかし続く展開はいっそう手の込んだものであり、「嵐」部分は、後世から見ればシンフォニー第 6 番第 4 楽章を先取

第Ⅱ部　歴史的考察

りし、おそらく激しい風雨のなかに、泥と水から最初の人間を創り出したプロメテウス＝ヴィガノが登場するのであろう。

　台本は失われ、物語の概略が、ヴィガノの死の直後に刊行された伝記のなかで紹介されているだけである。バレエ音楽は、音楽としては言葉の介在しない器楽曲であるが、視覚的には物語が叙述され、作曲者は台本に沿って情景を描く。19世紀にコンサート音楽として流行る標題音楽のひとつのルーツである。オペラ作曲の学習過程としても位置づけられ、オペラ劇場で活躍した大家たちがまずバレエ音楽を委嘱されて実力が試される例は多い。ベートーヴェンにとっては管弦楽による情景描写の腕を磨く格好の機会であった。いや、この委嘱はそれ以上の意味を持っていたと言えるだろう。シンフォニー第1番とその初演は彼にあって一里塚でしかなく、ヴィーンで作曲家として認められるとは、宮廷筋から常時、注文を受けるようになってこそであって、そのためにはイタリア語オペラが書けるようにならなければならない。最初の自主公演の成功の後、宮廷楽長サリエリのもとにレッスンに通うようになったのは、まさに次の段階へのステップのためであった。

7 ｜ サリエリの許での学習　1801年春以降から1802年初めにかけて

　大コンサートおよび弦楽四重奏曲集完結の後に始まるサリエリとの新たな接触について、そしてそれがベートーヴェンのその後の活動にどのような意味を持ったかについて考えてみよう。

　ベートーヴェンは、ハイドンおよびアルブレヒツベルガーに対位法の基礎から学び直したと同じように、ここでも第一人者の指導を仰ぐべく動いた。シンフォニー第1番の劇的成功の後に敢えてイタリア・オペラの帝王とも言えるサリエリの門を叩くということから、その目的は自ずと明らかである。その期間は、すでに再検討を紹介したように、1801年から02年初めにかけての短いもので、《プロメテウスの創造物》公演の後であったと思われる。母語ではないイタリア語の詩節に的確に音符を当てはめる技術の習得が、それを母語とするオペラ界の第一人者に教えを請おうとした理由にほかならない。ノートに遺されたサリエリの指導跡からもその事実は鮮明である。そして遺された学習ノートが対位法（ハイドンとアルブレヒツベルガー）とイタリア語付曲（サリエリ）だけであるのは、自らの弱点を克服しようとする、

480

第 16 章　大コンサート以後

ベートーヴェンの精進の結果を示しているのではないか。そして生まれたのが、437 ページで一覧した 6 曲のオーケストラ伴奏歌曲の後半 3 曲、1801 年から 03 年にかけて作曲された、シェーナとアリア《いいえ、心配しないで》WoO 92a、二重唱《おまえの幸せな日々に》WoO 93、三重唱《おののけ、不信心な者ども》Op.116 であった。この順序は、イタリア語付曲で最も難しいシェーナに初めて独力で挑んだ 5 年後に、作法の指導を経て同じ課題から再出発したこと、そして重唱へと段階を追って学習が進行したことを示している。

　《いいえ、心配しないで》はメタスタージオのカンタータ詩『ニチェに』（1765 年にミラノで出版、1780-82 年にパリで出版されたときのタイトルは『嵐』）から採られているが、いずれかの刊本を用いたのか、あるいはサリエリから手書きで提示されたのかはわからない。スコア譜 [Quelle I.2] とソプラノ・パート譜 [Quelle I.3] にサリエリの手が入っているので、師から課題として出されたことは確実で、弦楽合奏だけのオーケストラ伴奏で、まさに習作の体である。

　《おまえの幸せな日々に》はメタスタージオが 1733 年に皇妃の誕生日祝賀オペラとしてカルダラのために書いたオペラ用戯曲『オリンピアーデ』（そのドランマ・ペル・ムジカ後ヴィヴァルディ、ペルゴレージ、レオ、ガルッピ、ヴァーゲンザイル、ランプニャーニ、ログロッシーノ、ハッセ、トラエッタ、ヨメッリ、グリエルミ、ベルナスコーニ、ガスマン、ベルトーニ、アーン、ピッチンニ 2 作、カファロ、アンフォッシ、ガッティ、ミスリヴェチェク、ビアンキ、サルティ、チマローザ、ボルギ、パイジエッロ、タルキと 1792 年まで付曲が続いた超有名な戯曲）の第 1 幕フィナーレの二重唱である。新全集は同じくサリエリの課題であろうと想定しているが、新カタログは、残存資料にはサリエリの手が入っていないので、レッスンが終了した後にベートーヴェンが独自に取り組んだ可能性が強いとしている。フルート、オーボエ、ファゴット、ホルン各 2 本と弦楽器のオーケストラ伴奏で、当時のシンフォニーの標準編成からいえば、クラリネットとトランペット／ティンパニを欠いている。1802 年 4 月初めに計画された幻のオール自作品コンサート［第 I 部第 2 章 4 参照］のために書き始めたと思われる三重唱《おののけ、不信心な者ども》の方がスケッチは早いが、コンサートが中止となったためにいったん中断され、この 2 つの重唱曲は同年末から 1803 年初めにかけてほぼ同時に成立したと思われる。

481

第II部　歴史的考察

　《おののけ、不信心な者ども》はジョヴァンニ・デ・ガメッラ（1743-
1803）のオペラ用戯曲『メドンテ』第2幕第15場（フィナーレ）の三重唱
である。この戯曲はもともと、1777年9月にフィレンツェで初演されたサ
ルティのオペラ《メドンテ、エピロの王》のために書かれ、そのヴィーン初
演は1794年2月9日にケルンテン門劇場においてであった。これはサリエ
リのレッスンとは関係ないと思われ [新全集、新カタログのいずれもその可能性には言
及していない]、またサルティ・オペラの再演時に挿入するために作曲されたと
いうのでもなく、そのテクストはおそらくヴィーン上演時の資料からベート
ーヴェンが知ったのではないか、と新カタログは推測している。オーケスト
ラはオーボエの代わりにクラリネット2本が配置され、トランペット／ティ
ンパニも加わった、コンサート・アリアとして最大の編成である。前記の事
情により作曲が中断された後、翌年4月、シンフォニー第2番を含む、自作
品だけから成る初のコンサートのために急いで完成させたが、オラトリオ
《オリーブ山のキリスト》の初演を優先させることになり、曲目が多すぎる
ということで、このときも上演が見送られた [第18章2]。1808年12月のシ
ンフォニー第5番・第6番初演のときはこの三重唱ではなく1796年作の
《ああ、不実な人》["Op.65"]が組入れられ、《おののけ、不信心な者ども》の
初演はようやく1814年2月27日のシンフォニー第8番初演、第7番再演の
ときであった。また1824年5月23日のシンフォニー第9番再演の際にも再
び上演された。ベートーヴェンの重要なコンサートの折々に懸けるか否かの
逡巡が繰り返された。ベートーヴェンは初演後ほどなく、1815年にその版
権をシュタイナー社に売ったが、実際に出版されたのは1826年のことであ
った [第I部第5章10章]。作曲の、何と23年後であって、初演、そして出版
まで、これほどの紆余曲折の例はほかにない。
　重唱曲は各幕のフィナーレに登場する定型であり、ベートーヴェンのこの
2作品は、シェーナ――アリアの形式に代わってよく見られるようになって
いた、テンポの異なる2つの部分を並列させるカヴァティーナ――カバレッ
タの形式を採り、その点でも当時のイタリア・オペラの慣習を"学習"した成
果を示している。と同時に、この種のオーケストラ声楽曲は当時、コンサー
トの定番であって、その腕を磨くことはベートーヴェンとしてはその意味で
も実際的な課題であった。

8 | ベートーヴェンはなぜイタリア・オペラを書かなかったのか

　ここまでは来たが、最終的にベートーヴェンがイタリア語オペラに行き着くことはなかった。それは社会全体の状況変化と、ベートーヴェン自身の変化との、両方の結果であったと思われる。ベートーヴェンがボンで共演体験したオペラ上演はすべてドイツ語によるものであった。ボン宮廷が何人ものイタリア人歌手を雇えるほどの予算規模ではなかっただけでなく、時期的にもオペラは最早、宮廷の専有物ではなく、上流市民全体を巻き込んでしか成立し得なくなっており、イタリア・オペラもドイツ語で上演されることで観客を呼び込んでいた。それに加えてドイツ語圏全体で国民（国語）オペラ運動がその最中にあって、かつてはイタリア語オペラ上演を維持していた比較的大きなレーゲンスブルク宮廷でも 1786 年にはイタリア人歌手の解雇という事態となっていたことはすでに見たとおりである。その維持がなお可能であったのはミュンヒェンやヴィーンといった特大な宮廷であったが、一方では、ヴィーンでの活躍を志す以上、イタリア語オペラを書くことはどうしても乗り越えなければならない課題であることに変わりはなかった。

　ただそれには波があって、ヨーゼフ 2 世が 1778 年に帝都で国民（国語）オペラ運動を開始し、サリエリもそれに応えなければならず、1781 年に《煙突掃除人 Der Rauchfangkehrer》という喜劇オペラ［Lustspiel］を書いている。そして 1781 年 3 月 16 日にヴィーンに出てきたモーツァルトは早くも同年 7 月 30 日に《ハーレムからの奪還［後宮からの逃走］》（初演 1782 年 7 月 16 日ブルク劇場）の台本を入手し、翌日から作曲を始めた。だからといってヴィーン宮廷劇場がドイツ語オペラ一色となったわけではなく、サリエリもモーツァルトもダ・ポンテの台本によってイタリア語オペラも書き続けている。ヨーゼフ 2 世が 1790 年 2 月に逝去すると、ことに 2 代後のフランツ 2 世が 1792 年 3 月に即位してから宮廷劇場ではイタリア・オペラが奨励されたが、ドイツ語オペラも絶えることなく上演され続けた。そして 1780 年代に開場した民間劇場では市民の理解する言葉であることは絶対条件であった。第 11 章で見たように、このような二項並列がヴィーンの特徴であるが、フランツ 2 世治世下のヴィーンで音楽活動に参画していたベートーヴェンにとって、社会的により重きのあるイタリア語オペラはやがて書かなければならな

第Ⅱ部　歴史的考察

い課題であった。

　しかしながら現実は逆に、ヴィーンですらドイツ語オペラがますます優勢になる傾向にあった。たとえば、バウアーの『ヴィーンのオペラとオペレッタ』によると、1801 年に上演された（初演または新演出による再演）オペラ 47 作中、イタリア語オペラはケルンテン門劇場でモーツァルトの《ティトの慈しみ》（初日 3 月 31 日）とパエールの《アキレウス》（初日 6 月 6 日）だけであり、同じくパエールのファルサ《かんしゃく持ち》（1800 年 1 月 30 日ヴェネツィアで初演、ヴィーンでは 1801 年 4 月 23 日ケルンテン門劇場、4 月 28 日ブルク劇場）はコーミッシェス・ジングシュピールとしてドイツ語上演であった。またシモン・マイルの《スコットランドのジュネーヴ（ゲノフェーファ）》（1801 年 4 月 1 日トリエステで初演、ヴィーンでは同年 10 月 27 日ケルンテン門劇場、10 月 31 日ブルク劇場）はヴァイグルによるドイツ語オペラ編作の形で上演された。

　それ以後もしばらくは同じ傾向が続く。1790 年 1 月 26 日にブルク劇場で初演されたモーツァルトの《女はみんなこうしたもの、または恋人たちの学校》が 1804 年 9 月 14 日にケルンテン門劇場、20 日にブルク劇場で新演出により再演されたとき、《娘たちの貞節》というタイトルのドイツ語オペラとしてであった。サリエリですら、1804 年に書いた最後のオペラはドイツ語オペラとして 2 作目、トライチュケの台本によるジングシュピール《ニグロ》で、11 月 10 日にアン・デア・ヴィーン劇場で初演された。オペラではないが、サリエリはもう 1 作、ドイツ語舞台作品を書いており、1803 年 3 月 2 日にケルンテン門劇場で初演された、コツェブーの台本による《ナウムブルクの前のフス教徒たち》である。

　ベートーヴェン自身が初めてオペラ作曲に向かったのはアン・デア・ヴィーン劇場のシカネーダーから依頼が来たときであり［第 18 章 1］、それは 1803 年 2 月のことと思われる。シカネーダー台本に作曲する契約が結ばれて、同劇場付属の居室に居住させられるが、しかし台本はなかなか調わず、その間にシンフォニー第 3 番が一気に進行して、10 月頃にその概略が完成した。《ヴェスタの火》Unv 15 の台本はその頃ようやく出来上がって、すぐに着手するも、作曲の進行とともに台本の欠陥が目に付くようになり、12 月までには、スケッチと第 1 幕第 1 場のスコア（演奏時間にして 10 分強くらいの分量）を遺して作曲を放棄する。それと入れ替わるようにベートーヴェンが取りかかったのが、ジャン・ニコラ・ブイイによるフランス語台本（最初に

484

第 16 章　大コンサート以後

付曲したのは 1798 年にピエール・ガヴォー）をヨーゼフ・ゾンライトナー
がドイツ語に翻案した台本による、オペラ第 2 の試み《レオノーレ》であっ
た。それは 1805 年秋に完成し、同年 11 月 20 日に初演を迎えた［第 20 章］。

　こうしてベートーヴェンはオペラ作曲家としての本格的な歩みを始めたわ
けであるが、その 2 年後の 1807 年 12 月 4 日以前にヴィーン宮廷劇場管理部
に、自分を専属オペラ作曲家として雇用して欲しいという内容の請願書をし
たためた［BGA 302］。その主旨は 2 項目からなり、「年に少なくとも 1 作のオ
ペラを作曲することを申し出て、それに対して 2400 グルデンの固定報酬を
求める」「年に 1 作の小規模なオペレッタまたはディヴェルティスマン、合
唱曲または機会作品を無料で提供し、その見返りとして年に 1 日、慈善コン
サートを劇場建物内で行なう許可を求める」というものである［第 22 章 14］。

　ここで毎年、1 作のオペラを書くとの決意を述べたとき、彼はイタリア語
のオペラを書くことも想定していたのであろうか。請願書と連動して彼は
12 月 4 日に、ハインリヒ・ヨーゼフ・フォン・コリン（1771-1811）に台本
制作を依頼している［BGA 303］。コリンは、1807 年 1 月 1 日から両宮廷劇場
およびアン・デア・ヴィーン劇場の管理を請け負うようになった貴族集団
（ロプコヴィッツ侯やシュヴァルツェンベルク侯を含む）によって、顧問と
しての参加を求められた劇作界の中心人物であった。コリンに委嘱したのは
もちろんドイツ語台本であり、ベートーヴェンの念頭にはもはやそれ以外の
選択肢はなかったであろう。

　こうした数年後の状況まで見通さなくても、1800 年当時、ヴィーンにお
けるイタリア・オペラの衰退をベートーヴェンが目の当たりに感知しないわ
けはない。にもかかわらず、なぜサリエリに教えを請うのか。そこが大き
な疑問として残る。

　全能の作曲家たらんと志したとき、それにはイタリア語オペラを作曲する
ことは当然、含まれる。それはベートーヴェンの現実とはならなかったが、
どんな状況に置かれても応えられるというオールマイティー作曲家を目指す
という自覚がベートーヴェンにあった、という解釈がおそらく正解であろう。
また前述したように、イタリア語のコンサート・アリアくらい書けなくては
一人前ではない、という現実はなおあった。さらに言えば、宮廷劇場を借り
切った大コンサートで恩になった宮廷楽長にさらなる恭順を示す気持ちも抱
いていたかもしれない。最初の主催シンフォニー・コンサートに成功しただ
けの 29 歳の若者と、同年 8 月には 50 歳を迎えたヴィーン音楽界の帝王とは、

485

第Ⅱ部　歴史的考察

社会的にまだ譬えようのない落差があったのであり、サリエリだからこそ教えを請うたのである。その後サリエリとの直接的な接触はしばらく確認できなくなるが、よく言われるように関係が悪化したわけではないと思われる。というのは、1814年末〜15年初めに連続する大コンサートで老大家は、格別の協力をすることによって、エールを送るのである［第28章4］。

9 │ 1801年11月16日付ヴェーゲラー宛第2信

　サリエリのもとにレッスンに通うかたわらにヴェーゲラーおよびアメンダ宛書簡を書いたということになろうか。「ランツベルク7」スケッチ帖の次、1801年4月頃から11月頃までの「ザウアー」スケッチ帖は散逸の激しいもので、現在16の図書館等に所蔵されている断片をつなぎ合わせて再構築を試みても、4分の1程度しか確認できず、この時期の作曲については推量の域を出ない。ピアノ・ソナタ第14番嬰ハ短調［Op.27-2］、第15番ニ長調［Op.28］、弦楽五重奏曲［Op.29］、ピアノ・バガテル［Op.33］の第5曲は同スケッチ帖の残存部分に現れるが、その他、おそらくシンフォニー第2番の続き部分、主として第2楽章と第3楽章、《ゲレルト歌曲集》［"Op.48"］、セレナーデ［Op.25］、ピアノ・バガテル［Op.33］の、他のスケッチ帖には現れない、第2〜4曲などの作曲が進行したと考えられる。

　そのスケッチ帖が一杯になる頃、ヴェーゲラーへの耳疾関連の第2信、1801年11月16日付書簡［BGA 70］が書かれた。その間に届いたヴェーゲラーからの気遣う書簡に対する返信ではないかと思われる。全文は、これまた日本語訳があるが、原文は素直なドイツ語とは決して言えないものなので英訳には補いと誇張が多くなり、結果的として意味の取り違えなどがある。第1信と同様に各項目について述べていく要領で書かれているが、中段では感情の高ぶりを見せ、文章は混乱していく。最初の4分の1で、ヴェーリングの治療の効き目について順を追って報告し、満足できず、医者を代えるのは好きではないけれどヨハン・アダム・シュミット（1759-1809）はどうだろうか、とヴェーゲラーに意見を求めている。「あなたのシュミット」と言っており、彼のヴィーン留学時代の知り合いである。事実、彼は『覚書』のなかでこの書簡を掲載したときに、注で「きわめて親しい関係で、彼が私に送

486

第16章 大コンサート以後

ってくれたポートレートには…云々［略］と書いてあった」[42ページ] と述べ
ている。最後の4分の1では、前便の後段でヴィーンにやってきたと報告し
たシュテファン・フォン・ブロイニングとの付き合いについて書かれている。
その間の2つの段落は、自分の現況を綴るうちに気持ちが乱れていったか、
脈絡が次々と変転していく。原文の語順や言い回しをできるだけ尊重して
（その結果、日本語としてはこなれなくても）その部分を順次、訳す。

> いささか気分良く私はいままた暮らしています、［引用者補：以前よりは］もっと人々
> のなかに入って調子よくやってきました。ここ2年、私がどんなに味気なく、どん
> なに悲しく私の人生を過ごしてきたか、なかなか想像がつかないでしょう、幽霊の
> ごとく、私の弱い聴覚がいたるところに立ち現れ、そして私は逃げました。──
> 人々には人間嫌いに見えたに違いなく、私はそれほどではないのに。変化をある愛
> しい魅力的な少女がもたらしたのです、彼女は私を愛し、彼女を私は愛し、2年ぶり
> に再びいささかの至福の瞬間であり、結婚が幸福にするかもしれないと感じるのは
> 初めてですが、残念ながら彼女は私の身分ではなく──そして現在──私はいまも
> ちろん結婚できません。

　1799年から「ここ2年」どん底だったという回想が繰り返された後、あ
る少女の出現が「変化をもたらした」というのである。そして恋愛関係とな
り、しかし身分の違いから結婚はできない相手とは、原注にも挙がっている
が、間違いなく、ユーリエ・グィッチャルディ（1782-1856）で、ブルンス
ヴィク伯家の姪（母が同家出身）であった。彼女の生年について、書簡交換
全集を含めて、つい最近までのあらゆる文献が1784年としているが、新カ
タログは注釈なしで、校正ミスでなければだが、1782年とした。これによ
って、11月23日生れの彼女は従来、当時16歳であったところ、18歳とな
った。なお、彼女はふつう"ジュリエッタ"と表記されているが、それは
Op.27の2曲がイタリア語タイトルで出版されたために [第15章2]、名前も
その形で流通してしまったのである。そして、前述の「世界半分を旅行しま
くっていたでしょう」との文言が入って、その後に続く。

> そしてこれはやらなければならない──私にとって、私の芸術をやり通し、そして
> 示すこと以上の、大きな喜びは存在しないのです。

　突然、この1行が挿入されて、変化が来した現在の高ぶった気持ちが表明

第II部　歴史的考察

される。2年間の絶望的気分はいまや一気に晴れたかのようである。続けて話は転じる。

> 私があなた方のところで幸せだとは思わないで下さい、何が私をもっと幸福にするのでしょうか、あなた方の配慮さえも私を傷つけ、私はどの瞬間にもあなた方の顔に同情を読み取り、そして自分をもっと不幸に思うだけなのです。

　ベートーヴェンの「来春、故郷で農夫になりたい」という希望に対してヴェーゲラーが歓迎の気持を伝えたのだろうか、しかし彼の心中にもはやそれはなかった。この文はそのように捉えられる。そして後半の段落に入る。話題は続行しているが、初めは動詞を欠いて詩のようになっている。そして最後はほとんど支離滅裂になる。

> あの美しい祖国の地域、そのなかで私に割り当てられたもの、よりよい状態への期待に他ならず、それ［引用者注：よりよい状態］がいま成し遂げられたら──この災いなしに、おお、世を私はそれ［引用者注：この災い］から自由になって抱きかかえたい。私の青春──私はそれがいまようやく始まったように感じます。私はつねに病弱な人間であったわけではなく、私の肉体的な力──ここしばらくは以前より増しており、そうして私の精神力は毎日、感じはするが書き表わすことはできない目標にいっそう到達し、このなかにのみ、あなたの B は生きているのです。休養は皆無──私は睡眠以外には何も知りません、情けないことに私はいまそれに前よりももっと時間を掛けています［傍点引用者］、私の災いから半分でも解放されんことを、そうすれば──完全な、成熟した人間として私はあなた方のところへ行き、いにしえの友情を新たにする。もしあなた方が私に会えば私にあるのはそうした幸福であって、不幸ではない──いやそれは耐えられない──私は運命に仕返ししてやりたいし、私の勇気をくじくなどありえない。おお、人生を千回も生きるとはなんと美しいことか、──静かな人生、いや、私はそうはならない気がする──でも私にできるだけ早く書いてくれ。

　ここには苦悩と至福と、諦めと背中合わせの恋愛、不調と意気軒昂と、アンビヴァレントな感情が渦巻いて、まさに"ハイリゲンシュタットの遺書"まであと 11 ヵ月前、という複雑な感情の揺れがほとばしっている。英訳文では同じ you になってしまうが、ヴェーゲラーだけを指す親称 du とエレオノーレを含めて夫妻を指す親称 ihr を区別して用いていることにも注意が必要である。「あなた」「あなた方」とした。

　これが書かれた 1801 年 11 月中頃の時点は、スケッチ帖に見る進行状況で

488

言えば、新しいシンフォニーは、第4楽章はこれからであるけれども、完成への手応えを感じていたところであろうし、サリエリから学ぶべきものは学びつつあったし、そしてオールマイティー作曲家への準備は整った、といった状況であったと考えることができる。

10 │ 「音楽の父」バッハ

前述したように、Op.19 〜 22 の出版へとつながるホフマイスターとの書簡交換が、同人の問い合わせに応えたベートーヴェンの 1800 年 12 月 15 日付書簡に始まって、1802 年 2 月にかけて、頻繁に続く。残存する書簡自体はそれほど多くなくても、同社の業務日誌にやりとりが記録され、それによって、失われたものがどの程度かもある程度、類推できる。ところでその初めの頃に、後世にとってはたいへん興味深い話題がある。一般には十分に理解されているとは思われないので、本章の最後の一節としたい。

ホフマイスターは 1801 年 1 月 7 日付返書［BGA 53/ 消失］のなかでヨハン・ゼバスティアン・バッハの作品全集（鍵盤音楽のみ）の刊行計画を報告したと思われる。1 月 15 日前後に書かれたベートーヴェンの返信のなかに次のような個所がある［BGA 54］。

> あなたがゼバスティアン・バッハの作品を刊行したい由、音楽の父［Urvater der Harmonie］の高尚で偉大な芸術に高鳴る私の心にはまさにすばらしいことで⋯⋯

この一文はバッハ関連文献においても紹介されているが、"音楽の父" と訳すべきところ、「和声の創始者」とか「ハーモニーの生みの親」などとなっている。"ハーモニー" はこの時代において「音楽」の意でもある。"フィロソフィー" が「知（ソフィア）を愛する」すなわち「哲学」であるように、"フィルハーモニー" は、「音楽を愛する」すなわち「音楽愛好」のことであった。"フィルハーモニック協会" は「音楽愛好家協会」であり、その団体が自前のオーケストラを作って "フィルハーモニック・オーケストラ" と称した。ヴィヴァルディの "レストロ・アルモニコ［L'estro armonico］" には「調和の幻想」という奇妙な訳が定着していて、最近は「調和の霊感」との一部修正もあるようだが、いずれにしても何のことか理解できる人はいないだろう。こ

第II部　歴史的考察

の場合も"アルモニコ"は"ハーモニー"のイタリア語で「音楽」であり、"エストロ"は「霊感」でもよいが、着想といった意味の「霊感」には"ispirare"（インスピレーション）という言葉がある。"エストロ"には「一風変わった」というニュアンスがあって「気まぐれ」の方がベターであろう。すなわち「音楽の気まぐれ」とすればこの作品集全体のイメージは湧く。

　もうひとつのキーワード"ウアファーター"は「大元の父」といった意で、バッハを「音楽の父」と表現したのは実はベートーヴェンだったのである。この表現は日本では大変お馴染みであるが、その元祖がベートーヴェンだったとは驚きではないだろうか。しかしそれは偶然の一致に過ぎない。なぜなら「バッハは小川ではなく、大海という名前であるべきだ」とベートーヴェンが語った［この説についての批判は第36章11で展開する］と喧伝されるほどには、この言辞の拠り所がベートーヴェンに寄せられたことはなく、いまここでおそらく初めて、言葉としての一致が指摘されただけだからである。

　ドイツではその頃、ヨハン・ゼバスティアン・バッハの復興が新しい段階を迎えていた。ベートーヴェンの少年期には書き継がれて伝承された手書き譜でしか学べなかった《平均律クラヴィーア曲集》が1801年に一気に3個所で出版された。ボンのジムロック社は1800年12月に『総合音楽新聞』紙上［AmZ III (1800) , 1045ページ］で刊行を告知している。1801年にはチューリヒでネーゲリ社が、そしてライプツィヒではフォルケルの協力の下にホフマイスター＆キューネル社が、相次いで刊行した。同社はそれを嚆矢に、バッハの鍵盤音楽の全集を刊行する事業に乗り出すところであった。また翌1802年にフォルケルの『バッハ伝』も同社から出版される。

　ライプツィヒでのそうした気運から、ブライトコップ＆ヘルテル社は1800年5月に同社刊行の『総合音楽新聞』上で、ロホリッツの呼びかけを掲載する。バッハの唯一存命している子女、末娘レギーナ・スザンネ・バッハ（1742-1809）が余命いくばくもなく不相応に貧困に苦しんでいる現状から、募金活動を展開する、というものである。しかし集まったのはわずか13口で、なかには16〜17グロッシェン（約1グルデン）というケースもあり、最高額はヴィーンからの55グルデンであった。1800年12月の同紙上でスザンネ・バッハが総額96ターラー5グロッシェン（同約145グルデン）に謝辞を述べている［AmZ III, Intelligenzblatt 4］。

　これにベートーヴェンは反応した。ヘルテルが彼に初めて接触してきたとき、それにいますぐは応えられないとした1801年4月22日付返信［BGA 59］

490

第 16 章　大コンサート以後

の最後に、次のように書いた。

> 最近ある親友のところに行きまして、彼が私に音楽の不滅の神の［des unsterblichen Gott's der Harmonie］娘のために集められた金額を示しましたが、私は、その方の父ゆえに私にとっては尊敬に値する、その御方に、ドイツが、ことにあなたのドイツが承諾した額の少なさに驚きました。このことは私に以下の考えをもたらしています。すなわち、私がこの御方のために何かを出版するというのはどうでしょうか。予約を募り、何か言われないようにするため、毎年、入金した金額を公衆に提示する——あなたにご尽力いただければ、それをするためにはどのようなことが最も可能であるか、私に急いで書いて下さい。このバッハさんが亡くなられる前に、あるいはこのバッハさんが干上がって［引用者注：「小川が涸れる」と掛けている］私たちがそれをもはや飲めなくなる前に——あなたはこの作品を出版しなければなりません、それは自明のことです。　　　　　　　　　　　　　　　　　　　　　　　　　　敬具

　ここでは「音楽の父」に代わって「音楽の不滅の神」と、のちに「不滅の恋人よ［unsterbliche Geliebte］」と呼び掛けるときと同じ言葉が使われている。この 3 ヵ月の間に、「大元の父」のような存在から「不滅の神」へと、表現としてはさらに格上げされたが、要するに「音楽の」（決して「和声」に留まるものではない）「根源」のような、「極み」がバッハの音楽のなかにはある、とベートーヴェンは感じ取っていたのであろう。この時代の人々が、とくにヴィーンで、認識できるバッハの音楽の範囲は、全作品を視野に収める 21 世紀人と比べると、鍵盤音楽を中心にしたごくわずかなものであったが、全貌に接せずとも自ずから把握できる、本質的なものに対する直感のようなものであった。

　自分が作品を書くことで募金に協力したいというベートーヴェンの申し出は、その後、進展することはなかった。引用の冒頭にある「ある親友」とはヨハン・アンドレアス・シュトライヒャーであると思われ、この人物はヴィーンで独自にバッハ募金活動を展開していた。集金の結果はライプツィヒの成果をはるかに凌ぎ、307 グルデン、すなわち 200 ターラーを少し超える額となった［BGA 59 注 11］。これについてもスザンナ・バッハは 1801 年 5 月 20 日付で『総合音楽新聞』［AmZ III, Intelligenzblatt 9］に謝辞を寄稿した。

　なお、ベートーヴェンは 4 月 22 日付でホフマイスターにも書簡［BGA 60］を書いており、そのなかほどで前後の脈絡と関係なく、「ヨハン・ゼバスティアン・バッハの作品には私を予約者にしてください、またリヒノフスキー侯も同様です」と書き、バッハ全集の購入を申し込んだ。

第 17 章
ハイリゲンシュタットに隠る

（1802年4月末頃から10月中旬まで）

"ハイリゲンシュタットの遺書"分析と再考／
ハイリゲンシュタットでベートーヴェンは何をしていたのか／
ハイリゲンシュタット後　ピアノ2変奏曲（Op.34/Op.35）の見直し

1. ハイリゲンシュタット滞在はいつからか
2. 弟たちとの関係
3. "ハイリゲンシュタットの遺書"改訳の試みと分析
4. "遺書"は遺言状か
5. ハイリゲンシュタットでの作曲
6. ヴィーン帰還
7. ピアノ変奏曲Op.34/Op.35
8. 10年間の集大成
9. 《エロイカ》着手時期の新説
10. 《エロイカ》終楽章変奏曲と2ピアノ変奏曲

第II部　歴史的考察

　シンフォニー第2番 Op.36 の完成が近づくと、それを中心演目にした作品発表コンサートの実施に向けて準備を始めたと思われる。《おののけ、不信心な者ども》Op.116 のスケッチを開始したのはそのひとつであると考えられるし、ピアノ・トリオを独奏楽器とした1作目のサンフォニー・コンセルタント ニ長調 Unv 5 も 1802 年に入って手掛けられた。これらは、1801 年 12 月頃から 1802 年 7 月頃に使用の、原形が完全に残存している「ケスラー」スケッチ帖の前半部分に書き込まれ、そこにはピアノ・コンチェルト第3番 Op.37 の最終的な仕上げ作業も含まれている。しかしそれらの作業を完遂させる必然性がさしあたって消えた。4 月に計画したコンサートは中止せざるを得なくなったからである。その間の事情については第I部第2章4で詳述した。

　ベートーヴェンはその後ほどなくして、ウンターデープリングのさらに北に位置するハイリゲンシュタットに本格的な療養のために移動する。これは、前述のように、夏季長期滞在が習慣化する最初の年となったと見ることができる一方、それを決意させたほどに難聴の状態が深刻なものとなり、心身を休ませる必要に迫られていた、ということでもある。前章9で引用したヴェーゲラー宛書簡［BGA 70］において、「情けないことに私はいまそれ［引用者注：睡眠］に前よりももっと時間をかけています」［488 ページで傍点を付した個所］にそれが見て取れる。と同時に、それを可能にした条件もあった。ある程度の経済的ゆとりと弟カールの支えである。しかし生活上、筆を完全に休ませるわけにはいかないし、リヒノフスキー侯から年金を受給しながら何も仕事をしないでは済まない。

　滞在は、後世において"ハイリゲンシュタットの遺書"(以下、「"遺書"」)と通称されている 10 月 6 日付文書をきっかけに、突然、終止符が打たれる。そこには何が書かれていたのか。一語一句を分析し、ベートーヴェンがそこで何を語ったのか、再考する。

　ベートーヴェンはハイリゲンシュタットで何をしていたのか、というのが本章の最大のテーマである。スケッチ帖 3 冊分の検討を通して、作曲活動の進展を追う。この期間の仕事として、シンフォニー第 2 番の作曲が排除され

たことによって、それは整理され、見通しがきくようになった。期間中に携わったものと、帰還後に課題として継続されたもの、それらをつぶさに検証することで、ハイリゲンシュタット体験の創作上の意味が見えてくる。

　2曲のピアノ変奏曲［Op.34 および Op.35］の創作の意味は改めて見直される必要がある。それらとシンフォニー《エロイカ》［Op.55］との関連は、主題等の共通性といった問題をはるかに超えて、きわめて内的なものである。またこのシンフォニー第3番の着手時期はそれらとともにあったのか、従来説の通り、すなわち約半年後からなのか、も解決の付けがたい難問中の難問として浮上する。

1 │ ハイリゲンシュタット滞在はいつからか

　ベートーヴェンがハイリゲンシュタットに出掛けたのはいつのことなのか、実はよくわからない。滞在の最終盤で書いた"遺書"のなかに「この半年、田舎に過ごした」とあるので、その言辞が当てはまる範囲内として4月〜5月に滞在が始まったと見なされているだけである。10月6日の時点では半年に満ちていないのは確実で、しかし滞在がすぐに打ち切られるわけではないので、滞在全体をほぼ半年と言い得るのはどこまでかが焦点となる。スモレが「5月（?）」［上掲書］としているのはその限界月を示しつつ、根拠は示すことができないという表現であろう。素直にただ「4月」とするのがふつうだが、セイヤー伝記を含めて、より学術的な書は根拠なしに判断することはせず、言及を避けるのが一般的で、書簡交換全集もしかり、材料を提供するだけである。そこで、この難問に挑戦することを通じて、根拠の不確実性の度合いを実感してみたい。

　この頃に書かれた書簡の残存はきわめて少なく、1802年は、帰還後の約2ヵ月半に8通あるのに対して、5月からの半年間にはわずか3通しかない。それ以前では、4月22日に弟カールがブライトコップ＆ヘルテル社宛に出した書簡［BGA 85］に同封されて短く、「あなたは、私のすべての事柄を全般的に取り仕切っている私の弟を完全に頼りにできます」［BGA 86］と書いたが、それは、これから不在となるので留守中は弟に任せてある、との宣言のようである。

　鍵を握っているのは、発信地も日付もないリース宛書簡［BGA 87］で、永

第II部　歴史的考察

らく、1801年説（カストナー／カップ編集書簡集 [1923]）や 1803年3月説
（アンダーソン編集英訳書簡集 [1960]）が唱えられていた。これは第I部第2
章4で部分的に引用したが、この時期のものと見なし得る根拠があり、当時
もうひとりの秘書であったリースに対してシンフォニー第2番のパート譜校
閲を指示しているのではないかと想定されようになった。それにはブロウネ
伯宛のメモ [現存せず] が同封されていた。続く文章で説明されているところ
によれば、その内容は、リースにブロウネ伯家の音楽教師を斡旋したベート
ーヴェンが伯に対して、バーデンにある別荘に彼を同行させるにあたっては
旅支度のための 50ドゥカーテンを彼に事前に与えるよう進言するものであ
る。その後に、「あなたが来週、もう月曜日に彼 [ブロウネ伯] とバーデンに行
ってしまうなんてことになれば」とあり、保養地のシーズン開始は早くても
4月末か5月初めであるから、この書簡は早くてその前の週までに発信され
たと考えられるとすれば、すなわち 1802年4月下旬の前半頃ということに
なる。それは下限であるが、一方、4月22日付弟書簡 [BGA 85] にはコンサ
ートが中止に追い込まれた事情が書かれており [引用済み]、そうであればパ
ート譜の校閲を急いで依頼することはないわけだから、リースへの書簡は
22日以前となる。また、リースに仕事を紹介してやるのは自身の長期不在
が予定に入っているためとも見ることができるかもしれない。

　何ひとつ確かなものはないなかでの推量しかできないが、コンサートの中
止が決定され、それならばいっそ、と出掛ける計画に向かったということだ
ろうか。4月といっても、たぶん 22日以前ではなく、リースの心配もして
やった後の、できるだけ早い時期、「4月末頃」とするのが無難なところか。

　"遺書"のなかに「この半年、田舎に過ごしたのは、私の分別ある医者から
薦められて、できるだけ耳を大事にするようにと」という一節がある。その
医者とは後段で実名が挙がるシュミット博士であり、前年11月のヴェーゲ
ラー宛第2信で「あなたのシュミット」と名を挙げており [前出]、それ以後
に診てもらうようになったか、その直前からすでに診てもらっているが改め
て意見を求めたか、であろう。ブランデンブルクは「1801年以来」とだけ
している [BGA 106 注4]。ベートーヴェンの彼への信頼は厚く、感謝の気持ち
も"遺書"のなかで表明されているが、6月に弦管七重奏曲 Op.20 の刷本が届
けられたとき、さっそくそれをピアノ・トリオに編曲して博士に献げて、謝
意をはっきりと示した。しかも、Op.38 として出版することを 1803年11月
に予告しながら、1805年1月まで博士にその作品の専有を認めた [第I部第4

496

章6]。

　"遺書"に「どうしても必要なときに人々の輪のなかに入るのがせいぜいで、私は締め出された人のようにまったくひとりで生きなければならない」とあるように、この半年間は基本的に交際を絶っての暮しだったと思われ、書簡の残存量が極端に少ないのは消失によるばかりではなく、そもそも必要最小限しか書かれなかったのではないか。残存する3通のうち1通はリース宛 [BGA 96]で、「ブロウネ伯が2行進曲 [原注：おそらく Op.45 の1と2となる行進曲のこと] をすでに彫版に出したのが本当か私に知らせていただけないか [中略]、ハイリゲンシュタットに来る必要はありません、時間を取られたくないので」というメモのようなものである。これによってこの期間のリースとブロウネ伯との関係は補強される。なおこれは、ハイリゲンシュタットという地名が明記された唯一の現存書簡である。Op.45 の作曲をこの時期と推定することから派生する問題については、すでに言及した [第Ⅰ部第4章6]。

　他の2通は出版社宛である。ひとつはセイヤーによる写本で伝承されている（原文消失）7月13日のもの [BGA 97]、いまひとつがライプツィヒのホフマイスター＆キューネル社宛7月14日付の数行のもの [BGA 98]で、その最後の1行は「私は田舎にいて、ちょっと無精に暮らしている、しかしその後はまたいっそう勤勉に生きるために」である。ハイリゲンシュタットでの暮らしぶりを伝える唯一の"生の声"である。出版社宛にはさらに3通が弟カールの名で出され、カール宛返書も1通ある。外部出版社との交渉が本格化したこの時期に、関連する原稿や資料を街中の住居に残して郊外で過ごすことを決断したのは、弟カールが留守役を引き受ける目処が付いたことも大きいのではないか。あるいは反対に、初めて弟カールが単独でブライトコップ＆ヘルテル社宛に書いた 1802 年3月28日付書簡 [BGA 81]は、しばらく隠遁生活を送る準備であったかもしれない。仮にそうだとすると、4月下旬に第2回大コンサートを終えたらハイリゲンシュタットにという計画をこの頃から進めていた可能性もある。借家の交渉やピアノの手配など、事前の準備も必要であろう。

2 ｜ 弟たちとの関係

　弟カールの秘書業務は、ベートーヴェン作品の社会化にさまざまな影響と

第II部　歴史的考察

波紋を残した。作品番号の混乱はそれ以前に始まっており、ある意味で必然的なものであったが、弟カールの関わりによってそれが大きく拡大した［第I部第6章］のは事実である。

　1800年夏、おそらくウンターデープリングで治療と創作の初めての夏季長期滞在をして、そこからの帰還直後にシュレンマー工房で10月にロプコヴィッツ侯に献呈するOp.18の写譜作業が進行した。加えて、それまではヴィーンの出版社と口頭による交渉で済んでいたところ、12月からヴィーン外部の出版社との書簡によるやり取りが本格的に始まり［前述］、さらに1年もたつと、元来、筆無精であった［前述］ベートーヴェンにあって、通信時間確保のために作曲作業が中断されてしまうのが深刻な問題となってきた。一方、弟は1800年3月に官吏となって生活の基盤を確保［第14章1］してから2年がたち、時間的余裕も生まれたのだろう。兄のたっての願いを受け入れることとなったと思われる。

　カールが初めてベートーヴェンの身の回りの世話に関与するのは、痕跡が遺っている限り、外部出版社との交渉の第1号である1800年12月15日付ホフマイスター宛書簡［BGA 49］の宛名を書いたときである。その後は1801年4月22日付ホフマイスター宛書簡［BGA 60］と、なんと友人アメンダに宛てた7月1日付書簡［BGA 67］の2通が同様である。原文や宛名書き部分が失われたものも多く、一概には言えないが、これら2通は、初めのうちはときどき兄のところに立ち寄って、片付け程度の手伝いをしていた、といった関係の証拠だろうか。そして少なくとも翌年3月末から本格的な秘書業務に移行していった、というイメージが描ける。

　それが有給であったかどうかの資料はないし、またベートーヴェン研究においてこれまでそのような議論が為されたことはそもそもない。しかし、本書でこれまで議論してきたことの前提の上に立ってこの問題を考えてみると、本質的な問題にたどり着くような気がする。というのは、まず、前章の最後で言及したスザンナ・バッハ募金に対してベートーヴェンは寄金に代えて作品によって応えようとしたが、この行動様式が同じ時期に弟の秘書業務にも当てはまるとすれば、有給ではなく作品の提供ということになるだろう。第I部で「ベートーヴェン・オフィス」という概念を使って説明してきた出版社とのやり取り［第I部第4章8］は、実はカールの秘書業務に対する報酬のようなものではなかったか。いずれにしても、Op.39（1803年12月出版）からOp.52（1805年6月出版）まで弟カールが交渉の前面に立つことによっ

498

て作品番号のコントロールが相当に乱れたことはすでに確認した［第Ⅰ部第6章8］。カールがこれらの作品を最初に売り込むのは1802年11月23日付オッフェンバッハ、アンドレ宛書簡［BGA 113］である。ハイリゲンシュタットから帰還後約1ヵ月で、ここ半年間の手伝いに対する報酬の意味が込められていた、という想定はあり得るのではないか。

　本書では、これまでは主に、大曲に取り組んでいる期間の経済的困窮によって説明してきたが、弟カールとの関係を精査すると、その説明に多少の修正を加えたい気に駆られる。するとさらに、前述［96ページ］の1803年10月7日付で末弟ヨハンにもいくつかの作品を贈呈するというリスト［BGA 155 注7］について、そのときは贈呈の理由は「わからない」としたが、似たようなことが言えるかもしれない。すなわち、同人もまたこの時期に秘書業務に就いていたということを類推させる証拠は見つかっていないが、使い走りのような、何らかの手伝いをときどきしたことは考えられ、それに対する謝意で、次弟カールへの供与ともバランスを採った可能性はある。

　ベートーヴェンの弟たちとの関係は起伏があり、それを一元的に見ることは慎まなければならない。次弟カールとは、彼が1806年5月25日に妊娠7ヵ月のヨハンナ・ライスと、兄の反対を押し切って、結婚したことをきっかけに関係が悪化したとされるが、弟が家庭を持ったことで兄のところへ立ち寄る回数も減り、秘書業務は次第に減少し、そして停止したという側面もあるのではないか。しかし他方、カールが死の病に伏すと経済的援助をするし、遺児の甥カールを養育するのに絶対的使命感を持つ［第31章］など、肉親の情は厚かった。末弟ヨハンとの関係も似たようなもので、1807年にヨハンは兄の窮状を見かねて用立てるが、翌年、リンツで薬局を買収するに際して返金を迫ることになる。また1812年にはこの弟ともその結婚をめぐって兄弟は対立した。しかし1822年からは秘書役を（再び?）務めるようになり、晩年は私的にもかなり頼りにした［第36章］。にもかかわらず、後世には仲の悪さが強く印象づけられているが、それは、弟たちがそれぞれに、取り巻きとしてライヴァル関係にあった人物、カールにあってはリースが、ヨハンにあってはシンドラーが、彼らを悪者にした"証言"を多く書き遺したからである。少なくとも"遺書"には基本的に、その時点までの弟たちへの深い愛情を見て取ることができる。

第Ⅱ部　歴史的考察

3 │ "ハイリゲンシュタットの遺書"改訳の試みと分析

　"遺書"［BGA 106］はこの滞在の最後に書かれたが、そこにはここ半年の生活と苦悩ぶりも描かれているので、ベートーヴェンがハイリゲンシュタットで何をしていたのか、という観点からヒントになるようなこともある。
　ここに全文の翻訳を添える。それは、本書の引用文に一貫しているように、原文のニュアンスそのものをできるだけ汚さないように、節や単語の順序も意識した。たとえ日本文としてはこなれない結果となっても、それが、語りかけるように綴るベートーヴェンの文体なのである。考えてみれば、原文がときおり文意の明快な正しいドイツ語ではないのは、必ずしも練られた文章というわけではなく、場合によってはメモ書きのようなものであるから、当然である。また文書は前後の状況を理解しあっている者同士の間で交わされたものであり、遺された文だけの翻訳で文意が通じるわけでもない。
　何人かの先達によってなされている"遺書"の日本語訳は、たとえそれぞれが絶版であっても参照は可能なので、それを改めて本書に掲載することは不要だと考えていた。しかしベートーヴェンの書いた文章、現存するほぼすべてを通読した体験から、彼の文体や言い回しの特異さに慣れるに従って、既存の訳は原文にはない多くの言葉を補い、そうでもしないと通じにくいという側面を重視し過ぎたか、表現がより劇的に飾られ、訳者の解釈がない交ぜになっていることに気付いた。
　前例と同様に、文意が切れると思われるところに適宜、句点を付した。原文と解釈ははっきり分けることとし、全体に段落はないけれども語る内容が変わるごとに区切って、部分ごとにコメントを加える。

　そのタイトルは「わが兄弟カールと　　　　ベートーヴェンへ」である。そこに、ちょうどひとり分の、すなわち末弟ヨハンの名前が入るべき空白があり、それは文中で3度、繰り返される。なぜ「ヨハン」とは書かなかったのか、さまざまな憶測がある。次弟カスパール・カール・アントンは省略した通称をヴィーンに出てきてから替えたとされる［BGA 106 注2］。末弟ニコラウス・ヨハンの場合、まだそれが定まっておらず、ベートーヴェンは判断をためらっていたという説は、この文書のファクシミリ版を1952年に初めて公

500

刊したヘートヴィヒ・ミュラー・フォン・アゾフの意見である。名前を書き
控えたい心理が背後にあるのではという指摘が一般にはされるが、末弟との
間にこの時点でそのようなことがあり得ると考えられる事件は確認されてい
ない［BGA 106 注 9］。

> おお、おまえたち／汝ら［ihr］、人々よ［Menschen］、おまえたち／汝らは私を敵意あ
> る攪乱者とか人間嫌いと見なし、あるいはそう言っているが、いかに不当におまえ
> たち／汝らは私に対していることか。おまえたち／汝らにそのように見えることの、
> 隠された原因をおまえたち／汝らは知らない。私の心や私の感覚は子供の頃から暖か
> い思いやりのある感情に対して大きく開かれているとさえ言え、それには私はつね
> に前向きであった。

　書き出しの呼びかけは二人称親称であるが、それに「人間」の複数形が連
なり、弟たちと同時に、彼に対してきたすべての人々に向かって呼掛けてい
るようでもある。その場合、二人称複数親称は「汝ら」と訳せるので、並記
した。難聴ゆえに対人関係で誤解されていることについての悩み、そして自
分の気質が本来、それとは正反対であることの主張である。

> しかし少し考えてみよ、ここ 6 年来、救いがたい状態が私を襲い、分別のない医者
> たちが悪化させ、良くなるという期待は年ごとに裏切られ、ついには持続的疾患と
> の見通し（治るまでもしかしたら何年もかかり、あるいはまったく治らない）に追
> い込まれた。

　ここで「6 年来」というのは、1 年前に「3 年来」と記したことと矛盾す
るようだが、聴覚の異変に初めて気付いたのは 1796 年、それが「どんどん
悪くなった」のが 1798 年から、と解釈できよう。医者たちの処方がどれも
効き目がなかったという事実はここでも確認されている。

> 生命力溢れる燃えるような気質に生まれ、社交の楽しみにも積極的であったのに、
> 私は早くに引きこもって孤独に私の人生を送らなければならず、ときに自分をなん
> とか少し外へ出そうとしても、何とも厳しく、私の悪しき聴覚がための二重の悲惨
> な経験によって私は突き返された。

　冒頭で語った自身の気質に再び言及し、やむを得ぬ現状と対比させている。
苦悩の二重性については少し後で具体的な説明が為される。

> そして私にはまだ人々に言うことができない、もっと大声で話してくれ、叫んでく
> れ、私はつんぼなのだと。ああ、私にあっては他人の場合よりもいっそう完全であ
> るべき、かつて私は最高の完全さで維持していたし、その完全さは同業者のなかで

第II部　歴史的考察

持っている人はほとんどいない、いなかった、くらいであった、その感覚器官の不全を申し立てるなどどうしてできようか。——おお、それはできない、だから許してほしいのだ、私がおまえたちと打ち解けるときに、おまえたちには私が避けているように見えても。

　ここは、ヴェーゲラー宛第1信の③部分と共通している内容で、それが敷衍されている。

二重の痛みが私の不幸となっている。私は誤解されるに違いなく、私にとっては親しい仲間内の慰め、気の利いた談笑、相互の心中吐露、が許されないのだ。どうしても必要なときに人々の輪のなかに入るのがせいぜいで、私は締め出された人のようにまったくひとりで生きなければならない。私は、人々に近づくと、私の状態を気付かせてしまう危険のなかに置かれていると怖じ気づいて、ひどい不安が私を襲うのだ。

　苦悩の二重性がここではっきりと開陳される。すなわち、人との親しい交流ができなくなったことと、人に気付かれる不安、である。

——こうしたわけでこの半年、田舎に過ごしたのは、私の分別ある医者から薦められて、できるだけ耳を大事にするようにと。彼は私のいまのありのままの気分にほとんど寄り沿ってくれている、ときに人々の集まりに強い憧れを感じて、ついそれに誘われてしまうこともある私だが。

　そうしてシュッミット教授の勧めによってハイリゲンシュタットでの半年が始まったと述べる。

しかしなんという屈辱だろうか、私の側に誰かが立っていて、遠くから笛が聞こえて、私には聞こえない、あるいは誰かが羊飼いの歌を聞いて、私には何も聞こえないとき。そうした出来事が、私をほとんど絶望に導いた。

　ヴェーゲラー宛第1信の④部分と同じ、聞こえ具合の具体例を挙げる。これは後年、リースが『覚書』で尾ひれを付けて語って有名になったシーンであるが、"遺書"は1827年10月17日の『総合音楽新聞』で公開されたので、この話を孫引きした記事はその他にもある。ここでは症状を説明するという

第17章　ハイリゲンシュタットに隠る

よりも、その例を持ち出して「屈辱が、そうした出来事が、絶望に導いた」
ことを言う。

> ほとんど十分ではないか、ならば私は自ら私の人生を終わらせよう。——それだけ
> が、芸術が、それが私を引き戻した、ああ、私が課せられていると感じるすべての
> ものを生み出すまで、それ以前に世を去ることは私にはできないと考えた。そして
> 私はこの哀れな人生を、続けた、——本当に哀れにも、ほんの少しの急な変化が私
> を最上の状態から最悪な状態へと移し換えることもあるような感じやすい肉体を、
> だ。

　直前の単語は「絶望」であり、それ以外に条件として欠けるものはほとん
どない、というのが「ほとんど十分ではないか」という表現となっている。
だから実行に移そう、と決意する過程で、この文書の最初の山場である。こ
の部分は解釈の最も難しい個所であるがゆえに、さまざまな意訳がなされて
きた。その多くは、おそらく前例を参考にしながら「自分の生命を絶つまで
(＝私の人生を終わらせよう)、ほんの少しのところ（＝ほとんど十分ではな
いか)」とか、この2句をひとつにして「あわや自殺しようとした」と片付
ける例もある。直説法過去形と接続法第2式は人称によっては動詞が同じ形
をとるが、意味としてはここでは後者で、非現実である。これらは「ならば
[und]」によって並列された仮定法の2文であって、「ほとんど十分ではない
か [es fehlte wenig]」は独立しており、前の文を受けたものである。主語、動詞、
目的語、「ほとんどない」という否定の副詞と「自ら」という副詞だけを含
む簡潔な文で、かつて上記のように訳されたことはなかった。
　「芸術」だけがそれを思いとどまらせたと続くが、最初に代名詞を掲げ、
それを「芸術」で受け、また代名詞で動詞につなげるところが詩的でさえあ
る。訳文としては読点を補った。そして芸術作品を生み出す決意が表明され、
そのために続けるのは「この哀れな人生」であり、かつ「感じやすい肉体」
である、というところが生々しい。

> ——忍耐——そう呼ばれる。それを私はいまや導き手に選ばなければならず、私は
> そうした。——私が期待し続けるのは、私の決意が、糸を断ち切る過酷な女神たち
> に気に入られるまで、持ちこたえることだ。もしかしたら良くなる、もしかしたら
> そうではない。私の覚悟は決まっている。

503

第Ⅱ部　歴史的考察

「耐え忍ぶこと」、それだけであり、本当の死まで持ちこたえよう、との決意が述べられ、彼の後半生のあり方を予言する。なお良くなるかもしれないとのほのかな期待を持って。

　　　──すでに私の28年間で哲学者になるよう強いられ、それはたやすいことではない。芸術家にとっては他の誰かにとってよりも難しい。

　ここで28年という時間に言及しているのが不可思議である。「28歳で」と訳しても実質は変わらないが、「28歳」一般ではなく、「私の28年」という表現になっている。前述のように、ベートーヴェンは自分の年齢を、おそらく第1回ヴィーン滞在の時から、2歳若く認識していたと思われる。1802年10月の時点で実年齢は31歳、認識年齢は29歳となるはずだ。にもかかわらず「28歳」となぜ書いたか。自分の年齢は、私たちもそうであるように、毎年更新されていくのでいざというときよく分らなくなる。絶対的なのは生年の記憶であり、年齢が問われるときはそこに遡って計算するのが一般的であろう。ベートーヴェンが1772年12月生れと思っていたとしても、ここではどうしても1年の差が出る。これは生涯で最大の誤差であるが、自分の生年認識を改めて数え直すというゆとりがなかったのかもしれない。

　　　──神よ、汝が私の内面を見下ろし、汝はそれを認める、汝は知る、人間愛と善行の気質がそのなかに宿っていることを。おお、人々よ、汝らがいつかこれを読むとき、汝が私に不当なことをしたと思うがよい。そして不幸な人は、自然のあらゆる妨害にもかかわらず、品格ある芸術家および人間の隊列のなかに組入れられるよう自分の能力にあるすべてを成した、自分と同じ人を発見して、自らを慰めよ。

　自分の生き様について、まず神に、そして人間に、さらに自分と同じ「不幸な人」に呼掛ける。

　　　──おまえたち、我が兄弟、カールと　　　　よ、私が死んでシュミット教授がまだ生きていたら、彼に私の名で頼むように、彼が私の病状を記述し、ここに書かれたこの紙を私の病歴のそれに添えるようにと。そうすることで少なくともできるかぎり、世間は私の死後に私と折り合いを付けるだろう。──同時に私はおまえたちふたりにここで私のささやかな遺産（それをそう言えればだが）の相続人であることを宣言する。誠実に分け、そして互いに仲良くして助け合うように。

504

第 17 章　ハイリゲンシュタットに隠る

　呼びかけの最後は弟たちにである。病歴を公開し、それによって自分の不可解な行動の真因を認識してほしいというのだが、それは文書冒頭の「隠された原因」とつながる。「死後」のことが持ち出されることで、ここから再び「死」が意識され出す。そして遺産の相続の話となり、さらに兄弟仲良く、と語りかける。

　　おまえたちが私に不快なことをしたのは、おまえたちも分っているように、もうずっと前から許している。おまえ、弟カールにはさらにとりわけこの最後の近々の時期に私に示してくれたおまえの親切に感謝している。

　兄弟間のことでいえば、自分との関係はどうだったか。「不快なこと」はあったが、それは許している。とくに秘書として尽してくれた次弟に対する感謝の言葉。

　　私の願いは、おまえたちには私よりも良い、心配のない人生となること。おまえたちの子供たちには徳を薦めよ、それだけが幸せにする、金ではない。私は経験から言うのだが、私自身を悲惨のなかで救ったのもこれであり、私は私の芸術とともにそれにも感謝している、私が自殺によって私の人生を終わらせなかったことを。

　弟たちの人生に想いを馳せ、「徳」を説いて、自分もそれを貫いてきた、それも自殺を思いとどまらせた力となった、と語る。ここでただ 1 個所、「自殺」という単語が使われているが、第 1 の山場で使用された「人生を終わらせる」という言い回しが再びあって、それを思いとどまったことが改めて強調される。それにもかかわらず、である。

　　──さようなら、そして互いに愛せよ。──すべての友人たちに感謝する。とくにリヒノフスキー侯とシュミット教授。──リヒノフスキー侯の楽器は、おまえたちのひとりにおいて保管されるよう願う。しかしそのために争いが発生することのないよう。しかしそれらが何かの役にたつのなら、売るのはかまわない。どんなにか嬉しいことか、私が墓の下でなおおまえたちの役にたつのなら。──そうであってほしい。──喜びを持って私は死に向かって急ぐ。

　終盤に至って気持ちの揺れが徐々に出てきていたが、最終段において遂にこの文書の本質が逆転される。第 2 の山場である。リヒノフスキー侯と主治

第II部　歴史的考察

医シュミットへの感謝の言葉が続き、侯から授けられた楽器の処分の話に及ぶと、「墓の下で嬉しい」と転じて、いざ、死のうと急転する。

　　——私が自分のすべての芸術能力を開花させる機会を持つより前に、それ［引用者注：死］が来るとすれば、私の過酷な運命とはいえそれが来るのは早すぎる。そして私はそれをもっと遅くにと望んだのだ。——でも私は満足している。それが私を終りのない苦しみの状態から自由にしないのだろうか？——来れ、汝［引用者注：死］の望むときに、私は勇んで汝に向かう。——さようなら、そして死にあっても私を完全には忘れないでくれ。私はおまえたちのために貢献した、私は自分の人生において、おまえたちが幸せであるよう、しばしばおまえたちのことを考えて。幸あれ。——

　　　　　　　　　　　　　　　　　ルートヴィヒ・ヴァン・ベートーヴェン
　　ハイリゲンシュタット　1802 年 10 月 6 日

　直前の「死」という言葉を受けて、ここではそれはすべて代名詞で語られる。この部分はまさに"遺書"となっている。これは縦長 2 つ折りの紙に書かれ、2 枚目表までが以上である。ここで紙は 4 つ折りされ、すなわち全紙は8 折りサイズに畳まれた。そして書簡であれば宛名を書く面に、縦長の使用で、再び「わが兄弟カールと　　　　ベートーヴェンへ」と書き始められ、「私の死後に読み、実行すること」とある。そして紙は左に 90 度転回されて横長使用となり、以下の追伸が書き込まれた。ハイフンで言葉が細かく句切られていて、詩句のようであるが、しかし文のつながりはハイフンとは関係ないので、極度に解りにくいものとなる。文節を明快にするために、読点により概念の区切りを示し、句点により文章を完結させた。そうしたことで、従来、謎めいていたこの部分の文意がしっかりとつかめるようになった、と思う。

　　ハイリゲンシュタット、 1802 年 10 月 10 日。——さあ私は汝［引用者注：ここは二人称単数親称］に別れを告げる。——つまり悲しい。——いや汝に愛でられた期待、——私がここまで抱いてきたもの、少なくともある時点までには治癒するという、——それ［引用者注：治癒するという期待］は私を完全に見捨てたにちがいない、秋の葉々が落ち、枯れるように。そうなのだ、——それもまた私には枯渇したのだ、私がここに至ったのとほとんど同じように。

　英訳文からの重訳であると「汝」you は「おまえたち」つまり弟たちへの

呼掛けと誤解する恐れがある。それではその直後にある「汝に愛でられた」に続かない。「汝」とは"この世"（その単語はないが）ということであろう。治癒する見込みはないこと、すなわち期待の消滅がひとつのテーマである。

　　──私は立ち去る。──気高い勇気、──私をしばしば美しい夏の日々に励ましたもの、──それさえも失せた。──おお、摂理よ、──喜びの至純な一日を私にいまいちど到来させたまえ。──すでに久しく真の喜びが内に響き合うことは私には疎遠となった。

　それに加えて、4日前には「芸術だけが」として立ち直りに誘なった「勇気」も失せたというわけである。それは1802年、ハイリゲンシュタットの夏を作曲に立ち向かわせたものであったこともここに読み取れる。

　　──おお、いつか、──おお、いつか、おお、神よ、──私は自然と人々の殿堂でそれ［引用者注：喜びの響き合い］を再び感じることができようか。──否か？──否、──おお、そうであれば酷すぎる。

　「自然と人々の殿堂」とは"この世"のことと解される。そこでの「喜びの響き合い」を再び感じることができるだろうかと自分に問いかけ、最初の「否」に疑問符が付き、次の「否」にはそれがなく、すなわち「否」の肯定である。それは「酷すぎる」と、ペンディングの形で終わっている。すなわち「人生を終わらせる」とはならずに、期待も勇気も消滅し、喜びの響き合いも見込めず、酷すぎるが、諦める、と踏ん切りを付けたように見える。

　この4日間の苦悶は筆舌に尽し難いであろう。しかし結果としてベートーヴェンはそれを乗り切った。

4 │ "遺書"は遺言状か

　ハイリゲンシュタットに赴いた目的は"遺書"に明らかなように、シュッミット博士の勧めによる静養であった。前述のように、1800年から01年にかけて、大コンサートの成功と再開された出版の順調に進行によって、経済的にも安定し始め、ある程度の蓄えができたことも、半年の、基本的に休養、

第II部　歴史的考察

という過ごし方を可能ならしめたと考えてよいだろう。そして次弟カールが留守番役を引き受けてくれたことは大きく、"遺書"にもその貢献についての言及があった。それに対して末弟ヨハンについては何も語られていないことは、その名前さえ記入されていないことと結びつけられて、末弟との確執は続いていた、との見方を後世に採らせてきた。

　「おまえたちが私に不快なことをした」とはっきり書かれているので、その事実はあったのであろう。しかし「もうずっと前から許している」と続くから、ヨハンの名が空白となっている理由をなお兄弟間のわだかまりと見るのは本人の言説を否定した上での議論となる。また1年後のことであるが、前述のように1803年10月7日付で彼にもいくつかの作品を贈呈しており、名前を書きたくないと大人気もなく思うほどの何かがあったとは、空想的すぎないだろうか。

　私は40年ほど前にハンブルク大学図書館で"遺書"の原本を調査したことがある。10月6日分の本文の文末には下3分の1ほど余白があり、そこに、ベートーヴェンが用いていた「LvB」の朱の印章が貼り付けられている。朱肉は何ミリかの厚味があって、紙にべっとりと貼り付けられている。両面を見られるよう、特製の全紙大、2枚ガラスに挟まれて保護され、保管されていた。この体裁は公文書のものであって、10月6日分は、遺産相続人が指定され、印章貼り付け部分の余白も十分に計算されて、公証人の署名のための余白のようにも思われる。周到に丁寧に書かれ、明らかに正式な遺言状のつもりでしたためられたと見てよい。それに対して文書を畳んだ表書きの狭いスペースにメモのように速記された10月10日分は、その部分の余白がなくなったため最後は文字も詰まって判読がきわめて困難であり、最後の心情を吐露した、公文書外のメモ書きである。この2文書ははっきりと性格の異なったものと言わなければならない。

　そういう前提に立てば、やはり、ヨハンのファースト・ネームをどちらにしてよいか判断が付かず、この時点で留保した、という推定が正解のように思われる。とすればこれは、正式な遺言状一歩手前の未完の文書であり、印章捺印だけが先に準備された、と解されようか。

508

第17章　ハイリゲンシュタットに隠る

5 │ ハイリゲンシュタットでの作曲

　さて、ハイリゲンシュタット滞在の半年間にベートーヴェンのなかで音楽はどう鳴り響いていたのだろうか、という核心に立ち入ろう。

　シンフォニー第2番がこの時期の取り組みではないことはすでに確認した［第I部第2章］。ベートーヴェンは使用中の「ケスラー」スケッチ帖を持って移動したが、このスケッチ帖には3月頃から3つのヴァイオリン・ソナタ第6〜8番［Op.30］が書かれ始めたので、その作業の続行は4/5月と見られる。それには、もともと第1曲目の第3楽章であった、のちの第9番［Op.47］第3楽章も含まれる。これらの作業は同スケッチ帖全96枚のうち37枚目から81枚目表までを占めるが、その間にピアノ曲のスケッチが挟まる。《バガテル集》["Op.119"]が1823年に編まれたときにその第5曲となって出版された作品["Op.119"-5]と、ピアノ・ソナタ第17番［Op.31-2］である。そして2ページの空白があり、82枚目裏から新たに、ピアノのための、通称《エロイカ変奏曲》［Op.35］が書き始められているので、ヴァイオリン・ソナタ群に取り組んでいる最中に、それに要するであろう数ページが飛ばされたと見てよい。すなわち、ピアノ変奏曲への取り組み開始はヴァイオリン・ソナタ群の最終段階とオーバーラップしていた。そこに《自身の主題による6つの変奏曲》［Op.34］とピアノ・ソナタ第17番［Op.31-2］および第16番［Op.31-1］がわずかに挟まり出すのが6月から7月にかけてであり、最後（91枚目表〜96枚目裏）は第16番への集中である。ここまでが8月末までの記入と見なされる。以上で「ケスラー」スケッチ帖は一杯になるが、複数曲の同時進行が常態とすれば、7月頃から新しいスケッチ帖が並行して使用された可能性がある。静養しながら、ピアノ曲（独奏曲・伴奏曲）に限られてはいるが、結構な量の創作活動が維持されていたと言える。

　同年秋、おそらくヴィーン帰還後に「ヴィエルホルスキー」スケッチ帖が使われ始める。そこではピアノ・ソナタ第18番［Op.31-3］、2つのピアノ変奏曲［Op.34とOp.35］の続行、《バガテル集》["Op.119"]に組入れられる第3曲、《7つのバガテル》［Op.33］として1803年にまとめられるその第1曲、と続いていく。1803年から04年に出版されたにもかかわらず、これら2つのスケッチ帖のいずれにも痕跡のないのがピアノ・ソナタ第16番［Op.31-1］の第3楽

509

第II部　歴史的考察

章であり、ピアノ・ソナタ第17番 [Op.31-2] についてはスケッチはわずかしか遺されていない。考えられるのは、ハイリゲンシュタットでスケッチ帖が足りなくなり、急場しのぎの紙にその先が書き込まれ、そしてそれは失われたのではないかということである。その分量としては、綴じられていたとすれば薄い1冊、あるいは綴じられていない何枚かの紙と思われる。

　以上がスケッチ帖から見た作曲作業の想定であるが、6月に出版された七重奏曲 Op.20 の刊本がハイリゲンシュタットに届けられたことから、シュミット教授に感謝を込めて献げるつもりで、それをピアノ・クラリネット・トリオに改作する作業もこの夏の仕事であった。ただし、その痕跡はスケッチ帖には残っていない。

　ここからほぼ結論づけられるのは、ハイリゲンシュタットの5ヵ月半は、書きかけのヴァイオリンとピアノのためのソナタをまず仕上げた後、ピアノ・トリオ編曲を除けば、ピアノ曲だけに携わっていたということである。こうして、体調のよいとき、気が向いたときに、ピアノに向い、Op.31 のソナタ3曲への取り組みを中心とし、Op.34/35 の2変奏曲の構想が進行したのでは、というイメージが生まれる。

6 ｜ ヴィーン帰還

　Op.31 のピアノ・ソナタ3曲のうち2曲はハイリゲンシュタットで書かれ完成した、と言ってよいだろう。すでに作曲の受注がチューリヒのネーゲリ社との間に成立していたと見てよいのは、ハンス・ネーゲリがパリ在住の友人ヨハン・ヤーコプ・ホルナーに宛てた1802年7月18日付書簡下書き [BGA 99] にある次の文言である。この時期のネーゲリとベートーヴェンとの間に関わる書簡はこの1通しかない。

　　ベートーヴェンの弟からちょうど返事が来たところで、[中略] すでに送金してある100ドゥカーテンを差し引いて手形を送ろうと決めた。価格の割引の代わりに、第4ソナタを購入したいとお願いして。[中略] 確実なのは、いずれにしても少なくとも3つのソナタを次の郵便で入手し、あなたにパリへ送ることができよう。正確に計算してみると、これらのソナタは8月17日の郵便馬車でここへ到着し、8月19日にあなたに発送すれば、パリには9月1日くらいに着くだろう、遅くともその1週間後には……

第17章　ハイリゲンシュタットに隠る

　弟カールとの間で交渉が成立し、ハイリゲンシュタットでどうしても取り組まなければならないことになっていたことがここから見て取れる。

　滞在中に手掛けられたその他の作品は完結までには至らず、ヴィーン帰還後に作曲作業が続行した。ヴィーンに戻ったのはいつか、それはほぼはっきりしている。まず、10月18日付でブライトコップ＆ヘルテル宛に兄弟で書簡を書き、弟カールのものに発信地がヴィーンと記されているので、帰還は"遺書"の追伸の日付10月10日以後、1週間以内である。弟書簡［BGA 107］には「私どもは現在、2変奏曲を持っており、それらは変奏曲をいままでまだ現れたことのないやり方で作ることによって作品の価値を維持しています。ひとつは8変奏で他は30変奏です」とあり、本人書簡［BGA 108］には「2つの変奏曲作品を作りまして、うちひとつは8変奏で他は30変奏です。両方ともまったく新しい手法で、またそれぞれが違った^{アルト}やり方でしつらえられています」と、2変奏曲がかつてない作りであるという点と、それぞれの変奏数について異口同音に書いている点で、これに関して兄弟間で確認があったと解してよいだろう。作品への取り組みが完成に向けての本格的な始動に切り替わったとき、完成は時間の問題に過ぎないので、できるだけ早く出版社に声かけをするのは当然で、ことに外国の出版社相手では往信だけでも1週間以上掛かり、返事が来るころにはほぼ完成ということもあり得るからである。

　"マニエ"については後述するとして、変奏の数については、その後、1803年2月12日付［BGA 127］で弟は7と24に変更した。それに対してヘルテルは原稿受領後の3月3日付［BGA 128］で「あなたは、ひとつは7変奏と書きましたが、そこには6しかなく、他は24でしたが15しかありません。このことについて次便で丁寧に説明をお願いします」と書いた。それへの対応として、4月8日付［BGA 133］で本人がOp.35については変奏の数え方の問題にすり替えた弁明を行なっているが、Op.34については何も語っていない。その詳述は省くが、この経過を見ると、ヴィーン帰還直後の時点では2曲ともまだその詳細は固まっておらず、よりいっそう大規模な作品とする構想だったのではないか。しかし他方では、後述する、変奏曲のかつてないあり方があって、しかも2つがそれぞれ独創的であることも書簡のなかで謳われており、そうした作品の核心的戦略はしっかり定められていた、とも言えるだろう。

第II部　歴史的考察

「ヴィエルホルスキー」スケッチ帖は6枚目表までがピアノ・ソナタ第18番［Op.31-3］であり、その裏から22枚目表まで、途中にOp.34を挟みながら、Op.35に関する激しい作業の痕跡を遺している。2変奏曲の最初の出現は「ケスラー」スケッチ帖において6〜7月であると思われるが、その時点での作業はわずかなものでしかなかった（ことにOp.34）。それらの本格的な作曲が仮にこの新しいスケッチ帖においてヴィーン帰還後に開始されたとすれば、その作業量が示す時間は相当なものであって、帰還は10月10日の直後、もしかしたら翌日、自殺を思いとどまるや直ちにその反対の行動に切り替えた、ということもあり得るのではなかろうか。

　もしそうではなく、新しいスケッチ帖を弟が調達してハイリゲンシュタットに届けるなどして、それが滞在中から使われていたと仮定すると、"遺書"を書きつつとか、遂にそれを書くまでに至る苦悩の最中、たとえば9月頃末に、この激しい作業が展開されたと考えざるを得ないことになる。またOp.31を構成する他の2曲がなぜその新しいスケッチ帖に書かれなかったのか、ということの説明もつきにくい。

7 │ ピアノ変奏曲 Op.34/Op.35

　さて、この2変奏曲の、「まったく新しい手法と、それぞれが違ったやり方」について考察を加えよう。それこそが、ハイリゲンシュタット滞在の合間の、ゆとりのなかで構想された、と考えることができるからである。

　主題の何らかの要素（最も一般的には旋律やリズム）に変化が加えられ、その反面、一貫した不変のもの（最も一般的には主題の骨格・和声）がある、というところに変奏曲の成り立ちの本質があるが、まず《ピアノのための6の変奏曲》Op.34について言うと、この作品の新機軸は主題の調性も変える、すなわち「調性の変奏」というところにある。主題がヘ長調であるのに対して、第1変奏はニ長調、第2変奏は変ロ長調、第3変奏はト長調、第4変奏は変ホ長調、第5変奏はハ短調、と3度ずつ下降していく。そして第6変奏で主調が回復し、そのまま「コーダ」と記された最後の部分に入り、そこで主題が一度、原型で回想される。10月18日に兄弟が口裏を合わせて「8変奏」と書いたとき、ヘ—ニ—変ロ—ト—ホ—ハ—イ—ヘ調と3度の下降が8回、という構想だったのではないだろうか。そして弟による「7変奏」との

512

修正は、ヘ長調の主題から第1変奏がすぐにニ長調となることから、変奏曲の数としてはひとつ少ないことに気づいたためであるとすれば、この段階ではまだもうひとつ書く予定だったのではないか。しかし第5変奏を短調にしたことで、もう一気に終結へ、という判断となったのではないか、というのが私の解釈である。

　全変奏がすべて調が異なるというのは変奏曲史上、例のないことであった。主題の本質は調性にあり、そこに手を付けることはこれまで誰も考えなかった。このように指摘すると、かつて書かれた無数の変奏曲を点検しなければそうは言えないのではないかという反論があり得るが、弟が「いままでまだ現れたことのないやり方」と言っており、史上例のないものという認識が兄弟間で議論されていた痕跡が遺っているので、先例ありやなしやについて悪魔の証明は不要であろう。まさしく、「かつて誰もしなかったことを」というベートーヴェンのテーゼはここでも遺憾なく発揮されていると言うべきである。この、全変奏を異なる調性でという創案の意義に後世は敏感であったとは決して言えず、この一見、地味な変奏曲について、改めて10月18日書簡で彼が「まったく新しい手法」「それぞれが違ったやり方で」と書いていることを重大に受け止めるべきであると思う。

　しかしベートーヴェンはここで突飛なアイディアを思いついたというよりは、次第にそこに近づいていったと言えるのではないかと洞察することも重要である。サリエリに反応するために1799年初めに急いで作曲・出版された［第15章2］、サリエリの《ファルスタッフ》による変奏曲WoO 73は、最後の第10変奏が、主調の変ロ長調からやがてト短調に移り、ニ短調を経て変ロ長調に戻るも、終盤にかけては突然、半音ずらして変ハ長調が出現し、それは異名同音でロ長調となり、さらにバス音が半音ずれて、かつ、再び異名同音となって変ロ短調の下属和音を経過し、最終的に変ロ長調に戻る、という大規模なコーダを伴っている。同年秋に続く、ジュスマイヤーの《ソリマン2世》による変奏曲WoO 76についてはその変奏数の数え方について解説するときに、Op.34の前触れであることに言及した［第13章4］。その部分を改めて図示すると、次のようになる。第4変奏までは主調のヘ長調が一貫している。

第II部　歴史的考察

主題　第1変奏〜第4変奏	ヘ長調
第5変奏	ニ短調［アッタッカ］
第6変奏	変ロ長調［アッタッカ］－
（第7変奏的）	ヘ長調（アダージョ）［アッタッカ］－
（第8変奏的）	ヘ長調（アレグロ・ヴィヴァーチェ）

　ちなみに、長調変奏曲に短調の変奏がひとつか、大規模な作品ではふたつ、含まれるのは常道であるが、その際は必ず同主短調（主音を同じくする）であり、ここで平行短調であること自体、変奏曲の形式が固まる以前の最初期は別として、史上例のないようなことと言えるのではないだろうか。仮にあったとしても、ベートーヴェンは先例からアイディアを拝借してという思考回路でこの選択に至ったのではないであろう。Op.34の"マニエ"はこうした自己の積み重ねの上にあって、実はこれはさらなる飛躍の重要な伏線となる［後述］。

　変奏曲連作の第2の作品 Op.35 は、作品目録において、事典項目等においても、一般的に《ピアノのための15の変奏曲、フーガ付き［mit Fuge］》（新カタログ）とか、「15の変奏曲とフーガ」と表示されているが、その是非については最後に議論する。この作品の新機軸はさまざまある。ものによっては史上初かどうかというレヴェルではないとしても、「まったく新しい手法」は複合的であることによって、大規模で総合的である。特徴的な点を列挙する。

　① 主題は2つあり、二重対位法の技法が使われている。これらはバスと旋律として本来、同体であって、「複合性」が内包されている、と言ってよい。《プロメテウスの創造物》のフィナーレで提示された「プロメテウス」主題である。この2要素はときに単独で別々に主題となる。その祖型はコントゥルダンス（オーケストラ舞曲 WoO 7 の第7曲）である。またその発展型が《エロイカ》のフィナーレ主題であるため、このピアノ変奏曲の今日の通称《エロイカ変奏曲》はそのことに由来するが、この作品の成立時点ではシンフォニー第3番はまだ存在していないので、その通称は相応しいとは言えない。

　② 冒頭に「主題のバスを伴った序奏［Introduzione col Basso del Tema］との記載がある。「主題のバス」すなわち第1の主題だけで、提示－2声［A due］－3

514

声［A tre］（疑似的でほとんどは 2 声）－ 4 声［A quatro］と 4 回の提示、ない
し提示と 3 つの変奏が続く。ここまでが「序奏」である。

　③　5 回目の提示の際に第 2 の主題［Tema］が第 1 の主題をバスとして伴っ
て（「主題のバス」と名指された由縁）登場する。これが「プロメテウス」
主題である。

　④　続いて変奏が本格的に始まるが、どのように変奏されていこうと、主
題の後半 4 小節目でフェルマータ休止、という主題骨格の特徴がランドマー
クのようになっている。

　⑤　第 1 変奏〜第 4 変奏は第 1 の主題（バス）による。

　⑥　第 5 変奏〜第 8 変奏は第 2 の主題（旋律）による。旋律はバスを伴う
のが不可避的であるが、できるだけその骨格がぼやけるよう、工夫が凝らさ
れている。

　⑦　その上で、第 6 変奏は、《ソリマン 2 世》変奏曲に例を見た平行短調変
奏であり、しかしそれは、変ホ長調の旋律の音高をそのまま維持し、ハ短調
で和声付することで、主題の音度を変えないこと自体が変奏になっている。
また、第 7 変奏は、「オクターヴのカノン」である。

　⑧　第 9 変奏は再び第 1 の主題がはっきり聞き取れるが、それはバスの前
打音としてむしろ強調される。

　⑨　第 10 変奏〜第 13 変奏は性格変奏で、骨格的特徴はどこかに残るもの
の、バス進行は敢えて変えられ、旋律の進行はその痕跡を追うことさえ難し
い。

　⑩　第 14 変奏は同主短調の変奏で、15 の変奏のなかに 2 つの短調変奏が
あるわけで、それぞれ革新と伝統を担って異なった調性を採っている。旋律
主題は使わず、バス主題を上声に配することでも、第 6 変奏と対照的である。

　⑪　第 15 変奏は、これまでの変奏曲で開拓してきた"拡大された最終変奏"
を踏襲し、主題の骨格も喪失して、さながら幻想曲のように変転していく。
そして「コーダ」と記された部分となり、この変奏曲はその最後を迎えるか
のように展開するが、現実としてはハ短調になっていて、終わる気配はない。
属和音が長く打ち直されて半終止する。

　⑫　その次に来るのが「フィナーレ、フーガのように［Finale. Alla Fuga］」と
明記された部分、つまりフィナーレであって、フーガそのものではない。最
初は第 1 の主題から新たに形成されたフーガ主題による 3 声のフーガとして
始まり、しばらくはそのフーガ主題が次々とさまざまな音度で登場するので

第II部　歴史的考察

フーガのようであるが、やがてフーガ主題そのものが解体され、あるいは反行形となって再現したりした挙げ句、属和音に半終止する。

⑬ さらに「アンダンテ・コン・モト」となって第2の主題が原型の形で再現し、その変奏がまた始まる。曲の冒頭にある3つの変奏と、フィナーレに含まれるいくつもの変奏は、「30の変奏」と書いたときにあった"変奏計画"がここで随所に散りばめられているかのような感があり、言行不一致であるとか、ヘルテルに言い訳じみたことを書いた、と見るのは皮相的ではないか。

8 ｜ 10年間の集大成

ヴィーンに出てきてちょうど10年。地歩を固める一方、その後半は大変な境遇ともなり苦節の日々であったが、当時の人々にそれは判らなかった。ベートーヴェン自身が周囲に悟られないよう最大限の努力をしていたからであり、当然のことながら少数の人々には次第に気付かれていくが、しかし"遺書"に書き記された苦悩の深さまで共感されることはなかった。その反対に後世は、"遺書"が遺品のなかに発見されすぐさま公刊されたことにより、その事実に感動するばかりか、それを作品解釈の前提とするようになってしまった。

作品制作の現場の状況がこのように整理できたことによって、ピアノ変奏曲 Op.35 はようやくその意味を総括することができる状況に達したと言えよう。そうして見ると、この作品はそれまで10年間の集大成のような存在であることが解る。そのように意味づける根拠は2つある。

第1点は、若干のピアノ小品の作曲を伴いつつ［後述］、この作品によってピアノ曲連作にいったん終止符が打たれること、そうして、ピアニスト作曲家としての活動を中心とした10年間が総括されたということである。これは、1797年以後、ピアニストとしての活動が制限されていくことによる必然と、ヴィーンで再出発した作曲家活動の幅を本格的に拡げる努力が成果を挙げてきたことの両面から捉えられる。

第2点は、ピアノ作品の創作というレヴェルにおいて、変奏曲とソナタがその両面であったが、この作品がそれを統合する意味を持っているということである。それは、4楽章ソナタに比肩する規模をこの作品が有するだけで

第 17 章　ハイリゲンシュタットに隠る

はなく、ソナタでも追究されてきた複雑な作曲技法が駆使されて、変奏曲の
範疇を超えた地点にこの作品が到達したことにある。変奏曲とフーガという
組み合わせは、「パッサカリアとフーガ」といった作品が古来からあるので、
伝統を継承していると見られがちだが、この作品はその延長線上にあると捉
えられるべきではない。「アッラ・フーガ」と記されていることがもっと正
面から受け止められなければならない。これは決してフーガではなく、その
形を借用して始まる「フィナーレ」である。したがって、この作品を「15
の変奏曲とフーガ」などと通称するのは本質を惑わせるだろう。原版のタイ
トルはただ「変奏曲」だけである。そして最終部分（楽章）のタイトルは
「フィナーレ、アッラ・フーガ」なので、全曲のタイトルとして「変奏曲」
では物足りないのなら、「変奏曲とフィナーレ・アッラ・フーガ」とする
のが作曲者に寄り添うことになろう。
　自筆譜には、添付するようにと指示しながら実現されなかった、8 行に及
ぶ長い但し書きが付されている。同じ単語が反復されるくどい文だが、その
まま訳す。

　　私はこれらの変奏曲においてこれまでふつうであった方法から離れており、これら
　　の変奏曲は私のこれまでの変奏曲とははっきりと違うので、私はこれらを私のこれ
　　までのすべての変奏曲と同じようにそれらの順列のなかで続けさせることを望まず、
　　そしてそれらが、私の他のすべての変奏曲と同様にナンバー［No.］によってただ示
　　されるのではなく、私はこれらを私の作品の本当の数［引用者注：作品番号のこと］に
　　組入れました、テーマ自体が私のものであるのでなおさらです。

　これは、1802 年 12 月 26 日ヘルテル着信書簡［BGA 123］に記したもの［第
I 部第 4 章 5 で引用］と基本的に同じ主旨である。この文には何度も訂正した跡
があって、それでも同じ言い回しが何回も続く。「変奏曲」という単語が複
数形で記されているので、ひとつの作品のタイトルページに掲げられるもの
とは理解されなかったか、不適と判断されたかで、出版社に黙殺された。も
ちろん後続の版においても今日まで取り上げられていない。もっとも、解説
なしにただ掲げても理解されないであろう。この但し書き文は新カタログで
初めて紹介された。第 I 部第 4 章では作品番号の二重性の問題として論及し
たが、ここでは作品内容の問題として、すなわち、これらの変奏曲が「これ
までとは違う方法」によるということと、そのような 2 曲をベートーヴェン
は複数形で一括して扱っているということに注目する。

517

第II部　歴史的考察

　要するに、《変奏曲とフィナーレ・アッラ・フーガ》Op.35 はこれまでの
半生の頂点を成す作品である。それは、上記引用文に明らかなように、前触
れのように小規模で地味な印象を与える Op.34 とペアとなっていて、それ
らは創作も一連の過程のなかで進行し、ベートーヴェンの意識のなかでも一
体となったものであった。これらがハイリゲンシュタット滞在の最大の所産
である。

　制作物という観点からも当然のことではあるが、半年もの間、活動を縮小
させていると生活の前途も心配になるところで、とりあえず、売れ筋のピア
ノ曲を次々と出版することにすぐに取り組んだ。スケッチ帖のなかにそれら
とともにピアノ・バガテル［Op.119 Nr.3 と Op.33-1］の書き付けが見られるのも、
「バガテル集」を併せて売ろうということであろう。

　2曲のピアノ・ソナタ［Op.31-1 と 2］は 1803 年 4 月にチューリヒのネーゲリ
社から作品番号は付されずに出版される。3 つのヴァイオリン・ソナタ
Op.30 と《7 つのバガテル》Op.33 は 1803 年 5 月から 6 月にかけてヴィーン
の BAI 社から刊行されるので、半年余りの出版準備を考慮に入れれば、ハ
イリゲンシュタットから帰還直後に口頭での出版交渉が進行したと思われる。
2 つの変奏曲は、ハイリゲンシュタットへ出発する直前に Op.29 の出版が成
約した（刊行は同年 12 月）ブライトコップ＆ヘルテル社との書簡による詳
細なやり取りを経て、同じく 1803 年 4 月〜5 月に刊行された。この時期の
こうしたピアノ作品出版の経緯を詳しく検討すると、作品番号「Op.31」お
よび「Op.32」は、この時期に書かれた 3 曲のピアノ・ソナタ（Op.31）が、
ほぼ同時に作曲が進行した Op.26 と Op.27 の時と同じように、2 曲と 1 曲に
分けて出版されるために確保された番号ではないか（この際は最初の 2 曲が
ひとつの作品番号となるが）、という想定［第 I 部第 6 章 6］を改めて想い起さ
せる。

9 │《エロイカ》着手時期の新説

　87 枚の「ヴィエルホルスキー」スケッチ帖がちょうど 4 分の 1 まで埋ま
ったとき、22 枚目裏から次ページにかけて顔を少し出すのがシンフォニー
第 3 番［Op.55］の初期の楽想（第 1 楽章および第 2 楽章）である。この記入
に続くページは、1803 年 4 月 5 日に開催されるコンサートの準備に充てら

518

第 17 章　ハイリゲンシュタットに隠る

れるようになり、それについては次章で扱う。新しいスケッチ帖「ランツベルク 6（エロイカ）」は本来 96 枚のところ、最初の部分が 5 枚、消失しており、肝心の部分がつかめないのだが、残存部分の 1 枚目は《ヴァルトシュタイン》ソナタ [Op.53] で、その裏の一部は《ルール・ブリタニア》変奏曲 WoO 79 である。その書き付けが、第 I 部第 4 章 10 で見たように、イギリスが 1803 年 5 月 18 日にフランスに対して宣戦布告する以前ではないとすれば、そのページから始まって全 91 枚のほぼ半分を埋め尽くす《エロイカ》[Op.55] のスケッチも同時期に開始されたと考えられる。

　こうした経過は、最初の楽想だけが先行的に現れ、それが確かな形になっていくのは数ヵ月後、というその後もよく見られるパターンである。しかし「ランツベルク 6（エロイカ）」スケッチ帖はハイリゲンシュタット帰還直後に新しい作品のために用意されたのでは、というキャサリン・サイアーの新説 [Syer/Landsberg 6 (2006)] が登場して、判断のきわめて難しい問題となっている。新カタログはこのスケッチ [Quelle I, 1, (2)] について「1802 年 10 月末頃もしくは 1803 年 5/6 月から 1803 年 10 月頃」と両論併記としている。

　ただ私には新説はいくつもの乗り越えなければならない問題点を抱えているように思われる。根本的なのは、「ヴィエルホルスキー」スケッチ帖がまだ 4 分の 1 程度の使用という段階でなぜ新しいもうひとつのスケッチ帖を必要としたかという決定的な問いに対する検証がないことである。ハイリゲンシュタットからの帰還後はほどなくして 2 つのスケッチ帖を並行使用したということになり、そのような見立てはスケッチ帖年代学全体に大きな影響を及ぼす。数年分のスケッチをあとで綴じた「雑録」の場合には用紙研究や筆跡研究も動員できる。また使用期間の隣接した 2 つのスケッチ帖にあっては、一方の最後と他方の最初が何ページか時期的に同時使用であるのはときに見られる。しかし 2 つのスケッチ帖のかなりの部分がほぼ完全に並行使用されたとすれば、その可能性は他のスケッチ帖の使用時期推定にも影響を及ぼす。さらに言うと、「エロイカ」スケッチ帖の冒頭は《エロイカ》ではなく《ヴァルトシュタイン》ソナタであるという点も、ハイリゲンシュタット帰還直後から《エロイカ》作曲が全面展開されたという解釈を阻むものである。1 枚目裏にある《ルール・ブリタニア》変奏曲が書き始められた時期も半年前にずれることになれば、その創作のきっかけも説明つかないものとなる。

　しかし Op.45 の作曲時期の問題はここでも影を落としていて、「エロイカ」スケッチ帖の《エロイカ》スケッチ部分のど真ん中に Op.45 のスケッ

第II部　歴史的考察

チはあって、書簡のやりとりからはそれが1802年秋かもしれない可能性は
ある［第I部第4章6］からである。

10 │《エロイカ》終楽章変奏曲と2ピアノ変奏曲

《エロイカ》第4楽章がピアノ変奏曲Op.35をベースにしていることは誰
でも知っている。シンフォニーにおいて、ト短調で始まる導入部分に続いて
立ち現れるのは、ピアノ変奏曲の「序奏」部分をほとんどそのままオーケス
トレーションしただけのものであり、それは第1の主題の提示、3声による
変奏（これを仮に"第1変奏"としておく）と4声の変奏（同"第2変奏"）、第
2の主題が第1の主題をバスとして出現（同"第3変奏"）、と続き、ここに登
場しないのは2声の変奏だけである。シンフォニーのその後は、ピアノ変奏
曲から離れて、2つの主題のそれぞれか、一体となっての、そしてやがて第
3の新しい主題も加わっての、オーケストラ変奏曲となっていく。このこと
は改めて申し述べるまでもない。

しかし指摘がここで留まっているとすれば、重大な見落としがあるのでは
ないか。推移部分を経て現れる"第4変奏"はハ短調となってフガートとして
発展し、連続する"第5変奏"はロ短調の属和音上で始まって、ソナタ展開部
のような様相を呈する。そして到達した"第6変奏"はト短調で第1の主題と
新主題による。"第7変奏"はハ長調で2つの変奏曲主題が一体となって進み、
その後自由な展開となる。変ホ長調が回帰して、ポコ・アンダンテで登場す
る"第8変奏"、それが拡大発展した"第9変奏"、そして壮大なコーダと続いて
いく。

主題がそれぞれに調を変えて登場するのは、ピアノ変奏曲Op.34の独擅
場ではなかったか。要するに《エロイカ》フィナーレは、両ピアノ変奏曲
Op.34/Op.35のそれぞれの新機軸を統合し、そこに「フィナーレ・アッラ・
フーガ」での手法がオーケストラに適用されて、シンフォニーの壮大な結末
へと昇華した、と見るべきではないのか。すなわち、創作上のハイリゲンシ
ュタット体験がここに結晶されているのではないか。ただし、"原体験"たる
Op.34/Op.35の作曲がハイリゲンシュタットからヴィーンへと連続した作業
であったということと、それが時間的に間髪を入れずに《エロイカ》フィナ
ーレに直結したかどうかは別問題である。

520

第 18 章

1803年4月5日

第2回主催コンサート

初のオール・ベートーヴェン・プログラム／
《オリーブ山のキリスト》とは何か？

1. 第2回大コンサートの準備
2. 「オーケストラ伴奏重唱曲からオラトリオへ転換」説の再検討
3. 破格の入場料に見るベートーヴェンの意気込み
4. 《オリーブ山のキリスト》初演とその直後
5. 度重なる改訂、そして出版へ
6. 「2週間程度で書いた」
7. 作曲計画の発生時期について
8. 台本作者フーバー
9. 歌詞全訳と解説
10. 音楽
11. 急ごしらえ観からの解放
12. 歌詞に見る"遺書"との並行関係
13. "遺書"の超克

第II部　歴史的考察

　1803年4月5日にアン・デア・ヴィーン劇場でベートーヴェンは2回目のオーケストラ演奏会を催した。前年4月に未遂に終わったコンサート計画がようやく実現したのである。初めて、すべての演目を自作品で埋め、シンフォニー第2番Op.36とピアノ・コンチェルト第3番Op.37がようやく初演の運びとなり、シンフォニー第1番Op.21も再演されたことはよく知られている。そのような器楽中心史観からは、もうひとつの初演作品、オラトリオ《オリーブ山のキリスト》Op.85はコンサートに花を添えたにわか作りの凡作（?）のように見られている。事実はまったくその反対で、この作品こそメーンイヴェントであった。そしてこの作品に対する急ごしらえ観もまた見直す必要がある。確かに初演に向けて作曲が急がれたのは事実だが、この作品の真の完成は長い推敲を経てのことであった。しかし後世が抱くそのような見方はベートーヴェン自身の発した言葉を始原とするもので、なぜそう言ったのか、再考は簡単ではなく、背後には複雑な事情がありそうである。

　ハイリゲンシュタット帰還後のさしあたっての課題は前章の終盤で深く検討したところだが、それが一段落すると、ベートーヴェンはかつて断念に追い込まれたコンサートを改めて開催するべく準備を始めた。それをスケッチ帖をもとに辿るのが本章の最初のテーマである。

　相前後して、ついにオペラ作曲の委嘱を受けた。それがコンサート開催へとつながっていったと一般には見られているが、果たしてそうなのか、その辺の事情についても考察を加える。

　《オリーブ山のキリスト》は、生前に約80回の上演がヨーロッパ各地で繰り広げられ［新カタログ］、同時代にはベートーヴェンの最も親しまれた作品であったが、それを反転させたかのように、今日では上演機会も稀で、録音も少なく、したがってよく理解されているとは言いがたい。この作品なくしてもベートーヴェン像は成り立つと言ってもよいほどであって、それはシンフォニーを基軸とした直線的なベートーヴェン創作史の埒外にある。その作曲時期は、ハイリゲンシュタット滞在中に書き始められた《プロメテウス変奏曲》Op.35と、それと主題を共有する《エロイカ》シンフォニーOp.55の間に位置している。帰郷直（?）後に着手されたわけだから、もしかしたらこ

522

の作品にもハイリゲンシュタット体験が影を落としているのではないか。し
かもそれを色濃く反映しているという見方が成り立つとすれば、その本質は
気付かれてこなかったことになる。もちろん、同時代の人々のこの作品に対
する共感はそういうこととは関係なく成立していた。"遺書"の存在そのもの
が本人によって隠匿されたのだから。"遺書"を読むようになった後世におい
ても、それとこの作品との関連が議論されることはほとんどなかった。本人
からすれば、その関係を断ち切ることでしかこの作品は存在し得なかったの
であるが、後世は知らずうちに、素直にそれに従ってきたといえる。

　と同時に、この作品の本質を作品発祥時の連関性においてのみ捉えるとす
れば、それはまた明らかに誤りであろう。《オリーブ山のキリスト》は、初
演時においてはまだ相当に荒削りのものであり、その後の《エロイカ》創作
を踏まえた改訂によって、後世が知るその完成形となっていったのである。
シンフォニー作家の書いた唯一のオラトリオといった"番外作品"的な見方を
取り払って、ベートーヴェンのこれまでの音楽的・精神的軌跡すべての集約
点としてこの作品は捉え直されなければならない。

1 ｜ 第 2 回大コンサートの準備

　一連のピアノ曲を仕上げると直ちに向かったのは、オーケストラ伴奏二重
唱と三重唱であった。それらはもはやサリエリ・レッスンとは関係がなく、
学んだ成果をコンサートで披露しようという目算であったことは明らかであ
る。三重唱《おののけ、不信心な者ども》Op.116 は 1802 年春に予定したコ
ンサートのために途中まで書いていたもので、その継続に立ち返ったという
ことであり、この時期の新たな取り組みである二重唱《おまえの幸せな日々
に》WoO 93 は、「ヴィエルホルスキー」スケッチ帖において《エロイカ》
の初期楽想の後、20 枚ほどのスペースを占めている。出版向きではないこ
の種のジャンルに相次いで立ち向かったのは、昨春、成就できなかったコン
サートを次のシーズンに実現させるべく動き始めたことを意味しているので
はないか。とすれば、その開催計画は 11 月頃にすでにあって、その時点で
は、1800 年の第 1 回と同じように、自ら主催するつもりであったことが窺
われる。

　他方、いつの時点からかははっきり突き止めることはできないが、アン・

第II部　歴史的考察

デア・ヴィーン劇場の監督シカネーダーからオペラの委嘱があった。その事実はやがてジャーナリズムでも知れ渡っていくことになるのだが、文書的に最初に確認されるのは 1803 年 2 月 12 日付で弟カールがヘルテルに変奏曲の数「7」と「24」を挙げて献呈先の告知をした書簡［BGA 127］である。その末尾に「すでにお聞き及びでしょうが、私の兄はヴィーデン劇場［引用者注：アン・デア・ヴィーン劇場の別名］で契約されて、彼はオペラを書きます」とある。このニュースがライプツィヒにも届いているであろうという前提で書かれていることから、オペラ作曲契約は 2 月初めには成立していたであろう。

　1802 年 5 月 20 日にアン・デア・ヴィーン劇場監督をいったん辞したシカネーダーが同職に改めて就任するのは 1803 年 2 月（日付は不明）［BGA 176 注 4］のことなので、ベートーヴェンとの契約は復帰早々に彼が巻き返しを図って打った新方針のひとつであったかもしれない。そしてベートーヴェンには劇場内に専用居室があてがわれ、いわばカンヅメ状態になってオペラ作曲に邁進すべき体制が整えられるのだが［第 I 部第 2 章 7］、弟カールもまたそこに同居して、秘書業務を本格的に展開する。それが判るのは、毎年 4 月に配布される官庁職員録の 1803 年版でカールの居所が「アン・デア・ヴィーン 26 番地」となっているからで［TDR II, 398 ページ］、兄弟の移り住みはそれ以前であったことが証される。

　4 月 5 日にアン・デア・ヴィーン劇場で開催された第 2 回大コンサートは、まさしくシカネーダーの後援ないし主催によるもので、ベートーヴェンにこうした機会を提供することによってオペラ作曲にプレッシャーをかけるのは、いかにも彼らしい。あるいはベートーヴェンが駆け引きをしたか。そうだとしたら、これもまたベートーヴェンらしい。双方の思惑が合致したということにしておこう。いずれにせよ、その準備期間も考えると、2 月の契約時、またはほどなくして、居住の件とコンサート開催も併せて決まったと想定される。

2｜「オーケストラ伴奏重唱曲からオラトリオへ転換」説の再検討

　2 つのオーケストラ伴奏重唱曲が完成したのがちょうどその頃かと思われるが、結果的に 4 月のコンサートではそれらのお披露目はなかった。代わって初演されたのはオラトリオ《オリーブ山のキリスト》であり、その作曲作

第 18 章　1803 年 4 月 5 日　第 2 回主催コンサート

業が「ヴィエルホルスキー」スケッチ帖でその 2 曲に続いて 45 枚目裏から始まり、83 枚目裏までをびっしりと埋め尽くしている。

　ここで来るべきコンサートでの演奏曲目がオーケストラ三重唱小品から大作オラトリオへ転換したと見られるわけだが［後述］、時間的経過から言えることとして、その前にオペラ委嘱があった。オペラとオラトリオは社会的機能が違い、上演の場はまったく相容れないものである。オペラは、本来的には上流階級の娯楽であったが、この時期には市民階級まで降りてきて、オペラハウスで衣装を着けて演じられる、胸躍らせる演劇的出し物であり、また別の観点から言えば、連夜繰り広げられる社交であった。それに対してオラトリオは、復活祭やクリスマスといった大祭時に一回的に上演される禁欲的な慈善興行であったところ、この時期にはその催し自体はコンサート化してきたが、聖なる、あるいは道徳的物語が教訓的に提示されることに変わりはなかった。しかしながら、それらに集うのは、社会の上層部に位置する上流市民として、同じ人々であり、上演の場こそ違え、社会的重要性という点でそれらに軽重はなかった。また作曲技術的にも、言葉の音楽化であり、劇的シーンの描写であり、独唱・重唱そして合唱をオーケストラによる伴奏で連鎖させ、「大作品」に仕上げるという点で、これらは同じ土俵にあった。すなわち、オペラを書いたことのない作曲家に初の委嘱があったという状況下で、求められる能力としては遜色のないオラトリオをまず書くことによって、オペラ作曲の能力にも注目させるよう仕向けるのは、いわばオペラの"部分作曲"のようなオーケストラ伴奏重唱曲を提示するより、有意義なことであった。

　1803 年 2 月の時点で、オーケストラ伴奏重唱曲が 2 曲ほぼ出来上がっているにも拘わらず、それに代えてオラトリオをコンサートに用意しようと転換したのにはこうした思惑がベートーヴェンに発生したためではないか、というのがこれまでの見方である。それはコンサート準備が進行すると顕在化してくる。3 月 26 日土曜日付と 30 日水曜日付の 2 度にわたって『ヴィーン新聞』に次のような公告が掲載された［TDR II, 385 ページ］。

　　4 月 5 日（4 日ではありません）にルートヴィヒ・ヴァン・ベートーヴェン氏は新しい、彼によって音楽化されたオラトリオ《オリーブ山のキリスト》を帝国・王国認可アン・デア・ヴィーン劇場で上演いたします。それ以外に当日上演される作品は大掲示板に示されます。

525

第Ⅱ部　歴史的考察

　告知は、4月5日にベートーヴェンが自作のオラトリオを上演する、ということであり、ここから見て取れるのは、"それ以外に当日上演される"作品が何かは未定か、あるいは決定がまだ新聞社には知らされていない状況であることと、以前には4日という情報も流れていたこと、"それ以外の"曲目に関する情報は二次的と認識されていること、の3点である。2つの重唱曲も併せて上演するか迷っていたか、あるいは決まっていてもその告知は直前で構わないとベートーヴェンが考えていたか。4日説が流れたのは、日にちが不確定のまま、いよいよベートーヴェンがオラトリオの上演を、という情報だけが先走っていたためかもしれない。いずれにしても、1年も待ちぼうけを食った新しいシンフォニーの上演が、満を持して高らかに謳われたのではなかった。

　大掲示板とかプログラム・ポスターに類するものの残存はまったくないので、"それ以外に当日上演された"曲目は後日の批評等から判断するしかない。実際に上演されたのはシンフォニー第2番（公開初演）、ピアノ・コンチェルト第3番（初演）、シンフォニー第1番（再演）、オラトリオ《オリーブ山のキリスト》（初演）であると判断される。シンフォニー第2番は完成後1年の間に、原版被献呈者であるリヒノフスキー侯の邸宅で非公開初演されていた可能性はある［新カタログ］。ここで注目されるのはリースが『覚書』のなかで述べていることである。最後のゲネプロは劇場でコンサートの当日、4月5日火曜日、朝に行なわれた［TDR II, 386ページ］。

　　　練習は朝8時に始まり、そして新しいもののうち、オラトリオのほかに、以下もまた初めて演奏された。すなわち、ベートーヴェンのシンフォニー第2番ニ長調、ピアノ・コンチェルトハ短調、そしてもう1曲、それを私はもう思い出すことができない［下線は引用者］。それはもう恐るべき練習で、2時半にはみんながくたびれ果てて、多かれ少なかれ不満であった。

　この節はさまざまな文献にも引用されているが、アンダーラインした個所はなぜか、新カタログを含めて、カットされている。引用はそのつど、各作品の初演に関わってのことなので、上演されなかった作品の情報も一緒に出ては無用な誤解を与える、ないし脇道に逸れた説明が長々と必要となる事項だから省略、ということだろうか。これは「初めて演奏された」という括りで、セミコロンの後に列挙されているので、シンフォニー第1番ではない。この後、行替えがあって新しい段落となる。

526

第 18 章　1803 年 4 月 5 日　第 2 回主催コンサート

　この現状に対してリヒノフスキー侯が救いの手を差し延べた。上記の続き
である。

> カール・リヒノフスキー侯が、練習の最初から居合わせていたのであるが、大きな
> かごに入ったバターパン、コールド・ミート、ワインを取りに行かせた。気さくに
> 彼はみんなにつまむように言い、それは歓迎され、再び上機嫌となる結果をもたら
> した。そうして侯爵はオラトリオをもういちど通し練習するよう頼んだ、夕べがう
> まく行くように、そしてこの種のベートーヴェンによる初めての作品がそれに相応
> しく公衆にもたらされるようにと。練習はこうして再開された。コンサートは 6 時
> に始まったが、長すぎて、いくつかの曲 [下線は引用者] は上演されなかった。

　全体としては素直にそのまま信頼するというわけにはいかないのがリース
証言ではある。コンサート告知の段階において当日の演目が決定できなかっ
たかもしれないという事情を鑑みると、もしこの部分に真実性を見い出すと
すれば、2 つのオーケストラ伴奏重唱曲も上演曲目として準備されていた可
能性もある。最初は「思い出すことのできないもう 1 曲」であったところ、
物語の終りには「いくつかの曲」に変わってしまってはいるが。とすると、
オペラ部分曲に代わってオラトリオの上演に切り替えたというより、結果的
にそうなったに過ぎないのかもしれない [後述]。

3 ｜ 破格の入場料に見るベートーヴェンの意気込み

　いずれにしても、自作品を満載したこの日のコンサートは、1800 年 4 月
の大コンサート以来、3 年間のブランクの後に、ようやく開催にこぎ着けた、
いわば満を持したものであった。すべて自作であることを事前からポスタ
ー・チラシで強調していた [TDR II, 385 ページ]。「結果は彼の期待に応えるも
のであった、上演は彼に 1800 グルデンをもたらした」[同] とされる収益額
の出所は不明である。1803 年 5 月 25 日付『総合音楽新聞』[AmZ V (1802/03),
590 ページ] が「ベートーヴェン氏は自作のカンタータ《オリーブ山のキリス
ト》を上演した。翌日、誰も理解することができなかったのは、なぜベート
ーヴェン氏がこの音楽に第 1 席を 2 倍に、遮断席を 3 倍、そして桟敷席に
(4 グルデンではなく) 12 ドゥカーテンを払わせたことである」と高額入場
料に文句を付けている。ここから出発して、収益について類推してみよう。

527

第II部　歴史的考察

　まず、予告ポスターでつねに「通常通り」とされていて、実際の額を把握できなかった桟敷席の入場料が、4グルデンであったことがこれによって判る。他の席等級は2倍、3倍という表現であったが、最高額の桟敷席については絶対額を示すことでいかに高額かをライプツィヒ市民に実感させようと、地元の通貨ドゥカーテンで表した。その配慮は、他の土地の人間には、そして後世には、かえって理解の糸口を失わせ、この部分を素通りさせることになりがちだが、1ドゥカーテンは約4.5グルデンであるから、桟敷席は54グルデンにもなった事実がここには隠れている。自由に立ち入ることのできない特権階級向け「遮断席」が3倍であるから、2倍の第1席とは一番安い「一般席」と解される。それでも普段の2倍、数は少ないとしても最高額の席は13.5倍という法外な料金設定であったということになる。批評者のレート計算に誤りはなかったという前提でだが。

　通貨の異なる外国人の論評のおかげで、ヴィーンのコンサート入場料に関する仕組みの一部を見通すことができた。おそらく宮廷直営の劇場ではなく「認可」劇場であったので、自由に高額入場料を設定できたのであろう。ベートーヴェンがこのコンサートに懸けた意気込みと、それに対する大変な自信もここに読み取れるかもしれない。そうだとすれば、1800グルデンという破格の収益もあり得よう。これはリヒノフスキー侯からの年金の3年分であり、出版社との交渉ではなかなか400〜500グルデンあたりの線が超えられないわけだから［終章748ページ以下参照］、十分な実入りであった。

　ことに最上級の人々に超高額を払わせるよう仕組んだことは、音楽界の牽引者でもある彼らに実力の程を強くアピールしようとの魂胆の反映とも見える。オペラ契約はすでに成立し、いつでも書く準備ができている状況であった。実際には、ベートーヴェンとしては当日のコンサートの準備で手一杯で、それを見越してかシカネーダーは台本作成になかなか取り組まなかったから、この時点では一音符も書いていないにも拘わらず噂だけが先走って、ベートーヴェンがオペラを作曲中であることは巷で話題になっていた。その彼がオペラ劇場を借り切って受難週間に受難オラトリオを上演しようというのだから、前評判はいやがおうにも上がっただろう。

528

4 │《オリーブ山のキリスト》初演とその直後

この日の主演目《オリーブ山のキリスト》の評判は、このライプツィヒ記事の書き出しからも判るように、決して芳しいものではなかった。セイヤーはその他、1803年5月17日付『直　言』紙の記事を紹介しており、そこには「…したたかなベートーヴェンも完全にうまくいったというわけではなく、彼のたくさんの賛美者が努力したにも拘わらず、すばらしい拍手を得ることはできなかった。両方のシンフォニー、そしてオラトリオの個々の部分も、非常に素晴らしかったが、全体は長すぎ、作曲法が技巧的すぎ、然るべき表現に欠けていた、とくに歌唱声部には。フーバーのテクストは、音楽と同様にさらりと仕上げられた感がした」云々とある。要するに、深く練られたものではないという印象を与えたようだが、これは実は図星であったと言えるのではないか。

しかしベートーヴェン自身はその時点ではまだこの問題をそれほど意識していなかったかもしれない。このオラトリオはさらに7月21日と8月4日にアウガルテン・ホールで再演され、さらにすぐにも出版しようと、ブライトコップ＆ヘルテル社に働きかけている。11月23日に弟カールが「オラトリオはお持ちになれます、そこからピアノ編曲を作ってもよいし、弦楽四重奏に編曲してもよい。スコアの印刷もあなたに[引用者補：委ねてもよいです]。価格は1500グルデンです」[BGA 171] と書いており、その価格の高さからも相当な自信作であるとの自負が読み取れるが、その高額は出版社を大いに躊躇させるに十分であった。

ちなみに、改めて出版交渉が本格化した1809年において、ベートーヴェンは4月5日に「次の郵便で3作品すべてを、すなわちオラトリオ、オペラ、ミサ曲を送ります――そしてそれに対してもはや250グルデン約定価以上を求めません」としている。《オリーブ山のキリスト》Op.85、《フィデリオ》Op.72、《ハ長調ミサ曲》Op.86、という大作品3曲の報酬額が併せてこの額であることも驚きである。それにも拘わらず、11月28日にヘルテルが送ったのは500グルデン・ヴィーン価であり、これは当時の相場からいうと200グルデン約定価に相当し、ベートーヴェンはさらに50グルデン約定価の譲歩を強いられたわけだが、彼はそれを拒否した [BGA 491]。ヘルテルは改め

第II部　歴史的考察

て 1810 年 1 月 10 日に 250 グルデン約定価の手形を送り直した［BGA 420］。
報酬など経済問題に関しては最終章で考察を行なうので、ここではこれ以上、
深入りはしない。

5 ｜ 度重なる改訂、そして出版へ

　第 2 回大コンサートの後はまずヴァイオリン・ソナタ《クロイツェル》
Op.47 を仕上げ、ブリッジタワーを独奏者にしたその初演が 5 月 24 日に行
なわれた頃から、《エロイカ》の仕事が本格化する（サイアーの新説には従
わないとすれば）。「ランツベルク 6」スケッチ帖（「エロイカ」スケッチ帖）
で《エロイカ》のスケッチの後に、おそらく 1803 年 11 月頃からと思われる
が、《オリーブ山のキリスト》改訂のためのスケッチが現れる。そして 1804
年 8 月 26 日付ヘルテル宛書簡［BGA 188］では「オラトリオはまだ出来上が
っておりませんで、というのは新しい合唱曲をそれに付けますし、またいく
つかをなお変更しました。オラトリオ全体をわずか何［einige］週間かで書き
ましたので、そしてその後いくつかが完全にはふさわしくなく、ですから私
はこれをいままで差し控えているのです」と書いた。

　このように、私たちが認識している《オリーブ山のキリスト》はこのとき
に上演されたものではないことに留意しなければならない。初演時は最終稿
と相当に異なるものであったとすれば、彫琢不十分という作品評もあながち
違和感のあるものではない。ベートーヴェンは後にこの作品がいかに短期間
に急いで仕上げられたかを何度も語っている。まず上記の 1804 年 8 月 26 日
付書簡［BGA 188］で確認したが、出版直前の 1811 年 10 月 9 日ヘルテル宛書
簡［BGA 523］では「14 日間で作曲しました」とある。さらに晩年に新たなオ
ラトリオの作曲が委嘱されたとき、その依頼者であるキーゼヴェッターに宛
てた 1824 年 1 月 23 日付書簡［BGA 1773］では「…《オリーブ山のキリスト》
は私によって詩人と一緒に 14 日間で書かれた」としている。スケッチ帖で
は 1803 年 2 月頃に取りかかったと見られるのでその時点から数えれば約 2
ヵ月の創作期間であろうと想定されるが、ここで言っている 2 週間程度［以
下、前出の「何週間か」という表現とここの「14 日間」をひっくるめて「2 週間程度」と表現す
る］という時間はおそらく全体像が見えてきて本格的に集中して携わった期
間と解しておこう。しかしいずれにしてもいかに短期間の労作であったかが

530

強調されているのであって、彼自身、新作オラトリオの発表のためのコンサートとして予告してしまった以上、間に合わせることが第一であった。

この作品の出版は相当に難航したが、その理由として、要求された報酬が上述のように破格であったことも当然、大きな障害であったが、出版社は一般にそもそもこの種の大曲が採算に合わないと判断していた。そうこうするうちベートーヴェン自身も作品の弱点を改善しようと改訂に乗りだし、改訂稿が1804年3月27日に再びアン・デア・ヴィーン劇場で上演された後もさらに、上に見たように改訂を続けた。1805年に入るとまた積極的に売り込むが、出版社は二の足を踏み、そうして交渉は決裂し、いったん送った原稿の返却までに発展したことは、同社との関係を扱った第Ⅰ部第5章5ですでに述べた。ブライトコップ＆ヘルテル社が関心を本格化させるのは1809年3月のことであるが、このときもまた改めて原稿に手が入れられ、原稿渡しが延び、発送されたのはようやく9月19日［注：新カタログは「18日」と誤植］のことであった［BGA 400］。ライプツィヒでのその受領確認はなんと2ヵ月後の11月28日［BGA 410］で、以後、校正のやり取りの間にさらに修正作業もあり、出版は1811年10月までずれ込んだ。「作品85」という途轍もなく遅い番号（初稿直後の出版であれば30番台の最後くらいの番号のところ）は、作曲者と出版社双方の躊躇が結果したものであった。

これは132ページのスコア譜と52ページのピアノ伴奏版で出版された。演奏を前提としたパート譜での出版はページ数がはるかに多くなり、演奏目的にそれを購入する団体がどれほど見込めるかわからず、この種の大作品ではことにパート譜の出版は避けられた。パート譜は上演団体がそれぞれに作成することが前提となっていたわけだが、その意味ではオペラと共通している。しかしオペラの場合はスコアも劇場が手書き譜を調達するので特別な人気オペラでない限りスコア譜出版もまだ稀であったが、市民の音楽団体による公演があり得るオラトリオ等の場合、パート譜作成の前提となるスコア譜は少しずつ出版されるようになってきていた。ブライトコップ＆ヘルテル社のそうした経験については116ページで言及した書簡［BGA 189］に記されている。

ベートーヴェンのオーケストラ作品で初版原版が初めてスコア譜で出版されたのはこのときであるが、この作品のパート譜出版はその後もずっと為されなかった。たとえば、スコア譜・パート譜同時出版の《第9》の場合、スコアは226ページ、パート譜は声楽・器楽合計30パートで合計271ページ、

第Ⅱ部　歴史的考察

総計 497 ページにもなるが、スコア譜だけの出版では印刷経費は半分以下に抑えられるのである。結果的に、不採算の危惧が作品の度重なる改訂を誘発したとも言え、そうして《オリーブ山のキリスト》は一歩一歩、今日の私たちが知る作品に育っていったわけである。着手から、出版完了によって創作活動が完遂するまでの時間的長さは、オペラ《フィデリオ》の場合が 1803/04 年着手、1814 年 5 月 23 日最終稿（一歩前の［後述］）初演、同年 7/8 月出版（ピアノ・スコア）で 10 年強であり、オラトリオの 8 年半はそれに次ぐものであった。

6 │「2 週間程度で書いた」

　スコアが出版されれば、どこでも容易に演奏もでき、上演回数はうなぎのぼりに増えていった。わずか十数年で約 80 回というわけだから、1 年平均で 5 回とは型破りである。彼の名を全ヨーロッパで高らしめたという点では《フィデリオ》以上と言ってもよいが、しかしやがて、それとは反対にオラトリオの方の人気は次第に下降していく。それはこれらのジャンルの歴史的盛衰と比例する。今日では滅多に演奏される機会はなく、また販売されている録音もきわめて少ない。もちろんそれには "シンフォニーの大家"、"器楽作曲家" など、ベートーヴェンに貼られたレッテルが時を経るに従って強烈に有効となっていったという事情は大きいであろう。それによって《フィデリオ》と《ミサ・ソレムニス》以外の大声楽作品はほぼ抹殺されたわけだから。しかしベートーヴェン自身の言説「2 週間程度で書いた」が "速筆の凡作" というイメージに直結した側面も大きいのではないか。彼はこの作品に関してなぜそう言ったのだろうか。

　1804 年 8 月 26 日付［BGA 188］では、だから後になって改訂する必要性が生じたのだ、とその欠陥を是正する努力について語る文脈である。1811 年 10 月 9 日付［BGA 523］では、ブライトコップ＆ヘルテル社発行の『総合音楽新聞』紙上でひどい論評（出版以前なので初期稿に対する演奏評）が為されたことに反発して「オラトリオについて考慮される必要があるとすれば、私のこの種の第 1 作、初期作であって、あらゆるごたごたやその他の不快で心痛の人生出来事（弟が死ぬかもという病）の最中に 14 日間で」とあって、初期稿が推敲に欠けることは承知しており、だから改訂を続けたのだ、とい

532

う主張と取れる。1824年1月23日付［BGA 1773］では、上記の引用の後に
「しかるに詩人［引用者注：フーバー］は音楽がよく分り、すでに何度も音楽のた
めに書いていて、私はいつでも彼と話し合うことができました」と続き、要
するに、詩人との密な協働がありさえすれば短期間でも可能だが、それなし
にオラトリオを作曲するのは難しいという主張の譬えとして持ち出されたの
である。

　仮に、いささか気負った2週間程度という表現を集中的な作曲期間［3月後
半］と捉えることができるとすれば、スケッチ作業に充てられた時間［スケッ
チ開始は2月］は含まれてはおらず、さらにそれ以前から台本作成に向けた準
備があった筈であり、そして初演後は前述した長い改訂の過程があった。私
たちが眼前にしている《オリーブ山のキリスト》は、2週間程度で出来上が
ったのでは決してなく、むしろ8年以上の歳月をかけて練られていったもの、
という正反対の理解をするべきなのではないか。

7 │ 作曲計画の発生時期について

　リースは『覚書』のなかで「私がヴィーンに到着した時、1800年だが、
ベートーヴェンはそのオラトリオ《オリーブ山のキリスト》の完成にきわめ
て忙しかった。これはちょうど、自分の利益のために、ヴィーン劇場での大
規模なコンサートで初めて上演することになっていたからである」［75〜76
ページ］と"証言"しているが、これは記憶が混線した典型例で、作品名、上
演会場、そしてそれが主催コンサートであったという点は1803年4月5日
の催しを指していることになるが、それは彼の言うヴィーン到着日の2年半
も後のことであった。リースは続けて、「ベートーヴェンは当初にすぐ私を
使うことができると見て、私はよく早朝5時に呼ばれ、そのオラトリオの上
演当日もそうだった。私は彼がベッドのなかで1枚ずつの紙に書いているの
に出くわした。私がそれは何ですかと尋ねると彼はこう答えた。『トロンボ
ーンさ』――トロンボーンは上演においてもこの紙片から吹いたのである」
と書いている。

　今日ではリースのヴィーン到着は、それ以前の行動を洗うことによって
（ここではその論証は省略）、1801年秋以降と見られている。この証言は実
に生き生きとしているが、到着後「すぐに初めの日々に」手伝いを始めたと

第II部　歴史的考察

いうことは真実であったとしても、そのときすでに《オリーブ山のキリスト》への取り組みが始まっていたことはあり得ない。

　スケッチ帖で見る限りは、その着手は1803年2月である。しかしハイリゲンシュタット帰還の1ヵ月後、1802年11月23日付弟カールのアンドレ宛書簡［BGA 113］に「兄はそのような小さなものにもうあまり関わらず、オラトリオ、オペラ、その他だけを書いています」という一節があるのが気になるところである。これは記憶を辿って書いた逸話ではなく、同時進行しているときの証言であるから、この時点でベートーヴェンが「オラトリオ、オペラ、その他」について何かしていたと考えるべきではないか。オペラに関しては"オペラ部分曲"、すなわちオーケストラ伴奏重唱曲が確かにその真っ只中であった。オラトリオに関しては《オリーブ山のキリスト》以外に何かを模索していたとは考えられない。文書証拠の問題として見ると、あり得るのはただ、スケッチ帖が記入後に綴じられたとして、その際に前後関係が入れ替わったということだが、スケッチ研究からはいまのところその線は出ていない。

　そこで考えられるのは、すでに11月時点でオラトリオ作曲は兄弟間で話題となっていたのではないか、ということである。まだ具体的に音符を書く段階には至っていないが、弟はスケッチ帖を覗いて作曲の進行状況をチェックしているわけではないから、詩人との打ち合わせとか、その選定等について耳にしていた、とすれば、オラトリオ作曲体制には入っていたと言える。それともただ単に、「ピアノ関連作曲はもうしばらくやめにしよう、これからはオラトリオ、オペラ、その他だ」とベートーヴェンがブツブツ言っていたのを聞いた、という程度のことなのか。あるいは弟が勝手に、もう雑曲は相手にしませんよと、出版者に対して大見得を切っただけなのか。

　オラトリオ作曲の準備段階として台本作成がある。それは音符をスケッチするのに先だっているはずで、既成のものを使わない限り、台本完成のための時間が必要である。《オリーブ山のキリスト》は、物語としては聖書によるとしても、その台本はまったくオリジナルであり、ベートーヴェンのために書き下ろされた。つまり別個に詩人が台本を作成し、それをベートーヴェンに持ち込んだというのではない。仮に、ベートーヴェンが物語のあらすじを組み立て、それを台本作者に提示して詩作を依頼したとすれば、詩人との打ち合わせはかなり早くにあったかもしれない。それはすでにオラトリオ作曲が実現に向けて動き出したことを意味し、弟カールの書簡［BGA 113］はそ

れを反映しているのではないか。

　この想定は、《オリーブ山のキリスト》の企画がハイリゲンシュタット帰還直後にすでに構想としてあったということを意味する。とすると、シカネーダーからのオペラ委嘱があり、それならば、計画しているコンサートでは、オーケストラ伴奏重唱曲2曲に代えて、オラトリオを披露し、オペラ作曲の能力を誇示しよう、という流れではない、のではなかろうか。本章の最初に述べたように、1802年11月にオーケストラ伴奏重唱曲2曲に取り組み始めたのはコンサート開催に向けてであったとすれば、同時にオラトリオの台本調達にも動き、それらはすべて同一線上のことだったのではないか。この想定は、準備はすべてしたが、時間の都合でオーケストラ伴奏重唱曲の上演は割愛された、との本章2での最後の結論と合致する。

8│台本作者フーバー

　ここで台本作者、フランツ・クサヴァー・フーバー（1755-1814）との接点について確認しておく。彼は1781年以来ヴィーンに在住しているボヘミア出身のジャーナリストで、彼の台本によってジュスマイヤー、ヴィンター、ミュラー、フォーグラーらが書いたオペラがアン・デア・ヴィーン劇場でシカネーダーのもとで上演されたことから、新全集校訂報告書（2008年）では、ベートーヴェンとの出会いは彼がその輪のなかに入ったときという可能性が指摘されている。新カタログも同様の立場で、この2人を取り持ったのはシカネーダーであろうとしている。ということは、1803年初め、すなわちオラトリオ作曲に向かう直前に相談を持ちかけたというイメージであろうか。こうした見解は、2人の協働がにわか仕立てで、それが作品の不出来の一因でもあろうとする見方にとらわれた推量のような気がする。

　少なくとも台本の不出来については、当時の論評にその指摘が見られるだけではなく、後年、ベートーヴェン自身が言及したことによって、常識化した。ヘルテルも台本の評判の悪さが気になり、出版直前にもなってテキストの大幅改訂を持ちかけてきたらしい。それに対してベートーヴェンの1811年8月23日付ヘルテル宛書簡［BGA 519］に次のような一節がある。

　　オラトリオの校正を企てました……このテキストはきわめて劣悪なのは分かっていま

第II部　歴史的考察

すが、かつて劣悪なテクストから全体が考えられたのであって、いろいろと手を入れてしまうとそれが損なわれるのは避けがたい……

　このようなやりとりの挙げ句に、ブライトコップ＆ヘルテル社の初版原版はベートーヴェンに無断で台詞に手を入れて刊行された。その後もより大規模な台詞改訂の試みがなされ、大人気作品として上演を重ねていく間に改竄版が普及するようになって、今日なお、そういう状況にある。新全集がベートーヴェンの最初の原稿（主にシュレンマーとベートーヴェン自身によって書かれている）に立ち戻って原典テクストを復元した。

　こうした経緯もあって、フーバーに対しては後世のバイアスが強く懸かっている。例のハーバールの新しい情報によれば［Haberl, 前掲書242ページ］、フーバーは1797年にマグダレーナ・ヴィルマンの姉でピアニストのヴァルブルガ（1769-1835）と結婚したということだから、ヴィルマン家との交友から、ベートーヴェンはかなり早い段階でフーバーと出会った可能性がある。また同時代に遡ってフーバーの仕事を概観してみると、世紀の変わり目に一世を風靡していたジュスマイヤーに限っても、フーバー台本でジングシュピール《高潔な復讐》［SmWV 215］（1795）、コミック・オペラ《腕白小僧》［SmWV 217］（1797）、さらには宗教的ドイツ語詩によって、カンタータ《前夜のカンタータ》［SmWV 308］（1795-99）、《カール大公の到着を》［SmWV 303］（1798）等を書いている。ことにジングシュピール《ソリマン2世》［SmWV 219］（1799）は、上演後ただちにベートーヴェンがそこから主題を拝借してピアノ変奏曲WoO 76を仕立て上げているのであって、1803年初めにフーバーとにわかに知り合ったというのはあり得ない話ではないか。前述のように、のちに彼はフーバーについて「すでに何度も音楽のために書いていて」［BGA 1773］と言及している。むしろ、ベートーヴェンはドイツ語オラトリオ作曲に立ち向かう決意をしたときには、最適の詩人として、その頃、斯界に名を馳せていた、個人的にも親しいフーバーに作詩を依頼したのではないか。

　物語は新約聖書から、イエスが処刑される前夜、オリーブ山の麓のゲッセマネで弟子たちと最後の晩餐に向かう場面で始まる。マルコ伝14章32～52節、マタイ伝26章36～56節、ルカ伝22章39～53節、ヨハネ伝17章および18章1～11節である。したがってひとつひとつの単語は聖書のなかの言葉であることも多いが、聖句の引用はほとんどない。以下に全訳を施したが、いくつか気が付いた、部分的な聖句の引用は新共同訳に従い、かつ斜

字体で挙げた。これ以外にもあるかもしれない。聖書にはない天使役（セラフィム）を登場させ、基本はイエス（テノール）と天使（ソプラノ）の対話という状況設定で、「天使たちの」の合唱もあり、その後、「弟子たち」の合唱、その代表ペテロ（バス）、さらにイエスを捉えようとする「武者たち」の合唱も設定して、立体的な構図となっている。なお以下は、おそらく、原典テキストの初めての日本語訳であろうかと思われる。

9 │ 歌詞全訳と解説

　翻訳にあたって最初にいくつか断っておく。ドイツ文学や聖書学の専門ではないので迂闊なことは書けないが、ヨハン・ゼバスティアン・バッハのいわゆる教会カンタータ全曲のテクストを翻訳した（講義の際の配布資料として）経験から言えば、この台本には独特の言葉遣いがあり、確かに無骨で生硬な印象を受ける。同時代にいろいろ批判があったのだから、見事なテクストというわけではないのだろう。言葉足らずのところも多く、また行をまたがって文が続き、その反対に1行の後半から別の文となるという造りも目立つ。しかし本書での訳の原則、書かれているがままにできるだけ忠実に、にいっそう徹した。語順を替え、意味が通るように意訳をしては、テクストのあり方を議論することはできないからである。ことに関係代名詞に導かれた副文を、よくあるように関係文を先に訳すと、物事が生じた順序が逆になってしまう場合もあるので、行の順はおろか、単語の連なりの順も替えないよう努めた。書簡の翻訳の場合には、それは文体として練られたものではないので、そこまで徹底するわけにはいかないが。

　結果として文意が取り違えられることは必定と思われ、詩節ごとに「解説」を付けた。詩節の区分は台本にはないが、ベートーヴェンが音楽化する際に区切っているので、それにしたがって区分けした。テクスト理解もその単位でなされることが望ましい。初版原版で改竄されたテクストでは、読点を句点に替えるなど、文意のつながりを明確にする処置も施されている。ここでも句読点の変更や追加、さらには日本文にはないコロン、セミコロンを使わざるを得なかったが、その場合でも、補足の事実を明記した。

第II部　歴史的考察

《オリーブ山のキリスト Christus am Ölberge》　テキスト翻訳と解説 [ ]内

第1曲　序奏、イエス（テノール）のレチタティーヴォとアリア

レチタティーヴォ

主よ、汝、父よ！

おお、慰めと力と強さを私にお送りください！

それはいま近づいている、私の受難の時が、

私によってすでに選ばれたる、もうこの世が

汝の指示により混沌から逃れる前に。

> ［まずイエスが父なる神に「私の受難の時が近づいている」と呼掛ける。
> 3行目で、「受難の時」を倒置するために冒頭に代名詞「それ」が置かれている。
> 4行目前半は3行目の説明で、「受難の時は私によって選ばれたもの」との意味で
> ある。「もう」により、「この世」以下、5行目につながる文と区分されている。］

私は汝のセラフィムの轟く声を聞く、

それは求める、人間に代わって

汝の審判の前にいま立とうとする者を。

> ［セラフィムとは神に遣わされた天使であり、すなわち「汝のセラフィム」、そし
> て「その轟く声」は、神の審判の前に人間に代わって立とうとする者、すなわち
> 受難を受け入れる者イエス、を求めている。
> 1行目の最後に読点を補った。
> 2行目の「それ」は「セラフィムの轟く声」を代名詞で受けたもの。
> 新全集は「求める」の後をコロンに替えて、それ以下を「求める」内容と理解で
> きるようにしている。］

おお、父よ！　私はこの呼び声で姿を現わす。

仲介者で私はありたい、私は償います、私ひとりが、

人の罪を。いかに、塵から造られた

この類が、審判に耐えられようか、

それが私を、私を、汝の息子を、ひどく悩ませている！

> ［「私は天使の呼び声で姿を現わす」「私ひとりが人の罪を償います」「塵から造ら
> れたこの類（人類）がいかに審判に耐えられようか」「それが私を悩ませている」
> とイエスは問う。5行目冒頭の関係代名詞「それ」の先行詞は「審判」で、すな

538

わち「人類が受ける審判」であって、イエスのではない。「悩ませている」の後
の「！」を、初版原版、また新全集の譜面は「？」に替えているが、この文の主
文は疑問副詞に導かれた「いかに」…「耐えられようか」との疑問文だからであ
る。]

ああ、見よ！いかに不安が、
いかに死の怖れが私の心を激しく捉えていることか！
私はひどく苦しんでいる、父よ！
おお、見よ！私はひどく苦しんでいる、私を憐れんでください！

[1〜2行目、ここは同じ疑問副詞「いかに」に導かれても、「見よ」で始まる命
令文なので「！」でよい。「私を憐れんでください」はミサ曲の「キリエ・エレ
イソン」である。]

アリア

私の魂は揺り動かされています、
苦難によって、それは私にさし迫る、
恐怖が私を捉え、そして恐れおののいています、
ひどく身震いして、私の全身は。

[文意を分りやすく解くと「私の魂は苦難によって揺り動かされている」「苦難は
私にさし迫る」「恐怖が私を捉え、そして私の全身はひどく身震いして恐れおの
のいている」である。
原文にある読点は「苦難によって」の後のみ、その他は日本文として付した。
初版原版、また新全集の譜面では2行目の終りは句点。
2行目後半は「苦難」を先行詞にした関係文。
3行目の後半は、代名詞を主語にして「恐れおののいている」とまず言い、その
主体、すなわち主語を4行目の最後に置く。こうした文型は以後にも多い。]

悪寒のように捉えています、
私を、間近にした墓場での怖れが、
そして私の顔からしたたり落ちます、
汗ではなく、血が。

[文意を分りやすく解くと「墓場での恐れがまるで悪寒のように私を捉えていま
す」「そして私の顔から汗ではなく血がしたたり落ちます」である。
1行目最後と2行目の途中の読点は補足した。それを原文が欠いているのは、1
行目最後から2行目にかけての動詞と目的語「私を捉えている」が読点で切り離

第Ⅱ部　歴史的考察

せないからである。]

父よ！深くかがみ、そしてみすぼらしく、
汝の息子は汝を見上げて懇願します、
汝の力にはすべてが可能です、
取りのけてください、私から 受難の 盃を！［ルカ：22, 42］

> ［1行目、途中の読点は補足した。
> 2行目の後はコロンで、3行目以下は懇願の内容である。
> 3行目の後はセミコロンで、懇願内容の、さらにその具体的内容である。
> 初版原版、また新全集の譜面ではこうした細かい区別は無視され、ただ感嘆符、
> 命令符が添えられている。]

第2曲　セラフィム（ソプラノ）のレチタティーヴォとアリア、セラフィムと天使たちの合唱（混声4部）

レチタティーヴォ

おののけ、大地よ！
主の子がここに横たわっています、

> ［1行目途中の読点は補足した。]

その顔は深く塵のなかに圧され、
父から完全に見捨てられ、
そして名状しがたい苦難を忍んでいます。

> ［2行目最後の読点は補足した。]

善なる者よ！　その御方は準備ができています、
非業の死を遂げる。
そのことにより人間たちは、それはその御方が愛するもの、
死から蘇り、そして永遠に、永遠に生きるのです。

> ［「その御方」とは「善なる者」、すなわちイエスであり、天使セラフィムは三人
> 称で語る。文意は、「イエスは非業な死を遂げる準備ができている」、そしてイエ
> スの犠牲によって、「イエスの愛する人間たちは死から蘇って永遠に生きる」で
> ある。
> 2行目の句点は原文では読点。
> 3行目途中の「それ」は「人間たち」を先行詞にした関係代名詞で、以下が挿入
> 句として入る。]

第18章 1803年4月5日 第2回主催コンサート

アリア

　讃えなさい、救い主の善意を

　讃えなさい、人間たちよ、その御方の恩寵を。

　その御方は汝らのために愛ゆえに死にゆきます、

　その御方の血は汝らの罪を贖います。

　　　　　［セラフィムが人間に救い主イエスの犠牲について語る。

　　　　　1行目途中の読点は補足した。］

　おお、幸あれ、おまえたちに、汝ら救われた者たちに、

　汝らを至福が待ち受ける、

　汝らが教えに忠実であれば

　神の仲介者の。

　　　　　［「おまえたち」（すなわち）「汝ら救われた者たち」と同一の目的語を反復して

　　　　　「おまえたちに幸あれ」と言い、次に「汝らを至福が待ち受ける」と同じ意味を

　　　　　反復する。その条件は「神の仲介者の教えに忠実であれば」である。初版原版は、

　　　　　これを「汝らが愛と信仰と希望に忠実であれば」と改竄している。

　　　　　1行目途中の読点は補足した。］

　しかし悲しや！　無礼な者たちが汚している、

　血を、それは彼らのために流れたもの。

　彼らを審判者のたたりが見舞う、

　劫罰が彼らの運命なのだ。

　　　　　［文意は、「無礼な者たちは、自分たちのために流れた血なのに、それを汚してい

　　　　　る」、だから「神のたたりがその者たちを見舞う」のであり、「劫罰、すなわち地

　　　　　獄に堕ちることが、彼らの運命なのだ」である。

　　　　　1行目最後の読点は補足した。］

天使たちの合唱とセラフィムの交唱

「おお、幸あれ、」から「劫罰が彼らの運命なのだ。」までの8行を天使
たちとセラフィムが呼応しなから反芻する。

第3曲　イエスとセラフィムのレチタティーヴォと二重唱

レチタティーヴォ

イエス

　告げますか、セラフィムよ、私に汝の口は、

541

第II部　歴史的考察

私の永遠の父の憐れみを？
かの御方は死の恐ろしきを私から取りのけてくださるのか？

> ［イエスは天使に「汝の口は私に神の憐れみを告げてくれるのか」と尋ね、さらに「神は私から死の恐ろしきを取りのけてくださるのか」と問う。
> 1行目の読点はすべて補足した。初版原版も同様である。］

セラフィム

主はこう語る、
成就しないうちは、
贖いの聖なる秘蹟が、
長きにわたりそのまま人の類は
地獄に堕ち、そして永遠の生命は奪われている。

> ［2行目以下が神が語る内容で、「贖いの聖なる秘蹟が成就しないうちは、長きにわたってずっと人類は地獄に堕ちて永遠の生命は奪われている」である。
> 1行目最後はコロンで区切られている。］

二重唱（テノールとソプラノ）
イエス

ならば、かけよ、厳かに、
私の上に、父よ、あなたの審判を。
注げよ、私に苦しみの嵐を、
ただ、アダムの子孫を恨むことのないように。

> ［イエスは神に「そうであるなら私に審判をかけて下さい」「私に苦しみの嵐を注いで下さい、ただしアダムの子孫、つまり人類を恨むことのないように」と呼掛ける。
> 1行目の読点すべてと3・4行目途中の読点は補足した。初版原版では4行目最後に「！」が付いている。］

セラフィム

心動かされて、私は崇高なる者を見る、
死の苦しみに包まれているのを。
私は震えている、そして私自身を包んでいる、
墓場のおぞましさが、それはその御方が感じているもの。

第18章　1803年4月5日　第2回主催コンサート

［天使は「私はイエスが死の苦しみに包まれているのを見る」「私は震え」「イエスが感じている墓場のおぞましさが私自身を包んでいる」と訴える。
1行目および3行目の読点はすべて補足した。］

両人

大きいのは苦悩、不安、恐怖、

神の御手が私／彼の上に注がれる。

しかしもっと大きいのは私／彼の愛、

私／彼の心でこの世を抱く。

　　　［1～2行目は「苦悩、不安、恐怖は大きく、神の御手がイエスにもセラフィムにも注がれる」で、同じ文型により3～4行目は「しかしイエスとセラフィムの愛はもっと大きく、この世をイエスとセラフィムの心で抱く」と結ぶ。
　　　読点の補足はなし。］

第4曲　イエスのレチタティーヴォと武者たちの合唱（男声3部）
レチタティーヴォ
イエス

ようこそ、死よ！　そして私は十字架上で

人々の救いのために血を流しつつ死にゆく。

　　　［捕縛以前にすでに、イエスは十字架上で犠牲となる覚悟を述べる。「死」を関係代名詞4格で受けて、それが「死ぬ」という自動詞の目的語となっていて、直訳すると「死を死ぬ」という類似の単語を重ねた表現。主文と副文を関係代名詞でつなげているので、「そして」と訳した。
　　　初版原版では2行目最後に「！」が付いている。］

おお、汝らの冷たい墓穴のなかで祝福あれ、

それを永遠の眠りがその両腕でつかんでいる、

　　　［前文の「人々」を「汝ら」と受けて呼掛ける。ここも「墓穴」を関係代名詞4格で受ける、同じ文型。「永遠の眠りがその（眠りの）両腕で墓穴をつかむ」という表現。「おお」の後に読点を補足した。］

汝らは喜びて至福に目覚めるだろう。

　　　［イエスの犠牲により、人間たちの至福が約束された。］

543

第Ⅱ部　歴史的考察

合唱
武者たち
　我らは奴を見た、
　この山に向かっていくのを。
　左に道をとるのみだ、
　奴はすぐそばに居るに違いない。

　　　　　［イエスを捉えようとする武者たちが、オリーブ山に登っていくイエスを追う。
　　　　　初版原版では 3 ～ 4 行目が「奴は逃げることができない、奴を審判が待ってい
　　　　　る」に替えられている。］

第 5 曲　イエスのレチタティーヴォと武者たち・弟子たちの合唱（男声 2
　　　　　部、ただし武者たちはテノールとバス、弟子たちは 2 テノール）
レチタティーヴォ
イエス
　私を捕らえ引き立てようとする者たち、
　彼らがいま近づいてきます。

　　　　　［イエスが追っ手に気付く。］

　我が父よ！　　おお、すみやかに導いてください、受難の時が
　私のところを通り過ぎて、消え失せるように、

　　　　　［イエスは神に、受難の時がすみやかに過ぎ去ることを訴える。台本では「我が
　　　　　父よ！」は前の文の最後に位置するが、ベートーヴェンは言葉のつながりをこの
　　　　　ように変えている。］

　急いで、雲が、それを暴風が追い立てて、
　汝の天空へ引っ張られるように。

　　　　　［受難の時を雲に見立て、それ（雲）を暴風が追い立て、たちまた雲が神の天空
　　　　　に引っ張られ去って行く、と譬える。］

　しかし私の意志ではありません、違います！
　御心 のみ 行なわれますように ［マタイ：6, 10］

　　　　　［イエスの決定的な一言、すなわち、受難はイエスの意志ではなく、御心である、
　　　　　と言う。マタイ伝からの引用個所は受難の場面ではないが、イエスの受難は聖書
　　　　　に定められた既定の出来事、「ことは成就された」に通ずる。］

合唱
武者たち
　ここにいるぞ奴が、追放者が、
　民のなかで大胆にも
　ユダヤの王と名乗った者が。
　奴を*捕らえて縛* [ヨハネ：18, 12] れ。
　　　[追っ手の武者たちの声。]

弟子たち
　あの騒ぎは何だろう？
　私たちはダメになった！
　戦いの人々に取り囲まれている！
　私たちはどうなるのだろうか？
　　　[「戦いの人々（武者たち）に取り囲まれている」と弟子たちの不安が募る。追っ
　　　手たちと同じ切迫感で表現。]

第6曲　ペテロ（バス）とイエスのレチタティーヴォ、三重唱、武者た
　　　　ち・弟子たちの合唱
レチタティーヴォ
ペテロ
　罰せられずには済まない、大胆不敵な軍団が
　汝、輝きし者、汝、我が友にして主なる者を、
　無礼な手で捕らえるとは。
　　　[弟子たちのなかからペテロが代表してイエスを捕縛しようとする者たちへの非
　　　難を述べる。1行目途中、および2行目の最初の読点は補足した。]

イエス
　おお、汝の*剣*をさやに*納*めなさい！ [ヨハネ：18, 11]
　もし我が父の御心ならば、
　敵の暴力から私を救うことが、
　　　[それに対してイエスは「敵の暴力から私を救うことが神の御心であるなら、剣
　　　をさやに収めよ」と弟子たちに無抵抗を呼掛ける。
　　　1行目途中の読点は補足した。]

第Ⅱ部　歴史的考察

ならば大勢の天使たちが

すぐにも私の救い出しにあたるのでは。

> ［イエスは仮定法で「大勢の天使たちが私の救い出しにあたるのでは」と期待する。］

三重唱
ペテロ

私の血管には渦巻いています、

抑えられない怒りと憤りが。

私の復讐を果たさせてください、

大胆な者の血で。

> ［それに対してペテロは「復讐を果たさせてください」と歌い出す。
> 1行目および3行目最後に読点を補足し、2行目最後は読点を句点に変更した。］

イエス

復讐してはなりません。

私は汝らにひたすら教えました、

人々すべてを愛しなさいと、

敵を喜んで赦しなさいと。

> ［イエスは復讐を禁じ、「人々すべてを愛し、敵を赦せと教えたはずだ」と改めて諭す。
> 初版原版では1行目最後に命令符「！」のほか、2〜4行目の反復の際にはそれに代えて別の言葉をさまざまに補っている。］

セラフィム

耳を澄ましなさい、おお、人よ、そして聞きなさい、

ただ神の口だけが

そのような聖なる教えを告げる、

隣人愛の。

> ［天使は弟子たちに「そのような聖なる隣人愛の教えを告げる神の口」を思い起させる。
> 1行目最初の読点以外は補足した。1行目最後はコロンで、2行目以下が聞くべき内容である。］

3者のうちイエスとセラフィム

おお、人の子たちよ、捉えなさい、

この聖なる掟を。

愛するのです、汝らを憎む者を。

それだけを好むのです、汝の神は。

> ［1行目の読点はすべて補足した。2行目最後はコロンで、3行目が「掟」の内容、
> すなわち、「汝らを憎む者を愛せよ」である。3行目最後は読点を句点に替えた。
> 4行目は「神はそれだけを好む」である。］

3者のうちペテロ

私の血管には渦巻いています、

抑えられない怒りと憤りが。

私の復讐を果たさせてください、

大胆な者の血で。

> ［この三重唱は、台本では3者が「おお、人の子たちよ、理解しなさい、」以下を
> 歌うことになっているが、ベートーヴェンはペテロには三重唱冒頭の「私の血管
> には渦巻いています」以下を改めて歌わせる。しかし最後にはペテロも他の2者
> の言葉に引き込まれていく。］

武者たち・弟子たちの合唱
武者たち

立て、起きろ！　裏切り者を捕まえろ、

ここにもうこれ以上、留まるな！

さあ先へ、この罪業深き人とともに、

奴を至急に裁きへ引っ張っていけ。

> ［2行目途中および3行目途中に読点を補足した。文法的には「罪業深き人」は定
> 冠詞が付いているのでイエスのことであり、目的語「奴」もイエスであると解す
> るほかないが、別人であるように文章化されている。改竄版では「罪業深き人と
> して奴を」と書き換えているものがある。］

弟子たち

ああ！　我らは彼の故に

憎しみも受け、追われるだろう。

第Ⅱ部　歴史的考察

私たちは拘束され、
拷問にかけられ、そして死に委ねられるだろう。
　　　　［4行目途中に読点を補足した。］

イエス
私の苦しみはやがて消え、
救済の仕事は成就する。
まもなくすべて乗り越えられ、
そして冥土の力が勝利する。
　　　　［3行目最後に読点を補足した。］

［合唱］
天使たち
世は歌う、感謝と栄光を、
崇高なる神の御子のために。
　　　　［1行目に読点を補足した。］

［合唱フーガ］
天使たち
彼を称賛せよ、汝ら天使の合唱よ、
大きく、聖なる歓喜の音調で。
　　　　［2行目途中に読点を補足した。］

10 ｜ 音　楽

《オリーブ山のキリスト》は、音楽的には、《ヨーゼフ2世の逝去を悼む葬送カンタータ》WoO 87 および《レオポルト2世の即位を祝うカンタータ》WoO 88 に直接つながっていると言える。その上で、ベートーヴェンの頭のどこかで、かつて前者でこの種の作品に初めて立ち向かったときに影響を受けたハイドンの《十字架上の最後の七言》が、同じくイエスの受難をテーマとするだけに、よぎったのではないだろうか。第1曲はオーケストラのみによる54小節の序奏［Introduzione］が先立ち、この部分にはとくにハイドン作

品と似た発想が目立っている。たとえば、ユニゾンでの開始、続く弦楽器の
みによる弱音の和音進行、さらに低音弦楽器に同音反復を置いて核心部へと
迫っていく曲想など、挙げれば切りがない。トゥッティによる強音ではなく、
ホルン、トロンボーン、ファゴットによる弱音で始まるところが違うけれど
も、変ホ短調の主和音の分散和音上行形による厳かな開始である。冒頭2小
節で主和音が鳴るというこの開始法は《エロイカ》でも継承される。その後、
イエスの「受難の時が近づいている」という第一声を生みだすための劇的状
況が設定されていく。

　第1曲、イエスのレチタティーヴォとアリアはハ短調。レチタティーヴォ
では上記の4部分に分かれた17行が一気に語られる、劇的シェーナである。
そしてアリアでも全12行がまず一気に、第2節と第3節のそれぞれ最後の
行が繰り返されはするが、歌われる。後半、歌詞は再び冒頭から始まるが、
旋律は同じ音度でもヘ短調となっている。第1節の2行目が反復された後、
第2節の3行目に飛んで行の反芻が目立つようになり、第3節に入ると最後
の2行で単語の反復も増えて、かつ「おお、父よ！」と台本にない叫びも入
る。

　第2曲、セラフィムのレチタティーヴォはイ長調で始まるがニ長調に終止
する。言葉はここでも繰り返されることなく一気に語られる。アリアはト長
調で、細かく言葉を反復していく。最初の4行がラルゲットで8分の3拍子、
後半8行はアレグロで4分の4拍子で、カヴァティーナ——カバレッタの形
式を取っている。カバレッタ部分はコロラトゥーラ・ソプラノによって華や
かに演出される。その後、後半8行がセラフィムと天使たちの合唱で反復さ
れる。合唱が先行して、初めの内はそれにカバレッタ部分の反復が加わって
いくが、次第に音楽は大きく発展する。この部分では独奏フルートがコロラ
トゥーラ・ソプラノに呼応して名人芸を繰り広げ、輝かしさが演出される。
《レオポルト2世カンタータ》でその原型が見られた。第2曲は初演の後に
最も大規模に改訂された。

　後半8行を、歌われていく順に歌詞の行単位で図式化して（言葉の細かい
反復を忠実に書き表わすことはできないので省くが）、反復の構造を捉えて
みよう（1′は「おお、幸あれ」を「しかし幸あれ」と一語、替えたもの）。

第II部　歴史的考察

> 第 122 小節以降
> 1 － 2 － 1 － 2、3 － 4 － 3 － 4、5 － 6 － 8 － 8、1′－ 2 － 3 － 4、1 － 2 － 3 － 4
> 初稿（初演の版）はここで終止となる。
>
> 以下の第 206 小節以降は、おそらく 1804 年 3 月 26 日付ヘルテル宛書簡以後に書き足された。
> ［合唱のみ］カノン　　　　　フーガ　　カノン　　　ホモフォニー
> 5 － 6 － 6 － 6 － 7 － 7 －　8 － 8 －　7 － 7 －　8「劫罰が彼らの運命なのだ」で頂点
>
> ［セラフィムと合唱］　　　　　　　　　　［合唱のみによる後奏］
> 1′の前半（しかし幸あれ）－ 3 － 4 － 2 －　　2 － 1 の前半（おお、幸あれ）

　第 3 曲、イエスとセラフィムのレチタティーヴォはハ長調の和音で始まるが、イエスでは弦楽器が短く合いの手を入れ、神の言葉を代弁するセラフィムでは管楽器が 2 分音符の和音で伴奏して、後光の効果が醸し出されるうちに、変転して主部の変イ長調が準備される。二重唱は、まずそれぞれが、言葉の細かい反復は別として、1 回ずつ歌う。二重唱部分では最初に独奏チェロが先導するが、これも《レオポルト 2 世カンタータ》に先例がある。歌詞全体が基本的に 2 度、繰り返される。弦楽器を主体にした抑えられた伴奏で、墓場のおぞましさと、苦悩、不安、恐怖が静かに描かれる。

　第 4 曲は突然、変転して、イエスが武者たちに追われる場面で、まず弦楽器だけの伴奏によるイエスのレチタティーヴォによって、短く、イエスの死にゆく覚悟が語られる。後半に入ると状況設定のためのレチタティーヴォは短くなって、アリアなり合唱なりの音楽本体を十分に描く、というのがカンタータ／オラトリオ創作の伝統である。ヘ長調で始まって、すぐに主部のハ長調が準備される。武者たちの合唱は「行進曲のように（Alla Marcia）」と指示され、追跡の歩みが描写される。言葉が反芻されながら、全体は 2 回、繰り返される。

　第 5 曲、イエスのレチタティーヴォは「同じ、行進曲のテンポで（L'istesso tempo della Marcia）」と指示されており、ヘ長調の属和音で始まって、追跡の歩みはなお続くが、すぐに行進曲調は止む。アダージョとなって弦楽器のトレモロによってイエスの言葉が浮き立たされる。4 行目の最後、「消え失せるように」の直前からアレグロとなって、雲［暗雲であろう］が天空へ引っ張られていく様が描かれる。暗雲が去った後、再びアダージョとなっ

550

て、イエスの「しかし私の意志ではありません」以下の言葉がロ短調できっぱりと宣言される。この後、音楽は再び「行進曲のテンポ（Tempo della Marcia）」となり、追っ手の現実感が戻って終わる。武者たちと弟子たちの合唱はニ長調で、それぞれ順に、「ここにいる、奴が」と「あの騒ぎは何だろう」を別々に3度繰り返す。そのつど緊迫感が増していき、3度目は2つの合唱が重なって、言葉の異なる二重合唱となる。

　第6曲はモルト・アレグロ、ハ長調で、イエスの捕縛に怒ったペテロのレチタティーヴォが始まり、それに対してイエスはゆっくりと厳かに「おお、汝の剣をさやに収めよ！」と応える。続く三重唱はアレグロ・マ・ノン・トロッポとなって変ロ長調で、ペテロ、イエス、セラフィムがそれぞれ独唱で順に異なった音楽で詩句全部を歌い、続いて3者の重唱となる。イエスとセラフィムが「おお、人の子たちよ、捕らえよ」以下を歌うのに対して、後から加わるペテロは「私の血管には渦巻いています」と別の言葉で対抗する。ひとりづつに分かれてそれらの語句を繰り返した後、ついに3者は一体となって「おお、人の子たちよ、捉えなさい」以下を唱和する。最後の合唱は変ロ長調のまま、モルト・アレグロで、まず武者たちと弟子たちが「立て、起きろ！　裏切り者を捕まえろ」と「ああ！　我らは彼の故に」を切迫して交唱する。そこにイエスが「私の苦しみはやがて消え、救済の仕事は成就する」と割って入り、その後、武者たち、弟子たち、イエスの重唱となるが、同時にこれら異なる3つの歌詞が入り乱れて何度も繰り返される。そしてついにイエスひとりがアダージョで最後の2行「まもなくすべて乗り越えられ、そして冥土の力が勝利する」と宣言して、ハ長調で天使たちの終結合唱に入る。「世は歌う、感謝と栄光を」以下の最初の2行は男女4声合唱がマエストーソで同一リズムのため言葉が明瞭に聞こえる。そして「彼を称賛せよ、汝ら天使の合唱よ」以下、最後の2行によるアレグロの合唱フーガとなる。上声から下声へと順に主題の入りが為された後、次に、反対に下声から上声へと主題のカノンが始まり、各声部は入り乱れて発展していく。その後、「世は歌う、感謝と栄光を」以下の全4行により改めてフーガが展開され、何度も言葉を反芻しながら全体が2度、繰り返される。

第II部　歴史的考察

11 │ 急ごしらえ観からの解放

　この音楽は、予定されるコンサートが受難週間の時節に当たるので、それ
に相応しい演目として創作されたと考えられている。それは当然であろう。
ただ、世間の音楽慣習にそのようにして自己を同化させたというよりも、自
作品のみからなるコンサートの、トリの大曲を、という内発的なものが創作
の前提にあったのではないか。シンフォニー第2番とピアノ・コンチェルト
第3番は、細かな手直しはなおあるとしても、実質的にはとうに出来上がっ
ている。それらは基本的にハイリゲンシュタット以前の創作である。ハイリ
ゲンシュタット体験の克服の後に新たに特別な大コンサートに打って出るに、
目玉はオラトリオ、そういう構想ではなかったか。

　ここに見られる、悲痛な苦悩で始まり最後は歓喜に至る、という全体構図
は、これ以後に書いていくシンフォニーによく指摘される、いわゆる「闘争
から勝利へ」、あるいは《フィデリオ》におけるフロレスタンの「獄中の苦
悩」から「解放」へ、という図式が作品に初めて反映されたもので、ここに
はそれらの原型があると言ってよいのではないか。そしてこの音楽の迫真力
は個々の精密な描きの積み重ねから来ている。細かく分析すると、聴いたと
きに受けた、ただただ圧倒的であるという印象は、それを生み出す、譜面の
隅々に散りばめられたさまざまな創意工夫によって形成されたものであるこ
とが解る。

　この作品はベートーヴェンのそれまでの創作活動の総決算、と言っても過
言ではない。シンフォニーを中心とした視点では第2番から第3番への飛躍
は途轍もなく大きいとしか映らないが、この作品を目の当たりにすると、次
に《エロイカ》へ進んだことが自然な道程のような気がしてくる。この作品
の大きな構図は1803年初めのものであるが、《エロイカ》をその年の10月
にほぼ完成にまで至らせた後、その直後から、2段階に渡って1年半近くに
及んだ大規模な推敲がこの作品を現在の形に大きく近づけた。すなわち、
1803年11月頃に着手され1804年3月27日の再演時に鳴り響いた「第2
稿」［新カタログにおけるQuelle II, 1、校訂報告書ではA資料］と、1804年8月26日
［BGA 188］前後から手が付けられて、1805年2月1日付［BGA 211］で弟カー
ルが「オラトリオのスコア譜は一緒に送れません、1部しかないので」と書

552

いたことで確認される、パート譜の送付までの間に作成された「第3稿」
（第2曲に合唱フーガ含む）［新カタログにおける Quelle II, 2、校訂報告書では B 資料］
である。そして 1803 年の彫琢が細部の精巧化を決定づけた（「第4稿」［1811
年 10 月の出版譜]）、と総括できよう。つまり、初演評と完成作品を結びつける
ことは意味がなく、必要なのは、短期間での創作というイメージからこの作
品を解放することである。

12 │ 歌詞に見る"遺書"との並行関係

しかし同時に、創作の動機や原点は作品の本質を成す問題である。そもそ
も 10 月 6/10 日の"遺書"の数週間後にオリーブ山でのキリストの最後の心情
を音楽化しようという構想を持ったとすれば、まったくそれとは関連なしの
"世間の音楽慣習への自己同化"といった理解で済むだろうか。前章で"遺書"
を訳し、そして本章でベートーヴェンの描こうとしたキリスト最後の心情を
訳すと、その情調の共通性には驚くべきものがある。訳してみて痛切に感じ
たのは、「悪しき聴覚」は「受難」であり、「私を引き戻した芸術」はイエス
の行なう「救済の仕事」と平行関係にある、という実感であった。そして、
「崇高なる神の御子」を讃える最後の「合唱フーガ」（このように書き記され
てはいない）にある「聖なる歓喜の音調」とは、ハイリゲンシュタット脱出
以後の、この作品を含めた、目を見張るようなベートーヴェン自身の創作活
動に相応するのではないか。

冒頭で「父よ！おお、慰めと力と強さを私にお送りください！」と祈るの
はベートーヴェンそのものである。こうした言葉に音符を付けるとき、つい
先頃の、"遺書"を書いたときの心境がよぎらなかっただろうか。"遺書"が音
楽化されたかのようだとまでは言わないが、その迫真性には数週間前にそれ
をしたためた余韻のようなものが感じられる。しかしそれはベートーヴェン
の内心の問題であって、人々にはまったく分らない。受け取りの枠組みとし
て当時の人々（ベートーヴェン本人を含めて）には、事実関係として"遺書"
は存在しないのである。にもかかわらず、前述のように「2 週間程度」を何
度も強調するのには、それがそのつど別の事情説明のために持ち出された言
説であったとはいえ、悟られたくないという深層心理が作用しているのでは
ないか。

第II部　歴史的考察

　なお、その14日間が「心痛の人生出来事の最中」［BGA 523］であったという言辞にカッコ付きで「弟が死ぬかもという病」とわざわざ説明を加えているが、これは事実である。弟カール名の1803年3月26日付ブライトコップ&ヘルテル宛書簡［BGA 129］は末弟ヨハンの筆跡であり、その末尾に「私はあなたに対してこの書簡を書いてもらっています、というのは私はもう18日も非常に激しいリューマチ熱で床に伏しているからです」とあって、2人の署名が並んでいる。作曲が佳境に入っている最中に同居中の次弟が半月以上も重病で、末弟の助けを借りたことがここに明らかである。この時期に末弟が書いた書簡はこれ1通しかなく、しかも次弟名で、"秘書の秘書"といった役回りであった。

13 | "遺書"の超克

　もうひとつ検討してみたいのは、後日ベートーヴェンも認めることになるテクストの劣悪さはいったいどこから来るのか、ということである。前節で検討したテクストの分析から、詩人が書いた台本に素直に従って音符を並べていったというのでは決してないことが判った。それが明瞭に現れているのは、第2曲の最終局面で、「おお、幸あれ」を「しかし、幸あれ」に換えているところで、これは台本作者とは関係のないことである。詩人との密な協働はオラトリオ作曲の前提であると主張するときに、「音楽がよく解る」フーバーと協働した《オリーブ山のキリスト》はそれがあったゆえに短期間でも可能であった、いわば"成功例"として持ち出されたかのようであり、「私はいつでも彼と話し合うことができました」［BGA 1773］と、その現場の実相を告白した。つまりこの作品の台本は詩人との共同制作とも言え、しかも譜面に詞を書く段階ではベートーヴェン自身の責任で台本は変更された、ということを上記の例は物語っている。

　台本の言葉遣いについて迂闊なことは言えないと前言したが、もし台本に問題があるとすれば、「詩人と話し合い」ながら作曲が進行し、単語の入れ替えにとどまらず、表現の修正にも及び、パート譜作成の日程も睨みながら、というぎりぎりの作業が「劣悪なテクスト」を生んだ元凶ではなかったか。"受難オラトリオ"として定番の「ユダの裏切り」が出てこないこと、あるいは、たとえば第6曲で、ペテロが武者たちのひとりの耳を落とす場面がなく、

554

第18章　1803年4月5日　第2回主催コンサート

いきなりイエスが「汝の剣を納めなさい」と語るなども、テクストの"欠陥"
として指摘されてきた。自作品をいくつも並べ、挙げ句には用意した曲すべ
ての上演は断念せざるを得なくなるほどであったとすれば、このオラトリオ
も大きすぎないよう、残された作曲時間も考えればなおさら、配慮しなけれ
ばならないという状況であったはずだ。

　受難週間で上演されるオラトリオはそれのみの上演か、コンチェルトが1
曲足される程度がふつうである。しかしこの作品はそこまで大がかりなもの
ではなく、シンフォニー、コンチェルトが3曲並んだコンサートの締めの作
品として書かれた。もしかしたら「詩人との話し合い」のなかでフーバーの
用意したテクストはさまざまな削除を余儀なくされ、結果、ずたずたとなっ
て、劣悪化したのではないか。「かつて劣悪なテクストから全体が考えられ
た」[BGA 519] と書いたとき、作曲と平行して共同制作していったテクスト、
いわば音符と言葉が切り離せない関係にあることを言っているのではないか。
しかもコンサートは予告演目がオラトリオだけであったので、それは絶対に
掛けなければならず、《オリーブ山のキリスト》はまだ生煮えの状態で世に
出て行ったのではないか。

　新全集は初演直前まで凄まじい作業が続いたことを明らかにしているが、
少なくとも音楽的には完成度の高い、現在、私たちが手にする作品がそうし
て出来上がったとはとても思えない。その後の改訂と彫琢こそ、この作品を
決定的にしたのであろう。そのことによって、"遺書"からの連続性は乗り越
えられた。すなわち、この作品は、生々しい体験から脱却し、「聖なる音調」
の"聖列"へと昇華された。ベートーヴェン自身の言説は、内心で、創作直前
に直面していた自らの苦悩と結びつけられまい、とする心理から発せられた
ようにも思える。

　本章の叙述には想定上のことが多く含まれている。ドキュメントに現れる
言葉尻のようなものをきっかけにして、作曲作業に偲ばれる、あるいは後に
本人から滲み出る、急ごしらえ感と、完成作品に現れた崇高さ、との落差を
埋めようとした。この作品を、後世によって為されてきた不当な評価から解
放するためである。

555

第19章

1803年5月〜04年11月

ナポレオン戦争開戦の足音

ボナパルト・シンフォニー《エロイカ》、
トリプル・コンチェルト作曲／
《クロイツェル》ソナタ　委嘱者と被献呈者が
異なる／パリ移住計画とその断念

1.　リース証言の信憑性批判
2.　《エロイカ》の名は原版タイトル
3.　パリ旅行計画
4.　ライヒャが伝えたパリの現況
5.　ブリッジタワーのためのソナタが
　　　クロイツェルに献呈された理由
6.　《エロイカ》のスケッチ時期について
7.　「ボナパルトと題された」　削除まで
8.　ロプコヴィッツ侯の許での半年
9.　パリ行き断念の決断
10.　《エロイカ》とナポレオンの関係は
　　　なぜ隠匿されたか

第Ⅱ部　歴史的考察

このシンフォニーの場合ベートーヴェンはボナパルトのことを心に描いていたが、それはまだ彼が第一統領だったときのことである。ベートーヴェンは当時彼をきわめて高く評価しており、彼を最も偉大なローマの執政官になぞらえていた。私も、ベートーヴェンの近しい友人たちも、このシンフォニーがすでにスコア譜に書き写され、彼の机の上にあるのを見たが、その表紙にはずっと上の方に"ボナパルト"という語が、そしてぐっと下の方には"ルイージ・ヴァン・ベートーヴェン"とあり、しかしそれ以外に言葉はなかった。余白が埋められるのか、何によってか、私は知らない。私は、ボナパルトが自ら皇帝であると宣言したというニュースを彼にもたらした最初の人で、彼はそのことに激怒して、叫んだ。「彼もふつうの人間と変わりない！　これからは彼もあらゆる人権を足で踏みにじり、自らの野望のとりことなっていくだろう。つまり彼はこれから自らを他のすべての人たちより高いところに位置させ、専制君主となるだろう！」　ベートーヴェンは机に近寄り、表紙を上につかんでビリッと裂き、床に投げ捨てた。最初のページが新たに書かれ、そしてようやくこのシンフォニーは《シンフォニア・エロイカ》という表題を持ったのである。（ヴェーゲラー＝リース『覚書』78 ページ）

1 ｜ リース証言の信憑性

　《エロイカ》シンフォニーはナポレオンを念頭に置いて作曲されたにも拘わらず、その事実は、公表できない事情が発生して、同時代には完全に隠匿されていた［後述］。しかしベートーヴェン死後、別の角度からこの作品とナポレオンとの関係に焦点が当てられるようになったのだが、そのことに決定的影響を与えたのが上記引用のリースによる"証言"である。

　まず、この"証言"と残存資料との食い違いを確認する。「スコア譜に書き写され」とある。確かに浄書スコア譜（精巧なファクシミリ版で出版）が遺されているが、しかしそこでは、「ぐっと下の方に"ルイージ・ヴァン・ベートーヴェン"」というイタリア語表記はなく、中央に"ルイ・ヴァン・ベートーヴェン"とフランス語表記があって、「ビリッと裂き」ではなく、"ボナパルト"という文字をナイフのようなもので削り取った跡が遺っている。その傷跡は裏の譜面 1 ページ目を部分的に貫通しており、したがって「最初のペ

ージは新たに書かれ」ではない。そしてまず目につくのは、「シンフォニア・グランデ」という大きなタイトルであるが、それについてリースは何も触れていない。あまりに異なる描写は現存するものとは関係がないのではないか、と考えざるを得ないほどである。浄書スコア譜がまだほかに存在したのではないかとか、あるいはベートーヴェンが書き下ろし、そして消失した、自筆スコア譜の記憶違いではないか、という可能性も完全に否定することはできない。

　しかし、にも拘わらず、現存浄書スコア譜には「ボナパルトと題された」が記入され、それが削り取られた跡が厳然とあるので、リースが語った"ボナパルト"を削除するという行為そのものは真実であると判断できる。作品の完成後はもはや、判読容易ならざる自筆スコア譜ではなく、浄書スコア譜をベートーヴェン自身も使用していたと思われ、事実、現存浄書スコア譜にはベートーヴェン自身によるその後のたくさんの修正跡が見られる。したがって、これとは別の浄書スコア譜があるとか、自筆譜との混同という可能性も理論上のことになるのではないか。そこで、リースの回想はさまざまな出来事がないまぜとなってしまったのであろうと解釈され、要するに、30数年前の記憶なのだからそれもやむを得まい、という性善説がこれまでのベートーヴェン文献一般の見立てであった。

　他方、この"証言"のなかには証明しようのない単独の言説が散見される。たとえば、皇帝宣言ニュースを「最初に知らせたのは私」に関して、リースはベートーヴェンより早くその情報をどのようにして知り得たのか、それを単純に信じてよいのか。そして「そのことに激怒して」は本当か、またそれに始まる一連の出来事はいつのことだったのか。

　ナポレオンが、フランス議会と元老院によって皇帝に推挙されたのを受けて、受諾の宣誓式を行なったのは1804年5月20日のことである。ベートーヴェンはヴィーンの政界とも通じていた。皇帝フランツは1801年1月9日に、弟カール大公を国防大臣に指名し、カール大公はシュテファン・フォン・ブロイニング［Breuning］(1774-1827) を国防局秘書官に任命する。その日付は正確には突き止められないが、彼の名が1804年採用者リストの2番目、そしてイグナーツ・フォン・グライヒェンシュタイン［Gleichenstein］が5番目にある、とセイヤーは述べている［TDR II, 401 ページ］。そこから連想されるのを見越してか、その順序はアルファベット順ではなく階級の順であるとの補足も付されているが［同］、この注釈はクレービールがカットし、フォー

第II部　歴史的考察

ブズもそれを復刻させなかったので、日本語訳にはない。

　ブロイニングはベートーヴェンと同郷の親友で、ベートーヴェンの死後、遺産相続人・甥カールの後見人となる。その姉エレオノーレ・ブロイニング（1771-1841）、ベートーヴェンの初恋の人とも言われてきた"ロールヒェン"、は同じ幼なじみの医師ヴェーゲラー（1765-1848）夫人となり、ヴェーゲラーはリースとともに『ベートーヴェンの生涯に関する覚書』を共同執筆することになる。

　ベートーヴェンは1804年4月に、シカネーダーとの契約続行から解放されて［第20章6］、アン・デア・ヴィーン劇場の居室を出て［次章］ブロイニングのアパートにしばらく居候する。2人の蜜月関係は7月初めにケンカ別れという結末となったが、ナポレオン皇帝宣誓式はまさに同居中のことであった。政界人の許で暮らしていたベートーヴェンが、このような国際政局関連の重大情報を、リースごときの弱冠20歳の青年を通して初めて知る、ということはあり得ないのではないか。

　また、リースの描いた事件は半年後の12月2日に行なわれたナポレオンの皇帝戴冠式の後のことという説も一時唱えられ、それを採用している日本語文献もあるが、それは論外である。戴冠式は事後に行なわれた単なる儀式——民衆に強くインプットするための盛大なる——にすぎない。また8月11日に神聖ローマ帝国フランツ2世がオーストリア皇帝フランツ1世と改称するのは皇帝ナポレオンに対抗してのことであるので、"皇帝ナポレオン"はすでにヨーロッパで広く認識されていた。ナポレオンが帝位に就いたという情報は5月20日の宣誓式の後ほどなくしてヴィーンに届いたはずだ。

　そもそも、1804年当時、「野望のとりことなって」「専制君主となる」というような認識の思考回路があったのだろうか。それはリースが書いた1830年代のものではないか。そして後世は、リースが伝える、ナポレオンを否定したベートーヴェンのこの行為を、作品の成立直後にまで遡って「ナポレオンを断ち切った作品」と捉えてきたが、それは違うのではないか。

　証言が同時代のものなのか、後に成立した後追いのものなのか、を区別するのは歴史学の方法の基本である。前者は、批判的に分析する必要はあるものの、直接のドキュメントという一面があり、後者は、記憶違いと後の視座がないまぜになっている可能性を内包している。そして伝説の成立に特徴的なのは、不正確な記憶と変わってしまった意識との混合である。リースの記述は、信憑性という点で、記憶に頼って書くだけで描写の根拠を挙げていな

第 19 章　1803 年 5 月〜04 年 11 月　ナポレオン戦争開戦の足音

いのが致命的である。そのうえ見逃しがたいのは、逸話的な誇張に傾き、記述の正しさより話の盛り上がりが勝っていることであろう。

2 │《エロイカ》の名は原版タイトル

　シンフォニー第 3 番が《エロイカ》の名で呼ばれることになったのは、それからさらに 2 年半近くが経過した 1806 年 10 月にヴィーンの BAI 社からようやく公刊された初版譜において、《シンフォニア・エロイカ SINFONIA EROICA》というイタリア語の題名が付されたからである。それ以前にこのシンフォニーを「エロイカ」という単語と結びつけたものはない。このタイトルの下に、2 行にわたって楽器編成が記載され、さらにその下に、「ある偉大な人物の思い出を祝うために（per festeggiare il sovvenire di un grand Uomo）作曲され（composta）」という文言があって、さらに順に「ロプコヴィッツ侯爵閣下に献げられた」、「ルイジ・ヴァン・ベートーヴェンによって」、そして線が引かれた下に小さく「Op.55」、「シンフォニー第 3 番」とある。このタイトルページがなぜイタリア語で書かれているのか、についてはほとんど議論されたことがない。

　この時期において印刷楽譜のタイトルページには、前にも述べたように、基本的にはフランス語が用いられ、ことに作品を貴族に献げる際にはそれはほぼ絶対的なもので、そうではないときはそれなりの事由がある。イタリア語使用は、イタリア・オペラから主題が取られた変奏曲であるとか、楽曲がイタリア様式のもの、あるいは被献呈者がイタリア人など、つまりタイトル全体のなかにイタリア語が含まれざるを得ないときである。ベートーヴェンのシンフォニーの出版では《エロイカ》が唯一で、しかしその必然性はどこにあったのか。フランス語が回避されたのは、フランス軍占領中だからとか、反フランスということではない。ベートーヴェン作品の同年の出版譜はいずれもフランス語使用である。この作品に限ってイタリア語であるのは、長いタイトル書きをすることと不可分と見るべきで、書かれた中味と関係があるのではないか。すなわち、フランス語で「ある偉大な人物」とするとナポレオンが連想されかねないこと、ドイツ語で書けばそれは誰かということになり占領軍を刺激しかねないこと、したがって中立な、しかも音楽用語として国際語であるイタリア語が選択されたのではないだろうか。こうしてこのシ

561

第Ⅱ部　歴史的考察

ンフォニーはイタリア語形容詞が付された「英雄の［エロイカ・］シンフォニー」という略称を持つこととなった。

　タイトル付けは出版社の勝手な行為ではあり得ず、ベートーヴェンが、いつもするように、それを細かくチェックしたはずである。そのことをしっかり認識すると、《シンフォニア・エロイカ》は、《田園シンフォニー》と並ぶ、標題シンフォニーなのではないか、という考えに到達する。ちなみに後者のタイトルページはフランス語で記され、まず冒頭に大きく（このケースでは2段にわたって）《サンフォニー・パストラル SINFONIE PASTORAL》とあって、以下、楽器編成、献呈など、《エロイカ》の場合とほぼ同様である。その裏ページに、ドイツ語で"PASTRAL-SINFONIE oder Erinnerung an das Landleben［田園シンフォニー、あるいは田園生活の追憶］(mehr Ausdruck der Empfindung als Mahlerey［絵画というより感情の表現])"に始まって、各楽章の標題が連なる。それ以下の表記については第23章4で再検証するのでここでは省く。それと比較すると、記述はそこまで詳細ではないが、「ひとりの偉大な…」は十分に、内容に関する言葉による説明であり、これを標題音楽と言わずに何と言うのか。この見解をさらに展開するためには楽曲分析を踏まえた詳しい議論が必要となるが、主観的な見方に傾きがちな「作品論」に踏み込むと、本書全体の学術的信頼性に影を落としかねないので、これ以上の言及は控える。

　《エロイカ》に立ち戻ると、「un grand Uomo［ある偉大な人物］」とぼかした表現を使っているところが絶妙で、それが誰のことなのか、後世は多くの議論をしてきた。しかしそもそも具体的な誰かの想定は当て推量の域を出ることはできず、「英雄一般」と見ざるを得ないというのが最も無難なところであった。そうではなく、重要なのは、誰であるかを積極的に隠匿した、という点である。明示できない、という事情がここにはあった、と見るべきではないか。

3 ｜ パリ旅行計画

　ベートーヴェンが1803年、《シンファニア・エロイカ》の作曲中にパリに行こうとしていたことはもはや明白な事実、と言ってよい。弟子であり、当時、秘書役をこなしていたリースがボンの出版社ジムロック宛に出した

562

第 19 章　1803 年 5 月〜04 年 11 月　ナポレオン戦争開戦の足音

1803 年 8 月 6 日付書簡［BGA 152］に次のような一節がある。

> ヴァイオリン大ソナタ［引用者注：Op.47］もで出来上りましたが、50 〜 55 グルデン
> 以下では難しいでしょう。ベートーヴェンはせいぜいあと 1 年半しかここにいない
> でしょう。彼はそれからパリに行きますが、それは私にとって大変辛いことです。

《エロイカ》の作曲は同年 10 月に一応、"演奏可状態"になったと見られる。
ちょうどその頃、10 月 22 日に書かれたとされる同じくジムロック宛リース
の書簡［BGA 165］にある一節である。

> ベートーヴェンはもうすぐ彼のオペラのテーマを手にするところです。そのあと彼
> は去ろうとしています。毎日、彼に付いていきたいという私の期待はふくらみます。

そのしばらく後、1803 年 12 月 11 日の同じくジムロック宛リースの書簡
［BGA 173］にも次のようにあるる。

> ベートーヴェンの新しいシンフォニーを彼はいま売らずに、旅行のために取ってお
> こうとしており、加えていまもうひとつやっています。

これらの文言から、《エロイカ》をパリで初演しようと計画していたこと
が読み取れる。しかもそれは、最初に引用した 8 月の書簡の文中に「あと 1
年半」とあるので、すなわち 1805 年初頭くらいまでに「旅行のために」作
品を書き溜めておこう、という時間をかけたかなり長大な計画であったと思
われる。

これらの証言は他人による観察の結果であるが、ベートーヴェン本人も
（パリ）旅行について言及している。ただしそこにパリという単語がないの
は、1804 年に入るとオーストリアで対仏緊張が高まり、官憲による監視や
手紙の検閲が始まったためと考えられる。以後しばらくその状態が続き、
「パリ」という単語はいっさい出てこない。以下に紹介するのは、内容から
類推して 1804 年の 2 月か 3 月に書かれたとされる、ヨーゼフ・ゾンライト
ナー宛書簡［BGA 177］にある一節である。

> あなたはなかなかお話できないので書きます、私たちが相談しなければならない

第II部　歴史的考察

ことについてです。── 私はきのうまた私の旅行に関して手紙をもらいましたが、それを斟酌しても私の決意は揺らぐものではありません。

　これはパリ行きに関する自身による初の言及と考えられるが、「なかなかお話しできない」ので「書いて」相談と言っているが、まさに声高にパリ旅行などについて話題にできないということであり、このメモでも「旅行」としか書かれていないところに、ある種の緊張感が伺える。

4 ｜ ライヒャが伝えたパリの現況

　パリで活躍していた、ボンでの幼なじみ、アントン・ライヒャ（1770-1836）がヴィーンにやってきたのがいつのことなのか確定はできない。ライヒャの評伝等では1801年終盤説がとられているようである。ベートーヴェン文献では1802年初春説が多いが、信頼性の最も高い書簡交換全集はなんと1802年秋［BGA 116 注3］、ないし1802年10月［BGA 125 注12］としている。ヴィーン到着時期はともかくとして、ベートーヴェンと旧交を温め始めた時期がハイリゲンシュタット体験の前（1802年春以前）なのか後（1802年10月中旬以降）なのかは、以下に叙述する事柄に深く関わり、重要な問題である。

　ベートーヴェンが使用しているピアノのみすぼらしさに驚いたライヒャは、パリにその旨を報告したと思われ、それがきっかけとなってエラール社からベートーヴェンに新製品が提供されたことはよく知られている。日本語文献ではライヒャがパリに戻って寄贈するための後援者を探したように語られることがあるが、ライヒャのヴィーン滞在は1808年まで続くのでその事実はなく、その任を果たしたのは別の人物である。前記のリース書簡［BGA 165］の冒頭に、「ベートーヴェンはパリのピアノに関してアダンに世話になった」とあるので、エラール社との間を取り持ったのはルイ・アダン（1758-1848）である可能性が強い。また「パリでの初演の奏者であるアダンとクロイツェルにおそらく献げるでしょう」［同］と書かれているので、《クロイツェル》ソナタは1803年10月の時点ですでにパリで公開演奏されたことが判る。エラール社の製品台帳によると、同社は1803年8月6日に寄贈楽器を発送した。それがベートーヴェンの手元にいつ届いたかを特定することはできない

564

第 19 章　1803 年 5 月〜04 年 11 月　ナポレオン戦争開戦の足音

が、おそらくさっそく（11 月か 12 月から）、音域がより広く、アクション
反応が格段にすぐれる、その特性を存分に生かした、輝かしい《ヴァルトシ
ュタイン》ソナタ Op.53 を書いた。これは《エロイカ》の次に完成された
作品である。

　1 年前に戻ると、記録に残るようなことではないので証拠はないが、ライ
ヒャがベートーヴェンを訪問した際にパリの状況について何も語らなかった
などということはありえないだろう。弟カールは、1803 年 1 月 22 日付ブラ
イトコップ & ヘルテル社宛書簡 [BGA 125] で、兄の作品のほかに、「ここに
アントン・ライヒェ氏がちょうどパリからいらしていて、前からの知り合い
なので、頼まれました」としてライヒャの作品の売り込みも行なっているが、
それに対する注として、ブランデンブルクはライヒャのヴィーン到着を
1802 年 10 月としているのである。もしそうだとすると、その直前までにパ
リで起きたことはベートーヴェンに生々しく伝わったのではないか。「ヴィ
ーンで再会し、そして私たちは取り組んできたすべてのことについて伝え合
った」[前出 323 ページ] との述懐はこうした情報交換を含むだろう。

　半年前、3 月 25 日に締結されたアミアンの和約により、対仏戦争で最後
まで残ったイギリスも講和に応じ、ヨーロッパは 10 年振りに平和を迎えた。
いまやナポレオンは、フランス革命以来続いた混迷から秩序回復をもたらし
た人となった。それが、護民院による第一統領への感謝決議、さらには終身
統領制の確立を問う国民投票の提起へとつながり、反対約 8000 に対して、
賛成約 357 万という大勝利を経て、8 月 2 日にナポレオン終身統領（執政）
という憲法改正が実現した [本池立『ナポレオン　革命と戦争』(1992) 97 ページ]。同
月 15 日、ナポレオン 33 歳の誕生日の式典が盛大に祝われた。こうしたホッ
ト・ニュースがライヒャの口から熱っぽく伝えられたことであろう。

　またライヒャの来訪が 1801 年末であった場合には、1802 年 2/3 月にベー
トーヴェンがピアノとヴァイオリンとチェロのためのコンチェルタンテ ニ
長調 Unv 5 の作曲を試みていることとの関連が浮かび上がってくる。この
時期にスケッチが 24 ページの規模まで書き進んだのは、1802 年 4 月に開催
を計画したシンフォニー第 2 番の初演を中心演目とするコンサートに向けて
であった可能性があるが、ベートーヴェンはなぜ突然、この珍妙な編成の楽
曲に取り組んだのか。18 世紀終盤にパリのコンセール・スピリチュエルを
中心に大流行したサンフォニー・コンセルタント（「協奏交響曲」と訳され
てきた）の人気はすでに下火になってはいたが、ライヒャがパリに行って驚

565

第II部　歴史的考察

いたこととして話題にしたかもしれない。しかも独奏楽器群にピアノ・トリオ編成を選択するという、パリでの実情とは結びつかない、歴史上例のない扱いは、ベートーヴェン流のその消化とも言える。ライヒャから伝え聞いただけの生半可な知識からベートーヴェンの独創的な発想が生まれたということだろうか。これまでベートーヴェンのトリプル・コンチェルトとフランスのサンフォニー・コンセルタントの関連性は議論されてこなかった。一見のところはまったく別物だからである。しかしベートーヴェンならびに秘書役の弟は出版社とのやり取りにおいて「コンチェルタント」と記しており、それはフランス語名に沿ったものである。ただこのときには会場の使用許可がおりなかったことからコンサート計画そのものが頓挫し、コンチェルタンテ［伊］の作曲の続行はさしあたって放棄された。

5 ｜ ブリッジタワーのためのソナタがクロイツェルに献呈された理由

　第2回の大コンサートから1ヵ月後、1803年5月にイギリスのヴァイオリン奏者ジョージ・ブリッジタワー（1779?-1860）がヴィーンにやってきた。彼はおそらく、カリブ、ブリッジタウン出身のアフリカ系男性と現ポーランド地域在住のドイツ系婦人の息子である。父は彼の出生直後から1785年までエステルハージ宮廷で執事をしており、幼少時を同地で過ごした彼は、後に、ハイドンに師事したと公言していた。それを証明する文書はいまのところ見つかっていない。生れ故郷に錦を飾るコンサートのためにベートーヴェンに作曲を依頼したと思われる。ベートーヴェンは、前年に3つのソナタ（ヴァイオリン・ソナタ第6〜8番）Op.30を書いたとき、第6番の第3楽章とするつもりで作曲したが差し替えたことによりお蔵入りとなっていたフィナーレに、急遽、第1〜2楽章を足して、注文に応えた。こうしてヴァイオリン・ソナタ第9番Op.47は24日にブリッジタワー主催のコンサートで委嘱者と作曲者2人によって初演された。この作品の成立は、このような経緯によってであり、フランスのヴァイオリン奏者ロドルフ・クロイツェル（1766-1831）がフランス大使の随行員として1798年2月8日から、退去命令が出る4月15日まで、ヴィーンに滞在し、ベートーヴェンとも交友のあったこととは関係がない。この作品が後に《クロイツェル》ソナタと呼ばれるようになったのは、1805年4月にボンおよびパリで出版された原版にお

いて、彼が被献呈者であったからである。

　その翌日、25 日に弟カールはボンのジムロック社宛に次のように書いた
［BGA 139］。

> ヴァイオリンのための大ソナタ［引用者注：Op.47］を 30 ドゥカーテン［引用者注：約
> 135 グルデン］、シンフォニー［引用者注：Op.55］を 400 グルデンでお持ちになれます。

　ここで、出来上がったばかりの作品と、これから本格的に取り組もうか
(?) という作品を並べて売り込んでいることが興味深い。ただベートーヴェ
ン本人はまた別に、リースを介して、先に引用した 1803 年 8 月 6 日付書簡
［BGA 152］で交渉を行なう。その後パリに行く計画が持ち上がり、パリに戻
っていたクロイツェルと協演して出版譜の献呈をしようと、同地でも出版業
を営む、ボン時代の旧友ジムロックに手稿譜を託すことになる［後述］。とこ
ろがパリ行きはご破算になったばかりか、ジムロックがイギリスでの共同出
版を目論んで相手方との調整に手間取ったために、出版は大幅に遅れた。い
つまでたっても出版されないことに対するベートーヴェンのいらだちはジム
ロックとの書簡交換に見て取れる［1804 年 10 月 4 日付／BGA 193］。この作品の作
品番号がずっと遅いものとなったのは出版が 2 年後の 1805 年 4 月までずれ
込んだからである。その表紙には「彼の友人クロイツェルに献げる」とあり、
こうしてこの作品には依頼者とは別の名の通称が付くこととなった。

6 │《エロイカ》のスケッチ時期について

　脇筋に逸れたが、5 月末時点に戻ると、すぐにもシカネーダー台本による
オペラに取りかかるところ、台本がなかなか出来上がらなかった。それをよ
うやく手にしようかというのが、先に引用した 1803 年 10 月 22 日書簡
［BGA 165］の頃である。《エロイカ》作曲の本格化はその間隙をぬって 5 月頃、
というのが、「ランツベルク 6」スケッチ帖の使用開始時期から推定される
共通理解のようで、新全集校訂報告書（2012）もその説を採用している。し
かし同スケッチ帖の開始時期については強い異論がすでに 2006 年に打ち出
されている［Syer 前掲書］。第 17 章でも少し触れたが、それによると《エロイ
カ》の本格的作曲の開始はすでにハイリゲンシュタットからの帰還直後とい
うことになる。「ランツベルク 6」スケッチ帖の前の「ヴィエルホルスキー」

第II部　歴史的考察

スケッチ帖（1802年秋から1803年5月使用）に2ページだけ《エロイカ》
の萌芽があるが、「ランツベルク6」スケッチ帖も同時に使用して作曲はた
だちに本格化したというのである。新全集校訂報告書はその見解を無視して
紹介もしていないが、新カタログ（2014）は両論並立の立場を取っている。
この問題は、私が追跡したところ、複雑な問題が互いに牽制し合うように絡
んでいて、どの議論もいまのところ完全無欠な説明には至っていない。第I
部第5章および第17章9でも別の角度から言及したが、今後の大きな課題
である。

　いずれにせよ、10月まで《エロイカ》作曲がベートーヴェンの仕事の中
心であった。それはまさに、ライヒャから聞いた、そして共和派に対するヨ
ーロッパ識者全体の共感に支えられた、ナポレオン礼賛の空気のなかで進行
し、「ボナパルトと題された」とスコアに書き記す作品として出来上がった。
ヴィーンで定職に就く見通しがなかなかつかない現実も輪をかけて、作曲中
に、新しいシンフォニーを持ってパリに行く、という考えに向かったのはこ
うした流れにおいてであった。そしてナポレオンの前で初演しようというと
ころにまで行き着いた（それを証明する文書はない）のは自然だし、そのた
めにコンサートを成り立たせるだけの曲目を用意する必要もある。そこで再
度、ピアノ・トリオ・コンチェルタンテ ハ長調［Op.56］に取組むのが1804
年3月から4月にかけてである。その仕事は一気呵成に進行し、またたく間
に完成した［これは定説であるが、この時点では"演奏可状態"に至って試演されたにすぎず、
その後に改訂が続いたことについて、第21章14で論証する］。

7 │「ボナパルトと題された」 削除まで

　一方、世界情勢は大きく変化し始めており、すでに《エロイカ》作曲が本
格化する頃、1803年5月18日にイギリスはアミアンの和約を破棄して、英
仏は再び戦争状態に入った。平和は1年余しか持たなかったのであるが、ベ
ートーヴェンの身辺あるいは意識のなかにその余波がじわりと進入してくる
のは《エロイカ》完成後の1804年に入ってからである。オーストリアがイ
ギリスに歩調を合わせて対仏戦争に突入する気配は、前に引用した同年2/3
月の書簡にも反映している。ヴィーン駐在ロシア大使ラズモフスキー伯
（1815年以後、侯爵）は同年初頭に本国に召還され、ロシアとオーストリア

568

が対仏同盟を構築する件で協議に入っていたが、4月初めにヴィーンに帰任し、同時にロシア皇帝アレクサンドル1世はオーストリアに3万人の援軍派遣を決定する。完全に対仏戦争に突入するのはさらに1年後の1805年8月9日にイギリスとスウェーデンも加わって第3次対仏同盟が成立したことによってであるが、すでにこの時点でパリ行きはしばらく様子を見るほかなくなっていた。

《エロイカ》の実質的な完成の時期を推測させるのは、先に引用したリースの1803年10月22日書簡［BGA 165］の前段にある次の一節である。

> これは外観から言って、彼がこれまで書いた最大の作品です。ベートーヴェンは最近、私のために弾いてくれ、私は天地がその演奏で震えるに違いないと思います。彼はその曲をボナパルトに献呈することを熱心に望んでいますが、そうでないならば［引用者注：ボナパルトに献呈しないならば］、ロプコヴィッツが半年それを所有して400グルデンを払いたいとしていますので、それは"ボナパルト"と名づけられる［引用者補：ことになる］でしょう。［引用者注：この書簡の一部は、日本語既訳では誤読されており、修正するだけではなく、意味が通じるように引用者補を入れた］

この書簡は《エロイカ》に関する、幾重にもわたって、すこぶる重要な証言である。「最近、私のために［ピアノで］弾いてくれ」により、作品はこの時点で実質的に完成していたと解釈できる。それを初めて聴いた者が持った「天地がその演奏で震えるに違いない」という感想は、大いに共感できるものであり、かつまた臨場感に溢れている。「ボナパルトに献呈することを熱心に望んでいる」というのは、作曲がその希望を孕みながら進行していたことの傍証でもある。ここからは、ロプコヴィッツの希望に応えるか、それを振り払ってパリに持って行くか、の選択が作品完成時に彼を待っていた悩みのように読み取れる。

ここで思い起こされるべきは、パリ行きはベートーヴェンにあって、1805年初頭までに実現という見通しを持った、まだ先の計画であったことである。それまでヴィーンを離れるわけにはいかない別の理由があって［後述］、実際問題としても、旅の準備としてそれなりに作品を書き溜めなければならず、まだその1部が出来上がっただけという状況にすぎなかった。10月22日の書簡［BGA 165］の冒頭でリースは、ベートーヴェンの命を受けて、後に言う《クロイツェル》ソナタ（5月完成）と、出来上がったばかりの《エロイカ》の出版交渉をしており、新作の説明として、上記の引用部分が出てくるわけ

第II部　歴史的考察

である。

　ボン宮廷楽団ホルン奏者としてベートーヴェンの同僚であったニコラウス・ジムロックは宮廷崩壊後、それまで副業にしていた楽譜出版業で生計を立てるようになった。1794 年にフランス軍がボンを含むライン左岸を占領し、1797 年末にはこの地域は「ライン・モーゼル県」として完全にフランスに併合された。この事態はジムロック社を通じてベートーヴェン楽譜がフランス市場に入り込んでいくきっかけになるのだが、というのはパリ在住の弟ハインリヒ（アンリ）によってパリでも楽譜販売が展開されていくからで、1802 年にはタイトルページにおける責任表示にもパリ支社の存在が委託販売 [aux addresses ordinaires] という形で明示され、さらにちょうどこの時期、1803 年秋からは「ボン、N. ジムロック」と並んで、パリ社の所在がはっきり「パリ、H. ジムロック」と並記されるようになった。この 2 作品の初版をパリで出すことが模索されていたのはこうした状況下においてであった。《エロイカ》はその後ロプコヴィッツによる半年専有権の買取りという展開となって出版は先延ばしとなるが、《クロイツェル》ソナタは、1 ヵ月半後の 12 月 11 日付と考えられる、すでに引用したリースの書簡 [BGA 173] の前段に、「当該の伴奏付きソナタはベートーヴェンがすでに私に渡しまして、私はあなたに 14 日以内に送ります」と書かれているように、ともかくも出版準備は進んだ。

　10 月 22 日のリース書簡とは別に、1803 年 10 月 14 日付の弟カールのブライトコップ＆ヘルテル社宛書簡 [BGA 163] には次のようにある。

> 私はあなたの最新の書簡 [引用者注：1803 年 9 月 20 日付 /BGA 156] を受け取りました、そのなかであなたは 1 シンフォニーとコンチェルトを求めておられますが、そのご希望を私はあなたに部分的に実現できます。あなたが、1 か 2 のシンフォニー、またはシンフォニーとピアノ・ヴァイオリン・チェロのためのコンチェルタント、2 作品で 700 グルデン、復活祭までに出版するという条件で。

　この時点ではまだシンフォニーが 1 曲完成したに過ぎないのであるが、コンチェルトも、という出版社の希望に沿うべく答えている。ここには、兄弟の間で《エロイカ》の後、ピアノ・ヴァイオリン・チェロを独奏楽器と特定したトリプル・コンチェルトの作曲が話題になっていたことも見て取れるのである。それは、シンフォニーなのかコンチェルタントなのかは別にして、1803 年 12 月 11 日のリース書簡における「もうひとつ」とも符合しよう。

570

リースが《エロイカ》の出版についてパリのジムロック社との交渉を命ぜられたが、その1週間前に弟はライプツィヒに提供しようとしている。しかも半年以内の刊行を前提にである。パリ行きはヴィーン市の官吏である弟には隠されていた可能性もあり、また弟はロプコヴィッツ侯の半年占有の希望など意に介していない。弟はできるだけ早い出版、そして早くに現金化という、通常のレンジで物事を進めようとしていたように見える。と同時に、トリプル・コンチェルトのこのように早い売り込みは兄がそれを書くことは確実という前提の下であり、計画として《エロイカ》とそれがセットであったことをこの書簡は示している。

　ところで、半年の期限付きで演奏権を提供することには、侯爵家の宮廷楽団で試演ができるという利点があった。事実、ベートーヴェンはこれ以後、シンフォニーを公演・公刊する以前にパトロンに半年の専有上演権を付与して試演し、細部の手直しを行なう、という方式を積極的に取るようになっていく。シンフォニー第2番の場合にもその可能性があることは前述した［526ページ］。いますぐパリに行くわけではないので、さしあたってロプコヴィッツ侯の希望に添う選択もある、という結論に至ったと思われる。その時期は、パリ・プロジェクト第3作《ヴァルトシュタイン》ソナタが1804年1月初めに完成し、そして第4作、トリプル・コンチェルトを書き終わった1804年春のことである。そのときに、戦費調達にも積極的に協力するほどに愛国的である同侯爵に専有権を売る以上、「ボナパルトと題された」はまずい。そこでこの言葉をナイフで削り取る決意をしたのではないか。削除がページを引き裂いてなされたのではないことは、"激怒して"の行為ではなかったように思わせる。

8 ｜ ロプコヴィッツ侯の許での半年

　ここで、残存する浄書スコア譜にその痕跡を確認しよう。全体は、アン・デア・ヴィーン劇場の専属コピスト、ベンヤミン・ゲバウアーによって書かれ、中央上に「シンフォニア・グランデ」（これが最初のタイトルであった。「エロイカ」ではなく）とある。その下にある「ボナパルテと題された Intitolata al [?] Bonaparte」は部分的に穴が開くほどに抹消されており、al は判読が困難で、無いかもしれない。以上はイタリア語による表記である。

第Ⅱ部　歴史的考察

次の行間に明らかに後から別人の手で「804 im August」とあり、これについては後述する。ゲバウアーによって「ルイ・ヴァン・ベートーヴェン氏による」（この部分はフランス語表記）とあり、その下に鉛筆書きで（ファクシミリ版では薄すぎで判読がむずかしい）「ボナパルテに寄せて書かれた geschrieben auf Bonaparte」とドイツ語での記入がある。これは専門家によってベートーヴェンの筆跡であると鑑定されており、もちろん当初にはない記入である。下部に、これも後から他人の手で「シンフォニー3　Op.55」の表記がある。その他、上部欄外に、写譜者と演奏者に対する注意書きが3項目にわたってベートーヴェンによってメモ書きされており、その最後にある「d. 26ten S.」は「9月26日」と解される。注意書きそれ自体はここでは省略する。

　浄書スコアは作品完成（その後に部分的手直しがあったにせよ）後に作成されるわけであり、その時点でこの作品はすでに出来上がっていた。すなわち、《エロイカ》が「ボナパルテと題され」ていたことは、すなわち、ナポレオンを念頭に置いて書かれたことは、事実である。その文字は抹消されなければならなかった、ということがそのことの見事な証明である。つまり「ボナパルテと題された」が、抹消されなければならない事情が発生したのである。しかし抹消後もベートーヴェンが改めて書き入れたという事実の意味するところは大きい。つまり、その後もそのことを思い起したか、あるいはそれを示す必要が生じ、後で消せるように鉛筆で書き込むことで、改めて自ら事実確認をしたわけである。さらに、1804年8月26日付ブライトコップ＆ヘルテル社宛書簡［BGA 188］のなかでベートーヴェンは次のように述べている。

> このシンフォニーはもともとは［引用者注：「本来は」とも訳すことができる］ボナパル
> テと題されていて、あらゆる普通の楽器の他に3本のオブリガート・ホルンが付き
> ます。…望むのは、これがパート譜ではなくスコア譜で出版されることです。

　ヘルテルはこのシンフォニーに関心を示していて、この後ロプコヴィッツの半年専有権が切れてから、1804年12月後半ないし1805年1月初めにベートーヴェンは版下原稿を送ることになる。しかし価格をめぐって交渉はこじれ、一緒に送付した《オリーブ山のキリスト》［Op.85］、2曲のピアノ・ソナタ［Op.53, Op.54］、および、おそらく歌曲《想い》［WoO 136］もろとも、6月

572

第 19 章　1803 年 5 月〜04 年 11 月　ナポレオン戦争開戦の足音

21 日までに原稿が送り返されてきた。この件については第 I 部第 5 章 5 で詳述した。現存浄書スコア譜は遺産目録にあったものなので、終生、ベートーヴェンが手元に置いていたと思われるが、それはヘルテルが送り返してきたままになっていたのではないか。「パート譜ではなくスコア譜で出版」と書かれていることにも着目すべきで、これはスコア譜を送ったことの間接的な証明である。当時、楽譜の出版は演奏に供するためになされるのであって、したがって出版形態は基本的にパート譜であった。作曲者から仮にスコア譜が送られてきても出版社はそこからパート譜を作成して出版するので、ベートーヴェンはそうしないで欲しいとの希望を述べたのである。これは彼が絶えず切望していることであって、その後も要望として繰り返されるが、それが実際に叶うのはシンフォニー第 7 番出版時の 1816 年のことである。

　現存浄書スコア譜がヘルテルに送られたものだとすると、鉛筆でドイツ語書きされたのは、送付するにあたって、いったん抹消された文言を補うため、すなわち本来の意図を明示するためだったのではないか。これは私の推測にすぎず、新カタログでこのような議論が展開されているわけではない。

　この 2 曲がヴィーンのロプコヴィッツ邸で初演されたとき、会計簿によれば、演奏者に対する支払の決済は 1804 年 6 月 11 日になされた［VolekMacek/Lobkowitz (1986), 78 ページ］。侯爵家の事務取扱規則は 2 週間以内の事務処理を定めているので、逆算すると初演日は 5 月末から 6 月初めということになる。この日付は微妙で、5 月 20 日にナポレオンの皇帝宣誓式があり、その報がヴィーンに届く時間を計算すると、ナポレオン名の抹消行為は初演との絡みで慌ててなされたのではないか、と推察させる。つまり、この譜面がロプコヴィッツ侯の目に入る可能性があるからである。

　この期間の前後にロプコヴィッツ会計文書にはハイドンの影も見られる。しかもその名はベートーヴェンと一緒に 2 度、登場している。ひとつは楽長ヴラニツキーが起草した起案文書で、1804 年 3 月 10 日に侯は「ハイドン、フォーグラー、ベートーヴェンの馬車代　2 グルデン 28 クロイツァー」の支出を承認している［同］。そして 6 月 11 日の決裁文書にも「ハイドンとベートーヴェンの写譜代　No.2　39 グルデン 44 クロイツァー」とある。これは当日の演目に関わる写譜代にすぎないが（「No.2」は添付されたと思われるコピストからの請求書に付された番号ではないかと思われる）、この日にハイドン作品も上演されたのだとすれば、ハイドン自身の同席も考えられ、彼が《エロイカ》試演に立ち会った可能性もあるのではないかと想像させる。

573

第II部　歴史的考察

いずれにしてもこの 2 文書から、ロプコヴィッツ邸を介した、かつての師弟の接触が証明される。

その後、8 月にロプコヴィッツ侯のボヘミア領地にあるアイゼンベルク城で、さらに秋に同じくボヘミアにあるまた別のラウドニッツ城で、《エロイカ》の上演（しかも複数回）が確認される。先に挙げた、浄書スコア譜にある「1804 年 8 月」という無名者による記入と、ベートーヴェン自身による「9 月 26 日」は、それらと関係するのではないかと見られる。そして 10 月 26 日付けでラウドニッツ城の会計から 700 グルデン、10 月 29 日付でアイゼンベルク城の会計から 80 ドゥカーテン（約 360 グルデン）が支払われた。それに対してベートーヴェンはそれぞれ 11 月 3 日付と 5 日付の受領書を書いている。この、総額 1060 グルデンという数字は、《エロイカ》とトリプル・コンチェルトに対する支払いだとすれば、《エロイカ》単独に「400 グルデンを払いたい」という当初の額と比較して、ロプコヴィッツ侯の大きな満足の表明と見ることができようか。

9 │ パリ行き断念の決断

1804 年 5 月末か 6 月初めに抹消した文言と同趣旨の走り書きが 8 月中旬に再び記入されたという想定が成り立つとすれば、その時点ではなお「ボナパルトと題された」は放念されたわけではないということを意味する。つまりその抹消はロプコヴィッツ宮廷楽団を借りての試演のためになされた便宜的なもの、という見立ても可能である。それは、ロプコヴィッツが買い取ったから、ナポレオンに献呈することを断念し、パリ旅行計画もご破算になった、と一気に進んだのではない、と考えるべきことを示唆している。そのことを裏付けるのは、7 月初めにブロイニングと仲違いして同居生活に終止符を打ち、夏の逗留地バーデンにとりあえず移った後、書かれた 1804 年 7 月 6 日付書簡［BGA 181］にある一節である。宛先はブラウンシュヴァイク在住のゴットロープ・ヴィーデバインなる人物である。

> 私が当地［引用者注：ヴィーン］に滞在しているのが確かならば、あなたを何とか当地へ来させたいのですが、私はおそらく今冬にはもうここから旅立っているので、そうなればもう私自身があなたのために何かをすることはできません。⋯

574

これは、《エロイカ》がロプコヴィッツ邸で初演された後でも、だからといってパリ行き計画がただちに断念されたというわけではないことの証拠といってよい。パリ計画はそもそも 1805 年初めまでにということであり、それはロプコヴィッツの半年専有権が切れた後に実施するという射程であった。あるいはそもそも、それらがすべて最初から計算に入っていたかもしれず、ヘルテルにスコア譜を送付する時期が《エロイカ》公開の節目であるとすれば、「1 年半後」はほとんどピッタリ符合するではないか。しかしだからといって、1803 年 8 月、《エロイカ》作曲のまっただなかに、まずはロプコヴィッツに半年専有させ、その後パリに持って行くという見通しを持って、それが 1 年半後とすでに計算されていた、とまで考えるのは、興味深いが根拠があまりに弱い。これは偶然の結果と見るのが無難で、「1 年半」という時間はおそらく、そのときにもうひとつの課題であった《ヴェスタの火》の作曲とその上演を果たすまではヴィーンを離れるわけにはいかない、という計算だったことの方が蓋然性は高い。

一方、その後の戦況変化はパリ行きの断念を選択せざるを得ない結果となる。しかし 1 年後の 1805 年 8 月に第 3 次対仏同盟が成立して全面戦争に突入するまでの間に、オーストリアにおいて状況の変転がどのように肌で感じられるようになっていったのかは必ずしも線引きして語れるわけではない。実際の出版は 1806 年 10 月まで実現されないが、ベートーヴェンがパリではなくドイツでの出版を決断したのは、ヘルテルに送った 1804 年末から 1805 年初めにかけての時点である。そのことがパリ計画断念の節目だったかどうかは、ジムロック社との交渉が《クロイツェル》ソナタでは妥結しても《エロイカ》については進展せず、パリでの出版は諦めざるを得なくなったという事実とも関係している。いずれにせよ、ある時点で、パリにおいてオーストリアからやって来た音楽家が厚遇される見通しはもはやない、との判断がベートーヴェンにあったのであろう。

10 │《エロイカ》とナポレオンの関係はなぜ隠匿されたか

パリ旅行計画の存在はウンガー［Unger：Zur Entstehung und Aufführungsgeschichte von Beethovens Oper Leonore. In：Zeitschrift für Musik, Vol, 105（1938）新カタログ文献表になし］

第II部　歴史的考察

によっておそらく初めて言及された、とフォーブズ［Forbes, 347 ページ］が述べている。『書簡交換全集』の注においてもその計画が指摘されているだけではなく［BGA 165 注 16］、実際にいくつもの書簡でその件が語られており、該当個所は本章においてすべて引用した。以来、書簡でやりとりした人たち以外には知られないまま、おそらくつい先頃まで、ベートーヴェンのパリ旅行計画は人々の記憶から消えた。まず、当時にあってそもそも語るに憚れる事柄であったので関係者の誰もが口外しなかっただろうと考えられる。

　次いで《エロイカ》とナポレオンとの関係だが、これについてはベートーヴェン自身が積極的に隠匿することとなった。抹消後いったんは改めて本来の意志を表示したというのは、それがいつであったかは別としてもそれ自体は事実で、しかし時局はいっそうその意志が許容されない方向に進んだ。1805 年 9 月 24 日にナポレオンはオーストリアに向けてパリを出立し、以後ヴィーンには刻々とフランス軍接近の情報が伝わる一方であった。そして遂に 11 月 13 日、先発隊がヴィーンに入城し、勝負はもうそこで一気について、長期間にわたる占領が始まる。そして 15 日にはシェーンブルン宮がナポレオンの総司令部として撤収され、ロプコヴィッツ邸は何とユラン将軍の前線本部となるのである。《エロイカ》の初演を迎えた関係者たちにとってはことさら、悪夢のような展開であった。翌年の出版時に本来の意志を隠さざるを得なかったのは事態のこうした進展によって余儀なくされた結果である。その痕跡が遺る唯一の浄書スコア譜はベートーヴェン自身が生涯、手元に置いていたわけだから真相追究の手は伸びない。

　それがもしかしたら解凍されてもよい機会は一度だけあったかもしれない。それは 1809 年 5 月に始まる第 2 次ヴィーン占領時に、オーストリアにとっては屈辱的だが、講和条約が結ばれ、翌年には皇女マリー・ルイーゼがナポレオンの妃として差し出される、仏・墺の融和が促進された時節である。セイヤー伝記の縮小英語版編者フォーブズが、占領軍会計官ドゥ・トレモン男爵の回想録のなかにある、同人とベートーヴェンとの交流のシーンを紹介している。ベートーヴェンが「もし私がパリに行ったら、あなた方の皇帝に挨拶する義務があるだろうか［引用者注：挨拶しなければならないですか］」と問うた、というのである［Forbes, 467 ページ］。しかしこうした"雪融け"の思潮も《エロイカ》の創作意図復元にまでは進行しなかった。

　では、ベートーヴェンの死後に浄書スコア譜における抹消行為を発見した人々からは何の反応も出なかったのであろうか。それを伝えるものは知られ

第 19 章　1803 年 5 月〜04 年 11 月　ナポレオン戦争開戦の足音

ていないが、むしろ、すでに言及したように、ナポレオンではなく、他の誰かを想定し、それを誰にするか、という方向に詮索が進んだ。ドイツ・オーストリアとフランスとのその後長く続く敵対関係を考えなければならない。フランスは 1805 年以降はっきりとオーストリアの敵国であり、ナポレオンはやがて捕えられて、ヨーロッパ全体に対する犯罪者との烙印が押されることとなる。またフランス革命についても、それが正しいことだったのか間違いだったのか、というボナパルティストと保守派の間で評価の激しいせめぎ合いがなおも続く。ドイツにおいても、ベートーヴェン像は、生前から 19 世紀末に向けていっそう高まっていくナショナリズムに支配されていたばかりでなく、1840 年代には「ライン河を国境に」というフランスの要求は再び声高になり、さらに 1870 年の普仏戦争へと、反フランス感情の火種は尽きなかった。したがって、ベートーヴェンがパリ訪問を計画していたなどということはあってはならないのであって、ベートーヴェンが一時的に傾いたのはナポレオンの高邁な理想だけであった、という思考の枠組みが出来上がった。

　リース証言についてもそうした背景を考える必要がある。1830 年代にフランスではナポレオン賛美が始まり、また西欧全体において王党派に対して未来を志向する共和派という自由主義思想の成長もある。リースの記述は、音楽家で当時まず最初に自由主義の態度を明確にしたのは実はベートーヴェンである、という文脈のなかで語られており、共和派の立場に立つベートーヴェンと、それを裏切ったナポレオンという悪者を対置させて、なおかつフランスにおけるナポレオン賛美に敵対する、という構図が見られる。

　ドイツでは文芸学者の間で、出版物の分析を通してこの時期の思考の枠組みに迫る試みがさまざま探求されており、その成果のひとつが、本章で扱ってきた問題に意外な結末をもたらすこととなった。リースの記述に比べて、尾ひれやドラマ性はより少ないが、この物語はすでに 2 年前に公にされていた、という事実が指摘されたのである。それによって、リースの語りはその焼き直しである可能性が浮上した。エルンスト・オルトレップ［Ernst Ortlepp］の『ベートーヴェン　空想的描写 Beethoven. Eine phantastische Charakteristik』（ライプツィヒで 1836 年出版）［新カタログ文献表になし］という書物だが、題名からも推察できるように、これは小説に他ならず、有名なシーンはこの文学者の思いつきであると推定することができる。

577

第20章

1804〜06年前半

オペラ《ヴェスタの火》
そして《レオノーレ》着手から
初演、第1次改訂再演まで

ナポレオン第1次ヴィーン占領の影響を後世は捉えきれているか

1. 《ヴェスタの火》着手1週間で新台本探し始まる
2. ヴィーン・オペラ界へのフランス・オペラ浸入
3. アン・デア・ヴィーン劇場における
   フランス・オペラ翻案の上演
4. ゾンライトナーとは何者か?
5. フランス原産オペラの新たな潮流
6. この潮流にベートーヴェンをあてはめる
7. ガヴォーの"レオノール[Léonore]"、レオノーラ[Leonora]、
   そしてレオノーレ[Leonore]かフィデリオか
8. アン・デア・ヴィーン劇場の居室から連夜の観劇
9. 作曲の進行はパリ旅行計画と並行
10. 上演の申請
11. 初日を迎える政情
12. 初演の失敗から改訂へ
13. 第2稿の上演
14. アン・デア・ヴィーン劇場の危機

第Ⅱ部　歴史的考察

　古代ローマの火の女神ヴェスタを扱ったシカネーダーによる『ヴェスタの火』の台本がようやくベートーヴェンの手に渡るのは、先に引用したように、リースの10月22日書簡 [BGA 165] に「もうすぐ彼のオペラのテーマを手にするところ」とあるので、1803年10月末頃と思われる。オペラ作曲の契約から9ヵ月も経っていたが、それはシカネーダーの筆の進みがあまりに遅かった所為にされている。そして《エロイカ》の完了がほぼ見通しの付いたときに台本が出来上がったので、シンフォニー第3番から《ヴェスタの火》へと間断なく移行した、ということになる。タイミングがよすぎるような気もする [後述]。もし、契約から3ヵ月後、大コンサート終了ほどない5月頃に台本が出来上がっていたら《エロイカ》はどうなっていたことだろう。ベートーヴェンはそのときアン・デア・ヴィーン劇場の専用居室に住んでいるのであり、シカネーダーは《エロイカ》の進み具合を毎日のように尋ねることもできたはずだ。

　それはともかくとして、日本語諸文献では、《ヴェスタの火》[Unv 15] 断念から《レオノーレ／フィデリオ》[Op.72] 着手への移り変わりについて、あるいは新しい台本の成立について、為される説明はさまざまに食い違っている。具体的な文献名は挙げないが、アン・デア・ヴィーン劇場支配人ブラウン男爵からの委嘱であるとか、その下で劇場芸術監督（あるいは事務長）を務めるゾンライトナーが自身作成の台本を託したとか、あるいはその正反対に、原作のフランス語台本を読んだベートーヴェンが創作意欲を掻き立てられて友人のゾンライトナーに台本作成を依頼したとか、最近ではそのあたりを曖昧にして具体的言及を忌避したと思わせるものもある。新カタログにおいては、各作品の項においてそれぞれの作曲経過が別個に言及される関係上、両作品の接点について議論する場がそもそもない。

　《ヴェスタの火》の進行と挫折についてはその概略をすでに第16章8で述べたが、そこから《レオノーレ／フィデリオ》着手に切り替わっていく状況を俯瞰した研究はこれまでなく、一般に、ベートーヴェンの好みの問題のように、すなわち前者の台本の欠陥が目に付くようになり、その頃に出会った後者の題材が気に入り、乗り換えた、と思われているのではないか。台本に

第20章　1804〜06年前半　オペラ《ヴェスタの火》そして《レオノーレ》着手から再演まで

付曲するのは作曲者の意志であるという限りにおいてそれは正しいが、オペラ上演の実現は作曲者個人の問題ではなく、劇場との関係がその前提としてある。仮に題材選択が個人の問題だとしても、社会環境との絡みをどう読んだかという視点がオペラ作曲について考察する場合には欠かせない。遺された数少ない手がかりを、同時的な全体状況のなかに擦り合わせて、ここで少し詳しく検討してみたい。

　近年、《レオノーレ／フィデリオ》の初期稿を最終稿と区別し、前者を《レオノーレ》、後者を《フィデリオ》と呼ぶことが慣習化している。それはもちろん可能だが、《レオノーレ／フィデリオ》の創作は3段階あって、二極化は1805年の初稿と1806年の第2稿を合成することで、すなわち最終的な《フィデリオ》と、その前段階すべてを一括りにして、成り立つものである。しかも初稿は3幕であり、第2稿による再演時から2幕となったので、この2つの稿の合成がそもそも無理である。また"最終的な"《フィデリオ》と言ってもそれは1814年5月23日の第3稿初演時の形ではない。第2夜にようやく序曲が初演されたことは別にして、それ以後にも初稿を採り入れた改訂が為される。タイトルも初演時段階から楽譜と台本では異なっており、すっきりと2つに区分できるものではない。

　《レオノーレ》と《フィデリオ》という2つのオペラがあるというのは新たなる誤解であり、それは《オリーブ山のキリスト》を3曲あるとしてしまうのと同じくらいの矛盾を孕んだ処置であろう。問題を総合的に考えるために本書での記述はしばらくは《レオノーレ／フィデリオ》の表記で進める。この2つのタイトルの並存はなぜ起こったのか、またベートーヴェン自身はそもそもどう考えていたのか、その検証もしてみたい。なお、新全集が未出版なので、全体像をどう捉えるべきか独自に判断せざるを得ず、校訂報告書がやがて刊行された時点で、訂正すべき個所が出てくるかもしれない。

　《レオノーレ／フィデリオ》初演が惨憺たる失敗に終わったことはよく知られているが、それはフランス軍の侵入直後のことであり、その影響をまともに受けたとされる。しかしその状況は当時のヴィーン、ことにアン・デア・ヴィーン劇場におけるオペラ上演全体のなかで捉えて、評価され直さなければならない。また《ヴェスタの火》は、ベートーヴェンが作曲の続行を放棄した後、シカネーダーが台本を改めて託したヴァイグルによって完成され、《レオノーレ／フィデリオ》初演に先立つこと2ヵ月、1805年8月10日に同劇場で初演された。それは結果的にシカネーダーの最後の台本となり、

581

彼の人気の凋落を証明したとされ、ベートーヴェンが古くさい台本に飽き足らずに、新しい時代の要請に応える救済オペラに転じた、と肯定的に捉えられている。しかしそのような見方も、当時の現実を踏まえて為されなければ、後世の独善に終わる。

1806年の改訂上演の際には好ましい反応も見られたと伝えられるのに、《レオノーレ／フィデリオ》はさしあたって舞台から完全に消えたのはなぜか。後世は初演失敗の原因をナポレオン軍のヴィーン占領の影響に限っていないだろうか。そして1807年あるいは08年にプラハで上演する可能性が出たとき［第6章11］、序曲（《レオノーレ》序曲第1番["Op.138"]）だけを改めて書いたことも謎に包まれている。

1 │《ヴェスタの火》着手1週間で新台本探し始まる

《ヴェスタの火》の作曲作業に取りかかったことをはっきりと証明するのは、1803年11月2日付、プラハの画家アレクサンダー・マッコ（1767-1849）に宛てた書簡［BGA 169］である。マッコは歴史画・肖像画を専門とし、エッチングやリトグラフでも作品を描いていた。1802年から03年にかけてヴィーンに居住してベートーヴェンとも親交を温めたが、プラハに去っていた。同書簡のなかでベートーヴェンは「ヴィーンでもうあなたと一緒にいることができないのが私には悲しい」と言っている。その後段が、突然に「マイスナーの申し出は私にはとても歓迎です」と切り出される。それにより、プラハ在住の劇作家でプラハ大学の美学教授アウグスト・ゴットリープ・マイスナー（1753-1807）がベートーヴェンのためにオラトリオの台本を書き、マッコに託したことが判る。後にもよくあるが、高名となったベートーヴェンに作家が自主的に台本を書いて作曲を依頼するという例の嚆矢なのか、あるいはマッコがヴィーンにいた頃、すなわちハイリゲンシュタット帰還後は、「これからはオペラ、オラトリオ、その他だ」［BGA 113］という時期であったから、そう公言するベートーヴェンを目の当たりにして、プラハで知り合ったマイスナーに声をかけたのか。ベートーヴェンがこの種の大作品をいよいよ書くことへの期待が1年ほど前にライプツィヒにも聞こえていたことはすでに前章で紹介したが、《オリーブ山のキリスト》以後にあっては、全ドイツ的に高まっていたとまではいわないとしても、プラハでも当然そうであっ

たろうから、マイスナーが勝手に書いてマッコに取り次ぎを頼んだのか。上記に続くベートーヴェンの回答は、「ちょうどいまオペラに着手したところで、その上演を考え合わせると、復活祭までふさがるかもしれませんので、この際、オラトリオを作曲することは不可能です」というものであった。こうして《ヴェスタの火》の作曲が始まったことが確認されるのである。

　しかしシカネーダーの台本は最初からしっくり来なかったようで、早くも11月12日付のグリージンガーのヘルテル宛書簡のなかに「［ベートーヴェンは］現在、シカネーダーのオペラに作曲していますが、彼が私自身に語ったところによれば、彼は思慮深いテクストを探しています」という記述がある [Biba/Griesinger 212ページ]。またフリードリヒ・ロホリッツ（1769-1842）に宛てたベートーヴェンの1804年1月4日付書簡 [BGA 176] は、「あなたの本を、私の最も敬愛する方、当地でヴィーデン劇場でも検閲官を務めている人物［原注：もしかしたら1804年12月まで同職にあったフランツ・カール・ヘーゲリン］の躊躇と怠惰によりこんなに遅くなりましたが、お戻しさせてください。——それに付曲できれば私もたいへん幸せでしたが、私にはいま不可能でした」という書き出しで始まっており［後述］、ここからロホリッツがベートーヴェンにオペラ台本を送ったらしいことが判る。劇場ではまず専属の検閲係が当該台本を取り上げるかどうかについて審査するという事情があったようで、送り返すのが「こんなに遅くなって」と言い、それを検閲官の所為にしているところから、ロホリッツが送ったのは1ヵ月以上前のことではないか。しかもそれはまだ完全には出来上がっていない台本であったようで [BGA 176 注2]、ブライトコップ&ヘルテル社の刊行する『総合音楽新聞』の編集長を務めている彼はグリージンガーから11月半ばに情報を得て、急いで台本の作成に入り、そのあらましを12月初め頃にベートーヴェンに送った、という想定が可能である。

　《ヴェスタの火》をついに始めはしたが、1週間程度でもう新たな台本探しが始まっていたことをグリージンガー書簡から見て取ることができる一方、その2ヵ月後のロホリッツ宛書簡の後段からはすでに《レオノーレ／フィデリオ》の作曲が進行していることが判るので［後述］、ベートーヴェンがヴィーンでも同じように台本探しの声かけをし、ゾンライトナーがいち早く反応して、すなわち1803年11月中に接触があった可能性もあるのではないか。

　仮にそうだとすると、ゾンライトナーがアン・デア・ヴィーン劇場監督（事務長）に就任するのが1804年2月14日のことなので [BGA 176 注4]、こ

の台本作者は職務行為としてベートーヴェンと接点を持ったのではないということになる。また2つの宮廷劇場支配人ブラウン男爵が、アン・デア・ヴィーン劇場を買収してそれをも傘下に収めたのはその5日前の2月9日であるので［BGA 176 注4］、同男爵による委嘱という説も否定される。

2 │ ヴィーン・オペラ界へのフランス・オペラ浸入

ここでいったん脇道に逸れて、ベートーヴェンが『レオノーレ／フィデリオ』台本にたどり着く直前の、すなわち1802年および03年における、ヴィーン・オペラ界の全体的な傾向を覗いてみよう。主として依拠するのは、例によってバウアーの『ヴィーンのオペラとオペレッタ』である。両年に実働しているオペラ劇場は2つの宮廷劇場（ブルク劇場とケルンテン門劇場）と2つの私営劇場（アン・デア・ヴィーン劇場とレオポルトシュタット劇場）であった。両宮廷劇場では、先に見た1801年の傾向［第16章8, 484ページ］が続いており、すなわち、イタリア・オペラが中心であるが、その上演のほとんどが旧作のドイツ語翻案で、この2年間における新作のイタリア語オペラは1803年1月29日、ブルク劇場でマイル作曲、ガメッラ台本の《リディアのエルコーレ（ヘラクレス）》だけである。旧作でも原語上演は1803年6月26日のパイジエッロ《セヴィリアの理髪師》（初演1782年9月15/26日サンクト・ペテルブルク）だけであった。レオポルトシュタット劇場では新作は年に数回で、市民向けのジングシュピールが占めていた。

年間40〜50ある初演・新演出再演オペラの約半数を上演していたのが、前年6月にアウフ・デア・ヴィーデン劇場の後継として開場したアン・デア・ヴィーン劇場である。シカネーダーは開場時から、解任される1804年2月まで、そこの座長を務めていたが、劇場の経営は所有者の本業に左右されたために安定せず、彼は1802年5月から03年2月までの間いったん経営から身を引き［BGA 174 注4］、建設資金出資者の商人バルトロメウス・ツィッターバルト（1757頃-1806）が支配人となった。そして1802年6月を最後に彼の台本によるオペラは舞台から姿を消した。03年3月以降、再び彼の台本が、旧作を含み、舞台に掛かるが、シカネーダーが1790年以来敷いていた魔法オペラ（《魔法の島》《魔法の笛［魔笛］》《魔法の太鼓》等）や英雄的喜劇ないし神話オペラ（《モーゼ》《アルカディアの鏡》《イタカの王子テ

第20章　1804～06年前半　オペラ《ヴェスタの火》そして《レオノーレ》着手から再演まで

レマコ》《アレクサンダー》等）の路線は集客の限界に来ていた。同劇場で
それに代わって目立ってくるのがフランス・オペラのドイツ語翻案である。
これは同劇場の著しい特徴であり、2つの宮廷劇場とのはっきりとした差別
化である。取り上げられた作品とその初演日をピックアップしたのが、以下
の表である。

アン・デア・ヴィーン劇場初演日	作曲者・タイトル	パリ初演日	台本原作者
1802年3月23日	ケルビーニ《ロドイスカ》	1791年7月18日	ロロー
1802年5月29日	グレトリー《リチャード獅子心王》	1784年10月21日	スデーヌ
1802年8月13日	ケルビーニ《アルマン伯爵、または忘れがたき2日間》		
	原題《2日間、または水運び人》	1800年1月16日	ブイイ
1802年9月16日	マウラー編《この家売ります》	合成オペラ	デュヴァル
1802年12月18日	ケルビーニ《ベルナール山》	1794年12月13日	サン＝シィル
	原題《エリザ、またはモン・サン・ベルナール氷河への旅》		
1803年3月31日	ダライラック《ゲーテブルクの塔》	1801年12月12日	マルソリエ
	原題《レエマンまたはノイシュタットの塔》		
1803年5月24日	メユール《きつね同士》	1802年4月5日	ブイイ
	原題《狂気》		
1803年6月22日	ル・ジュール《コジレの洞窟》	1796年5月11日	デルシ
	原題《カリプソ島のテレマク、または知恵の勝利》		
1803年7月9日	メユール《気質》	1801年2月17日	マルソリエ
	原題《怒りん坊》		
1803年8月7日	メユール《宝探し人》	1802年7月29日	ホフマン
	原題《偽りの財宝、または盗み聞きの危険》		
1803年8月25日	メユール《ヘレネ》	1801年2月17日	ブイイ
1803年9月29日	ダライラック《水と火》	1802年10月30日	ホフマン
	原題《巻き毛》		
1803年10月19日	ルブラン《賃借人ロベール》	1800年	ベルナール＝ヴァルヴィル
	原題《マルスラン》		
1803年11月3日	デッラ＝マリア《召使いのおじさん》	1798年12月8日	デュヴァル
1803年12月14日	メユール《ヨハンナ》	1802年11月23日	マルソリエ
1803年12月31日	ケルビーニ《囚われの女》	1799年9月12日	ドゥ・ジュイ／
	（ボイエルデューとの合作）		ロンシャン／サン＝ジュスト

　パリでの初演はほとんどがフェイドー劇場においてであるが、その初演日

第II部　歴史的考察

と原題名、原作者の確認は MGG 2、および NGO による。その世界初演とヴィーンでの翻案初演をつなぐ文献はなく、まったく類推の及ばない別タイトルとなるケースも確認できるので、作品の同定は簡単ではない。とはいえ、タイトルの近似性は決め手のひとつであり、また世紀の変わり目あたりからパリでの流行作品がヴィーンに流入したことを鑑み、いわば"古典的な作品"は別として、初演時から月日の余り経っていないリアルタイム性も勘案してこの作業を進めた。さらに台本作者名が判明している場合はそれも手掛かりとなるが、同じコンビで何作か続くことも少なくないので、機械的に同定できるわけではない。初演日が現段階で突き止められない 1 例（ルブラン作）もあった。今後の研究により訂正が必要な事例もあるかもしれないことを留保しつつ、ケルビーニ作品のヴィーン初登場時を起点に、ベートーヴェンが『レオノーレ』台本と出会う 1803 年末まで、ヴィーンで上演されたフランス原作オペラすべてを一覧した。

　ドイツ語台本は、1802 〜 03 年の 15 作中 7 作がイグナーツ・ザイフリート（1776-1841）によるもので、その他が 3 作、不明が 5 作である。

　これに対して、同じ期間に 2 つの宮廷劇場で上演された同種オペラは以下の 4 件である。

1802 年 8 月 14 日　ケルンテン門劇場
　　　　　　　　ケルビーニ《危険に満ちた 2 日間》 1800 年 1 月 16 日　ブイイ
　　　　　　　　原題《2 日間、または水運び人》
1802 年 11 月 6 日　ケルンテン門劇場、12 月 5 日　ブルク劇場
　　　　　　　　ケルビーニ《メデー》　　　　　1797 年 3 月 13 日　ホフマン
1803 年 8 月 22 日　ケルンテン門劇場
　　　　　　　　メユール《ヘレネ》　　　　　 1801 年 2 月 17 日　ブイイ
1803 年 9 月 22 日　ケルンテン門劇場、10 月 4 日　ブルク劇場
　　　　　　　　ケルビーニ《ポルトガルの宿》 1797 年 3 月 13 日　サン＝テニャン

　ドイツ語台本は、不明の《ヘレネ》以外は、当時、宮廷劇場支配人ブラウン男爵の下で演出家兼詩人として雇われていた、そして 1814 年にベートーヴェンが《フィデリオ》最終稿の台本改作を委嘱することになる、ゲオルク・フリードリヒ・トライチュケ（1776-1842）が担当した。

586

第20章　1804～06年前半　オペラ《ヴェスタの火》そして《レオノーレ》着手から再演まで

3 ｜ アン・デア・ヴィーン劇場におけるフランス・オペラ翻案の上演

　フランス・オペラ翻案の上演は1801年6月に開場した新設のアン・デア・ヴィーン劇場がシカネーダー監督の下に打ち出した新機軸で、その第1弾が翌年3月23日に初日を迎えたケルビーニの《ロドイスカ》であった。バウアー文献は初演・新演出再演の初日のみを挙げたもので、続演されていく状況はつかめない。現在、「Die Oper in Italien und Deutschland zwischen 1770 und 1830」というサイトがあって、これを参照するとその点を補完できる。ただし、バウアーには台本作者や改題、改作者、使用言語等についての情報が不完全ながらもあるのに対して、これにはそうした情報はない。

　《ロドイスカ》は9月23日までに26回の上演を数え、大当たりを取った[以下において、上演回数についての言及は上記サイトで把握できる上演日を数えたものである]。この作品はフランス革命後の世相を反映してフランス・オペラ界で流行した新しい傾向を切り開いたとされ、危険に遭遇した主人公が最後に"救出"されてハッピーエンドとなるという枠組みを持っていた。その種の作品は、20世紀に入って「レスキュー・オペラ」とカテゴライズされるようになるが、投獄された政治犯が愛や道理などの普遍的価値によって監獄から救出されるというプロットはその特殊型といってよい。まさしくそれを反映した《フィデリオ》は、「レスキュー・オペラ」がドイツ語圏に流入していく接点に位置し、そしてドイツ語ロマン主義オペラへと受け継がれていった、というのがオペラ史のあらましである。

　危機から救出へというパラダイムは、広く採れば、《オリーブ山のキリスト》、そしてベートーヴェンのシンフォニー第5番および第9番にも共通するものである。またフランス革命前のオペラにもその原型のようなものはあり、シカネーダーが取り上げたフランス・オペラ翻案第2弾のグレトリー作《リチャード獅子心王》もその一種と言えるが、こうした"古典的名作"はドイツ各地でも以前から翻訳上演されており、ヴィーンでもすでに1788年1月7日にケルンテン門劇場で、さらに1800年6月14日にヴィーデン劇場で上演されていた。したがって1803年の上演時にはそのときの楽譜と台本が使用されたと思われ、そこから鑑みるに、後世からは「第2弾」と見えるかもしれないが、この段階ではまだ、"フランス・オペラ翻案連続上演"といっ

第II部　歴史的考察

た企画が存在した、というわけではないかもしれない。

　革命直前のパリに定住するようになったルイジ・ケルビーニ（1760-1842）は、革命後にフランスに帰化して、マリー＝ルイ＝シャルル＝ゼノビ＝サルヴァドール・ケルビーニと名乗り、1791年7月18日にフェイドー劇場で初演された《ロドイスカ》によってフランス・オペラ界に地歩を築き始めた。そして《エリザ》（1794）、《メデー》（1797）、《ポルトガルの宿》（1798）、《囚われの女》（1799）、さらに《2日間、または水運び人》（1800）と、次々に成功作をものにし、一躍、フランス・オペラ界の第一人者に躍り出た。そうした名声がヴィーンにも伝わり、1802年3月23日にケルビーニ作品ヴィーン初登場の運びとなったわけである。

　その成功は宮廷劇場を刺激して、別のケルビーニ作品の入手に向かわせ、そして8月14日に上演する旨、そしてその題名《危険に満ちた2日間》（ドイツ語）が告知された。それに対して、抜け目のないシカネーダーは7月初めに、アン・デア・ヴィーン劇場の座付き作曲家・指揮者で当時ミュンヒェンへ長旅に出ていたザイフリートを通じて、同じ作品の手書き譜を調達し、秘かに練習を始めた［TDR II, S.382/ 注：この個所の日本語訳は完全な誤読となっている（365ページ）］。そうして前日の8月13日にアン・デア・ヴィーン劇場が《アルマン伯爵、または忘れがたき2日間》（ドイツ語）を上演したのである。両劇場によるヴィーン初演を競い合う対抗は巷の話題ともなって、連日の上演に立ち会って両劇場の現在の実力を比較しようという関心も生れた。1802年10月6日付『総合音楽新聞』（1802, V, 25 〜 30ページ）は巻頭にその論説を載せている。チケットの入手が大変だったという記述もあるから、相当の評判となったことが窺われる。上演に接した具体的な感想は述べられても、この対抗に至った経緯等は触れられていないが、舞台裏の駆け引きについては評者は知りようもなかったのであろう。ただ最後に、公衆の願望として、ケルビーニの《ロドイスカ》や《メデー》も"国民劇場"（ブルク劇場のナツィオナールテアターこと）に登場することが、またパリからのたくさんの新しい出し物も、期待されるとしている。「同地から戻ってくるブラウン男爵が最高に素晴らしいバレエやジングシュピールを当地へもたらすよう、そしてそのすべてがフランスの劇場の趣味にきわめて正確に従って当地で上演されるべき」とし、さらにその具体的な提案に言及して記事は終わる。

　ここから見て取れることと、その後に現実に起こったことを照らし合わせると、次のような想定が可能であろう。すなわち、まず第1点としては、「8

588

第 20 章　1804 ～ 06 年前半　オペラ《ヴェスタの火》そして《レオノーレ》着手から再演まで

月末」とあるこの記事の執筆時点ではブラウン男爵はパリに行っていること、そして宮廷劇場は 11 月 6 日に《メデー》の公演にこぎ着けたのであるから、その上演マテリアルはパリから調達されたのであろうということ。第 2 点としては、しかし、それ以後、そして翌年に続いていくフランス・オペラ旋風とも言うべき現象はアン・デア・ヴィーン劇場の方で起こり、ブラウン男爵のパリ訪問とは別系統の出来事であったこと、である。セイヤーはそこまでは触れておらず、また日本語文献のなかには、2 劇場の対立関係にあって、ケルビーニ作品の獲得をあきらめたシカネーダーがベートーヴェンに白羽の矢を立てた、との解釈があるが、それは違うのではないか。シカネーダーは《ベルナール山》（原題《エリザ》）および《囚われの女》のケルビーニ作品のみならず、メユール（1763-1817）4 作を中心に、ダライラック（1753-1809）を 2 作、ル・ジュール、ルブラン、デッラ＝マリアを各 1 作と、フランス・オペラをほぼ月に 1 回のペースで次々と舞台に掛ける。このときメユールは作品数が最も多いが、各上演は 1 ～ 3 公演どまりであったのに対して、ダライラックの《ゲーテブルクの塔》はその年だけで 19 公演を数えた。

　ちなみに、ケルビーニの《2 日間》は、アン・デア・ヴィーン劇場では当日のみの上演であったが、宮廷劇場では 2 つの劇場でその年だけで 21 回の上演が続き、1805 年 9 月 23 日まで、年に十数回というロングランとなった。同一作品の上演を官営と民間の両劇場で同じように競う例はメユールの《ヘレネ》でも見られ、1803 年 8 月 22 日、ケルンテン門劇場で初演された後、25 日にアン・デア・ヴィーン劇場でも上演され、しばらく双方で競演が続いた後、後者は 9 月 1 日を最後に打ち切り、宮廷劇場の方は 2 劇場で翌年 2 月 6 日まで 16 公演を続けた。

　ベートーヴェンに提供する台本がなかなか出来上がらなかった事情も、こうした背景を考えると、あながち《エロイカ》の進行を見守っていたためだけではなさそうである。要するにシカネーダーは既存路線の継続としてベートーヴェンに新作を依頼しつつ、新路線も開拓して、二兎を追っていたのである。

　ベートーヴェンはというと、対立する 2 つの劇場間で起こった《2 日間》の先陣争いの時期にはハイリゲンシュタットにあってその戦いの埒外にいたが、シカネーダーからの招聘後は、フランス・オペラの導入が続くアン・デア・ヴィーン劇場の出し物は自分の居室から階段を下りさえすれば容易に観劇できる環境にあったから、《エロイカ》を書きながら新しい空気にも触れ

589

第II部　歴史的考察

ていた、ということであろう。こうしたヴィーンにおけるフランス・オペラ
熱は、前章4で言及したように、1802年3月25日のアミアンの和約によっ
て束の間の平和が訪れてヨーロッパ全体に流れた空気と関係していよう。同
年8月にブラウン男爵がケルビーニと直接交渉するためにパリを訪問するな
ど宮廷人の動きにはそうした変化を感じさせる。かくしてたくさんの上演マ
テリアルが流入し、ブイイ台本によるピエール・ガヴォー（1761-1825）の
「スペインの史実」と題された《レオノール、または夫婦の愛》（1798年2
月19日パリ・フェイドー劇場初演）もベートーヴェンの手の届くところに
たどり着いたと考えてよい。しかしケルビーニのついに実現したヴィーン訪
問はそれとはまったく異なる空気の下にであり、すなわち1805年11月に始
まるフランス軍のヴィーン占領下のことであった。1806年2月25日にケル
ンテン門劇場で、2月26日にブルク劇場で、ケルビーニはゾンライトナー
の台本により《ファニスカ》の世界初演を披露する。ゾンライトナーは結果
的に、当時の二大巨匠に台本をほぼ同時に提供したこととなった。

4 │ ゾンライトナーとは何者か？

　従来、《レオノーレ／フィデリオ》の台本がなぜ突然、ヨーゼフ・ゾンラ
イトナーから提供されたのかが不明瞭であった。彼は法律家としての経歴を
積み、1794年から96年まで『ヴィーン演劇年鑑』の編纂に携わった。1798
年から1804年まで宮廷秘書官としてさまざまな職務に就いたが、舞台関係
の仕事もそのひとつである。そのかたわら、実現はしなかったが、1799年
に『総合音楽新聞』に50巻からなる古楽の楽譜集『記念碑による音楽の歴
史　最古から最近まで』の構想を発表した。その第1巻『ハインリッヒ・イ
ザークまでのミサ曲とモテット』（仮称）は彫版が出来上がったものの、
1805年のフランス軍ヴィーン侵入により戦火にまみれた。彼はまた、1802
年3月15日にBAI社に加わっておそらく顧問弁護士のような任務を果たし
たと思われるが、ちょうどその頃からベートーヴェンは同社との関係を深め
る（最初の出版楽譜は同年8月出版のOp.14-1弦楽四重奏編曲）ので、2人
の間に個人的関係が成立していたことは、そのとき以来、確かであろう。さ
らには、ゾンライトナーは、ベートーヴェンが1800年夏にウンターデープ
リングに滞在した折に隣人となったグリルパルツァー家とは縁戚（妹の嫁ぎ

590

第20章　1804〜06年前半　オペラ《ヴェスタの火》そして《レオノーレ》着手から再演まで

先）であったので［第16章2］、両人の付き合いはもっと以前からかもしれない。彼がオペラ劇場と正式に関わるのは、前述のように、1804年2月16日にアン・デア・ヴィーン劇場芸術監督に任命されたときで、彼は同年8月31日まで同職にあったが、その後は両宮廷劇場事務総長に転出して、1814年に退任するまで約10年間、ヴィーンのオペラ行政を取り仕切っていた。1814年には、設立された「ヴィーン音楽愛好家協会」の事務局長に就任し、終生、その職をまっとうした。彼の人物像はひとことで言うと、法律家・行政官であり、音楽愛好家であるが、それにとどまらず楽譜出版やオペラ台本の執筆も手掛けるという実践的な活動にも成果を挙げた、多彩な才能、ということになろうか。

　台本作者としてのゾンライトナーはそのほか、1805年にヴィンターの《タメルラン》*（4月9日ブルク劇場）、1806年にはケルビーニの《ファニスカ》、ギロヴェッツの《アグネス・ソレル》*（12月4日ケルンテン門劇場）、およびザイフリートの《旅籠、金のライオン》（12月12日アン・デア・ヴィーン劇場）、1807年にヴァイグルの《ハドリアヌス帝》（5月21日ケルンテン門劇場）、ギロヴェッツの《エメリカ》（12月11日ブルク劇場）、1808年にギロヴェッツの《ヴァンドーム公爵の小姓たち》*（8月5日ケルンテン門劇場）、計7作があり、『フィデリオ』台本は処女作であった。というより、彼はフランス語に長けたヴィーン人として、ブイイ台本の翻案を引き受けたのではないか。ちなみに、上記で＊印を付したのは同様にフランス・オペラの翻案であった。

　彼の生涯はこのように多岐に渡り、変化に富んでいるので、生涯の各時点での地位や活動、人間関係はきちんと峻別して考察しなければならない。《レオノーレ／フィデリオ》に関して言えば、その着手が1803年末である一方、アン・デア・ヴィーン劇場での初演は1805年11月であるから、この作品の受胎と誕生の両端において、彼は同劇場芸術監督として関わったのではないことを改めて確認しなければならない。

　アン・デア・ヴィーン劇場は、その建築資金を提供した大商人のツィッターバルトが本業の経営不振から劇場を手放すことになり、1804年2月9日に宮廷劇場支配人ペーター・フォン・ブラウン男爵によって買収された。それにより彼は2つの宮廷劇場と併せて、3劇場を集中統括することとなり、ヴィーンのオペラ上演の90パーセント以上を傘下に収めた。彼は14日にシカネーダーを解雇し、16日に腹心のゾンライトナーを後任に任命した。同

591

第II部　歴史的考察

劇場は3月4日にメュールの《アリオダント》（初演1799年10月11日、パリ、オペラ・コミック劇場）によって再開場した。ゾンライトナーが監督として取り仕切った最初の出し物である。彼が宮廷劇場事務総長に転任するまでのその後の5ヵ月間で同劇場で初演されたオペラが、1例を除いて、すべてフランス・オペラのドイツ語上演かその翻案ドイツ語オペラであったことは注目に値しよう。以下にその9作を列記する。

アン・デア・ヴィーン劇場初演日	作曲者・タイトル	パリ初演日	台本原作者
4月10日	ボイエルデュー《アウローラおばさん》	1803年1月13日	ロンシャン
4月24日	イズアール《トルコの医者》	1803年11月19日	ヴィリエール
5月17日	フォーグラー《サモリ》	―	フーバー
6月2日	フィッシャー《障壁》 フランス原作 同定不能		
6月25日	ザイフリート《流行の夫たち》 フランス原作 同定不能		
7月10日	ボイエルデュー《バグダッドのカリフ》	1800年9月16日	サン゠ジュスト
7月26日	モンシニー《ローズとコラス》	1764年3月8日	スデーヌ
8月9日	タイバー《シェレディンとアルマンゾル》 フランス原作 同定不能		
8月14日	グレトリー《青ひげラウル》(フィッシャー編曲)	1789年3月2日	スデーヌ

　例外は、シカネーダーがベートーヴェンと同様にすでに契約をしていたフォーグラーのオペラで、彼の場合、3作契約であったが、うち1作は完成してしまったので上演を見送るわけには行かなかったのである。ちなみに、その台本作者はフーバーであり、彼はそのほかにこの年の後半にはさらに4作の初演オペラに台本作者として名を連ねている。

　ゾンライトナーが監督として自分の責任で上演したオペラがすべてフランス系オペラであったのは、彼の個人的嗜好というよりは、就任以前において、もしかしたらブラウン男爵の下で、ケルビーニの招聘を画策し、宮廷劇場のフランス・オペラ路線を模索ないし推進するチームにいた、といった事情があったためではないだろうか。そうして、1803年11月中旬にベートーヴェンが台本探しを始めたとき、旧知のよしみで、手もとにあるブイイ台本オペラを推奨したのではないか。

5 | フランス原産オペラの新たな潮流

　ここでもっと大きな視野から、この時期のヴィーン・オペラ界における変化を実証的に覗いてみよう。すべての劇場を対象にすると問題が拡がりすぎるので、アン・デア・ヴィーン劇場におけるこの時期のフランス・オペラ問題とする。まず全体を一覧しよう。

	全公演数	フランス・オペラ	比率	演目数	特記事項
1801 年	65	5	8%	3	開場 6 月 13 日
1802 年	86	37	43%	5	
1803 年	79	44	56%	11	開場 1 月 29 日
1804 年	141	98	70%	20	

　1801 年は、ダライラックの《アドルフとクララ》のみが 3 公演（10 月 17 〜 19 日）で、他の 2 演目（デッラ＝マリア《囚われの人》、ガヴォー《小さな水夫》）は 1 回限りであった。

　1802 年にフランス・オペラが突然増えるのは、ケルビーニ《ロドイスカ》の 27 公演（初日 3 月 23 日）という爆発的な人気のためで、その余波は年末に始まるケルビーニ《エリザ、またはベルナール山》6 公演（初日 12 月 18 日）に及んでいる。まさにケルビーニ作品の登場でヴィーンのオペラ界には劇的な変化が生じたと言うべきであろう。その他 4 公演はデッラ＝マリア《古城》2 公演、グレトリー《獅子心王リチャード》とダライラック《アドルフとクララ》が各 1 公演であった。しかしまだこの年は半数以上がドイツ・オペラ（46 公演）で、さらにその約 3 分の 2 にあたる 29 公演がシカネーダー台本による 8 演目であるが、それも彼が監督を退く 5 月 20 日以降は数も減るし、新作の上演はない。

　1803 年は何らかの事情で 1 月の大半が休演となったために、年間の公演数が少し減った。それでもフランス・オペラが増えて、公演の半数以上を占めるようになった。その主な要因はダライラック《ゲーテブルクの塔》（初日 3 月 31 日）が 19 公演と大きな人気を勝ち得たことによる。ケルビーニ

第II部　歴史的考察

《ロドイスカ》はこの年も6公演がなされた。一方、演目数も飛躍的に増えるが、公衆に支持されるものは多くなく、メユール5作品［上記参照］も《ヘレネ》および《ヨハンナ》は各3公演で終わった。シカネーダーは2月に復帰し、新作を3演目、舞台に載せるも、それぞれ3回、1回、5回の公演で、人気の陰りが明らかである。

　この趨勢は1804年になって頂点に達する。公演数それ自体がそれまでの1.5倍以上に増えたが、それを押し上げたのがフランス系オペラであることは一目瞭然である。その結果、年間公演数の7割をもそれが占めることとなった。ベートーヴェンはまさにそうした時期に《レオノーレ／フィデリオ》の作曲に取り組んでいたのであり、時流に乗ったというべきか。フランス由来のオペラの急増は、それまでの3年間に上演された人気作品の続演が継続していたこともあるが、新たに15年前の作品、グレトリーの《青ひげラウル》（初演1789年3月2日パリ、コメディ・イタリエンヌ劇場）が8月14日に幕開けして以来27公演を数え、さらに10月4日にフーバーの翻案台本によって初日を迎えた《カイロの隊商》（初演1783年10月30日フォンテンブロー）が13公演と、夏以降はほとんどグレトリー一色となったことが大きく影響した。加えて、今日ではオペラ文献からまったく消えてしまっているアドリアン・ケサン［Adrien Quaisin］（1766-1828）の《ソロモンの審判》（初演1802年1月パリ［日付および劇場不明]）が10月27日初日で年末までに9公演あり、その間の11月10日に初演された、往年の巨匠サリエリのドイツ語オペラ《ニグロ》は3夜のみの上演で霞んだ。

　さらに重要なことは、この年からフランス・オペラの台本から翻案して音楽が新たに書き下ろされたドイツ語オペラが出現したことである。そのなかには原作者が判明していないものもあるが、上に見たように、アントン・フィッシャー（1778-1808）の《障壁》（初演6月2日/4公演）を嚆矢とし、イグナーツ・ザイフリート（1776-1841）の《流行の夫たち》（初演6月25日/1公演）、フランツ・タイバー（1758-1810）［アントン・タイバーの弟］の《シェレディンとアルマンゾル》（初演8月9日/2公演）と続いた。その延長上に《レオノーレ／フィデリオ》はある。後の2人はそれまでシカネーダーの台本によってたくさんのオペラを書いていた。フランス原産オペラを翻案したドイツ語オペラは新しい時代の流れのひとつとなっていたのである。

594

6 │ この潮流にベートーヴェンをあてはめる

このようにして全体状況を展望した上でないと、書簡に書かれたベートーヴェンの個別的な発言はよく理解できない。上記の想定に、部分的にであるが、事実関係を当てはめていこう。

まず最初に引用したロホリッツ宛1804年1月4日付書簡［BGA 176］の書き出しの後に以下が続く。

> 題材が魔法ものでなければ、あなたの本は目下きわめて大きな当惑から私を救い出してくれたかもしれません。私はシカネーダー氏とまったくうまく行っておらず、というのは、同人の王国が実に、思慮深く含蓄に富んだフランス・オペラの光によって完全に終わってしまっており、私を彼は半年もそのなかに引き留めてきました、そして私は錯覚を抱かされました。彼にあって劇場での受けは完全には否定できないものですから、彼はいつもよりは思慮深いものを世間にもたらすだろうと、私は期待しましたので。しかしどんなに私は裏切られたことか、少なくとも私は、彼が詩と内容を他のものからよりよく、またより美しくさせるのでは、と期待しましたが無駄でした。このうぬぼれ屋さんはその気にさせませんでした。もう彼とは諦めました。私自身、何曲も作りましたが、考えてもみてくださいローマの主題です（それについて私はプランも何の経験もありません）、そして、私たちの当地のリンゴおばさんのような［傍点は引用者］、言葉と詩です。――私はいま急いでいにしえのフランスの本を編作させました。そして現在、その仕事を始めたところです。――あなたのオペラが魔法オペラでなければ諸手でつかんだところですが。公衆は当地ではまさにいま抗っています、つまり受け入れられていません、以前は求められ、人気があったのですが。

ここで言われている重要な点を改めて確認すると、まず「彼の王国」とはシカネーダーの魔法オペラを主体にした従来の路線のことであり、それが「フランス・オペラの光によって終わっていて」というのは、3で一覧したその上演状況に明らかであり、そして「私を半年もそのなかに引き留めて」というくだりは、この半年間、ベートーヴェンがそのすべての上演を実際に観劇したと解してよいであろう。「いつもよりは思慮深いものをもたらすだろうと期待した」が、「このうぬぼれ屋さん」シカネーダーは私を「その気にさせませんでした」。その「彼とは諦めた」「何曲も作ったが」「ローマの主題です」と言っているので、《ヴェスタの火》を途中放棄したことが明言

595

第II部　歴史的考察

されている。「リンゴおばさんのような言葉と詩」というのは何だか分らないが（原注もなし）、けなした表現であろう。ハイフンの後、「いま急いでいにしえのフランスの本を編作させた」は、もちろん、ゾンライトナーに《レオノーレ／フィデリオ》を、である。そしてまたハイフン。「あなたのオペラが魔法オペラでなければ」「以前は人気があったのですが」がすべてを語っている。公衆の趣味の変化をベートーヴェン自身が証言しているのであり、それは同時代人ゾンライトナーも共有するところであろう。《ヴェスタの火》から《レオノーレ／フィデリオ》への乗り換えはベートーヴェンの個人的嗜好によるものではなく、新しい息吹であった。アン・デア・ヴィーン劇場で次々と上演されるフランス・オペラのリアリティに彼が惹き付けられていったという側面は見逃せないだろう。

　そして新しい台本を求める声かけがライプツィヒにまで届き、それに応えた台本構想の提示が来て、それに対する不承認の返事が1804年1月4日に書かれた、という事実が現在の考察にとってきわめて重要である。1803年11月2日付マッコ宛書簡 [BGA 169] から判明するように、《ヴェスタの火》着手は10月末と推定され、2週間足らずの内に約10分ほどの音楽を書いたが、11月初旬ですでに放棄の考えが固まっていき、11月12日付グリージンガー書簡には新台本の声かけが確認される。当然、ヴィーンではその日付より早く周辺にその意向は漏らされていたと考えられるから、ゾンライトナーの耳にもその頃に入り、そして彼が手持ちのフランス・オペラから翻案を提示し、さっそく台本作成作業に入って、12月中にはある程度の方向性が決まった、と推察される。しかし台本、ことに歌詞の完成までには時間がかかったようで、ベートーヴェンが1804年2月/3月にゾンライトナーにパリ行きについて告白したとき [BGA 177]、その話のすぐ後に転じて次のように書いている。

　　　私はいまあなたに心からよろしくお願いいたしますが、4月半ばまでに本を、詩の部分に関してですが、完全に仕上げるよう。そうすれば私は仕事を先へ進めることができ、そしてオペラは遅くとも6月までに上演されることができます。そうすれば私はなお自分でその上演に携わることができます。

　「6月までに上演されれば自分が携わることができる」は、もちろんパリ行きを意識してのことであろう。

596

第20章　1804～06年前半　オペラ《ヴェスタの火》そして《レオノーレ》着手から再演まで

　シカネーダーが突然、解雇されたことは、彼との契約を誠実に実行しては
いなかったベートーヴェンにとって好都合だったのではないか。契約不履行
を問われることなく義務から解放されたからである。しかしその一方で、そ
れに伴って、あてがわれていた劇場居室から退出しなければならないかどう
かは、新たに同劇場のために別のオペラを書き始めたところなので、新体制
の判断次第であろう。上記引用の直後に次のように続けている。

> 　私の弟があなたに私の住いの変更について申し上げましたが、私はこのことを、よ
> りよいものが見つかるまでという条件で受け入れました。…私はツィッターバルト
> のもとでのそれに関する私の権利を、ブラウン男爵が劇場の所有者になっても、主
> 張したいです。…［中略］男爵の決定次第であって、ダメだと言われたら私はすぐに
> ここから出て行きます。私には前からいつも敵であり、私に抗う以外のことを彼か
> らされたことはありません。

　まさしく、ブラウン男爵は、ハイリゲンシュタットに出掛ける直前の
1802年4月に、宮廷劇場の使用許可を出さなかった人物である。そして、
前章で述べたように、さしあたって親友ブロイニングの住居に転がり込んだ
のである。シカネーダーには黙って勝手に始めていた新しいオペラの方は、
その台本作者がたまたま新監督になったので、同劇場での上演の見通しが立
ちはしたが、ベートーヴェンとしては何もかにもがうまく運んだというわけ
ではなかった［後述］。
　ベートーヴェンが《ヴェスタの火》を放棄して《レオノーレ／フィデリ
オ》の台本を手にするまでの間、すなわち1803年12月に書いていたのはピ
アノ・ソナタ《ヴァルトシュタイン》ハ長調［Op.53］であった。それは「ラ
ンツベルク6」スケッチ帖でこの両作品の間（前者は120ページ以前、後者
は146ページ以後）に出てくる。そこにはピアノのためのアレグレット　ハ
長調（バガテル）WoO 56とアンダンテ　ヘ長調 WoO 57のスケッチが混在し
ているが、これらは本来、《ヴァルトシュタイン》ソナタの楽章を構成する
ものとして構想されたと考えてよい。

597

7 | ガヴォーの"レオノール [Léonore]"、レオノーラ [Leonora]、そしてレオノーレ [Leonore] かフィデリオか

　ジャン゠ニコラ・ブイイ（1763-1842）の台本はガヴォーのオペラのために書き下ろされた。彼はノンフィクション物を得意とする劇作家だが、法律家として経歴を積み、フランス革命勃発後は新政府に参加し、トゥールで行政官をしていた。在職中にもグレトリーの《ピョートル大帝》（初演 1790 年 1 月 13 日オペラ・コミック劇場）に台本を提供するなどしており、退職後に文筆活動を本格化させた。上に示した 1803 年のアン・デア・ヴィーン劇場上演作品表に見るように、ベートーヴェンはブイイ・オペラを少なくとも 2 作、メユールの《きつね同士》（原題《狂気》）と《ヘレネ》は観劇した可能性がある。《レオノール、または夫婦の愛》（フランス語）の台本は、男装して自分の夫をジャコバン派の牢獄から救い出した、「トゥールの婦人」として知られる実在の人物をモデルにしたと言われ、もちろんそのままでは検閲は通らないので、「スペインの実話」と銘打ったものであった。

　一方、ピエール・ガヴォー（1761-1825）はボルドー大劇場の指揮者を振り出しに、パリでテノール歌手、作曲家としても活躍していた。フェイドー劇場ではケルビーニの《ロドイスカ》（1791）や《メデー》（1797）でタイトルロールの相手役を創唱し、また彼が作曲した最初のオペラ《子の愛》（1792）はベルリンを含むヨーロッパ各都市で人気を獲得した。以後、毎年 2 作以上を書き、第 16 作目の《レオノール、または夫婦の愛》でも自らタイトルロールの相手役フロレスタン役を創唱した。この時期の売れっ子オペラ作曲家であったわけで、ヴィーンで初めて上演されたのは 1801 年 6 月 27 日に《小さな水夫、または即席の結婚》（初演 1796 年 1 月 7 日フェイドー劇場）がヘルクロッツによるドイツ語台本によってであった。

　その後について言うと、ヴィーンで 1802 年以降のフランス・オペラ人気のなかで、ガヴォー作品は、1804 年末に《小さな水夫》が再演されるまでは 1 点も舞台に掛けられていなかったが、それをきっかけに、1805 年に集中的にヴィーン初登場の 4 作が上演されていく。《レオノール》は、上演マテリアルが取り寄せられてスケジュールに載るところ、ベートーヴェンの手に渡ったことで、原作の上演が見送られたのかもしれない。《レオノーレ／

フィデリオ》とガヴォーとの関係は、点と点としてではなく、こうした全体的展望のなかで捉えられなければならない。セイヤー以来、《レオノール、または夫婦の愛》は劇場の専属歌手が書いた［「本職の作曲家ではなく」というニュアンスがないか?］オペラであることが強調されてきたように思われる。

その点でもうひとつ言及しておかなければならない件がある。パルマのオーストリア宮廷で公太子宮廷楽長の任にあったフェルディナンド・パエール（1771-1839）が1798年にヴィーンに転出したことは前述したが［第11章1］、それは、一般に思われているように、ケルンテン門劇場で指揮者として雇用されたからというよりも、彼の妻フランチェスカが宮廷劇場でプリマドンナとして契約したため、夫妻はヴィーンに移住し、そしてパエールはそこでときに指揮者を務め、また自身のオペラを上演することもあった、というのが真相のようである。事実、彼は以後も1804年まで公式にはパルマの地位を保持したままであった。彼女は1798年4月26日、ケルンテン門劇場でパエールの《愛の策略》（初演1795年12月4日ヴェネツィア）でデビューした。しかし1801年夏には早くも、パエールはドレスデンに移るとの報道が『総合音楽新聞』でなされ、フランチェスカの契約も1802年2月で打ち切られた。そのあたりからヴィーンでもイタリア語オペラは決定的に衰退したと思われ、その後はイタリア・オペラ団ではなくても上演できる古典的名作か、新作はイタリア人歌手（団）の客演による年1作程度となる（1805年2月〜9月に7作の初演がきわめて例外的）。夫妻はドレスデン選帝侯宮廷劇場に新天地を見つけ、同地でパエールには年に2作のオペラを提供する義務が課された。

そのひとつとして1804年10月3日に同劇場で初演されたのが《レオノーラ、または夫婦の愛》（イタリア語）である。これも、ジャコモ・チンティの台本により、「史実」と題されていた［MGG II］。ベートーヴェン作品が上演されるちょうど1年前のことだが、それとの混同を嫌ってベートーヴェン作品は《フィデリオ》というタイトルとなったと言われている。ドレスデンでのタイトルが1年後のヴィーンになぜ影響したのかは解説が必要であろう。セイヤーが述べているところでは［TDR II, 441ページ／この部分は英語版では割愛され、したがって日本語版にもない］、パエールはジョヴァンニ・フェデリコ・シュミットによるイタリア語テクストをドレスデン移住後ほどなくして手に入れ、同地で1804/05年のシーズン幕開けのオペラとして上演した。彼は公演の大成功に満足し、その翌日、ヴィーンに向けて発った。さらにイタリアへ赴くた

めである。セイヤーを補足すれば、おそらく、大仕事が終わったので彼はしばしの休暇がとれたのであろう。セイヤーが言うに、そのときパエールは新作品の写本を持参し、かつて少なくとも11作を上演した元の職場での上演を模索したのではないか、しかしそのときはそうはならなかった、なぜなら、ゾンライトナーがブイイとガヴォーの《レオノール》に関心を抱き、ベートーヴェンがその仕事をすでに始めていたからだ、というわけである。つまり、《フィデリオ》初演時に《レオノーラ》の上演マテリアルは間近に存在していたということであり、《レオノーレ》というタイトルはいつか上演するパエール作品のものとしてゾンライトナーは取っておいたのでは、と考えられる。

　その事実関係は残存資料によって証明されるのではないか。すなわち、初演に使用されたパート譜の底本となった校閲筆写譜［Quelle II, 1］では《レオノーレ、または夫婦の愛の勝利》（ドイツ語）であった題名が、印刷台本では単に《フィデリオ》とされているので［後述］、この時点でのベートーヴェンの意志は"レオノーレ"であり、ゾンライトナーがそれを"フィデリオ"に変えた、と考えてよい。

　後日談として、パエール作品はヴィーンで1809年2月8日にケルンテン門劇場で、9日にブルク劇場で、上演されることになるが、この時期にはすでにベートーヴェン作品はレパートリーから取り下げられており、宮廷劇場事務総長ゾンライトナーは2作品のぶつかりはないと判断したのではないか。ベートーヴェンの遺品のなかにこの作品の筆写譜が目録番号202として存在するので、この際にゾンライトナーを通じてベートーヴェンはその写しを入手した可能性がある。すると、1814年の改訂の際にパエール作品は何らかの意味を持ったと見るべきであろう。

　もうひとつ、題材を同じくするオペラ、マイルの《レオノーラ、または夫婦の愛》（イタリア語）にも触れておかなければならない。これは、パエール作品とベートーヴェン作品の中間の1805年7月26日にパドヴァで初演されたもので、ガエターノ・ロッシの台本に依ったから、ルーツはまた別である。こうしてみると、1798年にパリに出現したブイイの台本『レオノール』は4〜5年後にヴィーン、ドレスデン、パドヴァでほぼ同時にオペラ関係者の注目を引いたことが判る。その物語が基づいた実話は恐怖政治時代にしか起こらないような希有なものであったが、むしろ現実離れした異界こそオペラの題材として相応しかったのだろう。

第20章　1804〜06年前半　オペラ《ヴェスタの火》そして《レオノーレ》着手から再演まで

8 | アン・デア・ヴィーン劇場の居室から連夜の観劇

　アン・デア・ヴィーン劇場で上演されるフランス・オペラのリアリティに
ベートーヴェンが惹き付けられていたのではないか、という前述の見通しは、
イグナーツ・ザイフリートの後年の回想とも一致する。彼は《レオノーレ／
フィデリオ》初演の指揮者であり、1804年秋から08年夏までベートーヴェ
ンと同じ、5階建てのパスクァラーティ・ハウスに居住し、自身、その前後
30年にわたって近しい関係にあったと述べているが、セイヤーの引用から
該当部分を訳出してみよう［TDR II, 568ページ］。

> 　ベートーヴェンは、器官の疾患にまだ取り憑かれていないとき、好んで、そして繰
> り返し、オペラ上演に訪れていた。とくに当時すばらしく繁栄していたアン・デ
> ア・ヴィーン劇場のそれには。時として利用するになんとも快適だということもあ
> ろう、彼は自分の部屋から、そして平土間へと、いわばちょっと歩くだけで済んだ
> のだから。そこで彼を惹き付けたのはとくにケルビーニやメユールの創造物で、そ
> れらはその時期にまさにヴィーン全体を熱狂させ始めていた。そこで彼はオーケス
> トラの背もたれぎりぎりに陣取り、押し黙ったまま身動きせずに、弓使いの最後ま
> でじっとしていた。

　ここで同時にザイフリートは、当時、周辺の人々がベートーヴェンの耳疾
にまだ気付いていないことも暗に証言している。彼の認識では、ベートーヴェ
ンの印象的な行為は熱心さの余りと映ったのであり、それゆえに、疾患の
発生以前のこととまず断っての回想であった。
　ここで引用したのは、そのことの証明としてではなく、《レオノーレ／フ
ィデリオ》との関連からである。このくだりは英語版にも採用されたので広
く知られていると思われるが、ここでダライラックの名が挙がっていないこ
とは、その影響がこれまで議論されてこなかった一因となったかもしれない。
一覧表で示したように、ベートーヴェンがアン・デア・ヴィーン劇場に居住
していた時期にダライラック作品は2作、上演され、その最初が1803年3
月31日初日の《ゲーテブルクの塔》（原題《レエマンまたはノイシュタット
の塔》、初演1801年12月12日フェイドー劇場）であった。《オリーブ山》
初演の5日前であるので、可能性としてベートーヴェンはその日に観劇でき

601

第II部　歴史的考察

なかったかもしれないが、11月7日まで計19回の公演が行なわれており、彼が何度も見たことは確実であろう。その第1幕フィナーレで、舞台裏から、主人公レエマンの仲間が敵の軍団に捕縛されたことを告げるトランペット吹奏が聞こえる。これはまさしく、完成版《フィデリオ》で言えば第2幕第1場、第14曲でベートーヴェンが採り入れたシーンである。

　こうした目立った例は比較しやすいが、《レオノーレ／フィデリオ》とフランス・オペラの接点は台本レヴェルに留まるのではなく、ベートーヴェンが劇場に居住して、その連日のフランス・オペラ上演にどっぷりと浸かっていただけに、彼はそこからさまざまなヒントを得たに違いない。より詳しい比較研究は今後の大きな課題であろう。

9 ｜ 作曲の進行はパリ旅行計画と並行

　ゾンライトナーに「4月末までに台本を仕上げるよう」頼んで「6月に上演」［BGA 177］という見通しはともかくとして、前章で見たように、彼はパリ進出計画の只中であり、旅行のための作品を書き溜める課題も並行していた。しかし6月に《エロイカ》とトリプル・コンチェルトの試演で一段落すると《レオノーレ／フィデリオ》の作曲が本格化したと思われる。4月か5月に使用が始まった「メンデルスゾーン15」スケッチ帖はほぼ最初から最後まで《レオノーレ／フィデリオ》のスケッチが点在しており、そのため別名レオノーレ・スケッチ帖とも言われるが、しかし6月以前に書かれたトリプル・コンチェルトのスケッチもほぼ全編にわたって散らばっている、という奇妙なものである。前から後ろへと順を追って記入されていったのではなく、さまざまな個所からアトランダムに書き付けられたと見なされる。

　ふつうスケッチ帖は96枚規模で、その全部が綴じられたまま洩れなく残存しているわけではないが、その使用期間は8～10ヵ月くらいが一般的であるのに対して、レオノーレ・スケッチ帖はその倍の192枚規模であったと思われ、うち173枚が現存していて、1805年10月までの約1年半に及んでいる。しかも1804年6月以降の記入と思われるものは《レオノーレ／フィデリオ》を除くと、ピアノ・ソナタ第23番《熱情》［Op.57］（1804年8月～05年夏）と、ピアノ伴奏歌曲《希望に寄せて》［"Op.32"］（1805年2/3月）だけである。これは、最初にオペラのために分厚いスケッチ帖が特別に用意さ

れ、同時期の他の作品スケッチもそこに書き付けた、という実態を示していよう。使用スケッチ帖はその1点だけではなく、おそらく平行して使用されていた「グラスニック20a」スケッチ帖の一部として復元されるべき何枚かの残骸もあり、問題は単純ではないが、初めてのオペラ大作がそれなりの覚悟を持って始められ、2度の夏をまたいで進行したことを示している。

その間に起こった関連した動きとして、1804年8月31日をもってゾンライトナーがアン・デア・ヴィーン劇場を去って宮廷劇場事務総長に専念することとなり、ブラウン男爵は9月1日にシカネーダーを改めて監督に任命した［BGA 176 注4］。ベートーヴェンはこの夏を7月下旬までバーデンに過ごした後、ハイリゲンシュタットの南、オーバーデープリングで作曲を続行した。9月末か10月初めに、ザイフリートの住むパスクァラーティ・ハウスに落ち着いた。そうした折りに、年末頃からベートーヴェンは再びアン・デア・ヴィーン劇場の居室をあてがわれ、彼はそこをオペラ作曲の基地として使い、来客の対応やプライヴェート生活はパスクァラーティ・ハウスとする二重生活を送った。

新シカネーダー体制下でもフランス・オペラ翻案の上演は続き、たとえばダライラック作品は12月1日初日で《レオン、またはモンテネッロの城》が05年1月20日まで3回の公演があったし、近隣の2つの宮廷劇場では10月24日初日で《2人の小さなサヴォア人》が、05年9月13日まで交互に26公演のロングランとなった。12月29日からの《澄ました女》は3回の上演で終わった。ケルビーニ作品は、すでに馴染みとなっているものばかりだが、1804年だけでも22公演あった。それに対してメユールは元々あまり人気がなく、アン・デア・ヴィーン劇場で1804年3月5日に初演された《アリオダント》も3公演のみで取り下げられた。そのほかに再演もない。こうした状況は1805年11月中盤以降のフランス軍占領下では大きく変化することになる［後述］。

10 ｜ 上演の申請

《レオノーレ／フィデリオ》は1805年の夏を過ぎてようやく完成したと思われる。9月30日に上演許可申請が却下されたので［BGA 231（現存せず、BGA 237 より類推）］、何週間か前に申請され、その時点で一応完成していたと見ら

第II部　歴史的考察

れる。当日配布されるために事前に用意された印刷台本では「《フィデリオ》
2幕のオペラ　フランスものから自由に翻案された」［書簡交換全集第1巻276ペ
ージにそのタイトルページの写真］となおあるので、寸前まで2幕であったことが
判る。練習中に第1幕を2つに分けることが決定され、急遽、第2幕のへの
導入部分40小節［旧カタログにおいては《タルペヤ》第2幕導入曲と考えられ、独自の番号
WoO 2bが付されていたが、新カタログではこの番号は削除］が作曲された。そして本来
の「第2幕」は「第3幕」となって初演を迎えた。

　上演却下の通知に対して10月2日にゾンライトナーは宮廷劇場事務総長
および台本作者の名で、改めて帝国・王国検閲官に上演許可を請願した
［BGA 237］。理由は5点、箇条書きにされ、最後に「必要と思われる変更には
すみやかに手を付けます」と結ばれている。

　① ブイイのフランス・オリジナルによるこのオペラは、皇妃陛下がその
オリジナルをたいへんすばらしいと思われており、これほど楽しませるオペ
ラ台本はかつてないと私に確言されました。

　② このオペラはパエールがイタリア語のテクストですでにプラハとドレ
スデンで上演しました。

　③ ベートーヴェンは1年半以上にわたって私の台本の作曲に費やし、禁
止の心配などまったくなかったのですでに練習が行なわれ、皇妃の聖名祝日
にこのオペラを上演すべくその他の手配も行なわれてきました。

　④ 劇の筋自体、タイトルに示すのを忘れましたが、16世紀に起こったこ
とであり、何の関係も心配もあり得ません。

　⑤ 相当数のオペラ台本に大きな問題がありますが、現下のものは心を打
つ婦人の徳の情景であり、悪意ある支配者が、バルボアのベドラリアス［原
注：1805年3月16日にブルク劇場で初演されたコリンの悲劇］のように、ただ個人的復
讐を敢行したものであります。

　ここからさまざまなことが読み取れる。皇妃がフランス語台本を大変気に
入っているとあることから、その勧めでゾンライトナーがドイツ語訳を手掛
けたのではないかという説［Rice/Marie Therese (2003)］もあるが、上に見たよう
に膨大な数のフランス・オペラが当時のヴィーンに入ってきた実情から、た
またま皇妃ひとりの接点からこの企画が始まったというよりは、皇妃に見せ
た誰かがいたと考えるべきではなかろうか。そしてその聖名祝日、10月15
日に初演することを目指してきたのは、第1回の大コンサートのときの後ろ

604

盾と関連して、ベートーヴェン（ないしその周辺）の帝室に対するスタンス
と理解しよう。その日に初日を設定することで最上層の人々の列席や、話題
性がその後の集客にも影響するのでは、といった実利的な見通しを含めて。
また同素材による既存の上演として、7月にパドヴァで上演されたマイルの
オペラへの言及はないが、パエールのものはしっかり意識されており、題名
の選択にもそれが影響したと見なすことはここでも補完される。

　その結果、ほどなく、すなわち10月5日に上演許可が下りた。残存して
いるチラシには「本日、水曜日、1805年11月2日に上演される」とあり、
それが延期になったことから、まだ最後の手直し等もあり、そして練習にも
時間を要したと思われる。アン・デア・ヴィーン劇場演出家で、ドン・ピッ
ツァロ役を創唱したゼバスティアン・マイアー（1773-1835）宛書簡［BGA
235］に次のようにある。

> 赤鉛筆で為されているものはコピスト［原注：アン・デア・ヴィーン劇場専属のベンヤ
> ミン・ゲバウアーと思われる］がインクでなぞらなければなりません、さもないと消え
> てしまいます。──本日午後に私は改めて第1幕と第2幕を送ります、自分でも目
> を通したいので。［中略］序曲その他はご心配いりません、たぶん、あすすべて出来
> 上がっているでしょう。現在の運命的危機により私はやらなければならないことが
> ほかにも多くあり、絶対に必要でもないものは先延ばしせざるを得ません。

　この書簡の日付は確定できないが（書簡交換全集では「1805年秋」とだ
けされている）、「現在の運命的危機」に下線が引かれており、それがフラン
ス軍の進軍のことなのか、単にやっかいな上演準備状況のことを言っている
のか、判断できない。その間に事態は最悪の方向に展開していく。

11 ｜ 初日を迎える政情

　すでに8月9日にオーストリアはロシア、イギリス、スウェーデンととも
に、第3次対仏同盟を結成し、それら連合国はすでにフランスとの戦争状態
となっていた。9月24日にナポレオンは東方へ向けてパリを出立し、他方、
西方では10月11日にトラファルガー沖でフランス・スペイン連合艦隊がイ
ギリス軍に敗北した。いわゆる"ネルソン提督の勝利"と呼ばれるものである。
ナポレオンは10月15～16日の"ウルムの会戦"で大勝利を収め、ウルムは

第II部　歴史的考察

20 日に陥落した。30 日にベルナドット将軍率いる軍隊がザルツブルクに入城するに及んで、ヴィーンの貴族たちは疎開を始めた。皇妃が 11 月 9 日にヴィーンを脱出。10 日にはもはやナポレオン軍はヴィーンから 10 キロほどに接近し、13 日午前 11 時、15,000 人の先兵部隊がヴィーンに入城。15 日にナポレオン自身が到着してシェーンブルン宮殿を司令部とする。同時に、ナポレオンの義弟、後に両シチリア王国国王となるミュラ将軍はアルベルト大公邸を、ユラン将軍はロプコヴィッツ侯邸を占領して宿営とする、という大変な事態となった［TDR II, 487 ページ］。

　それでも《レオノーレ／フィデリオ》の練習は続き、騒然とした状況のなかで 11 月 20 日にアン・デア・ヴィーン劇場で初演を迎えた。21 日と 22 日に再演され、そして舞台から消えた。ベートーヴェン音楽の絶対的支持者である上流階級の人々は首都を離れていた。観劇に訪れたのもフランス将校が中心であったとされ、この際、原作がフランス由来であろうと、それはドイツ語を解さない人々には何の関係もないことで、不評の要因が戦時下であったことが強調されてきた。

　先に見た［本章 5］アン・デア・ヴィーン劇場におけるオペラ公演がこの年、どのような結果となったかを見ることは、《レオノーレ／フィデリオ》初演の実際を客観的に把握する助けとなろう。

	全公演数	フランス・オペラ	比率	演目数
1805 年	162	75	46%	20

　公演数が前年よりさらに増えたことは驚きである。問題の 11 月こそ 8 公演で、前年の半分程度であったが、それまでは毎月、前年を凌ぎ、戦乱の近づく 10 月も、連日グレトリー・オペラに湧いた前年の 24 公演ほどではなかったが、17 公演が維持されていた。フランス・オペラが比率として激減したことが目を引く。それでも 6 月まではその絶対数に大きな変化はないのだが、全体の公演数を押し上げたのは明らかに、前年 9 月に監督に再就任したシカネーダーの巻き返しであった。

　当初は前任者の残した上演スケジュールに従っていたが、年が替わると、旧作の再演を積極的に取り上げる。そうしてモーツァルトの《魔法の笛（魔笛）》のみならず、《ハーレムからの奪還（後宮からの逃走）》や《ドン・ユ

606

第 20 章　1804 ～ 06 年前半　オペラ《ヴェスタの火》そして《レオノーレ》着手から再演まで

アン（ドン・ジョヴァンニのドイツ語版）》も久々に舞台に載った。それら
を挟みながら、復帰後に委嘱した作品がそろそろ出来上がってくるところで、
その第 1 弾がフーバー台本によるフランツ・タイバーの《うっかり者》（1
月 29 日初演、31 日まで 3 公演）であった。そして 6 月 28 日に初演された
シカネーダー台本によるアントン・フィッシャーの《スヴェタルドの魔法の
谷》がナポレオン占領前に 23 公演、その後も 5 公演と大人気を博した上、
ベートーヴェンから返却された台本をヴァイグルに回した《ヴェスタの火》
が 8 月 10 日に初日を迎え、これも占領前に 17 公演、その後に 2 公演と、こ
の年の後半は魔法オペラと神話オペラのシカネーダー人気が蘇り、いわばそ
れが突然に劇場を席巻したのである。

　その背景として考えられるのはやはり、フランス軍の脅威に対して、フラ
ンス・オペラの拒否が始まったのではないだろうか。11 月 20 ～ 22 日の
《レオノーレ／フィデリオ》初演はいわばその最中のことで、1803 年末に新
たな時流を察知して創作に乗り出したが、出来上がったときにはそれを受け
入れる環境は消えていたというところか。パリ行きを目指して《エロイカ》
を書いたのに完成の暁にはそれどころではなくなっていたのと、皮肉にも類
似している。1 公演限りという大失敗に次いで、3 公演で終わるケースはよ
くあり、それは公演打ち切りのひとつ目安であったかもしれない。

　皇妃のヴィーン脱出の 11 月 9 日を目安に公演状況を詳しく見てみると、
それ以後に上演されたのは、ベートーヴェン作品以外に、占領開始の翌日
14 日と 24 日にフランス系オペラの上演があるだけであった。その後、休演
が 1 週間続いた。12 月は 3 日から 15 回の公演が、フランス系とドイツ系約
半々ずつ、ほぼ以前の状態に戻る。

　こうして見ると、確かに時期として最悪であったことが確認される。やっ
とのことで準備が調ったので公演を強行した、というイメージではないか。
そしてその間の公演準備には支障が出て、あるいは《レオノーレ／フィデリ
オ》の客入りの悪さに、劇場側が 1 週間の休演を決定し、全体として戦火の
直接的影響は 2 週間程度のものであったことが読み取れる。その只中であっ
たのだから、何が上演されても結果に変わりはなかったであろう。選りにも
選ってなぜそうなってしまったのか、なぜ強行したのか、残念な結果である。

　どのような層が観劇したのか。《レオノーレ／フィデリオ》のチラシ（11
月 2 日）に料金表が載っているのだが［このチラシを英語版は取り上げておらず、した
がって日本語訳では知られていない］、「大桟敷席」（一家で買い上げる何人分か）が

第II部　歴史的考察

10 グルデン、「小桟敷席」が 4 グルデンであるほかは、平土間席も 3・4 階
の一般桟敷席も 1 グルデン以下、最上階はわずか 12 クロイツァーで、庶民
も観劇できる値段であった。当たれば何十回もの続演となるので、同一人が
何度も観劇するのであろう。庶民的オペラ劇場は基本的には現在の映画並み
の集客力があったと考えてよいのではないか。

12 │ 初演の失敗から改訂へ

さて、上演の評判はどうだったのだろうか。セイヤーに詳しく記述がある
ので［TDR II, 488〜490 ページ］、かいつまんで紹介すると、たとえばコツェブ
ー主筆の『直言（フライミューティゲ）』紙 1805 年 12 月 26 日付は次のように報じている。

> フランス人たちのヴィーン侵入はヴィーン人たちにとって初めの内はまるで慣れる
> ことのできないもので、何週間かまったく異常な静けさであった。宮廷、宮廷の各
> 部署、主な大土地所有者たちは立ち去っていた。ふだんだったら馬車の絶え間ない
> 騒音が通りを押しのけているところ、一台の車がこっそりと通るのも滅多に聞かれ
> ない。…劇場も初めの内はまったく空っぽで、だんだんようやくフランス人たちが
> 舞台を訪れ始め、そして現在も観客の大多数を形成しているのは彼らである。最近
> は重要な新作はほとんど上演されなかった。新しいベートーヴェンのオペラ《フィ
> デリオ、または夫婦の愛》は好まれなかった。それは何回かしか上演されず、第 1
> 回の上演後はまったく空っぽであった。音楽も実に期待はずれで、玄人も愛好家も
> 当然にそう思った。

この部分の前半は日本語訳では紹介されていなかった。そこが重要で、
《レオノーレ／フィデリオ》初演はまさしく「異常な静けさの最初の何週間」
においてであり、ナポレオン入城後、最初の公演であったから、「初めの内
はまったく空っぽ」が最も該当するオペラであった。下準備の遅延が最悪の
状況下での初演という事態を結果したことは確かである。

1806 年 1 月 8 日付の『総合音楽新聞』に掲載された駐在員の報告は作品
に対する酷評である。

> ベートーヴェンの、みまごうことのない才能のこれまでの軌跡を、注意深く、冷静
> に見てきた者は、この作品にはまったく違うものを見ざるを得なかった。ベートー
> ヴェンはこれまで美のために新しいもの、特別なものによく身を捧げてきた。した

第20章　1804〜06年前半　オペラ《ヴェスタの火》そして《レオノーレ》着手から再演まで

がって、彼の最初のこの劇作品にはそれこそ独自のもの、新しいもの、何か独創的な創造のきらめきを期待したのである。そしてこれらの特質は、そこにはほとんどなかった。全体は、冷静に、先入観なしに見て、着想の点でも、実行の点でも、これといったものは何もない。序曲では、きわめて長いアダージョに続いてハ長調のアレグロが登場するが、これはベートーヴェンの他の器楽曲と比べようもない。歌の作品も新しいひらめきがあるわけではまったくなく、ほとんどが長すぎ、歌詞は絶え間なく繰り返され、さらに言えば、人をひきつけるような魅力がときにまったくないがしろにされている。…［具体例: 略］…合唱もまるで効果なく、囚人たちが自由な空気を吸った喜びにひたる場面も、明らかにできそこないである。

　興行的に戦時下で大失敗であったことと、作品の評価は分けて考えなければならない。当時のオペラ界に通暁した玄人からの手厳しい批評はそれなりの鑑識眼を反映したものであって、ベートーヴェン自身も気にしただろうし、言われずとも自覚しているところがあったに違いない。そして第2回の上演に向けて、初演時の校閲筆写譜［Quelle II, 1］に削除の斜線を引き、そして差し換える部分の原稿を新たに起こした。その模様を伝えるものとして、フロレスタン役を創唱したが荷が重すぎたフリードリヒ・デンナー（1785-1838）に代わって第2回上演で同役を歌ったヨーゼフ・アウグスト・レッケル（1783-1870）が、1861年にセイヤーの問い合わせに応えた、かなり詳しい記述がある［TDR II, 492ページ以下］。これは日本語でも紹介されていて有名なエピソードだが、半世紀以上後の述懐であり、記憶の信頼性に欠ける。新カタログは、「ベートーヴェンが自分の意志に逆らって、友人たちや後援者たちの強要により、改編を説き伏せられた、というしばしば記述されてきた逸話は根拠がない。これは俳優ヨーゼフ・アウグスト・レッケルの説明に基づくもので、証明できる事実関係の誤りや矛盾はヘルガ・リューニング［Lühning/Ur-Leonore (2000)］によって立証された」としている。ここではこれ以上は立ち入らない。

　現実としてベートーヴェンが行なった改訂はおおむね以下にまとめられる。各ナンバーの番号付けは新カタログによる。

　① 初演直前に追加した第2幕序奏［WoO 2b］を削除して、元通りの2幕とした上で、台本を短縮し、該当部分の音楽（初稿の第1幕第3曲、第5曲、第2幕第10曲、第3幕第12曲の前半）を削除したこと。

　② 第1幕の最後の部分（初稿では第2幕の最後）の台本を書き換え、その作業を友人のシュテファン・フォン・ブロイニングに頼んだこと。

　③ 序曲を差し替えたこと（「レオノーレ序曲第2番」を削除し、新たに

第Ⅱ部　歴史的考察

「レオノーレ序曲第 3 番」を作曲）。

④ 初稿第 2 幕序奏［WoO 2b］に代えて、38 小節の行進曲を挿入したこと。

⑤ ②に基づき、第 1 幕のフィナーレの前に新たに 2 曲を挿入したこと。

⑥ 第 1 幕のフィナーレを短縮したこと。

⑦ 初稿第 3 幕第 13 曲前半を削除したこと。

　この改編について、改訂稿初演の前にベートーヴェンはゾンライトナーに書簡［BGA 245］をしたためた。それは、改訂台本をなおゾンライトナーの名前で印刷させることについて書面による了解を賜りたいというものである。ケルビーニの《ファニスカ》（1806 年 2 月 25 日ブルク劇場初演）の台本書きで忙しいと思い、自分で変更を行なったと述べて、改編の要点を自ら語っている。

　　　あなたはこうした変更がなされることは耐えがたいことであったでしょうが、私たちのオペラの上演はさらに遅延してしまいますので、あなたのご許可を暗黙の内に期待できないかと思いました。3 幕から 2 幕だけとし、それを遂行するため、かつこのオペラに生き生きとした進行を与えるために、私はすべてをできる限り短くしました、囚人たちの合唱や主要なさまざまをです。これらすべてにより、第 1 幕の書き換えだけは必要となり、それによって台本の変更が発生します。台本は私の負担で印刷させます。いまいちど私のお願いのご了承をお願いいたします。

　このときベートーヴェンの費用負担で印刷され配布された印刷台本はこのオペラのタイトルを《レオノーレ、または夫婦の愛の勝利》としている。これは第 1 稿と第 2 稿に共通している（第 2 稿は元原稿に手を加えたもので、その限りでは厳密には「第 2 稿」という用語は不適切）校閲筆写譜［いずれの稿でも Quelle II, 1］に記された題名と完全に一致し、少なくともこの時点まで、それがベートーヴェンの意志であったことの完全な証拠である。それぞれの序曲が《レオノーレ第 2 番》、《レオノーレ第 3 番》と称されてきている拠り所でもある。もちろんその番号は区別のために後世が付したもので、その番号付が誤解に基づいて順番がずれたことについてはすでに述べた［209 ページ］。そして台本作者名はゾンライトナーとあるので、そのことは彼の了承済みということになろう［書簡交換全集第 1 巻 276 ページにそのタイトルページの写真］。したがって同時代の人はそう認識したし、またベートーヴェンとゾンライトナーの意志も公式にはそこに現れた通りであったと見るべきであろう。《オリーブ

610

第 20 章　1804 〜 06 年前半　オペラ《ヴェスタの火》そして《レオノーレ》着手から再演まで

山のキリスト》で見たように、そして《合唱幻想曲》でもまた確認するように、ベートーヴェンは台本の手直しを自ら積極的に行なった。この場合もそう思われ、どこにも「ベートーヴェン自らが手直し」とは明記されないことも共通している。ところが、1838 年にヴェーゲラーが『覚書』を出版したときに、ブロイニングが 1806 年 6 月 2 日付で姉夫妻に宛てた書簡を公表したことにより、事態は一変した。この書簡引用は 4 ページに及ぶもので［62 〜 66 ページ］、内容は多岐に渡り、しかも最後にはブロイニングの詩も掲載されている。例によって事実関係に混濁が見られ、一部は転記ミスではないかと思われる個所もあるが、ヴェーゲラーが受け取ったベートーヴェン自身の書簡とは違って、原本はヴェーゲラー文庫に保存されておらず、確認できない。ここに関係部分を引用する。

> ……初めそれはフランス軍入城の 7 日後に、すなわち最悪の条件下で、行なわれました。もちろん劇場は空っぽで、そしてベートーヴェンは、彼もまた台本の進行に不十分なところを認めていたので、このオペラを 3 回の上演の後に引っ込めました。秩序が回復した後、彼と私はこれを再び取り上げました。私が彼のために台本全体を改作し、それによって筋はより生き生きした敏速なものになりました。彼はたくさんの曲を短くし、そしてそれは続いて 3 回［引用者注：正しくは 2 回］、大喝采を受けて上演されました。ところが彼の敵が劇場で立ち上がり、そして彼が何人もの人を、とくに 2 度目の上演の際に侮辱したので、彼らは、それが以後はもう上演されない、という状況をもたらしたのです。すでにその前から彼には行く手にいろいろ問題が横たわっており……

　この後は、一例としてタイトルをめぐる衝突について触れるのだが、そこでブロイニングは「フィデリオ」がフランス原作の題名であったと誤解し、それなのにチラシ（プログラム）で「レオノーレ」となってしまい、「この"陰謀"はベートーヴェンにとってなんとも不愉快」としている。この部分はヴェーゲラーが転記するときに題名を逆にしてしまった可能性もあるが、事実関係は正反対で、前述したように、ベートーヴェンの意志を反映した印刷台本は「レオノーレ」であるにもかかわらず、当日配布された（「本日、1806 年 3 月 29 日に上演される」とある）チラシ（プログラム）［書簡交換全集第 1 巻 278 ページに写真］では《フィデリオ、または夫婦の愛》となった。これはゾンライトナー、および劇場側による処置である。
　さて、上記引用が第 2 稿の台本作成はブロイニングによるものとされる唯一の根拠であることが大きな問題である。ブロイニングがその他の大家にオ

611

第II部　歴史的考察

ペラ台本を提供したことはまったく知られていないが、詩作などはしたらしい。ヴェーゲラーがブロイニングの詩を載せているのはその証明のためだろうか。いずれにしてもそれは当時の高貴な人として当然の教養であり、決められた開演日に間に合わせるべく、ベートーヴェンが旧知の教養人に詩句の調いについて相談したとしても、あっておかしくはない。第2稿が大きく変わるのは、削除は別とすると、ト書きとセリフにおいてであって、歌詞自体に変化はほとんどない。ただ、第1幕の最後に2曲が挿入されており、それはまったく新しい詩作である。セリフ部分は作曲の進行とそれほど関わりがなく、ベートーヴェンがブロイニングに任せた可能性もある。現実として、音楽の調えに忙しい彼がセリフ部分の改訂まで拘って自分で行なったとは考えにくい。こうして、ヴェーゲラーが記述した顛末を否定する反証もまたないことから、新カタログも Op.72 の表題を掲げる際に、「ゾンライトナー、ブロイニング、トライチュケの台本による」としている。

　なお、改訂の全体像は、1814 年の決定稿とも対照させる必要があるので、第 29 章で一覧表にまとめる。

13 ｜ 第 2 稿の上演

　第 2 稿は 1806 年 3 月 29 日と 4 月 10 日に上演された。このときも 1805 年の初演時にもピッツァロ役を歌ったゼバスティアン・マイアー（モーツァルトの義兄）は、アン・デア・ヴィーン劇場の舞台監督を兼務しており、パート譜の仕上げ、練習等々に関してベートーヴェンとの交渉の窓口に立っていた。彼宛の書簡 5 通が現存している［BGA 232, 235, 244, 247, 248］。最後の 2 通が改訂上演に関するものである。1 通目［BGA 247］の重要な点は以下である。

> ……私は君に切にお願いします、合唱がもっと良く練習されるようご配慮を。というのは先回は甚だしく具合が悪く、私たちは木曜日［原注：4 月 10 日］に舞台で全オーケストラともう一度練習しなければなりません。──オーケストラについては具合が悪いというほどではありませんでしたが、舞台では何度もでした──しかし時間があまりに短かったのでとやかくも言えませんで、私はお任せするほかありませんでした。というのはブラウン男爵が私を脅したものですから、オペラが土曜日［原注：3 月 29 日］に上演されないなら、その上演はもうないことになると。……

612

第20章 1804～06年前半 オペラ《ヴェスタの火》そして《レオノーレ》着手から再演まで

　この走り書きのような一節から、改訂上演の経緯があらまし読み取れる。すなわち、間に合わないなら上演は中止と脅されるほど初日まで準備がたいへんであったこと、その出来が思わしくなかったこと、とくに合唱が問題で、オーケストラはまあまあだったが、そして「舞台では」が歌手たちのことと解されるとすれば、彼らにはトチリが何度となくあった、というわけである。
　2通目は次のように書き出される［BGA 248］。

　　私は君にお願いしたいのですが、ザイフリート氏に、彼がきょう私のオペラを指揮
　　するよう、頼んでください。私はそれを自分で遠くから見て聴きたいです。少なく
　　ともそうすれば、近くで私の音楽が台無しにされるのを聴いてじりじりすることは
　　ないでしょう。私には、わざとだとしか思われません。──管楽器については私は
　　何も言いたくありません、しかし──すべてのピアノ、ピアニッシモ、クレッシェ
　　ンド、すべてのデクレッシェンド、そしてすべてのフォルテ、フォルティッシモを
　　私のオペラから抹消させましょう、それらすべてが為されないように。──私には
　　これ以上書く気が失せます、こんなことを聴かされるならば。

　ここで「ザイフリート氏にきょう私のオペラを指揮するよう頼む」とは、前回はそうではなかったのか、あるいは前回もザイフリートが指揮したが、今回は自分が指揮するということになっていて、しかしそれを取り止めて前回通りに、ということか。チラシ（プログラム）には歌手陣の配役については記されているが、誰が上演の統轄をするかについて名前の記載はない。直前での練習でも演奏の出来がベートーヴェンから見て相当に悪かったということであろう。この後、「明日か明後日」、マイヤーを食事に誘うという友好的な話があり、そして追伸が重要である。

　　もしオペラが明後日、上演されるとすれば［原注：おそらく、本来は3日目の上演が
　　1806年4月12日土曜日に計画されていた］、明日またそれについて部屋練習が必要です
　　──さもないと毎日もっと悪くなります──

　ここから、前に挙げた、3回の公演がひとつの目安、という見方の有効性が補完され、今回はそれが何らかの理由で2回で打ち切られたのではないか、と思われる。以下に見るように、批評は悪くなく、営業的にいっても劇場側からの上演中止はないのでは、とすれば、ベートーヴェンがこの作品を取り下げたということであろう。上記で要求している再度の練習が不調だったか、

613

第II部　歴史的考察

関係者とのいざこざがあったか。

　取り下げについて新カタログで言及されているのはわずか一点である。「第2稿は…〔略〕に上演され、今回は好意的に受け入れられた。にも拘わらず舞台に載せることは第2回のあと、ベートーヴェンが支配人とのいさかいによりスコアを引っ込めたので、中止となった。いさかいの原因は知られていないが、衝突が先鋭化するのをベートーヴェンは気遣ったように思われる。もしかしたら配当の問題で、ベートーヴェンが金銭的にだまされたと感じたのかもしれない」と結んでいる。セイヤーが取り上げて、以来、伝説化しているレッケルの証言は取り合っていない。

　ベートーヴェンが宥和を図ったとする根拠は、5月5日前後にベートーヴェンがブラウン男爵に書いた書簡〔BGA 251〕にある。スコア譜は引き上げたがパート譜は劇場に残っており、そのいくつかを1日だけでよいから貸して欲しいという内容である。理由は自身のために書き残しておきたいことがあるがスコア譜には余白がないので、ということである。またそこで、ロプコヴィッツ侯が自邸でこのオペラの上演を考えているとも述べている。同邸では1807年3月にアリアが何曲か演奏されたことは確認が取れているが、全曲上演はおそらくなかったであろう。

　「今回は好意的に受け入れられた」は、1806年4月16日付『総合音楽新聞』に載った批評にも見ることができる。それは「ベートーヴェンはそのオペラ《フィデリオ》に数多の変更と短縮を行って再び舞台にかけた。1幕分がなくなったが、この作品はずっとよくなり、また受けもよかった」という簡単なコメントである。

　前述したブロイニングの「2度目の上演の際に彼の敵が立ち上がり」という言説を、セイヤーは疑っている〔TDR II, 508ページ〕。「誰がベートーヴェンの敵なのか？　誰が陰謀を行なったのか？　ブラウン男爵、シカネーダー、ザイフリート、…みんな彼の友だちであった」と述べている。しかし1805年に始まったシカネーダー路線の復活は1806年も堅調であり、フランス軍占領中において「フランスものから自由に翻案された」と銘打ったオペラに対する風当たりは強かったのではないか。

14 │ アン・デア・ヴィーン劇場の危機

　この年にアン・デア・ヴィーン劇場の興行は大きな打撃を受ける。同年7月までは、上演頻度は前年よりさらに多く、105公演を数え（前年の同時期は93公演）、活況を呈していた。それは次第に増えていった純正ドイツ・オペラの公演がうなぎ上りとなったからで、それは全体の約6割（61公演）を占め、フランス系オペラは前年の比率、約46%から約25%（26公演）と半減した。それに対して、ヴァイグルの《ヴェスタの火》はそれまでに7公演、フィッシャーの《スヴェタルドの魔法の谷》は10公演を数え、さらに2月9日に初演されたヴェンツェル・ミュラーの《プラハの姉妹たち》は14公演、5月3日初演のフィッシャーの《エルベ沿いの城壁》も10公演を重ねる盛況であった。その2作を含めて、8作の純正ドイツ・オペラが初演されるという状況で、地元作曲家によるフランス系オペラの上演はベートーヴェンのこの2日だけであったから、それに対する反発はあったかもしれない。《レオノーレ／フィデリオ》の2回の上演が10日以上空いているのは、初日が聖週間直前の最後の土曜日だったからであり、復活祭第3日（4月8日）に再開された公演は《ヴェスタの火》であった。ベートーヴェンは、かつて放棄したオペラと正面からぶつかったのである。

　アン・デア・ヴィーン劇場にはオフ・シーズンというものがなく、年中、月間十数公演が張られるのだが、この年は、8月に入ると突然、7公演と半減し、9月にはわずか2公演、10月3公演、11月は1公演のみ、12月は5公演、と公演回数は大激減した。これは明らかに、神聖ローマ帝国皇帝であり1804年8月以来はナポレオンに対抗してオーストリア皇帝とも名乗っていたフランツ2世が1806年8月6日に神聖ローマ帝国皇帝を正式に退位する、という政治的事件の影響であろう。前年12月2日にオーストリア・ロシア連合軍はアウステルリッツ［ブルノ近郊］の戦いで壊滅的に敗北し、26日には皇帝フランツは屈辱的なプレスブルク条約に署名していた。こうして神聖ローマ帝国は、カール大帝から数えれば1000年に及ぶ歴史を閉じ、フランツは以後、オーストリア皇帝フランツ1世となった。

　同劇場でのオペラ公演の沈滞は1807～08年も年間を通じて33～34公演と、それ以前と比べれば5分の1程度の水準となる。そして1809年にはわ

ずか 12 公演と、劇場運営は危機を迎える。戦乱の直接的影響は占領が始まってすぐは何週間かのことであったが、むしろ占領が始まったという衝撃それ自体が落ち着いた後に、急速に下落していく経済状況が民間劇場を直撃したのである。一度はスコアを引っ込めたベートーヴェンが、たとえそれを悔んで宥和を図るべく努力したところで、《レオノーレ／フィデリオ》を再び舞台に載せることはもはやまったく不可能となった。

　この状況に変化が生まれるとすればナポレオン戦争の終結しかないであろう。それがついに到来したとき、ベートーヴェンは再度の、今度はもっと抜本的な、台本と音楽、双方の改訂作業を進める。《フィデリオ》が永遠の生命を獲得するのはそれを経てのこととなるが、それを受け入れる基盤が調ったという社会的要因こそ決定的であった［第 29 章］。

　1806 年 8 月以降、オペラ上演の環境がこれほどに急激に悪化しては、ベートーヴェンには為す術がなかったのである。ここに、1807 年または 08 年にプラハから声かけがあったとき、後に言う"レオノーレ第 1 番"を改めて書いた理由があるように思える。証拠を提示できるような類いのことではないが。すなわち、それほどに積極的に反応したのは、ヴィーンでの再上演に見込みがなくなったので、是非、何としても実現させたい、プラハ当局者の注意を引きたい、という強い意志の表れではないか。あるいはまったく同じ形での上演はアン・デア・ヴィーン劇場との関係で支障があると考えたか。いずれにしても、ヴィーンにおける状況の変化と関係があったのではないだろうか。しかしプラハ公演も戦乱の余波で中止となった。戦線は北上していたのである。

第21章

1806年後半〜07年9月

シンフォニー第4番の位置づけと
ハ長調ミサ曲

第4番にはなぜフルートが1本しか編成されていないのか／
シンフォニー創作史をめぐる陥穽／
元祖"交響詩"＝序曲《コリオラン》の成立／
《ハ長調ミサ曲》の苦い記憶に後世は左右されていないか／
1806年のコンチェルト稿はなぜみなフルート1本なのか／
トリプル・コンチェルト完成時期の再考

1. 第1次占領下のヴィーン
2. リヒノフスキー侯との決裂
3. リヒノフスキー年金停止の見立て
4. 秘書の交代
5. シンフォニー第4番の委嘱と専有上演権の矛盾
6. 主催コンサートの模索
7. シンフォニー第4番にはフルートは
   なぜ1本しか編成されていないのか
8. 代替にシンフォニー第5番を
   オッパースドルフ伯に振り向ける計画が失敗
9. シンフォニー創作史をめぐる陥穽
10. 元祖"交響詩"《コリオラン》
11. 1807年9月13日　アイゼンシュタットで《ハ長調ミサ曲》上演
12. 《ハ長調ミサ曲》再考
13. コンチェルトの管楽器編成
14. トリプル・コンチェルトはなぜ出版が異常に遅れたのか

第II部　歴史的考察

　1806年は多産の年と言われる。しかしそれが確認できるのは《レオノー
レ／フィデリオ》上演断念による4月中頃以降のことである。「レオノーレ」
スケッチ帖が終わった1805年10月以後、長期にわたるスケッチ帖の欠落が
あり、それは、同様に192枚とすれば、1冊分に相当すると思われ、次の薄
っぺらな（25枚）「ハ長調ミサ曲」スケッチ帖（使用期間1807年8～9月）
まで、作曲の進行をスケッチ・レヴェルで追うことができない。ただし、バ
ラバラに残存する紙をまとめて再編成されたスケッチ帖、「ランツベルク
10」や「グラスニック20a」にこの時期のものが何枚か紛れ込んでいるかも
しれない。いずれにせよ、確かにこの時期以降、ピアノ・コンチェルト第4
番［Op.58］（～6月）、3弦楽四重奏曲［Op.59］（4/5月～11月）、ピアノ・ソナ
タ第23番《熱情》［Op.57］（春～夏）、シンフォニー第4番［Op.60］（8月～11
月）、ヴァイオリン・コンチェルト［Op.61］（11月～12月）、32のピアノ変奏
曲WoO 80（秋～1807年初）と、完成作品が目白押しとなる。これらは、
セイヤーが「1806年は驚異的多産の時期」［TDR II, 513ページ］と位置づけて以
来、"傑作の森"の中盤を成す傑作群である。シンフォニー第5番［Op.67］の
作曲もこの時期に再開され、断続的に手が付けられる。そして、《ハ長調ミ
サ曲》［Op.86］作曲の委嘱が期限を定められてあり、これをベートーヴェン
は、もうひとつのミサ曲とは違って、上演日に間に合うように完成させた。
しかし間に合ったのは作品としての完成だけであり、相当に無理したことか
ら、この件は生涯に禍根を残すこととなった。この作品の後世における受容
はそういった経緯に影響されていないだろうか。
　一方、シンフォニーに関してもまた、割って入った注文があった。そうし
て生まれた第4番は、永らく関わっていた第5番への今度こそその本格的回帰
を呼び起こし、相次いで生まれたこの2つのシンフォニーは被献呈者オッパ
ースドルフ伯をめぐる解決しがたい事件を引き起こすこととなる。これまた
後味の悪いものであったかもしれない。
　第4番は、フルートが1本しか編成されていない、ベートーヴェンの唯一
のシンフォニーである。ところが、その事実はほとんど意識されていないし、
その理由も、またその意味も、説明されてこなかったのではないか。これは

618

第 21 章　1806 年後半〜07 年 9 月　シンフォニー第 4 番の位置づけとハ長調ミサ曲

ベートーヴェンのシンフォニーの全体像を解く鍵である、と言えば大袈裟かもしれないが、その重要性は意識されなければならない。

第 4 番創作のきっかけとなったシレジア旅行はリヒノフスキー侯との絶縁をもたらした。それによって、受給していた年金はどうなったのか、はっきりしない。この時期以後の彼の明らかな経済的苦境は何を意味するのか。それについて、経済生活全体の検討［終章］を待たず、この時期固有の本質問題として若干の考察を加える。この件もまた苦渋の源となった。

前章の最後で触れたアン・デア・ヴィーン劇場の凋落はその組織改編を余儀なくさせた。その新体制との緊張関係もベートーヴェンにとって新しい課題のひとつとなる。《ハ長調ミサ曲》問題はその枠組みのなかで再考されなければならないであろう。

1 ｜ 第 1 次占領下のヴィーン

フランツ 2 世の皇帝退位は、第 1 次ヴィーン占領が招いたというよりは、1806 年 7 月 12 日、ラインラントの 16 諸侯が「ライン同盟」を結成したことによる、神聖ローマ帝国の事実上の崩壊を皇帝が認めざるを得なくなった結果であった。すなわち、ナポレオンの勢力圏はすでにドイツ中心部にまで拡がっており、神聖ローマ帝国というドイツ・キリスト教徒の政治的結束は取り返しの付かないことになっていた。音楽史においても、弟カールとの交渉に苛立ったボンのニコラウス・ジムロックが同人宛に書いた、1805 年 7 月 30 日付書簡［BGA 229］にある次の一節から、その実感をよく得ることができる。

> ここ何年か、私はフランス人となりまして、私の母語をこんなにも忘れてしまう、などということはないと思いますが、とりわけまだ大部分はドイツ人と取引をしておりますので。私はまだドイツ語を解しますが、あなたが我々の出版者とか我々という言葉で何をおっしゃろうとするのかは捉えられません。…ソナタ Op.47 を私はルイ・ヴァン・ベートーヴェンから買ったのであり…

「ライン同盟」がナポレオンに 63,000 兵士を供給すると約束したことは東部に位置するプロイセンに強い危機感もたらした。事実、ヴィーンを支配下に収めたナポレオン軍はプレスブルク条約の後さらに北上し、1806 年 10 月

619

第II部　歴史的考察

14 日に"イエナ・アウエルンシュタットの戦い"でプロイセン軍もまた決定的敗北を喫する。ベートーヴェンがピアノ・コンチェルト第 3 番 Op.37（出版公告 1805 年 11 月 24 日）を献げたプロイセンのルイ・フェルディナント王子もこの戦いで戦死した。そして"ドイツ・ポーランド戦役"(1806-07) に突入していく。

　《レオノーレ／フィデリオ》のこれ以上の上演を断念した直後から書き始めたのは 3 曲の弦楽四重奏曲のセット［Op.59］である。約半年で書き上げ、すぐに出版交渉に入った。その成約はベートーヴェンに作品出版の新たな地平をもたらすことになるが［次章］、そのような結果に至ったのには、交渉がさしあたって難航したことが幸いしたとも言える。まっ先に声かけしたブライトコップ＆ヘルテル社は 1806 年 11 月 26 日付ベートーヴェン宛書簡［BGA 261］で、戦争による契約状況の悪化に言及し、提供された作品（Op.59と Op.58）の買い取り断念を通告してきた。1807 年 5 月 31 日付ジムロック社の返書［BGA 282］もまた戦乱による不景気を証言している。

> 15 年も続く戦争下に［原注：これは 1792 年 4 月に勃発した最初の対仏同盟戦争を起点に計算されている］、楽譜の商いはきわめて下降し、現在も日に日に深刻になっています。イギリスの出版者はそれほどではなく、またオーストリア君主国は平和です。まったく違うのが北部のドイツとフランスです。何年かの平和でも傷は癒えないでしょう。

　「オーストリア君主国は平和」とは相対的なことを言っていると判断されるが、それはおそらく、ナポレオン軍が戦争を次々と拡大して行く一方、簡単に降伏したヴィーンの占領を続けるには、多くの兵力を割かずに、反転攻勢をさせない程度の監視で済ませたことによる、比較的平穏な約 3 年半が経過していく渦中にあったためであろう。

2 ｜ リヒノフスキー侯との決裂

　ベートーヴェンが 1806 年夏を、習慣となったヴィーン郊外の温泉地に過ごすのではなく、リヒノフスキー侯のお供をしてそのシレジアにある領地に赴いたのは、侯ともども、ヴィーンでの生活から逃避する目的もあったに違いない。少なくとも 7 月 5 日までヴィーンにいたことは確認でき［BGA 254］、

第 21 章　1806 年後半〜07 年 9 月　シンフォニー第 4 番の位置づけとハ長調ミサ曲

その後しばらくハンガリー、マルトンヴァシャールのブルンスヴィック伯邸に過ごした可能性があるが、ヴィーンを出立したのがいつかははっきりしない。この滞在は 2 ヵ月以上に及び、そして突然、終わった。それはきわめて有名な物語なので方々で語られているが、あらましはこうである。

　駐留フランス軍は不穏な動きを監視するために、ヴィーン貴族の地方領地での動向も見回りという形で探っていた。そうしてトロッパウ［現チェコ共和国オッパヴァ］近郊のグレーツにあるリヒノフスキー侯の居城を 10 月末に訪れたフランス将校が、客人として接待され、そのときちょうど居合わせたベートーヴェンに侯が演奏をしつこくせがんだ。（細かい経緯は省くが）彼の自尊心を傷つける言動があり、彼は立腹し、夜、《熱情》ソナタの楽譜等を携えてトロッパウの町まで歩き、そこから馬車に乗って、単身でヴィーンに戻った、というものである。途中、集中豪雨に見舞われ、旅行カバンはずぶ濡れとなった。

　状況はあまりに劇的すぎて、これまたフィクションではないかと疑いたくもなるが、ピアノ・ソナタ第 23 番 Op.57 の残存自筆譜［Quelle I, 2］には被水による著しい損傷の跡があり、この物語の物証ではないかと考えられている。ただ、1805 年春には完成していたと思われるこのソナタの自筆譜を 1 年半も後に持ち歩いていたことは不可解で、説明が必要であろう。

　この作品のスケッチは、前述したように、「レオノーレ」スケッチ帖の中程にあり、オペラ作曲の合間に、いわば気分転換のようにしてこの大作に取り組んだと言える。この作品に関する商談は、早くも 1804 年 8 月 26 日にブライトコップ＆ヘルテル社宛で《エロイカ》や《オリーブ山のキリスト》などを売り込んだときに確認され、「3 曲の新しいソナタ［原注：Op.53, Op.54, Op.57］も提供可能」［BGA 188］と言っている。しかしこのときは「もしあなたがそのなかで伴奏付きを 1 曲望まれるならそうしても構いません」とも付け加えていて、まだまったく手を付けていない第 3 作はヴァイオリンまたはチェロ・ソナタとして仕上げる用意もあると表明していることになり、出版社の意向も聞きながら注文を取るというスタンスと解される。そして 1805 年 4 月 18 日付［BGA 218］で同社に対して、コピストの負担加重のため作品の送付に「4 〜 6 週間、遅くなる」と書いた頃に一応、仕上がった可能性はある。しかしそれ以後、出版社との交渉が途絶えてしまう。この時期は、第 I 部第 5 章 5 で詳述したように、6 月 21 日には、すでに送った《エロイカ》を含む 5 作品の返還があり［BGA 226］、同社との関係は破綻に突き進み始めていた。

621

第II部　歴史的考察

そして上記のように、その約1年半後の1806年11月26日［BGA 261］には他の作品の買取りも拒否という事態となってとりあえず完全に終息した。その過程で《熱情》の刊行もさしあたって宙に浮いた。

　そうしてこの作品は、《レオノーレ／フィデリオ》の続演が暗礁に乗り上げた後、改めて手が付けられ、現存自筆譜の書き下ろしに至ったと思われる。その用紙の特性は1806年使用のものであることが明らかで［Tyson/WoO 133 (1977)］、しかもその終楽章にはたくさんの訂正や削除の跡がある。リヒノフスキー城でその作業が行なわれたか、あるいは直前に訪れたかもしれない被献呈者のブルンスヴィック伯邸で書き直しが進行して、そのままシレジア旅行に持って行って改訂の定着を確かめた、という可能性が大いにある。そしてようやく完全に完成ということになり、大事に運び帰ったのではないか。出版が1807年2月にBAI社からであったことは、その直後に版下用の筆写原稿が作成されたことを示唆する。この自筆譜［Quelle I, 2］はフランス人ピアニスト、マリー・ビゴ・ドゥ・モローグにベートーヴェンから寄贈されたのだが、ラズモフスキー伯家の図書館司書であった彼女の夫ポールが、半世紀後に当時を回想して、とある印刷楽譜に書き込んだメモが伝えられている［TDR II, 455ページ（新カタログでは"255ページ"と誤植）］。

　　ヴィーン帰還後、彼［ベートーヴェン］は私どもを訪問し、そして笑いながらまだまったく濡れている作品を私の妻に見せた。彼女はそれを詳細に観察した。不意打ちするような冒頭に突き動かされて、彼女はピアノのところに座り、それを弾き始めた。…［中略］それは彼が出版社に持って行こうとしているオリジナルであった。ビゴ夫人は弾き終わって、それを贈り物として戴けないかと彼にお願いすると、彼は承諾し、そして彼は、彫版が済んでから、誠実にそれを持ってきてくれた。

　自筆譜の行方（現在パリ国立図書館蔵）と被水による汚濁がこの逸話を補強しているので、「出版社に持って行こうとしている」のくだりはともかくとして（なぜなら訂正跡のたくさんある自筆譜はそのまま版下とはなり得ないので）、ベートーヴェン伝説のなかでの珍しい例として、この話は真実性が強い。

第21章　1806年後半〜07年9月　シンフォニー第4番の位置づけとハ長調ミサ曲

3 │ リヒノフスキー年金停止？

　リヒノフスキー侯との決裂は1800年以来の年金支給が停止される危険を
孕んでいた。その件は事実どうだったのか、を証明する文書類は遺されてい
ない。新カタログでは侯の名が初出する個所で［3ページ］、リヒノフスキー
侯の年金支給は「おそらく1806年まで」とされているが、それが現在の研
究水準である。

　その反証となるかもしれない材料としては、1811年にベートーヴェンが
テプリッツからヴィーンに帰る途中、プラハを経由して、そこから南にヴィ
ーンへ向かうのではなく、東へと大きく回り道をしてトロッパウのリヒノフ
スキー城を再訪し、演奏者たちをかき集めて《ハ長調ミサ曲》を演奏したと
いう物語がある［TDR III, 283〜284ページ］。これはセイヤーが、オットー・ヤ
ーンの報告（それはその演奏に少年ソプラノ歌手として加わったとされるア
ロイス・フックスの言説に遡る）として紹介したもので、そうして2人は和
解したとされる。しかし、ベートーヴェンがヴィーンに戻って10月8日に
書いたヘルテル宛書簡［BGA 523］には、セイヤーもその全文を掲載している
のだが、「［テプリッツから］ヴィーンへ急いだ」［その理由は後述、第33章参照］と書
かれており、この伝承を疑わしくさせる。もちろん、その後に和解があった
かもしれないことは年金の継続支給と直接的な関係はないが、要するに、そ
れが、伝えられる、事件後の唯一の接触であったと思われる。

　1807年に入って末弟に金を借りたり、宮廷劇場管理部に雇用を請願した
り、という行為の背景に想像される経済的困窮［次章］はあくまで年金停止
の傍証にしかならず、リヒノフスキー年金の顛末はわからない。ただ、カー
ル・フォン・リヒノフスキー侯は1814年4月15日に死去するのでそれが支
給の下限ではあろう。1809年に始まる3者年金は生涯契約で、支給者の死
亡後も遺族が支払いを継続した［後述］。もっともそれは裁判の末にであって、
リヒノフスキー侯との関係においては、関係破綻の原因者であるベートーヴ
ェン側が何らかのアクションを起こしたことは確認されないので、事件をも
って年金支給は停止されたとの見立てに分があるかもしれない。

623

第Ⅱ部　歴史的考察

4 | 秘書の交代

　この時期に起こった身辺問題のもうひとつの変化として、弟たちとの関係の破綻があり、それに伴って秘書業務にも支障が生じた。第17章2で述べたように、次弟カールが1806年5月25日に結婚して以来、兄のところに通うことが少なくなり、秘書業務は衰退していった。ベートーヴェンはしばらくかなり不自由をしたはずである。

　そこに光明が差してきたのは約1年後のことである。1804年春にシュテファン・フォン・ブロイニングを通じて知り合った、その国防省での同僚イグナーツ・フォン・グライヒェンシュタイン男爵（1778-1828）の登場である。この音楽好きの若者と波長が合うようになって、男爵も、身分は貴族ながら、ベートーヴェンの雑務を、ことに法律家として、助けた。確認されるその最初の業務は、1807年4月20日に締結するクレメンティとの契約書の取り交わしで［第22章1］、ベートーヴェンはその数日前に彼宛の現存する最初の書簡［BGA 276］を書いている。敬称が使用されているのはその1通のみなので、親密さは急展開したことが窺われる。グライヒェンシュタインが1809年2月に国防省からの特命を帯びてヴィーンを離れるまで、ベートーヴェンは彼宛に20通余りの業務関係の書簡を書き、その後も友人としての交流を続けた。

5 | シンフォニー第4番の委嘱と専有上演権の矛盾

　リヒノフスキー城に滞在中の8月末のある日、侯に伴ってベートーヴェンは同じトロッパウ近隣のオーバーグロガウ［現ポーランド共和国、グウォグヴェク］（現在は国境により隔てられているがグレーツから十数キロ）にあるフランツ・フォン・オッパースドルフ伯（1778-1818）邸を訪問した。同伯爵は宮廷楽団に命じてシンフォニー第2番を演奏させて彼を歓待したと言われている［執事の証言による/TDR III, 11ページ］。そしてこの機会に伯から新しいシンフォニー作曲の委嘱を受けたと思われる。そしてそれはすぐさまリヒノフスキー城滞在中に手掛けられたか、ヴィーン帰還後、短期間で仕上げられた。そ

第 21 章　1806 年後半〜 07 年 9 月　シンフォニー第 4 番の位置づけとハ長調ミサ曲

れがシンフォニー第 4 番であるが、1804 年にスケッチした楽想が第 4 楽章
に使用されているので、少なくともその部分は帰還後の創作であろう。なぜ
ならそのスケッチ帖まで持ってシレジアには出掛けていないだろうからであ
る。またこの事実から、以前から手がけていた作品をこの注文に振り向けた
のではないかという説もあるが、スケッチ帖は備忘録、素材の書き溜め帖で
もあって、書き付けられたときから作曲が始まったわけではない、とこの場
合は考えるべきであろう。ただ、前述のように、この時期のスケッチ帖には
欠損があり、作曲の進行を丁寧に追うことはできない。
　そこで、書簡を頼りに概容を追跡してみると、1806 年 11 月 18 日付ブライ
トコップ & ヘルテル書簡［BGA 260］に次のようにある。

　　目下は、3 弦楽四重奏曲［原注：Op.59］、1 ピアノ・コンチェルト［原注：Op.58］を契
　　約します――お約束のシンフォニー［Op.60］はまだお渡しできません。さる高貴な
　　方［原注：もしかしたらロプコヴィッツ侯、このシンフォニーはそのヴィーン邸で 1807 年 3
　　月に初めて演奏された］が私から得るからで、しかし私は半年後に出版する自由は確
　　保しています。

　これに対するヘルテルの返書が、先に紹介した、買取り拒否の表明［BGA
261］であった。この時点でシンフォニー第 4 番が完成か、それに近い状態で
あったとすれば、その、少なくとも第 1 〜 3 楽章はシレジア滞在中に進行し
たと考えてよいであろう。
　ここで問題になるのは、年が明けて 1807 年の 2 月 3 日付でオッパースドル
フ伯宛の、「私が同人のために書いたシンフォニー 1 曲に対する」との但し
書きがある、500 グルデンの領収書［ボストン、ニュー・イングランド音楽院蔵］が
遺されていることである。以上から想定されるのは、この作品は 1806 年 8
月末頃にオッパースドルフ伯から委嘱され、2 ヵ月半ほどで書き上げて、そ
の報酬も受け取ることになるが、作曲の過程でヴィーンに戻ったベートーヴ
ェンから新作の完成を聞きつけたロプコヴィッツ侯が、第 3 シンフォニーに
続いて第 4 シンフォニーも所望したということである。複数の出版社に同時
に売ることは彼の戦略としてすでに確立されていたけれども、専有上演権を
複数に対してとなれば専有ではなくなってしまう。
　しかしベートーヴェンはそれをロプコヴィッツ侯に与えた。なぜそのよう
な方向転換が為されたのかというと、ロプコヴィッツ侯の大計画がその背後
にあったと思われ、それにベートーヴェンが賛同した、さらに言えば、それ

625

第II部　歴史的考察

に強く恩義を感じたほどであるかもしれない。1807 年 3 月 18 日付ライプツィヒの『総合音楽新聞』はヴィーンからの 2 月 27 日付の報告記事［AmZ IX (1807), 400 ページ］として次のように報じた。

> ベートーヴェンのシンフォニー変ホ長調は、他の 2 つシンフォニー［引用者注：第 1
> 番と第 2 番］、それからまだ知られていない第 4 シンフォニーも［傍点引用者（後述）］、
> きわめて限られたサークルで演奏されて、この作曲家の利益に寄与するだろう。…新
> しい 3 つの弦楽四重奏曲［引用者注：Op.59］もあらゆる通人たちの注目を集めている。

　おそらく 3 月に、ロプコヴィッツ侯邸でこのコンサートは 2 回にわたり開催された。事後の報道としてセイヤーはヴァイマールの『豪奢と流行のジャーナル Journal des Luxus und Moden』に載った 4 月初めの報告記事を紹介している［TDR III, 8 ページ］。そこには「ベートーヴェンは L. 侯爵の家で 2 回のコンサートを行ない、彼自身の作品以外には何も演奏されなかった。すなわち、彼の 4 つの最初のシンフォニー、悲劇"コリオラン"への序曲、ピアノ・コンチェルト、オペラ・フィデリオからいくつかのアリア」とある。"L. 侯爵"とはリヒノフスキー侯かロプコヴィッツ侯か、ベートーヴェン研究では慎重に断定を避ける傾向もあったが、衝突して関係が疎遠となったリヒノフスキー侯ではあり得ず、また事実としてロプコヴィッツ侯文庫にシンフォニー第 4 番のパート譜が伝承されている。記事にもあるように、これはオール・ベートーヴェン・プロのコンサートで、そのときまでに存在するすべてのシンフォニー 4 曲と、「ピアノ・コンチェルト」は新作の第 4 番であろうし、序曲《コリオラン》（初演）と、さらに《レオノーレ／フィデリオ》からアリアが何曲か、演奏された［同上］。

　これほどの企画を持ちかけられれば、ベートーヴェンがオッパースドルフ伯の委嘱を盾にロプコヴィッツ侯の所望をきっぱりと断れなかったのは、人情として理解できよう。だが、対応に一貫性がなくなった結果として、その選択は予期しがたい方向に発展していく。

6 │ 主催コンサートの模索

　オーケストラ作品がある程度、書き溜まってきたことから、ロプコヴィッ

第 21 章　1806 年後半〜07 年 9 月　シンフォニー第 4 番の位置づけとハ長調ミサ曲

ツ侯邸コンサートとは別に、1806 年 12 月にベートーヴェン自身が主催コンサートを企画し、動き出した形跡がある。ベートーヴェンが官公庁に提出した請願書（それ自体は消失）を処理した議事録から推し量られるもので、最初は 12 月 27 日の宮廷劇場管理部委員会会議録で、ベートーヴェンが"絶対祝日（ノルマ日）"[第 34 章 4 で詳しく検討] にコンサートを開催したいというもので [BGA 262]、1807 年 1 月 29 日の同会議録は具体的に「3 月 1 日に小レドゥーテンザールでコンサートを」[BGA 267]、とあり、2 月 13 日には「3 月 22 日は音楽家共済協会のコンサートなので別の日に」[BGA 268]、となる。そして 3 月 8 日付で「至急処理」との印の付いた帝国・王国宮廷検閲局の文書に「ベートーヴェンが、3 月 24 日にアン・デア・ヴィーン劇場で音楽コンサートを開催してよいか、と許可を求めている」とある [BGA 274]。さらに 3 月 19 日の宮廷劇場管理部委員会会議録は「ベートーヴェンには昼の部で大レドゥーテンザールか小レドゥーテンザールかは本人の選択に、また日曜日でも構わない、と答えるよう」としている [BGA 275]。

　これを見る限り、一度は宮廷内の小舞踏会場^{レドゥーテンザール}で 3 月 1 日に開催という線が出たが、おそらくロブコヴィッツ邸での第 1 回と日程が隣接したため取りやめとなって、3 月 22 日は音楽家共済協会の恒例慈善コンサートとのバッティングとなるので 3 月 24 日に会場を代えてという模索があり、最後は宮廷内ホールでの開催に戻った。しかしロブコヴィッツ邸での 2 度目との関係からであろうか、結局、主催コンサートの開催は中止となった、と思われる。報道が何もないからである。ここには、コンサート開催をロブコヴィッツ侯に頼るのではなく、自分の主催としたいというベートーヴェンの強い願望が見え隠れする。《レオノーレ／フィデリオ》に長い時間と多大な労力を費やしたが、期待したような収入にはつながらず、リヒノフスキー侯に刃向かったため年金の継続受給にも不安が出て、なんとか経済的な打開を、という悲壮な決意の現われのようにも見える。

　実現しなかったコンサート計画などが顧みられることはあまりないが、この糸は今後いっそう、次第に太くなって繋がっていく。

7 ｜ シンフォニー第 4 番にはフルートはなぜ 1 本しか編成されていないのか

　シンフォニー第 4 番 Op.60 の出版も難航した。これはジムロック社が

第II部　歴史的考察

1807 年 5 月 31 日［BGA 282］に断ってきた作品のひとつであるが、それを受けてすぐ 6 月に地元の BAI 社に話を持ちかけたところ、1804 年 3 月出版のシンフォニー第 2 番 Op.36 以来、初版原版のほとんどすべてを引き受けてくれていた同社が、ゾンライトナーの威光もあったか、結局、懸案の作品全部（Op.58 〜 62）をまた出してくれることとなった。そしてこの作品は、前述のように［第 I 部第 6 章 9］、1808 年 8 月 10 日以後 1810 年 5 月 19 日までの間に出版され、そのとき最終的に被献呈者は、半年専有権のことは切り離して、作品の本来の委嘱者、オッパースドルフ伯と表示された。

　以上の経過から、シンフォニー第 4 番がもっぱらオッパースドルフ伯との関連のなかで成立し、すなわちシレジアにある伯のオーケストラが念頭に置かれていたことは事実である。この確認は、このシンフォニーがベートーヴェン作品のなかで唯一、なぜフルートが 1 本しか編成されていないのかを説明する基礎となる。

　この問題は些細なことのようで、シンフォニーの歴史、あるいはそれを演奏するオーケストラの歴史について考える上で、見落とされている重要な問題点を喚起する。ベートーヴェン研究では、巨大なベートーヴェン・シンフォニー像のなかで埋没してしまっていて、フルート 1 本の問題は議論されたことがおそらくそもそもない。

　結論から先に言えば、それ自体は当然のことのように思えるが、ヴィーンから遠く離れたシレジア地方の宮廷楽団にはフルート 1 本という編成がまだ残っていた証左がここにある、ということである。同宮廷楽団の編成表が残存していなくても、ベートーヴェンが選択した楽器編成がそれを物語っている。逆に言うと、少なくともこの時点においては、彼は実に委嘱者を尊重し、その演奏可能力を十分に考えて作曲したのであった。

　シンフォニーおよびオーケストラの歴史のなかに位置づけてみよう。イタリア発祥のシンフォニアが 18 世紀中盤にドイツ各地の宮廷で受容され始め、やがてベートーヴェンのシンフォニーを生むに至ったことは広く知られている［拙著『オーケストラの社会史』『文化としてのシンフォニー』など］。一方、その演奏を担うヴァイオリン・オーケストラ［「ヴァイオリン属の弦楽器を主体としたオーケストラ」という意］は、オペラ上演に欠かせないものとしてイタリアに生まれ、オペラそのものの伝播とともに、全ヨーロッパ的に広まった。その過程で、各地に特有の楽器がヴァイオリン・オーケストラに加わっていったが、すべての楽器が集結したのがドイツ語圏の宮廷で、発祥をそれぞれ異にする管楽器

628

第21章　1806年後半〜07年9月　シンフォニー第4番の位置づけとハ長調ミサ曲

がこの地でひとつの演奏体を形成した。低音楽器の不足から早い時期に弦楽器オーケストラに加わっていたファゴット（原型はイタリア）を別とすると、最初に定着したのが、音量増強のために第1・第2ヴァイオリンを重ねるオーボエである。そのためオーボエは必ず2本単位で編成される。ここに"2管編成"というオーケストラの大きさを計る基準概念の原点がある。そして次に定位置を占めたのがホルンであり、特殊な情景を描き出すソロ楽器として特別な機会にのみ1本で使用されていた時期（18世紀序盤まで）を過ぎて、2本のペアで加わった。そして問題のフルートだが、これはフランスで発展した、高貴な身分の愛好するソロ楽器であり、オーケストラに編成されたときも1本であり（ベルリンなど特殊事情のある宮廷は除いて）、ひとりの奏者しかいない時代がかなり続いた。ハイドンのエステルハージ宮廷でも1776年までそうであった。

　フルート1本編成のオーケストラとはそうした時代の名残だが、19世紀に入っても中央から遠く離れた小宮廷のオーケストラではまだその現実があったのか、愛好家がかなり無理して創設したオーケストラとしては一時代前の編成でとりあえずやり過ごすほかなかったのか、事情はいずれにしても、オッパースドルフ宮廷楽団は貴重な歴史証言者であり、それを直接的に体現したのがベートーヴェンのシンフォニー第4番である。

　そこで、ベートーヴェンのシンフォニー創作全体のなかでこの"歴史"証言の意味を考える必要があるが、その前に、姉妹的に作曲が続けられたシンフォニー第5番の成立事情を確認しなければならない。

8 ｜ 代替にシンフォニー第5番を
オッパースドルフ伯に振り向ける計画が失敗

　ヴァイオリン・コンチェルトは「ランツベルク10」スケッチ帖にそのスケッチの一部が見られるが、これは後世にまとめられた"再編合本スケッチ帖"［第I部第1章1］なので、記入ページからの年代推定はできない。しかし同じページに記入されたシンフォニー第5番のスケッチはそれと同じ時期のものと見ることができ、新カタログによるとそれはおそらく1806年11/12月で、するとこの2曲は第4番の完成とともに手掛けられたと思われる。1803年10月にシンフォニー第3番が一応、完成の域に達したとき、続けて少な

第Ⅱ部　歴史的考察

くとももう1曲のシンフォニーを作曲する計画があり、シンフォニー第5番のスケッチが1804年前半にある程度、進行したことについては、第Ⅰ部第1章7で触れたが、その続行がこの時期にいよいよ、少なくともいったん、始まったと見ることができる。

　ここからは私の想定であるが、ロプコヴィッツ侯にシンフォニー第4番の半年専有権を与えてしまったベートーヴェンはオッパースドルフ伯に領収書を書いたこととの矛盾を何とかしなければならない状況に立ち至った。そこでオッパースドルフ伯にはもうひとつの、さらに新しいシンフォニー（第5番）を振り向けようと決意した。しかしここに両者の間に誤解が生じたのではないか。伯は2つのシンフォニーに対して支払う義務があると勘違いしたかもしれない。1807年6月にオッパースドルフ伯からベートーヴェンは改めて200グルデンを受領した。彼はこれをシンフォニー第5番に対する前金と受け取り、直後から本格的創作に向かったと思われる［新全集校訂報告書］。そしてそれが完成した1808年3月中旬と思われるオッパースドルフ伯宛書簡［BGA 325］で、無沙汰を丁寧に詫びた後、次のように書いた。

　　…本日、私はあなたにこれ以上書く時間がなく、ですからお知らせしたいだけなのですが、あなたのシンフォニー［原注：以下にある楽器編成の記述が示すようにOp.67］はすでに久しく準備ができていまして、私はあなたにそれを次の郵便でお送りするところです。——150グルデンをあなたは私にご用意くださって構いません、というのは、私があなたのためにさせる写譜が少なくとも50グルデンはかかりますので［原注：1808年3月29日にベートーヴェンはオッパースドルフ伯に150グルデンの小切手の受領を領収書で確認した］。しかしあなたがシンフォニーを望まない場合は、次の郵便集配日の前に私にお知らせ下さい。しかしあなたがそれを受け取る場合は、私に残金の300グルデンによって、できるだけ早く私を喜ばせてください［原注：ベートーヴェンはこのシンフォニーに関して1回または何回かの前金を受けたと思われるが、ここで言われている残余債権は、報酬額も支払精算も知られていないので、再検証できない］…［中略］このシンフォニーの最後の楽章はトロンボーン3本とフラウティーノ［引用者注：ピッコロ］付で——3ティンパニではありませんが、6ティンパニよりも大きな音が、またよい音がします——私は哀れな罪のない指の治療をまだやっており、そのためここ2週間まったく外に出られません…

　原注の書き方は慎重だが、「残金の300グルデン」と前金200グルデンと合わせて、シンフォニー第5番も第4番と同じ500グルデンの委嘱料であったと考えてよいのではないか。原注にあるように、オッパースドルフ伯はここで請求された通り、すぐにその半額150グルデンを前金として支払ったこ

630

とが、3月29日付のベートーヴェンの受領証により確認される。それには写譜代も含まれているので、シンフォニー第5番はこの頃ほぼ完成したと見られる［新全集校訂報告書］。

　セイヤーはこの件に関し、手元に置いていた書簡および領収書の全資料を紹介している［TDR III, 11 ～ 13 ページ］。しかし現在そのすべてが所在を確認できるわけではないので、ここではセイヤーに依拠して記述を進めるが、書簡交換全集と比較するとセイヤーに一部、数字の誤読があった。1808 年 3 月29 日受領証には、「1807 年 6 月にシンフォニー第 5 番のために現金 200 グルデンを別途受領済み」というメモが書き込まれており、さらに 1808 年 11 月15 日の日付で「ただし未だ渡すに至らず」との追記がある。これは、後述する、11 月 1 日書簡［BGA 340］と関連すると思われるが、しかしながらこの作品の献呈は結局、いかなる形でもオッパースドルフ伯に対して行われなかった。伯としては、残金支払いの理由を失ったばかりか、それまでに支払った計 350 グルデンも宙に浮いた形となってしまう。ここに問題のこじれがあった。すなわち、第 5 番フィナーレの突出した楽器編成は当時一般的な宮廷楽団でも演奏が不可能であって、穿って言えば、ひと時代前のオーケストラしか有していない伯爵をからかっているかのようであり、彼が感情を害したという想定はあり得る。第 4 番では伯に寄り添うかのように書きながら、同じ注文主に、自邸での上演を諦めざるを得ないシンフォニーをぶつけたのである。悪気があってのことではなく、無我夢中に創作意欲がたまたまそうさせたのだ、と私たちは考えることができるが、当事者の伯爵はそうは受け取らなかったとしても不思議ではない。依頼者への慮りと無配慮の落差は、対人関係に見せるベートーヴェンの日常とも類似し、ベートーヴェン像の一部であるかのようだ。

　後日談は知られていないが、3 点が問題となろう。すなわち、ひとつは原典資料の残存状況と絡めて考察されるべき事柄である。シンフォニー第 4 番がロプコヴィッツ侯に専有権を（おそらく見返りを得て）譲渡されたことはロプコヴィッツ文庫由来のパート譜［Quelle II, 2］が存在するので確実であり、それは同邸での試演に使用されたと思われる。そうであれば、依頼主にも献呈楽譜を手交することは専有権と矛盾する。遺産目録には、自筆スコア譜［Quelle I, 4］、そして出版社から返却を受けたと思われる版下原稿の校閲筆写スコア譜［Quelle II, 1］がある上に、さらに校閲筆写パート譜［Quelle II, 3］も記載されていた。ひとつの作品に対してこれほど多くの原典資料が死ぬまで手

第II部　歴史的考察

元に置いておかれたケースはほかにない。保管目的のはっきりしない、いわば"余分な"パート譜一式は、オッパースドルフ伯への献呈楽譜として作成されながら送付が見送られたものかもしれない。つまり、ロプコヴィッツ侯に専有上演権を与えたためにオッパースドルフ伯に送るのがためらわれ、それに代えて、上記引用の書簡［BGA 325］にあるように、1808年3月29日に第2回の前金受領を経て、第5番の献呈楽譜をオッパースドルフ伯に提供したが、伯爵としては、書簡から情報を得ていたとはいえ、現実に依頼主の事情を完全に無視した楽譜が送付されてきたことで機嫌を損ね、ベートーヴェンに突き返した、という可能性も否定できない［第5番の校訂報告書］［第I部第3章1］。

　第2点は、その前提に立つと、オッパースドルフ伯は形の上では、出版楽譜のタイトル上に名前が記載されるという形でのみ応報を受けたことになる。1807年2月3日付500グルデン領収書はその時点で作品委嘱に対する報酬であったが、その実効が伴わなかったため、ベートーヴェン側から見ると1年半以上後の出版においてしか報うことができなくなったということになる。このような結末を迎えたことによって、この献呈は結果となった形の上では、第I部第7章で検討した「作品の献呈行為」の大原則、すなわち、「報酬は、実際に行なわれた浄書譜の献呈や期限付き専有権に対するものであって、出版楽譜のタイトルに示された作品献呈に対するものではない」、から逸脱する唯一の例となった。

　さらに、第3点として、オッパースドルフ伯は第4番に500グルデンを、第5番にも前金として350グルデンを支払ったわけだが、返金があったのであればまだしも、支払った事実が後世には忘却されたという点である。出版時の献呈がロプコヴィッツ侯とラズモフスキー伯の二重献呈となったことで、第5番からはオッパースドルフ伯との縁も消えた。1808年11月1日付でベートーヴェンがオッパースドルフ伯宛に書いた書簡［BGA 340］は次のように書き出される。

　　あなたは私のことを不信の目でご覧になるでしょうが、やむを得ぬ事情があり、あなたのために書いたシンフォニー［原注：第5番］、そしてそれに加えてもう1曲［原注：第6番］も別のある方に売却せざるを得ませんでした——しかしあなたのためと定められているもの［原注：第4番］をあなたがまもなく入手されるのは確実です。

　しまいには第6番も持ち出されたが、この作品とオッパースドルフ伯との

632

関係はまったく確認されておらず、ベートーヴェンが「その可能性もあったが」といった意味での言い訳として言い及んだだけであろう。皮肉なことにこの書簡は、ロプコヴィッツ宮廷での試演はおろか、すでに1807年11月15日にブルク劇場での慈善コンサートで公開初演され、以後も各処で鳴り響いており、出版さえされていたかもしれない時期になお、第4番は本来の委嘱者に献呈楽譜が手交されていない、という証明になってしまっている。

　整合性の取れない不可思議な問題がここに重なり合っている。新カタログも、新全集校訂報告書も、その学問的性質から根拠のない想定を展開する場ではないので、せいぜい疑問符付きで可能性を示唆するのみである。領収書を含めてベートーヴェンが書いた文書は何点も遺されているのに、彼が受領した伯からの文書が1点も残存していないこともまた、気まずい結末の所為ではなかろうかと邪推させる。以上をまとめてひとつのイメージを描くと、次のような想定も可能だろうか。

　最初はきわめて誠実な対応で進行していた全体が、ロプコヴィッツ侯から破格のコンサート企画を提案され、その代替として考えた作品は、皮肉なことに、格別な創作意欲の湧出が災いして、オッパースドルフ伯の機嫌を損ねるようなこととなって、どうにも解決しがたい結果を招いた。オッパースドルフ伯が支払った委嘱料は両者の間でどのように解決されたのか、証憑資料はまったく遺っていない。第4番の出版が1806年11月の完成から約2年も後になったのは半年専有上演権で説明できる範囲をはるかに超えており、オッパースドルフ伯との関係のこじれがその遅延に影響していることは明らかであろう。

9 ｜ シンフォニー創作史をめぐる陥穽

　これまで本書が追跡してきたように、各シンフォニーの成立事情を克明に把握し、それをベートーヴェンの創作全体のなかに位置づけると、ベートーヴェンのシンフォニー創作史をめぐって後世が取り込まれてきた陥穽に気付かせてくれる。ことに第4番の存在はそのキーポイントであろう。以下、簡潔に素描を試みる。

　ベートーヴェンのシンフォニーについては、外形的判断から、奇数番号と偶数番号の"ペア"として見る傾向が伝統的にある。しかしこうした表層的見

第Ⅱ部　歴史的考察

方は全体像を著しく歪める。第3番《エロイカ》と直接つながっているシンフォニーは第4番ではなく、第5番であり、第4番の作曲と第5番のそれは直接的に連続したものであり、さらに、後に見るように、第6番もそれに連なって完成される。第4〜6番は"3曲セット"［第13章3］とまではいわないが、作曲過程としては団子状に続いたものであり、番号は確かに完成順に振られたものだが、着手の順番はそうではなく、そこにオペラ作曲が挟まり、その終了後に特殊なシンフォニーの作曲依頼を受けたことで第3番と第5番の連続性は絶たれたのである。そして先に完成した第4番が第3番に続くシンフォニーのような格好となり、巨大な前作に、性向をまったく異にする、小規模で軽い作品が続いたように見え、ここで"一休み"といった印象を与えることとなった。しかしそれは、第2番のような新作を所望した、オッパースドルフ伯の注文に誠実に応えたからである。

　ベートーヴェンのシンフォニーの取り組みを第6番まで図示すると、次のようになる。

?1791-93	95-96	96?/99?-1800	01-02	02-03	03-04	06	07	08
Unv 1	Unv 2	第1番 -- ■1800年4月2日						
ハ短調	ハ長調		第2番 ------- ■1803年4月5日					
［未完］	［未完］		第3番 ---- ■1804年5月末から6月初旬					
111小節	スケッチのみ		第5番 -- ------- ■1808年12月22日					
			第4番 ■1807年2月27日から					
					3月18日の間			
■初演期日			第6番 - --- ■第5番と同じ					

　1803年10月、第3番《エロイカ》完成の達成感は次なるシンフォニーの創作へと誘い、ただちにその（第6番）スケッチが同月から1804年4月にかけてごくわずか点在し［Quelle I, 1, (1)］、また別のシンフォニー（第5番）の全楽章にわたるスケッチ［Quelle I, 1, (1) および (2)］が1804年1月から半年ほど、オペラ創作と並行して、断続的に進行する。前者は楽想のほんの覚え書程度のものだが、後者はいつ本格的創作へと発火するかもしれない状況ではなかったかと思われる。しかしそうはならず、《レオノーレ／フィデリオ》の作曲に押しやられていった。そして、前章で見たように、その改訂上演を1806年4月10日で打ち切るまでベートーヴェンはそれに没頭していたと思

634

第21章　1806年後半～07年9月　シンフォニー第4番の位置づけとハ長調ミサ曲

われる。少なくとも新たな作品の完成はこの間にまったくない。ただ慎重に
考えるべきは、前述したように、1805年10月から1807年7月まで使用し
たはずのスケッチ帖が消失しているので、"再編合本スケッチ帖"に紛れ込ん
でいる断片以外には作曲作業が跡づけられないことである。《レオノーレ／
フィデリオ》の第1次完成（1805年11月）以降、その改訂作業と並行して、
2つのシンフォニーのスケッチが進行した可能性がないとは言えない。

　要するに、第3番の実質終了以後ただちに第5番が取り組まれたが、オペ
ラ作曲によってその続行が放棄され、オペラの2度にわたる上演を経て、旅
先で受けた委嘱によってシンフォニー世界に立ち戻り、そしてその作業が触
媒のようになって、2大シンフォニー作曲への回帰が誘発された、と言える。

10 │ 元祖"交響詩"《コリオラン》

　1806年12月23日、ヴァイオリニスト、フランツ・クレメント（1780-
1842）の主催するコンサートでヴァイオリン・コンチェルト［Op.61］が初演
された。この作品の現存する自筆スコア譜は、その状態から、間際に作成さ
れたと考えられ、そこから遡ると、シレジアからの帰還直後に作曲が進行し
た可能性が高い。第Ⅰ部第1章4で述べたように、1805年10月から1807
年7月までの間、"再編合本スケッチ帖"に紛れ込んでいるもの以外にはスケ
ッチの痕跡が遺っていないのだが、それによって作曲進行状況の把握がほと
んどできないのがヴァイオリン・コンチェルトであり、そして一切のスケッ
チが遺されていないためまったくできないのがその直後に書かれたと思われ
る序曲《コリオラン》［Op.62］である。これも3月のロプコヴィッツ侯邸コ
ンサートで初演されたことが確かなので、作曲時期は1807年初頭と見なさ
れるが、作曲経過ばかりでなく、この作品が突然、生まれたこと自体、謎に
包まれている。

　自筆スコア譜でのタイトルは最初ドイツ語で「悲劇コリオランへの序曲」
と書かれていたが、抹消されて、イタリア語でただ「序曲」と書き直され、
そのあと「L. v. ベートーヴェンによって作曲される　1807」とイタリア語
表記が続く。初版原版にはフランス語で「コリン氏の悲劇コリオランの序
曲」とタイトル付けられているので、このコリン作の悲劇のために書かれた
ことは疑いようがない。ただこの戯曲は1802年11月23日にシュタートラ

635

第II部　歴史的考察

一師がモーツァルトの《イドメネオ》から編曲した幕間音楽を伴って初演され、以来、1805年3月5日までプログラムに載っていた。その後たった一度だけ再演されたのが1807年4月24日にベートーヴェンの序曲を伴ってのことであった、とセイヤーは述べている［TDR III, 20ページ］。彼はさらに続けて、「確かなのは序曲がこの1回の異例の上演のために書かれたのではないことである。なぜならそうであればすでに3月に2度の異なったコンサートで演奏されることはなかったろう。しかしおそらく非常にありそうなのは、この悲劇の孤立的上演が、2回のコンサート後ほどなく、この曲を一度、それが書かれた作品と結びつけて示すために設定された、ということである。ロプコヴィッツは劇場管理部のトップにいたので、これはほとんど自明のことである」と書いた。スケッチ類がいっさい残存せず、コリンとのやり取りにおいてもこの作品に関してはいっさい触れられておらず、作品成立に関するこれ以上の情報や考察は、上演日が新カタログによって4月24日から23日に訂正された以外には、これまでのところない。

　ハインリヒ・フォン・コリン（1772-1811）は劇作家として有名であるばかりか、当時、宮廷官房の書記官でもあり、1809年には宮廷顧問官となる。ベートーヴェンは1806年初めから、彼とのオラトリオの共同制作を計画して、書簡交換をするようになった。それは明らかに、《レオノーレ／フィデリオ》初演がひとまず終わって、大声楽作品の次なる課題として《オリーブ山のキリスト》に続くオラトリオ作曲を念頭に置き、しかし詩人との協働作業という点で前作の反省を生かした取り組みをしたいという意志の現れ、と見ることができる。この想定が大筋で間違っておらず、そしてコリンに白羽の矢を立てたのだとすれば、1805年までにベートーヴェンは戯曲『コリオラン』を観劇していて、作者に関心を抱くようになったと推測できよう。ラバンの著わした『コリン伝』［Ferdinand Laban : Heinrich Joseph Collin, 1879］の付録にある、1806年10月30日付コリンのモーリツ・フォン・ディートリヒシュタイン伯宛書簡から、その時点でベートーヴェンがすでにかなり以前からタッソーに基づくコリンのオラトリオ台本『イェルサレムの解放』の第1部を手にしていたことが読み取れる［BGA 246注2］。その作曲作業の痕跡はまったく遺されていないので、このオラトリオは"未完作品"としての登録番号（Unv）を持っておらず、シンフォニー第4番、そしてそれに続く第5番の作曲が優先され、手掛けられることなく終わった。まさにこうした時期であったから、ベートーヴェンが『コリオラン』の印刷本（1804年出版）を手

第 21 章　1806 年後半〜07 年 9 月　シンフォニー第 4 番の位置づけとハ長調ミサ曲

にしていたことも、それに序曲を作曲するべくコリンと接していたことも、想定可能な範囲内であろう。

　この物語は、コリオーリ［Corioli］という町で敵を打ち負かしたことによりコリオラーヌス［Coriolanus］という名誉あるラテン名（ドイツ名コリオラン［Coriolan］）を付される英雄となった、ローマの貴族ガイウス・マルキウスまたはカイウス・マルティウス［Gaius Marcius（Caius Martius）］の苦悩を描くものである。彼はその後、執政に意欲を持つようになったことで民衆の反感を買い追放されたが、それに憤って敵側に寝返り、今度はローマを脅かす存在となった。しかし、ローマとの闘いは残した家族も危機に陥れるという母と妻の献身的説得によって、ローマの包囲を解くが、そのことによって敵味方の狭間に追い込まれたコリオランの苦悩（結果は自殺か暗殺）がこの悲劇のテーマである。当時の人々はこの戯曲の内容を知っていたから、この作品を出版するときに、別段、シンフォニー第 6 番の場合のように、ベートーヴェン自身がプログラムを添える必要はなく、「コリンの悲劇コリオランの序曲」というタイトルだけで充分であった。実際にベートーヴェンは、まさにシンフォニー第 3 番においてナポレオンの英雄的行為とそれに伴う犠牲者たちの葬送を背反的に描いたように、英雄コリオランの葛藤を音楽化した。

　何か具体的なもの、あるいは想念でもよいが、音楽外的な表象を音で描く"標題音楽"としての、シンフォニー・オーケストラのための単一楽章作品に対し、半世紀の後に「交響詩」という概念が登場する。どの音楽事典においてもその項目の説明は充分なものではなく、そしてそもそも「交響詩の歴史」は何語によっても未だ書かれたことのない未踏の課題である［拙著『文化としてのシンフォニー　Ⅱ』序文］。実は、そのネーミングの登場以前にも以後にも、その概念を適用して捉えられなければならない数多の作品群があり、つまり「交響詩とは名付けられていない交響詩」が多数あるため、その歴史記述の範囲が定まっていないのである。

　私の知見が及ぶ限りで言えば、交響詩のルーツはまさにこのベートーヴェン作序曲《コリオラン》にある。この作品について、「用語としてはまだ存在していないが、〈交響詩〉ともいえよう」（ロックウッド『ベートーヴェン』［2003 年出版］日本語訳 390 ページ）という見識も最近では見られるようになったが、しかしそうした指摘だけで終わってしまっているのは、概念と現実の呼称の不一致は歴史の法則である、ということが乗り越えられていないからである。概念の明確化、そしてそれに伴うその呼称の確立は後追いさ

637

第Ⅱ部　歴史的考察

れていくのであって、概念そのものの歴史的登場は呼称誕生以前にある、と
いうことは一般に見られる現象である。「交響詩」の場合は、呼称の登場後
も複雑な政治的力関係からそれが広くは採用されず、別の命名にこだわる作
曲家、あるいはジャンル名そのものが付されない作品も多出する一方で、そ
れにも拘わらず、概念が明確であるゆえに、作者のそうした微妙な立ち位置
が無視され、ひっくるめて「シンフォニック・ポエム」「交響詩」と呼んで
しまうという慣習が成立した［拙著『文化としてのシンフォニー　Ⅱ』202, 259 ページな
ど］。こうした錯綜した現実を前に未整理状態が続き、歴史的全体把握がな
されないできた。

　オペラ等の劇音楽に付された冒頭曲"序曲"が単独でコンサート上演される
伝統は 18 世紀にコンサート制度が本格的に進展し始めた時期からすでにあ
った。しかしこうした"目的外使用"ではなく、劇的素材に基づきながらその
本体とは切り離されて存在する単一楽章オーケストラ作品が歴史上、初めて
書き下ろされたのが序曲《コリオラン》である。ただ単に現象的に初という
のではなく、続く作曲家たちに対して範例のようなものとなった点が重要で
ある。というのはこの作品は初演以来、大きな注目を集めて、演奏回数が並
みではなかったのである。ベートーヴェン作品に倣った作品が創り続けられ
て、「序曲ではない序曲」が新しいジャンルとして確立されていく。

　ベートーヴェンが"劇音楽とは切り離された序曲"を書いたのは、《レオノー
レ／フィデリオ》に関してそれまでに 3 つも序曲を書いていることと深く
関係しているのではないか。その内の最後のもの、プラハ上演のための第 1
番（1806/07 年）は《コリオラン》より先に書き始められ、完成はその少し
後となるが、すなわちベートーヴェンはその作曲の渦中にあり、序曲だけを
書くということに違和感なく取り組めたと思われる。こうして、いわば偶発
的に誕生した"劇音楽とは切り離された序曲"、すなわち「序曲ではない序曲」
は、劇音楽のための本来の序曲と区別されて、やがて「コンサート序曲」と
いう概念のもとに捉えられるようになる。日本語では「演奏会用序曲」の名
で呼ばれることもある。こうして劇音楽の一部としての序曲から分離独立す
る形で、ジャンル概念ともなった、"タイトルとしての"序曲"が誕生した。
私たちとしてもこの 2 つを意識的に区別するなら、一方は「《レオノーレ》
序曲」（オペラ《レオノーレ》の序曲、の意）、他方は、たとえば「オラトリ
オ《オリーブ山のキリスト》」とジャンル名を冒頭に掲げて個別作品名を続
けるように、「序曲《コリオラン》」とするべきであろう。

638

第21章　1806年後半～07年9月　シンフォニー第4番の位置づけとハ長調ミサ曲

その延長上に、"劇音楽と切り離された"のではない、劇音楽とはそもそも関係のない「序曲」も生まれる。メンデルスゾーンの序曲《ヘブリデス諸島（フィンガルの洞窟）》（1830年）などはその典型である。リストもまたこの歴史的経緯を踏まえて初めは「序曲」としたのだが、後にそれに、遡って「交響詩」の概念を適用したのであった［上掲書35～36ページ］。

11 │ 1807年9月13日　アイゼンシュタットで《ハ長調ミサ曲》上演

そこにまた割って入るのが、この時期の3大声楽作品の最後、ミサ曲の創作であった。遅くとも1806/07年冬に［新カタログ］、ベートーヴェンはハイドンの雇用主であるニコラウス・エステルハージ侯（1765-1833）からミサ曲の委嘱を受けた。侯は1783年9月15日にリヒテンシュタイン侯女マリア・ヨーゼファ・ヘルメネギルト（1768-1845）と結婚。1794年1月に家督を継承すると、その直前にロンドンに出掛けてしまったハイドンが帰還するのをずっと待ち望んでいた。ようやく1795年8月にそのときが来て、さっそくハイドンを再び宮廷楽長に任命した。ただ祖父の代のときとは違って、ハイドンの任務は、宮廷での日常的奏楽ではなく、ヴィーンに暮らすことを許されて、年に一度、侯妃の聖名祝日である9月8日の「マリアの誕生」を祝ってミサ曲を作曲し、直近の日曜日にアイゼンシュタットの教会で上演することであった。1796年から1802年まで彼は、《天地創造》にかかりきりのために臣下の"ピアノ師匠［Klaviermeister］"ヨハン・ネポムク・フックス（1766-1839）に代理させた1797年を除いて、6年間、ミサ曲を供給した。この6連作ミサが大巨匠、最後の金字塔となったことはよく知られている。彼が老衰のため創作の筆を措くと、侯家に雇用されている、作曲の嗜みがある人物が代わる代わる書いていたが、1807年のその日のためには部外者のベートーヴェンに白羽の矢が立った、というわけである。

侯は1795年の「作品1」の予約者リストに名を連ねており、1793年にベートーヴェンがハイドンにレッスンを受けるためにアイゼンシュタットを訪ねたとき以来、知己となっていたかもしれない。侯妃自身が1804年3月出版の3つのピアノ行進曲Op.45を献呈されており、侯妃の兄嫁、ヨゼフィーネ・ゾフィー・リヒテンシュタイン侯夫人（1775-1848）も1802年にOp.27-1の献呈を受けている。エステルハージ侯自身との直接的な接点はそ

639

第II部　歴史的考察

れまでなかったが、侯は 1807 年初めからヴィーンの三大主要オペラ劇場の運営を担う一員となり、それが委嘱の直接的なきっかけとなったかもしれない。そのような指摘は誰もしていないが［後述］。

アン・デア・ヴィーン劇場は 1806 年 8 月に入ると公演数が突然、半減し、9 月以降にその数はさらに減る、と前章で考察した。これは経営問題となり、さらに訴訟に発展して、その結果、ブラウン男爵は責任が問われて、アン・デア・ヴィーン劇場のみならず、両宮廷劇場の運営からも手を引いた。そして 1807 年 1 月 1 日をもってこの 3 劇場は"連携騎士団［Associierten Cavaliers］"が集団で管理するという方式となった。宮廷劇場の方の実務責任者であるゾンライトナーは留任した。新しい帝国・王国劇場管理部は合議制で、そのメンバーは、シュヴァルツェンベルグ侯、ロプコヴィッツ侯、エステルハージ侯ニコラウス、エステルハージ伯フランツ、エステルハージ伯フランツ・ニコラウス、ロドリン伯ヒエロニムス、パルフィ・フォン・エルデード伯フェルディナンド、ツィッヒ伯シュテファン、であった［新カタログ I, 245 ページ］。

ベートーヴェンが年度当初に宮廷劇場管理部に積極的にコンサート開催を請願したのも、エステルハージ侯からのミサ曲委嘱を通じて、連携騎士団との接点ができたことと関係があるかもしれない。彼のエステルハージ侯宛書簡のトーンがきわめて丁重すぎることが、異色なのである。

1807 年 7 月 26 日付のエステルハージ侯宛書簡［BGA 291］は、侯からの問い合わせに応える形で、次のように書き始められる。

> 我が殿下がミサ曲についてお問い合わせをされたとのこと、私に殿下のために書くよう委嘱されましたところでございますが、侯爵殿下にあえて申し上げさせていただきますと、おそくとも 8 月 20 日までにはご受納いただけると思います。その暁には、尊き侯妃様の聖名祝日に上演するに十分な時間があると思われます。

そして長々と、ここまで遅延した理由が述べられている。以下は、説明を挟みながら要点を抜き書きすると、「桁外れの有利な申し出をロンドンから受け」、すなわちクレメンティとの新しい契約（4 月 20 日付）［次章で検討］が成立したが、それは「劇場で運を開くことに失敗するという不幸があったときで」、すなわち 3 月のコンサート開催計画が暗礁に乗り上げたという事情もあり［本章 6］、「私をして、窮乏がその提案を喜んで捉えさせざるを得ず」、であった。原注［BGA 291 注 5］によれば、クレメンティに渡すたくさんの作品の版下原稿を調え、校閲しなければならず、それ以外に、同人の要望に応

640

第 21 章　1806 年後半〜07 年 9 月　シンフォニー第 4 番の位置づけとハ長調ミサ曲

えてヴァイオリン・コンチェルトのピアノ・コンチェルト・ヴァージョンの
作成もあった。「ミサ曲の完成が遅延しました、それを持って侯爵殿下の御
前に参上したいと祈願しておりましたのですが」、「加えてその後、頭の病気
[Kopfkrankheit] になり、初めはまったくダメで、その後、そしていまなお、
ごくわずかしか仕事することができません」と弁解し、その証明のために 7
月 22 日付シュミット博士の診断書 [BGA 289] を同封した。「付け加えさせて
戴くとすれば、私は貴殿に多くの畏怖をもってミサ曲をお渡し申し上げます、
侯爵殿下におかれましては大ハイドンの無類の諸傑作を上演させるのに慣れ
ておられる故」と結ばれる。

　クレメンティがヴィーンを離れる前に各作品の版下原稿を渡すため、手元
にない 3 弦楽四重奏曲 [Op.59] の楽譜を、貸したか贈ったかしたチェリスト
のフランツ・フォン・ブルンスヴィクに一時返してもらおうとして、ベート
ーヴェンは 5 月 11 日までに関係する書簡 3 通 [BGA 279-281] を書いた。ヴィ
ーン在住のその妹のヨゼフィーネ・ダイムを通してブダペシュトにいる兄と
の連絡をとってもらうなどのやり取りで、その結果、5 月 18 日に急遽、知
人がベートーヴェンのもとに持参する [BGA 281 注7] といったバタバタとし
た動きがある。それが一段落した後、6 月 10 日過ぎから 7 月末までバーデ
ンからの発信が続くが（エステルハージ侯宛も含む）、"頭の病気"のための
療養を兼ねた滞在であったと思われる。ただヴァイオリン・コンチェルトの
ピアノ・コンチェルト・ヴァージョンの作成はその時期の仕事と見なされる。
このようにして、ベートーヴェンの申告にはさまざまな裏付けがあるが、こ
の療養中に携行したと思われる、25 枚という薄い、専用の「ミサ曲ハ長調」
スケッチ帖（使用期間 1807 年 7 〜 8 月頃）において基本のスケッチ作業は
進んでいたはずで、7 月末にバーデンからハイリゲンシュタットへ移って総
譜化も本格化していったのだろう。

　ベートーヴェンがアイゼンシュタットに到着したのは本番 3 日前の 9 月
10 日のことである。作曲とパート譜作成に手間取り、時間的にぎりぎり間
に合ったか、という状況であった。なにしろパート譜は全部で 45 部 [新カタ
ログの合計数 44 は間違い] もあり、2 管編成の各管楽器は 20 〜 30 ページ、ティ
ンパニのパート譜は付いておらず（初版原版にはあり）、弦楽器は第 1・第 2
ヴァイオリン各 3 部、ヴィオラ 2 部、チェロ・バス 3 部、オルガン 1 部はそ
れぞれが 37 〜 52 ページ、独唱 4 部は各 80 ページ前後、合唱はテノールが
5 部、それ以外の 3 パートは 4 部で、36（テノールの 1 部のみ 34）ページ、

641

第Ⅱ部　歴史的考察

総計 1594 ページに及ぶ。これほど膨大な初演譜が残存している例はこのケースを措いてない。たとえば、最大作品《ミサ・ソレムニス》の場合は上演機会がなかったのでパート譜の作成にまでは至らなかった。14 人のコピストが動員され、まさに突貫工事のようなものであったろう。ちなみに、残存パート譜から初演の演奏人員数が推定できる。ヴァイオリン 2 パートは各 6 名、ヴィオラ 4、チェロ・バス計 6 名、オルガンと管楽器を加えると楽器奏者は 35 名、合唱は 17 名、独唱 4 名で、総勢 56 名というところか。

　それに加えて、演奏する側に大きな問題があった。9 月 12 日付の侯家副楽長（1802 年以来）ヨハン・ネポムク・フックスに対する侯の叱責文書［BGA 293］を読むと、悪い予感を禁じ得ない。19 世紀初頭の高貴な身分から臣下に対する文書であり、言葉遣いのみならず、特有の言い回しがあり、しかも文書全体が句点のない一文であるが、適宜、補って訳出する。

> 我が宮廷副楽長は以下につき、その理由を示されんことを。我が常雇いの女性歌手たちは"音楽"の際の勤務になぜ毎回姿を見せるわけではないのか。私が本日、大いなる不満を持って認めたように、ベートーヴェンのミサ曲の挙行された練習の際、5 人のコントラルトのうちわずか 1 名しか居合わせなかったのはなぜなのか。それは副楽長も看取されたものと思われるが、それ故、私は同人に対しここにしっかり観るよう委任せざるを得ない、挙行されるベートーヴェンのミサ曲の上演に我が楽団および歌唱の人員のすべてが姿を見せるあすだけでなく、それ以外でも誰も十分な理由なしに勤務から外れてしまうことのないように。私はそれ以外でもまさしく、すべてを規律の内に維持して勤務に反する何ものも許容しないよう専心せる、上に立つ上司として我が副楽長を尊重し、同人に責任を問わざるを得ない。

　下準備がこうした有り様であるからなおさらであろうが、仮に譜面が事前に郵送されていたとしても（郵便事情の信頼性から、こうした重要機会に使用される楽譜を委託することは考えにくいが）、それにしてもこの作品の演奏難易度はベートーヴェンの到着後 1 ～ 2 日の練習でなんとか仕上げられるような代物ではない。したがって上演が惨憺たるものであったことは火を見るより明らかという状況であろう。侯夫人は気に入らず、エステルハージ侯爵は楽譜の献呈も拒否したとされる。セイヤーにはシンドラー伝記に書かれている怪しい話しか手元になかったようだが、英語版でフォーブズは［424 ページ］、1927 年にヴィクトール・パップが『ベートーヴェンとハンガリー』［Papp : Beethoven és a Magyarok］のなかで披露したエピソード［同 71 ページ］を紹介している。それによると、ベートーヴェンにあてがわれた宿舎は、宮廷内の

第 21 章　1806 年後半〜 07 年 9 月　シンフォニー第 4 番の位置づけとハ長調ミサ曲

一室ではなく、ヴィーン在住の宮廷音楽秘書ヨーゼフ・バラーニャが所有するアパートで、パップは 9 月 10 日から 16 日まで 6 泊分、20 グルデンのバラーニャの領収書を公開した。これによって、遇され方もベートーヴェンには我慢のならないものであった、という見方が確立した。これは、おそらく宮殿の各室は聖名祝日の招待客で一杯となっていたために、平民のベートーヴェンには我慢してもらうほかなかったのではないか、と想像される。一方、侯爵が知人ヘンリエッテ・ヴィーリンスカ伯女に宛てた書簡で口を極めた酷評をしているのを、ヨハン・ハーリヒが『アイゼンシュタットのベートーヴェン』［Harich：Beethoven in Eisenstadt］のなかで報告している。

　アイゼンシュタットのエステルハージ文庫には献呈スコア譜と初演に使用されたパート譜が残存している。「侯は楽譜の献呈も拒否した」との伝説については、同スコア譜がその真実性を想定させる。というのは、そこには、14 段の 5 線紙の 4 段目から 10 段目にかけて、イタリア語で「ミサ　ルイジ V ベートーヴェンにより作曲され、ニコロ・エステルハージ・デ・ガランタ等々の侯爵閣下に献げられた」と記されているが、この記入はおそらく、19 世紀半ば（1843 年）にこのミサ曲が同地で再演される際に初演パート譜に手を入れた、カール・トーマスによってなされた［校訂報告書（2003 年）/ 新カタログ］ものだからである。同スコア譜は第 1 ページ裏から楽譜が書き付けられており、表は無記入にしてあった。ベートーヴェンはおそらく、侯爵の了解を得て献呈する際に、記すべき事柄もまた侯爵と相談の上、というつもりだったのではないか。献呈拒否は現実に起こり、タイトルページは 35 年近くの間、空白のままであったということであろう。ベートーヴェンは 1812 年にこの作品を出版するとき、エステルハージ家とは関係のないことを明示するために、作品献呈の相手をいろいろ思案し、最終的に、年金支給により恩を受けていながら未だ作品献呈のなかったキンスキー侯とした［第 I 部第 7 章 12］。

　ベートーヴェンは 9 月 22 日に侯爵家宮廷顧問官ヤーノシュ・カルナーにミサ曲筆写譜作成の勘定書を送付した［BGA 298］。それは 9 月 19 日付でクルンパーとシュレンマーから提出された 48 グルデン 5 クロイツァーと 71 グルデン 36 クロイツァーの計算書で、そこには各パート群（「合唱」など）にまとめられたボーゲン（4 ページ分）数と単価が記されている。写譜業務の精算はボーゲン単位に為されるので、上記で計算した総ページ数とは完全には一致しないが近似はしている。ここには各人による 11 月 3 日付領収のサイ

643

第II部　歴史的考察

ンも追記されている。

　以上から鑑みるに、侯爵宮廷との間で、写譜代の請求はヴィーンに戻ってから業者のそれを待つという取り決めが為されたと思われる。委嘱料支払の証憑は遺っていないが、常識的に言ってその支払いがなかったことはあり得ないだろう。1年以上経過してのことであるが、1808年12月22日の大コンサートの後、1809年1月18日付エステルハージ侯の侯家会計局宛指示文書に第4項として、「ベートーヴェン氏の音楽コンサートのご祝儀のために100グルデン」とある［TDR III, 85ページ 注1］。この文書は、1868年11月13日付『グレンツボーテン』紙に、その頃ハイドン伝記の執筆のため侯家文庫を調査していたカール・フェルディナンド・ポール（第1巻刊行は1875年）によって公表された。それに対してセイヤーは、全5項目から成る支払命令の対象者、主として第一級の俳優たち、とベートーヴェンが同列に扱われる評価を受けた、とコメントするに過ぎない。しかし、侯家の文書を徹底調査してもこれしか出てこないとすれば、ミサ曲委嘱の不幸な結果は、別の支出目的に代替されて、その報酬支払いとなったのではないだろうか。正当な報酬を支払った上での、真の"ご祝儀"であったとすれば、ベートーヴェンにとってミサ曲作曲はそれほどの忌まわしい思い出とはならず、1812年の出版時には報酬授受の応報としてエステルハージ侯に献呈するのが彼の行動様式にそぐうのではないか。

12 │《ハ長調ミサ曲》再考

　ミサ曲をコンサートで上演することは教会筋からの反発があり［詳しくは第35章7］、そのまま全曲をという訳にはいかなかったが、1808年12月22日の大コンサートで、一部の楽章が《讃歌》としてドイツ語歌詞によって上演されて以来、これは当時の人気作品となった。その人気度は《オリーブ山のキリスト》に次ぐものと言ってよいだろう［第25章9］。しかし同じように、現代では、その存在すら鮮明には印象づけられていない。この場合には、《ミサ・ソレムニス》Op.123の陰に隠れて、と言うことができるかもしれないが。

　その創作がかなりの短時間の内に進行したこともまた1803年のオラトリオのときと似ているが、しかしその完成度の高さは驚くべきもので、もはや

第21章　1806年後半〜07年9月　シンフォニー第4番の位置づけとハ長調ミサ曲

改訂作業は必要なかった。エステルハージ侯宛の上記引用書簡のなかで「大ハイドンの無類の諸傑作」と比べられる畏怖について述べられているが、それは前後関係からまさしく外交辞令といってよく、「その不安と闘いながら期限内に完成させた」（タイソン）と見るのは一種の新たなる神話であろう。もちろん、事前にハイドン作品を研究したことは事実であり、1801年の《天地創造ミサ曲》[Hob.XXII：13]変ホ長調からグローリア楽章の一部が「ハ長調ミサ曲」スケッチ帖の初めの部分に書き込まれている。これは、弦楽四重奏曲やオペラのときにはモーツァルト作品を部分的に研究したのと同じレヴェルで、ある意味ではあって然るべきことであろう。しかしベートーヴェンがハイドンの侯妃用の6ミサ曲すべてをつぶさに検討したかのような前提に立って影響論を議論することは慎みたい。侯爵がハイドン作品との明らかな違いに気付いていろいろ言ったという伝承もまた根拠のないものである。演奏の決定的な準備不足は悪印象の元凶となったには違いない。事後に侯爵と決裂したことも事実である。しかしベートーヴェンが上演日に続けてアイゼンシュタットに3泊していることは、上演終了後ただちに不穏な空気が発生したのではなく、双方に最低限の配慮はあったと思わせる。ベートーヴェンの方でも侯と決裂することは避けなければならない事情があった［後述］。

　"傑作の森"とは器楽曲"傑作"の集中的創作について言われてきたことであり、「オラトリオ」「オペラ」「ミサ曲」という三大声楽曲を度外視して成立しているのが不思議である。そして、そのなかでミサ曲は唯一、後期に後継作品のあるジャンルで、それゆえにいっそう、《ハ長調ミサ曲》は影が薄い。しかし《ミサ・ソレムニス》を上回るとさえ言ってもいいかもしれない、少なくとも比肩する、"傑作"ではないのか。とりわけその劇的進行は聴く者をぐいぐいと引き込んでいくという点で、同時期に作曲中のシンフォニー第5番と共通しており、そして聖名祝日用の祝賀作品として、キリストの生涯を追いながら、底抜けに楽天的な音調に満ちて仕上がっている。

　巨大で至高の大作品が後に控えると、比べればそれほどではない、標準的な規模の前作、という評価がありがちだが、その一例として、《マタイ受難曲》に対する《ヨハネ受難曲》の対比に似ているかもしれない。実はどちらが代表作とは言いがたい、含蓄あるもうひとつの"傑作"、というバッハ創作観ではすでに認知された評価が、ここにも為されて然るべきではないか。そしてまた、同時代の作曲家には何曲も書く機会があったのに彼においては生涯に2曲しか創らなかったジャンル、という意味でもバッハの2受難曲とベ

第Ⅱ部　歴史的考察

ートーヴェンの２ミサ曲は類似している。

　この、もうひとつの"傑作"にもっと光が当たる日は、実は、すでに来つつあるといってよいかもしれない。《ハ長調ミサ曲》には近年、素晴らしい録音が、《オリーブ山のキリスト》に比べれば、増えてきていると言えるからである。

13 │ コンチェルトの管楽器編成

　本章ではフルート１本編成のシンフォニー・オーケストラについて話題したので、その議論を完全なものにするために、実はベートーヴェンのコンチェルトの多くがフルートを１本しか編成していないということに触れておきたい。フルート２本編成はピアノ・コンチェルト第３番と第５番だけなのである。シンフォニーには１曲しかない例外の編成がコンチェルトではふつうとなっている。この事実はジャンルの違いによるものなのであろうか。ベートーヴェン研究はこの不思議について何も応えないできた。ピアノ・コンチェルト最初の２曲までについてはそれぞれの個所で編成について言及したが、ここでまとめて全作品の管楽器編成を一覧する。

		完成年 （推定）	フルート	２オーボエ ２ファゴット ２ホルン	２クラリ ネット	２トラン ペット ティンパニ
ピアノ・ロンド	WoO6	1793	1	○	×	×
ヴァイオリン・ロマンツェ	Op.50	1798	1	○	×	×
ヴァイオリン・ロマンツェ	Op.40	1798?	1	○	×	×
ピアノ・コンチェルト第２番	Op.19	1798	1	○	×	×
ピアノ・コンチェルト第１番	Op.15	1800	1	○	○	○
ピアノ・コンチェルト第３番	Op.37	1803	2	○	○	○
トリプル・コンチェルト	Op.56	~~1804~~	1	○	○	○
※本文において説明		1806				
ピアノ・コンチェルト第４番	Op.58	1806	1	○	○	○
ヴァイオリン・コンチェルト	Op.61	1806	1	○	○	○
ピアノ・コンチェルト第５番	Op.73	1809	2	○	○	○
※参考　シンフォニー第４番	Op.60	1806	1	○	○	○

646

第 21 章 1806 年後半〜 07 年 9 月 シンフォニー第 4 番の位置づけとハ長調ミサ曲

　1798 年までの作品（前述のように［第 14 章 5］、ヴァイオリン・ロマンツェ
Op.40 の成立がこの時期という見解を前提として）は、ベートーヴェンの演
奏活動のために作曲されたから、各地で対応が可能なよう、小さいオーケス
トラの伴奏によったことは理解できよう。そしてその曲目の一部をなしてい
たピアノ・コンチェルト第 1 番もその時期までの稿では同じ編成であった可
能性があり［439 ページ参照］、しかし最初の大コンサートでシンフォニー第 1
番と一緒に最終稿の初演が行なわれた際に、大オーケストラが使用できると
いうことで、編成が拡大されたかもしれない。ただしその主眼はクラリネッ
トとトランペット、ティンパニを加えてオーケストラの輝きを増すことにあ
り、フルートも 2 本編成とするまでのことはしなかったということであろう。
　ピアノ・コンチェルト第 3 番は、《オリーブ山のキリスト》初演がメイン
の日であっただけではなく、そもそも最初から大コンサートに向けて書かれ
たので、シンフォニーと同じ完全フル編成が採られた。作品の規模も大きく
なったのであるし、以後はそれが標準になってもよさそうなのに、同様編成
はピアノ・コンチェルト第 5 番しかない。
　問題は、1806 年の 2 曲、ピアノ・コンチェルト第 4 番とヴァイオリン・
コンチェルトが、そして 1804 年に完成したと見なされているトリプル・コ
ンチェルトが、なぜフルート 1 本であったか、ということである。ベートー
ヴェン文献はシンフォニー第 4 番の特別な編成についてさえ沈黙しているの
であるから、ましてや同様のコンチェルトの編成について格別な注意を払っ
てこなかった。私自身はといえば、この事実に気付いて以来、長い間、想い
あぐねた難問中の難問であった。
　しかし本章の叙述をしている内に、その謎が解けた。ここまで読んでくる
と読者も自然と解るのではないかと思うが、シンフォニー第 4 番がらみであ
ったことは疑いないところである。シンフォニーの編成がオッパースドルフ
宮廷の楽団編成に由来するものであったとすれば、それが上演されるとき
（ロプコヴィッツ邸などでも）、この 2 曲も一緒に演奏されることを想定して
書かれ、この 2 コンチェルトはシンフォニーと同じ編成としたのではないか。
しかしながら、ピアノ・コンチェルト第 4 番はシンフォニーに先立って作曲
された。その完成後、晩夏にオーバーグロガウのオッパースドルフ城を訪問
してシンフォニーの委嘱を受けたとすれば、フルート 1 本編成の発想はその
とき以来のものであるはずで、ピアノ・コンチェルト第 4 番においてすでに
その編成が採られていることをどう説明するのか。

647

第II部　歴史的考察

　新全集校訂報告書（1996）はこの作品の現存最古の資料である校閲筆写ス
コア譜［校訂報告書における Quelle A/ 新カタログにおける Quelle II］の成立を最後に掲げ
られた"資料系統図［Stemma］"において「おそらく 1806 年 3 月 27 日以前」と
結論づけているが、本文においては詳細な説明を行なっており、簡単には片
付けられない問題が含まれていることは指摘されている。しかしその上で結
論が導き出されているのだが、その矛盾点をここで再検討したい。

　1806 年 3 月 27 日とは、弟カールがライプツィヒのキューネル（H&K 社）
に［BGA 243］この作品と《オリーブ山のキリスト》を併せて 600 グルデン約
定価で提供する書簡の日付で、したがって作品の成立が読み取れるというわ
けである。しかし、繰り返し述べているように、作品提供の書簡は、注文を
取ってから仕事に掛かるというケースさえあるし（この作品の作曲作業は
1805 年以来のものなのでこれにはあてはまらないが）、完成の見通しがつい
て早めに勧誘するのはむしろふつうなので、成立時期をそれによって判定す
ることはできない。しかも Op.39 〜 42 の出版（1803 年 12 月）で見たよう
に、ホフマイスター＆キューネル社とベートーヴェン本人の関係はすでに
悪くなっており、この時期になお同社と接触すること自体が弟の単独行動で
ある可能性は高い。そしてこの書簡はこの時期の秘書役として弟の最後のも
のとなる。さらに言えば、仮にこの作品がその時点ですでに完成していたか、
それに近い状態であったとしても、その自筆譜は消失しており、問題の校閲
筆写譜がそれ以前に作成されていた証拠にはまったくならない。

　さらに、この校閲筆写譜に使用された用紙は"KOTENSCHLOS"というス
カシを示しているが、ボヘミア製のこの用紙は「1807-1808 年」スケッチ帖
に使用されているほか、「1807 年夏以前のベートーヴェンのいかなる譜面に
も見られない」［JTW, 161 ページ］ものであるとされてきた。校訂報告書は、そ
れゆえ、この見解に訂正を求めている。1807 年 3 月のロプコヴィッツ邸で
の初演時に使用されたパート譜は確実に自筆譜（消失）からではなく、校閲
筆写譜［Quelle A/Quelle II］から作成されたと考えられることも、用紙の使用期
間前倒し説の傍証とされているが、むしろ、そこには版刻者によるメモ書き
があるなど、それが版下原稿として用いられたことは明らかである。出版は
1808 年 8 月までずれ込んだので［その理由については次章参照］、それが書かれた
のはおそらく 1807 年夏以降（JTW の見解に依拠して）の可能性が高い。

　ピアノ・コンチェルト第 4 番には長い歴史があって、最初のスケッチは
1803 年でさえあるかもしれないが、主として 1804 年に進行し、集中作曲の

648

第 21 章　1806 年後半～ 07 年 9 月　シンフォニー第 4 番の位置づけとハ長調ミサ曲

時期は 1805/06 年であるが、1807 年 3 月にも手が入れられ、その後に版刻
作業となった。こうした長期にわたる創作の軌跡が作品の実質的な成立を早
めに見積もらせる方向になびかせているかもしれないが、だからといって現
存最古の資料［校訂報告書 Quelle A/ 新カタログ Quelle II］の作成年代まで早くに設定
する根拠はない。もし校訂報告書の主張するようにそれが 1806 年 3 月段階
のものであるとすれば、この作品は版刻作業が始まるまで 1 年 4 ヵ月ほど、
初演を挟みながら、何も手を付けられなかったことになる。
　こうした全体状況を把握すると、資料 A が示しているフルート 1 本編成
は版刻（直 ?）前の形を示しているのであって、それが作品完成時のもので
ある保証はない、という仮説も成り立つであろう。つまりシンフォニー第 4
番の 1 本編成が確立した後、フルートが 2 本から 1 本に減じられて清書スコ
ア譜が改めて書き起こされたのではないかという想定である。ここまで考え
てきて、これまでたいして気に留めずに来た事柄との関連が思い浮かんだ。
それは、ブライトコップ & ヘルテル社から刊行されているハウシルト校訂
のシンフォニー第 4 番［Partitur-Bibliothek 5234］の校訂報告書にある、第 3 楽章
「第 87 小節以後　ベートーヴェンは自筆スコア譜において過って˙˙˙˙［傍点は引用
者］オーボエ II と同じようにフルート II のパートを記している」という記述
である［この件は茂木大輔氏の指摘による］。確かに"過って"ではあるが、これはこ
のシンフォニーが元々はフルート 2 本編成で作曲され、最終段階で 1 本に減
らされた痕跡ではないだろうか。なお、この個所について新全集校訂報告書、
ならびにベーレンライター社刊行のいわゆる「デル・マール版」の校訂報告
書も、特別な言及はしていない。
　同じ日に演奏された序曲《コリオラン》はフルート 2 本を編成している。
セイヤーが、この作品の成立について、上演日の順に、まず 3 月のロプコヴ
ィッツ邸コンサートに間に合うよう書かれ、その後に本来あるべき姿、すな
わちコリン演劇に添える機会が 1 回だけ設けられ、それが 4 月 24 日に実現
した、と見立てたことは前述したが、その逆の想定もあり得るのではないか。
すなわち、やはりコリンの戯曲のために本来、書かれ、その上演日に先立っ
てロプコヴィッツ邸コンサートで試演された、という想定である。その場合、
最初はフルート 1 本編成であったが、劇場で上演されるときに 2 本に増やさ
れた可能性もある。スコアをよく観察すると、第 2 フルートはトゥッティ、
フォルテのところだけ、しかも他の木管楽器の吹奏音を重ねているだけで、
1 本で済ませることも可能であるから、事後に増やされたのでなく、最初か

649

第II部　歴史的考察

ら両睨みで（1本の場合は省略しても差し支えないよう）、第2パートが書かれたということもあり得る。

　この想定は、本章10で議論した「元祖"交響詩"」説を弱めはする。序曲《コリオラン》はやはり劇音楽として書かれ、"序曲ではない序曲"としての上演はコンサートでいわば"試演"される形で先行しただけ、ということになるからである。しかしこの作品の劇音楽としての上演はたった1回だけであり、その後はもっぱら"序曲ではない序曲"として受容されていったので、ベートーヴェンとして"元祖"というわけではなかったにせよ、社会的には"交響詩"が生まれる原点となったということに変わりはない。

　フルート1本問題に立ち返ると、2コンチェルトの楽器編成がシンフォニー第4番と同じであることは決して偶然なのではなく、関連づけずには考えられないのではないか。オッパースドルフ宮廷とは関係のない2コンチェルトにまでそれが波及したのには、大コンサートを主催するのは無理という占領下の状況も反映されていよう。ピアノ・コンチェルト第4番には弦楽五重奏伴奏のヴァージョンも存在する。こうした例は他のコンチェルトにあってはまったく見られない。この稿の作成は1807年夏であろうとされている。

14 ｜ トリプル・コンチェルトはなぜ出版が異常に遅れたのか

　トリプル・コンチェルトがOp.56として出版される（1808年夏）まで完成から4年も要したことは長い間、大きな謎であった。この作品は《エロイカ》Op.55（1806年10月出版）とともに、1804年5月末/6月初めにロプコヴィッツ邸で同時に初演された［第19章8］。後者は同侯の半年専有権が切れると徐々に他人が主催する方々でのコンサートで再演が続くようになるが、トリプル・コンチェルトの再演はまったく知られていない。しかも、前節のテーマとも関連して、シンフォニー第4番管楽器編成の元祖であるピアノ・コンチェルト第1番に年代的に次ぐのはこの作品であり、かつ、1806年の一連のフルート1本編成作品に先んじている、という問題がある。大編成の《エロイカ》と一緒に初演されたのに、なぜこの作品の出版はかくも遅れ、そしてなぜフルート1本なのか。この2つの事実は関係があるのだろうか。

　トリプル・コンチェルトの新全集版は、初版原版以外に全曲を伝える資料がないため、原典版作成それ自体については異論を挟みようがなく、比較的

650

第 21 章　1806 年後半〜07 年 9 月　シンフォニー第 4 番の位置づけとハ長調ミサ曲

早く手掛けられて、1968 年にベルナルド・ファン・デア・リンデの校訂により出版された。しかし断片的に遺されている初期資料は出版の異常な遅延となった原因も絡んで複雑であり、校訂報告書はほぼ半世紀ののち、2 代にわたる作業の継承により、ようやく、新カタログ刊行の 3 ヵ月後の 2015 年 2 月に、フリードヘルム・レスティによって完成された。それに先立って 2012 年にベーレンライター社からデル・マールによって校訂楽譜と校訂報告書が出版され、問題の概容は紹介されていた。レスティは資料の所見に関しては全面的にそれに依拠し、詳細な稿異の比較によって消失資料の仮説を立てている。ただ、シレジア行きやシンフォニー第 4 番との関連についての状況分析はまったく行なっておらず、資料間の相違から何か新しい像を導き出せているわけではない。

　問題の核心は、残存する唯一の校閲筆写スコア譜（第 1 楽章 8 小節のみ [校訂報告書、資料 B1/ 新カタログ Quelle II, 1] と第 3 楽章 58 枚 [校訂報告書、資料 B2/ 新全集 Quelle II, 2]）にはたくさんの訂正、削除の跡があり、しかも被水による汚濁を示していることである。水の浸み跡が 1806 年 10 月末にトロッパウからヴィーンへ戻るときの悪天候に晒された結果であるとすれば、1806 年夏にトロッパウに向かう前に作成させて、シレジア滞在中の上演に備えたということではないだろうか。

　この点から出発して第 1 の問いに答える。トリプル・コンチェルトは《エロイカ》完成後に、パリ旅行のために《ヴァルトシュタイン》ソナタのほか、さらにもう 1 曲として、1804 年 3/4 月にスケッチが開始されたが、5 月末 /6 月初のロプコヴィッツ邸試演に間に合わせる必要から、最後はかなり急いで仕上げられた。この時期からの原典資料としてはヴァイオリンソロ第 1 楽章の筆写パート譜 [校訂報告書、資料 A/ 新カタログ Quelle II, 5] のみが遺されているが、出版稿と比較すると大きな違いがある。ちょうど《オリーブ山のキリスト》の場合と同じように、目前に迫ったコンサートのためにひとまずの完成を急いだために、初稿はそうとう荒削りなものであったのではないか。そしてかなり手を入れて、シレジアに出掛ける前に完成させ、旅行中に試演できるかもしれないことを踏んで、クルンパーに筆写させた。この時点で、4/5 月頃には版下原稿を BAI 社に渡し、出発前に何度かの校正を終えたであろう《エロイカ》との、出版時期のずれはすでに生じていた。そしてシレジア滞在中に（試演に基づいてか？）さらに大幅な手直しを行い、帰還後しばらくして、版下原稿を作成させた。そのうち現存するのはピアノソロ・パート譜

651

第II部　歴史的考察

［校訂報告書、資料 C1/ 新カタログ Quelle II, 4］とヴァイオリンソロ・パート譜［校訂
報告書、資料 C2/ 新カタログ Quelle II, 3］だけである。後者はクルンパーによって
写譜され、前者の筆記者は特定できないが、クルンパーとベートーヴェンに
よるたくさんの訂正跡がある。これらには初版原版の出版番号が書き込まれ
たり、版刻者によるページ割り振りの痕跡があり、版下となったことは疑い
ない。おそらく 1806 年末か 07 年初めに作成され、07 年 6/7 月の刊行とな
ったのであろう。

　トリプル・コンチェルトの出版が異常に遅れたように見えるのは、言って
みれば、生煮え状態でロプコヴィッツ邸試演に間に合わせたことが、後世に
は作品の"完成"と見なされてきたことに起因しよう。ベートーヴェンとして
は、当日までに推敲を積み重ねてきた《エロイカ》のようには、そのままで
の出版はあり得ず、リライトして、もういちど試演したいとの想いが、シレ
ジア行き直前に校閲スコア譜を作成した理由であろう。この作品の完成は、
出版の約半年前に、校訂報告書 Quelle C1 および C2 とともに各パート譜の
版下原稿が作成されたとき、すなわち 1806 年末か 07 年初めと結論づけられ
る。

　第 2 の問い、すなわち、フルートのみ 1 本編成の問題について、ピアノ・
コンチェルト第 1 番は除外してよいとすると、その最初の採用作品が実はト
リプル・コンチェルトであるということが確認できる。1804 年の初稿がい
かなる編成であったかはソロ・パート譜しか現存しないので議論しようがな
いが、《エロイカ》と同時初演のコンチェルトをわざわざ 1 本に減らす理由
は見当たらない。大コンサートに懸けられたピアノ・コンチェルト第 3 番が
すでに 2 本編成であったことから、フルート 1 本編成がこの曲種に固有の特
別な問題と見る理由もない。すると思いつくのは、いまから出掛けるシレジ
アの小宮廷楽団のキャパシティを事前に知って 1 本に減じた稿を作成したの
ではないか、ということくらいである。

　このシレジア行き準備稿において、第 3 楽章に関しては冒頭ページがあり、
譜面、上部にあるタイトルは「フォルテ・ピアノ」、スコアの左端にある各
楽器表示においては「チェンバロ」となっている。これだけ見るとギョッと
し、僻地の宮廷楽団にはまだピアノもなかったのだろうかと考え込んでしま
うかもしれないが、実は、この作品に限った特別な問題ではなく、それまで
のピアノ・コンチェルト 3 曲すべてが自筆スコア譜において、楽章の冒頭ペ
ージ、スコアの左端にある各楽器表示は「チェンバロ」となっている。譜面、

652

第21章　1806年後半〜07年9月　シンフォニー第4番の位置づけとハ長調ミサ曲

　上部にあるタイトルについては、第2番にのみ正式な書き入れがベートーヴェン自身の手によってなされており、それは「Concerto per il piano-forte」である。しかしパート指示部分はなぜ「チェンバロ」としたのか、それについて説明している文献はまったくなく、そもそもこの問題はこれまで議論の俎上に上ったことがない。ただ、2001年にブランデンブルクがトリプル・コンチェルトの初期スケッチを検討する論文［Brandenburg/Op.56］のなかで、「メンデルスゾーン15」スケッチ帖にあるメモを紹介しているのが参考になる。それは141ページにある、おそらく1804年5月頃の記入で、イタリア語で「sempre cosi accompagnato durante Violloncello e Violino solo［チェロとヴァイオリン・ソロの演奏中にはつねにこのように伴奏する］e quando　viene la Melodia in Cembalo anche cosi Violloncello e Violino debbon accompagnare la［そしてチェンバロが旋律を奏でるときにはチェロとヴァイオリンもこのようにそれを伴奏すべき］」と書かれている、とのことである。イタリア由来のコンチェルトについて、いわば古文を書くように、ピアノフォルテを「チェンバロ」と表現したと見なすことができるかもしれない。スコアの左端にある各楽器表示も、本人であれ、コピストであれ、「バッソ」とか「クラリーニ［トランペット］」、「フラウト［フルート］」などすべてイタリア語で記され、古風に伝統的な書き方をしただけで、格別な意味はない、と言って差し支えないと思う。

　フルート1本問題に立ち戻ると、まず確認されなければならないのは、同一編成のこの4曲がいずれも、1806年後半に作成された校閲筆写譜によって伝承されている、という事実である。しかしそれにはシレジア滞在以前に作成されたものも含まれているのも確かなので、オッパースドルフ宮廷の編成に合わせて作曲されたシンフォニー第4番が端緒となった、との主張は論拠を失う。クルンパーの筆写した校閲スコア譜［校訂報告書 Quelle B1 および B2］の作成年代の根拠は同人の活躍期（1806年〜1807年末）、および被水跡からシレジア旅行前、ということだけであるから、理論的には1806年初春といった可能性もあるが、その時点で本人が完成したと見なしたのなら、出掛ける前に出版社に渡したであろう。重要なのはシレジアに持って行ったということであり、その行為から、試演を期待し、結果次第ではさらに手直しもある、という意志を読み取るべきではないだろうか。

　試演が念頭に置かれていたとすると、ひとつの可能性は、上記に単なる思いつきとして言及しただけだが、オッパースドルフ宮廷を訪問することは事前から予定され、しかも同宮廷楽団の陣容を知っていた（リヒノフスキー侯

第Ⅱ部　歴史的考察

などから聞いて）、ということである。もっとありそうなのは、フランス軍
に占拠された首都からの脱出はかなりの長期に及ぶことが見込まれ（10月
末の事件がなければ滞在はもっと長くなったであろう）、その間に何らかの
機会があるかもしれないという漠たる想いがあり、楽団のあるところにはパ
ート譜作成の人員は居るだろうから、スコア譜を持ち出せば、何とか演奏機
会があるかもしれない、であれば、2曲のピアノ・コンチェルトを持ち歩い
て方々で演奏して回った若い時期を思い出し、できるだけ演奏しやすい形に
しておこう、という配慮が働いたことである。

　"できるだけ演奏しやすい形"とは何かと言えば、結果が証明している。こ
の編成であれば、少なくともオッパースドルフ宮廷では可能だったのである。

第22章

1807年4月～10年

時間差多発出版の進展

クレメンティ（ロンドン）およびプレイエル（パリ）、ジムロック（ボン）との接触／
BAI社（ヴィーン）とともに第4次／ブライトコップ＆
ヘルテル社（ライプツィヒ）およびアルタリア社（ヴィーン）とともに第6次／
最初の経済的苦境とその打開／オーケストラ作品の認知度上昇／
専属オペラ作曲家への請願／宮廷劇場のその後

1. 1807年4月20日　クレメンティ契約書
2. ヴァイオリン・コンチェルトのピアノ・コンチェルト版誕生の意味
3. 第4次時間差多発出版の試み
4. 出版活動低迷からの打開
5. クレメンティへの送付に何か問題が
6. ロンドンに届いたのは第2回送付分だけ？
7. ヴィーンでの原版出版が異様に遅延
8. Op.58～Op.82はすべてロンドンで
   　　並行出版の計画だったのではないか
9. 新説「第3回送付があったのではないか」
10. 各原典資料の時系列　第3回送付があった論拠
11. クレメンティ社からの支払いについて
12. 第6次時間差多発出版の全容
13. クレメンティ契約は当面、困窮改善にはつながらず
14. オーケストラ作品の認知度上昇
15. 宮廷劇場専属オペラ作曲家への請願

第II部　歴史的考察

　クレメンティ社とベートーヴェンの関係は「体系的考察」第I部の楽譜出版に関する章ですでに何度も言及してきた［第4章10、第5章8など］。以下、「歴史的考察」のひとつの章として、本格的な関係が始まる1807年の脈絡においてそれがどういう意味を持ったのか、ベートーヴェンの生涯に位置づける。

　1800年にピアノ4手ソナタOp.6を皮切りとして（当時はロングマン・クレメンティ社）、ベートーヴェン楽譜を出版していた同社だが、たまたまヴィーンを訪れていた同社の経営者のひとり、ムッツィオ・クレメンティとの間にベートーヴェンは1807年4月20日付で原稿の提供と稿料の支払いを定めた契約書［TDR III, 28 ～ 29ページ］を取り交わした。しかし、そこに明記された6作品の内、原稿の提供を受けたことが確実な原版の出版は、3年後のクレメンティのロンドン帰郷後、1810年夏に出版されたヴァイオリン・コンチェルトだけであった［新カタログでの評価］とされる。1809年頃に出版された3弦楽四重奏曲は原版とは見なされず「その他の版」に分類されている［同］。契約書の履行には何らかの障害が発生したように見える。

　この件に関しては、支払いが3年間もなされなかったという現実面ばかりが強調され（たとえばソロモン）、クレメンティとの契約の意義そのものについては十分に理解されているとは言いがたい。滑り出しがうまく行かなかった理由は推測するほかないが、従来は、クレメンティと留守を預かる共同経営者コラードが支払額等でもめたのではとか、コラードの不作為、といった想定しかできなかった。しかしそこには当時の社会情勢による不可抗力が働いており、ベートーヴェンの創作活動は最終局面でその影響をまともに受けたのではないか。そしてまた「時間差多発出版」の第4次の挑戦もまた茨の道であった。

　旧カタログは戦前のドイツでの受容や研究を基礎にしている。そのため、当時のイギリスでのベートーヴェン受容が霞んでおり、クレメンティ社からの連綿と続く出版（Op.73 ～ 82）もヴィーン原版を使用した"続版"という理解であった。そうではなく、それらがベートーヴェンから直接、原稿を入手した原版であるばかりか、まず先にロンドンで出版されたという事実は、

656

その後、研究論文の積み重ねによって徐々に明らかにされてきてはいたが、ごく一部の専門家の認識に留まっている。新カタログを細かく追うとその全容が明らかになる。

　足かけ2年を傾注した《レオノーレ／フィデリオ》からの収入はわずかでしかなく、その間に作曲したその他の作品も多くはなかった上に、戦乱状態が続く不景気から、作品出版もあまり進展していなかった。そして占領下でのコンサート開催もはかばかしくはない。こうした事情の積み重ねが1807年6月までに起こった末弟からの借金という事情を説明するだろう。しかし一方、同年末頃から彼のオーケストラ作品の上演が目立って増えていく。その理由と実態を追うと、一筋の光明のようなものも見えてくる。

　宮廷劇場の新運営体制との関係構築は1807年当初のその発足時からの課題であり、秋に、年俸が支給される専属オペラ作曲家への登用を宮廷劇場管理部に請願する。その背景には、《レオノーレ／フィデリオ》を物した自負だけではなく、経済的逼迫からの脱却を目指そうとするという意志が見え隠れする。しかし宮廷劇場の上演実態を観察すると、そこには特定作曲家の優遇などが入り込む余地はそもそもなかった。ベートーヴェンがオペラ作曲をなお追究しながらも現実とはならないのには、社会的環境がなかなか調わないという一面もあった。

1 │ 1807年4月20日　クレメンティ契約書

　クレメンティとの契約書はフランス語で書かれ、両名の署名の後、証人としてグライヒェンシュタイン男のサインがあり、起草自体が同人によると思われる。6項目から成り、要点は以下である。

1. ベートーヴェン氏はクレメンティ氏に、以下に列挙する作品の草稿を大英帝国内での出版権付きで譲渡する。
   a. 3弦楽四重奏曲［引用者注：(以下同じ) Op.59］
   b. シンフォニー、作曲済みの第4番［Op.60］
   c. コリン氏の悲劇、コリオランの序曲［Op.62］
   d. ピアノ・コンチェルト、作曲済みの第4番［Op.58］
   e. ヴァイオリン・コンチェルト、作曲済みの第1番［Op.61］
   f. ピアノのために追加の音符を付けて編曲した、上記コンチェルト［Op.61］

第II部　歴史的考察

2. クレメンティ氏は、これらの作品のロンドン到着の情報をヴィーンで受け取り次第、200ポンドを支払う。

3. 引渡しが一括ではない場合、その量に応じて支払う。

4. ベートーヴェン氏は、ドイツ、フランス、その他でのこれらの作品を売らないことを約束する、それぞれがイギリスに向けて発送された後4ヵ月間は出版しないという条件の場合を除いて。すなわち、ベートーヴェン氏は、イギリスに向けて出るヴァイオリン・コンチェルト、シンフォニー、序曲［下線は引用者］に関して1807年9月1日以前には出版しない限り売ることができる。

5. 同様の条件により、ピアノのための3ソナタ、ないし2ソナタと1ファンタジー（伴奏ありなしは作者に任せる）に対し60ポンドを支払うことも合意。

6. 著者献呈は2部とする。

　これだけを見ると、また、ヴィーンに立ち寄ったクレメンティからすれば、いくつかの条件を付けるがこの機会にベートーヴェンから6作品の出版権を買った、ということにしかならない。しかしベートーヴェンの側から言うと、5ヵ月前にヘルテルに買取りを断られた2作品［Op.58およびOp.59］［BGA 261］に加えて、半年の専有上演権がそろそろ切れるシンフォニー第4番［Op.60］と、その半年の間に完成したヴァイオリン・コンチェルト［Op.61］と序曲［Op.62］を初めて売り込むもので、その上で第4項目が重要であった。すなわち、4ヵ月後にはドイツ、フランス、オーストリアでも出版するという「時間差多発出版」を、第4次として、いよいよ本格稼働させる魂胆がこの契約書の背後にはあった。ナポレオン戦争の爪痕により出版見通しが立たなかったところ、その影響が少ないイギリスからの偶然とも言える申し出は渡りに船であったろう。ベートーヴェンが知っていたかどうかは別として、ベートーヴェン作品に関してイギリス市場はそれまでにヴィーンと肩を並べるくらいの需要があり、海賊版が跋扈していたから［第31章］、自らが同地に打って出ることには大きな意味があった。しかもクレメンティ社の営業は大英帝国内に限られるので、大陸での販売は別途、確立できる。ひとつの作品を何重にも譲渡して収益を上げ、著作権を守るという戦略は、ヴィーンで出版された原版をジムロックに売っていたと思われる1790年代後半から、ずっとその本格的な実現を追究してきたものであった。

　クレメンティはさっそく2日後、4月22日付で、ライプツィヒのヘルテル宛と、ロンドンで留守を預かる共同経営者のコラード宛に、上記契約の達成を報告した。ヘルテルはかつてOp.53〜57、Op.85の6作品についてベートーヴェンと交渉しているときに、1804年9月4日付でクレメンティに

658

第 22 章　1807 年 4 月～10 年　時間差多発出版の進展

共同で出版しないか呼掛けたことがあった［BGA 189 注 4］。おそらくその経緯を踏まえて、しかしベートーヴェンとヘルテルの間がうまく行っていないことは知らずに、今度はクレメンティがヘルテルに、ドイツでの出版に関してはベートーヴェンに「あなたがたと対応することをお願いした」、と書いた［BGA 261 注］。一方、コラードに対しては、自分がまだ当分はロンドンに戻れないことを前提とした、出版作業を委ねるための業務連絡である。この書簡は 1902 年にシェドロックがロンドンの雑誌『アテネウム』（7 月 26 日付）および『月刊音楽録［Monthly Musical Record］』（8 月 1 日付）で公表し、それをリーマンがセイヤー伝記のなかに採り入れた［TDR III, 26 ～ 27 ページ］。かなりの長文であり、他の作曲家との交渉事にも言及されているので、ベートーヴェンとの交渉の成り立ちと編作に関わる部分のみを抜き書きする。

> ちょっとした駆け引きにより、そして面目を失うことなく、私はついにあのお偉い美の化身、ベートーヴェンを完全に征服しました。…私は我らの会社が有利となるよう細心の注意を払って、挨拶を交わしてすぐに、まず彼の作品のいくつかを丁重に誉めてから、こう言いました。「あなたはロンドンのどこかの出版社と契約していますか？」、彼は「いや」と言い、「それなら、もしかして、私を選んでくださいますか？」「心から喜んで」「承知しました。何かご用意がありますか？」「リストを持ってきます」　ざっとこんな具合で、私は彼と、3 弦楽四重奏曲、シンフォニー、序曲、ヴァイオリン・コンチェルト、それはすばらしいもので、それを私の要求により彼はピアノ（付加鍵あり、またはなし［引用者注：ヴィーンとロンドンではピアノの鍵盤音域が異なり、当該の音域を超えた場合、音型を変更するなど、調整が必要なことを言っている］）用に編曲する、さらにピアノ・コンチェルト。以上すべてに対して私たちは彼に 200 ポンドを支払うことになる。しかし所有権はブリテン領内だけです。本日、ロシア経由ロンドン行きの郵便があり、彼は上記物件の 2 ～ 3 をあなたに送るでしょう。覚えておいていただきたいのは、ヴァイオリン・コンチェルトを彼は自分で改作したいということ、そしてそれを出来次第できるだけ早く送るということです……

以下、契約書に沿ってその内容の説明が続く。その途中に、「彼はブリテン領内に関して私以外の誰とも取引しないことを約束してくれた」とか、「戦争等による支障のため、私はベートーヴェンに、刊行まで 4 ヵ月（彼の草稿を手にしてから）をみてほしい、とお願いした」「彼はあなたのところにもフランス語で日時の指定を書くと言っていた、というのはもちろん彼はそれらを同じようにパリ等々に送り、それらは同日に出なければならないからだ」など、契約書には書かれていない周辺事情も説明している。そして最

659

第II部　歴史的考察

後に「追伸」として、「ベートーヴェンが言うに、あなたは、彼が今回郵送する3件を次の9月1日に出版してよいとのこと」と書いた。

　4ヵ月の猶予とは、遠隔地ロンドンに送って出版準備を調える時間であり、それ以前に他で刊行させない、というクレメンティ社への配慮である。それが解禁されるのが9月1日という合意であった。この日付はシンフォニー第4番［Op.60］の半年専有権も念頭に置いてのことであったかもしれない。

2｜ヴァイオリン・コンチェルトのピアノ・コンチェルト版誕生の意味

　この書簡から、ヴァイオリン・コンチェルトのピアノ・コンチェルト・ヴァージョンはクレメンティがイギリス市場を考えてこの契約に加えるよう要求したものであることが判る。イギリスでは、1790年代からヴァイオリン・コンチェルトをピアノ・コンチェルトに編作する慣習があった。たとえば、フランス革命後の混乱から逃れて、1793年にパリからロンドンに活躍場を移したヴィオッティ（1755-1824）のヴァイオリン・コンチェルトはドゥシェック（1760-1812）やシュタイベルト（1765-1823）といったロンドンで活躍するピアニストたちによってピアノ・コンチェルトに編作され、彼らのコンサートで人気を呼んでいた。これは必ずしもイギリス特有のことではなく、ヴィオッティがパリで活躍していた時代にもあり、18世紀末に主要楽器がヴァイオリンからピアノに移行していくにあたって、新楽器のレパートリー不足を補うものと見なすことができる。とくにイギリスでは新興のピアニストたちの活躍が多すぎて、なかには作曲能力の乏しいが演奏は巧みという輩もいて、いわば音楽界のアンバランスがこうした慣習を支えたともいえ、ヴィーンなどでは馴染みのないものであった。だから、クレメンティの発案なしには両刀遣いのベートーヴェン作品は誕生しなかったであろう。そして十数年は続いたか、この慣習がロンドンでも消えようとする時期の最後の例のひとつとも言えるのがベートーヴェン作品であるが、歴史的背景が忘却された、かつオリジナル至上主義となって"編曲"を疎んじる、後世には永らく、ピアノ・コンチェルト版はベートーヴェンの創作において異物視され、この契約書の存在を無視して、クレメンティの編曲ではないかという説も唱えられたほどであった。しかしヴィーンでこれらの原版が出版されたときに、ベートーヴェンがそれぞれの版を、親友ブロイニングの結婚祝いとして新夫

660

妻各人に献げた［第I部第7章12］ことは、両版の偏りない作者性の証明と言える。

3 │ 第4次時間差多発出版の試み

両版を識別する作品番号上での区別はないが、将来の Op.58 から Op.62 の5作プラス1の計6作（3弦楽四重奏曲を含むので作品の数で言うと8作）をひとつのセットとして、ベートーヴェンはさっそく、「時間差多発出版」の実現のために各方面に売り込みを図った。契約書締結から6日後、4月26日付で、パリのプレイエル親子宛とボンのジムロック宛にほぼ同一の文面で勧誘の書簡［BGA 277 および 278］がグライヒェンシュタイン筆によりドイツ語で起草された（署名のみベートーヴェンによる）。プレイエルもジムロックもともに出身はドイツであり、母語での意思疎通が可能であった。書き出しは次のようである。

> 私は、以下の6つの新作をパリの出版社に、ロンドンのひとつに、ヴィーンのひとつに、同時に、しかしこれら3社とも一定の日数の後に初めて印刷してよいという条件で、売ろうと思っています。このようにすれば、私の作品がすばやく知られていくという点で有利であり、また値段という点で私の益にも出版社の益にもなる、と私は考えます。その作品とは…［略］

プレイエル宛とジムロック宛では微妙に表現が違い、たとえば後者にはパリとは言わずに「フランスの出版社」と言い換えている。というのは両者は当時ともにフランス地域に版権を有する競合社であり、この商談にどちらが乗ってくるか天秤を架けていたのである。そして「ヴィーンのひとつ」とは同時に口頭で交渉を開始したであろう BAI 社であった。ここで注目すべきは、クレメンティには 200 ポンド、すなわち約 1800 グルデン約定価を要求したが、戦乱にある大陸の出版社には 1200 グルデン約定価であり、すなわちロンドンに対しては 1.5 倍の価格設定であったことである。これに対する返書が 620 ページで引用した 1807 年 5 月 31 日付ジムロック書簡［BGA 282］であった。先の引用の後、次のように続く。

> 干からびた状況にある私ができるすべては、1600 リーブル［フランス通貨］［原注：約

1000グルデンで、ベートーヴェンの要求額より200グルデン足りない］までです。この状況を慮って下さるなら、私が大変努力していることがお解りになりましょう、イギリスと比べては少ないかもしれませんが。

事態のこうした急展開にベートーヴェンは小躍りしたかのようであり、5月11日にブルンスヴィック伯宛書簡［BGA 281］の冒頭は次のように始まる。

> 私はクレメンティと非常にうまくいった———200ポンドを得るのだ［原注：この報酬はようやく1810年4月に支払われた（BGA 432）］。それに加えて、これらの作品をドイツとフランスで売ることができるのだ。

しかし思惑どおりには事は進まなかった。戦時下というだけではなく、各社もさまざまな事情を抱えており、この時期に滞積してくる彼の経済的苦境は急には解決しないまま時が過ぎていく［後述］。

4 │ 出版活動低迷からの打開

このようにして、《レオノーレ／フィデリオ》の継続上演を放棄した4月中旬以降、降って湧いた編作作業と、クレメンティ、およびBAI社に手渡す作品の校閲筆写譜の作成・点検に携わる2ヵ月程度が経過した。そして「頭の病気」となり、6月10日過ぎからのバーデン行きとなるのだが、その頃のまた別の事情を垣間見せるのが同地からグライヒェンシュタインに宛てた6月23日以前の書簡［BGA 287］である。

> 親愛なるグライヒェンシュタイン君———これをコピストにあす渡してくれ———君も分っていると思うがシンフォニー［原注：Op.60］に関してだ———それはそうと、もし彼が終えてなかったら、あす四重奏曲［原注：Op.59の1曲］を奪い取って、それをBAI社に渡してくれ———弟［原注：末弟ヨハン］に言ってくれるか、私はたぶんもう手紙は書かないと。———なぜかって、原因を私はもう分っている、それはこういうことだ、彼は私に金を貸してくれ、それ以外にも私のためにいくらか出費もしたからだ。そうなんだ、私がそれをまだ返すことができないものだから、弟たちがいまから心配していることは分かっている。そしておそらくいまもうひとり［原注：次弟カール］を私に対する報復の精神が取り憑いており、彼にもだが———最も良いのは私が1500グルデン全額を（BAI社から）受け取り、そしてそれを彼に払ってやること、そうすれば話は終わる。———私の弟たちの恵みを受け入れなけれ

ばならないなんてことになりませんように…　　　追伸：シンフォニーを私は当地
から BAI 社に送りました、彼らはそれをたぶん受け取ったと思います。

　丁寧にそのまま訳してみたが、言っていることがいまひとつリアルに把握
できないのは仕方がない。原稿の調え作業が進行していることと、弟たちの
恵みを受けなければならない瀬戸際に立たされている忸怩たる想いが伝わっ
ては来る。公務員の次弟の稼ぎはしれたものだが、薬剤師となった末弟は成
功して自身の店を構える寸前に来ており、この頃、経済状態が悪化したベー
トーヴェンは末弟から一時の立て替えを頼むほどの状況であったことが判る。
　すでに確認したように、1800 年には出版作品はなく、それまで書き溜め
た作品は 1801 年に一気に出版されたが、1801 年以降に完成された作品は次
弟の助力も借りながら 1802 年後半から次々と刊行をみて、その過程で作品
番号のコントロールが効かなくなった。次弟との二人三脚が終焉して、1 年
ほどひとりで出版準備も切り盛りせざるを得なかったと思われる。1806 年 5
月以降の 1 年間に刊行されたのは、シンフォニー第 3 番 Op.55（出版公告
1806 年 10 月 29 日）とピアノ・ソナタ第 23 番 Op.57（出版公告 1807 年 2
月 18 日）、そして 32 のピアノ変奏曲 WoO 80（出版公告 1807 年 4 月 29 日）
の 3 点だけである。この大ピアノ変奏曲が出版社任せとなって作品番号が欠
落した［第 I 部第 6 章 9］のには、こうした事務処理能力の低下もその遠因とし
てあるかもしれない。
　1807 年 6 〜 7 月は、グライヒェンシュタインの協力を得て、1806 年中盤
以降の"傑作の森"中期の諸作品が次々と出ていく前夜であった。逆に言うと、
その大成果はまだ収入に結びついておらず、リヒノフスキー侯年金の持続は
怪しくなり、1804 年後半から作曲精力を 2 年近く傾けたオペラからの、上
演日数の歩合による収入は、決してそれに見合うものではなかった。末弟か
らの借金は、言ってみればベートーヴェンの沽券に関わるものであったろう
から、そのあたりのやるせない気持ちが上記書簡に滲み出ている。

5 ｜ クレメンティへの送付に何か問題が

　そこで降って湧いたクレメンティからの申し出は危機打開の天啓のような
ものであったはずだが、現実はなかなか期待通りには進展しなかった。まず、

第Ⅱ部　歴史的考察

クレメンティがその後ロンドンには帰らず、契約締結直後にイタリアに行き
[Cooper/Clementi 注12]、そして 1808 年 12 月にヴィーンに舞い戻った [BGA
399 注2]。そのとき彼は 1 年 8 カ月も経つというのにベートーヴェンがロン
ドンから諸作品の支払いをまだから受け取っていないことに驚き、12 月 28
日にコラード宛に催促の書簡を書いた。しかし 1809 年 9 月のクレメンティ
発信コラード宛書簡でも、その時点で精算はなお行われていないことが確か
められる [BGA 399 注4]。

　一連の経過はこのように奇妙な展開をみせていくのだが、ここで、1807
年 4 月にベートーヴェンから呼びかけられた各社が 6 作品についてどのよう
に反応したのか、その結果を確認しよう。そのすべてを刊行したのは地元ヴ
ィーンの BAI 社のみであった。1808 年 1 月 9 日に 3 弦楽四重奏曲 Op.59 と
序曲《コリオラン》Op.62、8 月 10 日にピアノ・コンチェルト第 4 番 Op.58
とヴァイオリン・コンチェルトのピアノ・コンチェルト版 Op.61 の出版公
告を出している。シンフォニー第 4 番 Op.60 とヴァイオリン・コンチェル
ト Op.61 に関しては同社の出版公告が欠けている 1808 年 8 月〜 10 年 5 月
の間 [第Ⅰ部第6章9] に出版された。

　フランスの 2 社に関しては、プレイエル社は乗り気がなかったようで反応
は確認されず、ジムロック社が 1808 年 4 月 13 日に 3 弦楽四重奏曲と序曲
《コリオラン》の出版公告を出しただけであった。おそらく同社は、上でみ
たように [BGA 282]、価格で折り合いが付かず、この 2 作品に絞ったのであ
ろう。

　それに対してクレメンティ社は、おそらく 1809 年頃に 3 弦楽四重奏曲を、
そして 1810 年 8 月か 9 月にヴァイオリン・コンチェルトの 2 つの版を同時
に、出した。いずれも、「出版管理局」への登録が確認できず、出版時期
は推定である。その他の 3 曲については出版された形跡がまったくない。
1807 年 4 月 20 日契約書で謳われた 6 作品の半分のみの刊行に終わったわけ
で、契約不履行の場合の罰則等についてはそこで触れられていないが、ベー
トーヴェンにとっては不利な結果となったことは事実であり、いったい何が
あったのか、これまで闇に包まれていた。

　輸送に何か問題が生じたのではないか、というのが 2002 年に発表された
バーリー・クーパーの見解 [Cooper/Clementi] である。それを参考にしながら、
その後、新カタログによって全体像がより鮮明になったので、ここで不可思
議きわまる、この問題について推論を立ててみよう。

664

6 │ ロンドンに届いたのは第 2 回送付分だけ？

　ベートーヴェンが原稿を送らなかったということは、5 月 11 日付ブルンスヴィック伯宛書簡［BGA 281］から見て、あり得ないであろう。そして、クレメンティが契約の 2 日後の 4 月 22 日に書いている文言「本日、ロシア経由ロンドン行きの郵便があり、彼は上記物件の 2 〜 3 を送るでしょう」および「今回、郵送する 3 件を次の 9 月 1 日に出版してよいとのこと」から、ここに言われている 1 回目の輸送は 3 件であったと考えてよい。そして、いつかは特定できないが他の 3 件についても、発送は少なくとも 1 回は行なわれたと考えることができる。

　契約書で 9 月 1 日以前にはほかでは出版しないという条件が付けられた 3 件はほぼ用意のできているもので、4 月 22 日「本日」すぐにではなかったかもしれないが、ロシア経由で送られたと思われる。そこで挙げられた作品［契約書訳文で下線付き］のなかにヴァイオリン・コンチェルトが含まれていたことが、この問題の解釈を困難にさせてきた。それは、これから編曲稿が作成されるところなので、第 1 回の送付ではありえず、おそらく契約書はピアノ・コンチェルトとすべきところが誤記された可能性がきわめて高い。6 日後のプレイエルおよびジムロック宛書簡にも誤記が踏襲されたのは、契約書がグライヒェンシュタインによって起草され、書簡 2 通は秘書としての彼の代筆によるもので、同人が勘違いをし、ベートーヴェンも安易にサインをしてしまったと解釈するほかない。クーパーのこの結論［344 ページ］は筋が通っている。そしてこのロシア経由の荷物がイギリスに届かず、したがって「ロンドン到着の情報をヴィーンで受け取る」ことはなかったので原稿料の支払いはずっとなく、また Op.58, Op.60, Op.62 は契約書の定めにも拘わらず、クレメンティ社において出版されなかった。なぜこのような結果となったのか。

　クレメンティは 1808 年 12 月 28 日のコラード宛書簡［Cooper/Clementi, 344 〜 345 ページ］のなかで、「彼［ベートーヴェン］は 6 件を 2 度の発送であなたに送ったと言っている」と書いており、そこから第 2 回分は、校閲筆写譜の余分が手元にないためにブルンスヴィック伯から原譜を取り寄せて改めて写譜しなければならなかった 3 弦楽四重奏曲と、ピアノ・コンチェルト版を急遽、作

第II部 歴史的考察

成することになったヴァイオリン・コンチェルトの両ヴァージョンである、ということが明らかであろう。そうだとすれば、出版されたのが結局はここで第2回分と想定される作品だけであったことは何を意味するのであろうか。しかしそこにも契約書とのずれが生じていた [後述]。

以上の推定は新カタログも「おそらく」という用語を多用しながら、追認はしている。輸送中に事故があったのではないかという疑いは当時の戦況を考えれば合理的なものであろう。1807年は"ドイツ・ポーランド戦役"の最も激しい時期であるばかりか、ナポレオンが1806年11月21日に発令した大陸封鎖令の影響により郵便事情が相当に悪くなっていたのは事実だからである。「ヴィーン発、ロシア経由ロンドン行きの郵便」とは現代からすると妙な感覚に捕らわれるが、当時ヨーロッパ大陸の西半分は大きく敵に支配されていたのだから、対仏同盟で結ばれたロシアにまず送られて、北欧を通ってイギリスに運ばれる、という信じられないルートであったことが窺われる。

7 | ヴィーンでの原版出版が異様に遅延

さらに奇妙なのは、BAI社の出版準備が1807年6月頃から進行している [648ページ] にも拘わらず、刊行が1年半以上も遅れるものが出たことである。一番最後に入稿したのは、ヴァイオリン・コンチェルトおよびそのピアノ・コンチェルト版であると思われるが、それでもその版下原稿はヨーゼフ・クルンパー（1806 ～ 08年末にのみ従事）によって1807年6 ～ 8月に筆写された校閲筆写譜 [Op.61のQuelle II] である。ピアノ・コンチェルト第4番については、前にも述べたように [648ページ] 1807年3月の初演で使用された校閲筆写譜 [Op.58のQuelle II] が版下に使われたし、7月23日以前のグライヒェンシュタイン宛書簡 [BGA 287] から、3弦楽四重奏曲とシンフォニー第4番に関してBAI社との原稿のやり取りが進行していることが判る。

ベートーヴェンの6大作が相次いで出版されるということはヴィーンの外にも轟いて、年末には出版予告の報道が出る。ライプツィヒの『上流界新聞 [Zeitung für die elegante Welt]』の1807年12月10日付に短い記事「ベートーヴェンの6つの新しい大作品が復活祭時にBAI社から出版される」があり、ヴァイマールの『豪奢と流行のジャーナル [Journal des Luxus und Moden]』の1808年1月号にはおそらく1807年8月末/9月初頃に書かれた報告記事のなかで

666

「第4シンフォニーは彫版中［傍点引用者（後述）］、コリオラン序曲と大ヴァイオリン・コンチェルト、3 弦楽四重奏曲も彫版される」と伝えられている。それにも拘わらず、ほぼ予定通りに進行したのは 1808 年 1 月に出版された2 作品（Op.59 と Op.62）だけであった。6 作品の出版番号は 580 から 596の間に収まっており、比較的短期間に次々と出る計画であったことを窺わせるが、最も遅い刊行は 1 年以上の後の Op.60 で、推定される入稿時期から出版までこれほど時間がかかっているのは尋常ではない。ベートーヴェンとしては、ロンドンから何の連絡もなく、ある時点まで、BAI 社にいくつかの出版を延ばすように依頼したのではないか。

　BAI 社の出版公告は、『ヴィーン新聞』において年に何回か、期間をおいて一括掲載されるので、個々の作品の出版期日を月単位でさえ特定することはできないのだが、だいたいその 2 ヵ月後にライプツィヒの『総合音楽新聞』公告特集紙［Intelligenzblatt］にも掲載される。そこからヴィーン原版の想定される出版時と、ロンドンでのそれを、さらにジムロックで出版された 2作品も参照として付して、対比させてみよう。

作品	ヴィーン出版公告	ライプツィヒ	想定出版時	ロンドン出版	ジムロック
Op.59	1808 年 1 月 9 日	1808 年 3 月号	1808 年 1 月	1809 年頃 *)	1808 年 4 月
Op.62	1808 年 1 月 9 日	1808 年 3 月号	1808 年 1 月	/////	1808 年 4 月
Op.58	1808 年 8 月 10 日	1808 年 10 月号	1808 年 8 月	////	
Op.61Pf	1808 年 8 月 10 日	1808 年 10 月号	1808 年 8 月	1810 年 8/9 月	
Op.60	———	1809 年 4 月号	1809 年 2 月	////	
Op.61Vn	———	1809 年 4 月号	1809 年 2 月	1810 年 8/9 月	

*) 新カタログによる。クーパーはタイソンの説を採って、「1809 年終盤か 1810 年初盤、確実には 1810 年 8 月以前」としている。

　ここで斜線が引かれた作品が 1 回目の輸送分と想定され、それらは事故により落掌されることはなかった。クーパーも新カタログも想定するように、2 回目の輸送分 Op.59 および Op.61 の両版（上記で Vn［ヴァイオリン・ヴァージョン］と Pf［ピアノ・ヴァージョン］と記す）が仮に 1807 年 9 月に発送されたとすると、ロンドンでの出版が前者は 1809 年頃、後者は 1810 年 8/9 月であるから、届いた荷物も 1 年をはるかに超えて到着した可能性がある。それほどまでの郵便事情の悪さはその後エディンバラのトムソンとの間でも確認できる［第 30 章］。

667

第II部　歴史的考察

　さらにもうひとつ、以前からも問題となっていた、3 弦楽四重奏曲のクレメンティ社版がヴィーン版の続版である、という指摘である。この点は新カタログでも維持され、クレメンティ社版は原版のカテゴリーには入れられていない。"続版"との判断は譜面の正確な比較から来るのだが、ベートーヴェンが印刷楽譜を送ったのだとすれば「作品の草稿［Manuscript］を出版権付きで譲渡する」（第 1 項）に反している。そこで、クーパーは「彫版はされたけれどまだ公刊はされていない版から筆写譜が作成され」た結果、譜面の状態としては"続版"と見なされ得るものになったのではないか、と苦し紛れの憶測をしている。すると、ブルンスヴィック伯から原譜を一時借用して新たに作成され、そしてロンドンに送られたのではないかと思われる筆写譜の行方はどうなったのだろうか。この謎についてはクーパーも新カタログも何も言及していない。

　ここでとりわけ重要なのが、Op.61 のクレメンティ社版においてオーケストラ・パート譜は独自のものであって、もうひとつの原版であるが、それぞれの独奏パートは、ヴィーン原版に、しかし最終的に印刷に付された稿ではなく、1808 年 8 月以前にそれに差し替えられる前の、1 回目の彫版に遡る可能性が高い、というその後、新全集版の校訂者となる児島新の主張［Kojima/Op.61（1971/72）］である。クーパーもこの説に立っており、新カタログも「BAI 社版に遡る」としたが、同者ともその理由については語っていない。

8 ｜ Op.58 〜 Op.82 はすべてロンドンで並行出版の計画だったのではないか

　「2 度発送した」という証言は 1808 年 12 月 28 日時点のもので、同書簡でクレメンティは「ベートーヴェンはお金を受け取ればすぐに、いくつかさらに草稿をあなたに送ると約束している」と書いており、3 度目の原稿送付があり得ると取れる言質を遺している。ベートーヴェンは 1808 年 9 月 14 日にヴィーンを訪問中のヘルテルと Op.67 〜 70 の出版について契約を取り交わしたが［BGA 335 注2］、その際に、ブライトコップ＆ヘルテル社の独占的出版権を「イギリスは除く」としており［TDR III, 72 ページ］、これはクレメンティ社にも売ることを念頭に置いてのことと考えられる。そして 1809 年 1 月 7 日にブライトコップ＆ヘルテル社宛に次のように書く［BGA 350］。

668

第 22 章　1807 年 4 月〜 10 年　時間差多発出版の進展

私はあなたに心からお願いしたいのですが、それらすべてを復活祭以前には出版しないで頂きたい。というのも、私は謝肉祭には確実にあなたのところに到着していますので。そのときまで新しいシンフォニー［原注：Op.67 と 68］のいずれも公開で聴かせないように。なぜなら私はライプツィヒに行って、ライプツィヒの私が知っている音楽家たちの勇気と善意とともにそれを演奏することは、真の祭典であろうかと思います。

　ここで言っているのは自分がライプツィヒに行って演奏するまで出版を延ばして欲しいということであるが、仮にその理由がこの時点で偽りなかったとしても（彼がライプツィヒに出掛けることはなかった）、クレメンティ社からの送金がまだないので第 3 回目の送付（Op.67 〜 70）を思い留まっていて、その時間稼ぎの意味合いも含まれていたかもしれない。あるいは、そうは言えないので、その気もないライプツィヒ行き計画を理由に持ち出した、などということがあるのだろうか。

　そして 1809 年 9 月になってもいっさいの報酬が未払いであって、それは、送金の時差を考慮すると、その時点の何ヵ月か前までに、第 1 回の紛失分のみならず、第 2 回発送分も到着が確認できないということを意味するのではないか。そうこうするうちに Op.67 〜 70 は 1809 年 4 月から 7/8 月にかけてドイツで出版されてしまい、ベートーヴェンはロンドンに送るタイミングを失したのである。Op.58 以後 Op.82 までのこの時期に書かれた作品は、Op.58 〜 Op.62 が第 4 次時間差多発出版であり、Op.73 〜 Op.82 が第 6 次時間差多発出版であるが（Op.63 〜 66 は欠番［第 I 部第 6 章 10］）、特別な事情のある Op.71 と 72［同］を除くと、クレメンティ社の出版リストに欠けているのはこの 4 作品 Op.67 〜 70 のみ（不調に終わった 3 作品 Op.58, 60, 62 を除く）である。その理由は、こうした原稿発送にまつわるトラブルの結果と言えるのではないか。

9 ｜ 新説「第 3 回送付があったのではないか」

　1807 年から 09 年にかけての輸送トラブルは、契約書が実質的に不履行に終わったことばかりでなく、Op.59 と Op.61 のクレメンティ社版に見られる不可思議な問題、すなわち、契約書には手書き原稿を譲渡することが謳われていながら出版物にはヴィーン原版の続版と見なし得る痕跡が残っていると

第II部　歴史的考察

いう事実、を生んだ元凶ではないか。新カタログにおいて、そして少し前の
クーパーの論文において、事実関係が整理されるまでは、原因はクレメンティ
社の内部問題から来るのだろうと見るほかなかった。ヴィーンおよびイタ
リアにこの時期を過ごすクレメンティと、ロンドンで留守を預かるコラード
ら他の共同経営者たちとの対立から、クレメンティが現地でベートーヴェン
と結んだ契約がないがしろにされた、という想定であった。

　上記に見たように、第1回の送付は到着しなかった。だから、契約書には
反して、Op.58, Op.60, Op.62 はクレメンティ社から出版されなかった。第2
回の送付は、クーパーに依れば、2年も後になって到着した。その荷に含ま
れていたはずの Op.61 は同社から出版されたが、しかし奇妙なことに、そ
の独奏パートはヴィーン原版の初期彫版稿であった。そして同社版の Op.59
はヴィーン原版に基づくものであった。であるなら、「ブルンスヴィック伯
原譜から作成された筆写譜」が使用されなかった理由は何か。

　この事実関係に立脚すると、クレメンティ社には Op.59 と Op.61（その一
部）に関して彫版段階にあった稿が改めてベートーヴェンから送られた、と
いう結論が論理的に引き出される。その理由として、2度の送付に対してい
つまでも入金がなく、再度、原稿を送るという行為にベートーヴェンが出た
可能性があるのではないか。その際に、「彫版されたまま出版はストップさ
れていた版型」からいまいちど筆写譜が作成されたのでは、というクーパー
の想定もあながちあり得ないことではない。ただし彼は 1807 年 9 月と思わ
れる第2回発送分にそれが含まれ、到着に2年かかったのでは、としている。

　しかしそれが新たな送付、第3回分だとすれば、途中経過的な稿をクレメ
ンティ社版が反映している理由の説明が付く。すなわち、第3回目に送付さ
れた原稿はその時点の最終稿であり、第2回発送分に含まれた最初の原稿を
訂正する意図もあったと解することができる。言い換えれば、第2回発送分
の消失が確認されたから第3回目を送ったのではない、ということである。
ベートーヴェンとしては、消失の可能性も考えるが、訂正があるので改めて
送った、そのとき、前回も一緒に送った Op.59 も最新の状態にして、すな
わち、「彫版されたまま出版はストップされていた版型」を基に改めて筆写
譜が作成され、添えられた、ということではないのか。

670

10 │ 各原典資料の時系列　第3回送付があった論拠

　この関係を理解するために、タイソンが作成した原典資料の系統図［Tyson/ Op.61（1967）］に基づき、新カタログにおける新たな知見を加えると、各資料間の関係は以下である。

1806年11～12月頃	A	自筆スコア譜（現ヴィーン国立図書館蔵）
1807年4月～7月頃		Aに修正が加えられA'となる
	B	同時期に作成され、イギリスに送られた筆写譜（消失）
	C	新たに書き起こされた両独奏パート自筆譜（消失）
1807年7月～8月頃	D	A'とCから作成されたBAI社原版の版下原稿筆写譜（現大英図書館蔵）
1807年8月～08年4月頃	E1	BAI社原版の第1次彫版稿（ブロイニング献呈の1）
1808年4月～8月頃	E2	第2次彫版によるBAI社原版（ブロイニング献呈の2、一般販売）
2年後、1810年8/9月	F	クレメンティ社原版

```
              C         E2（BAI社原版）
               ＼          ｜
    A － A' － D － E1 － F（クレメンティ社原版）
       ＼ B ＿＿＿＿＿＿＿／
```

　クレメンティ社原版Fは筆写譜Bと彫版途中のE1（その独奏パート）を合一した独特の形態を示しており、その事実から送付が2段階に及んだと解される。第3回送付の可能性に言及した文献はこれまでないが、そう解釈することによってしかクレメンティ社版の不可思議さは説明できないのではないか。

　現在、大英図書館にはヴァイオリン・コンチェルトのスコア譜がヴァイオリンおよびピアノ独奏パート譜とともに所蔵されているが、これはクレメンティ社版とはまったく関係なく、後年、チャールズ・ニートがヴィーンを発つにあたってベートーヴェンから友情の印として贈られたものである［第32章3］。それはかつてBAI社版の版下となったが［新カタログ］、彫版・校正段階で修正が施されたので実際の出版譜と間には異動がある。

第II部　歴史的考察

　興味深いことに、シュテファン・フォン・ブロイニング献呈本はその独奏
パートに関して初期版と最終版の2冊があり、後者では11ページ分が差し
替えられている。前者が最初の彫版であり、その段階のヴァージョンが（刷
本によってか、そこから改めて書き起こされた手書き譜によってかは何とも
言えないが）、ロンドンに送られたと思われる。
　この想定は、ではなぜ、消失した第1回目の送付分は改めて送り直さなか
ったのか、という最後の疑問に答えることにもなる。考えられるのは、その
3曲については事後の訂正がなく、一方、紛失が確認されたわけでもないの
で、再度送り直すという手間をかけなかった、ということであろう。
　ベートーヴェンは明らかにこの件で懲りたと思われる。トムソンに初めて
原稿を送るのはこうした最中の1810年7月のことであるが、1812年2月の
引渡し2回目から、直接送って到着後に精算という形ではなく、ヴィーンの
代理店（フリース＆Co.）を通すことにして、同社に荷物を委ねたと同時に
稿料を受け取るというシステムに変えたのである［第30章］。これはクレメン
ティとの間で送達物の紛失という苦い経験があったことの傍証とも言える。

11 │ クレメンティ社からの支払いについて

　クレメンティのヴィーン滞在は書簡交換全集［BGA 399 注2］では1810年夏
までとされているが、それは後述する理由からあり得ないだろう。クーパー
は「5月頃まで」としている。この滞在期間中にクレメンティはベートーヴ
ェンと親交を温め、たとえば1810年3月31日にはエルデディ伯夫人邸で最
新の弦楽四重奏曲［Op.74］を聴いた［Haupt/Erdödy］。また4月には銀行家へニ
ックシュタインの招待でグライヒェンシュタイン男も一緒に4人で会食した
［BGA 432］。ロンドンに戻る際、彼は第2次契約分の作品（Op.73～82など）
の草稿を持ち帰った。その後の順調な出版については第I部第5章8で触れ
た。それらの最初は1810年8月に刊行されたピアノ変奏曲［Op.76］（作品番
号なしで）であるが、その出版時期はヴァイオリン・コンチェルトの出版と
完全に重なる。しかしその草稿をクレメンティが運んだということはあり得
ない。なぜなら、前述のヴァイオリン独奏パートの原稿状態は2年以上前の
ものであり、クレメンティの出発時にはすでに無効となっていたからである。
出版時期が重なったのは、戻ったクレメンティが催促させたという可能性も

否定できないが、おそらく偶然であろう。

　実は、こうした経緯が、Op.58 ～ 62 のイギリス版権に対して最終的に報酬が支払われたのかどうかの検証を難しくする。というのは、1807 年 4 月 20 日の第 1 次契約分の最後の出版と、クレメンティが持ち帰った第 2 次契約分（契約書の存在は確認されていない）の出版が連続しているので、支払いがどちらを対象としたものか、はっきりとしないからである。書簡交換全集では、前述のように、1807 年 5 月 11 日付ブルンスヴィック伯宛書簡［BGA 281］の注 4 では「ようやく 1810 年 4 月に支払われた」として、その参照個所も指示している。

　しかしその個所たる、すなわち支払いがあったということが確認される、1810 年 4 月のグライヒェンシュタイン男宛書簡［BGA 432］でベートーヴェンは「ヨーゼフ・ヘニックシュタイン［引用者注：前出の銀行家］が私に今日、ポンドを 27.5 グルデン［引用者注：交換率］で支払ってくれた」と書いており、そしてその注［注3］は、「もしかしたら、1807 年にクレメンティに売った作品に対する報酬の支払いと関係している。しかしひょっとすると、クレメンティがロンドンの彼の社のために改めて獲得した作品に対する支払いにも関係している」となっている。BGA 281 の注 4 は第 1 回分の支払いは確実としているように思われ、BGA 432 の注 3 では「ひょっとすると」として、可能性は少ないが、その支払いには第 2 回分も含まれているかもしれないと、判断を避けた、きわめて曖昧である。要するに、研究の最先端においてこの件は手の施しようのない問題として推定も避けられたわけだが、以下、推論を試みる。

　付言すると、この交換率 27.5 は平時の 3 倍に高騰しており、それだけヴィーン通貨がインフレとなったことを証言している。200 ポンドは 1800 グルデン（約定価）であったところ、この時点では 5500 グルデン（ヴィーン価）となったわけで、仮にこれが 1807 年契約の対価として支払われたのであれば、ベートーヴェンにはその間の貨幣価値下落分は補償されたということになる。

　まず、契約書は 6 作品だけではなく、第 5 項に 3 ピアノ曲（3 ソナタまたは 2 ソナタと 1 ファンタジー）に対しても 60 ポンド支払いを規定しており、それに続いてさらに多くの作品の出版が第 2 の契約で締結された。ただし、口頭による直接のやり取りのために書面での確証をする必要はなかったと思われる。それはクレメンティがヴィーンを最終的に発つ前の 1810 年 4 月の

第II部　歴史的考察

ことであった。原稿はクレメンティがロンドンに持ち帰った。そしてその諸
作品はただちに印刷に入り、1810年8月から9月にかけて次々と出版され
る［後述］。そうした経過を踏まえると、1810年4月に支払われた稿料は少な
くとも受け渡しのあった第2次分に対するものであると考えることができ、
問題は、そのときに第1次分に関するなにがしかも含まれていたかどうか、
あるいはすでにそれ以前に支払い済みになっていたかどうかである。

　セイヤー（リーマン）は1809年9月にクレメンティがコラード宛に書い
た書簡を紹介している。クーパーもそれを引用しているが、要約すると、ベ
ートーヴェンがローマにいるクレメンティに支払いに関して何度も書簡を書
いてきて困ったこと、昨年末にヴィーンに戻ってからコラードに5～6通を
書いたが梨のつぶてであり、ヴィーンの銀行から400ポンドの信用貸しをし
てもらっている、ベートーヴェンから原稿の半分を受け取ったなら、内100
ポンドは彼に300ポンドは自分［引用者注：滞在費・旅費］となるが、彼から何を
受け取ったのかを知らせてほしい、彼の要求を満足させるのに2年半も掛か
っている、等々であった［書簡交換全集にもその引用あり BGA 399 注4］。

　その半年後に第2の契約が結ばれ、両者の関係は円満に進行していくので、
問題はしこりなく解決したと見てよいのではないか。そうだとすると、クレ
メンティがヴィーンを離れる時点では、原稿がロンドンに届いた3作分に対
する支払いは少なくとも、為されたのではないか。その前提なしには第2の
契約締結には至らないであろう。不着の結果、出版のタイミングを逸して版
権を行使できなかった分までクレメンティが気前よく支払ったかを判断する
材料はない。しかし両者の円満解決という結果からはその可能性もまた否定
はできない。間に立つ銀行家の接待で、契約の立役者グライヒェンシュタイ
ンと4人での会食は、一連の経過を締め、第2の契約締結を祝す、といった
打ち上げ的な意味合いを持っていたのではないだろうか。

12 │ 第6次時間差多発出版の全容

　これは第6次の「時間差多発出版」であって、クレメンティ社とブライト
コップ＆ヘルテル社と2社を事業主体とし、一部にアルタリア社が加わる、
かなり大規模に、そして本格的に展開するものであった。すでに1810年2
月4日にヘルテル宛書簡［BGA 423］で次のように書かれている。

674

ピアノのためのファンタジー［引用者注：（以下同じ）Op.77］とピアノ、オーケストラ、合唱のためのファンタジー［Op.80］、3つのピアノ・ソナタ［Op.78, Op.79, "Op.81a"］、ピアノ変奏曲［Op.76］、12のピアノ伴奏付き歌曲、ドイツ語歌詞のものとイタリア語歌詞のもの［原注：6つのドイツ歌曲集Op.75と、5つのイタリア歌曲集Op.82だが、この時点ではイタリア歌曲集も6曲書くつもりか?］、ピアノ・コンチェルト［Op.73］、弦楽四重奏曲［Op.74］。これらの作品をロンドンへ送ることができるよう期待していますので、あなたはイギリス以外のどこに発送しても構いませんが、しかし刊行は上記の理由から1810年9月1日より以前に行なわれてはなりません。これらの作品に1450グルデン約定価を要求しても過大な要求とは思いません…

　結局、この提示額は拒否されて、大幅の減額のやむなきに至る。妥結額は具体的に文書資料で確認はできないが、8月初めにおそらく200〜250ドゥカーテン（約900〜1125グルデン約定価）で折り合った［より詳しくは、終章11］。
　両社から刊行された諸作品と、その出版時期、形態を、クレメンティ社版の刊行順に一覧しよう［次ページ］。アルタリア社版はブライトコップ＆ヘルテル社［B&H］版が付した作品番号に従っている。その続版であるかどうかについては第Ⅰ部第5章9で述べた。
　表に見るように、2歌曲（WoO 137と139）の原版刊行にはアルタリア社も咬んでいた。それ以外はすべてクレメンティ社版がブライトコップ＆ヘルテル社版より、多くは3ヵ月程度、先に出版されており、同社に優先権が与えられた。それは両社の出版時期をコントロールしたベートーヴェンの明確な意志であり、クレメンティ社に対する特別な計らいと見ることができるとすれば、この点からも、1807〜10年の経緯は円満解決したのではないか。
　序章で予め言及したが、以上の経緯により、ピアノ・コンチェルト第5番はロンドンでまず（Op.73ではなく）Op.64として出版されたのであった。さらに言うと、《合唱幻想曲》もまたロンドンで先に（Op.80ではなく）Op.65として出版された。この場合は、ドイツ原版より先立つこと9ヵ月である。同時期に出版されたドイツ語歌曲は、上の表に見るように、みな英語歌詞に変えられたが、《合唱幻想曲》のテクストはどうなったか気になるところである。誤解のないように正確を期して言うならば、それは判らない。イギリスおよびドイツに現存する7点の資料はピアノ独奏パート譜か、オーケストラ・パート譜であり、合唱パート譜の現存は1点も確認されていない

	クレメンティ	番号	B&H	番号	アルタリア
ピアノ幻想曲	1810年8月	——	1810年11月頃	Op.77	1810年12月/09年1月
ピアノ変奏曲	1810年8月	——	1810年11月頃	Op.76	1810年12月/09年1月
ピアノ・ソナタ第24番	1810年8月	Op.63	1810年11月頃	Op.78	1810年12月/09年1月
ピアノ・ソナタ第25番	1810年8月	Op.63	1810年11月頃	Op.79	1810年12月/09年1月
クレメンティ社版は上記2ソナタが「2つのソナタ」として1つの版					
[WoO136]	1810年8月	——	1810年11月頃	——	//////
クレメンティ社版は英語歌詞で、「お気に入りのアリエッタ」というジャンル・タイトル付					
6歌曲	1810年8～10月	——	1810年12月	Op.75	
クレメンティ社版は英語歌詞で、各曲が3～9ページのピース楽譜、統一タイトルはなく、各曲は「お気に入りのアリエッタ」（第3曲は「喜劇的歌と合唱」）というジャンル・タイトル付					
[WoO137]	1810年10月	——	1810年2月		1810年7月
クレメンティ社版は英語歌詞で、「お気に入りのアリエッタ」というジャンル・タイトル付					
[WoO139]	1810年10月		//////		1810年7月
クレメンティ社版は英語歌詞で、「お気に入りのアリエッタ」というジャンル・タイトル付					
合唱幻想曲	1810年10月	Op.65	1811年7月	Op.80	//////
弦楽四重奏曲第10番	1810年11月	Op.62	1810年12月	Op.74	1810年12月
ピアノ・コンチェルト第5番	1810年11月	Op.64	1811年2月	Op.73	//////
ピアノ・ソナタ第26番	1811年1月	——	1811年7月	Op.81	1811年9月
4アリエッタと1二重唱曲	1811年2月	——	1811年3月頃	Op.82	//////
クレメンティ社版は英語歌詞で、各曲が4～6ページのピース楽譜、統一タイトルはなく、各曲は「イタリアのアリエッタ」などといったジャンル・タイトル付					

からである。タイトルには「フル・オーケストラと大合唱付き」とあるが、もしかしたら歌唱パートは印刷されなかったか。

13 ｜ クレメンティ契約は当面、困窮改善にはつながらず

1807年春に起こったクレメンティとの出会いは戦禍の影響をまともに受けて思うように進展せず、彼が契約締結後に1年半以上もイタリア滞在を続けたこととも相俟って、部分的にでも契約が履行されるまでに3年も経過した。しかし彼がヴィーンに戻ってからは懇意な関係が構築されていったと思われ、実のある結果に結びついた。これらの経緯を見通す必要があって記述は1810年にまで至ったが、ここで1807年春の状況に立ち返る。

クレメンティとの出版交渉の成功で小躍りしたとしても、現実の収入に結

第 22 章　1807 年 4 月〜10 年　時間差多発出版の進展

びつくのは 3 年後であり、《レオノーレ（フィデリオ）》失敗後の経済的逼迫
を救ったのは、エステルハージ侯からの（あったかどうかわからない）ミサ
曲謝礼を別にすれば、唯一、BAI 社からの 1500 グルデンの収入であった。
それまでは、すでに見たように、末弟から 6 月 23 日以前に借金をし［BGA
287］、そして BAI 社からの収入は 7 月 23 日以後のことで［BGA 290］、しかも、
前述したように［667 ページ］、同社の想定出版時が 1 年以上に渡っているとこ
ろから見て、全額が一気に支払われたかどうかはわからない。もしかしたら、
刊行の延期を要請しながら 6 作品（Op.59 〜 62）がさみだれ式に 3 段階
（1808 年 1 月、8 月、1809 年 2 月）に分かれて進行していったのは、ベート
ーヴェン側の、そうも言っていられないという状況が作用したかもしれない。
Op.60（出版番号 596）と Op.62（同 589）の出版が 1 年以上の開きで逆転し
ているという不可解な現象に対して、これまで、シンフォニー第 4 番 Op.60
が 1 年近くも校正のやり直しに手間取ったのではなどという理由を付けるほ
かなかったが、こうした深い事情が隠れていたのではないか。

　1808 年 3 月 13 日に末弟ヨハンがリンツの薬局を買収した。買収額は
25,000 グルデンで、残存負債の引受け 12,600 グルデンを除いた必要支払額
は 12,400 グルデンであったが、うち 2000 グルデンについては 5% 利息によ
る分割支払いが売手によって認められ、用意しなければならない現金は
10,400 グルデンであった。そこでヨハンは兄からも貸金の回収をした［以上、
TDR III, 57 ページ］。折からの戦争で負傷者は多く、薬品販売業にとっては好況
であり、また 1809 年 4 月にはフランス軍が再びオーストリアに侵攻したこ
とにより、リンツはフランス―オーストリアの軍用道路の中継地点となって
薬局は繁盛していく［この続きは第 36 章］。

　クレメンティとの交渉が妥結した後、その実現のための原稿作成と並行し
たのがミサ曲作曲であった。それはすでに見たように余り思わしくない結果
に終わり、1 回限りの、完全な"機会音楽"であったから、収入改善への効果
はあったとしてもわずかだった。しかしその秋から、彼自らが主催するので
はないコンサートにおいて彼の作品が演奏される機会が目立ってくる。1807
年 3 月のロプコヴィッツ侯邸でのシンフォニー全 4 曲演奏会が、ベートーヴ
ェン自身が咬んだとはいえ、侯の主催によるものであったのは、その種の走
りかもしれない。

677

第II部　歴史的考察

14 ｜ オーケストラ作品の認知度上昇

　それまでにも、他の音楽家が主催するコンサートでベートーヴェン作品が
演奏される機会は何回もあり、そのために彼に新作が委嘱されることさえあ
って、目立ったものについては言及してきた。しかし 1805 年 10 月のフラン
ス軍占領が始まるとヴィーンでのコンサート開催が、オペラ公演の減少もだ
が、一般的に少なくなる。しかし占領が長期化して監視も緩んでくることと
も関係があるかもしれないが、ベートーヴェン作品を取り上げるコンサート
の数が一気に増える印象が 1807 年秋にある。これはもちろん、彼の作曲家
としての認知度が絶対的になってきたことの証明であろう。以前は貴族邸で
ピアノ曲や室内楽のコンサートが中心で、そうしたプライヴェート空間の音
楽行事は記録されにくかったが、それに対してオーケストラ作品が上演され
る公開コンサートは新聞記事になる、という事情もある。オーケストラ作品
のレパートリーを書き溜めてきたことが、こうした状況の変化をついにもた
らしたのだとも言える。

　たとえば 1807 年 11 月 12 日から 20 回のシリーズで開催された「音楽愛好
家コンサート」は、最終回を 1808 年 3 月 3 日に迎えるまで、たびたび彼の
作品を取り上げた。初日にはシンフォニー第 2 番が取り上げられたし、11
月 29 日の第 3 回では《プロメテウスの創造物》序曲が上演された。また 11
月 15 日にブルク劇場で催された慈善コンサートではシンフォニー第 4 番が
公開で初めて鳴り響いた。12 月 6 日の「第 4 回音楽愛好家コンサート」で
はシンフォニー第 3 番をベートーヴェン自身が指揮をし、第 5 回の 12 月 13
日には序曲《コリオラン》が演奏された。その回まで指揮者を務めたのは基
本的にヨハン・バプティスト・ヘリングで、ベートーヴェンはときに自作だ
けを指揮した。その後、ヘリングの指揮をめぐってごたごたがあり、次の第
6 回から、指揮者はアン・デア・ヴィーン劇場コンサート・マスターのフラ
ンツ・クレメントに交代した［BGA 316 注 4］。クレメントは別途、12 月 23 日
に同劇場で慈善コンサートを催し、彼が委嘱しまだ出版されていないヴァイ
オリン・コンチェルト［Op.61］を再演した。12 月 27 日の「第 7 回音楽愛好
家コンサート」においてシンフォニー第 4 番がベートーヴェンの指揮により
2 度目の公開演奏を迎えた。1808 年 1 月 31 日の「第 11 回」にはピアノ・コ

678

ンチェルト第 1 番が久々に舞台に乗り、その際にベートーヴェンは、現存す
る 3 つのカデンツァの最初のものを寄稿した。独奏者は宮廷秘書官でアマチ
ュア・ピアニストのフェルスベルク（1756-1832）であったが、その演奏に
彼は強い不満を抱き、前日の練習時に本番を止めさせようとした［BGA 317］。
2 月 2 日の「第 12 回」では再び序曲《コリオラン》が上演された。2 月 18
日にはライプツィヒのゲヴァントハウスでトリプル・コンチェルト Op.56
がおそらく初めて公開で上演された。ヴィーンでの初の公開演奏はその少し
後と思われる。

　新カタログ、および書簡交換全集の注に記載された情報を基にすると、こ
の時期のコンサートの開催状況はざっとこんな調子である。こうしたコンサ
ートがベートーヴェンにある程度の収入をもたらしたことは確実で、彼の窮
状は年明けころから少しずつ改善に向かいだしたと思われる。

15 │ 宮廷劇場専属オペラ作曲家への請願

　そうした光が見え始める前、ベートーヴェンは宮廷劇場管理部宛に長文の
請願書［BGA 302］を提出した。同管理部が 12 月 4 日付議事録に審議し否決
したことを記入しているので、その提出は遅くとも 11 月中旬頃か、提出か
ら審議が長期間、棚晒しにされていたかもしれなければ、エステルハージ・
ミサ上演が終わった 1807 年 10 月初め頃の可能性もある。どん底の時期で、
窮状打開を模索するひとつであることが文面から読み取れる。

　　署名者が自負してもよいと思われるのは、同人のこれまでのヴィーン滞在期間中に
　　高位の貴族にも、またその他の公衆にも、いくばくかの愛顧と喝采をいただき、ま
　　た同人の作品が国内外で名誉ある受け入れを見たということであります。
　　それにもかかわらず、同人はあらゆる種類の困難と闘わなければなりませんでした
　　し、そしてこれまでうまく行ったというわけではありません、当地で以下のような
　　状況を築くのにであります。すなわち、完全に芸術のために生き、またその才能を、
　　真っ当な芸術家であれば誰でも目標としなければならない完全さのいっそう高いレ
　　ヴェルまで発展させ、そしてこれまではたまたまうまくいっていたに過ぎないもの
　　を自立した将来のために確実なるものとする、という同人の願いに相応しい状況を
　　です。
　　［一段落略］
　　それにもかかわらず署名者は、当地に過ごしてきた多年にわたり…［中略］いちドイ

第II部　歴史的考察

ツ人の愛郷心が他のところよりもこの地を自分にとって価値があり望ましいものにさせたのは否定できません…［中略］この価値ある滞在を捨てるという決意を実現する前に、統轄されるロプコヴィッツ侯閣下が同人に成した示唆を重んずることにやぶさかではありません…［中略］以下の条件につき貴管理部が好意ある配慮をなされるよう…

1. 毎年、少なくとも大オペラを1作は作曲することを契約し、それに対して同人は年俸2400グルデンの固定報酬を求め、ならびに各オペラの第3回上演は同人の利益のために解放するものとします。

2. 同人は貴管理部の求めに応じ小さいオペレッタまたはディヴェルティスマン、合唱曲、あるいは機会作品を無料提供することを申し出、その特別な労働に対して、貴管理部は少なくとも年1回、同人に劇場建物で慈善音楽会を認めるのに御異存はない、と信じております。

オペラ1作を仕上げることはどんなに力と時間を費やすことか考えますと、それは他のあらゆる精神集中をまったく締め出してしまうわけでありますから、また他の場所では作者とその家族が上演ごとにその都度の収益の分け前にあずかり、たったひとつの成功作が作者の全幸運を一気に基礎付けるということを考えますと…

　こういった調子で長々とこの請願は続く。ここには、《レオノーレ／フィデリオ》を仕上げるまでにヴィーンで精進してきた自らを振り返り、大オペラが作者にもたらす幸福をまだ自分が手にするに至っていない、という当時の彼の心情が滲み出ている。

　宮廷劇場管理部は請願を否決したが、宮廷劇場はその後どうなっていたのであろうか。運営体制が1807年当初から"連携騎士団"に代わってもさしあたって大きな変化は見られなかった。フランス軍占領下に進行したインフレの影響も、また神聖ローマ帝国の崩壊とフランツ2世皇帝の退位のショックも、アン・デア・ヴィーン劇場のように受けることはなく、以前と同じような上演回数と上演傾向が維持されていた。ベートーヴェンにとっては自分と近しい貴族たちが発言権を持つ新体制は、いろいろもめたブラウン男爵の時代に比べて、歓迎するところだったのではないか。上記に「ロプコヴィッツ侯閣下が同人に成した示唆」とあり、これまで強い結びつきを得ていた同侯爵の後ろ盾がほのめかされている。エステルハージ侯についてもミサ曲受諾にはこうした点でも積極的な意味合いがあったろう。結果は気まずいものとなったが、請願がそれ以後に行なわれたと考えられるので、決定的亀裂は避けたかったはずだ。しかし新しい展望は何も生まれなかった。

　少なくとも1807年段階で宮廷劇場は、誰であれ、ヴィーンのひとりの音楽家に特権的地位を与える政策を選択はできなかったであろう。シェンク、

680

第22章　1807年4月～10年　時間差多発出版の進展

ギロヴェッツ、ヴァイグル、カンネ、ヴィンター、ヴラニツキー兄、といった面々がしのぎを削っており、ベートーヴェン自身が彼らについてどう思おうが、そうしたライヴァルたちの作品は少なくとも《レオノーレ／フィデリオ》より受けていたのである。イタリア・オペラの上演もその数は多くなかったが、古典的名作の再演を中心に、ときにはヴィーンでの初上演が挟まった。フランス系オペラはもっぱらドイツ語で上演され、それはドイツ・オペラを上回る人気であった。したがって客観的に見て、運営管理者たちが請願を認めるような状況ではなかったと言えよう。

　さらに1808年になるとドイツ・オペラとフランス系ドイツ語オペラの占める割合は逆転し、たとえばブルク劇場（年間公演数123）でも、ケルンテン門劇場（同140）でも、半数以上がドイツ・オペラとなって、ベートーヴェン以外の地元オペラ作曲家たちの演目が連日のように掛かっていた。このような状況に大きな変化が一部に生まれるのは、1809年5月に始まるフランス軍の第2次ヴィーン占領である。

　アン・デア・ヴィーン劇場との関係がこじれた後、ベートーヴェンは宮廷劇場管理部からも請願をはねつけられて、オペラの創作に関して立つ瀬がなくなった。彼のオペラ劇場再登場がナポレオン戦争の終結を待つほかなかった由縁である。"傑作の森"は中盤まで、オペラを含む大声楽作品の分野でも目覚ましい成果を生んだが、その後、この分野から一時、撤退するのはこうした社会環境の大変化とも関係があるだろう。

681

第23章

1807年秋〜09年初

シンフォニー第5番・第6番の
一気呵成

後世の標題シンフォニー理解は充分だろうか／
ブライトコップ＆ヘルテル社（ライブツィヒ）との大契約成就／
1808年12月22日第3回主催コンサート［オール・ベートーヴェン・プロ］／
カッセル宮廷楽長招聘を受諾／新しいオペラ計画／
シンフォニーの番号付けについて

1. 第5番と第6番はなぜ同じ2人に対する二重献呈なのか
2. "純粋ペア"シンフォニーの対照　"絶対性"と"標題性"
3. 《運命》の由来
4. 《田園》　タイトルの再検証
5. ヘルテルとの直接交渉による出版権譲渡
6. ヴェストファーレン王宮廷楽長の招聘
7. コンサート主催の模索
8. 1808年12月22日　歴史的コンサート
9. 《合唱幻想曲》再考
10. 歴史的コンサートはどう批評されたか
11. ヴィーン離脱の表明
12. シンフォニー作曲と並行するオラトリオ・オペラへの
    取り組み、そして「パンのための仕事」
13. シンフォニーの番号
14. 番号の定着化は世間が主導

第II部　歴史的考察

　シンフォニー第5番［Op.67］は、1804年初、第3番［Op.55］完成の勢いに
突き動かされたかのようにスケッチが始められたが、オペラ創作の契約を履
行するためにいったん放棄され、1806年秋には第4番［Op.60］作曲に触発さ
れて再開の運びとなるも、ミサ曲［Op.86］の委嘱やクレメンティとの契約に
伴う雑事によってその続行が再び遮られた。1807年9月後半、ミサ曲上演
の義務から解放されてヴィーンに戻るとベートーヴェンはすぐに、苦い思い
出を払拭しようとするかのように、積年の課題、シンフォニー第5番の作曲
に邁進した。3度目の正直である。スケッチが開始されても創作に踏み出し
たわけではないのは彼における日常であるが、第5番の場合は、それぞれの
段階で一定の局面まで進行しながらやむを得ない事情でそのつど続行が阻ま
れた、という珍しい例である。同時に第6番のスケッチも進行し始め、年が
明けて第5番の完成の目処がつきだすと、第6番の作曲が本格化した。まさ
しくこの2シンフォニーは、集中的創作時期としては連続したものであった。
　創作経過の同一性以上に重要なのは、1809年5月に出版されたときにこ
の2シンフォニーの献呈がロプコヴィッツ侯とラズモフスキー伯に対して二
重になされたことである。2曲を同じ2人に献げる。なぜひとりひとりに1
曲ずつではなかったのか。このような設問はかつて為されたことがないであ
ろう。
　シンフォニー第6番の各楽章に付されたプログラム（標題）は、確かによ
く知られているが、その意味するところが十分に認識されているだろうか。
新全集（2013年）は自筆スコア譜に書き記された本来の文言を初めて復活
させた。それによって従来知られていた語句との細かい違いが明らかになっ
たが、そのことが問題というよりも、それがいままでなされなかったことに
後世の無関心が反映されている。この有名な標題音楽作品はベートーヴェン
の創作全体において例外的なものとみなされ、絶対音楽の圧倒的な影のもと
で扱われてきたように思われる。ベートーヴェンの標題シンフォニーはこの
作品に限らない。
　《ヴァルトシュタイン》ソナタOp.53以降、序曲《コリオラン》Op.62ま
ではヴィーンのBAI社からの刊行である。1808年にライプツィヒのブライ

684

第23章　1807年秋〜09年初　シンフォニー第5番・第6番の一気呵成

トコップ＆ヘルテル社との関係が復活し、シンフォニー第5番 Op.67 以降の"傑作の森"最終期の傑作が続々と同社から出版される。ここに作品番号 Op.63 〜 66 の大空白が生まれる。前章で見たように Op.73 〜 82 はクレメンティ社との時間差多発出版であって、こうしてベートーヴェンの作品出版はイギリス、ドイツ、そしてヴィーンで大々的に軌道に乗る。

《コリオラン》で一定の成果に到達したコリンとの協働プロジェクトは2大シンフォニーを書いた後さらに新しいオペラ計画へと進むが、それは果実を生むことなく、コリンの死によって終焉する。

1808年12月22日の第3回主催コンサートはその規模、その豊富な内容という点で画期的なものであるばかりか、ベートーヴェン自身がピアノ・コンチェルトと、その日のために書き下ろされた《合唱幻想曲》のソリストとして大活躍し、生涯において最大の、そして輝かしいはずの、コンサートであった。しかしその実際はどうであったのか。これまで伝記や解説においてその模様はほとんど描かれていないし、議論もなされてこなかったが、またそのこと自体、なぜなのかもよくわからない。

その直後、1809年1月にベートーヴェンはカッセル宮廷楽長招聘を受諾する。するとヴィーン貴族たちの間でそれ阻止しようとする動きが起こって、直後から「3者年金契約」が模索され、2月末に締結される運びとなる［次章］。結局、カッセル宮廷楽長就任の方は断ることになったので、ライプツィヒ・トマス教会カントル職をいったん受諾しながらハンブルクに留まり対価として俸給増額を勝ち取ったと揶揄されたテレマン（これも史実ではない）と同じように、ベートーヴェンもカッセル楽長招聘受諾をちらつかせて生涯年金を獲得したかのように描く伝記もある。しかしベートーヴェンのヴィーン転出は本気であり、それについては第3回主催コンサートの挫折が最終決断を後押ししたことは間違いない。

1 ｜ 第5番と第6番はなぜ同じ2人に対する二重献呈なのか

シンフォニー第5番の創作の進展については、「作曲活動」と「創作活動」を概念的に峻別すべきという立場に立って、その間にはさまざまな段階がある、という一般論を展開するときに、そのモデルケースとして具体的に扱ったので［第Ⅰ部第3章「作曲の完了」と「創作活動の完了」の間にあるもの］、ここでは繰

第Ⅱ部　歴史的考察

り返さない。

　第6番のスケッチもまた厳密に言えば第3番終了直後にすでにあると言えるかもしれないが、それは第5番の場合とは違って、モティーフを書き付けたに過ぎないもので、しかもそれ自体の関連性はきわめて曖昧で、完成されたシンフォニーとの関係が明瞭であるわけではない [39ページ]。1807年夏にようやく、"再編合本スケッチ帖"「ランツベルク 12」のなかに、疑いなく第6番第1楽章および第4楽章に関連するスケッチが見られるが、それ自体は最終的な作品からまだ遠く隔たった初期段階のものであった。大きく進展したのは「パストラール」スケッチ帖（使用期間 1808年1月頃〜1808年9月頃）においてで、このときに4年前（第3番終了直後）の書き付けと関連するかもしれない作業が本格的に始まった、という理解でよいだろう。

　このスケッチ帖は約3分の1が早くに切り離されて、59枚118ページで現存している。その最初の48枚がほとんど全部、第6番で、1808年夏にまで及ぶ。最後の11枚は他の作品、とくに2つのピアノ・トリオ [Op.70] 関連である。切り離された部分の多くは"再編合本スケッチ帖"「ランツベルク 10」のなかに紛れ込んだことが判明して、これらを併せるとスケッチの過程はかなり克明に追うことができる。そこから結論づけられるのは、ミサ曲の作曲中に新しいシンフォニーの着想を得たが、ミサ曲上演の義務から解放されると、さしあたって、ある程度まで進んでいた第5番の再続行を優先し、それが完成の域に達する 1808年3月頃から第6番の作曲に集中した、ということである。1808年10月17日付でロプコヴィッツ侯がコピストのクルンパーに対する「シンフォニー ヘ長調　12 クロイツァー [引用者注：単価] で160 ボーゲン [引用者注：1 ボーゲンは4ページ]　32 グルデン」の支払い承認を行なっている [新カタログ] ことから、完成は9月末頃のことと思われる。

　シンフォニー第5番と第6番はまさに、受精のときから一緒であり、胎児に育っていこうかという時期もほぼ同時だが、いざ本格的な集中期においては同時に作曲というわけにはいかず、取り組みの優先順位が自ずと決まった、とイメージすることができよう。1807年秋から1808年秋にかけての1年間に、それぞれともに約半年間の集中的作曲によって、相次いで完成に至った。

　これは単なる事実関係であるが、それに留まることのない深い意味をそこから演繹しなければならない。思考の触媒は、上記で予告した、2曲を同じ2人に献呈したという問題である。ベートーヴェンにあって二重献呈は、ピアノ4手曲をブルンスヴィク姉妹に献げた WoO 74 以外に、そもそも例がな

686

第23章　1807年秋〜09年初　シンフォニー第5番・第6番の一気呵成

いし、また同時に初演され（もちろん"同時"には初演できず、演奏順があった）、同時に出版された（厳密に言えば4月と5月に相次いでの刊行となるが、演奏と同様に、出版社にあってもまったく"同時"には出版できなかったであろう）同一曲種の2曲を同一人に献呈という例もない。

　否、厳密に言えば、3曲が1セット、ひとつの作品番号のもとに出版された結果として同一人に、というのはいくつも例がある。しかしそれはOp.59で終わっていた。そしてこれから始まるのは2曲1セットである。シンフォニー2作の直後（作曲も出版も）のOp.70、2つのピアノ・トリオがその嚆矢であり、Op.102、2つのチェロ・ソナタと続く。こう考えると、シンフォニー2作は直後のOp.70と同じ思考にあって、2曲1セットであったのではないか。しかしこれほどの大作品をひとつの作品番号のもとに出版するわけにはもはやいかない時代に来ていたので、出版は別々の単位とする、ということではないか。

　「2曲を同じ2人に献げる、なぜひとりひとりに1曲ずつではなかったのか」という問いをこのように解くとすれば、その意味するところが重要である。出版単位は2つであっても、ベートーヴェン自身としては分かちがたいひとつの「オープス」であるからこそ、被献呈者は同じでなければならなかった。仮に被献呈者がひとりであったならば、通常の献呈と同じことになり、つまり同一人に献げられた2曲がたまたま続きの番号となっただけとなる。わざわざ同じ2人に献げたのは2曲の「オープス」同一性を、もっと言うと、2つのシンフォニーの分かちがたい双生児性を意識していたからではなかったか。

　「両方のシンフォニーは両方の殿方に同時にです、すなわちラズモフスキー伯爵閣下およびロプコヴィッツ侯爵殿下に献げられます」と被献呈者をヘルテルに指示したのは初演から2ヵ月半後の1809年3月4日のことであった［BGA 359］。前に引用した［632ページ］オッパースドルフ伯宛1808年11月1日付書簡［BGA 340］において「あなたのために書いたシンフォニー［原注：第5番］はやむを得ぬ事情から、またもう1曲の方［原注：第6番］も別のある方に、売却してしまいました」と言ったとき、2つのシンフォニーはそれぞれ各1人に「売却」というニュアンスであった。初演を経て、その考えが変わったのだろうか。

　ラズモフスキー伯は1795年以来の交流であるにも拘わらず、ようやく1年前の1808年1月に3弦楽四重奏曲Op.59を献げたばかりであった［第I部

687

第II部　歴史的考察

第7章8]。伯自身は半年ほど前（1808年晩夏/初秋）にドナウ運河沿いに新築した邸宅で、婚姻を通じての義兄弟であったリヒノフスキー侯から譲り受けて［367ページ］、常設の弦楽四重奏団を組織したところであった。シンフォニー第5番について弦楽パートだけの筆写譜を作成させたことと伯との関連はすでに指摘した［第I部第3章1］。ラズモフスキー伯とベートーヴェンの濃密な関係はリヒノフスキー侯との決別以後に深まっていく印象を受ける。ただ、廷内にシンフォニーを演奏できるような楽団を保有しているわけではない伯にシンフォニーを2つも、しかもわざわざロプコヴィッツ侯と二重に献呈した理由が、外面的にはつかみがたい。それに対して、同じく1795年から交流を続けていたロプコヴィッツ侯とは、6弦楽四重奏曲Op.18の献呈を嚆矢として、シンフォニー第3番Op.55およびトリプル・コンチェルトOp.56の半年専有権、そしてまさにこの時期に3者年金［次章］の支給者のひとりとして、最も深い関係にあり、かつ、これらの作品の半年専有権を与えたとすれば献呈は自然な行為に見える。

　2人のうちひとりは、委嘱料の前払いを受けていたオッパースドルフ伯でもよかったのではないか、そうすれば後でもめることもなかっただろうに［第21章8］とも思えるのだが、真相は本人に聞いてみるしかない。いずれにせよ、前後の状況を分析すると、シンフォニーの献呈先としてはラズモフスキー伯とロプコヴィッツ侯は対等ではないような感じがするのだが、しかもベートーヴェンの指示は伯爵を先に立てている。ここにも、ロプコヴィッツ侯だけへの献呈ではない、というベートーヴェンの強い意志が滲み出ているようにも思える。出版社はこれを、爵位の順位に従って、タイトルページでは逆にした。一方、2シンフォニーの献呈を受けはしたが、出版楽譜を通じて、いずれも専有ではなかったという事実を知った両者はどんな想いがしただろうか。第I部第7章9で引用した「私が他の人に何かを献呈する場合、そしてその人はその作品が好きである場合、ちょっと困ったことに自分のものにしてしまう、…だから、もし献辞が誰か別の人だとたぶんまた悲しむことになるのだ」との書簡［BGA 380］が1809年4月20日に書かれたことを考えると、この2シンフォニーの二重献呈問題には特別な問題が隠されている、というのがここまで本書を綴ってきた筆者の実感である。つまりロプコヴィッツ侯だけへの献呈ではなくするためにラズモフスキー伯にも重複して献呈されたのであり、なぜなら、2大作品を唯ひとりに献げるとその人物に焦点が当たってしまい、2つのシンフォニーの一体性を示すことが薄まるからで

ある。作品番号を別にしなければならない2曲について、その一体性を回復するために、同一2者への二重献呈という特別な手段が採られたのではないか。

2 | "純粋ペア"シンフォニーの対照 "絶対性"と"標題性"

　ここにシンフォニーはベートーヴェンにあって初めてペアで誕生した。第3番と第4番は関係性がまったく見出しがたいものである。第1番と第2番もそれぞれ切り離された存在であり、ただ連続しただけである。しかし第5番と第6番は胚芽から完成まで、ひとつの人格の2つの面として誕生した"純粋ペア"作品である。第7番と第8番は1812年に引き続いて取り組まれたという点で前2作品と共通している"准ペア"と言ってよい。ただし、ベートーヴェンのシンフォニー創作にペア関係をただ単純に見るのには大きな落とし穴がある。

　この"純粋ペア"の2シンフォニーはあらゆる点で対照的である。もっともそれを逆手にとって共通項を探すのも興味深いが、それは当然、ひとりの人格から生み出されたものだからあって当たり前である。そうした根底レヴェルにおける同一性の上層部分を観察すると、補完し合う対照的な2創造物であることは火を見るよりも明らかである。4楽章 対 5楽章、ハ短調 対 ヘ長調、音と音との関係のみで成り立つ絶対性 対 標題（プログラム）のある表象性、創造者の自我 対 感情の描写、内面 対 外面、どちらも作者ベートーヴェンの2つの側面を代って表している。そのように仕組むことは創作の大前提として明確に意識され、その結果がこの2作品である、と考えるべきであろう。

　しかし後世において、エルンスト・テオドール・アマデウス・ホフマンの1810年の論説［AmZ XII, 1810年7月4日付および11日付、630-642/652-659ページ］に始まる第5番の"絶対音楽視"が強まっていくと、その観念がシンフォニーの理想として理念化されて、第6番の受容もその影響下に置かれるようになっていった。各楽章の標題は、その文言が最近になってようやく厳密に吟味されたことに象徴されるように、単に添えられた文言といった程度の受け取りで、表面に出るのは全体のタイトル《田園》で、それは第5番の《運命》という異名とさして変わらないような受け止めにさえなる。つまりシンフォニーの

第Ⅱ部 歴史的考察

"絶対性"の側面が次第に強く意識された結果、標題シンフォニーであること
は後景に遠き、《エロイカ》の場合は完全に隠れることとなった。さらに19
世紀後半にもなると、標題を持ったシンフォニーはあるまじき折衷主義との
烙印を押されるほどであった。ヨアヒム・ラフ（1822-1882）のシンフォニ
ー（全11曲）は過半（8曲）が標題シンフォニーであるが、まさしくそう
した価値変化の犠牲となった［拙著『文化としてのシンフォニー Ⅱ』59～60ページ］。

　ベートーヴェン作品にあっても第6番の標題性は、例外的な、あるいは気
まぐれのような位置づけになっているのではないか。同系統の作品がほとん
どないかのようにも見えて、標題シンフォニーはベートーヴェン創作のなか
で異端視されるに至った。ここにシンフォニー創作史をめぐるもうひとつの
陥穽がある。ベートーヴェン以前のシンフォニー（シンフォニア）には標題
を持ったものが結構あった。名高いところでは、ディッタースドルフの6曲
の《メタモルフォーゼン（変身物語）》シンフォニー連作（1782年頃）があ
るが、リチャード・ウィルによれば、1750～1815年に225曲を下らない標
題シンフォニーが書かれた［Richard Will：Programmatic Symphonies of the Classical
Period（1994年コーネル大学博士論文）］。ある楽章が「嵐」や「狩り」の情景描写と
なっていることはごくありふれており、それらを含めない数字がこれである。
当時、こうした、何かを描くシンフォニーは「シンフォニア・カラクテリス
ティカ（性格的シンフォニー）」と呼ばれていた［424ページ参照］。ベートーヴ
ェンの《シンフォニア・パストラーレ》はこの系列にあり、1807年夏にこ
の作品のスケッチを描きかけた最初、「ランツベルク10」スケッチ帖の48
ページ［Quelle I 1（2）］に彼は次のように書いた［TDR III, 98ページ］。

　　聴き手に委ねられるのはさまざまなシチュエーションを見出すこと
　　シンフォニア・カラクテリスティカ——あるいは田園生活への追憶
　　田園生活へのある追憶、どんな情景描写も、器楽でやり過ぎると台無しになる
　　——シンフォニア・パストラーレ
　　田園生活が少しでも解る人は、たくさんの言葉がなくても、作者が何をしたいのか、
　　自ずと考えることができる——また記述がなくても、全体は音による絵画というよ
　　り感情であると認識するだろう

　この差し込み書きは1807年夏のものである。第6番のスケッチの最初は
1803年10月頃、"エロイカ"スケッチ帖に登場する第3楽章トリオおよび第
2楽章のモティーフに似た音型で［Quelle I 1（1）］、後者には、よく引用される、

690

「小川が大きくなるにつれ音も大きくなる」という言辞が付されている。まさしくここ、《エロイカ》終了時に、今度はもっとあからさまな標題シンフォニーを書こう、という考えが見られることは重要である。というのは、第3番の"標題性"はいわば途上にあったからである。すなわち、第2楽章〈葬送行進曲〉はれっきとした標題音楽であるが、ナポレオンの華々しい活躍が念頭にあったはずの第1楽章はその想念を否定せざるを得ないことになって、出版段階で「英雄一般」に一般化され、"標題性"は曖昧になった［第19章2］。第3楽章もナポレオンの凱旋ないし咆哮であったはずだが、その"標題性"も隠匿された。そして第4楽章はもともと、フーガという音と音との関係によって成り立つ形式を採用した段階で、器楽の"絶対性"を備えていた（フーガ形式は元来、声楽由来であるが、器楽に解放され"絶対性"を獲得した）。第6番は標題が全体タイトルのみならず、各楽章にも付されていることが重要で、いわば極めつけの標題音楽である。第9番もまた、第4楽章が歌詞に導かれて音楽外の理念をはっきりと表している、つまりプログラムのある、標題音楽である。しかし第1～3楽章はまったくそうではない、という二重構造であるがゆえに、「シラーの頌歌"歓喜に寄せて"による終結合唱付き」という正真正銘のタイトルを持つ標題シンフォニーでありながら、このシンフォニーを純粋な標題音楽と見るには抵抗がある、ということで長いこと来ているのではないか。しかしベートーヴェンの全9曲のシンフォニーにあって第3番、第6番、第9番は、その濃淡に差はあるが、実はシンフォニーという曲種を絶対音楽視する前に大きく立ちはだかる存在なのである。

　そしてベートーヴェンは、この第5番と第6番がその素性において、すなわちシンフォニーのあり方として、対極にあることを意識していたからこそ、その両極端を提示し、ひとつのセットとした。

3 ｜《運命》の由来

　これら、シンフォニーの金字塔のような2作品については、古今、さまざまが語られてきた。たとえばセイヤーは、「1808年はベートーヴェンの生涯においてだけではなく、そもそも音楽の歴史において、注目すべきである。それは世界に素晴らしい双生児、第5と第6のシンフォニーを贈った」［TDR III, 88ページ］と述べている。

第Ⅱ部　歴史的考察

　第5番に"運命（シックザール）"という異名が付いたのは、シンドラーが
その伝記に記した、ベートーヴェンは彼に第1楽章の冒頭を指して「このよ
うに運命が門扉を叩く［So pocht das Schicksal an die Pforte!］」［Schindler/Beethoven1840,
241 ページ、Schindler/Beethoven1860, I, 158 ページ］と語った、という逸話をルーツに
している。ピアノ・ソナタ第17番が"テンペスト"と呼ばれる源になった逸
話などもシンドラーが生み出したものだが［同221 ページ］、それらの真実性に
ついて裏付けはまったくなく、検証のしようがない。シンドラー言説全体に
対する疑いを次第に強めていった後世はやがてそれらに対して慎重に対処す
るようになった。しかし、ベートーヴェンはそうは言わなかったとの反証を
挙げることができる類いのことではないので、根拠のない疑わしいもの、と
いう程度でこの問題はやり過ごされてきた。セイヤー伝記では第3巻におい
て、1911 年の第2版まで、この逸話は紹介されていた［TDR III, 91 ページ］。ク
レービールによる英語版（1921 年）においてすでにこの部分は採用されず、
フォーブズ（1967 年）はシンドラーの排除をより徹底し、かといって何か
コメントすることも避けられた。疑わしいものは無視するというこの扱いは
当時のベートーヴェン研究の現況をよく反映している。セイヤー／リーマン
による1808 年の章はシンドラー伝記からの引用がかなり続き、クレービー
ルおよびフォーブズが最も手を入れて組み直した部分であるが、それでも、
害のないと思われる個所まで全面カットすることはしなかった。それだけに、
この逸話部分の不採用にはその継承を断ち切ろうとの積極的な意思が感じら
れる。したがって日本語訳版にもこの場面はなく、シンドラー起源説そのも
のが確認しがたいものとなって、それ自体が伝説化した。
　シンドラー伝記が疑わしい事実関係を含んでいるということは、1970 年
代末に会話帖改竄という行為が暴露されることによって、決定的に批判され
るようになった。しかし行為として問題があっただけではなく、事実の捏造
が何を目的としたものであったかの分析を経ることで、上記、逸話類の虚偽
性も間接的に証明できることになる。その課題には会話帖の分析をした［第
34章］後で応えることとしたい。ただ、この局面に限って一般論を言ってお
くと、「運命」という言辞はシンドラーお気に入りの言葉で、ここに限らず
随所によく出てくる。一例を挙げれば、《エロイカ》の葬送行進曲において、
「彼［引用者注：ベートーヴェン］はハ長調の中間部のモティーフに、ナポレオン
の不運な運命にともる希望の光を見ようとした」［同108 ページ以下］などとい
ったようにである。

692

第 23 章　1807 年秋～ 09 年初　シンフォニー第 5 番・第 6 番の一気呵成

4 │《田園》タイトルの再検証

　それに対して、第 6 番に付いている「田園（パストラール）」というタイトルはベートーヴェン自身によるものである。ただこれは自筆スコア譜 [Quelle I, 2] にはなく、校閲筆写スコア譜のひとつ [Quelle II, 1] にベートーヴェン自身によってイタリア語で「第 6 番　シンフォニア・パストレッラ」、いまひとつ [Quelle II, 2] に同じくベートーヴェン自身によってイタリア語で、赤で「シンフォニア・パストラーレ」とある。

　『総合音楽新聞』1809 年 1 月 25 日付の批評記事によると、初演されたときのプログラムには「パストラール・ジンフォニー　または田園生活の追憶 *)、絵画というより感情」とあったとのことだが、その現物は残存しておらず、「または」以下について信憑性を疑う向き [新全集校訂報告書] もある。

> *) いろいろな訳し方がある。「田舎の生活の思い出」など訳されていることもあるが、"パストラール" を「田園」と訳すなら、ドイツ語の "ラント" もそれに合わせた。また「絵画というより感情」と続くので、「思い出」より「追憶」という感情的ニュアンスを採用した。以下に記す各楽章の標題の訳語も慎重に言葉を選んだ。

　この全体タイトルがベートーヴェンによって確かに設定されるのは、1809年 3 月 4 日付ブライトコップ＆ヘルテル社宛書簡 [BGA 370] において「ヘ長調シンフォニーのタイトルは、パストラール・ジンフォニーあるいは田園生活の追憶、絵画というより感情の表現」と指定したときであった。これは作者の最後の明確な意志であって、出版社は原版出版時にこれを尊重したが、この 3 つの文言の内、最後のものはカッコ付きとした。新カタログはこの作品の全体標題として初めて、この書簡の通りに起こした。なお、従来、初演時に使用された第 1 ヴァイオリン・パート譜に記されている上記の文言が最も古い資料とされていたが、それは上貼りされた紙に記されたものであり、初版譜と同じ文言であるので、その先進性は疑わしい。初演直前の段階として、「グラスニック 3」スケッチ帖 [後述] で《合唱幻想曲》[Op.80] のスケッチに挟まれて 16 枚目裏がメモ帳となっており、そこに書かれているのがこの標題の構想の初出と思われ、次のようにある。

693

第II部　歴史的考察

パストラール・シンフォニー
そこでは、絵画ではなく感情が表現される
それを、田園の享受が人間のなかに生み出す
その際、田園生活のいくつかの感情が描かれる

　言葉の各部分は「そこでは［worin］」「それを［welche］」「その際［wobei］」と
関係詞で繋がれて、先行詞をひとつひとつ規定する形になっていて、標題の
骨格を練る、といった趣きと言ってよい。この段階では「絵画ではなく感
情」と否定・肯定形になっていることが注目され、最終的には「絵画という
より感情」と和らげた表現に替わった。また、「人間のなかに生み出された
もの」が「追憶」と一語になった。その下の部分はミサ通常文のドイツ語訳
であり、それは12月22日コンサートの曲目のひとつとなった《ハ長調ミサ
曲》［Op.86］の準備と見られ、このページはまさにコンサートの直前、《合唱
幻想曲》の作曲中にしたためられたものだろう。
　各楽章に付された標題は『総合音楽新聞』で紹介された初演時プログラム
を含めて細かい異動があり、とくに、自筆譜に書き記された文言と、初版原
版譜において印刷され公開されることで一般に認識されることとなった文言
とでは、かなり異なっている。以下、この2つを対照させる。

	自筆スコア譜［Quelle I, 2］	初版原版パート譜［Quelle III. 1］
第1楽章	田園に到着の際、人間にわき起こる 心地よい、陽気な気分	田園に到着の際の陽気な気分の わき起こり
第2楽章	小川沿いの情景	［同じ］
第3楽章	田園の人々の楽しい集い	［同じ］
第4楽章	雷鳴、嵐	雷雨、嵐
第5楽章	牧人の歌—嵐の後の、快い、 神への感謝と結びついた感情	牧人の歌。嵐の後の喜ばしい 感謝の感情

　こうした相違がこれまで問題にもされてこなかったことが、各楽章の標題
の文言がぞんざいに扱われてきた証左である。新全集（2013年）および新
カタログ（2014年）においてこれまた初めて、この自筆譜記載の文言が採
用された。

第 23 章　1807 年秋〜09 年初　シンフォニー第 5 番・第 6 番の一気呵成

5 │ ヘルテルとの直接交渉による出版権譲渡

　1806 年 11 月 26 日の書簡 [消失 BGA 261] において、戦争による契約状況の
悪化に言及し、提供された作品の買い取りを断念したヘルテルは、その後な
んとかしてベートーヴェンとの関係を修復しようとして、1 年半後の 1808
年 6 月にグリージンガーを送り込んだ [第 I 部第 5 章 7]。それに対してベート
ーヴェンは 6 月 8 日付で次のように書いた [BGA 327]。

> 　若い [引用者注：息子?] シェーネフェルト伯の執事 [原注：グリージンガー] の所為で
> ある [引用者補：この書状を書くことになったのは]。というのは彼が私に、あなたが再
> び私から作品を手にしたいと望んでいる、と保証したので。——なんども決裂して
> いるのでこの接触もまた実りないとほとんど思われるにせよ、私はあなたに目下の
> ところ以下の作品のみ申し出ます。
> 　2 つのシンフォニー [原注：Op.67/68]、ミサ曲 [原注：Op.86]、ピアノとチェロのため
> のソナタ [原注：Op.69]、すべて一緒に私は 900 グルデンを求めます、すなわち各シ
> ンフォニーに私は 300 グルデン、ミサ曲に 200 グルデン、ソナタに 100 グルデンを
> 求めます。900 グルデン全額が約定金でヴィーン通貨によって、つまりその金額を手
> 形は明記して [引用者注：900 グルデン約定価相当分を流通しているヴィーン価に換算して、
> ということだと思われる]、支払われなければなりません。いろいろ考慮すると私
> は 2 つのシンフォニーにあっては 6 月 1 日から起算して 6 ヵ月たって初めて出版で
> きると条件づけなければなりません。——もしかしたら冬あたりに旅行に出かける
> かもしれず、ですからそれらは少なくとも夏にはまだ知られていないことを望みま
> す。

　ここで言われている 6 ヵ月後に初めて出版可とは時間差多発出版との絡み
か、半年専有演奏権であればロプコヴィッツ侯との関係と考えられるが、そ
うなるとラズモフスキー伯と差が出てしまう。
　この文面はかなりぶっきらぼうな調子であり、この後に続くのが 121 ペー
ジで引用した「これらの作品を BAI 社に渡すかもしれない」との陽動作戦
であった。それが効いたか、ヘルテル自身がライプツィヒから飛んでくる。
8 月 24 日のことである（26 日付『祖国新聞 [Vaterländische Blätter]』の人物往来
記事による [BGA 335 注 2]）。そして 9 月 14 日にベートーヴェンはヘルテルに
2 通の受領書 [現ボン、ベートーヴェン・アルヒーフ所蔵] を発行した。その内容は以
下である [TDR III, 72 ページ]。

695

第Ⅱ部　歴史的考察

> 100 ドゥカーテン金貨を私の作曲せる 5 つの新作品に対して合意した謝礼としてライプツィヒのブライトコップ & ヘルテル氏から本日、現金で受領したことを私はここに証明する。

> 末尾署名人はここに、次なる私の作曲せる 5 つの新作品、すなわち、1 シンフォニーハ短調 [引用者注：（以下同じ）Op.67]、1 同作ヘ長調 [Op.68]、2 ピアノ等のためのトリオ 第 1 はニ長調 第 2 は [空欄] [Op.70]、1 チェロ付ピアノのためのソナタ イ長調 [Op.69] をライプツィヒのブライトコップ & ヘルテル氏に独占的所有（イギリスを除く）にて売り渡し、そのむね合意した謝礼を本日、現金で受領したことを証明する。

　それぞれの末尾に日付と署名がある。当日または直後に第 5 番と第 6 番は校閲筆写スコア譜がヘルテルに渡され、そしてライプツィヒへ運ばれた。第 5 番に関してはこれは校訂報告書において C 資料 [現在消失] とされているもので、戦前に作成されたフォトコピーで一部が判明している。第 6 番に関しては校訂報告書において同様に C 資料とされ、新カタログにおいては Quelle II, 1 とされているものである。ベートーヴェンはスコア譜出版を目指したかもしれないが、しかしブライトコップ & ヘルテル社はそれを基にパート譜を作成 [ともに消失] し、版下とした [校訂報告書]。

　振り返ってみると、ベートーヴェンのシンフォニーはこれまで完成・初演から出版まで 1 年から 2 年、掛かっていた。ことに 2 年後にようやく出版された第 3 番と第 4 番の場合には半年専有権が優先して、出版はそもそも二の次であった。しかし第 5 番と第 6 番の場合は初演される前にすでに出版社の手に渡るという点で例のないことで、その後にはピアノ・コンチェルト第 5 番が同様であるが、2 つのシンフォニーの場合には作曲完了直後にヘルテルがたまたまヴィーンに来たという要素も関係するだろう。その一方、前述のように、10 月 17 日付でロプコヴィッツ侯がコピストに対する支払いを承認しているので、半年かどうかはともかくとして、演奏権を公開初演前に買い取った可能性はある。これはベートーヴェンに対する支払いではないので断定できないが、ヘルテルとの事前のやり取りのなかで、6 月 8 日 [BGA 327] に「さまざまなことを考慮すると私は 2 シンフォニーについて、6 月 1 日から数えて 6 ヵ月たって刊行してよい、という条件を付けなければなりません」と書いていることから、少なくともそれまでの 2 曲と同様の権利を（ロプコヴィッツ侯に）与えることが念頭にあったと思われる。半年専有権と作

696

曲者本人による公開演奏は矛盾しないものであったかもしれない。

　ところでブライトコップ＆ヘルテル社が支払った100ドゥカーテン金貨は約450グルデン銀貨（すなわち約定価）に相当する。クレメンティ契約の8アイテム（オーケストラ作品5、室内楽作品3）100ポンド（1800グルデン）と比べて、5アイテム（オーケストラ作品2、室内楽作品3）が実質、半分とすると、売値は半額程度ということになるが、これは当時のイギリスとドイツの市場の差と理解することができよう。とにかく、ほぼ同時期に同じようなマンツーマンの取引で円満に著作権譲渡の契約が成立したのである。出版契約が文書で遺る例としてこの2件は生涯においても珍しい。まだまだ十分に見合うものではないが、1807年6月のどん底の時期から少しずつ上向いて来たと言える［次章に続く］。

6 ｜ ヴェストファーレン王宮廷楽長の招聘

　それからほどなく、10月頃にベートーヴェンはヴェストファーレン王の侍従長トゥルッフゼス＝ヴァルトブルク伯を通じて［BGA 357］、首都カッセルの宮廷楽長に就任する打診を受けた［BGA 340］。1805年末のヴィーン占領に続く1806/07年の"ドイツ・ポーランド戦役"に勝利したナポレオンは1807年7月9日にヴェストファーレン王国を成立させ、末弟ジェローム・ボナパルト（1784-1860）をその国王に任命した。提示された年俸額は600ドゥカーテンであった。ヘルテルとの妥結額の6倍、約2700グルデン約定価であり、それが正当な報酬額であるかどうかは実際の職務内容との突き合わせのなかでしか評価できないが、定職のないベートーヴェンにして、ある程度の拘束を受ける対価として魅力はあったに違いない。招聘の事実が日付をもって初めて言及されるのは1808年11月1日付オッパースドルフ伯宛、迷走したシンフォニー献呈の決着について述べた上記引用書簡［BGA 340］の末尾においてである。

> 私の状況は改善されています——あなたの友人たちを不作法にいじめたい人々を必要とすることなくにです［原注：1806年秋、トロッパウ、グレーツ城でベートーヴェンのリヒノフスキー侯との対決へのほのめかし］——加えて私はヴェストファーレン王の楽長に呼ばれてもおりまして、その招聘に従うことは大いにあり得るのです。

第Ⅱ部　歴史的考察

　ここに二重線を付した部分はベートーヴェンが三重線を引き、下線を付した部分には二重線が引かれている。謎かけの多い手紙だが、ひとつの解釈として、まず「私の状況は改善されています」は、1807年6月に最悪となった経済的状況が改善されている、の意であろう。それは、これまで言及してきたように、客観的にも判断できることだからである。1806年秋のリヒノフスキー侯との決別が年金不支給を招いたとすれば、それがどん底状況の端緒となったと見ることができるが、前述したように、そう断言できるとまでは言えない。「友人たちをいじめたい人々」と二重に複数形を用いることで、個人を特定せず、リヒノフスキー侯等の貴族たちは自分に限らずいじめたい、と一般化しているようにも見受けられる。その直後に「加えて[auch]」とカッセル招聘話を続けるので、それが経済的環境改善の次の手だと言わんばかりである。しかしこれはこの書簡の解釈のひとつであり、ぼかして言っているので真意は明白ではない。ただ、原注も指摘するように、トロッパウでのあの事件のことをほのめかしていることは間違いないだろう。

　ベートーヴェンはすでに1年以上前、1807年秋に宮廷管理部宛請願書のなかで「この価値ある滞在を捨てるという決意を実現する前に」[680ページ]とヴィーンを離れる可能性に言及しており、《レオノーレ／フィデリオ》失敗から受けた傷の深さが見て取れたわけだが、この時期にいよいよその決意を固めたと思われることには傍証もある。1851年発刊のバッハ全集（旧全集）の校訂者として名高いヴィルヘルム・ルスト（1822-1892）の叔父にあたるヴィルヘルム・カール・ルスト（1787-1855）は1807年にデッサウからヴィーンに出てきて、ベートーヴェンの知己を得た。1808年7月9日付で姉イェッテ宛にしたためた書簡をセイヤーが紹介している。彼はそのなかで、トロッパウ事件にも触れた後で、「ベートーヴェンがもしかしたらヴィーンを去るということは大いにあり得ます。彼は少なくともすでに非常にしばしばそのことについて語り、『彼らは私を力づくでそう仕向けているのだ』と言いました。彼は私にもいちど、北の方のオーケストラはどんな具合だ、と尋ねました」[TDR III, 63ページ]と書いている。後の時代に書かれた思い出話と違って、リアルタイムの情報はそれだけバイアスが懸かりにくく、事実関係の信憑性は高い。ここからすると、カッセル招聘話が10月頃にあったとされるのは11月1日付の上記オッパースドルフ伯宛書簡からそう見なされるだけであって、その打診はもっと早くあったかもしれない。

698

7 │ コンサート主催の模索

シンフォニー第5番を書き終えた頃、ベートーヴェンはコンサートの開催を具体的に追究し始めたように思われる。1808年3月、宮廷秘書官コリン宛の4通の書簡［BGA 321, 322, 323, 324］からそのことが判明する。専属オペラ作曲家への登用を請願した際に、毎年のコンサート開催もそのひとつの条件としていたが、1807年12月にそれが全面的に断られた後、定例コンサートの部分だけでも実現させたいという願望があったようである。「毎年この条件で1日を持てるかもしれない」［BGA 321］という文言がある。

1808年初頭から宮廷顧問官ヨーゼフ・ハルトゥル（1760-1822）が2宮廷劇場およびアン・デア・ヴィーン劇場を統轄する劇場管理部支配人となっていた［BGA 326注1］。この際、コリンは友人の宮廷秘書官として、会場とオーケストラを手配する宮廷劇場管理部との間を取り持った［BGA 324注2］。ベートーヴェンは聖週間（4月10～16日）の期間中にアン・デア・ヴィーン劇場でコンサートを主催し、自作を指揮する計画であり、ハルトゥルは開催を許可し、期日も定めたと思われる［BGA 321注1］。しかし4月8日付のハルトゥルのベートーヴェン宛書簡［BGA 326］には、「4月12日火曜日にブルク劇場で貧民救済のためのコンサートが開催され、それはさまざまな音楽作品から構成されます。ミュルナー嬢がハープを、ジュリアーニ氏がギターを聴かせ、私もいくつか歌を考えています。あなたの方でも貧民救済に貢献されたいと望まれるのでしたら、あなたのお仕事の何をあなたは寄せて下さるおつもりか、あすまでに私にお知らせくださいますよう、お願い申し上げます」と書かれている。ここから推察するに、ベートーヴェンは自身主催のコンサートを何らかの理由で諦め、それに対してハルトゥルは作品を提供する別の機会を提案したように思われる。このコンサートは実際には4月13日（12日ではなく）に同劇場で開催され、ベートーヴェン作品としてはシンフォニー第4番、序曲《コリオラン》、ピアノ・コンチェルト第3番が上演された［BGA 326注2］。

ハルトゥルとの関係はこのようにして始まったが、彼は功労ある俳優たちのために年金機構を設立し、1811年まで3年の在職期間中に基金募集のための慈善コンサートを定期的に催し［BGA 326注1］、そこではベートーヴェン

第II部 歴史的考察

作品もしばしば取り上げられることとなる。たとえば1808年11月15日火曜日、"レオポルトの日"の晩に、アン・デア・ヴィーン劇場で開催された慈善コンサートでベートーヴェンは序曲《コリオラン》、およびいくつかのシンフォニー、そしてピアノ・コンチェルトを指揮し、おそらくコンチェルトのソリストも務めたが、詳しい報道が欠けているのでその点は不確か、とセイヤーは述べている [TDR III, 78 ページ]。

ベートーヴェンとコリンの間にはオペラ台本についてのやり取りが、ときにハルトゥルを巻き込んで、秋まで続く [後述]。そのなかで、11月のコリン宛 [BGA 342] が「私があなたにお願いしたいのはただ、親愛なるコリン、私のコンサートまで辛抱してくださるよう、その翌日にはあなたのところに行きますから」と始まっている。コンサートの日程が決まり、その準備に忙しいことが見て取れる。私たちに遺されているすべての文書資料を辿ると、1808年12月22日に開催された歴史的コンサートに至る経過は以上のようになる。

ただその間にこれらのシンフォニーが、第3・4番と同様に、ロプコヴィッツ侯邸で非公式に試演された可能性がある。すでに第I部第3章1で第5番の校訂報告書を抜き書きしたときに触れたように、原典資料のなかにはロプコヴィッツ文庫経由で残存しているものがあり、とくにこれらの新作シンフォニーにあってはロプコヴィッツ侯が出版楽譜上の被献呈者のひとりであるだけに、今日、研究の最前線ではその想定は否定されていないが、それを裏付ける文書資料はまだ見つかっていない。

8 | 1808 年 12 月 22 日 歴史的コンサート

ベートーヴェンの主催コンサートは、第2回（1803年4月5日）以来5年半ぶりである。会場は前回と同じアン・デア・ヴィーン劇場で、演目も前回同様、オール・ベートーヴェン・プロであった。12月17日付『ヴィーン新聞』においてそのコンサートは以下のように告知された [TDR III, 78 ページ]。

木曜日、12月22日にルートヴィヒ・ヴァン・ベートーヴェンは帝国・王国認可アン・デア・ヴィーン劇場にて音楽コンサートを開催する栄誉を有する。全曲目が同人の作品、まったく新しく、未だ公開で聴かれていないもの。

700

第 23 章　1807 年秋〜09 年初　シンフォニー第 5 番・第 6 番の一気呵成

第 1 部　1.　シンフォニー "田園生活の追憶" というタイトルによるヘ長調（第 5 番）
　　　　　　　［原注：第 6 番 Op.68］
　　　　2.　アリア［原注：《ああ、不実な人》"Op.65"］
　　　　3.　讃歌、ラテン語歌詞を伴う、合唱と独唱を伴って書かれた教会様式による
　　　　　　　［原注：ハ長調ミサ曲 Op.86 よりグローリア］
　　　　4.　ピアノ・コンチェルト［原注：第 4 番 Op.58］　当人が独奏
第 2 部　1.　大シンフォニー　ハ短調（第 6 番）［原注：第 5 番 Op.67］
　　　　2.　聖なる、ラテン語歌詞を伴う、合唱と独唱を伴って書かれた教会様式に
　　　　　　よる［原注：ハ長調ミサ曲 Op.86 よりサンクトゥス］
　　　　3.　ピアノだけでファンタジア［原注：合唱幻想曲 Op.80 前半］
　　　　4.　ピアノでファンタジア、次第に全オーケストラの登場、最後に合唱の進
　　　　　　入で終わる［原注：合唱幻想曲 Op.80 後半］

桟敷席および遮断席はクルーガー通り 1074 番 1 階で入手されたい——開演は 6 時半

　できるだけ正確に訳したが、特段に言及すべき点がいくつかある。まず、シンフォニーの番号が違っていることは誰にも判るので、その指摘は必ずなされてきた。そして答えは単純に思え、番号は演奏順に付されただけのことであるように見える。しかし、シンフォニーの現行の番号はいったい誰が付けたのか、そもそもシンフォニーに番号はあったのか、このときはなぜ当日の演奏順に付されたのか、といったことはきわめて重要な問題を孕んでいるので、本章の最後で詳しく検討する。

　シンフォニーの表記が第 5 番 Op.67 の方には「大」が付いていることはこの 2 シンフォニーの差別化として注目される。ミサ曲を教会外で上演することには教会の抵抗があると以前に指摘したが、この日は 2 つの楽章だけ、しかもそれぞれ独立した作品としてともに第 1 部と第 2 部の中間で、一方は「讃歌」、他方は「聖なる」と異なったタイトルで別個に掲げられた。「ラテン語歌詞を伴う」と告知されているが、ドイツ語で上演された［新カタログ］。《合唱幻想曲》もまた、ピアノ独奏曲と、オーケストラ・合唱付きの曲の、2 作品として提示されている。連続して演奏はされたが。

　これらシンフォニー 2 曲はもちろんハレの初演で、日程が決まってからこの日のために書かれた《合唱幻想曲》も言うまでもないが、他の作品もまたヴィーンの聴衆にとっては公開で初めて聴かれるものであった。第 1 部 2 の《ああ、不実な人》は 1796 年にプラハ滞在中にクラーリ伯女嬢のために作曲されながら 1796 年 11 月 21 日にライプツィヒでドゥシェック夫人が初演し

第Ⅱ部　歴史的考察

た。それ以来、演奏機会はなく、ベートーヴェンはこの日、レオノーレ役を創唱したパウリーネ・アンナ・ミルダー（1785-1838）に歌ってもらうつもりであった。しかし直前に、彼女の未来の夫で宝石商のペーター・ハウプトマンと諍いを起こして出演を断られた。友人シュッパンツィクの義妹ジョセフィーネ・キリッチュキー嬢が急遽、代役を務めたが、かわいそうに、ほかに書くことのない批評者［後述］に準備不足を酷評される。第1部3と第2部2で歌われたのはハ長調ミサ曲からのグローリアとサンクトゥス楽章で、前年にアイゼンシュタットの教会でエステルハージ家のために初演されて以来、コンサート初登場を迎えた。

　第1部の最後を飾ったピアノ・コンチェルト第4番は、すでにおそらく1807年3月のロプコヴィッツ侯邸コンサートでシンフォニー全4曲が集中上演されたときに初演されたと思われる。この機会は、前述のように、『豪奢と流行のジャーナル Journal des Luxus und Moden』に掲載された簡単な報告記事で知られるだけで、作品のみならず、独奏者も特定できないが、当時、完成しながら1年近く演奏機会のなかった第4番であることはほぼ間違いなく、そしてベートーヴェン自身が初演することはプログラムに謳われている。この作品はすでに1808年8月にBAI社から出版されており、遅まきながら公開初演の機会がようやく訪れたということになる。コンサート作品を公開初演に先立って自ら出版してしまう、ということは異例である。なぜなら、出版されれば誰でも演奏可能となり、他人がそれでコンサートを設け、利益を得てしまう、などということにもなりかねないからである。

　ベートーヴェンが1808年3月になんとかコンサートを開こうと努力していたときに考えていたのは、この作品と、すでに書き上げていたシンフォニー第5番を中心とするプログラムであったかもしれない。もしそれが実現していたとすると、第5番と第6番は分離して初演されたことになり、第7番と第8番との関係に似てきて、その"ペア性"はいくぶん希薄化されたことだろう。そう考えると、ベートーヴェンがそのコンサートを断念したことには深い意味があったのではないか、と思えてくる。そしてその代替としてハルトゥルから提供された機会に［前述］、それが自分の主催ではないために、ピアノ・コンチェルトは新作の第4番の発表を見送り第3番をフリードリヒ・シュタインに演奏させた［TDR III, 62ページ］こともまた、1808年12月22日がいかに満を持したものであり、それまでの生き様を賭けたと言っても過言ではない、一大決心の機会であったのではないか、との想像を掻き立たせる。

702

第 23 章　1807 年秋〜09 年初　シンフォニー第 5 番・第 6 番の一気呵成

9 │《合唱幻想曲》再考

　《合唱幻想曲》はそれまで影も形もなかったから、コンサートの直前に「何か 1 曲足りない」感が湧いて、急遽、作曲されたように見える。第 2 回の《オリーブ山のキリスト》もそうだったという風に見られてきたが、それはまったく間違いであることはすでに充分に論じた［第 18 章］。事実としては、「グラスニック 3」スケッチ帖（使用期間 1808 年 12 月頃〜1809 年初）において、43 枚中 38 枚目まで、その終曲部分を中心に全面的な展開が見られるので、このコンサートを目指して、少なくとも本格的には突然、手掛けられたことが確認できる。しかも「ランツベルク 5」スケッチ帖（使用期間 1809 年 3 月頃〜10 月頃）にもなおスケッチが見られるので、初演後にも作曲が続いたことがわかる。ことにこの演目表での「ピアノだけでファンタジア」の部分については、初演前に書き留められていたスケッチはごくわずかで、当日はいくつかのメモ書きを譜面台の前に置いた、即興演奏に近いものであったのではないか、と新カタログは想定している。

　オーケストラと合唱、それに独奏ピアノが縦横に活躍するという、史上、類を見ないコンサート音楽が作曲されたのには、「あと 1 曲」というよりは、何か特別なことを企ててこのコンサートを圧倒的に締めくくる、というベートーヴェンの絶対的な想いが計画の具体化とともに芽生えた、といったようなことがあったのではないだろうか。強烈な印象を創り出すために、まず自分が独奏者であること、そしてこのコンサートのために準備したオーケストラと合唱団、独唱者たちも全面的に活用し、要するに、フル動員のファイナル楽曲が構想されたのではないか。そうでも考えないと、前例がないだけではなく、後継者たちにとっても「序曲ではない序曲」の場合のようには追随し得ない、独創そのものの形を取る作品が生まれたことは説明できないであろう。

　上演に立ち会ったチェルニーは回想録のなかで次のように述べている［新全集校訂報告書 / 新カタログ］。

　　直前になって彼には、輝かしい終曲をこの演奏会のために書くというアイディアが湧いた。彼は何年も前に作曲した歌曲モティーフを選び［注：《愛されぬ者のため息》

第II部　歴史的考察

WoO118（1794/95作曲）の後半部分《相愛》の冒頭旋律］、変奏曲、合唱等をデザインした。そして詩人のクッフナーが急いでそれに言葉を（ベートーヴェンの指示に従って）詩作しなければならなかった。そうして成立したのが合唱付きファンタジーOp.80であった。それはあまりに遅く出来上がったので、ほとんどきちんとは練習できなかった。

　ここで挙げられている詩人クリストフ・クッフナー（1780-1846）がこの詩の作者であるということを、1845年に出版された20巻からなる彼の全集に載っていないという理由で、ノッテボームは強く疑った。様式的な理由から彼はトライチュケ（1776-1842）を作者ではないかとし、またフリードリヒ・アウグスト・カンネ（1778-1833）ではないかとの説も立てられた。しかし、チェルニーが「ベートーヴェンの指示に従って」とカッコで補足していることから、「…というような詩をつくってくれ」などと内容的な注文を出したというのであれば、《オリーブ山のキリスト》のときの詩人とベートーヴェンとの関係からすると、よりいっそう、ベートーヴェンが詩に手を入れた可能性はある。また1809年に出版に向けて全体を調えていくときにもそのような機会はあったろう。「全集」に載るような完成された詩がすでにあって、そこから霊感を得て作曲された、といった構図ではなく、まずはベートーヴェンの構想があり、それに従った詩作がその場で注文されたとすれば、実体として作詩はベートーヴェンとクッフナーの合作と言ってよいほどかもしれず、詩人が完全な自作とは見なさず全集に所収しなかった可能性はあろう。新全集（1998）は作詩者を「クッフナーとされている [zugeschrieben]」と表記し、彼が真作者であることを疑う表現に踏み切ったが、新カタログは「クッフナーのテクスト見本 [Textvorlage] による」として、ともかくテクストは提示されたがそれがどう扱われたかは分からない、といったニュアンスにした。

　このコンサートに賭けたベートーヴェンの意気込みが沸々と伝わってくる作品である。コンサートが終わるとすぐに、1808年12月末から、この作品の即興した部分を譜面に落とし込むことよりも優先させたのがピアノ・コンチェルト第5番の作曲であった。あの輝かしいコンチェルトは《合唱幻想曲》の余韻のなかで書き始められた。もうひとつ、この作品の合唱部分が後に明らかな繋がりをもって蘇る。それがシンフォニー第9番第4楽章である。

第23章 1807年秋〜09年初 シンフォニー第5番・第6番の一気呵成

10 | 歴史的コンサートはどう批評されたか

《合唱幻想曲》のこうした急なしつらえは、コンサートを盛り上げるどころか、またしても、演奏のひどい乱れとなって、ベートーヴェンが狙ったような輝かしい結末とは正反対の、全体の印象を台無しにするような結果を招いたらしい。その数々の証言がベートーヴェン研究においてこれまで紹介されてきた。したがってここではそれを繰り返さない。ただ、運悪く、当日は音楽家共済協会主催の毎年恒例のクリスマス義援コンサートがブルク劇場で催され、上流階級の客層が奪われたことは確実である。それを後から愚痴っても仕方なく、そのような日程で挙行したのは本人の問題で、あるいはそのように組まされてしまったのか。コンサートの2週間後、1809年1月7日付ブライトコップ＆ヘルテル社宛書簡［BGA 350］の後段に次のようにある。

> おそらくまたもや、私の先日のコンサートについて中傷記事が当地から再び音楽新聞に行くでしょう［原注：『総合音楽新聞』は1809年1月25日に1808年12月22日のベートーヴェンのコンサート等について以下のように報告した。引用者注：「以下」で引用されているのはその後半部分だけであり（ここでは省略）、肝心の14行は省略されている（後述）］。私は私に敵対するすべてが抑制されるべきなどと望んではいませんが、ただ言えるのは、当地で私ほど個人的な敵を持つ者はいないということです。このことは、当地の楽界事情がますます悪くなっているので、いっそう合点がいきます。——私たちのところにいる指揮者は、指揮する術もほとんど知らず、自分でスコアを読むこともできない人ばかりです。——アウフ・デア・ヴィーデン劇場［原注：アン・デア・ヴィーン劇場のこと］はもちろんいまなお最悪です。——そこで私は演奏会を催したのですが、その際、私には音楽のあらゆる方面から妨害が企てられました。——寡婦コンサート［原注：ベートーヴェンのコンサートの日、1808年12月22日および23日にはブルク劇場で音楽家共済協会の寡婦・孤児基金のために2つのコンサートが開催された］が忌まわしい一撃を加えました、私への憎しみから、サリエリ氏を筆頭に、私のところで演奏した、彼らの協会所属の音楽家は誰であれ、追放すると脅したのです。

サリエリを妨害者の筆頭に挙げたこの言説は、ベートーヴェンがかつての恩師と仲違いした証拠と見られてきた。しかしそうではないことは、1814年12月の大コンサートで確認する［第28章4］。

これは第3回主催コンサートについての自身の談だが、実際はどのようで

705

第II部　歴史的考察

あったのか、実は私たちは余りよく知らない。セイヤーも「このシンフォニー［引用者注：第6番］はどのように受け入れられたのか、どこにも報告されていない」［TDR III, 83ページ］と述べている。したがって彼はそれに代えて、当時居合わせた音楽家の思い出を中心に6ページにもわたって長々と、ベートーヴェンのオーケストラ指揮の失敗、《合唱幻想曲》演奏の惨憺たる乱れなどについて書いている［TDR III, 78〜84］。そこからは聴衆の受け取りはどうだったのかということは読み取れない。

　ひとつだけ例外なのは、11月24日にヴィーンにやってきた［BGA 344 注1］作曲家・音楽文筆家のヨハン・フリードリヒ・ライヒャルト（1752-1814）が1810年にアムステルダムで出版した『1808年末から1809年初にかけてのヴィーン旅行中に書いた私信［Vertraute Briefe geschrieben auf einer Reise nach Wien ... zu Ende 1808 und zu Anfang 1809]』からの引用であり、これは同時代証言である。「そこに私たちはしかも極寒のなかで6時半から10時半まで留まり、結構なものを——そればかりか強力なものを——たっぷりすぎるほどいともたやすく享受する、という経験があり得ることを発見した」（12月25日の書簡）と皮肉まじりに語っている。彼は続ける。「気の毒なベートーヴェンはこの彼のコンサートで、1年を通して初めて得ることのできたわずかな現金を得たが、この催しにおいて、また演奏において、何度もの抵抗に遭い、支えはごくわずかであった」。彼は、《パストラール》シンフォニーの5楽章をひとつずつに数えて、全部で12曲の寸評に入るが、言及されているのはほとんど演奏のとちりについてのものであった。

　聴衆の反応が少しでも読み取れるのは『総合音楽新聞』1809年1月25日付の批評記事［AmZ XI, 267〜269ページ］である。チラシの言葉をそのまま掲げる、として、第6番各楽章の標題（上で対比した自筆譜および出版譜における文言とはまた違う）を含めて当日の演目が表の形ですべて提示された後、ほとんどを占めるのがこれまた演奏のとちりであるが、その間の14行だけがそれ以外のコメントである。

　　　すべてのここに挙げた作品を判断することは、初めての、そして1回の、聴取の後に、とくにベートーヴェンの作品について語ることは、ここでこんなに多くが次々と上演され、その大部分がかくも大きくて長くて、まさしく不可能である。しかし私は、甘んじて為される、短い、取るにたらない注釈を控える。というのは、あなた方がこれらすべてをやがて自身で聴き、また根本的な判断が音楽新聞の読者たちにそれについて伝えられるであろうと期待されるからだ。なぜなら、これらの作品

のさまざまがすでに彫版に入っており、その他もまもなく彫版されるということだからである。

これはまったく批評になっていない。しかし無言ですべてを語っているのではないか。演奏がいかに混乱したものであっても、大コンサートの衝撃が伝わってくる。この演目を歴史上初めて聴いた、という当日の実感に寄り添って私たちも仮想してみると、「初めての1回の聴取で語ることは不可能」としか言いようがない、とは共感できるのではないか。批評者は『総合音楽新聞』の出版元、ブライトコップ＆ヘルテル社が各作品の出版権を獲得し、その一部の印刷にすでに入っていたことを知っていた。だからもう、それを使用しての演奏がライプツィヒでなされるはずだから、自身で聴いた読者各人の判断に委ねよう、というわけである。

11 ｜ ヴィーン離脱の表明

彼が総力を注入し、完成作すべてに自信が溢れ、ピアニストとして自作ピアノ・コンチェルトのソリストを務めるのも第2回主催コンサート以来5年ぶりであり、さらに急遽、《合唱幻想曲》まで書いて、自身の久々の即興演奏も披露して、コンサートを盛り上げようとした、大コンサートの後で、その反響として聞こえてくるのは、ネガティヴな評価ばかりであった。彼の失望感は想像に余りある。1806年秋にはリヒノフスキー侯との衝突、1807年秋には宮廷劇場専属オペラ作曲家の請願も相手にされず、そして1808年初冬と、ここ毎年、彼はヴィーン音楽界から裏切られっぱなしであり、年々、傾いてきたヴィーン離脱の想いはここにきて頂点に達したとしても不思議ではない。後世は物事を結果から逆に見がちであるが、時間経過を追ってひとつひとつを点検していくことで、その時点でのあり得る心情が理解できるのではないか。彼がカッセル宮廷楽長招聘の受諾を表明したのは、大コンサートの2週間後、ブライトコップ＆ヘルテル社宛1月7日付書簡［BGA 350］においてであった。その表明に続くのが、音楽新聞に報道されるであろう当日の状況をあらかじめ自ら報告した上記引用部分である。記述の順序には、コンサートの失敗が転出の理由と採られたくない、という配慮があるように思える。

第Ⅱ部　歴史的考察

ついに私はやはり、あらゆる種類の策略と陰謀と卑劣な行為により、なお唯一のドイツの祖国［das noch einzige Deutsche Vaterland］を去る［引用者注：カッセルは当時、ドイツではなくフランスであって、「唯一のドイツ」として残っているのはヴィーン］のやむなきに至りました、ヴェストファーレン国王閣下のお招きで私は年給 600 ドゥカーテン金貨の楽長として彼の地に赴きます。——私は本日、私が参りますという確約を郵便で送りまして、令書を待つばかりで、下り次第、ライプツィヒ経由での旅の準備にとりかかります。——したがってこの旅行が私にとっていっそうすばらしいものとなるのではと思うのですが、もしあなたにとってひどい損害にならないようでしたら、復活祭まで私の新作すべて［引用者注：シンフォニー第 5 番、第 6 番を含む］を公表しないでおいていただきたいのです。

12 │ シンフォニー作曲と並行するオラトリオ・オペラへの取り組み、 そして「パンのための仕事」

　シンフォニー第 5 番および第 6 番の作曲の渦中に並行していた問題として、オラトリオ・オペラへの取り組みについて見ておく。オペラ作曲家として実力を見せつけることは 1807 年秋に宮廷劇場管理部に請願して以来、眼前にある大きな課題であり続けたから、彼はシンフォニー作曲だけに集中してはいられなかった。

　先に挙げたデッサウのルストが姉に書いた 1808 年 7 月 9 日付書簡のなかに「彼は最近、シンフォニー［引用者補：複数］を書きまして、いまはオペラを書いています」［TDR III, 63 ページ］というくだりがある。もともと 1806 年にオラトリオの共同制作の計画から始まったコリンとの関係は、『イェルサレムの解放』が暗礁に乗り上げた後、1807 年に『コリオラン』に序曲を書いた成果を挟んで、1808 年にはオペラの共同制作を模索することに発展していた。シンフォニー第 6 番の完成が近づいた頃、1808 年 8 月 6 日以前のコリン宛は「私はあなたの計画をたいへん注意深く読みました」［BGA 332］と始まっており、そこではコリンから提案されたアリオストの長編叙事詩『狂乱のオルランド』の第 6 〜 7 篇『アルチーナ』が話題になっているが、ベートーヴェンは魔法オペラであることを理由に「感性と理性が非常にしばしばまどろまざるを得ない」と否定的に反応している。そして「あすは不在で、来週の火曜か水曜にあなたのところに行きます。私はいま、まだたくさんパ

第23章　1807年秋〜09年初　シンフォニー第5番・第6番の一気呵成

ンのための仕事に従事しなければなりません」と結んだ。後年よく使われる「パンのための仕事」[第33章4で詳述] という言い回しが初めてここで出てくる。

　時間のかかる大曲の作曲中は収入が途絶えがちであり、2つの大シンフォニーをほぼ書き上げようとするいま、ただちに取り組んだのは2つのピアノ・トリオ [Op.70] であった。7月末にブライトコップ＆ヘルテル社宛に、すでにほぼ出来上がった2シンフォニー [Op.67とOp.68]、チェロ・ソナタ [Op.69] とともに、「2トリオ、ピアノ、ヴァイオリン、チェロのための（それを欠いておりますので）、あるいはこの最後の2トリオに代えて1シンフォニーを」[BGA 331] と売り込んでいた。「それを欠いております」とは謎のような言葉だが、「作品1」以来、このジャンルのオリジナル作品は書いていない、ということを言っているのであろう。「最後の2トリオに代えて1シンフォニーを」もびっくりだが、愛好家向きのピアノ・トリオ2曲分の代わりにシンフォニーをもう1曲書いてもいい、という勢いなのか。第4番のような作品であれば人気もあり（演奏回数は抜群に多い）、3ヵ月程度で書ける、という気なのだろうか。6月18日付の先便ではチェロ・ソナタまでの言及であったので、2トリオはまさに7月末頃より取り組まれたと思われる。

　あるいはコリンの提示に気乗りがしないためのカムフラージュか。しかしコンサート直前のコリン宛11月頃の書簡 [BGA 342] では先に引用した部分の続きに、「私のあなたに対する振る舞いはあなたにあまり敬意を払っていないことから来るのではありません、あなたがあなたのオペラをすでに誰か別の人に与えていなければ、そのようなことを私は望んでおりませんが [引用者注：挿入句]、私ができるだけ早くそれに取り組むのは確かです」と書き、11月末か12月初の次便 [BGA 344] で「万一あなたが、あなたのオペラをR. に書かせるなんて本当に考えておられるなら、その旨、ただちに私にお知らせ下さい」と結んだ。

　どうやら噂を耳にしたようで、その頃、アルチーナの相手役の名を採って『ブラダマンテ』と改名されたコリンの台本は、当時、正式にはなおカッセル宮廷楽長の地位（ベートーヴェンが受け継ぐこととなる）にあった、前出のライヒャルトの手に渡っており、同人は1809年2月にそれを完成させた。したがってベートーヴェンはこのオペラに関してはスケッチを遺さないで終わった。ちなみに、ライヒャルトのオペラ《ブラダマンテ》は、第5次対仏同盟締結前夜（オーストリアの対仏宣戦布告は1809年4月9日）にあって

709

第Ⅱ部　歴史的考察

宮廷劇場での上演には至らず、2〜3月にロプコヴィッツ侯邸で試演されただけであった［BGA 344 注 2］。

　この書簡では、ベートーヴェンはコリンに住所変更を伝えている。1804年秋から、夏の期間を除いて、4年もの間（これほどの長期間はヴィーンで初めて）、"パスクァラーティ・ハウス"に住んでいたが、1807年にアイゼンシュタットから戻ったときに短期間、客人として滞在したことのあるエルデディ伯夫人アンナ・マリア（1778-1837）のマンションに10月末頃、移り住んだ。そこは「クルーガー通り1074」であり、大コンサートの新聞予告記事に見られる、「桟敷席および遮断席」の販売窓口ともなる。伯夫人の使用人と衝突して1809年4月にそこを去るまで約半年間、同所を居所とし、その間に彼女を仲介者として3者年金問題が発展する［次章］。

　コリンのもうひとつの台本、シェイクスピアによる『マクベス』に関しては、書簡のやりとりでは言及されていないけれども、「パストラール」スケッチ帖に1ページだけ書き付けがあり、シンフォニー創作のかたわら実際に着手した。さらに1811年の「ペッター」スケッチ帖にも形跡が遺っており、この作品には未完作品番号 Unv 16 が割り当てられている。しかしコリンが同年7月28日に死去したため、台本そのものが完成されず、作曲の続行は不可能となった［第26章11］。

13 ｜ シンフォニーの番号

　最後に、ベートーヴェンのシンフォニーに付された番号に関して、そして第5番と第6番の番号が初演時に逆に付けられた問題について、歴史的に検証しておきたい。

　ひとり作曲家の作品を、ジャンル別に区分しその完成順に番号を振って個別認識する、ということは慣習であり、私たちはそれを格別に意識はしない。音楽史研究がこの種の問題についてさして議論を積み重ねてこなかったからでもあろう。しかし一般的に、作品番号をコントロールするとか、演奏会用序曲（交響詩）を創始するとか、シンフォニーの終楽章を合唱付きとする（オラトリオ型シンフォニー［拙著『文化としてのシンフォニーⅡ』]）とか、さまざまなレヴェルのさまざまな慣習・新機軸がベートーヴェンから始まった、という何となくの感覚はあるかもしれない。作品番号に関しては、すでに特段

710

第23章　1807年秋～09年初　シンフォニー第5番・第6番の一気呵成

の考察をして、コントロールしようという意志はあったができなかった実態
を明らかにした。

　シンフォニーに自ら番号を付けたのも実はベートーヴェンが最初である。
16世紀から、「マドリガーレ集第×巻」といったレヴェルでのジャンル別完
成順番号は存在した。また6曲とか12曲から成るひとつの作品集のなかで
個々の曲が順番に番号を振られることは当然であった。しかしながら、ジャ
ンル別に、個々の作品が番号付きで特定して示される（シンフォニー第×
番）のは、後世が全集楽譜を作成したときに完成順とか出版順に付したもの
である（ハイドンやモーツァルトのシンフォニーの番号など）。その慣習そ
れ自体を部分的に始めたのがベートーヴェンであった。それに倣って自ら番
号付ける作曲家もやがて出てくるが、すべての作品に付けたわけではない場
合に、後世は作曲家自身の番号付けに逆らって新たな番号を振ることも敢え
て行なう。たとえばドゥヴォルザークのシンフォニーは彼自身が「第8番」
と付した作品を今日では「第9番」としているように。

　ベートーヴェンがジャンル別完成順番号を付したのはシンフォニーについ
てだけである。ベートーヴェン以前に、またベートーヴェンにあってもシン
フォニー以外のジャンルにおいて、作品を特定する目印は調性であった。
「シンフォニー×調」というようにである。ベートーヴェンのシンフォニー
以前には、作曲家がそのジャンルで全生涯に書いたすべての作品が継続的に
受容されるということはなく、繰り返し話題になる、すなわち識別が必要な
作品は限られており、その数曲か十数曲の峻別には調性の並記で事足りた。
しかし同じ調の作品が複数あって混同が避けられなくなると、特別な呼び名
を付して区別するようになる。ハイドンのシンフォニーに呼び名が目立つの
は、それだけたくさんの作品が関心の対象になったという証しである。モー
ツァルトの場合は呼び名が付いているのはほとんど後期の諸作品であり、そ
の他は調性の峻別で足りたと言える。

　ベートーヴェンにあっても、たとえばピアノ・コンチェルトは調性の並記
で済んだが、ピアノ・ソナタとなると次第に呼び名が付されて峻別されてい
く。その限りでは、ベートーヴェンのシンフォニーもまた調性によって、あ
るいは呼び名による区別で事足りるはずであった。事実、以下に見るように
その慣習も続く。「エロイカ」「パストラール」「合唱付き」、そして「イ長
調」「ヘ長調」などの並記にそれが見られる。

　それに対して、自ら番号を付ける、しかもシンフォニーにおいてだけ、と

第Ⅱ部　歴史的考察

いう点が、見逃せない。なぜベートーヴェンはシンフォニーに限ってそうした行為に及んだのか。

　まずその事実関係を確認するために原典資料におけるタイトル表示を一覧する。各作品の自筆スコア譜および校閲筆写スコア譜における自筆の記入は太字で、また後者におけるコピストによる記入は［　］付きで示す。

　校閲筆写譜においてコピストが独自の判断でタイトルを付すことはあり得ず、それはベートーヴェンの指示によると考えてよい。ただし、第3番にはひとつの校閲筆写譜に2つの異なる表記があるが、作品番号も並記されている部分は出版後に追記されたもので、そこにある番号も後付けであるのは間違いない。第6番には校閲筆写譜が2点あって、そのいずれにも自筆でタイトルが表記されている。

　初版原版のタイトルもまた、出版社の独自判断ではないと見なされ、むしろ公示する"正式"タイトルという意味合いを持つので重要である。第7番以降はパート譜とともにスコア譜も同時出版された。それらのタイトル表記には本質的に違いがあるわけではないが、微妙な差は明記した。ただし第9番にはそのあとに「シラーの頌歌…による云々」という長い語句が付されているがそれは省略した。

	自筆スコア譜	校閲筆写スコア譜	初版原版 パート譜
第1番 Op.21	消失	消失	GRANDE SINFONIE
第2番 Op.36	消失	消失	GRANDE SINFONIE
第3番 Op.55	消失	[Sinfonia grande] [Sinfonie 3. Op.55]	SINFONIA EROICA
第4番 Op.60	**Sinfonia 4ta 1806**	[4. Sinfonie B^{dur}]	IVme SINFONIE
第5番 Op.67	**Sinfonia**	**Sinfonia 6ta 5ta**	SINFONIE
第6番 Op.68	**Sinfonia 6ta**	① **6ta Sinfonia Pastorella** ② **Sinfonia pastorale**	SINFONIE Pastorale
第7番 Op.92	**Sinfonia**	[Grande Sinfonie in A]	Siebente Grosse Sinfonie in A dur 7te Grosse Sinfonie（スコア譜）
第8番 Op.93	**Sinfonia** **linz im Monath october 1812**	[Sinfonie in F]	Achte Grosse Sinfonie in F dur 8te Große Sinfonie（スコア譜）
第9番 Op.125 表紙欠		**Grosse Sinfonie**	SINFONIE en Ré mineur avec choeur Sinfonie mit Schluss-Chor（スコア譜）

第 23 章　1807 年秋〜09 年初　シンフォニー第 5 番・第 6 番の一気呵成

　第 1 番と第 2 番の自筆スコア譜は、ベートーヴェンから入手したリースが友人に貸したまま、行方不明となったとされる『覚書』77 ページ』。この時代は基本的に公刊されればそれ以前の原稿はテクストとしての存在意味を失うので、作者自身が破棄するのは当たり前のことであった。これらのシンフォニーはいずれも、ベートーヴェン自身による初演後 1 年ほどで出版されており、出版以前に貴族私邸での手書き譜による上演が行なわれるほどの環境ではなく（第 2 番は必ずしもそう言えないかもしれない［526 ページ］）、校閲筆写譜も跡づけられない。第 3 番はロプコヴィッツ侯邸コンサートで使用する校閲筆写譜が作成された段階で自筆譜は不要となり、伝承されていない。つまり、最初の 3 シンフォニーの番号付けを確かめる直接的な証拠はないが、慣習に抗って格別に番号付けなければならなかった理由は見当たらない。

　ベートーヴェンのシンフォニーは印刷楽譜で広く知られていくので、後世の認識はそこでの表記に拘束されている。イタリア語表記は第 3 番の「シンフォニア・エロイカ」のみの例外であって、それ以外の第 6 番までと第 9 番のパート譜はフランス語、第 7 番以降は第 9 番のスコア譜を含めてドイツ語である。「ジンフォニー／サンフォニー」という単語自体はフランス語とドイツ語でこの時期には同じ綴り、SINFONIE であった。しかしベートーヴェン自身は第 4 番から第 8 番まで、遺されている自筆譜すべてにおいて「シンフォニア」とイタリア語で書いていた。これは 18 世紀にこの曲種を言い表す伝統的な表記であり、彼はその慣習を継承しただけである。この表では省略したが、自分の名前をイニシアルで略記するのではない場合（第 6 番の自筆譜および第 5 番の校閲筆写譜）、「ルイジ・ヴァン・ベートーヴェン」とイタリア名にして、タイトルと合わせている。

　自筆でシンフォニーの番号付けが初めてなされたのは第 4 番である。しかもこのときには「シンフォニア第 4 番　1806」と年号も付されている。それによって、ベートーヴェンのシンフォニーの番号付けは 1806 年に始まる、と言うことができる。第 3 番の校閲筆写譜に何者かによって「シンフォニー第 3 番　Op.55」と付されたのは作品番号が決定された出版譜の公刊（1806年 10 月）以後のことであるから、もしかしたら「第 3 番」という表記は、第 4 番の自筆譜における番号表記を見た者が倣って付したかもしれない。

　なぜ第 4 番で突然、番号付けが始まったかと考えてみると、そこにおいてだけ年号が書き込まれていることがヒントになるのではないか。つまりそこには、「1806 年にシンフォニーは 4 番目の作品に到達」という意味合いがこ

第Ⅱ部　歴史的考察

もっているように感じられる。そう、1807年3月にロプコヴィッツ侯邸コンサートにおいて全4曲がまとめて上演された。そのようなことは生涯で無二のことである（コンサートは2回、行なわれたが）。そのとき彼の脳裏には「ベートーヴェン・シンフォニー回顧展」のような想いが湧き出たのではないか。タイトルページへの書き込みは作曲を始めたときとは限らない。《ハ長調ミサ曲》の場合は校閲筆写譜の例であったが、作曲それ自体が完結した後も空白であった。機会を見て最終的に表題を記入することもあったかもしれない。このケースでは、全4曲連続演奏コンサートという企画が決まったときに番号と年号が記入された、ということもあり得るのではないか。

　第5番の自筆スコア譜では番号はないが、校閲筆写譜では自筆で「第6番」とした後、「第5番」に訂正されていることがきわめて目を引く。このスコア譜は第2次大戦中に失われ、遺された写真での確認により、新カタログには「もとは第6番」と記載されている。第6番の自筆スコアは「シンフォニア第6番」と書かれているだけで《パストラール》という標題はない。

　ベートーヴェンは第5番をいったんは「第6番」としたが、第6番を「第5番」と表記したことはなく、コンサートの新聞予告は第5番と第6番の番号付けを反対にした。この3件を並べて考えてみると、次のような想定ができるのではないか。まず、コンサート予告は当日の演奏順に番号を振っただけという可能性が高い。何に基づいてかと言えば、ちょうど第4番が「第4シンフォニー」とのフランス語タイトルによってBAI社から出版されたところだったからではないか。第4番の出版時期については1809年2月という想定があるが［667ページ］、それはライプツィヒでの公告の時期に依拠するもので、それが1808年12月以前と3ヵ月、前倒しとなるのはあり得ない範囲ではない。あるいはロプコヴィッツ侯邸での全4曲シンフォニーの上演に立ち会った人物が次の作品を「第5番」と認識したかもしれない。いずれにしても、ベートーヴェン自身が番号を反対に指示することは起こり得ないだろう。なぜなら彼は、何度も触れているように、番号（作品番号）は作曲順に、という考えを持っていた。にも拘わらずその当人が第5番の校閲筆写譜に「第6番」と書いたのは、それが単なる書き間違いではないとすれば、新聞予告において既成事実が形成されてしまったので、それを事後承認せざるを得ないと当座は考えたのではないか。しかし本来に立ち戻ろうと、訂正した、と解釈される。

　ベートーヴェンが自ら番号を添えた（上の表での太字表記）のは第4～6

番だけであることが注目される。ほかに第7番と第8番が初版原版において番号付けされているが、その番号はパート譜ではドイツ語表記、スコア譜では数字表記と、共通して異なっている。これらは、1808年12月22日の初演コンサートで、順番はともかく、第6番までの存在とシンフォニー番号付けの慣習が周知されたことにより、その後は第7番・第8番となるのは理の当然で、誰にも異論はなかったと言える。それだけに、それらの場合、作者指示の絶対性は薄い。第9番は、伝統的呼称法で作品を特定できる「合唱付き」とすることで番号の必要はなかった。

　シンフォニーの番号表示の問題を会話帖で検証してみると、シンフォニーが番号付きで特定表示されている例は、シンドラーの死後改竄記入にあるだけで、むしろそれによって生前には番号呼称はまったく浸透していなかった事実が補強されるほどである。「エロイカ」「パストラール」以外はみな調性を付して言及されており、誤解が生じる可能性はなかったのでそれで十分で、印刷楽譜において番号が表示された「第4番」「第7番」「第8番」の3曲も番号で呼ばれることはなかった。人々は昔からの名指し方に慣れており、そしてそれで支障はなかったのである。

　以上をまとめると、シンフォニーに対するベートーヴェン自身の番号付与は第4～6番に限られており、しかもそこに一時的な錯誤もあったが（第5番）、彼自身、その新慣習を継続はせず（第7～9番）、番号付けを受け入れようとした世間ではあるがそこにも一時的な錯誤があり（第5～6番）、しかも一過性で終り（第7～8番）、その慣習はさしあたって浸透はしなかった（第9番）、ということになろうか。

14 │ 番号の定着化は世間が主導

　ところが、ベートーヴェン自身による番号付けの問題とはまったく別に、実は、一般社会でベートーヴェン・シンフォニーの番号付けは先行し、しかも定着が始まっていた。

　ゲヴァントハウス・オーケストラに1814年から56年までフルート奏者として在籍したカール・アウグスティン・グレンザー Grenser（1794-1864）が手書きで書き遺した『ライプツィヒ音楽史［Geschichte der Musik in Leipzig］1750-1838』が2005年に復刻転写出版された。同書は「大コンサート［引用者注：こ

第II部　歴史的考察

の名の下に定期演奏会]・オーケストラおよび劇場オーケストラ」（副題より）を
中心にライプツィヒの音楽界の日常を書き記したものであり、克明な演奏会
記録であると同時に、音楽家の消息や人事などの情報が満載された年代記で
ある。そこでベートーヴェンのシンフォニーが初めて登場するのは 1804 年
の復活祭期間中のゲヴァントハウス・コンサートにおいてで、そこには「新
しいシンフォニー」としかなく、おそらく第 2 番ではないかと思われる。
1807 年には「復活祭前、ゲヴァントハウス・コンサートで」として「シン
フォニー・ヘロイカが初めて演奏された」とある。

　さらに同年のミヒャエル祭（9 月 29 日）からクリスマスまでの期間中に
上演されたシンフォニーが挙げられ、そのなかに、モーツァルトの変ホ長調
［第 39 番］、ハ長調、終楽章フーガ付き［第 41 番］、ニ長調、メヌエットなし［第
38 番］、ハイドンのニ長調［第 104 番］、ト長調・トルコ音楽付き［第 100 番］、エ
ーバールの変ホ長調、ヴィットのト短調（新）と並んで、「ベートーヴェン
の第 1、2、3 番」がある。これは明らかに、前に引用した［626 ページ］1807
年 3 月 18 日付ライプツィヒの『総合音楽新聞』記事に出た「まだ知られて
いない第 4 シンフォニー」という言説に基づく数え方が継承されたと見るこ
とができる。第 4 番は初版原版が「第 4 シンフォニー」として出版される以
前に、すでに他都市においてその番号で呼ばれていたということになる。

　以後は、ライプツィヒではもっぱら番号付きで表示され、1809 年 1 月 3
日には「第 6 番が初めて」上演されたとき、そこには「パストラール」の文
字すらなかった。ちなみに「第 5 番が初めて」は、同年の「ゲヴァントハウ
スでの週間コンサートで」「新年から復活祭まで」に上演されたシンフォニ
ーの一覧のなかに記載されている。これらの演奏が印刷中の校正を兼ねたも
のであったことは前述した。

　上に示したように、調性による峻別が第 1 であり、その他の特徴（「終楽章
フーガ付き」など）によっていっそう明確にする、ということしか作品同定の
手段はなかった。もとよりハイドンやモーツァルトのシンフォニーが何曲あ
るのか分からず番号の付けようがなかったが、ベートーヴェン作品はいわば
衆目のなかで発表されていたわけで、何番目の作品かの理解は容易であった。

　ライプツィヒで 1807 年秋楽季に第 1 ～ 3 番が同時に初めて番号付きで表
記されたのは、その年の春に「第 4 シンフォニー」という認識が新聞紙上で
表明されたことと、前年 10 月に《エロイカ》が出版されてどこでも演奏可
能となったことが結びついていた。

716

第24章

1809〜10年

ルドルフ大公との決定的な関係

1809年3者年金契約再考／ナポレオンの第2次ヴィーン占領／
リースの第2次ヴィーン滞在／占領下のオペラ公演／
戦時下の経済的苦境とそこからの脱出／
2シンフォニーの後、ピアノ作品の量産

1. 王宮通い　1807年秋〜09年春
2. 水面下の年金契約締結交渉
3. 年金支給契約の成立とその履行滑り出し
4. 年金契約の意味
5. 再びリース証言
6. 第2次ヴィーン占領　市民生活直撃
7. 占領下にオペラ公演の盛況
8. 占領下にベートーヴェンは何をしていたか
9. ゲーテの戯曲『エグモント』への付随音楽
10. オペラ・オラトリオ作曲計画一覧

第II部　歴史的考察

　ルドルフ大公への最初の献呈作品はピアノ・コンチェルト第4番 Op.58
（1808年8月出版）である。その少し前から始まった大公との生涯にわたる
関係は《ミサ・ソレムニス》作曲で頂点に達するが［第33章］、それが最も濃
かったのは付き合い始めてしばらくしたこの時期である。ベートーヴェンの
王宮通いは連日のようであったのではないかと思わせるほどである。1809
年3月1日の日付を持つ、いわゆる"3者年金契約"は1月中盤からほぼ1ヵ
月くらいの間に慌ただしくまとまっていった。彼のカッセル宮廷楽長招聘受
諾を文書的に確認できるのは1月7日付ブライトコップ＆ヘルテル社宛書
簡［BGA 350］であるが、その事実は同じ屋根の下に住むエルデディ伯夫人に
ほぼ同時に伝えられた、と想定することは自然であろう。彼女を通じてか、
直接にか、ルドルフ大公もそれを知った。情報はかなり速いペースで伝わっ
たから、契約書の文面がこれほどに早くとりまとめられたのであろう。起草
者と思われるグライヒェンシュタイン男は対仏戦略の密命を帯びて2月中旬
にはヴィーンを離れなければならない状況にあったので、関係者の合意形成
までの時間は1ヵ月程度のものであったと考えられる。
　"3者年金"の分担金割合も謎に満ちている。最も負担額の多いキンスキー
侯と、ベートーヴェンはそれに相応するような関係にそれまであったのだろ
うか。キンスキー侯が3者のなかで資産の最も少ない支給者であったことは
すでに述べた［第1部第7章7］。ここに"年金契約"締結の謎を解く鍵がある。
また、これが終身年金であったことが重要である。3者のうち2人は早世す
るが、ベートーヴェンより若い人たちが先立つことは契約において想定され
ておらず、終身の解釈をめぐって訴訟となり、その最終解決はようやく
1815年のことである［第29章］。
　4000グルデンという数字はベートーヴェンから出た値であり、その給付
により、"定職"に就くという年来の願望が少なくとも経済的には満たされた
はずであったが、そのわずか2ヵ月後にフランス軍の第2次ヴィーン占領が
始まりオーストリア経済はやがて破綻に追い込まれて、目算はまったく狂っ
てしまう。年金不払いがそれに輪をかけて、彼の経済的打開は見通しのない
ものにほぼ逆戻りした。1809年11月23日にスコットランドのジョージ・

718

トムソンに民謡編曲を受諾する［BGA 409］のはそうした状況下においてであるが、その話題は、1803年以来のトムソンとの関係を前提とし、かつ、その後1820年に破綻するまで長期にわたる曲折した経緯全体の展望のなかで語る必要があるので、時間的同時性は放棄して、別項［第30章］の課題とする。

　フランス軍の第2次ヴィーン占領は市民生活直撃という点で第1次のときとはまったく異なった状況を作り出した。ベートーヴェン自身も砲弾の直撃を逃れるために次弟宅の地下室に何日か籠もるが、その模様は、たまたま前年8月末から1年弱の間、ヴィーンに滞在したリースが伝えている。彼のその他の証言も紹介するが、これらには記憶の曖昧さや混線、虚構構築といった不審な点は目立たない。

　占領下でのオペラ公演は異常なものであった。その全体像はこれまでまったく言及されたことがなく、この点で近年のオペラ研究の成果を採り入れることができた。ベートーヴェンはそれらに背を向け、むしろ想定外に起こった新たな経済的苦境と闘い始めたように思われる。市民向けのピアノ作品・歌曲の量産が始まった。2大シンフォニーの後、出版による収入増を図ったのは間違いない。《6つの変奏曲ニ長調》Op.76（2年後に《アテネの廃墟》［Op.113］の第4曲〈トルコ行進曲〉でも同じ主題を使い、後世にたいへん有名となる）、ピアノ・ソナタ第24番嬰ヘ長調Op.78、ピアノ・ソナタ第25番《ソナチネ》ト長調Op.79、そして3歌曲集（Op.75、Op.82、Op.83）などがこの時期に突然まとまって出現することは、そうした脈絡のなかで捉えられなければならない。前々章で見たクレメンティ社、前章のブライトコップ＆ヘルテル社、との関係構築が実を結び始め、国外の出版社は外貨支払いが前提となっていただけに、ヴィーン通貨の下落に収入の一部がなんとか対抗できることになる。

1 ｜ 王宮通い　1807年秋〜09年春

　ピアノ・コンチェルト第4番Op.58はルドルフ・フォン・ハプスブルク（1788-1831）との接触の決定的触媒となったという点でも、ベートーヴェンの生涯にとって重要な節目であった。大公との関係の概容はすでに第Ⅰ部第7章「作品の献呈行為について」7で記述したが、それとの重複を避けつつ、この時期の問題を詳しく見ていこう。

第II部　歴史的考察

　1808 年 8 月の、初の出版時献呈作品（Op.58）が関係を証明する最初の証拠であるが、これはいったん大公に献げようとしながら、1807 年 4 月 20 日のクレメンティとの契約書で立会人となって以来、ベートーヴェンの人間関係のなかで存在感を増していったグライヒェンシュタイン男に献呈先を変更し、それを出版の直前にまた元に戻したことが、出版直後の 1808 年 9 月中頃の男宛書簡［BGA 336］から見て取れる。そこから類推するに 1807 年には大公との関係は始まっていて、出来上がった最新作を献呈するつもりでいたが、急速にグライヒェンシュタインとの関係が深まり献呈相手を変えることを決意して、タイトル書きのスケッチを抹消し、グライヒェンシュタインへの献辞を付した新たなタイトルを補足した［新カタログ］。そうこうするうちに出版が先延ばしになり、その間に大公とは特別な間柄に発展して、大公の音楽趣味もよく理解するようになって、華麗で晴れやかなト長調コンチェルトこそ大公に相応しいと思うようになったのではないか。再三、言及した、作品と被献呈者とのマッチング［BGA 380］の意識がその決断に決定的であった。

　もうひとつ、前から気になっていたのが、この頃に繰り返されるベートーヴェンの転居、およびそれとエルデディ伯夫人との関係である。アイゼンシュタットから帰還後、1807 年 9 月後半からしばらく、"パスクァラーティ・ハウス" 4 階の住居をそのままにしてか、エルデディ伯夫人宅に「一時的な客人」［Smolle：前掲書 37 ページ］として滞在した可能性があり、1808 年夏をハイリゲンシュタットおよびバーデンに過ごした後、秋からエルデディ伯夫人宅に今度は「下宿」［BGA 360 注2］するが、約半年後に使用人との間でいざこざがあってそこを出る。彼女のマンションはヴィーンの中心、第 1 区のクルーガー通り 1074（現 10）番地であり、ヴィーンの市街地図を見ると王宮からわずか数百メートルの位置にある。これはルドルフ大公の居所に通うにはきわめて便利であり、初め、エルデディ伯夫人の好意による「客人」として、それが長期に及ぶようになると「賄い付きの下宿」と見なされるのではないか。そして彼は連日のようにルドルフ大公のもとへ通ったのではないだろうか。もっとも "パスクァラーティ・ハウス" も王宮から 1 キロ強の距離であり、通う便利さに大きな差があるわけではないが、何らかの事情によりその少しの差が大きかったかもしれない。"パスクァラーティ・ハウス" の家賃が年 500 グルデン［BGA 425］でかなり高いものであったこともその事情のひとつ、という可能性については後述する。

　まとめると、1807 年 9 月まではミサ曲の作曲と上演準備にてんてこ舞い

第 24 章　1809 〜 10 年　ルドルフ大公との決定的な関係

で大公の相手はとてもできず、それが終わって少し落ち着き、王宮へ通い始めたのは「客人」時期ではないかとの想定が可能であろう。そして 1 年後、1808 年秋からの「下宿」時期であるが、シンフォニー第 6 番を書き終わったがコンサートの見通しもすぐには立たない頃で、ルドルフ大公との時間が急速に増えていったのではないか。それを証明するのが大公の楽譜文庫にあった各ピアノ・コンチェルトの数々のカデンツァ自筆譜［ベートーヴェン・アルヒーフ蔵］である。第 1 番 Op.15 については 2 点［大公文庫非所蔵の 1808 年作がもう 1 点ある］、第 2 番 Op.19 および第 3 番 Op.37 については各 1 点、それぞれ第 1 楽章のためにあり、第 4 番は第 1 楽章について 3 点、第 3 楽章については主題回帰のためのものが 1 点と終結部分のためのものが 2 点、ヴァイオリン・コンチェルトのピアノ・コンチェルト版は第 1 楽章について 1 点、第 2 楽章から第 3 楽章に移行するときのカデンツァが 1 点、第 3 楽章についてはロンド主題の最初の回帰のためのものが 1 点、終結部分のためのものが 1 点、以上、全部で 14 点ある。これらはすべてルドルフ大公へのレッスンのために書かれたと思われ、用紙が示す年代はほとんどが 1808/09 年である。その冬シーズン約半年のことか、あるいは 1808 年初春も含む 2 シーズンかもしれないが、1809 年夏に完成する第 5 番のカデンツァは含まれていないので、1809 年春までのレッスンであったろう。それまでにベートーヴェンが書いたすべてのピアノ・コンチェルトについて、しかも渦中の第 4 番に関しては総計 6 点も、これほど集中的にありとあらゆるカデンツァがルドルフのために書かれた。ちなみに、モーツァルトのピアノ・コンチェルト ニ短調［KV 466］の第 1 楽章と第 3 楽章へのカデンツァ［WoO 58］もこの時期にルドルフのために書いた。いったいどんなレッスンだったのであろうか。そう考えると、"パスクァラーティ・ハウス"からでもそう遠いわけではないが、ずっと近接したエルデディ伯夫人宅にしばらく居候した理由がひとつ解けるのではないか。

　例の"献呈マッチング"発言が出るのはそうした最中の 1809 年 4 月 20 日［BGA 380］のことである。繰り返すと、2 つのピアノ・トリオ Op.70（1809 年 7 月および 8 月出版）の献呈は 3 月 4 日の書簡［BGA 359］ではエルデディ伯夫人としていたが、それをルドルフ大公に変える旨、告げたのが 1 ヵ月半後のその書簡で、その際に理由に挙げたのがマッチングであった。カデンツァを次々と書きながらルドルフ大公との濃密な時間を過ごすなかで、家に帰れば顔を合わせるエルデディ伯夫人と、どちらに献呈するか、揺れていたべ

721

第II部　歴史的考察

ートーヴェンの心情が読み取れよう。

　エルデディ伯夫人宅下宿とルドルフ大公へのレッスンを結びつけたのは本書が初めてであろう。ちなみに、エルデディ伯夫人とは、彼女が 1805 年に夫と別居する以前の 1802/03 年に、もしかしたらハイリゲンシュタット滞在中に、ドナウ河の向こう岸にある同伯爵の小宮殿をときどき訪れた頃から、親交があった［Smolle：前掲書 22 ページ］。8 歳年下で、3 人の子供たちと暮らす伯爵夫人とベートーヴェンとの間に浮いた話はまったくなく（もちろん、それを想定した人はかつていたが）、純粋な下宿生活はどうしても奇妙なのである。

　エルデディ伯夫人宅を出た後はごく短期間"パスクァラーティ・ハウス"4 階に戻るが［このとき、後述するフランス軍ヴィーン侵入がある］、再び王宮の周辺の 2 個所ほどに移り住むという風来坊のような生活ぶりで、王宮通いが生活の一部であったかのような印象を受ける。ようやく 1810 年 4 月 24 日以前に"パスクァラーティ・ハウス"での生活を再開し、1815 年春までは、秋から春にかけて（すなわち夏の郊外滞在期間を除いて）、そこを居所とした。

2 │ 水面下の年金契約締結交渉

　1808 年 12 月 22 日の大コンサートは、前述のように、エルデディ伯夫人マンションを入場券販売窓口としており、まさにルドルフ大公のもとにレッスンに通うかたわらにその準備をし、また事後の失望を噛みしめ、そしてカッセルへの転出を決意するのも、そこを根城にしてのことであった。

　ベートーヴェンがヴィーンを去る、という情報を最初に得たのが当時、同じ屋根の下に住んでいたエルデディ伯夫人であったことは間違いないであろう。そこから話は急展開する。互いの連絡や相談は、まず使用人を通してアポイントが取られて、設定された会談において口頭でなされたのがほとんどで、遺されている文書はごくわずかであり、実際に年金支給契約書が締結されるまでの水面下の動きは、後世に伝えられた絶対的な条件を確認しながら、想像するしかない。

　あり得る想定を綴るとすれば、まず彼女が早々にそのことをルドルフ大公に報告して何か手を打たなければならないとなったのであろう。大公はすでにレッスン料を支払っていたであろうし、伯夫人宅下宿料も賄っていたかも

722

第 24 章　1809 〜 10 年　ルドルフ大公との決定的な関係

しれず、そもそも大公がピアノ教師を宮廷作曲家のアントン・タイバー（オペラ作曲家のフランツ・タイバーの兄）からベートーヴェンに替えたことにも彼女が咬んでいた可能性もある。レッスン料込みの大幅な増額支給がまず考えられ、次いで他の貴族たちに賛同を得て、生活費を保証するだけの定額の年金支給というアイディアに達したのではないか。大公は家賃の 3 倍にあたる 1500 グルデンを拠出しようとなり、ほかに、これまでベートーヴェンに最も理解を示し、第 3 番以降のシンフォニーの半年専有権をそのつど買取り、作品の献呈数もその時点で最大である、ロプコヴィッツ侯に話を持ちかけ、侯はこれまで支払ったシンフォニー 1 曲分相当に少し色を付けて 700 グルデンの拠出で了解する。しかし生計に心配の要らない額にはまだ相当、足りない、そこでエルデディ伯夫人は自分の身内であるキンスキー侯（1781-1812）に声をかけた。それまでベートーヴェンとは直接的な関係がほとんどなく、資産規模も 3 者のなかで最も小さいキンスキー侯が 1800 グルデンという、全体の半分に近い最高額を拠出したのは、こんな想定でもしないと説明できないのではないだろうか。そうだとすれば、エルデディ伯夫人は終身年金契約の陰の立て役者であり、ベートーヴェンの生涯にきわめて重要な意味を持つ人物ということになる。従来、こういう評価はなく、年金支給の仲介者という程度に留まってきたのではないか。

　さらに不思議なのはベートーヴェンとキンスキー侯との関係であるが、年金契約以前にベートーヴェンは彼にいつどのように出会ったのかまったく不明で、年金契約絡みで、グライヒェンシュタインとともに「あすキンスキーのところへ行かなくてはならない」［BGA 353］とあるのが書簡における侯の名の初出である。少なくともそれ以前に作品の献呈をしたことはなく、しかもそれ以後も、おそらく過分とも思われる年金支給に報いる気配がなかなかない。最も早いのが 1 年半後の 1810 年 8 月にブライトコップ & ヘルテル社宛書簡［BGA 465］で、12 月に出版される《6 つの歌曲》Op.75 の被献呈者を指示したときであるが、しかしキンスキー侯自身にではなく、歌手でもある侯夫人マリア・シャルロッテへの献呈であった。侯自身に対してはようやく、侯が落馬事故で死去する直前の 1812 年 9 月に出版された《ハ長調ミサ曲》Op.86 を献呈するが、それも当初はまったく予定されず、この作品の出版が延びに延びている間に献呈相手の選択は紆余曲折を経て、最終段階で決定されたのであった［第 I 部第 7 章 4/ 第 II 部第 25 章 1］。確かにキンスキー侯からの実際の年金支給は順調に運んだわけではなく、最初はその実現に疑心暗鬼であ

723

第Ⅱ部 歴史的考察

ったかもしれない。しかし最初の入金が 1810 年 6 月 20 日にそれまでの 1 年
3 ヵ月分 2250 グルデン一括で為された［BGA 446 注7］後も、ずっと応報を失
念していたかのように見えるのはなぜだろうか。

　それはさておき、契約文書を文言化するためにエルデディ伯夫人は、法律
家であり、ベートーヴェンの最も親しい友人である、宮廷顧問官グライヒェ
ンシュタイン男を、ベートーヴェンの了解の下で、頼った。この部分につい
ては文書証拠がある。日付はないが 1 月中に書かれたと思われるベートーヴ
ェンのグライヒェンシュタイン宛書簡［BGA 352］である。

> エルデディ伯夫人が考えているのは、君が彼女と計画［原注：ベートーヴェンに対する
> 年金供与の計画と思われる］を練るべきだということで、それについて彼女は、彼女が
> どのように考えているか、求められるなら語ってもよい、としている。

> 追伸：君が今日の午後、時間があれば、伯夫人は君と会えるのを喜ぶだろう［原注：
> ベートーヴェンは伯夫人マリー・エルデディのところ、クルーガー通 1074 番に住んでいた］。

　そしてベートーヴェンがグライヒェンシュタインに、年金の、いわば"制
度設計"として、支給の大義名分を明確にするよう、自身の納得いくような
根拠付けをしっかりと文書で確認するよう、働きかける機会が生まれた。グ
ライヒェンシュタインは国防省からの密命を帯びて、1809 年 2 月中旬には
ヴィーンを離れて 1 年後にしか戻らない［BGA 355 注2 および注3］ので、契約
締結の日付は 3 月 1 日であるが、契約内容が固まって契約書そのものが起草
されたのはそれ以前、しかもかなり以前の可能性が高い。ベートーヴェンが
グライヒェンシュタインに提出した文書は、ルートヴィヒ・ノールが 1865
年にブラウンシュヴァイクの『ヴェスターマンの月刊誌 Westermanns
Monatshefte』に寄稿した「未印刷のベートーヴェン書簡」において、初め
て公表された。それらはセイヤー伝記においてほぼ紹介されていると思われ
るが、これらが宛先のある「書簡」ではなく文書メモに相当するためか、お
そらく契約書の類いと同じ扱いとなり、書簡交換全集にはまだ所収されてい
ない［未完の第 8 巻に収められるかもしれない］。これらは年金契約に関するベートー
ヴェンの考えを確認できる文書であり、「音楽に関する取り決め素描」と題
された文書の要点を、言辞に即して、箇条書きに整理して紹介する［TDR Ⅲ,
122 ページ］。

　① まず、ヴェストファーレン王からの申し出が公表されること。

724

② ベートーヴェンはこの給与のために何の義務にも仕向けられない。

③ 同人の芸術の主目的、すなわち新しい作品の創作がその条件下で達せられる。

④ この給与はベートーヴェンに、同人が自分でそれを放棄しない限り、保証され続けなければならない。

⑤ もし可能ならば、帝室の称号を――サリエリ［引用者注：皇帝宮廷楽長］やアイプラー［同：皇帝宮廷副楽長］と交代して――常勤の宮廷勤務に就くことができるという宮廷からの約束をできるだけ早く、あるいは仕官補を、骨折り甲斐があれば［引用者補：の話ですが］。

⑥ 同様に、劇場管理部の委員会構成員としての［引用者補：何らかの］称号付きで劇場との契約を。

⑦ 決まった期日に劇場でつねに［引用者補：年に］1回のコンサート、同管理部が替わっても。それに対してベートーヴェンは、最も有益な義援コンサートのひとつに対して毎年、新作をひとつ書く、またはその［引用者注：義援コンサートの］2つを指揮する。

⑧ ベートーヴェンが指定の給料を受け取る両替商またはその類いの場所を［引用者補：指定願います］。

⑨ この給料は相続人からも支払われなければならない。

　メモは、このように中味を細分して分析すると9項目に及んだが、その後いくつかを修正するためにグライヒェンシュタイン宛に書簡をしたためた。日付はなく、これも2月中旬以前と年代付けるほかない［BGA 353］。下線は原文のママである。

　　きょうはたぶん遅すぎかもしれません――私は君の文書をE［原注：Erzherzog（大公）］から現在まで返してもらえていません、A［原注：Advokat（弁護士）で共通の友人ドルナー］がまたいくつかの問題をそうこうするうちに付け加えたいとのことで――私が君にお願いするのは、すべてのことがつねに、<u>私の芸術の、私にふさわしい真の実践と関係させること</u>です、そうすれば君はたいてい私の心と頭にしたがって書くことになります。序文［引用者補：の内容］は以下です。私がヴェストファーレンで得るのは600ドゥカーテン金貨と旅費150ドゥカーテンで、そのために私は短い、そして頻繁ではない、王のコンサートを指揮するだけです――私が書くオペラを指揮することさえ義務づけられていません――このすべてから明らかなのは、私は、偉大な作品を書くという私の芸術の最も重要な目的にまったく打ち込むことができる、ということです――オーケストラも私の意のままです。

第II部　歴史的考察

　　　注：劇場の［引用者補：管理部の委員会］構成員としての称号はなしにします［引用
　　　者注：前項⑥の削除］──面倒なだけでしょう。帝室の雇用に関して私が思うに、こ
　　　の点はデリケートに扱われなければなりません──宮廷楽長の称号の要求について
　　　は何も書かず［引用者注：前項⑤の削除］──いつの日か宮廷からの給与によって、私
　　　に今回、紳士方が支払う額を返上することとなる、ということだけにしておく。そ
　　　れが、私が思うに、私が期待していること、いつか帝室の勤務に就くことが私の至
　　　上の願望であること、が最もよく表現されます。私はすぐさま私が皇帝陛下から戴
　　　く額を引いて受け取る［引用者注：その暁には、年金からその分を差し引くということ］、
　　　ということです。

　文中に示したように、先の文書メモ9項目のうち、宮廷の称号に関わる⑤
と⑥が削除されて、ベートーヴェンの要求は7項目となった。この時点では、
1807年の宮廷劇場管理部宛請願書からずっと引き続いている毎年1回のコ
ンサート開催という希望は、この機会になんとか実現させたいという意気込
みとなって、維持されていた。この書簡は、さらに追記として、前述の「キ
ンスキーのところへ行かなければならない」があり、「あす12時にこれが必
要です。きょう君に会えると期待している」と結ばれ、計画実現に向けて緊
迫した雰囲気が伝わってくる。
　ここで「序文は以下です」と指示されている内容は、グライヒェンシュタ
インによって改めて書き下ろされ、タイトルも、宛名、日付、起草者名もな
いが、それは年金供出者たちに向けて書かれたものに違いなく、いわば"基
金提供を呼掛ける趣意書"のような機能をもったと思われる。それは前文と
4項目から成っている［TDR III, 123〜124ページ］。そこには、上記に示した文
書に遺るベートーヴェンの要望だけではなく、おそらくグライヒェンシュタ
インおよび弁護士ドルナーとの口頭での相談でまとまっていったと思われる
事項が含まれる。これも箇条書きに改めた上で、タイトルを付し、要約せず
逐語的に提示する。

［前文］
　① 真の芸術家［Künstler］の努力と目標は、大作品［größere Werke］の練り上
げに取り組むことができ、他の雑事や経済的な問題によって邪魔されない、
環境を確保することであるに違いない。それゆえ作曲家［Tondichter］たる者、
何も妨げられずに大作品の創作に邁進し、その後にそれを公衆の面前で演奏
し得ること、それ以上にやりがいのある願望を持ち得ない。しかしここにあ

726

第 24 章　1809 〜 10 年　ルドルフ大公との決定的な関係

って彼の老境の日々も視野に持たなければならず、自らのために充分な蓄え
を得るよう計らなければならない。

　② ヴェストファーレン王はベートーヴェンに 600 ドゥカーテン金貨［引用
者注：2700 グルデン銀貨］の給与を生涯にわたって、150 ドゥカーテンの支度金
を唯一の義務に対して、提供する。すなわち、ときどき彼の前で演奏し、彼
の宮廷コンサートを主導する、しかしながらこれは頻繁ではなく、またその
都度、ごく短いものとする。

　③ この提供は確実にまったく芸術と芸術家に資するものである。

　④ しかるに、ベートーヴェンは当首都の在留をことのほか好み、同人が
同地で得た多大なる厚情のしるしに深く感謝し、同人の第 2 の祖国に対して
愛郷心に溢れ、オーストリアの芸術家のひとりに数えられることやぶさかで
はなく、また他の地を居住地とするつもりはなく、同人にとって当地の上記
条件がいささか有利であるにすぎないとしてもである。

　⑤ 同人に、高位かつ至高の人々が、いかなる条件ならば同人は当地に留
まるのをよしとするか、申し立てるよう求めたので、同人はその要望に以下
のように応える。

［主文］

　1. ベートーヴェンはある高貴な方から終身給与の保証を得られればと思
っており、何人かの高位の方々がこの給与の総額を分担するのでもよい。こ
の給与は現今のインフレにあって年 4000 グルデンを下回らない額とする。
ベートーヴェンは、この給与の提供者たちが同人の新しい大作品［複数］の
共同制作者と自認することを望んでおり、というのは彼らは同人を、それら
に専念し、したがって他の雑事に惑わされない、状況に置くからである。

　2. ベートーヴェンはつねに、芸術旅行をする自由を保持できればと思っ
ており、というのは同人はそのようにしてこそ自らの名を挙げるのであり、
若干の収入を得ることができるからである。

　3. 同人の最大の願望および同人の最も熱き想いは、いつの日か常勤の帝
室勤務となることであり、その地位に期待される俸給によって上記の全額ま
たは一部の返上が可能な状況にいつの日か至ることであり、さしあたっては
帝室宮廷楽長との称号でも同人をすこぶる幸福にするであろうし、同人には
それは、当地の在留がいっそう価値あるものと、作用するであろう。

　もしこの願い出がいつの日か叶うならば、そして同人が陛下から俸給を得

727

第II部　歴史的考察

られるならば、ベートーヴェンは年4000グルデンについては、帝室からの
給与額相当分を辞退するものとし、またもしそれが4000グルデンであった
場合には上記4000グルデン全額を返上する。

　4. ベートーヴェンは同人の新しい大作品をときには大勢の公衆のまえで
演奏することを望んでいるので、同人は宮廷劇場管理部自体およびその後継
者たちから、毎年、枝の主日 [聖金曜日直前の日曜日] にアン・デア・ヴィーン
劇場にてコンサートの上演を同人の利益のために開催する確約を得たい。

　これに対してベートーヴェンは、毎年、義援コンサートを1回、開催し、
指揮するか、同人がそれを行なうことができない場合は、そのようなコンサ
ートに同人による新作を1曲、供給する。

　このようにまとまった年金支給の根拠の明示は、ベートーヴェン自筆の草
案と比較すると、いくつかの相違点がある。前文①から③では、大作品の練
り上げに取り組む真の芸術家の一般論、ヴェストファーレン王からの具体的
な申し出、そしてそれが真っ当なものであると強調されている。④「しかる
に」として、ベートーヴェンのヴィーンとオーストリアに対する愛郷心が新
たに加わった。前文最後の⑤は、ヴィーン在留の条件をベートーヴェン側か
ら提示するよう年金支給者たちが求めたので、それをここに記す、という構
成となっている。エルデディ伯夫人、そしてルドルフ大公らとのグライヒェ
ンシュタインの折衝の跡が透けて見えよう。

　主文においてたいへん興味深いのは、ベートーヴェンが年金の支給を「新
しい大作品」制作に向かう環境を調えるためと意識していることと、そのお
陰で大作を生むことができたとすれば、支給者たちは「共同制作者
[Miturheber]」と言っても過言ではない、という認識を持っていたことである。
ここには「大作」の制作に賭ける意気込みと同時に、その結果生まれた作品
のタイトルに被献呈者として名を連ねるということを想定しているようにも
思える。主文の2番目に「芸術旅行 [Kunstreise]」が謳われており、ヴィーン
からの移動の自由を確保したいと思っていたことも重要であろう。そして、
戦略的にであろうか、いったん放棄した、あるいは直接的な表現を控えた方
がよいとした、皇帝任命職への拝命が、より強い希望として復活したことが
目を引く。1年半ほど前には宮廷劇場専属オペラ作曲家への登用を請願した
わけだから、宮廷に登用されることは依然として彼の願望であったのも当然
であろう。年1回の主催コンサート開催の保証も同様に積年の想いであった。

728

裏を返せば、支援なく自主コンサートを挙行することには相当の困難が付き物であったということではないか。ベートーヴェンが希望した、契約の相続義務を明記［725 ページ⑨］することは、なぜかこの"趣意書"では省かれ、それによって、正式な契約書にも謳われることはなかったが、署名者 3 人のうち 2 名は早世することになるので、問題は将来に持ち越されることとなった。

3 | 年金支給契約の成立とその履行滑り出し

こうした経過を経て正式に結ばれた「契約書」［ヴィーン市立博物館蔵 /BGA II, 36 ページに写真 /TDR III, 125 ～ 126 ページ］はベートーヴェンの生涯に関する最も重要な文書と言ってもよく、全文訳をここに提示する。非常に格調高く、きわめて持って回った表現の長文の連続で、正確に訳すと日本語としてわかりにくいものとなるが、敢えて逐語的に訳出する。

契　　　約

ルートヴィヒ・ヴァン・ベートーヴェン氏がその格別な能力と才能によって音楽家および作曲家として与えている日々の証明は、爾来の経験によって正当化される最大の期待をも彼は凌駕するのでは、という願望を喚起する。

しかし、なんの心配もない人間だけがひとつの専門分野のみに身を献げることができること、そして、他のすべての取り組みからこのように除外されることによってのみ、偉大で崇高な、かつ、芸術を高尚にする、作品を創り出すことができること、以上が証明されたので、署名者たちは、ルートヴィヒ・ヴァン・ベートーヴェン氏を、やむを得ざる窮境が同人の力溢れた才能を妨げるような苦境に同人をもたらすことのない、状況に置く、ことを決意した。

したがって彼ら［署名者たち］は、同人に 4000 グルデンの定額を毎年、支払う義務を負う。すなわち、

ルドルフ大公殿下	1500 グルデン
ロプコヴィッツ侯爵閣下	700 グルデン
フェルディナント・キンスキー侯爵閣下	1800 グルデン
合計	4000 グルデン

これをベートーヴェン氏は以上の気高き面々の各人にあって半年の分割払で、金額の配分に応じて領収書と引き替えに徴収することができる。

加えて、署名者たちはこの年給を、ルートヴィヒ・ヴァン・ベートーヴェン氏が

第II部　歴史的考察

同人に上記の額と同額を与える雇用に到達するまで、支払う用意がある。

　もしそのような任命が起こらず、またはルートヴィヒ・ヴァン・ベートーヴェン氏が不幸な出来事により、あるいは老齢が、同人の芸術を推進することを妨げた場合、諸氏面々は同人に上記給与を生涯にわたって認める。

　しかしそれに対してルートヴィヒ・ヴァン・ベートーヴェン氏は、この文書の気高き署名者たちがいるヴィーン、あるいはオーストリア皇帝陛下の継承地にあるその他の都市のひとつに、同人の居留を定めることを保証し、その滞在を離れるのは、用事、あるいは芸術に資する事由が引き起こす期間に限るものとするが、その際には気高き寄進者たちに通知し、その了解を取らなければならないものとする。

　以上、ヴィーン　1809 年 3 月 1 日
　　各人の署名捺印

　契約書の日付は法的効力の発生期日として記載されているもので、本文書にはベートーヴェンの手により「1809 年 2 月 26 日にルドルフ大公閣下の手から受理」と書き込まれている。そこから、この内容はそれ以前に 3 者間で決定・署名されており、さらに遡って、文案はその数日前に提示されていたと推量することができる。すなわちおそらく、グライヒェンシュタインがヴィーンを離れる 2 月中旬までに成案となったのではないか。1 月 7 日にブライトコップ＆ヘルテル社にカッセル宮廷楽長就任受諾を伝えると同時にエルデディ伯夫人にもヴィーンを去る決意を述べたとして、40 日ほどで事態は急展開したことになる。カッセル楽長就任を年金交渉の取引材料に使ったのではないかという穿った見方は、年金契約の成立過程を詳細に見ていくと完全に否定される。

　まず、ヴィーンを去るとの決意はこの契約に関して利害関係のまったくない第三者のブライトコップ＆ヘルテル社に告知しているのであり、しかもカッセル赴任の旅程に言及し、その途上にライプツィヒに立ち寄って（「ライプツィヒ経由での旅の準備にとりかかります」［引用者補：コンサートを催したいので］）、当時、同社が出版準備に入っていたシンフォニー第 5 番・第 6 番を含む新作の公表をそのときまで待って欲しい（「復活祭まで私の新作すべてを公表しないでおいていただきたい」）と述べていることは、彼はすでにもう次の行動計画について第三者と相談している事実を示している。

　証明としてすでにこれだけで充分であるが、年金支給者にそれまでベートーヴェンとは疎遠な関係であったと言ってもよいキンスキー侯が最大の出資者として加わっていることは、ベートーヴェンの当時の家主、エルデディ伯夫人の強い関与を示唆するにとどまらず、以上の分析は、彼女が、ルドルフ

大公を説得することから始めた、年金計画の主導者ではなかったか、との推定を説得力あるものにする。そして話を速くまとめる必要があったのには、契約実務を担当したグライヒェンシュタイン男が、皇帝政府の対仏戦略に関わって、密命を帯びた出張に出掛けなければならなくなったことが大きく作用しただろう。こうした全行程が明らかになったことで年金契約締結の前後関係がはっきりした。

　以上は契約の成立過程に関する考察だが、契約成立そのものに関しては、ベートーヴェンとルドルフ大公との関係が1808年から、大公のために作曲した各ピアノ・コンチェルトのカデンツァに示されるように、きわめて進展したことが、実質的な意味を持っていたと言ってよい。その後に履行されていくべき半年ごとの支給についても、ルドルフ大公の支払いは終生、滞りなく行なわれた[BGA 696注2]。それに対して、ロプコヴィッツ侯は1811年に破産し、管財人は9月からその支払いを停止する。キンスキー侯に至っては当初から支払いが滞り、ようやく払い込まれたのは、前述したように、1年3ヵ月後の1810年6月20日であった。ただし、キンスキー侯の名誉のために付け加えておくと、彼はその直後に起こった対仏戦争に出征し、続けてボヘミアでの服務に就いたことが、年金契約から発生した義務をすぐには履行できなかった原因であった[TDR III, 203ページ/BGA 423注26]。以後は3ヵ月ごとに4分の1ずつ450グルデンの支払いが滞りなく執行されるが、1812年11月3日に事故死し、相続人はさしあたって支払義務を認めない。

　まとめると、年金支給が順調だったのは1810年後半以後の1年強の期間に過ぎず、その支払いは遡及支給を含めて1809年3月から11年8月までの2年半が100%であった。その後は、ルドルフ大公以外の2名に対して裁判を起こさざるを得ず、調停が成立して、支給額が減額されながらも支払いが安定するのは1815年3〜4月以降のことである[その経過はそのつど各章にて言及する]。大公分のみの収入という期間が3年半も続き、それに戦時の超インフレが重なったから、経済的潤いはまったく期待外れなものであった。

4 │ 年金契約の意味

　ベートーヴェンが"取り決め素描"で年金支給を終身とするよう拘った（箇条書きの⑨項）ことの背景にはリヒノフスキー侯との苦い経験があったと考

第Ⅱ部　歴史的考察

えてよいのではないか。しかしこれは"趣意書"には反映されず、"契約書"では「給与を生涯にわたって認める」という表現に留まっており、「終身」であることは明白であるとしても、支払い義務の相続には触れられていなかった。3人ともベートーヴェンより若く（ルドルフ大公は1788年生、ロプコヴィッツ侯は1772年生、キンスキー侯は1781年生）、支給者からすればそのような想定はなかったのであろうが、現実として裁判で決着を付けるほかなくなった。終身支給は"契約書"も認めるところであるが、この点は宮廷楽長就任よりはるかに有利で、カッセル宮廷の政治的安定度は低く終身支給とはならない可能性があり、実際、同宮廷は「ライプツィヒの戦い」までの4年半しかもたなかった。

　ベートーヴェンは年金受給の主旨としてつねに「大作品［größere Werke］」を書くということを挙げ、"趣意書"においても「他の雑事に惑わされることなく」「それらに専念する」（［主文］1項）との文言がある。つまり「パンのための仕事」をせずとも大作に取り組める環境の確保ということであるが、現実にはこの年金契約はそこまでの経済的余裕をベートーヴェンに確保させることはなかった［詳しくは終章］。その原因は、契約が、目前に迫ったベートーヴェンのヴィーン脱出という事態に対処して急に締結されたため、その直後に起きるナポレオンの第2次ヴィーン占領によってオーストリア経済が破綻して、「現今のインフレにあって年4000グルデンを下回らない額」といってもそれではとても賄い切れなかったことにある。貨幣価値下落による影響については後述する。

　ベートーヴェンが3人のヴィーン貴族と年金契約を結んだことは早くも3週間後の1809年3月22日付『総合音楽新聞』［AmZ XI, 395ページ以下］で詳しく報じられた。その内容はほとんど正確であるので、"契約書"に基づいて書かれたことは間違いないと思われる。今日であれば支給者側が記者会見を開いてベートーヴェン支援決定などと発表するところであろうが、何らかのそれに近い公表が行なわれたのかもしれない。ただそこに、"契約書"には明記されていない「少し前に彼［ベートーヴェン］はヴェストファーレン宮廷から、現在ヴィーンに滞在中の同楽長ライヒャルト氏を通じて有利な条件での招聘を受けた」という情報も付加されていた。そしてこの点について、ベートーヴェンは即座に、4月5日付ブライトコップ＆ヘルテル社宛書簡［BGA 375］において訂正を申し入れた。「侍従長トゥルッフゼス＝ヴァルトブルク伯が私に申し出られたのであり、しかも第1楽長としてです。この申し出はライ

732

第 24 章　1809 〜 10 年　ルドルフ大公との決定的な関係

ヒャルトがヴィーンにいるずっと前に為されたのであり、彼自身びっくりして、それについて何も聞いていないと言いました」と述べた後、「私はそもそもライヒャルト氏の性格に疑念を抱く非常にたくさんの理由をもっており、おそらく何かを彼は政治的な理由からあなたに伝えたかもしれません」と続けた。

　この誤報がなければカッセル宮廷楽長招聘問題はその経緯が明らかにならず、年金契約成立との関係が曖昧になってしまうところであった。前述したように、1808 年 11 月 1 日付オッパースドルフ伯宛書簡 ［BGA 340］ において招聘打診の事実は確認でき、一方、ライヒャルトがヴィーンに到着したのはその後の 11 月 24 日 ［BGA 344 注 1］ のことであるから、ベートーヴェンの主張には裏付けがある。ブライトコップ & ヘルテル社は早々に 5 月 3 日付『総合音楽新聞』［AmZ XI, 492 ページ］ で「ベートーヴェンの今後も続くヴィーン滞在に関する記事について」と題して、彼の申告通りの訂正記事を出した。その最後に「ライヒャルト氏がもはやヴェストファーレン王国の勤務に就いていないということは、少なくともさまざまな公の記事が報道しており、矛盾はない」との論評を加えた。

　ジャーナリズムでのこうした丁寧な扱いは、ベートーヴェンという存在が音楽界において注視され、その動向に格別の関心が持たれていたことをいみじくも垣間見させる。何の義務も発生しないこの種の契約は音楽史上例のないことであり、ここに、宮廷や教会といった権力に音楽を提供する義務を負って固定雇用されることで生計が成り立っていた音楽家が、権力から自立しながらも生計の少なくとも一部を保証される、という、雇用関係ではない、一方的な供与が確認される。こうした"近代の"「芸術保護（パトロネージ）」は、ヴァーグナーが頼ったスイスの商人オットー・ヴェーゼンドンクやバイエルン国王ルートヴィヒ 2 世など、19 世紀に次第にその例を見るようになり、現代ではとくに資本主義下において企業や資本家の芸術保護はたいていこういう形であって、それが「芸術保護」の本質と見られがちである。しかし、18 世紀までの王侯貴族の「芸術保護」とはパトロンの無為の行為では決してなく、自らの生活全体を芸術で飾るための必要不可欠の出費であり、必ずその対価として「作品」が求められ、「作品」の所有権はパトロンに帰属した。これを芸術学では「レプレゼンタツィオン」といい、"権勢の誇示"とか"威信の表出"、"体面の維持"などと訳されるが、王侯貴族のみならず、都市や教会も、建築、美術、音楽によって自らの社会的存在に相応しい仕つ

733

第II部　歴史的考察

らいを芸術家たちに制作させ、芸術家（技芸職人）の雇用はそのための資本
投下であった。ベートーヴェンにあっても、定められてはいないけれども、
作品を書くのは当然のことであるが、しかしそれはあくまで自発的な"自身
の作品"であったことが大きく違う。

　唯一の"対価"といえるのはヴィーン在留ということだけであるが、何度も
のイギリス旅行計画［後述］にこれが足かせになったのではとまで考える必
要はなさそうである。ベートーヴェンは、これまで見てきたように、ボン時
代、そしてヴィーン時代初期にも、本来的にはタフな旅行家であり、その自
由は"契約書"で確保するよう努力した。文末に謳われた「芸術に資する事由
が引き起こす期間に限る」というのがそれに相当し、「寄進者たちに通知し
了解を取る」という規定になっていることから、限られた期間のイギリス演
奏旅行は3者から了承されたであろうと思われる。旅行断念の理由は別にあ
った［第32章8］。

5 ｜ 再びリース証言

　オーストリア帝国は、第1次ヴィーン占領の間に戦線が北に拡大して次第
に手薄になっていった警備をかいくぐり、軍制改革などを実施して再戦の機
会を狙っていた。そしてついに1809年4月9日にイギリスと第5次対仏同
盟を結んで、翌10日にフランスに対して宣戦布告し、フランスの同盟国と
なっていたバイエルンに20万もの軍隊を送り込んだ。しかしこの無謀な闘
いはフランス軍の反撃にあってひとたまりもなかった。同時にナポレオンも
また同じく20万の軍を仕立ててパリを出立する。イギリス艦隊の支援も英
仏海峡でのことで大勢に影響はなく、5月4日にはもうフランス軍ヴィーン
接近の報が届き、恐れをなした皇帝一家は、ルドルフ大公も含めてハンガリ
ーのペシュトに疎開する。その期日はベートーヴェン伝においても、《告別》
ソナタ["Op.81a"]第1楽章の「告別、1809年5月4日、ヴィーンにて、尊敬
するルドルフ大公殿下のご出発に際して」とあることで、刻印されている。
フランス軍は10日にヴィーンを包囲し、翌11日からヴィーン占領が始まり、
早くも13日にヴィーンは降伏して、戦乱はごく短期間のうちに終わった。
この闘いの模様はセイヤー伝において詳しく描写されており［TDR III, 138～
139ページ］、参照個所の明示はないが、歴史家ヨーゼフ・フォン・ホルマイ

734

第 24 章　1809 〜 10 年　ルドルフ大公との決定的な関係

ヤー（1782-1848）の年代記記述からの引用と思われる。

　エルデディ伯夫人宅のマンションを出た直後のベートーヴェンはたまたま一時的に、もと居た景観のよい"パスクァラーティ・ハウス"4 階に戻っていて、その建物はショッテン門の際にあるヴィーン市の要塞、メルカーバスタイに面しており、西方からやってくるフランス軍の攻撃対象に最もなりやすい位置に立地していた。戦闘は凄まじいものだったらしく、彼は 20 台の砲列による爆撃を避けるために、11 日に、市街区内にもっと入り込んだ、シュテファン大聖堂に近いラウエンシュタインガッセにある次弟宅の地下室に避難した。この模様についてリースは生々しい証言を遺している［『覚書』121 ページ］。

　　　1809 年のフランス軍による短期間の砲撃の際にベートーヴェンは非常に不安がった。彼はほとんどの時を弟カスパール［引用注：次弟カール］のところの地下室で過ごし、そこでは頭を枕で覆っていた、そう、大砲の音が耳に入らないようにである。

　その 6 日前、5 月 5 日にリースがベートーヴェンを訪問したことは証明されるので、11 日のベートーヴェンの行動も把握した可能性は強い。ベートーヴェンが 5 月 5 日付ジムロック宛書簡［BGA 387］をリースに託し、それを翌 6 日に、リースは「ついに私は 9 度目にベートーヴェンのところに居たとき、同封の小書簡をもらいました…」という自分の書状を添えて、ジムロックに送った［BGA 387 典拠注］。

　フランス共和国の一部となっていたラインラント出身のリースには、1805 年 11 月に第 1 次占領が始まったときに召集令状が来て、彼はヴィーンを去ってコブレンツで徴兵検査を受けたが、幼少時に天然痘に罹患し片眼の視力を失っているということで、不合格となって、その足でいったんボンの父の許に帰還した。1807 年初めにパリへ行ったものの成功せず、1808 年 8 月 27 日にヴィーンに戻ってきた。1809 年 7 月まで約 1 年の彼の第 2 次ヴィーン滞在期は、双方に交わされた書簡がベートーヴェンからの短い 1 通しか遺っていないため、疎遠であったように見えるが、「9 回会った」のはおそらく事実であろうし、『覚書』のなかでも 5 件の証言をしている。そのひとつが 11 日の避難時の模様である。

　また 3 者年金契約締結については、「ライヒャルトが突然来て、ベートーヴェンはカッセルの地位を受け入れないことは確実だ、唯一の弟子である私

第II部　歴史的考察

がより少ない給与でそこへ行く、というのはどうか、と言った」と始めて、かなり長々と、そのことに関してベートーヴェンとの間で起きたやり取りを述べて、「しかし遅すぎ、私はその地位を得なかった、それは当時、私にとって非常に重要な幸運であったのだが」と結んでいる［『覚書』95〜97ページ］。

　その他の3件はいずれもコンサートに関する短いもので、1808年11月15日および12月22日のコンサートでのオーケストラとの対立に関するそれぞれ数行［『覚書』84ページ］と、12月23日のコンサートでピアノ・コンチェルト第4番を5日間の猶予で独奏するように言われて断って怒らせた話［『覚書』113ページ］である。これらは、ベートーヴェンが「次の土曜日にケルンテン門劇場でと言った」とする12月23日のコンサートは正しくは金曜日にブルク劇場で開催されたという点を除いて、当時の批評記事から裏付けられる点もあり、真実と認定できそうである。

　この点で興味深いのは、12月22日の大コンサートに関しては当時の他の論評と同じように、シンフォニー第5番・第6番について何のコメントも残していないことである。その後、彼は指揮者としてこの作品の偉大さを十二分に認識したに違いないにも拘わらずであるが、ここにはやがて理解していったことを初演時の感想として述べてはいけないという意識が働いているのだろうか。裏を返せば、彼が後世の視点をあからさまにして語るときは無意識が素直に現れ出たもの、と言えるかもしれない。

　リースはその後、いったんボンに帰ってから、カッセル、ストックホルム、サンクト・ペテルブルクでの活動を経て1813年4月にロンドンに落ち着く。そこで成功し、ベートーヴェンとの文通を再開して、ロンドンでの楽譜出版に関して彼の代理人も務めるようになる［第32章］。

6 ｜ 第2次ヴィーン占領　市民生活直撃

　ヴィーンは早くに降伏したものの、オーストリア軍は退却するときにドナウ河のすべての橋を破壊して対岸のドナウ平原に陣取った。両軍の死闘がそこで展開され、5月21/22日、ドナウ河対岸の"アスペルン・エスリング［現ヴィーン22区］の戦い"は両軍にそれぞれ2万人を超える死傷者を出した。しばらく膠着状態が続いた後、7月5/6日、ヴィーンのさらに北東約15キロでの"ヴァグラムの戦い"もまた双方に7万人以上の犠牲が出る壮絶なもので

第 24 章　1809 〜 10 年　ルドルフ大公との決定的な関係

あり、そして 7 月 10/11 日には、ヴィーンの北約 75 キロ、南モラヴィアの"
ツナイムの戦い"を最後として、停戦協定が結ばれた。ヴィーンの街中には
占領軍が溢れ、戦費調達、戦後処理の事務作業が進行し、10 月 14 日に完全
降伏の「シェーンブルンの和約」締結に至る。

　その経済的影響は市民生活を直撃した。セイヤーが引用した文献の記述を
そのまま記すと、降伏から停戦協定までの 2 ヵ月間に、「敵軍は市から 1000
万グルデンを徴収し、その他無数の物資・資財・糧食の徴発のほかに、
150,000 エレ［引用者注：（以下同じ）1 エレ＝ 50 〜 80cm］の布を要求した。7 月 21
日には新たに 200 万フラン、5000 束の薪、30,000 ツェントナー［1 ツェントナ
ー＝約 50kg］の干し草［馬の餌］…［中略］7 月 26 日には 4 万人分のベッド、
73,000 メッツェン［時代・地域に大差あり換算不能］の麦…10,000 アイマー［1 アイマ
ー＝ 60 〜 80 リットル］のワイン」［TDR III, 139 ページ］であった。その間接的な影
響として、慢性的な供給不足が起こり、物価が高騰する。それはこの時期以
後のベートーヴェンの書簡にもつぶさに見て取れる［第 26 章］。また徴収はベ
ートーヴェンにも直接に及ぶ。「市および郊外の各戸に強制公債が課され、
家主に対しては一律に家賃の 4 分の 1、住民または借り主に対しては家賃
101 〜 1000 グルデンの場合はその 4 分の 1、1001 〜 2000 グルデンの場合は
その 3 分の 1」［同］ということであった［この告示は 6 月 21 日］。彼が家賃の高
い"パスクァラーティ・ハウス"を敬遠して王宮近くを転々としたのにはこう
いう事情もあったかもしれない。年金支給体制が始まってそれまでにルドル
フ大公からの半年分 750 グルデンとロプコヴィッツ侯からの同 350 グルデン
は手にできたと思われるが、まさに運悪く、そこから無為の出費を迫られた
だけではなく、貨幣価値の下落はすさまじく、日常的には 4 割、底値で 2 割
程度の価値しかなくなる。仮に 4000 グルデンが満額で支給されたとしても
1600 グルデンから 800 グルデンほどの価値しかなくなっていくのである。

　貴族たちは戦闘を主導するために戦場に向かうか、ハンガリー、ボヘミア
等の自己領地に疎開し、ヅメスカルを含む役人たちも疎開貴族の世話のため
にヴィーンを去った。街に残ったベートーヴェンの友人もブロイニングくら
いしか確認できないとされる［Forbes, 465 ページ / 日本語訳 530 ページ / TDR III にはこ
の一文はない］。市内の要所は撤収されて市民の立ち入りが禁止されていたが、
7 月末頃にようやく各地の公園が市民に再び開放された。セイヤーはホルマ
イヤーを引いて「7 月 23 日に、『プラーターでは 22,000 の人々がひしめい
た』」と書いた［TDR III, 141 ページ］が、フォーブズは前後からこの一文だけを

737

第II部　歴史的考察

カットしている。

7 ｜ 占領下にオペラ公演の盛況

　フォーブズのこのような記述の仕方になぜ拘るかというと、これによって私たちには、ヴィーン市に残留したのは、少なくともベートーヴェンの周辺では少数であるかのような印象が与えられてきたのではないか、しかし実情はどうも違うのではないか、と思われるからである。

　第 22 章 14 の続きとして、1809 年 5 月以降の宮廷劇場におけるオペラ公演を分析すると、まずは、占領下における公演数の多さに驚かされる。8 日を最後に、ヴィーン包囲が始まってからしばらく公演は途絶える。ただブルク劇場では 14 日になぜかモーツァルトの《ハーレムからの奪還（後宮からの逃走）》が上演されるが、その後は 1 ヵ月以上の休演が続く。ブルク劇場は 6 月 18 日に再開され、すると上演目は一変し、フランス・オペラのフランス語による上演の独擅場となる。第 1 次占領のときは戦線がすぐに北方に移動していったから駐留将校の数は多くはなかったが、今回はヴィーン市を制圧した後、郊外の草原で行なわれる戦闘のためにヴィーン市を統制して物資の補給を充分に行なう必要があって、大量の官僚を送り込んで、前述のような徴用を行なった。フランス・オペラにあって、これまでごく限られた作品に稀に見られるだけの原語上演だが、それが急増したのは官僚たちのレクリエーションのためだったのではないか。ブルク劇場の 1 ヵ月休演はその新上演体制を調える準備期間であった。

　少し詳しく見ると、6 月 18 日から 11 月 5 日まで 19 作のフランス語オペラの初演があり、それぞれは何回か再演されるからその公演数は合計 51 回に達し、11 月 16 日が最後である。ことに 7 月末までの最初の 40 日間には 9 作の初演があり、1 週間のうちに初演が 3 作という時期もあった。このような興行は従来の宮廷劇場の陣容ではとても不可能であり、パリからオペラ団が呼び寄せられたのではないか。とすれば、駐留軍将校・官僚たちの慰安のためだけではなく、ヴィーン宮廷に占領の事実を突きつける目的もあったかもしれない。セイヤーはこの辺の事情をある程度つかんでいたと思われ、「ブルク劇場では、何週間かずっと閉鎖された後、7 月 18 日にフランス劇団が上演を始めた」［TDR III, 148 ページ］と、1 ヵ月、間違えてはいるが、また呼

738

第24章　1809〜10年　ルドルフ大公との決定的な関係

び寄せられたとは書かれていないが、指摘している。さらに「ヴィーンはフランスの都市ではなかったか？ 王宮はフランスの城ではないか？ ナポレオンの鷲がヴィーン新聞を飾っていたのではないか？」と続ける。

　これらフランス・オペラ団の上演の間を縫うのはフランス・オペラのドイツ語上演で、11月初旬までに12公演ある。これらの演目はみな従来から上演されていたもので、フランス・オペラ団の休養日に地元オペラ団が代替で公演したような印象を与える。そしてまたその間のドイツ語オペラ4公演（うち3公演は10月21日以降）、イタリア語オペラ2公演、イタリア・オペラのドイツ語上演5公演も同様であろう。11月17日以降に演目は日常に戻って、年末までの24公演の半数をドイツ語オペラが占めた。まさに6月18日から11月16日までの5ヵ月間は駐留軍のための特別な興行であった。1810年はその反動からか、135公演のうち101公演をドイツ語オペラが占める。

　それに対してケルンテン門劇場の方の休演はわずか1週間で終り、早くも16日から再開され、それ以後、5月中の休演は18日、21日、23日、25日、29日と5日間だけで、すぐさままったく正常に戻った。そして年間を通すと、前年の数（140）を遥かに上回る195公演（1日2公演もあり）という盛況ぶりである。ドイツ・オペラが4割、フランス・オペラのドイツ語上演が3割強、イタリア語オペラが1割強、イタリア・オペラのドイツ語上演がその半分、といったところである。この比率は前年までの傾向と近似しており、ただ全体数が約1.5倍に増えた。演目にそれまでと大きな変化はなく、誰が観劇したかというと、ブルク劇場でのフランス語上演が調うまでは将校・官僚たちも仕方なくやって来たかもしれないが、多くは市民たちであったと考えられる。郊外での激しい戦闘の時期にも、街中では連夜のオペラ上演というヴィーンであった。たくさんの死傷者が出たが、犠牲者の大半は徴兵されて従軍し転戦してきた兵士たちであり、ヴィーン市民の犠牲は市民義勇軍と少数の召集兵のなかからそう多くはなかったと思われる。駐留軍はむしろ、市民たちからの徴用を重視して、反感を買わないように、文化的には日常を尊重する政策を採ったのではないか。こうして2つの宮廷劇場は占領軍用と地元民用にそれぞれの役割を分担することになった。

　ケルンテン門劇場の公演数は1810年にはいっそう増加して225回を数え、ドイツ・オペラがその半数を上回って占めて、フランス・オペラのドイツ語上演は2割以下に減った分、割合としてはイタリア・オペラ、ことにそのドイツ語上演が増える。しかし1811年に大変化が起きる。全公演数は前年の

739

第II部　歴史的考察

半分以下に激減して、107 公演を数えるだけとなり、超インフレが市民生活を直撃した影響はついにオペラ公演にも及んだ。この年の 3 月 11 日にオーストリアは国家財政の破綻を宣言して、貨幣価値の下落幅は底値に達した。そのなかで目立つのはフランス・オペラ（ドイツ語上演）が一桁にまで激減したことで、そこには反フランスの空気も感じられる。

8 ｜ 占領下にベートーヴェンは何をしていたか

　1809 年 10 月 14 日に講和条約が結ばれた。ヴィーンの各要塞の破壊が条件であり、それは 16 日に開始された。そして 11 月 20 日にフランス軍はようやくヴィーンから撤収する。その 4 日前、16 日がヴィーンにおけるフランス語オペラの最終公演であった。疎開していた貴族たちもヴィーンに帰還し始めるが、ルドルフ大公がヴィーンに戻ったのはかなり遅く、大公に献呈した《告別》ソナタ校閲筆写譜（第 2・3 楽章のみ）の冒頭にあるベートーヴェン自身による書き込みは「ヴィーン、1810 年 1 月 30 日、大公殿下の帰還に際して」となっている。

　戦時下から街の秩序が一応もと通りに回復していく時期に、ベートーヴェンは何をして過ごしていたのであろうか。1809 年 7 月 26 日付ブライトコップ & ヘルテル社宛書簡［BGA 392］は次のように書き出される。

> 拝啓、あなたがもし私のことを元気でやっていると思うなら、それは間違いです。私たちはこの時期にまさにぎっしり詰まった悲惨を経験し、言うならば、私は 5 月 4 日［原注：皇帝一家のオーフェン（ペシュト）への疎開］以来、関連情報がほとんど世の中にもたらされず［引用者注：この文は「私は」と一人称で起こしながら「もたらされない」と受身形となり途切れている］、ほんのわずかのあれこれ断片的な情報だけで、——事の全経過は私には心身に影響し、私は楽しみを、すなわち私には不可欠の田園生活に参加することができません。　私の生計［原注：年金契約］はゆるい根拠に基づいており、この短期間に私になされた約束が本当に進行するとは私はまだまったく思っていません——キンスキー侯からはまだ一文も受け取っていません。——いまは多くの人が欠乏している時です——この先どう経過するかはわかりません——居所の変更は私にも差し迫っているかもしれません——軍税が本日の日付で始まりました［原注：1809 年 7 月 26 日にヴィーン市に対する占領費分担金支払令が発布された］——なんというぶち壊された混沌たる人生か、轟く大砲だけの、人間の途方もない悲惨。

740

第24章　1809〜10年　ルドルフ大公との決定的な関係

　これに続くのは3大オーケストラ声楽作品《フィデリオ》[Op.72]、《オリーブ山のキリスト》[Op.85]、《ハ長調ミサ曲》[Op.86]の出版交渉で、それについては後述するが、この書き出しは実にさまざまな情報を私たちに与えてくれる。まず戦時下で市民には事の成り行きについて情報がほとんどもたらされていないこと、この夏の田園生活は諦めざるを得ないこと（実際には短期間、バーデンで過ごした）、年金契約は結ばれはしたがその実効性については懐疑的であること、キンスキー侯からの支払いはまだと述べているだけなので他の2人からの第1回分は支給されたと言外に言っていること、居所変更の可能性への言及はこの時期に転々としていた事実を反映していること、前述した市民からの強制徴用が開始されたこと、その意味では占領政策が進行し市民生活に重大な影響が出始めたこと、である。

　大公の不在中はそれまでの頻繁なレッスン通いから解放されたわけだが、ベートーヴェンはその間を利用して教材の準備を始めた。エマヌエル・バッハの『クラヴィーア奏法第2部』（1797年再版）、キルンベルガー『音楽純正作曲法』（1774年第2版）、フックス『グラドゥス・アド・パルナッスム』（1774年ドイツ語版）、アルブレヒツベルガー『作曲基本指南』（1790年）から抜粋した書き付けが遺されており、その一部は「ランツベルク　5」スケッチ帖（使用期間：1809年3月頃〜10月頃）にも記されている。

　このスケッチ帖の前半部分をかなり占めているのが1808年12月22日の大コンサート直後に書き始めたピアノ・コンチェルト第5番[Op.73]で、この作品は1809年夏に完成したと思われるが、初演の機会はなかなか訪れなかった[第26章6]。そして同スケッチ帖後半部分のほとんどは、続けて8月末から取り組まれた弦楽四重奏曲第10番変ホ長調[Op.74]で、その前後に《合唱幻想曲》[Op.80]の清書のためのスケッチのほか、新たにピアノ・ソナタ第25番《ソナチネ》[Op.79]、第26番《告別》["Op.81a"]、歌曲[Op.75、Op.82]、ピアノ変奏曲[Op.76]などが挟まる。同スケッチ帖の1ページ目はピアノ幻想曲ト短調[Op.77]のスケッチであるが、その記入は後半に見られる一連のピアノ曲と同じ頃、8月以後のことと思われる。ルドルフ大公の楽譜文庫にこの作品の校閲筆写譜が所蔵され、文庫目録に「ファンタジア　1809年10月作曲」と記されている。大公がベートーヴェンに宛てた1810年の年賀状に「私に送ってくれたファンタジー」への感謝が書かれており[Kagen/Rudolph]、ベートーヴェン楽譜の蒐集を始めていた大公に対して疎開先にそ

741

第Ⅱ部 歴史的考察

の楽譜を送ったことが窺われる。

　ベートーヴェンは、駐留将校たちが夜な夜なブルク劇場でフランス・オペラに、そしてケルンテン門劇場では市民たちがドイツ語オペラに興じる季節に、そうした世相に背を向けて、弦楽四重奏曲1曲のほか、ピアノ作品・歌曲の量産に取り組み始めた。この年の4月と5月に2大シンフォニーはライプツィヒで刊行されていた。当面は市民向け作品を優先させることで出版による収入増を図ろうとしたと思われる。外貨の得られるクレメンティ社、およびブライトコップ＆ヘルテル社との関係が順調に進行し始めたことは、作品完成の最終出口がしっかりと確立したことを意味する。すでに見たように［676ページ］、この時期に取り組まれたOp.74〜79は完成後ほどなくして1810年8月〜11月にクレメンティ社から、11〜12月にブライトコップ＆ヘルテル社から相次いで出版されていくが、それはベートーヴェンの経済的苦境からの脱出にいささかの貢献をした。

9 ｜ ゲーテの戯曲『エグモント』への付随音楽

　最後に、この時期に書かれた唯一の大規模作品として、ゲーテの戯曲『エグモント』（1789年1月9日マインツにて初演）への付随音楽、通称《エグモント》［Op.84］、について言及しておく。これは、1808年初頭から常時、劇音楽の台本やコンサート開催をめぐって接触のあった宮廷劇場支配人ハルトゥルから声が掛かったものと思われる。ただし、それを裏付ける書簡交換はなく、後に経緯をチェルニーが1842年にオットー・ヤーンに求められて書いた回想録［前出］のなかで紹介しているが、ここでは省略する。スケッチはまず「ランツベルク5」スケッチ帖の終りの方に登場し、次の「ランツベルク11」スケッチ帖（使用期間：1809/10年冬〜1810年秋頃）の冒頭に繋がっている。ベートーヴェンの作曲した音楽を付けた『エグモント』は1810年5月24日にブルク劇場で初演される予定であった。しかしそのときまでに作曲は完了せず、翌25日のケルンテン門劇場での公演もともに、〈ケルヒェンの歌〉（第1・4曲）だけがピアノ伴奏により劇中で歌われた可能性がある。ベートーヴェンの音楽全曲を付けて初めて上演されたのは6月15日、ブルク劇場においてで、それは続けて同劇場で6月18日と7月20日、計3回のみの上演で終った。ゲーテのお膝元、ヴァイマールの宮廷劇場では

742

第 24 章　1809 ～ 10 年　ルドルフ大公との決定的な関係

1814 年 1 月 29 日に初日を迎えて以後、『エグモント』は繰り返しベートーヴェンの音楽付きで上演された。ベートーヴェンは公演の終了後、8 月末に版下原稿を送るまでにさらに手直しをした ［BGA 465/ 新カタログは「BGA 265」と誤記］ ので、《エグモント》［Op.84］ の完成は上演の後の 1810 年 8 月とするのが新カタログの見解 ［第 II 巻 806 ページ］ である。

　序曲だけが切り離され、"コンサート序曲" としてコンサート演目として定番化していくが、それに 9 曲（上記の他、100 小節前後の幕間音楽 4 曲と、〈ケルヒェンの死〉〈メロドラム〉〈勝利のシンフォニー〉）が続く。ゲーテの戯曲自体は 5 幕の長大なものだが、劇の進行を簡潔にナレーターが語りつつベートーヴェンの音楽を連続させて全体を 40 ～ 50 分で収める上演も行なわれる。

10 ｜ オペラ・オラトリオ作曲計画一覧

　前章 12 で少し触れ、またその後のいくつかの具体例については後述することになるが、これ以後繰り返されるオペラ・オラトリオ作曲計画について（オラトリオに関してはこれ以前のものもある）、新カタログにおける記載から、ここでまとめて一望しておこう。［　］内が、台本のみの検討を含めて、携わった時期である。

■オペラ
《ファウスト》［1808/09, 1812, 1822］（原作ヴォルフガング・フォン・ゲーテ）
《カリローエ》［1809］（原作ヨハン・アウグスト・アペル）
《テオドールとエミーリエ、または情熱の戦い》［1810］（原作ヘルムート・ヴィンター）
《バビロンの廃墟》（台本トライチュケ）［1811］
《罪》［1813］（台本アマデウス・ゴットフリート・アドルフ・ミュルナー）
《マティルデ、または十字軍》［1814］（原作ゾフィー・コッティン）
《ロムルスとレームス》（台本トライチュケ）［1814/15］
《バッカス》（台本ルドルフ・フォン・ベルゲ）［1815］
《ペンシルヴァニア創設、またはペンシルヴァニア人のアメリカ到着》［1820］（台本ヨハン・バプティスト・ルップレヒト）
《神殿でのジュピター・アムモン礼賛》［1822］（台本ヨハン・シュポルシル）
《ウラジミール大王》［1822］（台本ヨハン・シュポルシル）

743

《人質》[1823]（原作フリードリヒ・フォン・シラー）

《シャクンタラー》[1823/24]（原作カーリダーサ、台本ヨハン・フィリップ・ナウマン）

《ヴァンダ》[1823/24]（原作ザカリアス・ヴェルナー）

《アルフレッド大王》[1823/24]（台本マリアンネ・ナウマン）

《フィエスコ》[1823/24]（原作フリードリヒ・フォン・シラー）

《ドラホミア》[1823/24]（原作フランツ・グリルパルツァー）

《メルジーネ》（台本フランツ・グリルパルツァー）[1823-26]

《オレスト》[1825]（台本ルートヴィヒ・レルシュターブ）

《5月の夜、またはブロックスベルク》[1825]（台本フリードリヒ・アウグスト・カンネ）

《ヴィッラ・ベッラのクラウディーネ》[1826]（原作ヴォルフガング・フォン・ゲーテ）

　　　遺品のなかに発見された、取り組み時期が不明な、その他の台本

『最も高貴なひと』（詳細不明）

『裏切られた夫、または裕福な小作人』（もしかしたらモリエール原作）

■オラトリオ

《ネロによるキリスト教徒迫害》[1803]（台本アウグスト・ゴットリープ・マイスナー）

《生き抜く道》[1803]（台本アウグスト・ゴットリープ・マイスナー）

　　以上が同一計画かは不明

《ポリヒムニア［讃歌の女神］、または音の力》[1803]（台本クリスティアン・シュライバー）

《イェルサレムの解放》[1806以前]（台本ハインリヒ・ヨーゼフ・フォン・コリン）

《ラ・テンペスタ》[1807]（台本ヌンツィアート・ポルタまたはメタスタージオ）

《救世主の冥土行き》[1809/10]（台本ハインリッヒ・ザイデル）

《プロイセン王妃ルイーゼの死に寄せるカンタータ》[1811]（台本クレメンス・ブレンターノ）

　　　台本が遺品のなかに発見

《ユダのオラトリオ》[1814]（英語台本ウィリアム・ガーディナー）

《世界の審判》[1815-27]（台本クリスティアン・コルネリウス・ザック）

《十字架の勝利》[1815-27]（台本ヨーゼフ・カール・ベルナルト）

《荒野のイスラエル人》[1817]（台本おそらくダニエル・シーベラー）

《熱情　音楽の力への讃歌》[1817]（英語台本ウィリアム・コリンス）

《ノアの洪水》[1819]（台本ヨーゼフ・フォン・ハンマー＝プルクシュタル）

《アナヒド》[1819]（台本ヨーゼフ・フォン・ハンマー＝プルクシュタル）

　　　以上2点はペルシャの物語

《デワジャニ》[1819]（台本ヨーゼフ・フォン・ハンマー＝プルクシュタル）

　　　以上はインドの物語

《モスクワの火事》[1825]（台本クリストフ・クッフナー）

《サウル》[1826]（台本クリストフ・クッフナー）

《基本元素》[1826]（台本クリストフ・クッフナー）

第25章

1810〜11年

ナポレオン絶頂期始まる

年齢問題再び／歌曲創作(1808〜10年)をまとめて振り返る／
出版活動の活発／《レオノーレ/フィデリオ》《オリーブ山のキリスト》
《ハ長調ミサ曲》の出版　さらに《エグモントへの音楽》も／
「創作力の衰え」説の一面性／作品全集構想／戦時下の軍楽作曲

1.　ナポレオンに対するアンビヴァレントな感情
2.　婚活と年齢認識、秘書交代
3.　「パンのための仕事」
4.　この時期の歌曲作曲を一覧する
5.　ブライトコップ&ヘルテル社と
　　　クレメンティ社に二重提供
6.　なぜこの時期にイタリア語歌曲?
7.　イギリスとドイツで国際的時間差多発出版
8.　「3大作品」　ついに出版
9.　ベートーヴェン側の遅延理由と
　　　大ミサ曲出版の社会的問題
10.　1809年9月〜1811年5月の作業スケジュール
　　　《告別》完成時期再考
11.　作品全集の構想
12.　1809〜10年夏、さらに1816年の管楽合奏曲

第Ⅱ部　歴史的考察

　ナポレオンは、子供が生まれないという理由で妻ジョセフィーヌを離縁し、1810年3月11日にオーストリア皇帝の長女マリー・ルイーゼ（1791-1847）と結婚した。それを画策したのは、和約締結のために1809年10月8日にオーストリア帝国外務大臣に就任したクレメンス・フォン・メッターニヒ［メッテルニヒ］侯爵（1773-1863）で、この結婚は第5次対仏同盟の消滅と、その反転としての仏墺同盟の成立の象徴であった。フランス皇妃となった彼女はマリー・ルイーズとフランス名で、そしてナポレオンの失脚後、ヴィーン会議の結果、1816年にパルマ公女の位が与えられてからはマリア・ルイジアとイタリア名で、呼ばれる。彼女にベートーヴェンは1824年に《ミサ・ソレムニス》の予約特別頒布筆写譜の勧誘を行なっているが、受け入れられなかった。

　こうして、ヨーロッパの中央に君臨してきたハプスブルク帝国を完全に支配下に置いたナポレオンは、ミラノを首都とし自らが王位に就いた北イタリア一帯のイタリア王国（1811年3月20日に生まれた待望の息子ナポレオン2世フランソワ・ボナパルト［1832年死］をすぐさまローマ王とした）、兄ジョゼフ・ボナパルトを王位に就けたスペイン、弟ジェローム・ボナパルトを王位に就けたヴェストファーレン王国、ナポリを首都とし義弟ミュラを王位に就けた南イタリア一帯の両シチリア王国を支配下に収め、スイス連邦、ライン同盟、ワルシャワ公国等を同盟国とするに至った。この期間、1810年から、ロシア遠征に出掛ける1812年6月までが、ナポレオンの絶頂期である。ヨーロッパ全体に、1803年と同様の、梅雨の晴れ間のような、いっときの平安が訪れた。

　この時期のベートーヴェンの身辺で目立った動きを追うと、ナポレオンの2度目の結婚と同時期に、ベートーヴェンも結婚を模索していた。彼は1810年4月から6月にかけてテレーゼ・マルファッティ（1792-1851）と交際し、5月頃に求婚したかもしれない。本書では彼の恋愛問題は、創作と深く関わらない限り扱わないことにしているが、この事件は、彼の年齢誤認識について本書で議論する最後の機会を提供すること、その結末がグライヒェンシュタインとの関係を悪化させて新しい秘書オリヴァの登場と関わっていること、

746

第25章　1810〜11年　ナポレオン絶頂期始まる

結婚を真剣に考えることが創作にも影響しているのではないかと思われること、以上により、少し立ち入ることにする。

それとも関連するが、ここで、1808年から10年にかけての歌曲作曲について詳しく考察してみたい。シンフォニー第5番が完成にさしかかり第6番の本格的な作曲が始まった頃から、《エグモント》[Op.84]の最終的完成の直後頃までの創作である。時系列としては前章で扱った時期と一部、重なるが、同時性に拘るよりは、その後に続く時期の前触れのような形として整理し、ここで一括して論じる。その背後には、2大シンフォニーへの取組中から徐々に始まって、主としてその後に大きく表面化する問題が潜んでいる。

そしてさらにその後、1810年後半、すなわち6月に《エグモント》が上演された後はOp.95とOp.97の作曲に取り組むも、それらの完成はいずれも翌年であり、1810年は"傑作"の少ない時期とされる。1813年から1817年までを"沈黙の時代"[その概念については第31章で批判的に考察]と捉えるのだとすれば、この1810年についても"沈黙の年"に近いとして、「創作力の衰え」を見る向きもある[755ページ]。

ベートーヴェンは何をしていたのか。この章では、その"休眠期"の前半に、出版の作業スケジュールに追われる実態も考察する。そうして1810年7/8月に《レオノーレ／フィデリオ》が出版されたのに続いて、《エグモント》Op.84、《オリーブ山のキリスト》Op.85、《ハ長調ミサ曲》Op.86が1811年10月から12年9月頃にかけて相次いで出版される。創作集中期の異なる（作品番号順にあげると、1810年、1803年、1807年）大作品の作品番号が連続しているのはこの時期にようやく、まとまって出版にたどり着いたからである。

1808年8/9月のヘルテルのヴィーン訪問をきっかけにブライトコップ＆ヘルテル社との関係は最盛期を迎え、Op.67からOp.86まで、"傑作の森"最終期に生み出された数々の"傑作"が同社から刊行されていく。ベートーヴェンには同社から「作品全集」を出し、それによって版権を守ると同時に安定的な収入を得ようという考えが生まれる。

1 ｜ ナポレオンに対するアンビヴァレントな感情

フランス軍のヴィーン占領中、たぶん1809年5月から7月頃にシェーン

747

第II部　歴史的考察

ブルン宮殿に駐留していた（ないしいったんパリに戻って再びヴィーンにやって来た10月のことかもしれないが）、ベートーヴェンの音楽に熱狂するフランス国務院会計検査官のルイ・トゥレモン男爵［その当時の姓はギロー］(1779-1852)［BGA 405 注1］がライヒャの紹介状をもってベートーヴェンを来訪した。その模様が、彼の回想録（手書きでパリ国立図書館蔵、一部が抜き書きされ公刊）に記されている。セイヤーが紹介し、またフォーブズも別の個所を付け加えている。そのなかに、ベートーヴェンが「もし私がパリに行ったら、あなたがたの皇帝に挨拶する義務があるか？」と尋ねた、というシーンがある。ナポレオンの偉大さに対する彼の関心は1803年、ヨーロッパに"平和をもたらした人"として以来のものであり、それが《エロイカ》作曲の引き金になったのはすでに見たとおりだが、1809〜10年には敵軍の将ではあるけれども敬意の対象として、蘇ったのであろうか。これ自体は、数十年後に脚色されて紹介されたのかもしれない逸話として、そういうこともあろうかという受け止めに留めるとしよう。

　しかし新カタログによって初めて紹介された、1810年10月6日から10日の間に書き留められたベートーヴェンのメモ［ボン、ベートーヴェン・アルヒーフ所蔵］は同時代の証言としての重みを持っている。そこには「ミサ曲［Op.86］はもしかしたらナポレオンに献げられるかもしれない」とあり、その頃のベートーヴェンのナポレオンに対するアンビヴァレントな感情が垣間見られる。しかしそのすぐ後、10月15日付ブライトコップ＆ヘルテル社宛書簡［BGA 474］においてこの考えを改め、最終的に半年後の1812年5月にキンスキー侯に確定されるまで、さらに何度か献呈者は変転した［第I部第7章4］。

2 ｜ 婚活と年齢認識、秘書交代

　グライヒェンシュタイン男爵の職業は宮廷戦争分析官［Hofkriegskonzipist］であり、その彼が1809年2月中頃に密命を帯びてヴィーンを離れたことは、近年、ヴィーン戦争文書館［Kriegsarchiv in Wien］にある宮廷軍事会議［Hofkriegsrat］の資料分析から明らかになった。この事実は、3者年金契約の締結経過が見直される前提となった。旅行の目的は、表向きにはフライブルク在住の父親の見舞いであったが、南西ドイツ（ナポレオン同盟国のバイエ

第 25 章　1810〜11 年　ナポレオン絶頂期始まる

ルン王国周辺）およびフランスで軍の動きを注視することであった［BGA 357 注 1、BGA 428 注 1］。オーストリアが 4 月に第 5 次対仏同盟を締結し、フランスへの宣戦布告するにあたっての情報収集という極秘の特命であるが、あっけない敗北となったいま、彼の使命は終わった。しかし身の安全のためにすぐにはヴィーンに戻らず、そして 1810 年 2 月に 1 年ぶりにヴィーンに帰還した後も元の職には復帰しなかった。

　ベートーヴェンが「本当に本当かい？　君が当地にいるなんて？」と始める日付のない書簡［BGA 428］は彼の帰還直後に書かれたと思われ、そこに彼に献呈するチェロ・ソナタ［Op.69］のことが言及されており、交友関係はすぐに復活した。4 月にはヴィーンを最終的に去るクレメンティを交えて会食して［第 22 章 9］、その際に第 2 次契約分の作品（Op.73 〜 82 など）の原稿渡しにもグライヒェンシュタインは立ち会ったろう。その直後から、彼はイタリア出身の卸売業ヤーコプ・フリードリヒ・マルファッティ（1769-1829）の一家と親しく交際するようになり、そして彼を通じてベートーヴェンも一家と知り合った［BGA 432 注 1］。

　ベートーヴェンは 1809 年 2 月 19 日にシュミット博士が死去したあと、代わってヨハン・マルファッティ博士（1775-1859）にときどき診てもらうようになり、同医師は以後、最晩年まで主治医となるが、テレーゼ・マルファッティ（1792-1851）と交際し始めたのがその 1 年後なので、永らく彼女は同医師の娘か姪ではないかと見られていた。書簡交換全集を編纂する過程でこの関係は訂正されるに至り［Brandenburg/Malfatti (1985)］、テレーゼ（《エリーゼのために》WoO 59 の献呈自筆譜所有者）はこの医師とは関係なく、イタリア系商人の娘であることが判明した。その概容は第 I 部第 7 章 1 ですでに述べたが、ベートーヴェンは新しいシャツを仕立てたり［BGA 432］、鏡を購入しようとするなど［BGA 429 〜 431］、身なりを調えることに気を使うようになり、求婚の際に必要となる洗礼証明書の申請を、5 月 2 日付で当時コブレンツ在住のヴェーゲラーに頼んだ［BGA 432 注 1］。《エリーゼのために》献呈自筆譜に記された日付は 4 月 27 日であるが、それがテレーゼ・マルファッティのカムフラージュであるとすれば、それは 1810 年のことであり、ヴェーゲラー宛のこの書簡［BGA 439］はその 5 日後、ということになる。彼に宛てて書簡をしたためるのは 1801 年 11 月 16 日［BGA 70］に耳疾の告白をして以来のことと思われ、その内容についてはよく知られているが、全体の脈絡を把握するために全訳する。

749

第II部　歴史的考察

　ごきげんよう、懐かしき友よ——ほとんど私はこう思っていますが、私の数行があなたをびっくりさせるのではないでしょうか——でも、書面という証拠がなくても、あなたはいまでもつねに私のなかできわめて生き生きとした思い出です——私の下書きのなかにずっと前からあなたにと考えているものがひとつあって、それをあなたは確かにこの夏に受け取ります［引用者注：現に書いているこの書簡のことと解される］——ここ2年、より静かでより平安な生活が私には終わってしまい、私は力づくで世間の生活に引き込まれてしまいました［引用者注：カッセル行きの約束とその中止、フランス軍ヴィーン占領など、身辺に起きた事件のことか？］。私はその結果を良しとしてはおらず、たぶんむしろ否でしょう——しかし誰かに外界の風が影響しないことなんてあるでしょうか？ でも悪魔が私の耳に住み着いていなければ、私は幸せでしょうし、もしかしたら最も幸せな人間のひとりであるかもしれません——人間はまだ善い行いを果たすことができる限り自分の生を勝手に断ってはいけないと、どこかで読んでいなかったら、私はずっと前にいなくなっていたでしょう——そう、私自身によって［引用者注：誰も知らないハイリゲンシュタットの事件をほのめかしているか？］——ああ、なんて美しいのでしょうか、人生は、しかし私にあってはそれは永遠に毒が入っています——

　私があなたに私の洗礼証明書を手配してもらえないかと頼んでも、あなたは友人のお願いを拒まないでしょうね。その際の費用は何であれ、シュテファン・ブロイニングがあなたと貸借関係にあるということなので、あなたが支払っておいてくれれば、私は当地でシュテファンにすぐ全額を弁済することとします——もしあなたが、調べてみるに値するということになって、そしてコブレンツからボンへ旅行してもいいとなれば、すべてを私に付けてください——そのなかで注意して欲しいことがあります、すなわち、私よりも前に生まれた兄がいて、同じくルートヴィヒといい、ただ「マリア」が付いていますが、亡くなりました［原注：ルートヴィヒ・マリア・ベートーヴェンは1769年4月2日生1769年4月8日死］。私の確かな歳を決めるためにはまず同人を発見しなければならない、いずれにしても他人によって、私を実際より歳上にしてしまったという間違いがここに生じたことは知っていますので——残念ながら私はしばらくの間、自分が何歳だかさえ知らずに暮らしていました——戸籍簿を持っていたのですが、なぜかなくしてしまいました——だから私があなたにこの件を、つまりルートヴィヒ・マリアを、そしてその後に来る現在のルートヴィヒを見つけることを、非常になれなれしく委ねてもあなたを怒らせないよう——あなたが私に洗礼証明書を送ってくれるのが早いほど、私の感謝は大きいです——人から聞いたのですが、あなたがあなたがたのフリーメーソン支部で私の歌を、たぶんホ長調のを、歌っていると。そして私が自分で持っていないものを私に送ってくれれば、私はあなたにその3倍も4倍も別の方法で償うことを約束します——

　いささかの好意を持って私のことを思ってください、私は外見上、ほとんどあなたに貢献していないのですが——あなたの大事な奥さんと子供たちを、あなたにとって愛しいすべてを、抱きしめて接吻してください——あなたの友人の名において。

　ここで言われている「たぶんホ長調の」とは、1808年4月にボンのジム

750

第 25 章　1810 ～ 11 年　ナポレオン絶頂期始まる

ロック社から《3 つの歌》[WoO 127, WoO 126, WoO 117] としてベートーヴェンの知らないうちに [校訂報告書] 出版された歌曲集の第 2 曲 [WoO 126] であることは間違いない。その時点までに出版されたホ長調の歌曲はそれ以外にないからである。そしてコブレンツに居るヴェーゲラーが歌うのを「人から聞いたのだけど」というときの情報源はリースに間違いないだろう。彼は、前述のように、1808 年 8 月末にヴィーンに戻ってきたからである。

　こうして彼は、6 月 2 日付の洗礼証明書 [ボン、ベートーヴェン・ハウス所蔵] を手に入れ、そして 1770 年 12 月 17 日という自分の洗礼年月日を確認することとなったが、それを信じなかったと思われ、証明書の裏に次のようなメモを遺している [BGA 439 注 5]。

　　この洗礼証明書は正しくないと思われる、私の前にもうひとりルートヴィヒがいる
　　のだから。私の洗礼立会人はバウムガルテンであったと思う。

　洗礼証明書に記された洗礼立会人（代父母）はルートヴィヒ・ヴァン・ベートーヴェン [祖父] とゲルトルート・ミュラー、現姓バウム [隣家の夫人] であって、バウムガルテンではなかった。ちなみに、ここで言及されている「戸籍簿」とは、リースが『覚書』のなかで「何人かのベートーヴェンの友だちが彼の誕生日について確かなことをと望んだ。私は、ボンに居た 1806 年に、さんざん苦労して彼の洗礼簿を探し、最後にはそれを見つけて、ヴィーンへ送った。彼の年齢について彼は決して話題にするのを望まなかった」[136 ページ 注 2] と書いているものではないか。だとすれば、今回、ヴェーゲラーに頼んで洗礼証明書を取り寄せたのは、自分の年齢が不確かなのでそれを確かめるためではなく、結婚に際して必要だからであって、そこに記されている洗礼期日が間違いであるという確信はすでに持っていたのではないか。

　ここから判断するに、法的文書で洗礼日が確認されても、ベートーヴェンは自分の生年を 1772 年であると生涯、固く信じていたということであろうか。前述のように、おそらく、1787 年の第 1 回ヴィーン滞在の時から 2 歳若く認識しており [第 9 章 7]、"ハイリゲンシュタットの遺書"においてさらに 1 歳、間違えて記述した [504 ページ]。あるいは、ここで「しばらくの間、自分が何歳かさえ知らずに暮らしていました」と言うとき、その錯誤をほのめかしたのだろうか。彼の誤認識の根拠のひとつと考えられるのが、1790

751

第II部　歴史的考察

年にライプツィヒで出版されたゲルバーの『音楽家事典』[Gerber：Historisch-Biographisches Lexikon der Tonkünstler] において、項目「ベトーヴェン［Bethoven］」に「ボン選帝侯宮廷テノール歌手の息子、同地で 1772 年に生れ、ネーフェの弟子」とあったことで、それが各処で、事典類を含めて、孫引きされるものだから、同時代社会にはそれが事実として定着していた。初期の伝記のなかには、1772 年生れとか、54 年の生涯、としているものもある。

　本書において年齢そのものへの言及はこれを最後とするが、「洗礼証明書は正しくない」との認識は甥カールにも伝承されていたようで、1823 年 12 月 15 日の会話帖記入として次のようにある［BKh 5, 24 ページ］。

> きょうは 12 月 15 日、あなたが生まれた日、僕が見ることができた限り。ただ僕はそれが 15 日なのか 17 日なのか保証はできない、洗礼証明書は信用できないので。僕はそれをいちどだけ、僕があなたのところにいた 1 月に、読んだことがある。

　ベートーヴェン自身のその後の年齢認識を示す文書資料はなく、終生、誤認識し続けた可能性はある。5 月 2 日にヴェーゲラーに頼み、彼がボンまで約 60 キロの旅程を片道に 1 日かけて往復したかは分らないが、6 月 2 日に発行された証明書はその数日後にベートーヴェンに届いたろう。しかしこの間にそれが不用物となる展開があったと思われる。そうした結果もまた生年確認に「何を今更」といった気分にさせたかもしれない。そうした脈絡において、6 月初め頃と推定されるグライヒェンシュタイン男宛［BGA 445］に人生的苦境の告白が見られる。

> あなたの報告は私を最高の有頂天境地から再び深く突き落としました——いったい何のために付け加えたのですか、あなたは私に言わせようとした、音楽がいつまたあるのかと。いったい私はあなたの、またはその他の人たちの、楽師にすぎないのでしょうか——少なくともそのように解釈される、つまり私は自分自身の胸のうちにしかもう拠り所を求めることができないのです。そう、外には私にとってのものはまったく何もないのです。否、友情とかその種の感情は私には傷以外の何ものでもありません——哀れな B よ、おまえには外界に幸福はないというのか、おまえはすべてを自分自身のなかに創造していかなければならない、観念の世界にしかおまえは友を見出さない…

　「もしかしたらこの書簡はテレーゼ・マルファッティとの親密な関係の終

りを示している」という原注が付されている。類推するに、ベートーヴェン
はグライヒェンシュタインを挟んだマルファッティ家の人々との集いのなか
で"楽師"にすぎないような扱いを受け、結婚対象の相手とは見なされず、グ
ライヒェンシュタインの一言が彼を傷つけ、彼との友情ももはやほとんど無
に帰した、といった事件があったのだろうか。グライヒェンシュタインはこ
の頃、妹のアンナ・マルファッティと婚約し、彼らは 1811 年に結婚する。
そういう人間関係の環からベートーヴェンは疎外された。この書簡はそうし
た文脈のなかにあり、これを端緒にグライヒェンシュタイン男爵との関係そ
のものが疎遠化する［BGA 450 注 2］。

　1809 年 2 月から 1 年間の彼の不在中は次弟カール・カスパールが再び身
辺の雑用を手助けすることもあった。1810 年 1 月 30 日頃［受領印 2 月 5 日］に
次弟は久々にブライトコップ & ヘルテル社に「兄より申しつかりました、
あなたはこの歌曲［原注：WoO 137］をすぐに彫版させてよろしいと。詳しいこ
とは彼があなたになるべく早く書くでしょう」と一文の書簡［BGA 422］を書
いているのがその証明である。またその前便にあたるベートーヴェン自身の
1 月 2 日付書簡［BGA 419］では「私の弟はここにおらず、同人だったら私に
送られた手形を銀貨［引用者注：約定価］に換金する手段を見つけることができ
るかもしれないが、私の友人のひとりが両替商で［原注：おそらくフランツ・オリ
ヴァ］、私はきょうこの件を話したところ、彼が言うに…」とある。2 月 4 日
付書簡［BGA 423］にも「あなたに私の弟が最近送った歌曲」という一節があ
る。

　彼は 1809 年 7 月末頃から 10 月 6 日〜 11 日までバーデンに過ごした
［Smolle, 44 ページ］［後述］。グライヒェンシュタインにはもはや秘書的業務を頼
めなくなったことで、10 〜 12 月頃より彼に代わって、フランツ・オリヴァ
(1786-1848) が出版者等との交渉役を務めるようになる。彼は 1808 年にヴ
ィーンの商社オッフェンハイマー & ヘルツの駐在員兼販売員で、上記引用
の部分が書簡交換全集におけるオリヴァ（「おそらく」と付いて）の初出で
あり、当時 23 〜 24 歳の彼との関係は外貨の換金という秘書的業務からそも
そも始まったと推測される。彼は 1810 〜 13 年の間、および 1819 〜 20 年末
に、ベートーヴェンの身の回り雑務を助け［BGA 468 注 6］、ことに年金未払い
の裁判に関して書類のまとめなど、大いに貢献した。1821 年初めに彼はサ
ンクト・ペテルブルクに移住した［第 I 部第 7 章 12］。1814 〜 18 年はハンガリ
ーで商社駐在員をしており、ベートーヴェンを直接、助けることはなかった。

第Ⅱ部　歴史的考察

3 │「パンのための仕事」

　ベートーヴェンは彼が「給与［Gehalt］」と呼ぶ年金支給が決定され、創作
進展のいかんに拘わらず一定の収入を定期的に得られる見通しがついて、結
婚を真剣に考えるようになったのではないか。そうした折に、たまたまグラ
イヒェンシュタインを通じてテレーゼ・マルファッティと知り合って、彼女
を結婚対象と考えるようになり、求婚する(?)［それを証明する文書資料はない］が、
上に見たように成就しなかった。この時期の創作活動についてはこの問題を
絡めて見るとひとつの展望が得られる。すなわち、テレーゼと出会う前から
彼の"婚活"が始まっていたのではないか、という見通しである。セイヤー伝
記では第3巻の「第5章　1810年」に付された副題の冒頭が「嫁探し［Auf
Freiers Füßen］」となっているが、テレーゼ・マルファッティとの一件以外に話
題が拡がっているわけではない。ベートーヴェンはたまたま出会ったばかり
の、そして18歳になったばかりの若い娘と結婚しようとしたのだが、それ
はあまりに唐突であり、洗礼証明書の取得まで一気に突っ走ったのには、
前々から身を固めようとする意志が強くあったからではないか。そしてそれ
が成就しないとなるとその後は二度と結婚のことを考えなくなるのはその反
転のようにも見える。
　これは人の人生問題であり、事実関係の裏付けを採れるような類いの事柄
ではないが、1809年夏以後、急に、それまでの彼の作風とは違った、演奏
容易であることに充分に配慮したピアノ曲、そして歌曲の創作に集中してい
ったのには、結婚生活を始めるための資金稼ぎという側面もあったのではな
いか、と思わせるのである。「パンのための仕事」というフレーズは彼の口
癖のようになるが、それは、現実として確かにそうではあるけれども、だか
らといって手抜きをするというのではもちろんなく、格調の高い傑作もまた
「パンのための仕事」の一環として生み出される、という広い意味を持って
いる［第33章4］。しかしこの時期には、いわば極めつけの「パンのための仕
事」と言ってもよい創作活動がしばらく見られるのである。年金支給が契約
書の額面通りに履行されればともかく、その大いなる目減りを眼前にし、そ
れだけではとても妻帯が可能ではない［その検証は終章］。大作は時間のかかる
割には即座に収入に結びつくわけではなく、継続的に安定した収入を得るた

754

めには、市場価値の高い通俗的作品を生み出す必要を感じたのではないか。

こういった観点からベートーヴェンの創作活動が吟味されたことはほとんどないであろうが、この見方を論証的に追究することは別の問題意識に導く。セイヤー伝記のサブタイトル「嫁探し」を、フォーブス英語抄訳版は、個人生活的な表現を嫌ったか、そのタイトルを消して「創作力の衰え［Decrease of Productivity］」に変えている。後世が期待する"傑作"が見当たらないのは創作家としての衰退、と見るのは"沈黙の時代"・"休眠期"と同じ発想である。「後世に名曲を遺した大作曲家」という視点でベートーヴェン像が形成された、後世中心史観と言ってよいかもしれない。その徹底的な批判は「生涯全開期はなぜ"沈黙の時代"と呼ばれたのか」［第31章］で行なうが、その前哨として、まず、この時期の少し前から量産が始まる歌曲について考察したい。

4 │ この時期の歌曲作曲を一覧する

ベートーヴェンの創作活動は作品を出版して生計を立てることと結びついていたから、基本的には、ひとつの作品を生み出す活動（創作活動）は出版されて初めて完結した［第I部第2章］。しかし歌曲の場合、プライヴェート作品や無償提供作品［第I部第4章］の占める割合が器楽作品に比べて高く、ことに出版が雑誌付録の形でなされたケースではその線引きは難しい。その一方、いま議論しかかっているように、歌曲は需要の高い分野であり、手っ取り早い"販売作品"でもあって、創作と出版が時間的にほとんど直結していることも多い。それは、シンフォニーなど大曲が出版までに何年もかかるケースが目立つのと対照的である。また、一般の受容より半年専有権が優先するのは、シンフォニーのパート譜の買い手はそう簡単に見込めないからである。それに比して数ページの、廉価で、内容も親しみやすく、ピアノがあれば誰でもすぐに弾いたり歌える楽曲の需要は計り知れない。

こう考えるとむしろ、ハイリゲンシュタットからの帰還後、歌曲創作がごくわずかなことの意味は深いかもしれない。その時期には彼は器楽曲の大曲（いわゆる"傑作の森"作品）、そしてオペラ、オラトリオ、ミサ曲という壮大な作品に脇目もふらず邁進した。苦悩を克服したベートーヴェンはこの時期に勇んで上昇気流に乗っていたということであり、またそれらの大作によって然るべき収入が得られる筈だという確信にも溢れていた。問題性の環境を

第II部　歴史的考察

このように設定してみると、この時期の歌曲集中創作の特異性が浮き上がってくるのではないか。それを"婚活"と結びつけるかはともかくとして。

　ボン時代およびヴィーン時代初期の作品についてはそのつど一応、言及したので、1803年以後について歌曲作曲を一覧しよう。

タイトル	作曲時期	詩	小節数	作品(整理)番号	出版／出版公告	
《人生の幸せ》	1803年春／夏	不明	65	"Op.88"	レッシェンコール	1803年10月
《うずらの鳴き声》	1803年春／夏	ザウター	107	WoO 129	BAI	1804年3月？
《希望に寄せて》	1805年2/3月	ティートゲ	33	"Op.32"	BAI	1805年9月
《恋人が別れたいと思ったとき》	1806年5月	ブロイニング	48	WoO 132	付録	1809年9月
《この暗い墓で》	1806年春／秋	カルパーニ（イタリア語）	37	WoO 133	モッロ	1808年初

　1803年から07年までの壮絶な格闘時期には歌曲作曲はわずか5曲に過ぎない。そのことを確認すると、突然、1808年から1810年にかけて、とくに1809年後半に集中的に歌曲が書かれた意味は改めて問われるべきではないか。6曲と3歌曲集（6＋5＋3曲）、計20曲の歌曲を一覧する［757ページ］。

　ゲーテ詩への付曲はボン時代（Op.52-7）以来、ヴィーン時代初期にかけてすでに4曲あるが、シンフォニー第5番がほぼ完成に至って第6番の作曲が本格化する頃、その間をぬってチェロ・ソナタ第3番［Op.69］のスケッチに取り組んでいる（1808年2/3月）最中か、雑誌『プロメテウス』の編集者から付録用の短い歌曲作曲の急な依頼を受けたと思われる。その自筆譜［Quelle I. 2］には「良いものを作るのに充分な時間がなく、いろいろ試みる」とのメモがある。その2年後に4曲から成る歌曲集として出版された《憧れ》［WoO 134］の最初の3曲は、ゲーテの小説『ヴィルヘルム・マイスターの遍歴時代』（1785年）の第11章の最後に出てくる12行詩の前半6行に、3通りに付曲したもので、すべてが同じ11小節の短い歌であるのはそうした事情からであり、このときの「いろいろな試み」であったと推察される［校訂報告書］。第4曲は12行全体に拡大されて28小節となったが、その作曲時期は定かではない。歌曲集にまとめる際に追加した可能性もあろう。

　フリードリヒ・フォン・マッティソン（1761-1831）もまたボン時代以来

756

第 25 章　1810 〜 11 年　ナポレオン絶頂期始まる

タイトル	作曲時期	詩	小節数	作品(整理)番号	出版/出版公告	
《憧れ》[4曲]	1808 年初	ゲーテ	11+11+11+28	WoO 134	BAI	1810 年 5 月
[第 1 曲のみ]					付録	1808 年 4 月
《想い》	1808 年秋	マッティソン	82	WoO 136	B&H	1810 年 3 月
					クレメンティ	1810 年 8 月
《むく犬の死に寄せる哀歌》	1806 〜 09 年の間	不明	77	WoO 110	旧全集	1888 年
《遙かよりの歌》	1809 年後半	ライシッヒ	146	WoO 137	B&H	1810 年 2 月
					アルタリア	1810 年 7 月
					クレメンティ	1810 年 10 月
《異郷の若者》	1809 年後半	ライシッヒ	20	WoO 138	アルタリア	1810 年 7 月
《恋する男》	1809 年後半	ライシッヒ	34	WoO 139	アルタリア	1810 年 7 月
					クレメンティ	1810 年 10 月
《6 つの歌》	1809 年			Op.75	クレメンティ	1810 年 8~10 月
					B&H	1810 年 12 月
[第 1 〜 3 曲]		ゲーテ	98+135+81			
[第 4 曲]		ハーレム	24			
[第 5・6 曲]		ライシッヒ	10+15		アルタリア	1810 年 7 月
《4 つのアリエッタと 1 つの二重唱曲》	1809 年	メタスタージオ (第 1 曲は不明)	48+43+74 +50+58	Op.82	クレメンティ	1811 年 2 月
					B&H	1811 年 3 月頃
《3 つの歌》	1810 年春 / 夏	ゲーテ	23+60+47	Op.83	B&H	1811 年 11 月頃

※下線は集合歌曲集として出版［以下の本文参照］

の彼お気に入りの詩人であり、その 5 行 4 節の詩に、最後の第 4 節をフィナーレとして変化・敷衍させる、"変化有節形式"で付曲した。これには 1804/05 年頃の初稿があった可能性も指摘されるが（1805 年 6 月 21 日にブライトコップ & ヘルテル社が送り返してきた《エロイカ》等の原稿のなかにそれが混ざっていたのでは［BGA 226 注 5］、という説もある）、『プロメテウス』の編集者（ゼッケンドルフ）は再度、歌曲作曲の依頼をしたようで、その秋にベートーヴェンは《想い》[WoO 136] を完成させてそれに応えた。しかし 9 月に刊行された巻に間に合わず［ゼッケンドルフ宛書簡 BGA 337 注 2］、そしてゼッケンドルフはヴィーンが包囲される直前の 1809 年 5 月 6 日に、防衛隊の部隊長として事故死し、同誌は廃刊となって、ベートーヴェン作品は印刷されなかった。それを彼は、1809 年 4 月から 8 月にかけて 5 大作品（Op.67 〜 70）の刊行に取り組んでいるヘルテルに改めて 7 月 26 日付［BGA

第Ⅱ部　歴史的考察

392]で「災難に遭ったプロメテウスに掲載されるものだったのですが…小さ
な贈り物として受け取って下さい」と提供したのである。

　《むく犬の死に寄せる哀歌》［WoO 110］には同時代資料が欠け、以前にはボ
ン時代の作品と見なされたために WoO 番号が 110 と若いが、新全集では以
上 2 曲と同じ頃（すなわち WoO 130 番台）、しかも付録のために書かれた
（最初の？）作品ではないか、ただし該当する雑誌が見つかっていない、と
推定された。その根拠の詳細は省略するが、以上 3 曲が、1808 年前後の大
作に取り組んでいた時期に、雑誌編集者の依頼がきっかけとなって"小遣い
稼ぎ"的に書かれた作品と総括できよう。ちなみに、18 世紀終盤から市民
社会でピアノの受容が始まって伴奏歌曲が愛好されるようになった頃、愛犬
や愛鳥の死を悲しむリートは一種の流行曲であった。

　こうした経過に加えて、歌曲への集中的取り組みをさらに具体的に促進さ
せたのがルートヴィヒ・ライシッヒ（1783-1847）であった。同人は 1809 年
2 月にヴィーンにやってきて、3 月にオーストリア軍に入隊した。5 月の戦
闘で重傷を負い除隊し、詩人として生きる道を選んだ。7 月に最初の詩集
『孤独の小花』を刊行した［BGA 407 注1］。それを基にたくさんの作曲家に付
曲を呼掛け、1 年後の 1810 年 7 月に歌曲集《18 のドイツ詩、さまざまな作
曲家によるピアノ伴奏付き、オーストリア大公ルドルフ殿下に、ライシッヒ
により献ぐ》をアルタリア社から出版した［上記一覧表で下線］。《遙かよりの
歌》［WoO 137］以降のライシッヒ詩による 5 曲はその歌曲集に第 1 曲［WoO
137］、第 6 曲［WoO 139］、第 9 曲［WoO 138］、第 16 曲［Op.75-5］、第 17 曲［Op.75-
6］として所収されたものである。ただし最初の 2 曲［WoO 137, 139］の詩は
1815 年刊行の『孤独の小花』第 3 版で初めて印刷されるので、ベートーヴ
ェンは草稿段階で提示され付曲したと思われる。

　ライシッヒとのやり取りが 1 通［BGA 407］だけ遺っている。自分の作品を
含めて詩人が歌曲集を出版してしまったため、出版権をめぐって激しい争い
となって、その後は交流が確認されていないが［BGA 407 注2］、1814/15 年の
第 2 歌曲作曲期［第31章3］にも 2 曲の付曲に挑んだ［WoO 143, 146］。1809 年
10 月頃か、もしかしたら争いとなってから書かれたのかもしれない 1 行だ
けの同メモは「親愛なる好戦的なライシッヒ」と呼び掛けているが、いつも
のふざけた語呂合わせであろう。同時に進行していたブライトコップ＆ヘ
ルテル社との交渉ではライシッヒの詩について、「さなぎだにあなたも気付
くでしょうがディレッタントのもので、同人はそれに音楽を付けるよう、私

758

にせき立てるように求めました」と書いている［BGA 423］。

　一方ベートーヴェンは、おそらく詩人ライシッヒの独自の出版計画を知らずに、歌曲集を企画し、そのなかにライシッヒに提供した2曲を採り入れた。それが《6つの歌》［Op.75］で、これは1810年5月末頃にヴィーンを発つクレメンティに提供した第2次契約分の作品（Op.73 ～ 82など）のひとつであり、その出版はヴィーンで7月に出た後の、8月から10月にかけてとなるが、ロンドンとの時間差によりそうなったのであって、出版準備はほぼ同時といってよいだろう。英訳は単語の置き換えレヴェルであり、クレメンティとベートーヴェンとの間で手渡し前に行なわれた可能性もあるのではないか。イギリスではライシッヒ歌曲はそのほかに2曲［WoO 137 および WoO 139］、計8曲が1曲単位のピース楽譜として作品番号なしで出版された。

5 │ ブライトコップ&ヘルテル社とクレメンティ社に二重提供

　ブライトコップ & ヘルテル社には前出の《想い》［WoO 136］以外に、《6つの歌》［Op.75］と《遙かよりの歌》［WoO 137］、さらに歌曲もう1曲［後述］を提供した。《想い》と同様にもうひとつの歌曲、さらには管楽六重奏曲["Op.71"]も、無償提供であった。同社との関係はこの頃、たいへん順調で、1809年7月26日に「あなたが当地での活動のなかで私に確約して下さった特権として」［BGA 392］と書いているので、ヘルテルは1808年9月のヴィーン滞在中に同社の出版物の無償提供を申し出たと推測される。ベートーヴェンは同書簡で《メサイア》のほか、「あなたがもし私に、たとえばモーツァルトの《レクイエム》、ハイドンのミサ曲、J. S. バッハの作品、C. P. E. バッハのクラヴィーア曲などを順々に送って下さるとうれしい」と書いている。そして8月8日に次のように書く［BGA 395］。

　　クンツ商会［引用者注：ブライトコップ & ヘルテル社のヴィーン代理店］に六重奏曲
　　["Op.71"]と2つのリート［原注：WoO 136、およびおそらく WoO 137］を渡しました。
　　……これらは、私があなたから贈物としてお願いした諸々のものに対するお返しの贈
　　物です。――音楽新聞のことは私も忘れていました［引用者注：同社発行の『総合音楽
　　新聞』を送ってくれたと思われる］、それであなたのことをありがたいなあ、と思い出
　　しました。――もしかしてあなたは私にゲーテとシラーの全集を送って下さいませ
　　んか。……［中略］この2人の詩人は私の愛好する詩人で、オシアン、ホメロスも同様

759

第II部　歴史的考察

です。……［中略］六重奏曲は私の昔のもので、一晩かけてそれに書き加えました。

　ただし、原注にも「おそらく」とあるように、贈呈作品の同定は確実ではない。書簡交換全集には「もしかしたらベートーヴェンは《遙かよりの歌》［WoO 137］も贈ることを意図したが、同出版社に1810年2月4日に売った」［BGA 394 注4］とのコメントもある。というのは1810年2月4日付書簡［BGA 423］において、前述した「あなたに私の弟が最近送った歌曲」が、その後にある説明からWoO 137であることは明白で、だとすると、すでに代理店に渡した作品を半年後に再び弟が送ったことの説明が付かない。書簡交換全集には、矛盾したまま、これ以上の言及は見られない。もしかしたらもう1曲の贈り物は《むく犬の死に寄せる哀歌》［WoO 110］で、何らかの理由でブライトコップ＆ヘルテル社はそれを出版しなかった可能性もあるのではないか。そう考えると、この作品の伝承の曖昧さにも一定の説明が付く。

　こうした経緯のなかで、贈り物としての2つの歌曲（または1曲）は、ライシッヒが7月にアルタリア社から《18歌曲集》を出版するより先に、2月（WoO 137）と3月（WoO 136）にそれぞれ単独で出版された。《6つの歌》［Op.75］はクレメンティに売るために急いでまとめられたのではないか。当時ベートーヴェンは《エグモント》［Op.84］に取り組んでいるが、そもそもはそれとは関係なく"ゲーテ歌曲集"を構想していたと言ってよい。というのは第1曲〈ご存じですか、あの国を〉のスケッチは「ランツベルク5」スケッチ帖に属していた紙に書き付けられ、1809年3月と年代付けられるからである［Quelle I, 1,（1）および（2）］。そして《エグモント》に取りかかる秋頃に一部の版下原稿の自筆譜［Quelle I, 2, および3］が完成されている。そのなかで第3曲〈ゲーテのファウストから〉（蚤の歌）はボン時代のスケッチがあり、この際に"スケッチ貯蔵庫"から取り出したと思われる。

　これら通作形式の3曲は秀抜な出来であり、聴き応えがある。1810年2月4日に《6つの歌》［Op.75］と《4つのアリエッタと1つの二重唱曲》［Op.82］をブライトコップ＆ヘルテル社に初めて売り込んだときに、「ピアノ伴奏付き12の歌曲、一部はドイツ語、一部はイタリア語、ほとんどみな通作です」［BGA 423］と通作形式であることを強調した。しかし《6つの歌》の後半3曲はそうではなく、歌詞が反復される有節形式で、規模も格段に小さく、したがってこの歌曲集は全体の統一が取れていない。ことにライシッヒ詩の2曲は当時アルタリア社の《18歌曲集》用に書いていた作品を転用したもので、

760

ここに、急遽、6曲の歌曲集に仕上げる必要があった、と見る根拠がある。

　クレメンティ社にとっては歌曲集との認識はなかったのであろう。前述のように、1曲ずつのピース楽譜として出版し、「出版管理局（ステイショナーズ・ホール）」への登録は第1〜5曲が1810年8月31日、第6曲が10月31日であった。ブライトコップ＆ヘルテル社からはドイツ語原版として1冊の歌曲集となって10月に出版される。ヘルテルが一連の出版の作品番号の確認を求めたのはその直前のことであり、番号一覧においてこの歌曲集は「作品75」とされた［BGA 469］。

6 │ なぜこの時期にイタリア語歌曲？

　《4つのアリエッタと1つの二重唱曲》［Op.82］は、第1曲のスケッチが《6つの歌》第6曲［Op.75-6］の書き下ろし原稿の裏にあるので、おそらくライシッヒ歌曲の作曲に続けて書かれた。すなわち1809年後半のことであるとすれば、テレーゼ・マルファッティに献げるためにイタリア語詩が選ばれたのではないかというかつて為されていた推測は成り立たない。彼女と知り合うのはグライヒェンシュタインを介してのことだから早くて1810年2月である。なぜこの時点で、初期の修業時代にいくつか取り組んだことのあるメタスタージオの詩を選んだのか、そればかりか、第1曲の詩の由来とその作者もまた今日まで突き止められていない。

　ベートーヴェン研究は従来、地元ヴィーンや書簡が多く遺るドイツ出版社との関係を中心に見がちであった。しかし、この作品の原稿がクレメンティによってロンドンに運ばれ初版原版はイギリスでイタリア語歌詞のまま出たこと、ブライトコップ＆ヘルテル社の原版が出版されたのはその5ヵ月後で、イタリア語歌詞にヘルテルの友人クリスティアン・シュライバー（1781-1857）によるドイツ語訳詞が付されたこと、クレメンティとベートーヴェンとの間のやり取りは口頭でなされたため不明であり、それに対してブライトコップ＆ヘルテル社との間には書簡が遺されているのでついそれを中心に考察されてしまうこと、以上を前提にすると、別の想定が可能ではないだろうか。

　クレメンティは1808年12月にローマから再びヴィーンに舞い戻り、1810年夏まで滞在したとされるが［BGA 399注2］、すでに言及したように、Op.73〜Op.82の原稿を持ってヴィーンを発ったのは1810年5月頃と見られる。

761

第II部　歴史的考察

その間のベートーヴェンとの交際はいくつか知られており［第22章11など参照］、これらのイタリア語アリエッタが1809年秋以降に作曲されたとすれば、そもそもこれらの歌詞はクレメンティから提供された可能性もあるのではないか。第2曲目以後のメタスタージオの詩もその出所はバラバラであり、歌詞をどこからかベートーヴェン自身が自ら見つけ出してきたとはむしろ考えにくい。イギリスでは歌曲が音楽国際語のイタリア語で出版されることは珍しいことではなく、ヴィーンで英語詩を提示する環境にはないクレメンティが、母国語の詩から選んで、そもそもベートーヴェンに作曲を委嘱したのではないか。そして完成後にベートーヴェンはそれをドイツでも刊行しようと、1810年2月4日付のブライトコップ＆ヘルテル社との交渉［BGA 423］のなかでそれに言及したのではないか［その部分の書簡引用は675ページ］。

　こうした想定は新全集も新カタログも行なっていないが、詩の出典が曖昧であることを端緒にすると、ベートーヴェンが自ら探してきたというよりは、当時それを提示した可能性のある人物としてクレメンティが浮かぶのは異のないところであろう。ちなみに、従来はメタスタージオの詩への付曲はサリエリのもとでであるに違いないと思われ、旧カタログではその一部は1790年代に成立とされていたが、その後のスケッチ研究の全面展開によって、その可能性は否定された。

　クレメンティに手渡した頃、さらにゲーテ詩への付曲が続き、《3つの歌》［Op.83］が書かれた。この第1曲と第2曲は、「ランツベルク11」スケッチ帖（使用期間1809年10月頃～1810年秋頃）に、《エグモント》の後、弦楽四重奏曲へ短調［Op.95］とピアノ・トリオ《大公》［Op.97］のスケッチ（ともに1810年後半）に挟まれて書かれている。ともに通作形式で、第3曲はロ短調から最後はロ長調に変わる"変化有節形式"で書かれている。

7 ｜ イギリスとドイツで国際的時間差多発出版

　こうして、すでに見たように［第22章］、この時期にクレメンティ社とブライトコップ＆ヘルテル社から、"大曲"（Op.73、Op.80）、"中曲"（Op.74、"Op.81a"）とともに、愛好家向けの"小曲"（Op.75、Op.76、Op.77、Op.78、Op.79、Op.82）が相次いで出版された［第6次時間差多発出版］。

　愛好家向け作品の出版は、1803年から05年にかけてベートーヴェン・オ

762

第25章　1810～11年　ナポレオン絶頂期始まる

フィスが主体となってOp.39～45、Op.49、Op.50、Op.52が刊行された
（それによって作品番号の空白が生じた）のとは違って、ここにおいてはベ
ートーヴェンが、秘書の助力もたいしてなく、自身で出版社と交渉して積極
的に取り組み（それがため一連の作品番号は一時的に正統性を回復する）、
イギリスとドイツで国際的時間差多発出版を大々的に成功させた。それは、
部分的に"婚活"と関係あるかどうかはともかくとして、かなりの収入を彼に
もたらした。

　"小曲"を構成するのは歌曲集のほかにピアノ曲である。そのひとつ、ピア
ノ・ソナタ第24番［Op.78］はブライトコップ＆ヘルテル社版（出版公告
1810年12月）においてテレーゼ・ブルンスヴィク伯女に献げられた。彼女
は、1807年9月に決定的な破局に至ったヨゼフィーネ・ブルンスヴィクの
姉であるが、おそらくその御礼の気持ちを込めてベートーヴェンに自分の肖
像画を送ったようで、それに対してベートーヴェンが1810年11月23日付
でしたためた礼状［BGA 479］が遺っている。この作品を作曲中の1809年夏
に短期間、ハンガリーのブルンスヴィク邸に滞在した可能性が指摘されてい
るが［Smolle, 42ページ］、同時期に作曲したピアノ幻想曲ト短調［Op.77］も弟の
ブルンスヴィク伯に献げられており［第7章19］、それらの献呈は滞在によっ
て旧交が温められたことと関係があるか、あるいはその反対に、この2曲が
連続して姉弟に献呈されたことが滞在を推察することにつながったか。

　一方、ピアノ・ソナタ第25番《ソナチネ》［Op.79］は献呈なしで出版され
た。この作品は格別に演奏容易なので、演奏技術の劣るテレーゼ・マルファ
ッティに献げようとしたが［BGA 436注3］、関係の破綻により無献呈となった
のではないか、という見方がある。その可能性は大いにあり得るが、本来的
にテレーゼ・マルファッティのために書かれたのではないことは確かである。
というのは、これもまた彼女との出会い以前に書かれたのであって、完成後、
彼女と知り合って、格好のプレゼントと一時、考えたことはあったとしても、
作曲した目的は不特定多数の愛好家に向けた作品を生み出すことであったに
違いない。余談だが、第24番［Op.78］がテレーゼ・ブルンスヴィクに献げら
れ、そしてもし第25番［Op.79］がテレーゼ・マルファッティに献げられてい
れば、"テレーゼ2連作"とも言われるようになったかもしれない。

763

第Ⅱ部　歴史的考察

8 | 「3大作品」ついに出版

　これらの出版と並行してこの時期に、といっても1810年7月から1812年
9月頃までの2年の幅を持ってだが、ついに相次いで刊行されたのが"3大超
大作"である。1808年9月にヴィーンでヘルテルとOp.67～70の出版契約
を結んで以来、ベートーヴェンは自身が「3大作品［3 größern Werke］」［BGA
392］と呼ぶ《レオノーレ／フィデリオ》［Op.72］（1810年8月刊行）、《オリー
ブ山のキリスト》［Op.85］（1811年10月刊行）と《ハ長調ミサ曲》［Op.86］
［1812年9月頃刊行］の出版がいよいよの懸案となっていた。当時、楽譜出版は
演奏目的にパート譜で出版される慣習である故に、これら3つのオーケスト
ラ声楽大作品は各社がその出版を躊躇し、実は"傑作の森"の中核を成してお
り、そしてその各期（1803年［Op.85］・1806年［Op.72第2稿］・1807年［Op.86］）
を代表しているのだが、これまで成約を見ることがなかった。以後、これら
についてブライトコップ＆ヘルテル社との書簡による長い交渉が続いた。
　それでもオペラ全曲のパート譜出版は当時の社会全体として考えられない
ことであり、《レオノーレ／フィデリオ》は序曲のみがまず先に、印刷記録
簿によれば1810年7月に、オーケストラ・パート譜で出版されることとな
った。このときのタイトルは《レオノーレ》であり、同社はそれゆえにその
序曲は《レオノーレ序曲》［のちに「第3番」が付く］と呼ばれた。その作品番号
について7月11日付書簡［BGA 456］で問い合わせたので、返事が来るまで
刊行を延期した可能性はある。しかし8月21日付書簡［BGA 465］で回答が
なく、相前後して、作品番号を付さずに刊行することに踏み切った。印刷記
録簿に8月とあるオペラ全曲（1806年の第2稿）のピアノ伴奏譜も同様で
ある。ただしこれには序曲と各幕の終曲は省かれた。ピアノ編曲の作業その
ものは、チェルニーの1842年回想録［前出］によれば、彼が行なったという
ことだが、当該出版譜にその旨の明記はなく、少なくともベートーヴェンの
責任において刊行されたものである。
　これら3作品の出版準備作業は同時に行なわれたと思われ、その仕事に集
中したのは、フランス軍占領の夏、ブルク劇場でフランス語オペラ・オンパ
レードの時期であったと見てよい。1809年9月19日付で「3作品はすでに
送った」［BGA 400］とあることで、作業の同時進行と原稿の送付が確認される。

764

第 25 章　1810 〜 11 年　ナポレオン絶頂期始まる

　ライシッヒ、ゲーテ、メタスタージオほかの詩に歌曲を作曲しながら、それらを含めて、1810 年 5 月までにクレメンティに手渡すために、そしてその後もブライトコップ＆ヘルテル社のために、器楽曲と歌曲の出版準備で原稿作成とチェックに明け暮れた。また、後述するように［第 30 章 1］、初めてトムソンにスコットランド民謡編曲 53 曲を送るのは 1810 年 7 月 17 日［BGA 457］であるから、この年は"歌曲漬け"となって多忙な時間を過ごしていたと言える。

　"3 大超大作"にあっては、第 1 弾の《レオノーレ／フィデリオ》［Op.72］は序曲のパート譜と（ほぼ）全曲のピアノ伴奏版という最も無難な形で決着したが、その間に《エグモントへの音楽》［Op.84］（初演 1810 年 6 月 15 日）が完成の域に達して、ベートーヴェンは 6 月 6 日に「現在さらにゲーテのエグモントへの音楽も提供できる」［BGA 446］と売り込んだ。その序曲に限っては問題なく先に 1810 年 12 月にオーケストラ・パート譜、そして 1811 年 2 月頃にピアノ編曲版の形で出版されたが、さて全曲はどうするのか、スコアでの出版に拘るベートーヴェンと出版社の対立が続いた［後述］。そして残った他の 2 大作品の出版も絡んで両者の交渉は難航することになり、これら 3 作品の刊行はどんどんずれ込んでいった。

　ベートーヴェンはそもそもシンフォニーもスコアで出版するのを望んでいたことは、すでにシンフォニー第 3 番の事例で見た［572 ページ］［BGA 188］。出版社がそれを実現しなかったのは長い慣習に逆らう決断ができなかったからである。しかし、後に見るように、シンフォニー第 7 番の出版（1816 年）以降はパート譜とスコア譜、そしてさらにその他数種の編曲版での同時出版がベートーヴェン作品にあっては一般化するように、時代全体の趨勢の転換期にさしかかっていたことは事実である。

　オーケストラ作品のパート譜出版は、その演奏体を所有している社会的勢力が著しく減少したために、現実にそぐわないものとなりつつあった。しかしスコア譜での出版もまた、観賞用ないし研究用というその用途がまだ確立しておらず、需要が読めないという問題があった。大管弦楽・声楽作品がスコア譜のみで出版されることは歴史上これまでにも、演奏目的ではない場合にはまれに実行されていたが、楽譜出版事業が消費者市民によって支えられるようになって進展すると、彼らが買い求めるのは、極小編成の楽曲（鍵盤音楽や歌曲、小編成室内楽曲など）がスコア譜であることを除けば、数部のパート譜からなる刊行物であった。しかし 1 曲が十数パートから 20 パート

765

第Ⅱ部　歴史的考察

を超えるような大曲となると、その出版は売れ行きに不安がつきまとい、編曲版と抱き合わせて出版されることも多くなっていく。

　18世紀末から19世紀の変わり目あたりから楽譜出版先進国フランスやイギリスで大曲のスコア譜出版は試みられ始めていた。ベートーヴェン作品に関しても、シンフォニー第1～3番が1808/09年にイギリスでスコア譜出版された事例については後述する［898ページ］。ヘルテルはオペラに関しては出版形態を迷うことはなかったが、劇音楽、オラトリオ、ミサ曲では問題は複雑であった。1810年11月11日にヘルテルは次のように書いている［BGA 477］。

> 郵便の日にはいつも期待していたのですが、オラトリオとミサ曲にはなお欠けた個所があり［引用者注：後述する］、性格的ソナタ［引用者注：「性格的」とは「標題付き」との意と解することができ（690ページ参照）、この際は《告別ソナタ》"Op.81a"を指す］とリート集［引用者注：Op.82とOp.83］もまだです。告白いたしますと、これらの物をこんなに長く待たなければならないのはきわめて困ったことで、このようですと、この冬のみならず、1年を失ってしまうばかりか、これに関する我々の協定の最終的決着もいっそう長く延びてしまいます。以前のお約束に依ればピアノ曲はすべて9月1日に［引用者注：クレメンティ社との時間調整のため］刊行するはずでして、本日は［引用者補：その］8週間後ですが、私はなおソナタの原稿をお待ちしています。オラトリオとミサ曲はすでにもう長く私の手元にありますが、まだ不完全なものであり［引用者注：全部が揃っていない］、したがって私はそれについて何も始められません。私はあなたに切にお願い申し上げますが、我々は一度正常化して、あなたにあってはこれらについての長引いている文通の心労から、私にあっては虚しい待ちぼうけから、解放されるよう、よろしくお取りはからい下さい。
> エグモントへの音楽について私は何をするのか、まだ決心がついていません。それをスコアで出版することは無駄ではないか、それは劇場でしか必要ではなく、それだと採算が取れません。それで序曲はパート譜で彫版させます。しかし間奏曲と歌もパート譜で彫版させるというのは問題があり……

　以下、ヘルテルは「幕間音楽」は上演あってのものであり、それだけの出版は意味がないことを延々と訴える。そして出版するとしても、それをパート譜によってかスコア譜によってか、ヘルテルはなかなか決断ができなかった。他の2大作品についても同様である。その3ヵ月後の1811年2月19日付書簡［BGA 486］でベートーヴェンはなお、「ミサ曲とオラトリオをスコアで出版するか、何も書いてきませんが、そしていつですか？」と尋ねている。《エグモントへの音楽》の序曲以外の部分は結局、1812年1月頃にオーケス

トラ・パート譜が、5月頃にピアノ編曲版が刊行され、スコア譜は断念された。

　こうした複雑な経緯は後世からは遙か彼方の遠景としか映らず、なぜ逡巡するのかそれ自体がよく理解できないかもしれない。そしてこうした経緯はこれまで、カタログの出版情報のなかに埋もれて、ほとんど注意されることさえなかったのではないか。しかしスコア譜で出すかパート譜にするかは、分厚いスコア譜原稿を眼前に提示されたヘルテルにあって、楽譜商としての厳しい判断が迫られる問題であった。

9 ｜ ベートーヴェン側の遅延理由と大ミサ曲出版の社会的問題

　オラトリオとミサ曲の出版が延びた理由はまだほかにあった。ベートーヴェンは1810年2月4日に「ミサ曲のオルガン・パートを特別にまた送る。もしまだ彫版していないなら、それをミサ曲にあってはこれまでとは違うようにしたい」[BGA 423]とし、またオラトリオについても「以下に挙げた曲での3トロンボーン、ティンパニ、[2]トランペットがあなたに送ったスコア［引用者注：1809年9月19日付（BGA 400）で送付を確認］にあるかどうか調べて欲しい」と書いた。楽章によって加わるこれらのパートを、自筆スコア譜において行数が足りないために収まりきれず、別紙に書いていたが、版下原稿を作成する際にコピストがそれを含めて筆写したかどうか、事後になって記憶が不確かになったのである。事実として、第2曲にはトランペットとティンパニが、第6曲の終結合唱の部分にはトロンボーンが欠けていた[BGA 423注16]のだが、その送付をその後ベートーヴェンはずっと失念したようで、それが上記1810年11月11日付[BGA 477]のヘルテルの催促となった。それを受けて、おそらく年の変わり目には送ったに違いなく、今度はベートーヴェンから前述のように、1811年2月19日付[BGA 486]で出版の催促となったと思われる［新カタログ］。

　一方、ミサ曲については、1年近く経って1811年1月16日に「ミサ曲はオルガン・パートなしで出版して下さい」[BGA 484]と書き送ったが、その1ヵ月後に「よろしければ、オルガン・パートを送りますが――ただちに返事を」[BGA 486]と改めた。ここに見るようにベートーヴェン自身が細部を最終的に決定しないまま時間だけが過ぎていき、それは結局、いつまでも送ら

第II部　歴史的考察

れず、ヘルテルはオルガン・パートなしで出版せざるを得なくなる。

　なぜオルガン・パートを付ける付けないが問題になっていたかというと、コンサート・ホールにオルガンを据え付けることが流行するのは19世紀後半に入ってからのことで、つまりオルガンが教会から解放されてコンサート楽器となる以前は、街のすでにある大きめの集会場（劇場、宮廷の舞踏会場、大学や会館［それが"織物"の会館であれば"ゲヴァントハウス"］、講堂の類い）にはオルガンは据えられておらず、すなわち"ミサ曲"にオルガン・パートが付けばそうした会場での上演が躊躇されるという心配があった。「ミサ曲にあってはこれまでとは違うようにしたい」［BGA 423］というベートーヴェンの言説からも、オルガン・パートなしでの出版が一般的であったことが判る。

　ミサ曲は本来は声楽パートだけのア・カペラ作品であり、それは印刷されると家庭での歌唱も可能であって、それはそれで人々の宗教心を高めることに貢献し、それについて教会が異議を唱えることはなく、そして需要はあった。しかしミサ曲が大管弦楽付きで書かれるようになると、"ミサ曲"の出版は、演奏を前提とすれば、教会外での無制限な上演に道を開くものであるから、そもそもそれは教会からのクレームに晒される対象となった。

　ベートーヴェンの"ミサ曲 Op.86"の出版はそれを回避する必要があり、タイトルについても、「ミサ曲［Messa］、オーケストラ付き4声…」とのイタリア語タイトルの他に、1808年12月22日の公開コンサートでの初演のときと同様に、「3つの讃歌［Hymnen］…」とのドイツ語タイトルを付けて出版されたのである。「第1讃歌」としてキリエ楽章とグローリア楽章、「第2讃歌」としてクレド楽章、「第3讃歌」としてサンクトゥス楽章、ベネディクトゥス楽章、アニュス・デイ楽章が組まれ、ライプツィヒのプロテスタント神学者クリスティアン・シュライバー（1781-1857）によるドイツ語歌詞が、訳詞者名を明示せずに、付された。

　出版を催促した上記1811年2月19日付書簡［BGA 486］で、それに続けて、「シュライバー博士に私はその翻訳に関して感謝申し上げます——幻想曲［Op.80］を校正のために送ってくださること、そしてそもそもいつもそうされること、が最終的に正しいのですが、そして第2校、第3校を送って下されば、矢のような速さで再びあなたの手元へ」とも書いた。この期間は次々と返送されてくるたくさんの大作品（のみならず小作品も）の校正チェックでてんてこ舞いの様子が窺える。しかしその結果は嘆かわしいものであり、1811年5月6日にベートーヴェンはついに怒りを爆発させた［BGA 496］。

768

第 25 章　1810 ～ 11 年　ナポレオン絶頂期始まる

ミス――ミス――あなた自身が極めつきの間違い人間だ――なので私のコピストを
送らなければならない、私自身が行かなければならない、私の作品が――間違いむ
き出しで出版されるのを望まないとすれば。――ライプツィヒの音楽法廷［引用者
注："出来上がった音楽を最終的に決着させる場"という意か？］はひとりのまともな校正者
も用意できないように見えるし、その上、あなたは校正を受け取る前に作品を送り
出してしまう――大作品にあっては少なくとも他のパートと小節数ぐらいは数えて
もらいたい――しかしそれをファンタジー［Op.80］等で見ると――どうなっている
かと。――エグモント序曲のピアノ編曲［引用者注：1811 年 2 月頃出版］を見ていた
だきたい、まるまる 1 小節が欠けている――ここにミスの一覧表、私のためにこん
なにおもしろいものに仕立ててくれて感謝。

　このような輻輳した紆余曲折があって、オラトリオはようやく 1811 年 11
月にスコア譜とピアノ編曲版により、ミサ曲はさらに 10 ヵ月後、1812 年 9
月頃にスコア譜のみで、刊行された。いずれもオーケストラ・パート譜の出
版は見送られるという、当時の出版形態としては珍しい選択となった。出版
社としてはここで、パート譜は上演当事者たちの自己作成に委ねることとし、
予想される在庫滞積を回避したのである。現実としては、《オリーブ山のキ
リスト》はその直後からドイツ語圏で上演ブームを巻き起こし、前述のよう
に、ベートーヴェンの生前だけでも約 80 回の上演が確認されるので、各地
で相当数のパート譜作成作業が続いたというわけである。しかしそれでも、
同社の印刷記録簿［Druckbuch］によれば、両作品のスコア譜の発行部数はそれ
ぞれ 525 部で、オーケストラ・パート譜の捌けはそこまでは達しなかったで
あろう。

10 ｜ 1809 年 9 月～ 1811 年 5 月の作業スケジュール
《告別》完成時期再考

　劇音楽《エグモント》（1810 年）、オラトリオ《オリーブ山のキリスト》
（1803 年）、《ハ長調ミサ曲》（1807 年）と、それぞれ創作時期の違う作品が
Op.84 ～ Op.86 として、出版難航作品の塊となってここに集中したのはなぜ
か、という疑問がここに生まれる。それを考えることは、この時期（1810
年 6 月の《エグモント》初演以降、1811 年 9 月の第 7 シンフォニー着手ま
で）の、"創作力の衰え"が云々されるベートーヴェンが取り組まなければな

769

第II部　歴史的考察

らなかった課題を確認することにもなる。

　遡ると、この間にブライトコップ＆ヘルテル社によって刊行される、そして同社の最後の出版となる、Op.72～86 の作品番号が決定（暗黙に追認［194ページ］）されたのは 1810 年 9 月 24 日［BGA 469］のことである。版下原稿の発送は、1809 年 9 月 19 日［BGA 400］「3 作品［オペラ Op.72・オラトリオ Op.85・ミサ曲 Op.86］はすでに送った」により、大作が最も先で、作品番号は最初のものと最後の 2 つとなった。1810 年 7 月 2 日［BGA 451］に、これから送る Op.73～Op.83 の 3 回に分けた発送予定が記されている。これは、その前から始まって、その先ずっとかけて取り組んでいくベートーヴェンの"業務スケジュール"のようなもので、その処理がやがて計画通りには行かず、刊行は次々とずれていく。分りやすく一覧表にする［次ページ］。

　ここから容易に想定できるのは、1810 年 9 月 24 日［BGA 469］の時点でヘルテルが Op.72～86 の作品番号を確認する書簡を書いたとき、ベートーヴェンの返事が来ないためそれ以前に作品番号なしで出版せざるを得なかった《レオノーレ／フィデリオ》Op.72 は別として、Op.83 まで、中小の作品を優先させ、3 ヵ月前の 6 月 6 日に「提供できる」［BGA 446］との最新情報を得た《エグモントへの音楽》をその後の Op.84 とし、難航が予想された大作 2 曲をそもそも最後の番号にした、ということである。完全原稿がなかなか整わなかったために自然と後の番号となっていったのではない。

　ベートーヴェンがこれらの原稿作成と校正刷りのチェックに忙殺されたであろうこともまたこのように一覧して見ると容易に推察できよう。備考欄にヘルテル発信のものは記入しなかったが、彼が 1810 年 11 月 11 日［BGA 477］に Op.81～83 をまだ入手していないと書いたことはすでに引用した。これは何を意味するのだろうか。ベートーヴェンとはそんなに怠惰な人間なのか。《告別ソナタ》"Op.81a"は第 3 楽章が 1809 年 1 月 30 日のルドルフ大公の帰還を喜ぶものだが、この楽章も 1809 年中に実質的に完成されていたとの見方［Forbes I, 475 ページ］は古くからあり、その後、第 2～3 楽章のスケッチは 1809 年 9/10 月のものであることが証明された。しかしその本当の完成はいつなのか、新カタログも「このソナタ全体の正確な完成期日はわからない」として、1810 年 11 月初めにまだ出版社が版下原稿を入手していない事実に言及している。

　上に再現した作業スケジュールがどんどんと遅れていくのは、ただコピストの作業とその点検が間に合わないというだけではなく、ベートーヴェン自

第 25 章　1810 〜 11 年　ナポレオン絶頂期始まる

1809 年 9 月 19 日［BGA 400］発送

実際の刊行年月

1810 年 7 月	Op.72（作品番号の決定以前に刊行されたため"欠番"となる［前述］）
	序曲　オーケストラ・パート譜
1810 年 7 月	全曲　（序曲と各幕の終曲を除く）ピアノ編曲版
1815 年 11 月	序曲　ピアノ編曲版
1811 年 10 月	Op.85　全曲　スコア譜
1811 年 10 月	Op.85　全曲　ピアノ編曲版
1812 年 9 月頃	Op.86　全曲　スコア譜

1810 年 7 月 2 日［BGA 451］発送　「第 1 回送付」「1810 年 9 月 1 日までに刊行」

実際の刊行年月

| 1810 年 11 月頃 | Op.74、Op.76、Op.77、Op.78、Op.79 |
| 1810 年 12 月 | Op.75 |

備考

「第 2 回送付」予定　「1810 年 11 月 1 日までに刊行」　1810 年 8 月 21 日［BGA 465］

実際の刊行年月

1811 年 2 月	Op.73	「第 2 回納品はまもなく」
1811 年 7 月	Op.80	1810 年 9 月 23 日［BGA 468］
1811 年 11 月頃	Op.83	「第 2 回目に属するリート［Op. 83］をまだ送っていない」

「第 3 回送付」予定「1811 年 2 月 11 日［原注：おそ　　1810 年 10 月 15 日［BGA 474］
　　　　　　　らく 1 日の誤記］日までに刊行」　　「残りすべて［Op.81 〜 83］
　　　　　　　　　　　　　　　　　　　　　　　　は次の便で」

実際の刊行年月

1811 年 7 月	Op.81	
1811 年 3 月頃	Op.82	
1810 年 12 月頃	Op.84　序曲　オーケストラ・パート譜	1810 年 8 月初め［BGA 464］
1811 年 2 月頃	Op.84　序曲　ピアノ編曲版	「エグモントも」
1812 年 1 月頃	Op.84　序曲以外　オーケストラ・パート譜	
1812 年 5 月頃	Op.84　序曲以外　ピアノ編曲版	

身がその過程で作品の本質的な改訂作業にのめり込んでいったという事情も
あったのではないか。ちなみにこのソナタに関して、ルドルフ大公の楽譜文
庫由来の自筆の書き下ろし原稿は第 1 楽章しか現存せず、第 2・3 楽章は
1860 年の時点ではあるが消失していたことが確認される一方、この両楽章

771

第II部　歴史的考察

の校閲筆写譜が大公文庫由来で存在するので、献呈後に改訂され、差し替え
られた可能性はある。

11 │ 作品全集の構想

　この時期のブライトコップ＆ヘルテル社とのきわめて頻繁で濃密なやり
取りのなかで、当面の 14 作品の出版に関することのほかに、両者が角を突
き合わせて議論したのが、ヘルテルからは現今の世界情勢からくる楽譜出版
事業の難しさと、ベートーヴェンからは国際出版推進の具体策および作品全
集の出版についてであった。国際出版はかねてからの彼の構想の発展型であ
り、作品全集についてはそもそもはヘルテルが 1803 年 6 月 9 日［BGA 141］
で働きかけたものであったが、ここで改めてベートーヴェンの方から具体的
に提案が為された。1810 年 8 月初めにバーデンからオリヴァ代筆の書簡
［BGA 464］でベートーヴェンは価格交渉をするなかで突然、この問題を次の
ように切り出す。

> あなたの商売を他のすべてのドイツ社より贔屓にしており、あなたがもはやこれ以
> 上、私の要求に同意することを延ばさないよう期待しています。さらにあなたの利
> 益に対する私の気配りと、私が他の誰よりもあなたに与えている優位を証明するた
> めに、私が近いうちに企てる大きな構想についていくつか考えをお伝えしたい。
> ——すなわち、私は、私の全作品の、私によってオーソライズされた版を、私たち
> が同意するなら、御社を主社として出版したいと思っています。［中略］
> この版に幅広い、いっそう大きな需要を作り出すために、私の考えでは、あなたが
> たとえば当地やパリの社を配下に収めた企業連合体を企画することが非常によいと
> 思います。これができると、オーストリアの諸国［引用者注：ハンガリー、ボヘミア等
> を含む］に対して特権を得やすくなり、そのために私が格別に尽力いたします。そし
> てそれ［引用者注：特権］が維持されれば私たちは保証されるかもしれません。さら
> に同じことがフランスでも起きれば、この曲集を 1 部預け［引用者注：国立図書館の献
> 本制度のことを言っている］、そうすれば続版［引用者注：版権侵害の海賊版］から守ら
> れ、大きな需要が見込めるというわけです。この版は彫版されなければならず、活
> 字で印刷されるのではありません。——私は、私たちが了解し合った報酬を得て、
> 各ページを正確に校閲し、随所で変更を施し、要するにあらゆる可能な貢献をし、
> 正しい、正確な、かつ永久的な作品を供給します。同じ報酬で私は、今後出版され
> ていくどの作品も、刊行後一定の期間をおいて、この曲集に組入れることとします。

第 25 章　1810 〜 11 年　ナポレオン絶頂期始まる

　ヘルテルの返信がなかなか来ないため、ベートーヴェンは 9 月 23 日に
「もの凄く長い手紙［原注：BGA 464 および 465］を書いたが、まだ返事をもらっ
ていない」と催促したが、入れ違いに 24 日付書簡［BGA 469］がヘルテルか
ら届いた。そこには、問い合わせても反応がなかった Op.72 〜 86 の番号確
認もあり、2 人の意識と関心のずれが露呈している［156 ページ］。

　我が社においてはハイドン、モーツァルト、クレメンティ、ドゥシェック、クラー
マー、シュタイベルトの主たる、そして最も重要なピアノ作品が刊行され［原注：
"Oeuvres complettes" と題されたもので、ハイドン（1799 年から）、モーツァルト（1798 年か
ら）、クレメンティ（1803 年から）をそれぞれピアノ作品で開始］、あなたご自身にもすで
に以前にあなたの作品の新しい完全な版の提案をしたことがあります［引用者注：原
注なし /BGA 141］、以下の問題をクリアーできれば、と。すなわち第一に、BAI 社、
キューネル社、ジムロック社などさまざまな出版社の所有権の問題。私が送るあな
たの作品リストに、どれはどの社に渡したと記入して頂けると大変ありがたいとこ
ろです。私が刊行したモーツァルトその他の出版の際にはこうした問題はありませ
んでした。以前にすでに彫版されたことのあるモーツァルトやハイドンの作品はほ
とんどすべてがアルタリア社、モッロ社といったヴィーンの出版社からで、各社が
まず、私の合法的に取得した版権であったさまざまなハイドンその他の作品を続版
し、その見返りに私に権利を与えました。クレメンティや初期のドゥシェック作品
の場合は問題はさらに少なく、その初版がフランスやイギリスで出るというもので
した。それに対してあなたの作品は所有権が多岐にわたり、新しい版は、はっきり
と分かる形で変更しないと、以前の権利の侵害と見られかねません。私のところで
曲集を企画する以前に、当時まだこれらの作品の曲集はありませんでした。モーツ
ァルトとハイドンのピアノ作品の大部分は北ではまだあまり、多くのクレメンティ
およびドゥシェック作品はまだまったく、知られていませんでした。それに対して
あなたの作品に関しては、爾来、楽譜商が別の形態で出していて、だからこそ普及
に貢献できたのですが。…［中略］したがってどんな見込みが新しい曲集にあるので
しょうか？付け加えますと、私のその他の曲集の成功は主として非常に低い価格に
よって実現され、ハイドンとモーツァルトの曲集では報酬はわずかな費用で済み、
クレメンティのではクレメンティ氏が報酬を辞退し、私には、報酬の要求をまった
く認めることなく、そうした曲集を企画する自由がありました。クレメンティは多
くの作品の校訂および改訂にも長期間、私の家に住んで弁済を何ら求めませんでし
た。これとは違う状況が、あなたの作品の校訂に関して、また新しい版への協力に
関して、あなたが当然になされるであろう新しい全集の編集の際にはあって、それ
が、数多い、そしてもちろん廉価の、続版［引用者注：版権侵害の海賊版］と比べて、
あなたの作品の価格をつり上げることにならざるを得ません。それに対して続版出
版社は新しい改訂をすぐに自分の版に採り入れることでしょう。

　待ちに待った返事は "ゼロ回答" であった。ベートーヴェンは全集出版構想

773

第Ⅱ部　歴史的考察

を生涯、持ち続け、また周辺も関心を示しつつなかなか踏み切れずに終わる。1816年にヴィーンに滞在したジムロック息子がディアベッリとその件を相談し（その構想は、ディアベッリがベートーヴェンに宛てたBGA 960に記され、かなり具体的なもの）、1817～20年にベートーヴェンと交渉しているが、遺されたジムロックとの散発的なやり取りからはその成り行きは不透明である。1818年にペータースとの仲立ちに入ったシュトライヒャーがペータースに「すべての作品をひとつのコレクションで、あなたのところで出版するのは?」［BGA 1465注2］と問うている。そして1822年から始まるペータースとの直接交渉のなかでベートーヴェンの方から6月5日に「私はこれを生きている間に何とかしたいと思っており」［BGA 1468］とまで言って、10,000グルデン約定価の報酬に言及している。

12 │ 1809～10年夏、さらに1816年の管楽合奏曲

　1810年7月31日にキンスキー侯から1年3ヵ月分2250グルデンの支払いを受けたベートーヴェンは8月から10月6日ないし11日まで主としてバーデンで過ごした。ヘルテルとのやり取り、そして多くの作品の発送用意は同地でなされ、ときに必要な資料を取りにヴィーンを往復したと思われる。そのほかにさまざまな作品も手掛けた。6月に少しスケッチした弦楽四重奏曲ヘ短調［Op.95］は夏から秋にかけて、またピアノ・トリオ［Op.97］のスケッチも1810年後半に始まる。

　そのひとつとして、8月25日に行なわれる、ヴィーンとバーデンの中間にあるラクセンブルク宮の庭園において、皇帝フランツ1世の3度目の夫人で、結婚したばかりであった皇妃マリー・ルイーゼ・ベアトリックスの聖名祝日を祝うカルーセル［引用者注：祝典馬術披露のことで、現代風に遊園地の"回転木馬（メリーゴーランド）"を考えてはいけない］のために、管楽（ピッコロ1、フルート2、クラリネット3、ファゴット2、コントラファゴット1、ホルン2、トロンボーン2、小太鼓1、大太鼓1）のための行進曲を2曲（第1番［WoO 18］、第2番［WoO 19］）、作曲した。これはルドルフ大公からの依頼を受けたものであることが7月末ないし8月初の大公宛書簡［BGA 462］から見て取れるが、大公自身は、この祝賀の責任者であった兄のアントン大公（1779-1835）から仲介を頼まれたと思われる。同大公はドイツ騎士団長を務め、独自の楽隊を

774

持つ歩兵連隊の長でもあった。

　第1番第1稿の自筆スコア譜［Quelle I, 2］には「ボヘミア国土防衛隊のために　1809年」とあり、その下にもともとの献呈の辞「アントン大公閣下のために1809年」と書かれているが削り取ろうとした跡がある。この大隊は1808/09年にボヘミア地域の防衛を担当し、スケッチが1809年初めにピアノ・コンチェルト第5番第1楽章のそれに挟まれて書き付けられていることから、この第1曲の第1稿はフランス軍のヴィーン占領が始まる前にベートーヴェンがヴィーン防衛に反応した音楽と見ることができる。

　続けて1809年10月から10年7月の間に、同じ編成による、24小節の、軍楽のための《エコセーズ》ニ長調［WoO 22］がスケッチされ、その完成した自筆譜にはフランス語で「エコセーズ、ベートーヴェンによる、1810年、バーデンにて」とある。同じ頃に《エコセーズ》ト長調［WoO 23］も書かれたと思われるが、それは死後（1834年）に出版されたチェルニーによるピアノ編曲版でしか伝わっておらず、原曲の編成は分らないが、16小節の似たような音楽で、同じ編成であった可能性はある。

　フランス軍との戦いと占領の時期にある程度まとまって軍楽が書かれたことは何らかの用途を前提としてのことと考えられる。そしてこの夏は前年に書いた行進曲第1番［WoO 18］にトリオ部分を書き加えて、34小節の管楽合奏曲（第2稿）に仕上げ、祝賀カルーセルの際に転用した。行進曲第2番［WoO 19］はこの際に書き下ろされた41小節のもので、「8月3日」という日付が自筆譜にある。この2曲を含めて、当日の演奏曲と思われる12曲が、《カルーセル音楽　マリア・ルドヴィカ皇妃陛下の聖名祝日にラクセンブルク宮庭園で上演された　トルコ音楽のためにしつらえられた》というタイトルの曲集として1810/11年にヴィーンの化学印刷所_{ヒェーミッシェ・ドゥルッケライ}（のちのシュタイナー社）から14部のパート譜で出版された。「トルコ音楽」とは、18/19世紀の変わり目にヴィーンで流行ったトルコ風管楽合奏団のことである。この曲集で第2曲がWoO 18、第12曲がWoO 19であるが、他の曲には作曲者の明示がない。

　ただし奇妙なことに、WoO 18はピアノ曲として、ベートーヴェンの、スケッチ帖におけるものとも、のちにピアノ編曲したものとも、細部が異なる形でプラハで《ロプコヴィッツ侯の大隊の国土防衛隊行進曲　ピアノ・フォルテのため　Lud. v. ベートーヴェンによる》というタイトルで出版されており、その年代を旧カタログは1809年とした。新カタログもそれを第1稿

775

第II部　歴史的考察

の「編曲版」として 1809 年頃と年代付けている。その関係を解くとすれば、
ボヘミアの前線に立つアントン大公のもとにベートーヴェンから慰問音楽の
ようなものが届けられ、それがロプコヴィッツ侯のためとすり替わり、かつ
編曲されて、プラハで出版された、とでも解釈するべきなのだろうか。

　この 2 曲と似た編成で同じ頃、もう 1 曲 [WoO 20]、上記の楽曲とは違う
173 小節規模のものが書かれた。その自筆譜（おそらく遺産目録 162 番のも
の）には「帰営ラッパ("門限合図"とも訳せる) [Zapfenstreich] 第 2 番」と記
されている。そしてさらに「1816 年 7 月 5 日」付で似たような編成による
（ただしホルン 6 本、トロンボーン 8 本などとかなり大規模）「警備隊行進
[Wachtparade]」[WoO 24] が書かれる。

　ここでいささか詳しくこれらの作品に言及するのは、それが「カルーセル
音楽」「国土防衛隊行進曲」「帰営ラッパ（門限合図)」、そして第 4 曲は「警
備隊行進」、とさまざまな呼称で、その後の書簡のなかでも何度となく登場
するからである。ことにこれらを、《ミサ・ソレムニス》作曲中で販売する
作品が底を着いた 1822/23 年に [第 33 章 4]、「トルコ楽団のための 4 つの軍楽
行進曲」としてライプツィヒのペータース社に売り込んで、版下原稿まで送
るが出版を断られる。さらに 1825 年にはマインツのショット社、そしてお
そらくは 1826 年にもベルリンのシュレジンガー社に提供して成果を見るこ
とができない。これらの軍楽作品は彼にとっては因縁の曲集となる。

776

第26章

1811～12年初

年金支給の実態と出版収入

貨幣価値下落とロブコヴィッツ侯・キンスキー侯の不払い／
ゲーテとの関係の始まり／初めてのテプリッツ滞在／
ピアノ・コンチェルト第5番　初演問題の検証／
シンフォニー第7番の作曲

1. 年金支給の実態解明を阻害する要因の整理
2. 裏腹な経済的潤いと体調不良
3. ゲーテへの《エグモント》の献呈
4. ブレンターノ一族との交友
5. ルドルフ大公へのレッスン再開
6. ピアノ・コンチェルト第5番　初演問題の検証
7. 幻のコンサート計画と「序曲ではない序曲」第2弾
8. この時期におけるベートーヴェン・オーケストラ作品の上演
9. 第1回テプリッツ滞在
10. 《シュテファン王》と《アテネの廃墟》
11. 「ペッター」スケッチ帖はテプリッツに持って行ったのか？
　　　シンフォニー第7番の作曲開始時期をめぐって

第Ⅱ部　歴史的考察

　1811 年 2 月 20 日にオーストリア政府は経済勅書［Finanzpatent］を公布した。
フランス軍の占領を招く結果となった対仏戦争の失敗の代償は余りに大きく、
フランスに 85 億フランの賠償金を課され、オーストリア経済は崩壊の危機
に瀕したのである。政府は国家財政の破産を宣言し、勅書の発効は 3 月 15
日とされた。銀行券［Bancozettel］（紙幣）は補償紙幣［Einlösungsscheine］と交換
ということになった。新紙幣は、下落した貨幣価値を国際的に "補償" するこ
とが "約定" された実力値、という意味で「約定価 [Conventions-Münze = C.M.]」
と呼ばれ、それまで流通していた銀行券は国内での相対値として「ヴィーン
価［Wiener Währung = W.W.］」といい、その交換比率は 1：5 に固定された。つ
まり、額面通り受け取ると、ベートーヴェンの年給 4000 グルデンは補償紙
幣による 800 グルデンの支払いということになる。書簡交換全集においても
1812 年 2 月 19 日の書簡に対する注として「ベートーヴェンの給与 4000 グ
ルデン銀行券はさしあたって 800 グルデン補償紙幣に下落した」[BGA 553 注
2] とある。ところが会話帖第 9 巻にある 1826 年 2 月 24 ～ 26 日の会話に対
する注釈 138 は「ルドルフ大公は貨幣価値の下落後もその支払いをただひと
り、もともと決められていた額で維持し、1500 グルデン・ヴィーン価（600
グルデン約定価）を、半年ごとに 3 月 1 日と 9 月 1 日に支払った」と解説し
ている。この 2 つの注釈は整合しない。どうも、ベートーヴェン研究の最先
端でもこの問題はよく整理されていないようであり、またこの 2 つの注釈の
間を取り持つ解説が必要である。
　1810 年 5 ～ 7 月の『エグモント』のヴィーン上演のために付随音楽を作
曲する注文に応えたことは、ベートーヴェンをゲーテと個人的に接触させる
触媒となった。彼は 1810 年 10 月 15 日にブライトコップ＆ヘルテル社に
「あなたがオリジナルのスコア譜を必要としなくなったらすぐにライプツィ
ヒからゲーテに送るようお願いします、私はこの件をすでに同人に告げたの
で」と書いた [BGA 474]。1811 年 8 月から約 1 ヵ月半、ベートーヴェンは中
欧の温泉地テプリッツで療養かたがた、実際にはかなりハードな依頼仕事を
こなすが、夏をカールスバートに過ごしたゲーテと直接の接触はなかった。
2 人の濃い関係が生まれるのは翌 1812 年夏である。

778

フランクフルトでゲーテ家との交流もある名家ブレンターノ一族の、息子夫妻（フランツとアントーニエ）と、ベルリンからやって来た娘（ベッティーナ）が同時期にヴィーンに居合わせて、ベートーヴェンとゲーテとの関係に絡んでくる。そして1812年の2度目のテプリッツ滞在のときは彼らと一緒に、ゲーテも含めた、交流が展開される。そしてアントーニエ・ブレンターノはおそらく"不滅の恋人"その人となる［第27章］。

この時期の出来事として、ピアノ・コンチェルト第5番の初演問題がある。これまで、作品の完成（1809年夏）から2年以上も経た1811年11月に、しかも出版楽譜（1811年2月出版）を使用して、ライプツィヒでようやく初演されたということになっていた。これはどうにもおかしい。その件の徹底的な追検証を行なう。ヴィーンでの不況と、その結果としてのコンサート活動の不活発がその背景にある。

ベートーヴェンの創作史でひとつの大きな転換期を指標するシンフォニー第7番の創作がいつ頃、始まったのか、従来は見通すことができず、かなり遅く1811年10月頃というのもひとつの定説であった。テプリッツ滞在中の8月に本格的作曲につながる着想を得て、ヴィーン帰還後にそれは大きく発展する、という見立てをここで提示する。しかしいつテプリッツから戻ったのか、それ自体の検証は第33章で行なうが、新カタログにおいて9月後半という新しい見解が提示された。それはシンフォニー第7番の意味づけに新たな展望を開くものである。

1 | 年金支給の実態解明を阻害する要因の整理

年金契約締結以来、戦時の急激なインフレによって、支給額4000グルデンが満額支払われたとしても経済的な安定を予定通りには得られない、というのがこれまで述べてきた水準である。しかしここに来て、経済勅書の発布は年金支給の実態そのものを大きく揺るがせた。そしてそれ以降、ヴィーンの通貨が計算上、約定価とヴィーン価の二本立てとなったこと、その比率が勅令によって変動すること、それに加えて年金支払い者たちの間で対応が違ったことで、ベートーヴェンの被支給実態が複雑になり、その把握は一筋縄ではいかない。上記の混乱、ないし見解の相違はその現われである。

その解明の基礎となるのが、死後にベートーヴェンの資産を記録した同時

第II部　歴史的考察

代人の記載のなかにある「未回収の生計維持費」という項目である［TDR V,
付録III, 580ページ］。その具体的数値はその後に回復した5：2の比率によるも
のであるが、その評価については終章で扱うこととし、ここではそこに記さ
れた「ルドルフ大公私金庫から年支給額600グルデン約定価のうち1827年
3月1日から26日までの分43グルデン20クロイツァー」との記述に注目
したい。ここから、大公がベートーヴェンに生涯、1809年契約時の1500グ
ルデンを同価値の約定価（600グルデン）で払い続けたであろうことが見て
取れる。一方、勅書発効以後の最初の支払いである、キンスキー侯の3ヵ月
ごとの支給（3月～5月分）の1811年7月26日付計算書には「450銀行券
すなわち90グルデン補償紙幣」とあって［TDR III, 298ページ］、これは、年額
1800グルデンの3ヵ月分に相当する450グルデン分が流通無効となった銀
行券に代わって補償紙幣による90グルデン分の支払い、と解することので
きる文書である。ここでは確かに5：1の比率となっていて、書簡交換全集
の注釈通りである。
　"補償紙幣"で支払われることで価値を明確に減じられる元の値を"ヴィー
ン価"というが（ルドルフ大公の支給額の例で言えば、契約書に定められた
元の価が1500グルデン・ヴィーン価で、実際の支払いはその5分の2まで
切り下げられた600グルデン約定価である）、これは「ヴィーンでの価」と
いう意味で、いまや国際的には通用しない敗戦国の貨幣単位と考えてよい。
しかしこの用語は、1811年2月の"経済勅書"以後に"補償紙幣"が出回るよ
うになってからはその意味で使われるようになったが、それ以前にも「ヴィ
ーンの通貨」という一般的な意味があり、たとえば「約定金［KonventionsGeld］
（価）をヴィーンの通貨（価）で」［1808年6月8日付BGA 327］という表現に出
会う。また"約定価"とは、この時期以後、"レートの下げられた実力値"とい
う意味となるが、市場で取り決められた（すなわち約定された）"約定値"で
あって、その意味で以前からもよく使用されていた。その約定はアウクスブ
ルク市場でなされたため、"約定価"は"アウクスブルク値（クーラント）"と
も言われた。
　経済勅書の他の条項を見ると、政府はこの急激な日常通貨の価値下落を少
しでも緩和するために、オーストリア臣民間の金銭契約は、特別な支払方法
が契約書において規定されていない限り、銀行券（紙幣）で精算することが
でき、債務額は銀行券がその証書の期日に有していた銀価格によって決めら
れる、とした。経済勅書には、銀貨グルデンの銀行券に対する交換値を

780

第 26 章　1811 〜 12 年初　年金支給の実態と出版収入

1799 年に遡って小数点付きの月平均値で示した表が「1811 年 2 月 20 日の勅
書第 13 および 14 条に基づいて支払が行なわれるべき銀行券の交換相場表」
と題して、添えられた［TDR III, 297-298 ページ］。銀行券（紙幣）も、1799 年を
起点に絶えず小幅ながらインフレとなっていたのであり、銀貨グルデン（約
定貨幣［Conventions-Münze ＝ C.M.］）に対する交換率を下げていた。勅書直前の
ヴィーン新聞 1811 年 1 月 3 日付記事によれば、1810 年 12 月 30 日の約定価
と銀行券の交換率は 100 対 445 〜 463 ［BGA 419 注 2］なので、勅書の 1 対 5
という比率はその後さらに悪化した市場を追認するものであった。ちなみに、
ベートーヴェンは 1810 年 6 月 6 日付ブライトコップ＆ヘルテル宛書簡
［BGA 446］において、「高騰は当地でいっそう激しくなり、…かといって報酬
はそれほど高くはならないし。私の 4000 グルデンは、それで私はいまやっ
ていくことができず…かつての 1000 グルデン約定価もない」と書いていて、
100 対 400 を超えている実感が言い表わされている。2 ヵ月後、1810 年 8 月
21 日付ブライトコップ＆ヘルテル宛書簡［BGA 465］においても同様のこと
を言っている。

> …いま長靴 1 足が 30 グルデン、コートなどは 60 〜 70 グルデンします…私の 4000
> グルデンは昨年フランス軍が来る前のことで、まあまあでしたが、今年はそれが約
> 定価で 1000 グルデンです。

　こうした状況であるから勅書の第 13・14 条は、契約締結時点の交換相場
による支払いを可能とすることにより、年金受給や家賃支払いといった契約
によって成り立っている取引のショックを少しでも和らげようという施策で
あった。「交換相場表」によればベートーヴェンの 3 者年金契約締結日前日
の交換相場は 1：2.48、すなわち 1 銀貨グルデンが銀行券では 2.48 であるか
ら、年金総額 4000 グルデン（銀行券／ヴィーン価）は 1612 グルデン 54 ク
ロイツァー約定価となり［フォーブス英訳は 1617 グルデン 54 クロイツァーと誤植し、し
たがって日本語訳も同様］、切り下げは約 10 分の 4 に緩和され、補償紙幣の交換
率 5 分の 1 に比べればその約 2 倍となるところである。しかしこれは建前で
あって、そのように実行するかどうかは当事者間の交渉に掛かっていた。そ
れに応じたのはルドルフ大公だけであったというのが、会話帖第 9 巻にある
注釈 138 ［BKh 9 注 138］であり、同人の支払分 1500 グルデンが約 10：4 の約
604 グルデン 50 クロイツァー約定価のところ、おそらく丸めて 600 グルデ

781

第Ⅱ部　歴史的考察

ン約定価という妥協が成立したのだろう。キンスキー侯が 1800 グルデンの
ところ補償紙幣でその 5 分の 1 の 360 グルデン（約定価）、ロプコヴィッツ
侯が 700 グルデンのところ同じく 140 グルデン（約定価）を支払うと、合計
1100 グルデン（約定価）である。

　書簡交換全集における「4000 グルデン銀行券はさしあたって 800 グルデ
ン補償紙幣に下落」という注は、貨幣価値が 5 分の 1 へと激烈に切り下げら
れた事実をそのままベートーヴェンの年俸額に機械的に当てはめ、その衝撃
度を表現したもので、ベートーヴェンへの支給が実際にどう展開したかにつ
いて解説したものではない、と解してよいだろう。一方、会話帖の注釈の方
では「ただひとり、もともと決められていた額を維持した」と述べている点
と、その実際の支給額を明示している点で、支給の実際の一部が具体的に示
されている。ただ、支給の全体像を得ることはたいへん難しく、いくつかの
研究論文もあるが、誤りや相互に矛盾を含んでおり、そのまま参照するわけ
にはいかない。全体として、キンスキー侯分は死後に裁判で減額の和解が出
たが［第29章7］、それを含めて、未払い分は結果的には遡及して支払われた
のだから、生涯、相当額の年金支給があったという結論でよいということに
なって、一時的未払いの実態はあまり問題とはされないのか。しかし 1815
年に、キンスキー侯家とは 1 月、ロプコヴィッツ侯家とは 4 月に和解が成立
して正常化されるまでの 3 年半、現実の収入は契約とはまったく異なり、か
つ、見通しのない、不安定なものであった。

　1811 年 9 月以降の支給状況の把握は益々、複雑になる。セイヤーは「よ
うやく 9 月 13 日の宮廷布告が上記"交換相場表"によるより有利な算定のた
めの法的基準をもたらした」［TDR III, 298 ページ］と書いていて、ここからは
新たな勅令によって勅書第 13・14 条の履行の強制力が強まったと見て取れ
る。書簡交換全集の注釈においてはその期日の明示はなく、ただ「その後」
となっていて、「複雑な換算表により 4000 グルデン銀行券は 1612 グルデン
9/10 補償紙幣に値上げされた」［BGA 553 注2］とされている。セイヤーは続け
て、「［キンスキー］侯の会計局は彼にそれ以後、四半期分 450 グルデンに対し
て同表により 185 グルデンと換算して補償紙幣で支払われることになる（計
算書は遺っていない）」と書いている［TDR III, 299 ページ］。しかし書簡交換全
集では、上記の注とは矛盾するかのように、「ベートーヴェンは 1811 年 9 月
1 日以降もはやキンスキーから給与を得なかった」［BGA 608 注8］［後述］、とな
っており、支給そのものを否定している。

782

第 26 章　1811 〜 12 年初　年金支給の実態と出版収入

　それに対してベートーヴェンは侯の死後、1813 年 2 月 12 日付でマリア・シャルロッテ・キンスキー侯夫人に宛てた書簡（オリヴァ筆ベートーヴェン署名）［BGA 622］のなかで、「私の 1811 年 9 月以来、未払いとなっている給与」を"WW グルデン 1088.42"とし、未払いがいつからなのか、明言している。その額は侯の分担分 1800 グルデン ÷2.48×1.5（1 年半［18 ヵ月分］、すなわち 1813 年 2 月まで）に数字的に完全に合致する。ここで"WW（ヴィーン価）"とはっきり書かれていること、そして「契約日の相場［Scala］に従ってヴィーン価で換算して」と念押しされていることが、私たちから見るときにこの問題の理解をさらに難しくさせる。すなわち、年金 1 年半分 2700 グルデンは 1：2.48 の比率でしか補償されないから 1088.42 グルデン［100 分率では 1088.70 であるが、クロイツァーは 60 進法なので 42 クロイツァー］となっているのであり、それは"約定価"と呼ばれるはずで、"ヴィーン価"とは時価であることを喪失した 2700 グルデンという本来の価ではないのか。

　ここには当時の人々の間で正確な用語法が確立されていないことを見て取るべきなのである。つまり冒頭にある W.W. とは「ヴィーン価制度下における」と読むべきであって、たとえば 4000 fl.WW ＝ 800 fl. CM という数式を例に取るなら、「"ヴィーン価制度下において 800 グルデン約定価である"という事実は、"ヴィーン価［「制度下において」が省かれて］で 800 グルデン"という風にも言われる」と理解することが必要である。したがって、ベートーヴェンの記した"WW グルデン 1088.42"、すなわち「ヴィーン価で 1088.42」とは、「ヴィーン価制度下において 1088.42 グルデン（約定価）」という意であって、その際、「約定価」という単語は当然のこととして省略されている、と解される。もしかしたら、ふつうは"1088.42 fl. WW"と数値の後に貨幣単位（グルデン・ヴィーン価）を付けるところ、そうではなく、数値の前に"WW"を出していることは、むしろその意味を明示したということだろうか。書簡交換全集の注［BGA 622 注 3］には、その指摘がないばかりか、「キンスキーの分担分は公刊相場表の適用により年 725 グルデン 48 クロイツァー・ヴィーン価［引用者注：正しくは「約定価」としなければならない］で、18 ヵ月間［引用者注：1.5 倍で 1088.42 グルデン］」、実際にこの額であると間違いの上塗りをしている。研究の最前線でもなおこのような混乱が散見されるので、誤情報を選り分けて進まないと真相にはたどり着けない。

　一方、ベートーヴェンが"ヴィーン価"という用語を、制度ではなく、貨幣単位として使用している例を挙げると、同じくマリー・シャルロッテ・キン

783

第II部　歴史的考察

スキー侯夫人に宛てた 1812 年 12 月 30 日付書簡［BGA 608］において 60 ドゥ
カーテンを大雑把に 600 グルデン・ヴィーン価と換算している。60 ドゥカ
ーテンは、1 ドゥカーテン＝約 4.5 グルデン約定価＝約 11.5 グルデン・ヴ
ィーン価とすると、690 グルデン・ヴィーン価に相当する。幾分少ないが
［第 27 章 3］、「ヴィーン価」を貨幣単位として用いる一般的な例である。
　年金支給者のもうひとり、ロプコヴィッツ侯からの支給も 1811 年 9 月か
らほぼ 4 年間、完全に停止される。侯は劇場経営を引き継いだことから経済
的に破綻したとセイヤーは書いているが［TDR III, 299 ページ］、前章で言及し
たように、「ロプコヴィッツ侯の大隊の国土防衛隊」がプラハにあって、ナ
ポレオン戦争中の戦費調達も破産の大きな要因であったのではないだろうか。
ベートーヴェンは支給を求めて裁判を起こすこととなるが、それが 1815 年
4 月 19 日に解決するまで、ロプコヴィッツ分の 700 グルデン、約定価で 280
グルデンの収入はなくなる。キンスキー侯に対しては 1812 年 7 月に再度テ
プリッツに滞在する際に途次のプラハで直接、談判して、とりあえず、上記
60 ドゥカーテンを内金として支給することを求め、侯は了承した［第 27 章 3］。
しかし泣きっ面に蜂というか、1812 年 11 月 2 日にキンスキー侯がプラハで
落馬事故により頭蓋骨折し、その 10 時間後、3 日に死去したことで、その
翌日以後の支給分が相続人から不払いとなる。これも裁判を通じて受給権を
訴えなければならないことになり、それが解決する 1815 年 3 月 31 日まで、
収入が途絶える。
　以上を整理すると次のようになる。すなわち、ベートーヴェンは 1809 年
3 月から 2 年間は 4000 グルデンの年給を得ていたが、それは先に引用した
ように、1810 年 8 月 21 日の時点で「1000 グルデン約定価」という実感とな
っていた。1811 年 3 月から半年間は少し回復して年額 1100 グルデン約定価、
すなわち半年で 550 グルデン約定価となり、1811 年 9 月以後は 1815 年 3 月
まで 3 年半ほど、キンスキー侯からの未払い内金 60 ドゥカーテンを別にす
ると、実際にはルドルフ大公からの 600 グルデン約定価の支給しかなくなっ
た。この額は、1800 年から 1806 年までリヒノフスキー侯から得ていた年金
と偶然に同額である。したがって、ベートーヴェンは 1800 年以降、それが
途絶えたと思われる 1807 ～ 08 年を除き、最低 600 グルデンの年金で凌いで
いた、との想定が可能である。のちに裁判での和解によって未払い分が遡及
的に支払われることになるとしても、ことに 1812 年 11 月のキンスキー侯死
去後は、3 者年金の実効性はきわめておぼつかないものであった。

784

第26章　1811〜12年初　年金支給の実態と出版収入

2 │ 裏腹な経済的潤いと体調不良

　そうした将来への経済的不安を抱えてはいたが、1809年から12年にかけ
ては実際には生涯において比較的、収入は順調な時期であった。というのは、
出版からの収入が次々と入金されたからである。1809年末から1810年初め
にかけてのヘルテルとのやり取りのなかで、"3大作品"(Op.72、Op.85、
Op.86/1809年9月19日に原稿送付)に対する報酬について、いったんヴィ
ーン価での500グルデンの支払いを了解しておきながら、いざその為替手形
が送られてくると、約定価で250グルデンにして欲しいと申し入れ、手形を
送り返す、ということもしている [BGA 400, 410, 419, 420]。これはまさにヴィー
ン価の下落が想像以上であったことに対する自衛ともいえるもので、その際
に5対2(2.5対1)ではなく、2対1の交換率での実行を、実情の具体的把
握が難しい先方に納得させたのは、さすがかもしれない。次いで1810年8
月にはOp.73〜Op.84の報酬、200ドゥカーテンまたは250ドゥカーテン
(約900グルデン約定価または1125グルデン約定価)[価格交渉が最終的にどちら
の提示額で折り合えたか、明確に把握できる文書資料の現存はない] をブライトコップ＆
ヘルテル社から得ている。その間には、1810年5月にヴィーンを発つ前の
クレメンティからも、あるいはロンドン帰着後に、Op.73〜Op.82のイギリ
ス版に対する報酬が支払われ、それはブライトコップ＆ヘルテル社の買い
付け額をかなり上回ったはずで [証明する文書は残存せず]、もしかしたら200ポ
ンド(1800グルデン約定価)であった可能性もある [BGA 399/BGA 432]。また
6月20日にはキンスキー侯から年金未払い1年3ヵ月分2250グルデン・ヴ
ィーン価(900グルデン約定価)の入金があった [BGA 446注7]。7月にはト
ムソンに最初の引渡しを行ない、そのヴィーン代理店から支払い240ドゥカ
ーテン(1080グルデン約定価)を受けたと思われる [BGA 457注2]。
　グリージンガーはこの情報をたちまちキャッチしたようで、ヘルテルに
「エディンバラのトムソンは彼にしこたま払っているが、私が知っているの
は、ベートーヴェンが当地の銀行に何ヵ月も預けられているトムソンからの
為替をまだ受け取っていないことで、もしかしたら彼は要求を高めにしてい
るのかもしれない、彼は金に困っているわけではないので」(Griesingers
Korrespondenz mit Breitkopf & Härtel、261ページ)」[BGA 456注2] と報告し

785

た。これはまさしく 200/250 ドゥカーテンの件で交渉をしている最中のこと
で、ヘルテルが 7 月 11 日付［BGA 456］で示している頑強な姿勢を支えた、
とブランデンブルクは見ている。しかしトムソンがベートーヴェンに買取り
価格を了承したのは 2 月 10 日［BGA 426］で［901 ページ］、それに基づいて第 1
回の完成品送付を告げるのは 7 月 17 日［BGA 457］であって、トムソンが支
払いのためにヴィーンの代理店にたとえば春頃に送金しても、ベートーヴェ
ンは作品を引き渡すまでは報酬を受け取れなかったわけだから、グリージン
ガーはある意味で、悪意を持って短絡したということであろう。

　テレーゼ・マルファッティへの求婚はこうした経済的な余裕が生まれた最
中のことであった。その一方、肉体的には故障続きで、下腹部の疝痛（コリ
ック）は 1801 年頃から耳疾の悪化とともに持病化していた。1810 年 1 月 2
日付ブライトコップ＆ヘルテル社宛書簡［BGA 419］にも「病気でまた 2 週間
伏せていた…」とある。ベートーヴェンの健康状態がよくないという噂は広
く知られるようになっていたようで、出所は社主のヘルテルかもしれないが、
1811 年 1 月 30 日付『総合音楽新聞』には「ヴァン・ベートーヴェン氏が、
ここ何年か非常に損なわれた健康を南の空のもとで回復させるために、今春、
イタリアへの旅行を企てるかもしれないと言われている。私たちとともに心
のすべてから、この旅行によって目的が達せられることを願わない人がいる
だろうか」［AmZ XIII (1811), 88 ページ］との記事がある。その記事を見たベート
ーヴェンは 2 月 19 日にブライトコップ＆ヘルテル社に宛てた書簡［BGA
486］のなかで、「イタリアへは最初、冬にというつもりだったのだが、予想
に反して医者がそれをオーケーしないのだ。いずれにしても私は一度、当地
から離れたい」と書いている。

　その医者とは、1809 年 2 月以降、亡くなったシュミット博士に代わって
主治医となったヨハン・マルファッティ博士（1775-1859）であったと思わ
れる［BGA 486 注 9］。そして同人から夏にテプリッツでの療養を勧められる。
そして 1811 年 8 月 4 日から 9 月 19 日まで 1 ヵ月半、同地に滞在する。

3 ｜ ゲーテへの《エグモント》の献呈

　テプリッツに向けて発つまでに起こった出来事のうち、その後に発展して
いくいくつかについて、簡単に触れておきたい。ひとつはゲーテ（1849-

第26章　1811～12年初　年金支給の実態と出版収入

1832）との関係である。

　1811年4月12日にベートーヴェンは商用でヴァイマールに出掛けるオリ
ヴァにゲーテ宛書簡［BGA 493/ ヴァイマール、ゲーテ文書館蔵］を託した。そのなか
で、《エグモントへの音楽》［Op.84］を献呈する意向を表明している。前述し
た、彼がブライトコップ＆ヘルテル社に10月15日に行なった意思表示
［BGA 474］は、彼が8月末に送付した版下原稿を、用済みとなったらゲーテ
に贈りたいというものであるが、そこで「すでに同人に告げた」としている
文書は確認されていない。可能性としては、ゲーテとの交友の仲立ちとなっ
た"共通の友人"エリザベート（ベッティーナ）・ブレンターノ（1785-1859）
に口頭でその意志を伝えただけかもしれない［BGA 474注11］。セイヤーは、
ベートーヴェンと彼女、そしてゲーテとの接触のなれそめについて、それぞ
れ長文の書簡を紹介しながら（ベートーヴェンの彼女宛書簡は1810年8月
11日付）10ページにわたって叙述している［TDR III, 218～228ページ］。1810
年5月28日付の彼女のゲーテ宛書簡の冒頭には「これからお話ししようと
するその人に私がどのようにして出会ったか、そのとき私は全世界を忘れま
した…その人とはベートーヴェンです」［TDR III, 218ページ］と書かれ、それ
に対するゲーテの返信は6月6日付で「ベートーヴェンに私からのご挨拶を
お伝えください、彼と個人的に知己となるために犠牲を払うのにやぶさかで
はないと。…もしかしたらあなたなら彼にカールスバートへの旅を決意させ
ることができるでしょう」［TDR III, 223ページ］との1節がある。これはまさ
に、1810年5月24日の『エグモント』のヴィーン上演にベートーヴェンの
付曲が間に合わず、6月15日の4回目でようやく音楽を付けて上演される、
という時節であった。

　ベートーヴェンの書簡に対してゲーテはカールスバートから1811年6月
25日付で返信［BGA 509］を書き、スコア譜贈呈へのあらかじめの感謝を述べ、
またヴァイマールですでにベートーヴェンの音楽付きでの上演計画のあるこ
とを伝えている。夏を過ぎてもそれが届いていないという情報が入ったか、
ベートーヴェンはブライトコップ＆ヘルテル社に1811年10月9日に改め
て、「私の費用で写譜させてでも、ドイツ第一級の出版社が第一のドイツ詩
人にこんなに失礼でおおざっぱでいいのでしょうか、急いでスコア譜をヴァ
イマールへ」［BGA 523］と書いた。すでに見たように、同社としては序曲以
外の刊行について長く逡巡している時期であり、そのオーケストラ・パート
譜は1812年1月、ピアノ編曲は5月にようやく出版にこぎ着けるのであっ

787

第II部　歴史的考察

て、なかなか用済みとはならなかった。ゲーテがそれを受け取ったと日記に記入したのは 1812 年 1 月 23 日のことである［BGA 493 注 4］。ただこの校閲筆写譜スコア譜の行方は今日、確認できない。

　また、このようにしてまでゲーテに贈呈することに熱心であったベートーヴェンが、その渦中において、出版譜のタイトル上で「ゲーテに献げる」としなかったのはなぜなのか、不思議である。前に述べたように、1810 年 8 月 21 日付ヘルテル宛書簡［BGA 465］において《エグモント》はルドルフ大公にと指示しているが、12 月頃に出た序曲のオーケストラ・パート譜以降、1812 年 5 月刊行の全曲（序曲以外）のピアノ編曲版に至るまで、すべて献呈の辞なしであった。1810 年後半の時点でゲーテとの直接的な接触はなく、当時、年金受給で最も恩のあるルドルフ大公を被献呈者にいったん選んだが、《告別》ソナタ（1811 年 7 月出版）の版下原稿が完成する頃で、献呈の重複を避けようと取り消した。そしてその先を思案中に、一部ではあっても《エグモントへの音楽》の序曲が「作品 84」として 12 月に出てしまったので、続いて刊行される他の形での出版の際に献呈を指定するわけにもいかず、したがって校閲筆写譜スコア譜の現物をなんとかゲーテに届けようとしたのだろうか。

4 │ ブレンターノ一族との交友

　ベッティーナ・ブレンターノは詩人・小説家としてすでに著名であるクレメンス・ブレンターノ（1778-1842）の妹で、兄が『少年の魔法の角笛』（1806/08 年出版）を共同編纂していた詩人・文学者のアヒム・フォン・アルニム（1781-1831）と 1811 年 3 月 11 日に結婚した［BGA 485 注 4］。その後、彼女自身も著名な作家となっていく。ベートーヴェンとの関係についても叙述をたくさん遺しているが、作家らしくフィクションを交え、また異なる出典からひとつの手記を書き上げるなど、参照の際には注意が必要である。ベートーヴェンが彼女に宛てた書簡は 3 通、存在するとされていたが、自筆で遺っているのは 2 月 10 日付の 1 点［BGA 485/ 日本の個人蔵］のみで、上で紹介した 1 通（1810 年 8 月 11 日付）を含めて 2 通の信憑性は疑われ、書簡交換全集での所収は見送られた［BGA 485 注 1］。

　彼女の異母兄にあたるフランクフルトの商人フランツ・ブレンターノ

第26章　1811〜12年初　年金支給の実態と出版収入

(1765-1844) の妻がアントーニエ（アントーニア）・ブレンターノ（1780-1869）であった。アントーニエはヴィーンの宮廷顧問官で美術品蒐集家として名高いヨハン・ビルケンシュトック（1738-1809）の娘で、1798年7月20日にフランツと結婚した。1809年に実父が重篤の病となったために、そして10月30日に亡くなった後はその遺品整理のために、一家はヴィーンに1812年まで3年間、滞在した。その彼らを1810年春にヴィーンにベッティーナが訪ねた［BGA 485 注1］。新カタログ［第1巻 770ページ］によればアントーニエはおそらくベッティーナの仲介により［ベッティーナの申告を信じれば］、書簡交換全集の注釈［BGA 493 注3］によればベッティーナがアントーニエの紹介で、ベートーヴェンと知り合ったとされる。どちらが先にベートーヴェンと知己となったか、判断は分かれている。先にヴィーンにいたのはアントーニエの方であるが、彼女が"不滅の恋人"の最有力者となるに及んで、未婚時代から2人の結びつきがあったのではなどと伝説化している。いずれにしてもベートーヴェンは1810年以後、しばしばビルケンシュトック邸を訪問し、そこでの、ヴィーンのすぐれた演奏家たちによる四重奏演奏にも居合わせた［TDR III, 216ページ］、とされる。

　ベートーヴェンは彼女たちを通じてクレメンス・ブレンターノとも文通をするようになり、詩人はプロイセン王妃ルイーゼの死（1810年7月19日）に寄せるカンタータ詩を書き、1811年1月10日にベルリンからベートーヴェンに付曲を依頼したが［消失書簡 BGA 483］、彼はそれを断った。その台本はベートーヴェンの遺品のなかに発見され、シンドラーの手に渡り、ベルリン王立図書館の所有となった［BGA 485 注8］。両人自身の接触は1813年7月にブレンターノがヴィーンを訪問したときであったと思われる。

　フランツとアントーニエのブレンターノ夫妻とは長く交友が続き、1812年夏はカールスバートおよびフランツェンスバートで彼らと一緒に過ごすし［次章］、彼らの2男3女のうち、長女のマクシミリアーネ（1802-1861）には1812年6月26日付でピアノ・トリオ［WoO 39］の自筆譜を贈った［第27章3］。また1813/14年にベートーヴェンが非常に厳しい財政状態に陥ったときに融通して支え、その後、甥カールの問題でもベートーヴェンを助けることになる［終章］。

789

第II部　歴史的考察

5 ｜ ルドルフ大公へのレッスン再開

　ルドルフ大公に献げられた作品が 11 点あるなかで、ピアノ・トリオ第 7 番変ロ長調 Op.97 は《大公》トリオという通称で親しまれている。11 点のなかからこの作品に限って大公と結びつけて呼ぶのは後世の選択と認識に過ぎないが、この作品は、1810 年 1 月に大公が半年以上の疎開生活から王宮に戻って関係が再開した後、改めて大公と向き合い直した痕跡といってよいかもしれない。1808/09 年に足繁く王宮に通ってピアノ指導をしたことに始まり、それが直接、1809 年 2 月の 3 者年金の契約に結びつき、大公との関係は益々、深まって、大公はベートーヴェンを経済的に、しかも安定的に、支援する最大の後援者となっていった。ただこの時点で最大の拠出者はまだキンスキー侯ではあったが、ルドルフとの、ことに音楽的な関係は他に類を見ないものであり、また大公のピアニストとしての成長も目を見張るものであったに違いなく、ベートーヴェンはその点でも手応えを感じていたのではないか。《大公》トリオのピアノ・パートはルドルフでも弾けるようにその演奏能力を考慮して書かれた、と言われることがあるが、それはほとんど言いがかりというものであろう。

　作品番号としてはそのひとつ前に当たるヴァイオリン・ソナタ第 10 番ト長調 Op.96 も大公に献げられたが、それは 1812 年末の作である。この時期はブライトコップ & ヘルテル社との関係がうまく行かなくなり、さりとて他の出版社との協働の糸口もなかなか見つからず、1812 年にブライトコップ & ヘルテル社が積年の《エグモントへの音楽》Op.84 と《ハ長調ミサ曲》Op.86 を出し終わると、1815 年 6 月まで、フィデリオ・フィーバーのなかで《フィデリオ》の各種の版が 1814 年 8 月から 12 月にかけてアルタリア社から次々と刊行されることを除けば、自身の創作活動としての作品出版は 2 年 9 ヵ月も途絶える。その間に弟妻ヨハンナの借金を肩代わりしてもらったことがきっかけとなり、シュタイナー社に 13 作品を 1815 年 4 月 29 日にまとめて譲渡した。同社は、これらの諸作品について、さしあたって出版するしないを選別しただけではなく、出版する際にも創作順ということはまったく考慮しなかったので、Op.96 と Op.97 の年代的位置づけは 1 年 9 ヵ月も逆転した。Op.90 〜 101 の 11 作品はこの特殊事情を前提にしないと理解しが

790

たいところがある［第Ⅰ部第5章10］。

　クレメンティ社、およびとりわけブライトコップ＆ヘルテル社のための、出版準備作業に忙しく携わるなかで、ベートーヴェンは大公のレッスンを再開し、そしてこのピアノ・トリオに1810年後半から11年初めに取り組んだ。自筆スコア譜には、きわめて珍しいことに、開始と完了を示すと思われる「トリオ　1811年3月3日」および「1811年3月26日終了」と2つの日付の書き込みがある。それ以後この作品はおそらくレッスンの課題となったであろう。さらに6月2日、ロプコヴィッツ侯の夏季宮殿で催された庭園コンサートでルドルフ大公のピアノにより初演された。他の楽器の奏者は不明だが、ともに当時、ロプコヴィッツ侯宮廷楽団の楽団員であった、クラフト兄弟のひとり、もしかしたらニコラウスがチェロを、そしてマイゼーダーがヴァイオリンを担当したのではないか、と見られている［新カタログ］。

6 ｜ ピアノ・コンチェルト第5番　初演問題の検証

　以上と深いつながりを持った問題なので、一見、話題が逸れるように見えるが、ここでピアノ・コンチェルト第5番《皇帝》［Op.73］の初演について少し詳しく検討する。

　すでに再三、述べたが、Op.73〜Op.82はロンドンで世界に先駆けて（ライプツィヒにおけるより1〜3ヵ月前に）出版された。そのなかには1810年11月に「作品64」として刊行された《皇帝》も含まれる。このイギリス版は、「新たにクレメンティ社［注：ここではピアノ製造会社］により製作されたヘ音までの付加鍵ありのピアノ・フォルテのため、およびハ音までのピアノ・フォルテ用にも調整された」とあって、以前、クレメンティとの契約書において、ヴァイオリン・コンチェルトのピアノ版について見られた「付加鍵」への言及がタイトルそのものにある。当時、ピアノの音域は国際的に統一されておらず、むしろその反対で、音域拡張競争が展開されていた。ここで「ヘ音までの付加鍵あり」とは下方へ5度拡がった新しいタイプのことを指し、「ハ音までのピアノ・フォルテ用にも調整された」とは、旧いタイプの楽器でも弾けるよう、新たに加わった音域を使用しない音型の修正も行なわれている、ということを言っているのである。

　出版されれば作曲者と関わりなくどこでも演奏が可能となるが、ピアノ・

第II部　歴史的考察

コンチェルト第 5 番の初演はいつどこで行なわれたか、これまで不可思議で
あった。ロンドンでの初演（もしかしたら世界初演）があったかもしれない
が、そのような情報はいまのところない。確認できる最初の演奏はこれまで、
1811 年 11 月 28 日、ライプツィヒのゲヴァントハウスの第 7 回定期コンサ
ートにおいてで、独奏者は新進のピアニストとして活躍し始めた（1813 年
にトマス教会のオルガニストに就任する）フリードリヒ・シュナイダー
(1786-1853) であった。同年 2 月にブライトコップ & ヘルテル社から出版
された原版が使用されたことは確実である。1812 年 1 月 1 日付『総合音楽
新聞』［AmZ XIV, 8 ページ］に載った批評には同社の出版情報が添えられている。
「きわめて独創的で、きわめてファンタジー豊かで、きわめて効果的で、し
かしきわめて難しくもある」と作品は絶賛され、演奏も「より完全なものを
考えることができないくらいすばらしかった」と評価は高かった。

　しかしこの上演についてセイヤーが、このコンチェルトは「1810 年末に
すでにヨハン・シュナイダーによりゲヴァントハウス・コンサートで演奏さ
れ、すばらしい成功であった。非常にたくさんの聴衆が〈大感激し、それは
感謝と喜びのありきたりな表現ではほとんど満足できないものであった〉
（『総合音楽新聞』第 14 巻 8 ページ）」と書いている［TDR III, 167 ページ］のが、
奇妙であり、そして深い謎であった。1810 年末のコンサートの模様を 1 年
以上後の記事により、かつ、その出典もはっきり記して、説明するという矛
盾である。これにより、ピアノ・コンチェルト第 5 番の初演は 1811 年 11 月
28 日にフリードリヒ・シュナイダーをソリストにしてなされたのか、1810
年末にその弟ヨハン・シュナイダー (1789-1864) によって行なわれたのか、
そしてセイヤーは何を根拠に後者の説を立てたのか、また、そうだとすると、
出版以前にヴィーンから手書き譜がライプツィヒに運ばれたのか、といった
さまざまが不透明であった。

　前述した［715 ページ］グレンザーの『ライプツィヒ音楽史 1750-1838』に
おける記述と、該当時期の『総合音楽新聞』の記事とを比較検討してみると、
次のようなことが判明した。ゲヴァントハウス・オーケストラの定期公演は
毎年、聖ミカエルの日、9 月 29 日に第 1 回が始まり、クリスマスまで 10 回、
新年より 5 月末まで 14 回、「週間コンサート」とも表現される年 24 回の催
しであった。各コンサートはしばしば「第 × 回」とあるだけで年月日の表
記がなく、ここに年と年度のずれが生じる要因がある。つまり、ある年のシ
ーズンは前年度の 9 月末に始まるために、そのことを意識しすぎると 11 月

792

第 26 章　1811 〜 12 年初　年金支給の実態と出版収入

28 日のコンサートを前年末のものと誤認識してしまうことがあり得て、セイヤーが何らかの記事を見て、1 年、誤った可能性がある。それが「第 7 回コンサート」の日付を特定できずに「1810 年末」と書かれていることに反映されている。一方、『総合音楽新聞』もコンサートの日付が必ずしも付されるわけではないが、1811 年 11 月 28 日の場合は明示されていた。奏者のファーストネームは通例、イニシアルさえなく、このケースでは「音楽監督シュナイダー氏」とだけあるのだが、グレンザー年代記には肩書きに「新」と付されている。1810 年の項を参照すると 10 月 19 日に「大学教会オルガニスト、フリードリヒ・シュナイダーが音楽監督に就任」という記事があるので、兄と同定することができる。

　新カタログは、セイヤーの誤読について何ら論評することなく、ライプツィヒでの初上演を「1811 年 11 月 28 日、ソリストはフリードリヒ・シュナイダー」とだけしている。これによって暗黙のうちにセイヤー説は否定されたことになるので、今後、それが話題となることはないであろう。しかし私は以前からセイヤーがなぜ間違えたのか、その真相をつかみかねていて、もはやそれは大勢に影響のない問題となったからと、疑問を残したままにしておきたくはなかったので、ここで長々と論証を試みた。

　さて、それ以前にこの作品の演奏機会はこれまで知られておらず、したがってピアノ・コンチェルト第 5 番はベートーヴェンのいないライプツィヒで、たぶん作曲者も知らないまま初演された、ということになっていた。実は、この話はおかしいのではないか、というところから私はセイヤー言説の真相をまず確かめることに拘ったのである。そして新カタログにおいてさもありなんとする新しい情報がもたらされて、この作品の初演問題は大団円を迎えた。

　2013 年にリタ・シュテーブリンがヨハン・ネポムク・ホテク（1773-1824）の日記に、1811 年 1 月 13 日にロプコヴィッツ侯が土曜日の夕に自邸で催している予約コンサートにおいてルドルフ大公による演奏を聴いた、と記録されているのを発見したのである [Steblin/Chotek (2013)]。これはまさに《大公》トリオ創作の最中であり、この日の演奏のためにベートーヴェンはルドルフに徹底的にレッスンをしたであろう。そうだとすると《皇帝》と《大公》トリオは、ベートーヴェンがルドルフに与えた連続的で濃密なレッスンを経て、相次いで世に送り出されたということになる。《皇帝》コンチェルトはこの時点でロンドンではすでに印刷譜が刊行されており、公開演奏

793

第II部　歴史的考察

がいつなされてもおかしくない状況であったが、ライプツィヒでは出版の前夜であり、ベートーヴェンの手の届かないところで初演されてしまうのを防ぐに、ぎりぎりのタイミング（現実としてはそれから 10 ヵ月後のことであったが）であった。

　プラハ出身のホテク伯爵は冬から春にかけて故郷に戻る生活を常としていたが、1807 年 11 月にニーダーエスターライヒの政府参事官の職を得て、以後、1812 年 6 月までヴィーンで通年を過ごした。彼は 1804 年 5 月 24 日から亡くなる 1 週間前の 1824 年 3 月 31 日まで日記を付けており、ことにヴィーン居住中の記述には多くの貴族や音楽家たちとの交流が記されている。

　ところでピアノ・コンチェルト第 5 番はことに英語圏で《エンペラー》との通称をもって親しまれ、それにより日本でも《皇帝》と呼ばれているが、それは《英雄》同様に、特定される人物ではなく、雄大な気風の作品に付された一般的表象と受け取られている。その通称の創始者はクラーマーとの説もあるが、その確証はない。ただ、そうしたネーミングの発端には、英雄的な気風を持ったこのコンチェルトは"皇帝"ナポレオンの賛美ために作曲され、ベートーヴェンはこの作品によって記念碑を建てた、との想定もあった［新カタログ］。それが《ハ長調ミサ曲》をナポレオンに献呈しようとした［第 25 章 1］頃のことであるとすれば、この物語はガセネタとしては面白く、そうなると《エロイカ》も《皇帝》もナポレオン賛美となる。《エロイカ》の方はまさしくその証明があるが、《皇帝》の方は伝記的にまったく証明されず、そしてそもそも名称そのものに正統性がないという点で正反対である。

7 ｜ 幻のコンサート計画と「序曲ではない序曲」第 2 弾

　1808 年 12 月の大コンサートのトリを飾った《合唱幻想曲》の余勢を駆って取り組まれたかのようなピアノ・コンチェルト第 5 番はおそらく 1809 年夏には完成していたと思われるにも拘わらず、1 年半近くにもわたって演奏された形跡がやはりないという事実は、個人が大規模な管弦楽コンサートを催す機会が失せてしまった当時の社会状況の反映である。フランス軍の占領中であり、占領軍が主導する宮廷劇場での公演のほかは、一般の集客を見込みにくい時期が続いていた。

　ベートーヴェンは、最終的に 1814 年 10 月から 15 年 3 月頃の間に完成さ

第26章　1811〜12年初　年金支給の実態と出版収入

せることになる《序曲》[Op.115]（通称《聖名祝日 Namensfeier》序曲）に関
して、1809年8月にある程度、スケッチ[Quelle I 1 (1)]を始める。「ランツベ
ルク5」スケッチ帖（使用期間1809年3月頃〜10月頃）の後半部分に、
「どんな機会のためにも、あるいはコンサートでの使用のための、序曲」と
の記載があって、これは、ピアノ・コンチェルト第5番の初演を含むコンサ
ートの開催について、少し動いた証拠ではないだろうか。そうした見解を採
るベートーヴェン学者はまだいないが。さらに、1811年1月13日のコンサ
ートの後にも《序曲》は再び手掛けられてその作業はかなり進行した。《シ
ュテファン王》[Op.117]と《アテネの廃墟》[Op.113]に取り組んでいる8月か
ら9月にかけて、「カフカ雑録」と一緒に綴じられて保存されているこの時
期由来のスケッチ帖[大英図書館蔵 Add. Ms. 29801]に、それらのスケッチに挟ま
って《序曲》[Op.115]のスケッチ[Quelle I 1 (3)]もある。さらに"再編合本ス
ケッチ帖"である「ランツベルク12」スケッチ帖には同じ頃の作業として8
ページにもわたるスケッチ[Quelle I 1 (2)]がある。

　これはまさしく序曲《コリオラン》の後に続く、「序曲ではない序曲」第
2弾であり、さらに一歩進んで、特定の標題さえ持たない、"純粋"序曲であ
った。通称名で呼ぶ後世の措置は、その格別なオリジナリティを見えにくく
することに貢献している、と言わなければならない。この作品に立ち向かう
のをさしあたって放棄したのはこの時期の自主コンサート開催の難しさゆえ、
そのものであったろう。

　そうしてピアノ・コンチェルト第5番初演の機会はなかなか生まれず1年
半の歳月が経過した、というのが真相ではないか。その間にベートーヴェン
の耳疾はコンチェルト初演を自らの手でやり遂げることが困難なレヴェルに
達し、その当時、最大の弟子であったルドルフ大公が大役を果たすことにな
ったのであろう。この作品をベートーヴェン自身が公開演奏することは以後
もなく、その結果として、1808年12月の大コンサートで第I部のトリを飾
った第4番の自演が彼のコンチェルト公開演奏の最後となったのである。

　自主コンサート開催がまったく見通せないとなれば、ベートーヴェンは後
援貴族の私邸にコンサートの場を借りるしかなくなる。そうして、1807年3
月に4シンフォニー一挙上演コンサートを開いてくれたロプコヴィッツ侯を
ぎりぎりのタイミング[出版は1811年2月、コンサートは1月13日]で頼ったのではな
いか。そして、後世にとってすこぶる重要なこの種のコンサート情報が貴
族の日記を丁寧に探索することによってしか得られないという事実は、その

第II部　歴史的考察

催しがジャーナリズムの話題にまったくならなかったことを意味し、そのコンサートは、会場は同じであっても、1807年3月のときほど開かれた機会ではなかったと思われる。

8 │ この時期におけるベートーヴェン・オーケストラ作品の上演

　それでも、宮廷劇場支配人ハルトゥルが催す慈善コンサートにベートーヴェン作品が載ることはあった。たとえば1809年9月8日、"マリアの誕生"の日はオペラが休演となることから、ハルトゥルはベートーヴェンに出演を依頼し、ケルンテン門劇場で彼は《エロイカ》の指揮を執った。ナポレオンの臨席を期待したかもしれないが、その前日に彼は旅立っていた［TDR III, 148ページ］。アン・デア・ヴィーン劇場のオーケストラ監督（コンサート・マスター）クレメント（1780-1842）は12月24日に自ら主催する毎年恒例のコンサートを同劇場で催し、《オリーブ山のキリスト》を再演することで彼に敬意を表した［TDR III, 160ページ］。

　セイヤーはまた、1810年の2度の劇場救貧基金コンサートにおいてベートーヴェンの名前が出てくるとしている。すなわち、3月25日にシンフォニー第4番の第1楽章が、4月17日に序曲《コリオラン》が、演奏された。いずれの機会にも彼が指揮をしたとは伝えられていない［TDR III, 202ページ］。しかし5月にシュッパンツィクが開催した第1回アウガルテン・コンサートでは彼がシンフォニーを1曲、練習と本番の指揮を採ったことはあり得る、としている［TDR III, 203ページ］。

　1811年に入ると、経済勅書が人々の節約を強いることにより、コンサートを開催する状況はいっそう厳しくなるが、再び5月にシュッパンツィクが《エグモント》序曲とシンフォニー第6番を上演し、7月14日の慈善コンサートでは序曲《コリオラン》が上演された［TDR III, 287ページ］。慈善コンサートは、経済的貧窮にあえぐ庶民や団体に手を差し延べるために催され、かえって社会的にその必要度を増していたとも言える。

　グラーツでも状況は同様であった。1806年以来、同地のリツェウム（高等中学校）で歴史学の教授を務めるユリウス・シュネラー（1777-1833）がたまたまグライヒェンシュタインの友人で［BGA 531 注10］、その接点からシュネラーが口利きをしたシンフォニー第6番の上演が7月25日に成功し、

796

第 26 章　1811 ～ 12 年初　年金支給の実態と出版収入

さらに同人が企画に加わった 9 月 8 日の慈善コンサートでもそれは再演された。その機会はエリザベート会修道女たちの寄宿舎と養育院の福利のために催されたもので、事後の報告書によると 6130 グルデン 30 クロイツァーもの基金を集めた［TDR III, 277 ページ］［フォーブズ英訳は「1630 フロリン以上」と誤植の上に省略も行なっており、したがって日本語訳も同様］。12 月 22 日には《合唱幻想曲》が演奏されるが、この機会にはベートーヴェンは楽譜の提供を求められ、7 月に出版されたばかりのパート譜を 11 月末 /12 月初頃に送った［BGA 531］。このときも収益は 5000 グルデン以上にのぼった［TDR III, 277 ページ］。翌年 1812 年の復活祭前日曜日、3 月 29 日にヴァレーナが同地のウルズラ会女子教育機関の基金募集のために慈善コンサートを企画し、ベートーヴェンの 4 作品が上演された。《シュテファン王》［Op.117］序曲、《アテネの廃墟》［Op.113］から合唱つき行進曲（No.6）、《エグモント》Op.84 序曲、七重奏曲 Op.20 である。その他に、ジェネラーリ、パエール、ベルンハルト・ロンベルク、ケルビーニの諸作品がプログラムにのぼった［新カタログ /BGA 549 注 5］。このときベートーヴェンは 2 月 8 日に手書き譜を送った［BGA 549］。収益は 1836 グルデン 24 クロイツァーであった［BGA 576 注 11］。

　作曲者に対する著作権料の支払いはどうだったのであろうか。最後の例にあっては、7 月 19 日に別の用事でヴァレーナに書いた書簡［BGA 587］が「結構なものへの御礼が遅くなりました」と書き始められているので、ベートーヴェンに感謝の贈り物が送られたことが判る。それが現金なのかどうかは分らない。写譜代等の経費も相当かかるのであるが、これについては終章で全般的に論じる。

　ヴィーンでも、1812 年 2 月 12 日（日本では多くの関連書で 11 日ということになっている）にケルンテン門劇場での慈善コンサートで、ピアノ・コンチェルト第 5 番がチェルニーを独奏者として 1 年ぶりに演奏された。これが先頃まで"ヴィーン初演"とされていたものである。『総合音楽新聞』3 月 25 日号に在住通信員の報告として批評が載っている［AmZ XIV (1812), 210 ページ以下］。「12 日に宮廷オペラ劇場でコンサートが催され、3 つの有名な絵画の提示が行なわれた」と書き出され、音楽演奏に挟まって、ラファエロ、ニコラ・プッサン、フランツ・ドゥ・トロワ［前 2 者は有名だが、最後の人物の確認は門外漢には難しい］の絵画［それぞれの画題は略］の展示があったことを報じている。その企画を担当したのは宮廷劇場舞台装飾家トゥレメルで、「これら 3 点の活人画の展示はたいへんな喝采を浴び、各絵画は 2 度にわたって提示されな

797

第II部　歴史的考察

ければならないほどであった」と結ばれた。それらを含めて9つの出し物があり、音楽作品6点の寸評も付されている。音楽としては3つ目で4番目の出し物が「ピアノのための大規模な、まったく新しいコンチェルト（変ホ長調）、ルイ・ヴァン・ベートーヴェンによって作曲され、ルドルフ大公殿下に献げられ、カール・チェルニー氏によって演奏された」であった。最大級の難しさを克服したチェルニーの演奏が讃えられる一方、「作品の過剰な長大さは、そうでなければこのすばらしい精神的創造物がもたらしたであろうことはまったく確かな、全体的効果を減じた」とひとことで切り捨てられている。ここで「まったく新しいコンチェルト」と表現されていることは、1年前のロプコヴィッツ邸での初演がきわめて限られた範囲の聴衆を対象としたものであったことを裏付けていよう。この報道の最後の一文「当夜の収益は、"善意と実益の促進ための貴族婦人協会"により遺棄児のよりよい養育のために使われる」により、貴族集団が慈善事業として催したコンサートであったことが判る。1807年3月以来、ベートーヴェンは自主コンサートの開催を目論みながら、一音楽家がそうした試みを実行に移す社会環境はますます厳しくなっており、ピアノ・コンチェルト最高峰の作品ですら、こうした有閑階級主催の慈善事業の片隅に偲ばせることでしか、広く知られる上演は実現されず、しかもそこに集う、お仲間たちの鑑識眼の前には技術的難易度克服のテストケース程度にしか見られなかったのである。

9 ｜ 第1回テプリッツ滞在

　ベートーヴェンは《大公》トリオを書き上げると、久々にオペラ創作の可能性を検討し始めたように思われる。6月から7月にかけて、新しいオペラ計画に関する一連の書簡が遺されている。そのひとつ、1811年6月11日付、アン・デア・ヴィーン劇場監督のフェルディナント・パルフィ伯（1774-1840）に宛てたと思われる書簡［BGA 504］には、「私がオペラとして書こうとし、あなたにすでに告知したメロドラマ《バビロンの廃墟》[引用者注：題名はフランス語]」という文言があり、しかも「オペラに良い台本を見つけるのはたいへん難しく、私は昨年来、12を下らず却下した」ともある［743ページ参照］。同じ頃ルドルフ大公宛の「本日は私のオペラのために引き延ばせない用事があり、失礼させていただくことをお願い申し上げます。あすなら確実

第 26 章　1811 〜 12 年初　年金支給の実態と出版収入

に殿下のもとに伺候できます。私がテプリッツに発つ前に［引用者補：レッスンの］時間をなんとか倍に増やします、私の気高き生徒が私の不在を悲しまないために」［BGA 505］（全文）というメモがある。

　ここに初めて、テプリッツ［現チェコ共和国テプリツェ］療養計画が書簡集のなかに認められる。ベートーヴェンが実際にテプリッツに向けてヴィーンを発つのは 1811 年 8 月 1 日のことなのだが［BGA 505 注 2］、出発前にこなさなければならないさまざまな事情によってそれは遅延したことがここから見て取れる。そのひとつは間違いなく、ちょうど 1 年前に 53 歌曲の筆写譜をトムソンに郵便事情も考慮して 3 通りのルートで送ったにも拘わらず届いていないということで、改めて「オリジナルから自らの手で書き写さなければならなかった」［BGA 515］と 7 月 20 日付で書き記した、突然、降って湧いた仕事であった。

　テプリッツはプラハからドレスデンに抜ける街道筋の峠にある有名な保養地で、同市の滞在者名簿［Anzeige-Protocoll］［BGA II, 210 ページに写真］によれば、ベートーヴェンは 8 月 4 日に同地に着き［BGA 519 注 1］、バートガッセにある"ハープ館"に投宿した［Frimmel：Beethovens Aufenthalt in bömischen Bädern, in：Beethoven-Forschung X, 1925, 37 ページ以下］。フランツ・オリヴァが同行した。前年 8 月初め以来、秘書役を務めているといっても、書簡の代筆がはっきり確認されるのは任務開始を証明する最初の 1 通だけである。その他、オリジナルが現存しない書簡や宛名の代筆には誰によるのか筆跡があいまいなものはあるが、その活動はまだ本格的なものではないと思われ、この同行は秘書としての業務というよりは、友人として任意のものであったように映る。

　滞在中の主だった出来事や作曲従事について、遺された文書資料から確実な事項を列記すると、まず、グラーツからやってきた法律家で音楽愛好家のヨーゼフ・イグナーツ・フォン・ヴァレーナ（1769-1843）と知己となったことが挙げられる［BGA 531 注 1］。彼は 1815 年にグラーツで音楽愛好家協会を組織するが、同地では、前述のように、それまでにもベートーヴェンのオーケストラ作品演奏の機会があり、ヴァレーナは同地の格別なベートーヴェン受容に相乗的な効果を持って大きな役割を果たしていく。

　8 月 23 日付ヘルテル宛書簡［BGA 519］から、治療のかたわら、オラトリオ［Op.85］（1811 年 10 月出版）とゲーテ歌曲集［Op.83］（1811 年 11 月頃出版）の校正刷の補筆を完了し、送付したことが判る。

　出発直前の 7 月末頃のことと思われるが、皇帝筋から、ペシュト新国立ド

第Ⅱ部　歴史的考察

イツ劇場オープニングのための音楽を書くよう依頼があり、8月末から9月にかけて、祝典劇《シュテファン王》のための音楽［Op.117］と祝典劇《アテネの廃墟》のための音楽［Op.113］に取りかかり、完成させ、9月16日、月曜日にペシュトへ楽譜を発送した［BGA 525］。

　こうしたスケジュールから見ると、1ヵ月半の療養はほとんど仕事と並行したものであったと言わなければならない。新劇場は、皇帝の聖名祝日である10月4日に開場予定であり、それに間に合わせる必要があったのである。しかし開場は1812年2月9日まで延期されることとなる。

10 │《シュテファン王》と《アテネの廃墟》

　ペシュトに「舞踏会場、カジノ、飲食施設、コーヒーハウスを併設したまったく新しい大劇場」を建設することは1808年に皇帝が裁可した計画であったが［TDR III, 156ページ］、ヴィーンが占領下にあるなかで見通しが立たなくなっていた。いわば国立の総合娯楽施設と言えるようなものの建設は時の経済状況と間接的には連動するのだろうが、1811年2月に経済勅書が発布されて半年後にその緩和策が実施されたことと、建築計画の再興は関係があるのだろうか。巨額の賠償金支払いを乗り越えて、国家経済が多少は復調し始めたのか、そういうこととはお構いなしに皇帝は建設に拘ったのか。いずれにしても、オープニング行事の行程表が先走り、実際の開場準備はそれに伴っていなかったと言える。おそらく1811年5月に、コリンが断った後、アウグスト・フォン・コツェブー（1761-1819）が新劇場開場記念行事の台本作成を引き受け、7月中頃にそれを完成させた［BGA 573］。コツェブーが仕上げたのはハンガリーの歴史に題材を取った3部作、合唱付き序劇〔フォアシュピール〕『ハンガリーの最初の善政者、シュテファン王』、主演劇〔ドラマ〕『ベラの逃亡』、合唱付き後劇〔ナッハシュピール〕『アテネの廃墟』であった。音楽なしの中心演目『ベラの逃亡』は、ナポレオン戦争中に皇帝フランツ1世がなんどもヴィーンから逃亡したことを想起させかねないために、ふさわしくないということになり、史劇『ペシュトの王国自由都市への昇格』に変更された。その台本作者はこれまでのところ判明していない。こうした混乱もオープニング延期の要因であったかもしれない。

　ベートーヴェンに白羽の矢が立った背景としては、間違いなく、1年前に

800

ブルク劇場で上演された『エグモント』での成功があったろう。彼は序劇 [Vorspiel] と後劇 [Nachspiel] に、合唱曲だけではなく、大オーケストラ（ピッコロ、コントラファゴットを含む）による序曲、間奏曲等を台本に沿って書き揃えた。前者 [Op.117] では 501 小節の序曲に始まり、50 小節前後から 138 小節の終結合唱まで、大規模なオーケストラ付き合唱曲を 5 曲、セリフ劇および／または合唱のための短い付随音楽 11 曲、行進曲 2 曲、大小取り混ぜて計 19 曲である。後者 [Op.113] では 175 小節の序曲に始まり、224 小節の終結合唱のほか、100 小節前後の合唱曲 5 曲（1 曲はアリア付き）、二重唱、レツィタティーフ、行進曲（ピアノ変奏曲 Op.76 の転用"トルコ行進曲"）、舞台上での管楽、各 1 曲、計 11 曲である。台本の読み込みと、それぞれ指示された、あるいは自身で適切と判断した、個所に付曲するのは相当の作業であったと思われる。療養に出掛けたにも拘わらず、地道に、誠実に、何とか締切り期日までにと、結局は肩すかしを食うことになる仕事に、滞在の後半は費やされた。

11 │「ペッター」スケッチ帖はテプリッツに持って行ったのか？ シンフォニー第 7 番の作曲開始時期をめぐって

滞在末期にオリヴァとの激しい口論があり、同人はベートーヴェンより 2 日早く 9 月 16 日にテプリッツを発ってプラハに向かい同地に 23 日まで滞在した [BGA 522 注 3]。ベートーヴェンはというと、書簡交換全集の注 [BGA 523 注 3] によれば、9 月 18 日にテプリッツを発ったとのことだが、新カタログ [752 ページ] は誤植か、あるいは 18 日まで泊と読んだか、テプリッツを発ったのは 19 日としている。プラハ経由で「ヴィーンに急いだ」[BGA 523] のには理由があった [その検証は第 33 章 1]。すでに述べたように [623 ページ]、プラハからいったん逆方向にトロッパウに少し立ち寄ってリヒノフスキー侯と和解したのではないかという伝統的な見方が疑わしいとすれば、ベートーヴェンがヴィーンに戻ったのは、従来のほとんどすべてのベートーヴェン研究書によって確認されている 10 月初めではなく、9 月 22/23 日である可能性が高い。

そしてヴィーンに帰還してすぐさまシンフォニー第 7 番 [Op.92] のスケッチに本格的に取り組んだ。そこにみなぎる活力溢れた音調は温泉療養による

第II部　歴史的考察

心身の回復が直接、反映しているかのようである。新たな気持ちでまた創作活動に立ち向かったことは、スケッチ帖を新調したのではないかという新しい見解とも結びつく。ただし、それまでの「1810/11年」スケッチ帖はいわゆる"離散"スケッチ帖で、おそらく39枚しか現存しないために検証できず、それがほぼ全部書き終わって、たまたま新しいスケッチ帖の使用となったにすぎないということもある。いずれにしても1811年9月から1812年12月まで使用とされる「ペッター」スケッチ帖は1枚目から2枚目表にかけて同定できないさまざまな楽句が書き込まれており、2枚目裏から、ときに別のスケッチを挟みながら、35枚目表まで、シンフォニー第7番の全楽章が書き付けられている。これも、10月初めにヴィーン帰還であるならば、テプリッツから約2週間かけての旅行中に新しいスケッチ帖を使用し始め、新しいシンフォニーとの本格的取り組みが開始された、ということになる。新カタログは基本的に、この想定を否定した前提に立っている。実はこれは、新カタログに潜んでいる、まったく新しい見解のひとつである。しかしそのような性質の事柄であるとの言及はないので、ひとつひとつの具体的記述を既知の見解と並列させ、全体像の視野から比較検討しないと、何がまったく新たに指摘されたことであり、それが意味するところは何かまでは、認識できないのである。

　シンフォニー第7番の書き付けに挟まるのが、9枚目表に《アテネの廃墟》[Op.113]の第4曲と第5曲、9枚目裏にオペラ《マクベス》Unv 16のスケッチである。新カタログは、「第4曲と第5曲はもしかしたら何日か後にようやくヴィーンで成立した」[第I巻726ページ]、としている。すると、テプリッツからペシュトに送付した音楽には第4曲と第5曲がまだなかったということだろうか。考えられるのは、前述のように、第4曲はピアノ変奏曲Op.76の転用であるが、そのアイディアは資料参照の可能なヴィーンで改めて実行され、それに伴って第5曲の舞台上の管楽も書かれたということである。

　1808年に少し書き付けられたコリン台本による《マクベス》作曲の続行についても前に少し言及したが[710ページ]、新カタログは「ベートーヴェンはこのスケッチ帖[ペッター]をテプリッツに持って行った。コリンが7月28日に死去し、したがって台本は完成できなかった、という情報は同地の彼に届かなかったようである」[第II巻599ページ]としている。《アテネの廃墟》の第4曲と第5曲のスケッチが含まれていることが"「ペッター」スケッチ帖を

802

テプリッツに持って行った"と見なす理由のひとつであろう。しかし、新カタログの Op.113 の項で「もしかしたら」と可能性の指摘に留まってはいるにせよ、それがヴィーンで成立したのだとすれば、「ペッター」スケッチ帖がヴィーンで使用され始めたという蓋然性を含むことになる。完全には証明できない新しい見解がこのように顔を覗かせているのである。

　"「ペッター」スケッチ帖をテプリッツに持って行った"のであれば、その大半は空白のまま持ち帰ったのではない限り、シンフォニー第 7 番の集中的作曲がすでに 1811 年夏、テプリッツで開始されたという結論に導かれることになる。第 7 番の第 2 楽章の主要主題［Quelle I, 1, (1)］は 1806 年秋に「パストラール」スケッチ帖にあるが、これはまったく独立した主題の書き付けで、そのときから第 7 番の作曲が始まったというわけではない。次に第 7 番の楽想が書き付けられるのは確かにテプリッツにおいてであり、散歩などの際に携行する小型［ほぼ B5 判］の、いわゆる"ポケット・スケッチ帖"においてである。「アルタリア 205/2」と番号付けられた 10 枚のスケッチ帖の 12ページ目に第 1 楽章のスケッチがあり、それは 1811 年 8/9 月の記入と見られる。しかしながら、作曲が本格化するのはまさしく「ペッター」スケッチ帖においてであり、その仕事が《シュテファン王》と《アテネの廃墟》の締切りに迫られながら並行していたとはとても考えられない。

　シンフォニー第 7 番はテプリッツで芽生え、9 月 23 日頃、ヴィーンに戻って本格的に取り組まれた、そのなかでオペラ作曲の続行も睨んでいた、ということではないだろうか。コリン死去の報はテプリッツの彼に届かなかったばかりか、ヴィーンに戻って数日の間にもまだその情報は少なくとも彼の認識下にはなかった、と見なさざるを得ない。そしてその事実を知るや、《マクベス》の作曲は完全に放棄されたのだろう。

　もうひとつ、この時期の関連のなかで気になる存在がピアノ伴奏歌曲《恋人に寄せて An die Geliebte》［WoO 140］である。その最初のスケッチが「ペッター」スケッチ帖の現存する最後のページ 74 枚目の裏にあるが［Quelle I, 1］、それは本来、最初のページであった［新カタログ］とされる。74 枚目の表には《アテネの廃墟》第 4 曲・第 5 曲もあり、これらはヴィーン帰着後、真っ先に取り組まれた作業だったのであろうか。

　この歌曲は、かつて（ナポレオンの第 2 次ヴィーン占領前に）ゼッケンドルフと一緒に雑誌『プロメテウス』を刊行していた友人ヨハン・ルートヴィヒ・シュトル（1778-1815）［生年は書簡交換全集の索引において 1777 に訂正されたが、新

第Ⅱ部　歴史的考察

カタログにおいて再び 1778 とされた］の未発表の詩（刊行は 1814 年）に付曲したものである。2 度、書き換えられ、成立事情は多少、複雑である。その第 1 稿はハ長調であるが、手書き楽譜でのその伝承はなく、それに最も近い形は 1826 年にアウクスブルクのゴンバルト社からピアノまたはギター伴奏として出版されたものである。この印刷譜とベートーヴェンの原稿との具体的関連は把握されておらず、伴奏パートが校訂者によるものである可能性は高いので、たまたまハ長調に移調したためにスケッチ帖における記譜［Quelle I, 1］と一致するというだけのことかもしれない。第 2・第 3 稿はニ長調で、第 2 稿の自筆譜［Quelle I, 2］には「1811 年 12 月に書かれた　LVBthwn による」とあって、また他人の筆跡で「1812 年 3 月 2 日、私に作者よりいただく」と書かれている。アントーニエ・ブレンターノの筆跡は確定されていないが、彼女に献呈された可能性はある。後に見るように彼女への特別な感情がこの時期のベートーヴェンに宿っていたことは間違いなく、テプリッツからの帰還後に彼女との交流を重ねるうちに、この恋愛詩への付曲と献呈に至ったのだろうか。

　ベートーヴェンは 1814 年に再び手を加えて［Quelle I, 3］、文芸雑誌『平和誌_{フリーデンブレッター}』の付録に提供した。また 1816 年 9 月にジムロックの息子ペーター・ヨーゼフがヴィーンにベートーヴェンを訪ねたとき、2 つのチェロ・ソナタ［Op.102］のほかに、ヴィーンですでに雑誌付録として公刊されている 2 つの歌曲（WoO 140 および WoO 145）を手土産に持たせた。ジムロック社はただちに同年 12 月にこの 2 歌曲をそれぞれ単独のピース楽譜として出版する。ボンで出版すればすぐに［その時点でブレンダーノ一家が在住する］フランクフルトに情報が伝わるだろう、とベートーヴェンは考えたのだろうか。自筆譜がアントーニエに献呈されたかどうかは別としても、この歌曲が"不滅の恋人"との交流時期に書き下ろされたものであることは確かである［次章］。

第 27 章

1812〜13年前半

ナポレオン・ロシア遠征から
13年6月休戦協定まで

第2回テプリッツ滞在／"不滅の恋人"問題／
テプリッツからリンツの弟ヨハンのところへ／
"日記"（雑記帳）の使用はじまる／次弟カールの遺言状と窮状／
シンフォニー第7番の完成から第8番の作曲、そして試演へ

1. 第2回テプリッツ滞在の政治的環境
2. シンフォニー第7番完了と第8番着手
3. 6月末にヴィーンを発ちプラハに3泊
4. "不滅の恋人"宛書簡
5. 滞在スケジュールと療養効果
6. リンツ薬局訪問の意図　再考
7. シンフォニー第8番の進行　創作の作業スタイルに変化
8. メルツェルとの邂逅、そして"日記"
9. 戦況は動き出す
10. 演奏著作権?
11. 年金不払い訴訟へ
12. 次弟一家への援助
13. シンフォニー第7番・第8番の試演
14. この時期におけるベートーヴェン・オーケストラ作品の上演

第Ⅱ部　歴史的考察

　ナポレオン絶頂期は 1812 年 6 月のロシア遠征を契機としてに終焉に向か
う。それから 9 ヵ月後にはドイツの"解放戦争"が始まる。ベートーヴェンの
ボヘミア保養地での 2 ヵ月近くに及ぶ本格的な温泉治療は、ドイツ諸国の要
人たちも集散するなかで、ヨーロッパの 20 年来の政治情勢が大きく変わる
政治的緊張下に展開された。それはまたベートーヴェン個人の人生的緊張下
でもあった。創作の手を休めてもこの際は医者の処方に賭けてみようと、か
なりの経費も投入した、一大決心の長逗留であったが、終わってみればその
効果ははかばかしくなく、傷心ばかりが後に残った。
　シンフォニー第 7 番［Op.92］から第 8 番［Op.93］への移行は 1812 年 4/5 月
にヴィーンでオーバーラップして起こり、第 8 番の創作はその後ゆっくりと
ボヘミアで、そしてリンツで、さらにヴィーンに戻ってと続く。その間に並
行して創作に携わった作品は、終盤にあるヴァイオリン・ソナタ第 10 番
［Op.96］を除いてほとんどない。
　ボヘミア温泉地を巡る旅程は、"不滅の恋人"関連の調査が徹底したおかげ
で、かなり正確に把握されるようになった。同地でのベートーヴェンの行動
もある程度、細かく追跡することができる。それにより、テプリッツからい
ったんヴィーンに戻り、そしてリンツで薬局を経営する弟ヨハンのところに
行ったという従来説［MGG 2 を含めて］はきわめて疑わしくなった。それが弟
の結婚を阻止するためであったとするセイヤーの主張もまた根拠に乏しいも
のである。以下、検証する。
　1812 年 11 月 10 日頃にヴィーンに戻ってから 1818 年頃まで、ベートーヴ
ェンはいわゆる"日記［Tagebuch］"を付けるようになる。生涯でこの時期にし
かない、たいへん珍しいことである。なぜそのような行動に至ったのか、そ
れはどのような資料的価値があるのか、ここでその全体像を簡単に素描して
おく。
　メルツェルがヴィーンにやって来たのもその冬のことである。補聴器の使
用が始まるのは彼との出会いによってである。また《ウェリントンの勝利、
またはヴィットリアの戦い》［Op.91］という奇妙な作品［次章］が生まれる発
端ともなった。

806

第27章　1812～13年前半　ナポレオン・ロシア遠征から13年6月休戦協定まで

　ベートーヴェンの経済問題は終章で詳しく検討するが、さまざまな時点で個々に発生した事実関係がその前提となる。これまでにもその都度、触れてきたが、3者年金契約の不払い問題をめぐってルドルフ大公以外の2者との間で裁判沙汰となる発端がこの時期にある。また1813年4月には次弟カールが重病となり遺言状をしたため、その一家の経済的窮状はベートーヴェンの負担となる。しかし当座の問題ばかりではなく、やむを得ずにシュタイナー社に救いの手を求めたことは大きな後遺症となって、ひいては後世にもベートーヴェン作品の理解に影を落とす。その発端もこの時期のものであった。

　シンフォニー第7番と第8番の試演が、王宮内のルドルフ大公居住域で行なわれたことは書簡交換全集が初めて明らかにした。その過程を克明に追い、その意味を問うことが本章の最後の課題である。

1 ｜ 第2回テプリッツ滞在の政治的環境

　1812年2月24日、ナポレオンはプロイセンと軍事同盟を結んだ。それに反発するプロイセン将校のなかには軍隊を去ってロシアに亡命する者も出た。ナポレオンがさらに3月14日にオーストリアとも軍事同盟を締結すると、ロシア皇帝は大いに憤り、4月8日、ついにフランス軍のプロイセンからの撤退を求める最後通牒を突きつける。しかしそれをまったく無視してナポレオンは5月9日にパリを発ち、ドレスデンへ向かった。そしてしばらくドレスデンで宮廷を構え、義父にあたるオーストリアのフランツ皇帝、そしてプロイセン国王フリードリヒ・ヴィルヘルム3世、ライン同盟諸侯らを客人として迎え、ヨーロッパに君臨する大皇帝として権勢を見せつける。そうして5月末、ロシア遠征軍60万兵力（フランス兵30万、ドイツ諸国から徴用の兵18万、その他ポーランド、イタリア、オランダ、ベルギー等から徴用）を組織してロシアに向けて出発することとなるが、ナポレオンが居なくなると各国の要人たちはドレスデン近くの保養地テプリッツに集まり、鬼の居ぬ間の社交が繰り広げられる。ナポレオンの無謀なロシア遠征の結末についてもすでに意見交換がいろいろあったのではないかと推察される。

　セイヤーはこの時期にテプリッツに集まってきた要人たちの調査を行ない、到着日付きでそのリストをまとめている［TDR III, 314～315ページ］。5月29日にオーストリア皇帝フランツ1世、6月4日にはその娘であるフランス皇妃

807

第Ⅱ部　歴史的考察

マリー・ルイーズ、およびヴュルツブルク大公、7月2日にオーストリア皇妃、およびザクセン公アントン、7月7日にザクセン・ヴァイマール大公、7月14日にザクセン国王、7月25日にザクセン王子マクシミリアン、プロイセンから8月11日と15日にヴィトゲンシュタイン侯爵、フンボルト男爵、クールラント王子が、それぞれ夫人をはじめ多くの随員を連れて保養を名目に同地にやってきた。ドイツは1870年に統一される以前、"諸国"から成る連合体で、"ライプツィヒの戦い"はドイツでは"諸国民の闘い［Völkerschlacht］"と呼ばれている。ここに挙げた諸侯はまさにその"諸国"の指導者たちであり、ナポレオンは確かに妃として人質を取って安心してロシア征服に向けて出立したのであるが、その直後にはその先を見据えた保養地外交が繰り広げられていたのであった。

　セイヤーは諸国の指導者たちだけではなく、来訪文化人のリストも付けている。そのなかでベートーヴェンの名は7月7日の欄に挙がっているが、注で、「ベートーヴェンの到着はすでに7月5日午前4時であったが、滞在者リストはつねに温泉客が届け出をした宿泊先に落ち着いた日を記載」としている。ほかにはヴァイマール大公国枢密顧問官ゲーテ夫妻（7月15日到着）、ベルリンの資産家アルニム男爵（1811年にベッティーナ・ブレンターノと結婚）夫妻（7月24日到着）、プラハの年金生活者クレメンス・ブレンターノ（8月7日到着）、プロイセン王国司法代理人ゼーバルト夫妻と娘（8月9日到着）らの名前が挙がっている。ブレンターノ一族（フランツとアントーニエ夫妻、ベッティーナとアルニム夫妻、そしてクレメンス）が一堂に会し、ベートーヴェンがその全体と交流したこともここから見えてくる。またゼーバルトの娘アマーリエとは滞在の後半で親しくなる。

　ナポレオンがモスクワに入城したのは3ヵ月半後の9月15日である。ロシア軍はモスクワに火を放つ焦土作戦を採った。住民は疎開してモスクワはもぬけの殻であり、ヴィーンで行なったように金銭と戦利品を奪おうにも、その相手が居なかった。しかも10月18日には、戦意喪失のふりをしていたロシア軍が、ナポレオンの義弟ミュラ率いるナポリ軍を奇襲して勝利する。その結果、10月19日、ナポレオンはモスクワを放棄せざるを得ず、撤退を始めた。ロシア軍に追われて捕虜となった者、戦死者、離脱者が続出して、フランス軍は雲散霧消した。11月19日以後、ドニエプル河を渡り得たのは約24,000人、落伍兵はそれよりも多く約25,000人といわれる［本池: 前掲書、165ページ］。ナポレオン軍が完全崩壊する"ライプツィヒの戦い"まで、あと

808

第27章　1812〜13年前半　ナポレオン・ロシア遠征から13年6月休戦協定まで

10ヵ月である。

　ベートーヴェンが1812年7月5日から9月29日まで、テプリッツおよびその周辺の温泉地で、処方された温泉療養を過ごした12週間は、まさにこのような政治的緊張のなかにあり、その最後の2週間においては、ナポレオンはモスクワ周辺で戦いの只中にあったのである。

2 ｜ シンフォニー第7番完了と第8番着手

　シンフォニー第7番の自筆譜には「1812年4月13日」と記されているが、それはおそらく完成の日付ではなく、スコア譜作成を手掛け始めた日と思われる。というのは、「ペッター」スケッチ帖においてほぼその時点までスケッチが続いていることと、完成を宣言するのが5月に入ってだからである。5月8日にヴァレーナに宛てて、「ウルズラ修道女会のための次回コンサート用に、私はあなたに即座にまったく新しいシンフォニーを御約束します」［BGA 576］と書き、第7番の完成が間近いことを示唆しており、また5月25日頃にブライトコップ＆ヘルテル社宛に「私は3つの新しいシンフォニーを書いていて、うちひとつはもう完成」［BGA 577］と宣言している。さらに言えば、7月19日にテプリッツからヴァレーナに宛てた書簡［BGA 587］において「新しいシンフォニーは、ルドルフ大公がそれを写譜させたので、すでにその準備ができています」と述べており、この時点ではオーケストラ・パート譜も出来上がり、すぐにでも演奏できる体制となったことが判る［旧カタログでは"6月19日"と誤植されていた］。しかし王宮内ルドルフ大公居室で第7番が第8番とともに初めて試演されるのは1年後の1813年4月21日のことで［後述］、まして公開演奏（1813年12月）までは1年半以上の時間が経過するのである。

　「ペッター」スケッチ帖では35枚目表において第7番の後に第8番が続いており、それ以後71枚目（74枚中）まで、ほとんど第8番全楽章のスケッチである。そのなかで45枚目表の冒頭、左上の譜線の外側に「第3のシンフォニー」とあって、第9番第1楽章冒頭の原形のようにも見える、ニ短調の分散和音下行形のわずかな書き付けがある［新カタログにおいて、このスケッチはOp.125のスケッチ資料として登録されていない］。しかし当時、それ以上には発展しなかった［BGA 557注4］。なお、旧カタログに記載されている、ノッテボームが

第II部　歴史的考察

「ペッター」スケッチ帖にあるとした書き込み「2te Sinfonie Dmoll」および「Sinfonia in Dmoll」について、新カタログおよび書簡交換全集は何も触れていないが、それらしきメモ書きは確かに 35 枚目表および 42 枚目裏に認められる。

　こうした状況から、第 8 番の着手は 1812 年 5 月末頃、第 7 番のスコア譜を書き終えた直後か、もしかしたらそれと並行した作業として 4 月中という可能性もある。ブランデンブルクの研究 [Brandenburg/Petter (1979)] によると、このスケッチは最初、ピアノ・コンチェルトとして構想されたとのことである [BGA 577 注 4]。その進捗具合は 12 月まで続く「ペッター」スケッチ帖における記入の範囲ではよくつかめない。

3 ｜ 6 月末にヴィーンを発ちプラハに 3 泊

　6 月末にベートーヴェンがまだヴィーンに居る証拠が 2 つある。ひとつは、前述のピアノ・トリオ [WoO 39] の自筆譜で、「ヴィーンにて、1812 年 6 月 26 日、私の小さな女友だちマクセ・ブレンターノに、そのピアノ演奏の激励のために」と記されている。これはブレンターノ夫妻の当時 10 歳の長女に贈られ、フランクフルトのブレンターノ家に所蔵されていたものである。この 123 小節の作品に関してスケッチの現存は確認されていないが、「ペッター」スケッチ帖（おそらく 96 枚規模）の離散ページはまだ数枚が発見されていないと思われるので、そこに含まれていた可能性はある。いまひとつは 6 月 28 日受信の、ルドルフ大公の秘書官イグナーツ・フォン・バウマイスター宛書簡 [BGA 580] で、「私の作品である 2 ピアノ・トリオ [Op.70] を本日だけ貸してくださいますよう…私が正しければ、殿下がその文庫に写しを所蔵しておられます。―― それから個々に [引用者注：パート譜で？] 版刻されたチェロ・ソナタ イ長調 [Op.69] ―― それから個々に [同] 版刻されたヴァイオリン・ソナタ イ短調 [Op.23] も ―― 明朝にこれらすべてをお返しします」とある。これは自作品を全部、手元に置いていたわけではない証拠でもあるが、画家の場合、作品は他人に渡してしまうと、そもそも写しはないので、創作の痕跡が自分のところには遺らない、というのと似ている。他方、ベートーヴェンの側から言うと、彼の作品のすべてを蒐集しようとしていた大公の文庫を自身の楽譜アーカイヴとして頼っていた、という関係であった。

810

第 27 章　1812 〜 13 年前半　ナポレオン・ロシア遠征から 13 年 6 月休戦協定まで

急いで写譜をしなければならない事情とは、旅の準備ではないかと思われ、今回は長期滞在が予定され、滞在先での小コンサートに備えたのではないか。

　ベートーヴェンは 6 月 28 日夜か 29 日朝にヴィーンを発って、7 月 1 日にプラハに到着し、2 日に同地の警察に在留を届け出た。今回はオリヴァの都合がつかなかったか、その友人、プロイセンの将校で、1809 年以来オーストリアに駐在していたカール・ヴィルヘルム・フォン・ヴィリゼン（1790-1879）が同行した。この 22 歳の若者は、長期にわたる、医師から処方された温泉療養のための、荷物運搬人として雇われたのではないだろうか。そして 4 日土曜日の午前まで滞在し、その朝、キンスキー侯と会って未払いの年金について直接に交渉した［BGA 581 注 7］。テプリッツに向かう途中、1 日から 4 日までプラハに 3 泊もした［BGA 592 注 1］のは、キンスキー侯との面会が終わると同時にプラハを発ったことから見て、その実現を是非とも果たそうと、アポイントを取るためではなかったろうか。これを、ブレンターノ一家がプラハに立ち寄る［後述］のを待っていたと解釈するのは、"不滅の恋人"問題に傾斜しすぎた見方であろう。年金未払い分の内金を 60 ドゥカーテンという外貨で得たことは、それが温泉地滞在の数十日分の宿泊料に相当するだけに、ひとまずは重要な成果であった。

　キンスキー侯の死後にマリア・シャルロッテ・キンスキー侯夫人に支給を請願する 1812 年 12 月 30 日付の 2 通の書簡［BGA 607 および BGA 608］のなかで、それまでの支給状況を振り返っている個所があるが、そこで「侯爵閣下が私にプラハで内金として下さった 60 ドゥカーテン」［BGA 607］、「閣下は私に内金として［a Conto］60 ドゥカーテンをお与えくださいました」［BGA 608］と説明している。これをベートーヴェンが、前述のように 600 グルデン・ヴィーン価とやや低額にレート計算しているのは、さらなるインフレが進行していたか、未払い金の内の既得分を少なめに丸めたか、であろう。1813 年 2 月 12 日付侯夫人宛書簡（オリヴァ筆ベートーヴェン署名）［BGA 622］における未払い金を 1088.42 グルデンと申告した［第 26 章 1］際にはこの 60 ドゥカーテン分が斟酌されていないので、真相の見極めにはやっかいな問題となった。

4 ｜ "不滅の恋人"宛書簡

　本節の叙述における個々の事実は、ベートーヴェンの女性関係や身の回り

第II部　歴史的考察

のこと、逸話等に研究の主軸を置いてきたとも言えるメイナード・ソロモン
[Solomon/Biographie（1977, 第2版 2001）] が明らかにしたデータに基づくので、警
察記録等、その都度の一次資料の出典は挙げない。

　3日にブレンターノ夫妻も末娘とともにプラハに到着した。4日正午前に
プラハを発ったベートーヴェンは5日、北西に約60kmのテプリッツに到着
し、6日月曜日の朝から7日早朝にかけて、宛名も年号もないが日付と曜日
（"6日 月曜朝"、"6日 月曜夕方"、"7日"）は明記された、3信からなる書簡
[BGA 582] を書いた。これは"ハイリゲンシュタットの遺書"と同様に遺品の
なかに発見され、文中に「不滅の恋人 [Unsterbliche Geliebte] よ」との呼びかけ
があるので、"「不滅の恋人宛」書簡"と通称されるようになった。

　書簡交換全集の注釈 [BGA 583 注1] は未投函であった可能性を示唆してい
るが、そうだとすると"ハイリゲンシュタットの遺書"の場合と同様であるが、
相手から受け取りを拒否されたか、事後に戻されたということも、内容の迫
真性から想定されよう。また、投函された書簡の下書きであった可能性は、
内容の時間的切迫性から見て、薄いのではないか。すなわち、郵便馬車の運
行を気にしながらそれに間に合うようにと急いで筆を措く、というシーンで
書簡が終わるからである。

　宛先人について、書簡交換全集の注釈 [BGA 583 注1] はその判断基準を明
確に規定している。すなわち、呼掛けられている婦人は日常的にはヴィーン
に居住しており、ベートーヴェンは彼女と同地で知り合ったこと、彼はこの
手紙を書く少し前に彼女と会ったこと、というのは、彼はプラハからテプリ
ッツへという直前の旅程だけを彼女に語っているからであり、彼女もまた旅
行中であって、ベートーヴェンは"K"（おそらくカールスバート）にいる彼
女を想定していること、同地へはテプリッツからシーズン中（5月15日〜9
月15日）には郵便は毎日あり、それ以外は月曜日と木曜日のみとなること、
愛するふたりが一緒になるには克服しがたい障害があったこと、"不滅の恋
人"はおそらく結婚していること、である。同人を同定する問題はソロモン
が著作でまとめているとして、書簡全集は具体な検討を避けた。

　発信地と年について、書簡交換全集の注釈 [BGA 583 注2] は明確な判断を
下している。すなわち、7月6日が月曜日になる年はベートーヴェンの生涯
において 1795、1801、1807、1812、1818年であり、そのなかで1812年が最
も蓋然性が高い、なぜなら書簡に使用された用紙が1812年夏にのみ使用さ
れたものであるからで、同じスカシを持つ書簡の番号を列記している [ここ

812

では省略]。ベートーヴェンが1812年7月5日以来、テプリッツに温泉治療のために滞在していたことは文書的に証明されており、この書簡が1812年7月6/7日にテプリッツで書かれたことは、ベートーヴェン研究では今日、論駁しがたいものとなっている、としている。

以上が問題の枠組みであるが、この条件に該当する人物をベートーヴェン研究はアントーニエ・ブレンターノ以外に知らないのは事実で、これ以外の人物を想定するのは科学的研究からの逸脱と言える。それほどであるのに、名前が記載されていない多くの書簡に対して発信者や受信者の推定を行なってきた書簡交換全集が当該書簡については推定の見解さえ示さず、その問題はソロモンに託す、としているのが象徴的である。受取人の特定いかんによって書簡の内容把握が違ってくるという性質の問題ではないので、すなわち、相手は誰であっても文意はまったく明快なので、それ以上には踏み込まない、というスタンスである。発信年が特定されるまでには長い年月と推論の試行錯誤があり、誤った前提の元に数限りない"恋人"候補の探求がなされてきた。それを振り返ることは無駄であり、また内容そのものについての論及も本書の性格に馴染まないであろう。

7月4日は早朝からキンスキー侯との面会が重要な案件であったから、3日にプラハに到着したブレンターノ夫妻との、ないしアントーニエのみとの邂逅はその日のうちにあったのだろう。それがヴィーン出発前からの約束であったかどうかはともかくとして、出発直前、マクシミリアーネ（マクセ）にピアノ・トリオ［WoO 39］の自筆を贈る際に、旅程について話題が及んだとして当然であろう。夫妻と子供ひとりはプラハに1泊しただけで西方約120kmのカールスバートへ向かい、5日に同地に到着し、31日まで"神の目［Aug' Gottes］"館に投宿した。その旅程をベートーヴェンは知っていた。"K"にいる彼女に発信しようとしたからであるし、また25日頃にテプリッツを発って南西約60kmのカールスバート［現チェコ共和国カルロヴィ・ヴァリー］に移動し、27日頃から31日までブレンターノ一家と同じ宿に部屋を取った。プラハ、テプリッツ、カールスバートは、テプリッツを北の頂点とした、底辺約120km、斜辺約60kmの二等辺三角形のような位置関係にある。

そして彼らとともに8月7または8日に20数キロ西の別の温泉地フランツェンスバート（またはフランツェンスブルン［現チェコ共和国フランティシュコヴィ・ラーズニェ］）に移動して、しばらく"2頭の金ライオン［Zwei goldene Löwen］"館にて隣り合った部屋を取った。ベートーヴェンは同地に1ヵ月滞在した

第Ⅱ部　歴史的考察

が、ブレンターノ一家のその後の行動については知られていない。

5 ｜ 滞在スケジュールと療養効果

　書簡交換全集の注において確認されている、ベートーヴェンのボヘミア地方での、処方された本格的な湯治の日程と関連事項を一覧して見よう。

7月5日	テプリッツ着［BGA 591 注 3］
7月14日	ゲーテ、テプリッツ到着［BGA 592 注 3］　その後かなり親しく交流
	ゲーテの日記によれば 19 ～ 21, 23 日に会う［同］
7月19日	グラーツのヴァレーナ宛書簡［BGA 587］（前述）
	3月29日のグラーツでのコンサートに関しウルズラ会からの贈り物に謝意を表明
	「シンフォニー第 7 番をルドルフ大公がすでに筆写させました」
7月27日頃	カールスバートに移動、滞在届提出 7 月 31 日［BGA 591 注 3］
	31 日までブレンターノ夫妻と同宿
8月6日	カールスバートでコンサート
	ヴィーン郊外バーデンで 7 月 26 日に大火、117 軒が焼失［BGA 591 注 4］
	その義援金募集のためにヴァイオリン奏者ポッレドゥロとコンサート
	収益は 954 グルデン・ヴィーン価［同］
8月7/8日	フランツェンスバートに移動／滞在届 8 日［BGA 591 注 3］
	しばらくブレンターノ夫妻と同宿
8月12日	ルドルフ大公に 6 日のコンサートを報告［BGA 592］
9月8日	カールスバートに戻る［BGA 591 注 3］／ゲーテと再会［BGA 592 注 3］
9月10日	テプリッツに戻る／滞在届同日［BGA 591 注 3］［BGA 592 注 4］
9月29日	テプリッツを発つ［BGA 448 注 1］

　旅程がある程度、明らかになるのは、旅行中であるため、各町で警察に滞在を届け出なければならず、滞在者名簿が作成されたからである。その探索が熱心に取り組まれたのは、旅程が"不滅の恋人"問題と不可分であったゆえであることは否めない。またゲーテの日記や、滞在先からベートーヴェンが書いた書簡、新聞記事等からも情報が得られる。そのひとつ、ルドルフ大公宛書簡［BGA 592］から、"バーデン被災義援コンサート"の実態が垣間見える。それは明らかに、バーデンと浅からぬ縁のあるベートーヴェンが主導し、た

第27章　1812〜13年前半　ナポレオン・ロシア遠征から13年6月休戦協定まで

またまカールスバートに滞在していたイタリアのヴァイオリン奏者・作曲家ジョヴァンニ・バッティスタ・ポッレドゥロ（1781-1853）の協力を得て、開催されたものであった。ポッレドゥロは1804年からベルガモで劇場オーケストラ統括者（コンサート・マスター）および教会音楽家を務め、1811年にはドイツで、ヴィオッティ以来の最高のヴァイオリン奏者と讃えられ、1814年にドレスデン宮廷楽団のコンサート・マスターとして任用された［BGA 591注5］。そのコンサートのチラシも残存しているが［BGA 591注4］、作品を同定できるようには記されていない［BGA 592注8］。ベートーヴェン自身の申告は以下である。

> 焼失したバーデンの町のために私がポッレドゥロ氏の助けを借りて催したコンサートについて、大公閣下のお耳に入れましょう。収益はほとんど1000グルデン・ヴィーン価でしたが、もっとよく準備ができれば軽く2000グルデンは得られたでしょう──かわいそうな人々のためのかわいそうなコンサートでした。私は当地の出版社［原注：おそらく書店］で私の以前のヴァイオリン・ソナタしか見つけられず、それをポッレドゥロが強く望んだものですから、やむなく旧作のソナタを演奏するのに従わざるを得ませんでした。──コンサート全体はポッレドゥロのトリオ、私のヴァイオリン・ソナタ、またポッレドゥロのもの、それから私の即興演奏［Fantasirt］。

　この文には、そういうこともあろうかと、出発前に準備した作品が使用できず、共演を頼んだポッレドゥロが対応しやすい曲目にせざるを得なかった無念さも滲み出ている。いずれにしても、演奏曲目を完全に同定することはできない。

　9月2日付『総合音楽新聞』は、「ベートーヴェンは、はじめテプリッツに、次にカールスバートで湯治を行い、いまはエガーにいるが、カールスバートでポッレドゥロとバーデンの被災者のためにコンサートを催した」と報道し、「彼はまた2つの新しいシンフォニーを書いたが、私たちはそのことに予め注目する必要がある」と続けた（報道はこの2文だけ）［AmZ XIV (1812), 596〜597ページ］。エガー［現チェコ共和国ヘブ］とは、フランツェンスバートが属する地域の中心都市である。この記事は8月6日のコンサートに言及し、さらに「2つのシンフォニーを書いた」と過去形で報道しているが、それはもうひとつのシンフォニーも書いているということが湯治客の間で話題になっていた証拠である。確かにこの間にシンフォニー第8番の作曲が進展し、まさに"「ペッター」スケッチ帖をテプリッツに持って行った"は、1812

815

第II部　歴史的考察

年の場合には完全に当てはまる。

　ルドルフ大公宛書簡［BGA 592］には「ゲーテとたびたび一緒でしたが、私の医師シュタウデンハイムがテプリッツからカールスバートへ、そこから当地へと命じまして、たぶん私は当地からもう一度テプリッツに戻ります」とも書かれており、おそらく温泉成分の効用の違いから、入浴法だけではなく、転地もまた医師によって指示されていたと見られる。

　ゲーテの日記や第三者宛書簡には、ベートーヴェンのピアノ演奏を賛美する記述があることから、彼がときに人前でちょっとした演奏をしたことがわかる。

　9月10日にテプリッツに戻った後は少なくとも、ブレンターノ一家とは別行動であったと思われる。16日以降からアマーリエ・ゼーバルトとの間にかなり親しい書簡のやりとりが遺っている［BGA 593、595〜601（598はaとbがある）］。彼女も一時は"不滅の恋人"候補として主張されてもいたが、そもそもセイヤーの段階で彼女のテプリッツ到着日が書簡の日付とは合わないのだから、その可能性は端からなかった。そのなかで彼の病状について書かれている部分がある。「私は昨日からすでに本調子ではなく、今朝からはもっと悪くなり、不消化なものが原因で…」［16日付BGA 593］と言っているが、食あたりのような単純なものではなく、2ヵ月を超える温泉療法も大した効果がなかったか、いずれにしても予定を延ばして月末まで滞在することとなった。前述の、キンスキー侯夫人に宛てた1812年12月30日付書簡［BGA 608］のなかで、「私の病状はテプリッツで悪化し、私がそれまで目論んでいたより長く滞在せざるを得ませんでした」と言っている。9月17日にブライトコップ＆ヘルテル社に宛てた書簡［BGA 594］のなかで、「私の医者は私をまさにぐるぐる回したが、そのなかで最も良かったのは当地［テプリッツ］で、奴らは効果についてよく理解していないのだ」とこの2ヵ月間の感想を述べている。これはヘルテルとの間で交わされた書簡の、当面の現存する最後のものとなり、この前後についに出版されたミサ曲Op.86をもって、Op.67以来の同社の連続出版は途絶えることになる。

6│リンツ薬局訪問の意図　再考

　9月29日にベートーヴェンはテプリッツを発った。この日付は長い間、

第27章　1812～13年前半　ナポレオン・ロシア遠征から13年6月休戦協定まで

突き止められていなかったが、同市の滞在者名簿において確認された［BGA 448注1］。『リンツ音楽新聞』が10月5日付で「ルートヴィヒ・ヴァン・ベートーヴェン氏が数日来、当地に滞在している［傍点は引用者］」と伝えている（クレービールの英訳において「…新聞は10月5日に到着を告げた」はまだよいとして、「数日来」が「数日間」とされ、フォーブズもそのままにしたため「5日から数日間」という誤解を生み、日本語文献ではずっと5日着とされてきた）。日程が整理されたので、いったんヴィーンに戻ってからリンツに行ったという従来の見解［整理された後でもなおとり続けている文献（MGG 2）もある］は怪しくなった。

テプリッツからヴィーンに戻るにせよリンツへ行くにせよ約60km南のプラハは中継点となる。ヴィーンとリンツは東西に約280km離れており、プラハを北の頂点として3つの街はほぼ300kmを一辺とする正三角形のような位置関係にある。9月29日から10月2/3日くらいの3～4日の旅程が考えられるとすれば、ヴィーンを経由し、600km近く、しかもヴィーンで1泊だけという強行軍は現実的ではなく、またそう行動する理由が見当たらない。セイヤーもすでにブトヴァイス［現チェコ共和国ブデジョヴィツェ］を経てリンツというルートを想定していた［TDR III, 341～342］。すなわち、この機会に、4年前から同地で薬店を経営する末弟ニコラウス・ヨハンの暮らしぶりに接しようと、回り道をしたことが考えられる。

弟はドナウ河を見渡す見晴らしのよい快適な部屋を兄に提供した。弟の邸宅はかなりの面積があり、その一部をヴィーン出身の医者に貸していた。薬局経営にとって医院が同じ建物にある有利さはいうまでもない。セイヤーによれば［TDR III, 343～344ページ］、やがて医者の義妹（妻の妹）、テレーゼ・オーバーマイヤーも同居するようになり、彼女はヨハンの家政婦となり、そしてそれ以上の関係となった。セイヤーはさらに続けて、「訪問の動機が兄弟の情愛だけであったならば、そして同地に着いて初めて弟とテレーゼとの不適切な関係を見たのだとすれば、その関係をやめさせようとする熱心な抑止や懇願も当たり前であろう」「しかしこの明確な目的を持って同地にやって来て、その実現のために力を用いる、というのは権威を傘にした弁護の余地のない越権であった」と書いている。「いずれにしても弟はそう考えた」と付け加えはしたが。

これは、ベートーヴェンが弟たちの結婚に反対するばかりか、それを阻止しようと、理不尽な介入までする、かなり特異な性格を持っていた、という

第II部　歴史的考察

後世の一般的見方に根拠のひとつを与えてきた。確かに、リンツへの立ち寄りが、まだ見ず知らずの婚約者から弟を引き離す目的によるものだ、との仮説に立てば、このような見解が出てくるかもしれない。しかし事前に弟婚約者の詳しい情報をベートーヴェンはどのようにして得たのか、それにはまったく触れられていない。仮に、セイヤーが（これも証拠を挙げずにだが）伝える、ベートーヴェンが義妹となろうとする人物を気に入らずに、「当地の司教を訪問したり、市当局に出頭したり、その娘をヴィーンに送り返すという警察命令を取り付けるほど熱心にこの問題に取り組んだ」のが事実であったとしても、それはリンツに来てからそのような判断に至ったのならばまだ考え得る範囲内であるが、阻止するためにリンツに乗り込んできたとまで想定するのは行き過ぎではないだろうか。セイヤーはさらに「ヨハンがテレーゼと結婚しようとしているとの誤った情報に基づいて、そしてそれを妨げる意志を持って、ベートーヴェンがリンツへの旅行を突然企てたという想定にはなおかすかな理由がある」という書き出しで新たな一節を始めるが［TDR III, 345 ページ］、その理由について語ることはなく、ベートーヴェンの憤懣やるかたない心境の推量を展開している。まさにこのようにして、一定方向に導かれてベートーヴェン伝説は成立してきた、と考えさせられるシーンである。

　その上、英語抄訳版はベートーヴェンがリンツを去った期日について、どうでもよいことのように、その情報をカットしたから、セイヤー原書まで遡らないとリンツ滞在期間が分からない。彼は 11 月 8 日の弟たちの結婚を見届けて、ヴィーンにようやく戻った。セイヤーは、弟とのやりとりをトランプ・ゲームに見立てて、「ベートーヴェンは勝負に負けた」と表現している。セイヤーが「弟の結婚阻止のため」と拘ったのは、一方でテプリッツからリンツへという旅程を的確に把握しながら、リンツに向かった理由［後述］が解けなかったためではないか。

　『リンツ音楽新聞』はその日を 11 月 10 日と報道し［TDR III, 344 ページ］、ベートーヴェンのリンツ滞在が 1 ヵ月以上にわたったことを証拠付けている［書簡交換全集は「ヴィーン帰還を 11 月初」（BGA 663 注 9）と曖昧にしている］。なぜ、弟の結婚を阻止するだけのために、弟のやっかいになりながら、リンツに居座っていたのか。セイヤーは"不滅の恋人"を1806 年のテレーゼ・ブルンスヴィク（ヨゼフィーネの生涯独身であった姉で Op.78 の被献呈者）としており、1812 年のテプリッツ滞在時とこの件が不可分であるという認識を持ってい

818

第27章 1812～13年前半 ナポレオン・ロシア遠征から13年6月休戦協定まで

なかった。

　ブレンターノ一家は9月のある時点でヴィーンに戻った。そしてヴィーンで留守番をしていた子供たち全員と、3年間の滞在に終止符を打って、フランクフルトに帰っていった。こうした計画をベートーヴェンはフランツェンスバートで夫妻から告げられていたかもしれない。ふたりの永遠の別れがそのときに確認されたとすれば（少なくともベートーヴェンの内心において）、一家がヴィーンを引き払うまで顔を合わせることのないよう、リンツで待機していたのではないか。ソロモンも、その関心の範囲内においてだが、ベートーヴェンがリンツ滞在を延ばした理由として、10月6日にフランツがクレメンス・ブレンターノ宛書簡でフランクフルトに帰る日が間近であることを告げたと紹介しつつ、ブレンターノ一家のヴィーン離脱が確実になるのを待っていた可能性を指摘している［日本語訳第1巻355ページ］。

　創作活動外の部分には基本的に立ち入らないという原則から逸脱はしたが、音楽学はベートーヴェンの人物像も虚飾にまみれさせてきた、という自戒の念から、事実関係が修正されたことによって成り立たなくなった伝説については、その脱却を提案するのも使命のひとつと考え、横道に逸れた。

7 │ シンフォニー第8番の進行　創作の作業スタイルに変化

　シンフォニー第8番の自筆譜に「リンツにて、1812年10月」とある。この日付が何を意味するか、解釈は2つあり、完成の日付［ソロモンほか］か、スコア譜の書き下ろしに着手したのか、長い論争があった。直近の第7番やピアノ・トリオOp.97に見られるように、少なくともこの時期には着手の日付を書き入れる例が相次いでいることから、弟邸に滞在している期間に完成に向けての本格的作業が開始されたと見るのが正解ではないか。新カタログも「たぶんその仕事を終えた期日ではない」としてはいるが、それ以上には踏み込んでいない。それをどう見るかによって完成年月の推定が異なってくるが、新カタログは、「年末頃」［旧カタログ］という従来説を、「遅くとも、ルドルフ大公のところでこの作品の試演のためにオーケストラ・パート譜が書かれる1813年4月初め」と、かなり幅広く後にずらした。この作品のスケッチが「ペッター」スケッチ帖で12月まで続くからであるのみならず、完成の見届けが確実にはできないからである。つまり10～12月には確定部

819

分のスコア譜作成作業と、未確定部分のスケッチ作業が並行していたわけである。その開始は第7番が完成に近づく4/5月頃だから、第8番の作曲は、2ヵ月近い温泉療養を挟んで、約1年を要した。

　同時にいくつかの作品に並行して取り組む、あるいは別の作品が割って入る、のがこれまでのベートーヴェンの仕事ぶりであったが [474ページ]、第7番と第8番に関しては、私的性格を帯びた極小作品（WoO 39およびWoO 140）やトムソンのための歌曲編曲を除けば、他に惑わされることなく、かといって極度の集中ということでもなく、作曲作業はゆったりと進行したと言える。創作の作業スタイルは変化しつつあった、と言うことができるかもしれない。

　第8番の作曲が終盤に近づいた頃にヴァイオリン・ソナタ第10番ト長調 [Op.96] のスケッチが始まった。「ペッター」スケッチ帖で、その続きとして、最後2枚にそれが現れる。これは12月中頃にヴィーンを訪れたフランスのヴァイオリン奏者ジャック・ピエール・ジョセフ・ロード（1774-1830）によっておそらく急遽、委嘱されたと思われる。12月29日にロプコヴィッツ侯爵邸でロードとルドルフ大公によって初演され、翌1813年1月7日に同じくロプコヴィッツ侯爵邸で同一人により再演された [BGA 606, 614, 615]。なお、大公はその年の終りに3ヵ月、病の床に就き、手の痛風を患い、演奏活動からの撤退を余儀なくされる [TDR III, 492ページ]。

8 ｜ メルツェルとの邂逅、そして"日記"

　この時期に起源のある2件について触れておく。そのひとつとして、1812年から13年にかけての冬に、ヨハン・ネポムク・メルツェル（1772-1838）がシュタインのピアノ工房に陳列室を開店した。彼は1800年に自動楽器オーケストリオンを完成させ、その販売を生業としていたが、1804年にはその拡大形である、259の楽器を組み合わせた新種を開発し、それをパンハルモニコンと命名した。1807年にはパリに赴いてナポレオン宮廷にも販売した。その他の自動楽器の開発にも取り組み、自動トランペットもパリでセンセーションを巻き起こした。それらを展示する場がヴィーンに出現したのである。ベートーヴェンはその場所が親しいシュタインの工房であったこともあり、よく出入りし、やがてラッパ式補聴器の製作を依頼することになる。

第27章　1812〜13年前半　ナポレオン・ロシア遠征から13年6月休戦協定まで

時流に乗って、「モスクワの火事」と題された立体模型（ジオラマ）の展示、また自動チェス指しロボットも開発したと言われているが、これは大箱のなかにチェス名人が入って操作していたらしい。それらを携えてヨーロッパ展示旅行も目論んでいた。次なるはベートーヴェンと一緒にロンドンへの演奏旅行、と計画し、パンハルモニコンのために作曲を依頼することになる［次章］。

　いまひとつは、1812年末からベートーヴェンは日記をつけるようになることで、その習慣は1818年まで断続的に続く。ヴィーンへの旅行に始まって、1792〜94年には備忘録のようなメモを付けていたし、会話帖にも支出メモ等さまざまな覚え書きがあり、ある時期には手帳も使用しそこに行動予定ないし事後のメモがあり、さらにはスケッチ帖や自筆譜にもメモ書きは散在する。しかし専用のノートにメモを書き付け、それをかなりの期間、持続させたというのは、生涯、この、いわゆる"日記［Tagebuch］"と呼ばれるものだけである。ただその実態は正確にはわからない。死後に作成された写本4点によって内容が伝承されているだけだからである。"ハイリゲンシュタットの遺書"、"不滅の恋人宛書簡"と同様に、遺品のなかに発見されたが、相続人を経由するうちにこれは消失した。

　1982年にメイナード・ソロモンが詳細な注を付して校訂出版［Solomon/ Tagebuch 2 (1982/ 新版 2005)］するまで、部分的な紹介はされたが、全面的参照は実物にあたるしかなかった。ソロモンによれば、その実物たる4つの写本とは、1827年夏にアルタリア社で校正係をしていたアントン・グレッファー（1784頃-1850以後）［1819年に作品番号の欠落について問い合わせた人物］によって筆写され［イザーローン市立図書館蔵］、それを1832年から42年の間にピアニストで自筆資料蒐集家のヨーゼフ・フィッシュホーフ（1804-1857）が写し［ベルリン国立図書館蔵］、またそれを音楽学的伝記記述の創始者とも言えるオットー・ヤーン（1813-1869）が1852年に写し［ベルリン国立図書館蔵］、さらにそれを1857年から64年の間にボン音楽史資料の蒐集家アンドレアス・フェルテン（生没年未確認）が写した［ボン大学図書館蔵］もので、それらの資料的縁故関係は直線で結ばれる。

　"日記"と呼ばれているが、日付も稀にしかなく、「きょうは何をした、誰に会った」といった日記一般の内容ではないので、そのイメージとはだいぶ異なる。雑記帳と言った方がよく、書かれていることは千差万別である。場合によっては初演のパート数を知る資料にもなるが、それは一例だけであり、五線紙の値段や報酬、資産の細目、《フィデリオ》校訂の日付、なども知る

第II部　歴史的考察

ことができる。多く割かれているのは内心の吐露であり、ソロモンはそれゆえにその側面を「　私　　記　」と呼んでいる。また古典や同時代のさまざまな著作から、彼の印象に残った部分の写しが結構あり、その範囲はホメロスからシラーまで、インド哲学から新進のカントまで、ベートーヴェンの驚くべき関心の広がりと読書量を証明する。ソロモンの注釈がない限り、それらの出典を個々に突き止めることは不可能に近いから、これもまた近年のベートーヴェン研究の成果と言えよう。しかしこうした部分については、本書の主関心との接点は希薄で、あるいはそこまでは手を広げないというべきか、参照することはない。

　日付はなくとも、内容から記入時期をおおよそ推定できる。それを手掛かりに、彼がなぜこの時期に限って内心を綴るといった行為に及んだのか、考えてみたい。

　1812 年の部分は 1 段落ないし 2 段落だけなので、その年の終盤、リンツから戻った後に書き始められたのではないかの推測が成り立つ。すると、記入開始の動機の少なくとも一部にテプリッツでの傷心体験があるのではと見るのは、内容が孤独感あふれるものだけに、蓋然性があるだろう。そして記入は 1818 年前半までは確実であるが、その後の数段落には日付を類推させる語句はなく、長い空白を経て 1819 年になって書かれた可能性もゼロではない（ソロモンの見解とは違うが）としても、1818 年には次第に終息していったことは間違いない。甥カールを引き取って同居が始まるのが 1818 年 1 月 24 日であり、日常生活は忙しさと複雑さを増し、孤独を感じる暇がなくなる。

9 ｜ 戦況は動き出す

　1813 年 1 月、プロイセン軍リガ地域守備隊がフランス帝国軍を離脱しロシア側に付いたことで、ナポレオンの支配下にあったドイツ地域に風穴が開いた。2 月になるとベルリン、ミュンヒェン、ブレーメン等で反ナポレオンの民衆反乱が起き、22 日にはプロイセン・ロシア同盟条約が締結されるまでになった。そして 3 月 17 日にプロイセンがフランスに宣戦布告する。これが 10 月 16 〜 19 日のライプツィヒの戦い("諸国民の戦い")に至る"解放戦争"の始まりである。3 月 18 日にロシア軍がハンブルクに進撃したことによ

り、他のドイツ諸国、ことにライン同盟諸国に動揺が走った。

　それに対してナポレオンは、20万の新兵を徴募、ロシア遠征で壊滅した軍隊を再建し、4月15日にパリを出立して、ザクセンへ向かった。5月20〜21日の"バウツェンの会戦"ではナポレオン軍は辛勝。そして、皇妃を差し出しているオーストリアが仲介して6月4日に休戦協定が結ばれた。互いに兵力や弾薬の不足があったので合意に至ったが、この休戦期間中にイギリス、プロイセン、ロシアが同盟を締結して兵力を蓄える。さらに6月27日にはついにオーストリアも加わって"連合軍"が一気に形成され、休戦期間が終了する8月10日までに第6次対仏同盟への参加国が整っていく。

　プロイセンを中心とする同盟軍が敵対していた東部とは別に、西部ではイギリス軍がスペインでフランス軍（スペイン王［ナポレオンの兄ジョセフ］およびフランス将軍ジョルダンが率いる2連隊）と戦闘を繰り広げており、6月21日にウェリントン将軍指揮のイギリス軍がフランス軍に決定的勝利を収める。これが《ウェリントンの勝利》［Op.91］作曲の舞台である［次章］。

　戦況が大きく変化する1813年前半にベートーヴェンの身辺で起こったいくつかの出来事をいくつか取り上げる。

10 ｜ 演奏著作権？

　3月初め頃か、グラーツのヴァレーナ宛書簡［BGA 630］に「‥‥あなたに使っていただけるのは、まったく2つの新しいシンフォニー、合唱を伴うバスのためのアリア［原注：Op.113-7、あるいはその前の6a］、単独の小合唱曲がいくつか［原注：おそらくOp.113およびOp.117のなかの曲］で、《ハンガリーの善政者（シュテファン王）》［Op.117］序曲を使うとすれば、それはあなたがすでに昨年上演しており［原注：これは1812年3月29日にグラーツで上演された］、そうではなく《アテネの廃墟》［Op.113］序曲がお役に立ちます［中略］──合唱曲のなかで〈托鉢僧の合唱〉はさまざま混在している公衆にはよい看板です。──しかし私の考えではおそらく、オラトリオ《オリーブ山のキリスト》を上演できる日を選ぶのがもっともよろしいかと思います［原注：ベートーヴェンはこのオラトリオをすでに1812年2月以前に送った］。これはそれ以来、あらゆるところで演奏されており、それはコンサートの半分を占めますから、後半にシンフォニー新作を1曲、‥‥」とあり、それ以前にヴァレーナから再びコンサート計画に

関する打診があったようである。結局、4月11日、枝の主日［聖金曜日直前の日曜日］にコンサートが開催されることになり、その後半で《オリーブ山のキリスト》が、さらに6月6日の慈善コンサートで《アテネの廃墟》Op.113から〈托鉢僧の合唱〉が上演された。

　この間のやりとりは3月から7月4日にかけてベートーヴェン発信のものしか残存していないが［BGA 630, 632, 633, 652 ～ 655, 661］、そのなかで興味深いのは、グラーツの人々がベートーヴェンにかなりの金額を送ってきたことである。ウルズラ修道会から写譜代に充当するようにと100グルデンが、また木材保護協会［Holzschützen Gesellschaft］から150グルデンが送られたことに対して御礼を述べている。

　前者に対しては、「スコアの写譜は8グルデン24クロイツァーでした。必要なことすべてをひっくるめてやってくれた私の雇い人に3グルデンを払いましたので合計11グルデン24クロイツァーです。この額を引いて、100グルデンからの残金を2～3日中にあなたに送ります、いますぐにはできませんが」［BGA 654］と述べている。修道会としては、昨年の催しで相当の資金を集めることができたので、必要経費を含めた謝金の意味での送金であったであろうことは、実際の経費との差額が大きいことで推量できる。後者に対しては、「わが尊敬すべきご婦人方に示した小さな好意を彼らがなぜこれほど高く評価されようとなさるか、恐縮しています。私のごたごたが片づいたら、［中略］私は秋にもグラーツに行きます。そのときには150グルデンが考慮されて、私はウルズラ会、あるいはその他の団体のためにコンサートを催すでしょう」［BGA 661］と書いた。前者に対する返金が行なわれたかどうかは確認できないが、いずれにしても後者からの謝金は、出向いてコンサートを開くとの提案の上で、受領したと思われる。上演作品に対する著作権が確立される以前の時代には、いわば"好意に対する謝意"といった形でしか、後には正当となる著作権使用料の支払いはなかった。

11 │ 年金不払い訴訟へ

　ベートーヴェンがまだリンツに居るときに、キンスキー侯の事故死という事件が起きた。すでに若干、触れたが、彼は喪が明けるのを待って、キンスキー侯夫人マリア・シャルロッテ宛に、未払い年金に関して、1812年12月

第 27 章　1812 〜 13 年前半　ナポレオン・ロシア遠征から 13 年 6 月休戦協定まで

30 日と 1813 年 2 月 12 日に計 3 通の書簡を書いた。1812 年 12 月 30 日付 2 通のうちのひとつ [BGA 608] は正式な請願書としてプラハのボヘミア貴族裁判所に提出されたものと思われる [BGA 627 注 5]。それに対応すべく、侯夫人の意を受けたと思われるプラハの侯爵家弁護士ヨハン・フランツ・リッパとヴィーンの侯爵家財政顧問官ヨハン・ミヒャエル・オーバーミュラーとの間で 1813 年 3 月末に交わされた文書が書簡交換全集に 2 通 [BGA 627 および BGA 628]、所収されている。遺された者たちが証憑類の確認から着手し始めたことがわかる。

　他方、ロプコヴィッツ侯に対してはベートーヴェンは 6 月 13 日に、カール・フォン・アドラースブルク博士を代理人としてニーダーエスターライヒ貴族裁判所に訴えを起こした [BGA 663 注 11]。ベートーヴェンはキンスキー侯とロプコヴィッツ侯の双方に関して書類を提出したようで、オリヴァがベートーヴェンの名で書いた文書 2 通の下書き [BGA 663 および BGA 664] が残存している。1 通は 7 月 24 日付でロプコヴィッツ侯の管財人（その代表者はシュヴァルツェンベルク侯）に宛てたもの、もう 1 通はキンスキー侯裁判のベートーヴェン側代埋人と思われるプラハの弁護士アントン・ヴィルヘルム・ヴォルフではないかと思われる人物宛で、同じ頃に書かれたものである。「1809 年にヴェストファーレンから招聘を受けたときに 3 人の貴族 [引用者注：具体名は略] から申し出があり、4000 グルデンの年金を生涯にわたり…の条件で保証するということになり」と始まり、以後の経過はそれぞれに異なるがその点を別にすれば、主論点は同じで、経済勅書発布後の対応はルドルフ大公だけが契約締結時点の交換相場で支払うことに同意しすぐに実践したが、他の 2 者は口では同意するも実行していないこと、その上、1811 年 9 月 1 日以来は未払いになっていること（キンスキー侯にあっては 1812 年 7 月の 60 ドゥカーテン仮払いを除いて）、であった。

　年金不払い問題が深刻になっていることは、この時期（1813 年 3 月から 7 月 4 日）に最も多い 7 通をしたためたヴァレーナ宛書簡に色濃く反映されている。まず最初のもの [BGA 630] に「私の健康は最良ではありません。——そして、自分の過失でもないのに、私のその他の状況もおそらく生涯最大に具合が悪いのです」と現れており、以後は「ヴィーンがもはや私の滞在地であり続けることはないと思います」[4 月 8 日 BGA 633] とか、「もしかすると私は遠からず亡命者のようにここから去るかもしれません、私をこのようなどうにもならない状態にしてしまったお偉い諸侯たちにそのことを感謝してく

825

第II部　歴史的考察

ださい［原注：キンスキー侯とロプコヴィッツ侯の年金未払いのことをほのめかしている］」［5月27日 BGA 652］と、かなり追い詰められた様子が窺える。裁判に訴えてでも何とかしなければならないとなった背景が7月4日付書簡［BGA 661］に描かれている。

> 万事が遅々としてはかどりません、私は貴族のふしだら者ロプコヴィッツ侯に関わっているのですから。同人とは対照的なもうひとりの高潔な侯が亡くなりまして、しかしながら彼も私も彼の死を考えなかったわけですし、私のことを思って彼が書面に残すこともなかったので、この件はいまプラハにおいて貴族裁判所で戦い取られなければならないのです。なんという仕事でしょう、自分の芸術以外何も心にはない芸術家には…

12 ｜ 次弟一家への援助

　「おそらく生涯最大に具合が悪いその他の状況」のひとつに、次弟カスパール・アントン・カールが1813年4月12日に遺言状を書くほどの状況になったことも含まれるかもしれない。1802年3月から、結婚する1806年5月頃まで、彼の秘書としてタフに活躍した次弟は結核を罹患し、それが悪化して余命を気にするほどになっていた。この一件がベートーヴェンの生涯に大きな影響を及ぼすのは、弟カールが遺言状において彼を息子カールの後見人に指定したことによって、義妹との闘争のほか、甥の養育の困難さに直面することになっただけではなく、そのことが彼に多大な経済的負担を生じさせたからである。また当面も、貧窮した弟一家に援助をしなければならず、それが彼の経済的最低状況にいっそうのダメージを与えた。すでに1812年12月30日にキンスキー侯夫人に宛てて初めて年金の継続支給を請願したとき、「いったんは確実なものと計算しているのに、こんなにも長く手に入らないことは悲痛であると、お分かりでしょう。私は、不幸で病気の弟を家族ともども全面的に援助しなければならず、自分自身のことを顧みずに使い果たしたので、なおさらです」［BGA 607］と書いている。

　弟は1809年に会計官吏として年給1000グルデンと住居手当［家賃ではなく］160グルデンの「清算代理人」に昇進していたが、公務員の給与は銀行紙幣によってなされた［TDR III, 363ページ］から経済勅書の直撃（すなわち5対1）を受けた。1816年の遺産整理の時点で16,400グルデンと評価された［TDR

826

第27章　1812〜13年前半　ナポレオン・ロシア遠征から13年6月休戦協定まで

III, 633ページに弟の遺産目録が掲載されている]、果樹などが植わる中庭を囲んで10〜12家族が居住するアパートを経営していて（いつの時点からかは分らない）、それによる家賃収入［TDR III, 363ページ］を考えれば、兄の出版収入が乏しいときには弟の方が実際の実入りがよい時期もあったろう。

　遺言状を書いた後に病状はいったん快方に向かい、勤務も可能となって、「全国金融金庫」出納係に昇進し、住居手当も40グルデン増え、かつ、この頃から公務員給与が銀貨グルデンで支払われるようになって、200グルデン銀貨（約定価）と安定したので、兄はその後の援助から解放された、とセイヤーは結論づけている［TDR III, 364ページ］。それに対してフォーブズは、ライニッツ［Reinitz：Beethoven im Kampf mit dem Schicksal, 1924］が聖シュテファン大聖堂の記録のなかに発見した2つの証憑によって、この見解は訂正されなければならないとした。これらの証書が示しているのは、1813年10月22日にベートーヴェンが弟妻ヨハンナのためにシュタイナー社に1500グルデンを用立ててもらいその保証人になったことと［この日付は、以下に明らかとなるように、12月25日に訂正される］、9ヵ月のうちにカールまたはヨハンナから返済されない場合、3ヵ月の猶予のち、すなわち1814年10月21日に保証人から未発表の作品を借金の形に取ったことである［Forbes, 551ページ］。

　ここからは、ベートーヴェンが弟一家を思い遣り、しかし自分からの生活扶助はもはや限界で、困り果てた弟の妻を知己の出版者に紹介したのではないかと思われるが、成り行きはもっと複雑であった。この間の1813年10月30日にベートーヴェンが弟妻ヨハンナに対する訴えをニーダーエスターライヒ貴族裁判所に提起しているからである［BGA 679注6］。12月22日に暫定的に調停が成立する［同上］。前述したように［130ページ］、ベートーヴェンが義妹の借金をシュタイナーに付け替えたのは1813年12月25日であり、この2つの日付には因果関係があると見なければならない。こうした経過から判断するに、ヨハンナは無断でベートーヴェンを保証人にしたため、彼は裁判に訴えたが、弟一家の窮状は見放せないものであることが判って、いったん和解せざるを得なくなり、自分ではどうすることもできないからシュタイナー社を頼った、ということではないか。その結果がベートーヴェンの生涯に何をもたらしていくのかについては、時間的にその先のことなので、第29章で検討する。遺言状を書いた時点に戻る。

　弟が1800年に公務員としての勤務を始めて13年間に、その全収入を上回る16,400グルデンもの資産を形成したというのが表面に現れた事実である

第II部　歴史的考察

が、そこからは、次弟も、末弟と同様に、経済的な才覚がかなりあったとイメージされる。将来的な安定のために資産形成をしていたのだろうが、その途次としては、家賃収入と借金返済のバランスに窮していた。ベートーヴェンは、1818 年夏に、そのアパートが処分される頃、日記に「彼女と私の弟はその家により 16,852 グルデン 20 クロイツァーの借金をしている」［日記、第 147 段落］と書いている。借財は評価額を上回っていた。勤務が続けられなければ貧してしまう状況であり、いずれにしても当座は 1500 グルデンという年収以上の借金をしなければならない、というのが弟一家の実情であった。遺言を書いた後に、多額の借金をせざるを得ない状況にむしろなっていくのであり、病状は回復して約 2 年半の延命がありはしたが、返済を自らはできなかったわけだから、ベートーヴェンにのし掛かった負担は大きかった。

13 │ シンフォニー第 7 番・第 8 番の試演

1813 年 4 月といえば、21 日に王宮内のルドルフ大公居住域で、ついにシンフォニー第 7 番と第 8 番が初めて鳴り響いたことも記憶されなければならない。非公式の初演（試演）は記事にならないために記録されにくいことについては、すでにピアノ・コンチェルト第 5 番の場合に詳しく見た。この試演がいままでのシンフォニーのようにロプコヴィッツ侯宮廷においてでなかったのは、年金不払い問題の訴訟との絡みであることは疑いないであろう。しかしそれのみならず、そもそもロプコヴィッツ侯自身が宮廷そのものを維持できない事態に陥っていた［BGA 662］。

試演前の模様がヅメスカル（友人でハンガリー宮廷内局書記官）およびルドルフ大公とのやり取り［BGA 638 ～ 645］に描かれている。一連の書簡ないしメモには日付がないが、ヅメスカルが受取日を記入しているので、その関連から演奏期日が正確にあぶり出される。書簡は使用人等により直接、当日中に配達されたと思われる。

まず 4 月 19 日にヅメスカル宛で「たぶんあすシンフォニー［複数］が大公のところで試演されますが、私が外出できるとすればです」［BGA 638］とある。そして 20 日には「あなたにだけ、あす午後 3 時にシンフォニー［複数］と序曲［単数／《シュテファン王》または《アテネの廃墟》の序曲と思われる］の試演が大公のところであることを、お知らせします。――私はあなたにあす、午前"

828

第 27 章　1812 〜 13 年前半　ナポレオン・ロシア遠征から 13 年 6 月休戦協定まで

以後に "もっと詳しくそれについてお伝えしましょう、ですけれどさしあた
りお知らせしました」[BGA 639] とあるので、上演日が 1 日延期されたこと
が判る。次のルドルフ大公宛 [BGA 640] も同じ 20 日に書かれた。

> あす午後オーケストラを 3 時 15 分前にご用意いただくよう、お願い致します。楽師
> 諸氏が時間通りに来れば、2 つの序曲を試演する時間は十分でしょう。…それには 4
> ホルンが必要です。しかしシンフォニーには 2 本で、その編成として私は少なくと
> もヴィオラ 4、第 2 ヴァイオリン 4、第 1 ヴァイオリン 4、コントラバス 2、チェロ 2
> を望みます。私が本日ひとえにお知らせいただくようお願い致しますのは、貴殿が
> ご決断くださることだけであり、私の高貴なる弟子に私の作品をお聴かせすること
> にまさる喜びはありません…。

さらに続けて同日中か翌日になってからか、次のメモ [BGA 641] がある。

> 殿下に恩寵をお願い致します、本日中にヴラニツキー氏 [原注：ロプコヴィッツ侯宮廷
> 楽団楽師長] に楽団に関して貴下のご命令を知らしめるよう、そしてホルンは 2 本で
> すか 4 本ですか？ [原注：試演ではホルン 4 本が必要な《シュテファン王》および《アテネ
> の廃墟》の序曲も演奏することになっていた] ——私はすでに彼と話しまして、私たち
> が試演としての上演を実現できるような楽師を選ぶことだけを薦めました。

そして上演の翌日、4 月 22 日にヅメスカル宛書簡 [BGA 642] は次のようで
ある。

> 私はすでにあなたのところにいました、あなたの部下はあなたが内局に来ていない
> と言いましたが。私は、これは何かの間違いだと思います。——あなたはすでに何
> かご存じでしょうが、あなたにお話しできればうれしいのですけれど、とくに昨日
> のことですが [原注：1813 年 4 月 21 日にルドルフ大公のところでシンフォニー Op.92 と
> Op.93 の試演が行なわれた]、そしてとくにひどい共演者たちのことで、クラフト息子
> 氏 [原注：チェロ奏者。チェロ奏者アントン・クラフトの息子で、ロプコヴィッツ侯宮廷楽
> 団メンバー] がその筆頭です。

こうしたやり取りから、いまや休業状態となったロプコヴィッツ侯宮廷楽
団のメンバーたちが主力となって臨時にオーケストラが編成されたこと、そ
してその結果は、ベートーヴェンのオーケストラ作品の演奏には慣れている
彼らによっても、ベートーヴェンの期待にはまったく沿わないものであった

829

第Ⅱ部　歴史的考察

ことが見て取れる。

　最初の書簡［BGA 638］の前半にある文面には、コンサートの計画と会場確保のためのやり取りがそれまでにあって、大学ホールからは断りが来るし、ケルンテン門劇場やアン・デア・ヴィーン劇場もだめで、ではアウガルテン奏楽堂に逃げ場をと思ったがそこは狭くてコンサートを2回しなければ（おそらく採算の関係で）、といった検討があり、そのどれもがうまくいかないまま、そのために準備した試演（プローベ＝練習）はやっておこう、という事態であったことが判る。そしてベートーヴェン自身の体調から20日の予定が21日に順延された。

　ホルンが4本必要な序曲とは《シュテファン王》［Op.117］序曲と《アテネの廃墟》［Op.113］序曲のことで、このときベートーヴェンは、これらと新作シンフォニー2曲を核としたコンサートを計画し、その準備の一環として試演に至ったと推測される。さらに「ペッター」スケッチ帖には1813年初めの記入と見られるが、42枚目表と43枚目表にまたもや《序曲》［Op.115］のスケッチがある。42枚目表には、シラーの『歓喜の歌』の冒頭の言葉「歓喜よ、美しい神々の輝きよ、乙女よ」とあり、その下に「序曲を［引用者注：または「に」?］仕上げる」と書き込まれていて、43枚目表にもシラーの詩句が繰り返される［校訂報告書］。この時点では『歓喜の歌』を絡めた構想となっていた。

　《序曲》［Op.115］は1809年以来、コンサートの計画が起きるたびに、上演候補作品として創作の継続が試みられた。この作品のスケッチが何年かおきに断続的に点在しているという奇妙な現象はこのように説明できるだろう。

14 ｜ この時期におけるベートーヴェン・オーケストラ作品の上演

　自主コンサート計画はまたもや暗礁に乗り上げたが、他人の主催ではこの時期にベートーヴェンのオーケストラ作品が鳴り響く機会はあった。1813年3月26日にブルク劇場でクリストフ・クッフナー（合唱幻想曲の作詞者?）の悲劇『タルペヤ』が上演された。どの場面においてかは分からないが、〈勝利の行進曲〉［WoO 2a］が演奏された。これは短い59小節の作品で、以前からの馴染みであることにより直前に委嘱された可能性があるが、スケッチも自筆譜、校閲筆写譜も遺っていない。同年中にピアノ編曲版が出版さ

830

第 27 章　1812 〜 13 年前半　ナポレオン・ロシア遠征から 13 年 6 月休戦協定まで

れたが、その編曲がベートーヴェン自身によるものであるかどうかについて
は判断材料に欠ける。これは 1813 年中になされたベートーヴェン楽譜唯一
の（原版 ?）出版である。

　なお、〈第 2 幕への序奏〉［WoO 2b］もこのときのために作曲されたという
旧カタログまでの認識は改められ、それは《レオノーレ／フィデリオ》第 1
稿（1805 年）の第 2 幕への序奏であることが判り、新カタログではその番
号自体が削除された［第 20 章 10］。

　悲劇『タルペヤ』のための〈勝利の行進曲〉はすぐ 5 月 1 日に、シュッパ
ンツィクが 1810 年以来この時期に催しているアウガルテン奏楽堂コンサー
トで、単独曲として上演された。この機会に、前年同様、シンフォニー第 5
番 Op.67 の再演もあり、その他の曲目としては『総合音楽新聞』［AmZ XV, 416
ページ］によれば、リヴェラーティのアリアをアマチュアのヘンスラー嬢が
歌い、マイゼーダーのヴァイオリン演奏によるポプリ、チェロ奏者リンケが
ロンベルクのロシア主題による変奏曲を演奏した。「朝の天気は良くなかっ
たにも拘わらず、かなりの音楽愛好家、聴衆が集まった」と短くコメントさ
れている。